SKCT

SK그룹 온라인 종합역량검사

2024 최신판 SD에듀 All-New SKCT SK그룹
온라인 종합역량검사 최신기출유형 + 모의고사 6회 + 무료SK특강

Always **with you**

사람의 인연은 길에서 우연하게 만나거나 함께 살아가는 것만을 의미하지는 않습니다.
책을 펴내는 출판사와 그 책을 읽는 독자의 만남도 소중한 인연입니다.
SD에듀는 항상 독자의 마음을 헤아리기 위해 노력하고 있습니다. 늘 독자와 함께하겠습니다.

머리말

SK그룹은 '기업경영의 주체는 사람이며, 사람의 능력을 어떻게 개발하고 활용하느냐에 따라 기업의 성패가 좌우된다.'는 인재관리 철학을 바탕으로 1978년 국내 기업 최초로 인적성검사를 도입하였다. 그리고 객관적이고 공정한 채용절차를 실현하기 위하여 꾸준히 부분 개정 작업을 진행해 왔으며 일 잘하는 인재의 요건을 보다 면밀히 분석하여 2013년 하반기부터는 새로운 검사인 SKCT를 도입하였다. 2023년 상반기 SKCT는 계열사에 따라 온라인 또는 오프라인으로 시행되었지만 2023년 하반기 SKCT는 모두 온라인으로 시행되었다.

SKCT는 SK그룹에서 직무 수행을 위해 요구되는 역량을 다양하고 종합적인 관점에서 측정하고 있으며, 업무에 필요한 복합적이고 고차원적인 사고능력을 측정하는 인지검사와 SK그룹에 적합한 성격, 가치관, 태도를 갖추고 있는지를 측정하는 심층검사로 구성되어 있다. SKCT는 기업체 인적성검사 중에서도 난이도가 상당히 높은 편이므로 철저한 대비가 필요하다.

이에 SD에듀는 수험생들이 SKCT를 문제없이 준비할 수 있도록 교재를 구성하였으며, 이를 통해 단기간에 성적을 올릴 수 있는 학습법을 제시하였다.

도서의 특징

❶ 2023년 하반기 기출복원문제를 수록하여 최근 출제 경향을 파악할 수 있도록 하였다.

❷ 영역별 출제유형분석과 실전예제를 수록하여 단계별로 학습이 가능하도록 하였다.

❸ 최종점검 모의고사와 온라인 모의고사, 도서 동형 실전연습 서비스를 함께 제공하여 온라인 시험에 대비할 수 있도록 하였다.

❹ SK그룹 인성검사라고 할 수 있는 심층검사에 대비할 수 있도록 모의연습을 구성하였고, 면접 기출질문을 수록하여 취업의 마지막 관문인 면접까지 한 권으로 대비할 수 있도록 구성하였다.

끝으로 본서를 통해 SK그룹 채용을 준비하는 여러분 모두가 합격의 기쁨을 누리기를 진심으로 기원한다.

SDC(Sidae Data Center) 씀

경영철학

구성원의 지속적 행복

SK 경영의 궁극적 목적은 구성원 행복이다.

SK는 구성원이 지속적으로 행복을 추구하기 위한 터전이자 기반으로서, 구성원 행복과 함께 회사를 둘러싼 이해관계자 행복을 동시에 추구해 나간다.

이를 위해 회사가 창출하는 모든 가치가 곧 사회적 가치이다.

SK는 이해관계자 간 행복이 조화와 균형을 이루도록 노력하며, 장기적으로 지속 가능하도록 현재와 미래의 행복을 동시에 고려해야 한다.

VWBE를 통한 SUPEX 추구

구성원 전체 행복을 지속적으로 키워나가면 구성원 개인의 행복이 더 커질 수 있다는 것을 믿고 이를 실천할 때 구성원은 자발적(Voluntarily)이고 의욕적(Willingly)인 두뇌활용(Brain Engagement)을 하게 된다.

VWBE한 구성원은 SUPEX* 추구를 통해 구성원 행복과 이해관계자 행복을 지속적으로 창출해 나간다.

* Super Excellent Level의 줄임말로 인간의 능력으로 도달할 수 있는 최고 수준

인재상

스스로의 행복을 바탕으로 자발적이고 의욕적으로 도전하는 패기있는 인재

기업경영의 주체는 구성원이며, 구성원 스스로 기업의 경영철학에 확신과 열정을 가지고 이를 실천해 나가야 한다.

SK 경영철학을 **이해하는** 인재

SK 경영철학에 대한 믿음과 확신

구성원 전체의 행복을 지속적으로 키워 나가면 구성원 개인의 행복이 더 커질 수 있다는 것을 믿고, 이를 실천할 때 자발적이고 의욕적인 두뇌 활용이 가능하다.

구성원의 행복 | SUPEX Company | VWBE 문화

패기

스스로 동기부여 하여 문제를 제기하고 높은 목표에 도전하며 기존의 틀을 깨는 과감한 실행을 하는 인재

과감한 실행력	기존의 틀을 깨는 생각의 전환을 바탕으로 새롭게 도전하는 과감한 실행력과
역량 강화와 자기 개발	그 과정에서, 필요한 역량을 개발하기 위해 노력하며
팀웍의 시너지	다른 구성원들과 함께 적극적으로 소통하고 협업하여 더 큰 성과를 만들어 간다.

2023년 하반기 기출분석 ANALYSIS

총평

계열사에 따라 온라인 또는 오프라인으로 시행되던 SKCT가 모두 온라인으로 시행됨에 따라 많은 변화가 있었다. 문항 수가 늘어나고 영역이 변경되어 수험생들이 많이 혼란스러웠을 것이다. 하지만 수열추리를 제외한 나머지 영역은 기존 SKCT에서 출제되었던 유형과 유사하므로 기출문제를 포함한 다양한 유형의 문제로 학습한 수험생이라면 분명 좋은 결과를 얻었을 것이라 예상된다. 영역별로 난이도 차이가 있었지만, 전체적으로 높은 난도라는 의견이 많았다. 언어이해와 자료해석은 중상의 난도였으며, 창의수리와 언어추리는 비교적 평이했다는 의견이 있었다. 다만, 수열추리는 기존 SKCT에서 출제되지 않은 유형이기도 했고, 다양한 규칙으로 제시되어 까다롭게 느껴졌다는 의견이 대부분이었다.

온라인 SKCT 핵심 전략

기존 온라인 SKCT에 있던 문항별 제한시간이 사라지고 영역별 제한시간으로 변경되었으므로 풀리지 않는 문제는 과감히 넘기고, 풀 수 있는 문제에 시간을 투자하여 정답률을 높이는 것이 중요하다. 다만, 문제를 넘어가면 이전 문제로 돌아갈 수 없으므로 시간 관리에 유의해서 전략을 세워야 할 것이다.

자체 프로그램으로 진행되는 온라인 SKCT는 프로그램에 내장된 계산기와 메모장(그림판)이 있어 시험 도중에 사용이 가능하다. 온라인으로 진행되는 시험이므로 이를 준비할 때 실제 시험과 유사한 환경을 구축하여 눈으로 푸는 연습을 한다면 크게 당황하지 않을 것이다. 다만, 온라인 시험이니만큼 당일에 서버나 통신 오류 등이 발생할 수 있으므로 미리 준비를 철저히 하도록 하며, 혹시라도 시험 도중 오류가 나면 침착하게 마음을 잘 가다듬고 대처하는 것 또한 중요하다.

시험 진행

구분	영역	문항 수	응시시간
인지검사	언어이해	20문항	15분
	자료해석	20문항	15분
	창의수리	20문항	15분
	언어추리	20문항	15분
	수열추리	20문항	15분
심층검사	PART 1	240문항	45분
	PART 2	150문항	25분

필수 준비물

❶ 신분증 : 주민등록증, 외국인등록증, 여권, 운전면허증 중 하나
❷ 그 외 : 휴대폰, 휴대폰 거치대, 노트북, 웹캠, 노트북/휴대폰 충전기

온라인 종합역량검사 프로세스

❶ 전형 안내사항 확인
❷ 응시자 매뉴얼 숙지/검사 프로그램 다운로드 및 설치
❸ 지정 기한 내 사전점검 진행
❹ 본 검사 응시

유의사항

❶ 시험 당일 주변 환경 점검을 실시하므로 미리 정리를 해두어야 한다.
❷ 시험 시작 10분 전까지 휴대폰, 화장실 이용이 가능하다.
❸ 프로그램 안에 내장되어 있는 계산기, 메모장(그림판)만 사용 가능하며 필기구는 일절 사용 불가하다.

알아두면 좋은 TIP

❶ 원활한 시험 진행을 위해 삼각대와 책상 정리가 필요하다.
❷ 인터넷 연결이 원활하며 최대한 조용히 시험을 치를 수 있는 장소를 확보한다.
❸ PC 전원공급 상태를 확인하고, 배터리 충전기는 미리 꽂아두어야 한다.
❹ 시험에 응시하기 전 반드시 안내사항과 매뉴얼을 숙지한다.
❺ SK그룹의 심층검사를 위해 평소 SK의 인재상에 대해 숙지해 둔다.

신입사원 채용 안내 INFORMATION

채용시기

수시채용으로 진행되며 계열사별로 여건에 따라 채용일정 및 방식이 다를 수 있음

지원자격

❶ 정규 4년제 대학 졸업(예정)자
❷ 남성의 경우, 병역 필 또는 면제자
❸ 해외여행에 결격사유가 없는 자

채용전형 절차

- 지원자의 경력/활동과 모집 직무와의 연관성을 검토하고 결격 사유 유무를 확인한다.
- 자기소개서는 HR 부서와 지원 부서가 함께 검토한다. 이 과정에서 지원자가 보유한 역량과 가치관이 선발 중인 직무와 잘 맞는지를 검증한다.

- 객관적이고 공정한 인재영입을 위해 SK는 1978년부터 국내 최초로 인 · 적성 검사를 도입하였으며, 2013년부터 '일 잘하는 사람'의 요건을 분석하여 SKCT를 선발 도구로 개발 · 활용하고 있다.
- SKCT(SK Competency Test)
  - 인지검사 : 언어 및 수/도형으로 구성된 자료를 통해 그 의미를 해석하고 수리적, 논리적으로 사고, 유추하는 능력을 측정하는 검사
  - 심층검사 : SK의 '일 잘하는 인재'가 직무를 원활히 수행하기 위해 필요한 성격, 가치관, 태도를 측정하는 검사

- 지원자의 가치관, 성격 특성, 역량을 종합적으로 검증하기 위하여 다양한 면접 방식을 활용한다.
- 프리젠테이션, 그룹 토론, 심층 면접 등 1~3회 이상의 심도 있는 과정으로 지원자의 역량을 철저히 검증하고 있다.
- 직무 역량에 필요할 경우, 글로벌 커뮤니케이션 능력을 검증하기 위하여 외국어 구술 면접을 진행한다.

※ 면접 전형은 관계사별, 직무별로 상이하다.

❖ 시험 내용은 채용유형, 채용직무, 채용시기 등에 따라 변동될 수 있으므로 반드시 발표되는 채용공고를 확인하기 바랍니다.

합격 선배들이 알려주는

SK그룹 SKCT 필기시험 합격기

"기출복원문제를 통해 출제 경향 파악!"

SKCT 준비하시는 분들 중에 한 권만 풀고 준비하시는 분들 별로 없으시잖아요. 저도 여러 권을 구입해서 풀었습니다. 너무 가고 싶은 회사라서 미리 준비하고 연습하다 보니까 정작 시험 준비할 땐 안 풀어본 책이 몇 권 없었습니다. 그래서 SD에듀 책을 구입했는데, 기출문제 복원이 정말 잘 되어 있더라고요. 책을 펴자마자 기출복원문제가 보이는데 정말 도움이 많이 됩니다. 꼭 풀어보고 시험장 가세요! 시험 볼 때 가장 도움이 된 부분이었습니다. SKCT의 악명을 맛보기로 느낄 수 있어서 시험장에서 당황을 덜 했던 것이 SKCT를 합격할 수 있었던 요인이라고 생각합니다. 다들 준비 잘하셔서 SK에서 만나면 좋겠어요!

"가성비 최고인 책!"

설마 제가 SK 서류에 합격할 줄은 몰랐습니다. 그래서 항상 다른 기업 시험 준비만 했는데 합격 메일을 받고서 바로 서점에 달려가 구입했어요. 시간은 없고 그렇다고 공부를 안 할 수도 없고……. 뭐 이런 마음으로 준비했는데 풀면서 느낀 점은 구성이 잘 되어 있는 좋은 책이라는 점입니다. 생각보다 눈에 쏙쏙 들어왔어요. 특히 기출복원문제부터 최종점검 모의고사까지 SK만의 출제유형을 확실하게 학습할 수 있다는 점이 제가 합격할 수 있었던 요인이라고 생각합니다. 특히 전체적으로 문제 난이도가 잘 맞았어요. 저는 딱 일주일 공부했는데 가성비가 최고인 좋은 책이었습니다.

❖ 본 독자 후기는 실제 SD에듀의 도서를 통해 공부하여 합격한 독자들께서 보내주신 후기를 재구성한 것입니다.

SK

언어이해 ▸ 비판/반박

Hard

15 다음 글의 주장에 대한 반박으로 가장 적절한 것은?

> 인간은 사회 속에서만 자신을 더 나은 존재로 느낄 수 있기 때문에 자신을 사회화하고자 한다. 인간은 사회 속에서만 자신의 자연적 소질을 실현할 수 있는 것이다. 그러나 인간은 자신을 개별화하거나 고립시키려는 성향도 강하다. 이는 자신의 의도에 따라서만 행위하려는 반사회적인 특성을 의미한다. 그리고 저항하려는 성향이 자신뿐만 아니라 다른 사람에게도 있다는 사실을 알기 때문에, 그 자신도 곳곳에서 저항에 부딪히게 되리라 예상한다.
> 이러한 저항을 통하여 인간은 모든 능력을 일깨우고, 나태해지려는 성향을 극복하며, 명예욕이나 지배욕, 소유욕 등에 따라 행동하게 된다. 그리하여 동시대인들 가운데에서 자신의 위치를 확보하게 된다. 이렇게 하여 인간은 야만의 상태에서 벗어나 문화를 이룩하기 위한 진정한 진보의 첫걸음을 내딛게 된다. 이때부터 모든 능력이 점차 계발되고 아름다움을 판정하는 능력도 형성된다. 나아가 자연적 소질에 의해 도덕성을 어렴풋하게 느끼기만 하던상 태에서 벗어나, 지속적인 계몽을 통하여 구체적인 실천 원리를 명료하게 인식할 수 있는 성숙한 단계로 접어든다. 그 결과 자연적인 감정을 기반으로 결합된 사회를 도덕적인 전체로 바꿀 수 있는 사유 방식이 확립된다.
> 인간에게 이러한 반사회성이 없다면, 인간의 모든 재능은 꽃피지 못하고 만족감과 사랑으로 가득 찬 목가적인 삶속에서 영원히 묻혀 버리고 말 것이다. 그리고 양처럼 선량한 기질의 사람들은 가축

창의수리 ▸ 방정식

☑ 제한시간 60초

09 S씨는 뒷산에 등산을 갔다. 오르막길 A는 1.5km/h로 이동하였고, 내리막길 B는 4km/h로 이동하였다. A로 올라갔다가 B로 내려오는 데 총 6시간 30분이 걸렸고, 정상에서 30분 동안 휴식을 하였다. 오르막길과 내리막길이 총 14km일 때, A의 거리는?

① 2km ② 4km
③ 6km ④ 8km
⑤ 10km

언어추리 ▸ 조건추리

03 고등학교 동창인 A ~ F 여섯 명은 중국음식점에서 식사를 하기 위해 원형 테이블에 앉았다. 〈조건〉이 다음과 같을 때, 항상 옳은 것은?

> **조건**
> • E와 F는 서로 마주보고 앉아 있다.
> • C와 B는 붙어 있다.
> • A는 F와 한 칸 떨어져 앉아 있다.
> • D는 F의 바로 오른쪽에 앉아 있다.

① A와 B는 마주보고 있다. ② A와 D는 붙어 있다.
③ B는 F와 붙어 있다. ④ C는 F와 붙어 있다.
⑤ D는 C와 마주보고 있다.

삼성

수리 ▶ 자료해석

2023년 적중

06 다음은 지역별 내·외국인 거주자 현황을 나타내는 자료이다. 이에 대한 설명으로 옳은 것은?

〈지역별 내·외국인 거주자 현황〉

지역	2020년		2021년		2022년	
	거주자(만 명)	외국인 비율(%)	거주자(만 명)	외국인 비율(%)	거주자(만 명)	외국인 비율(%)
서울	1,822	8.2	2,102	9.2	1,928	9.4
인천	1,350	12.2	1,552	15.9	1,448	16.1
경기	990	14.6	1,122	14.4	1,190	15.7
강원	280	1.8	221	1.2	255	1
대전	135	4.5	102	3.1	142	3.5
세종	28	5.2	24	5.3	27	5.7
충청	688	1.2	559	0.5	602	0.7
경상	820	2.8	884	2.1	880	6
전라	741	2.1	668	1.9	708	1.7

추리 ▶ 명제

2023년 적중

※ 제시된 명제가 참일 때, 빈칸에 들어갈 명제로 가장 적절한 것을 고르시오. **[1~3]**

01

전제1. 포유류는 새끼를 낳아 키운다.
전제2. 고양이는 포유류이다.
결론. ____________________

① 포유류는 고양이이다.
② 고양이는 새끼를 낳아 키운다.
③ 새끼를 낳아 키우는 것은 고양이이다

추리 ▶ 진실게임

Hard

05 하경이는 생일을 맞이하여 같은 반 친구들인 민지, 슬기, 경서, 성준, 민준을 생일 파티에 초대하였다. 하경이와 친구들이 함께 축하 파티를 하기 위해 간격이 일정한 원형 테이블에 다음 〈조건〉과 같이 앉았을 때, 항상 참이 되는 것은?

조건
- 하경이의 바로 옆 자리에는 성준이나 민준이가 앉지 않았다.
- 슬기는 성준이 또는 경서의 바로 옆 자리에 앉았다.
- 민지의 바로 왼쪽 자리에는 경서가 앉았다.
- 슬기와 민준이 사이에 한 명이 앉아 있다.

① 하경이는 민준이와 서로 마주보고 앉아 있다.
② 민지는 민준이 바로 옆 자리에 앉아 있다.
③ 경서는 하경이 바로 옆 자리에 앉아 있다

주요 대기업 적중 문제 TEST CHECK

LG

언어추리 ▸ 참/거짓

Easy

11 A～E는 점심 식사 후 제비뽑기를 통해 '꽝'이 적힌 종이를 뽑은 한 명이 나머지 네 명의 아이스크림을 모두 사주기로 하였다. 다음의 대화에서 한 명이 거짓말을 한다고 할 때, 아이스크림을 사야 할 사람은 누구인가?

> A : D는 거짓말을 하고 있지 않아.
> B : '꽝'을 뽑은 사람은 C이다.
> C : B의 말이 사실이라면 D의 말은 거짓이야.
> D : E의 말이 사실이라면 '꽝'을 뽑은 사람은 A이다.
> E : C는 빈 종이를 뽑았어.

① A
② B
③ C
④ D
⑤ E

자료해석 ▸ 자료계산

05 다음은 소비자 동향을 조사한 자료이다. (A)+(B)+(C)−(D)의 값으로 알맞은 것은?

〈2022년 하반기 소비자 동향조사〉

[단위 : CSI(소비자 동향지수)]

구분	7월	8월	9월	10월	11월	12월	평균
생활형편전망	98	98	98	98	92	92	96
향후경기전망	80	85	83	80	64	(B)	76
가계수입전망	100	100	100	99	98	97	99
소비자지출전망	106	(A)	107	107	106	99	(C)
평균	96	97	97	96	90	(D)	–

① 176
② 186
③ 196
④ 206

창의수리 ▸ 경우의 수

14 L사의 마케팅부, 영업부, 영업지원부에서 2명씩 대표로 회의에 참석하기로 하였다. 자리배치는 원탁 테이블에 같은 부서 사람이 옆자리로 앉는다고 할 때, 6명이 앉을 수 있는 경우의 수는 몇 가지인가?

① 15가지
② 16가지
③ 17가지
④ 18가지
⑤ 20가지

포스코

자료해석 ▶ 자료이해

Easy

01 P편의점은 3 ~ 8월까지 6개월간 캔 음료 판매현황을 아래와 같이 정리하였다. 다음 자료를 이해한 내용으로 적절하지 않은 것은?(단, 3 ~ 5월은 봄, 6 ~ 8월은 여름이다)

〈P편의점 캔 음료 판매현황〉

(단위 : 캔)

구분	맥주	커피	탄산음료	이온음료	과일음료
3월	601	264	448	547	315
4월	536	206	452	523	362
5월	612	184	418	519	387
6월	636	273	456	605	406
7월	703	287	476	634	410
8월	812	312	513	612	419

추리 ▶ 버튼도식

※ 다음 규칙을 바탕으로 이어지는 질문에 답하시오. [9~12]

작동 버튼	기능
A	홀수 칸의 도형을 서로 바꾼다.
B	짝수 칸의 도형을 서로 바꾼다.
C	첫 번째와 두 번째의 도형을 서로 바꾼다.
D	세 번째와 네 번째의 도형을 서로 바꾼다.

09 〈보기〉의 왼쪽 상태에서 작동 버튼을 두 번 눌렀더니, 오른쪽과 같은 결과가 나타났다. 다음 중 작동 버튼의 순서를 바르게 나열한 것은?

보기

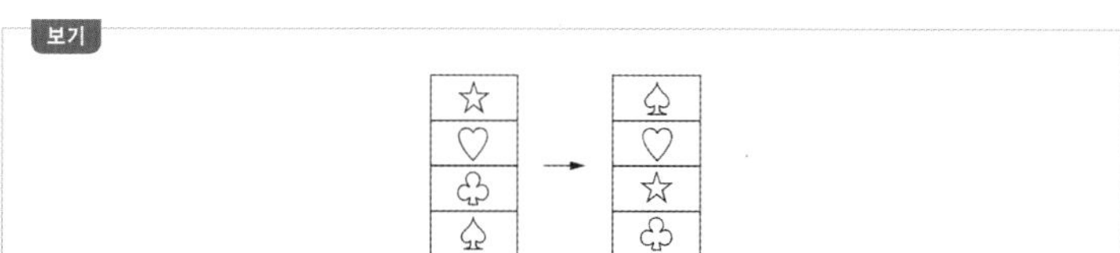

추리 ▶ 수추리

※ 일정한 규칙으로 수를 나열할 때, 빈칸에 들어갈 알맞은 숫자를 고르시오. [14~15]

14

−11 −22 −12 −3 −6 ( ) 1

① −9
② 2
③ 4
④ 6

도서 200% 활용하기 STRUCTURES

1 기출복원문제로 출제 경향 파악

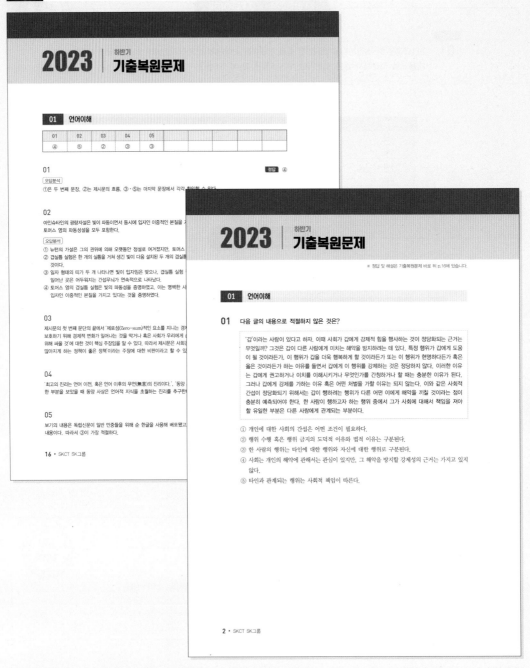

2023 | 하반기 기출복원문제

01 언어이해

01	02	03	04	05					
④	⑤	②	③	③					

01 정답 ④

오답분석

①은 두 번째 문장, ②는 제시문의 흐름, ③·⑤는 마지막 문장에서 각각 확인할 수 있다.

02

아인슈타인의 광량자설은 빛이 파동이면서 동시에 입자인 이중적인 본질을 가 … 토머스 영의 파동성설을 모두 포함한다.

오답분석

① 뉴턴의 가설은 그의 권위에 의해 오랫동안 정설로 여겨졌지만, 토머스 …
② 겹실틈 실험은 한 개의 실틈을 거쳐 생긴 빛이 다음 설치된 두 개의 겹실틈 … 것이다.
③ 일자 형태의 띠가 두 개 나타나면 빛이 입자임은 맞으나, 겹실틈 실험 … 일어난 곳은 어두워지는 간섭무늬가 연속적으로 나타났다.
④ 토머스 영의 겹실틈 실험은 빛의 파동성을 증명하였고, 이는 명백한 사 … 입자인 이중적인 본질을 가지고 있다는 것을 증명하였다.

03

제시문의 첫 번째 문단의 끝에서 '제로섬(Zero-sum)적인 요소를 지니는 경 … 보호하기 위해 경제적 변화가 일어나는 것을 막거나 혹은 사회가 우리에게 … 위해 싸울 것'에 대한 것이 핵심 주장임을 알 수 있다. 따라서 제시문은 사회 … 많아지게 하는 정책이 좋은 정책'이라는 주장에 대한 비판이라고 할 수 있 …

04

'최고의 진리는 언어 이전, 혹은 언어 이후의 무언(無言)의 진리이다.', '동양 … 한 부분을 보았을 때 동양 사상은 언어적 지식을 초월하는 진리를 추구한 …

05

보기의 내용은 독립신문이 일반 민중들을 위해 순 한글을 사용해 배포됐고 … 내용이다. 따라서 ③이 가장 적절하다.

16 • SKCT SK그룹

2023 | 하반기 기출복원문제

※ 정답 및 해설은 기출복원문제 바로 뒤 p.16에 있습니다.

01 언어이해

01 다음 글의 내용으로 적절하지 않은 것은?

> '갑'이라는 사람이 있다고 하자. 이때 사회가 갑에게 강제적 힘을 행사하는 것이 정당화되는 근거는 무엇일까? 그것은 갑이 다른 사람에게 미치는 해악을 방지하려는 데 있다. 특정 행위가 갑에게 도움이 될 것이라든가, 이 행위가 갑을 더욱 행복하게 할 것이라든가 또는 이 행위가 현명하다든가 혹은 옳은 것이라든가 하는 이유를 들면서 갑에게 이 행위를 강제하는 것은 정당하지 않다. 이러한 이유는 갑에게 권고하거나 이치를 이해시키거나 무엇인가를 간청하거나 할 때는 충분한 이유가 된다. 그러나 갑에게 강제를 가하는 이유 혹은 어떤 처벌을 가할 이유는 되지 않는다. 이와 같은 사회적 간섭이 정당화되기 위해서는 갑이 행하려는 행위가 다른 어떤 이에게 해악을 끼칠 것이라는 점이 충분히 예측되어야 한다. 한 사람이 행하고자 하는 행위 중에서 그가 사회에 대해서 책임을 져야 할 유일한 부분은 다른 사람에게 관계되는 부분이다.

① 개인에 대한 사회의 간섭은 어떤 조건이 필요하다.
② 행위 수행 혹은 행위 금지의 도덕적 이유와 법적 이유는 구분된다.
③ 한 사람의 행위는 타인에 대한 행위와 자신에 대한 행위로 구분된다.
④ 사회는 개인의 해악에 관해서는 관심이 있지만, 그 해악을 방지할 강제성의 근거는 가지고 있지 않다.
⑤ 타인과 관계되는 행위는 사회적 책임이 따른다.

2 • SKCT SK그룹

▸ 2023년 하반기 기출복원문제를 수록하여 최신 출제 경향을 파악할 수 있도록 하였다. 또한, 이를 바탕으로 학습을 시작하기 전에 자신의 실력을 판단할 수 있도록 하였다.

2 이론점검, 출제유형분석, 실전예제로 영역별 단계적 학습

CHAPTER 01 이론점검

01 논리구조

출제유형분석 01 주제 · 제목 찾기

출제유형분석 04 실전예제

01 다음 글을 통해 추론할 수 없는 것은?

> 제약 연구원이란 제약 회사에서 약을 만드는 과정에 참여하는 사람을 말한다. 제약 연구원은 이러한 모든 단계에 참여하지만, 특히 신약 개발 단계와 임상 시험 단계에서 가장 중점적인 역할을 한다. 일반적으로 약을 만드는 과정은 새로운 약품을 개발하는 신약 개발 단계, 임상 시험을 통해 개발된 신약의 약효를 확인하는 임상 시험 단계, 식약처에 신약이 판매될 수 있도록 허가를 요청하는 약품 허가 요청 단계, 마지막으로 의료진과 환자를 대상으로 신약에 대해 홍보하는 영업 및 마케팅의 단계로 나눈다.
>
> 제약 연구원이 되기 위해서는 일반적으로 약학을 전공해야 한다고 생각하기 쉽지만, 약학 전공자 이외에도 생명 공학, 화학 공학, 유전 공학 전공자들이 제약 연구원으로 활발하게 참여하고 있다. 만일 신약 개발의 전문가가 되고 싶다면 해당 분야에서 오랫동안 연구한 경험이 필요하기 때문에 대학원에서 석사나 박사 학위를 취득하는 것이 유리하다.
>
> 제약 연구원이 되기 위해서는 전문적인 지식도 중요하지만, 사람의 생명과 관련된 일인 만큼, 무엇보다도 꼼꼼함과 신중함, 책임 의식이 필요하다. 또한 제약 회사라는 공동체 안에서 일을 하는 것이므로 원만한 일의 진행을 위해서 의사소통 능력도 필수적으로 요구된다. 오늘날 제약 분야가 빠르게 성장하고 있다는 점을 고려할 때, 일에 대한 도전 의식, 호기심과 탐구심 등도 제약 연구원에게 필요한 능력으로 꼽을 수 있다.

① 제약 연구원은 약품 허가 요청 단계에 참여한다.
② 오늘날 제약 연구원에게 요구되는 능력이 많아졌다.
③ 생명이나 유전 공학 전공자도 제약 연구원으로 일할 수 있다.
④ 신약 개발 전문가가 되려면 반드시 석사나 박사를 취득해야 한다.
⑤ 제약 연구원과 관련된 정보가 부족하다면 약학을 전공해야만 제약 연구원이 될 수 있다고 생각할 수 있다.

22 • SKCT SK그룹

▸ 출제되는 영역에 대한 이론점검, 출제유형분석, 실전예제를 수록하여 최근 출제되는 유형을 익히고 점검할 수 있도록 하였으며 이를 바탕으로 기본기를 튼튼히 준비할 수 있도록 하였다.

도서 200% 활용하기 STRUCTURES

3 최종점검 모의고사 + 도서 동형 온라인 실전연습 서비스로 반복 학습

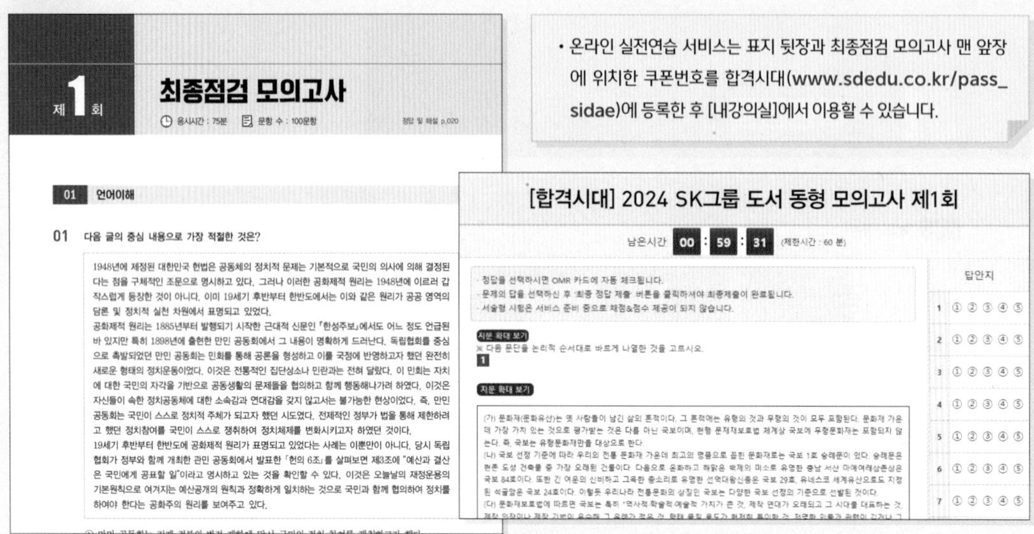

▸ 실제 시험과 유사하게 구성된 최종점검 모의고사를 통해 최종 마무리를 할 수 있으며, 이와 동일한 문제로 구성된 온라인 실전연습 서비스로 실제 시험처럼 연습해 볼 수 있다.

4 심층검사부터 면접까지 한 권으로 대비하기

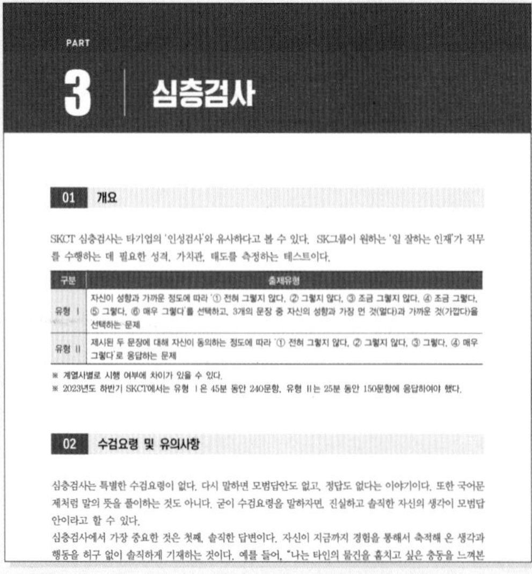

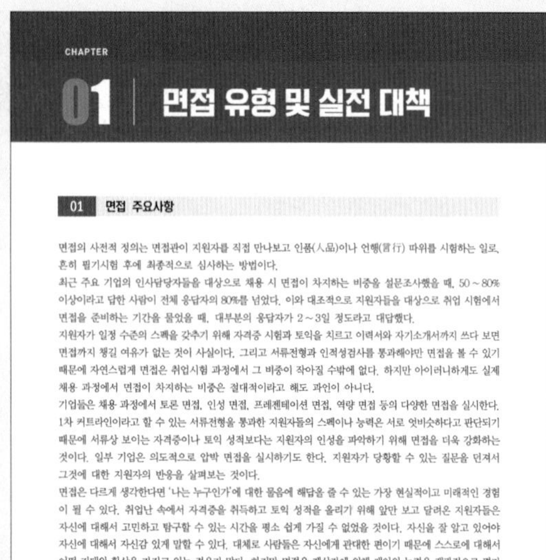

▸ 심층검사 모의연습을 통해 필기시험과 함께 시행되는 인성검사를 대비할 수 있도록 하였고, 면접 기출 질문을 통해 실제 면접에서 나오는 질문에 미리 대비할 수 있도록 하였다.

5 Easy & Hard로 난이도별 시간 분배 연습

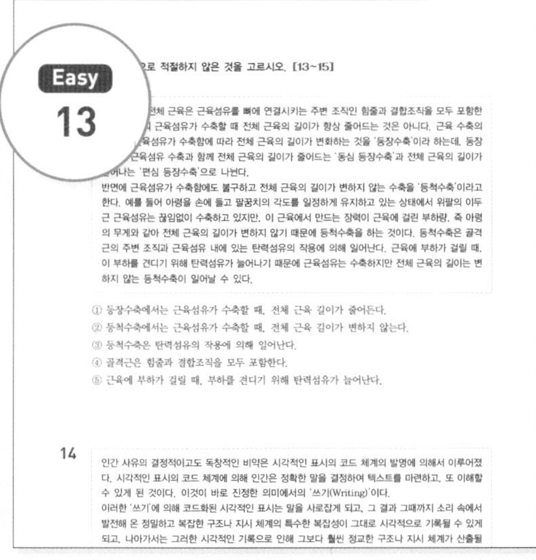

Easy 13

…으로 적절하지 않은 것을 고르시오. [13~15]

…전체 근육은 근육섬유를 뼈에 연결시키는 주변 조직인 힘줄과 결합조직을 모두 포함한 …의 근육섬유가 수축할 때 전체 근육의 길이가 항상 줄어드는 것은 아니다. 근육 수축의 … 육섬유가 수축함에 따라 전체 근육의 길이가 변화하는 것을 '등장수축'이라 하는데, 등장 … 근육섬유 수축과 함께 전체 근육의 길이가 줄어드는 '동심 등장수축'과 전체 근육의 길이가 …어나는 '편심 등장수축'으로 나뉜다.

반면에 근육섬유가 수축함에도 불구하고 전체 근육의 길이가 변하지 않는 수축을 '등척수축'이라고 한다. 예를 들어 아령을 손에 들고 팔꿈치의 각도를 일정하게 유지하고 있는 상태에서 위팔의 이두근 근육섬유는 끊임없이 수축하고 있지만, 이 근육에서 만드는 장력이 근육에 걸린 부하량, 즉 아령의 무게와 같아 전체 근육의 길이가 변하지 않기 때문에 등척수축을 하는 것이다. 등척수축은 골격근의 주변 조직과 근육섬유 내에 있는 탄력섬유의 작용에 의해 일어난다. 근육에 부하가 걸릴 때, 이 부하를 견디기 위해 탄력섬유가 늘어나기 때문에 근육섬유는 수축하지만 전체 근육의 길이는 변하지 않는 등척수축이 일어날 수 있다.

① 등장수축에서는 근육섬유가 수축할 때, 전체 근육 길이가 줄어든다.
② 등척수축에서는 근육섬유가 수축할 때, 전체 근육 길이가 변하지 않는다.
③ 등척수축은 탄력섬유의 작용에 의해 일어난다.
④ 골격근은 힘줄과 결합조직을 모두 포함한다.
⑤ 근육에 부하가 걸릴 때, 부하를 견디기 위해 탄력섬유가 늘어난다.

14

인간 사유의 결정적이고도 독창적인 비약은 시각적인 표시의 코드 체계의 발명에 의해서 이루어졌다. 시각적인 표시의 코드 체계에 의해 인간은 정확한 말을 결정하여 텍스트를 마련하고, 또 이해할 수 있게 된 것이다. 이것이 바로 진정한 의미에서의 '쓰기(Writing)'이다.

이러한 '쓰기'에 의해 코드화된 시각적인 표시는 말을 사로잡게 되고, 그 결과 그때까지 소리 속에서 발전해 온 정밀하고 복잡한 구조나 지시 체계의 특수한 복잡성이 그대로 시각적으로 기록될 수 있게 되고, 나아가서는 그러한 시각적인 기록으로 인해 그보다 훨씬 정교한 구조나 지시 체계가 산출될

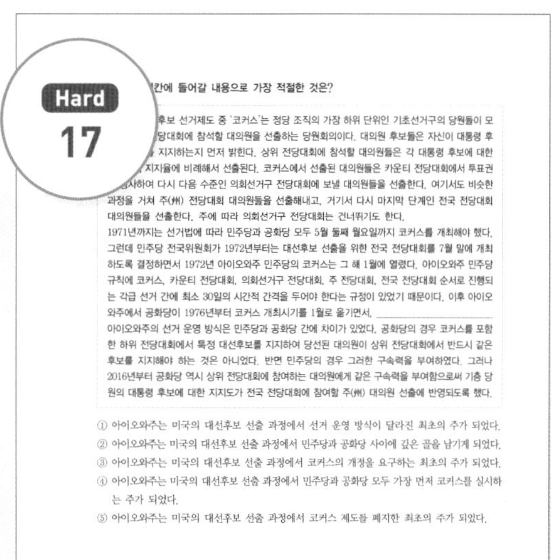

Hard 17

…칸에 들어갈 내용으로 가장 적절한 것은?

…후보 선거제도 중 '코커스'는 정당 조직의 가장 하위 단위인 기초선거구의 당원들이 모 … 당대회에 참석할 대의원을 선출하는 당원회의이다. 대의원 후보들은 자신이 대통령 후 … 지지하는지 먼저 밝힌다. 상위 전당대회에 참석할 대의원들은 각 대통령 후보에 대한 … 지지율에 비례해서 선출된다. 코커스에서 선출된 대의원들은 카운티 전당대회에서 투표권 …사하여 다시 다음 수준인 의회선거구 전당대회에 보낼 대의원들을 선출한다. 여기서도 비슷한 과정을 거쳐 주(州) 전당대회 대의원들을 선출해내고, 거기서 다시 마지막 단계인 전국 전당대회 대의원들을 선출한다. 주에 따라 의회선거구 전당대회는 건너뛰기도 한다.

1971년까지는 선거법에 따라 민주당과 공화당 모두 5월 둘째 월요일까지 코커스를 개최해야 했다. 그런데 민주당 전국위원회가 1972년부터는 대선후보 선출을 위한 전국 전당대회를 7월 말에 개최하도록 결정하면서 1972년 아이오와주 민주당의 코커스는 그 해 1월에 열렸다. 아이오와주 민주당 규칙에 코커스, 카운티 전당대회, 의회선거구 전당대회, 주 전당대회, 전국 전당대회 순서로 진행되는 각급 선거 간에 최소 30일의 시간적 간격을 두어야 한다는 규정이 있었기 때문이다. 이후 아이오와주에서 공화당이 1976년부터 코커스 개최시기를 1월로 옮기면서, ______

아이오와주의 선거 운영 방식은 민주당과 공화당 간에 차이가 있었다. 공화당의 경우 코커스를 포함한 하위 전당대회에서 특정 대선후보를 지지하여 당선된 대의원이 상위 전당대회에서 반드시 같은 후보를 지지해야 하는 것은 아니었다. 반면 민주당의 경우 그러한 구속력을 부여하였다. 그러나 2016년부터 공화당 역시 상위 전당대회에 참여하는 대의원에게 같은 구속력을 부여함으로써 기층 당원의 대통령 후보에 대한 지지도가 전국 전당대회에 참여할 주(州) 대의원 선출에 반영되도록 했다.

① 아이오와주는 미국의 대선후보 선출 과정에서 선거 운영 방식이 달라진 최초의 주가 되었다.
② 아이오와주는 미국의 대선후보 선출 과정에서 민주당과 공화당 사이에 깊은 골을 남기게 되었다.
③ 아이오와주는 미국의 대선후보 선출 과정에서 코커스의 개정을 요구하는 최초의 주가 되었다.
④ 아이오와주는 미국의 대선후보 선출 과정에서 민주당과 공화당 모두 가장 먼저 코커스를 실시하는 주가 되었다.
⑤ 아이오와주는 미국의 대선후보 선출 과정에서 코커스 제도를 폐지한 최초의 주가 되었다.

▸ 조금만 연습하면 시간을 절약할 수 있는 난이도가 낮은 문제와 함께, 다른 문제에서 절약한 시간을 투자해야 하는 고난도 문제를 각각 표시하였다. 이를 통해 일반적인 문제들과는 다르게 시간을 적절하게 분배하여 연습이 가능하도록 하였다.

6 정답 및 오답분석으로 풀이까지 완벽 마무리

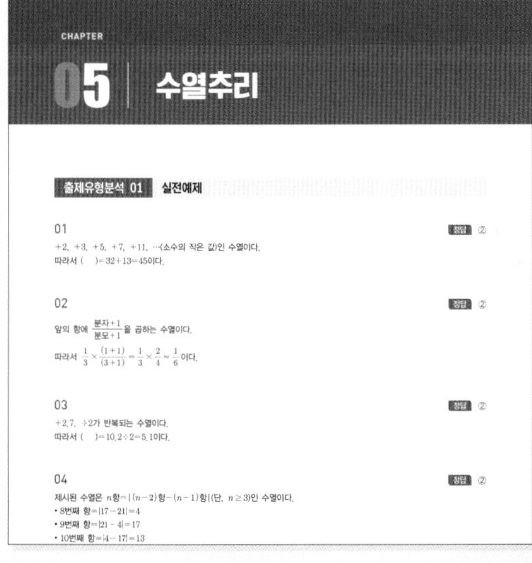

CHAPTER 05 수열추리

출제유형분석 01 실전예제

01 정답 ②

+2, +3, +5, +7, +11, …(소수의 작은 값)인 수열이다.
따라서 ( )=32+13=45이다.

02 정답 ②

앞의 항에 $\frac{분자+1}{분모+1}$을 곱하는 수열이다.
따라서 $\frac{1}{3} \times \frac{(1+1)}{(3+1)} = \frac{1}{3} \times \frac{2}{4} = \frac{1}{6}$이다.

03 정답 ②

+2.7, ÷2가 반복되는 수열이다.
따라서 ( )=10.2÷2=5.1이다.

04 정답 ②

제시된 수열은 n항=|(n−2)항−(n−1)항|(단, $n \geq 3$)인 수열이다.
• 8번째 항=|17−21|=4
• 9번째 항=|21−4|=17
• 10번째 항=|4−17|=13

제 1 회 최종점검 모의고사

01 언어이해

01	02	03	04	05	06	07	08	09	10
⑤	③	④	④	①	②	①	②	①	④
11	12	13	14	15	16	17	18	19	20
④	④	①	④	⑤	①	④	②	③	②

01 정답 ⑤

글쓴이는 첫 번째 문단에서 1948년에 제정된 대한민국 헌법에 드러난 공화제적 원리는 1948년에 이르러 갑자기 등장한 것이 아니라 이미 19세기 후반부터 표명되고 있었다고 말하면서 구체적인 예를 들어 설명하고 있다.
1885년 「한성주보」에서 공화제적 원리가 언급되었고, 1898년 만민 공동회에서는 그 내용이 명확하게 드러났다고 하였다. 또한 독립협회의 「헌의 6조」에서 공화주의 원리를 찾아볼 수 있다고 하였다. 따라서 제시문의 중심 내용은 ⑤이다.

02 정답 ③

용융 탄산염형 연료전지는 고온에서 고가의 촉매제가 필요하지 않고, 열병합에 용이한 덕분에 발전 사업용으로 활용할 수 있다. 또한 고체 산화물형 연료전지는 800～1,000℃의 고온에서 작동하여 발전 시설로서 가치가 크다. 따라서 발전용으로 적절한 연료전지는 용융 탄산염형 연료전지와 고체 산화물형 연료전지이다.

오답분석

① 알칼리형 연료전지는 연료나 촉매에서 발생하는 이산화탄소를 잘 버티지 못한다는 단점 때문에 1960년대부터 우주선에 주로 사용해 왔다.
② 인산형 연료전지는 진한 인산을 전해질로, 백금을 촉매로 사용한다.
④ 고체 산화물형 연료전지는 전해질을 투입하지 않는 것이 아니라, 전해질이 고체 세라믹이어서 전지의 부식 문제를 보완한 형태이다.
⑤ 고분자 전해질형 연료전지는 수소에 일산화탄소가 조금이라도 들어갈 경우 백금과 루테늄의 합금을 촉매로 사용한다.

▸ 정답에 대한 자세한 해설은 물론 문제별 오답분석을 수록하여 오답이 되는 이유를 올바르게 이해할 수 있도록 하였다.

학습플랜 STUDY PLAN

1주 완성 학습플랜

본서에 수록된 전 영역을 단기간에 끝낼 수 있도록 구성한 학습플랜이다. 한 번에 전 영역을 공부하지 않고, 한 영역을 집중적으로 공부할 수 있도록 하였다. 인성검사 및 필기시험에 대한 기초 학습은 되어 있으나, 학습 계획 세우기에 자신이 없는 분들이나 미리 시험에 대비하지 못해 단시간에 많은 분량을 봐야 하는 수험생에게 추천한다.

ONE WEEK STUDY PLAN

	1일 차 ☐	2일 차 ☐	3일 차 ☐
	____월 ____일	____월 ____일	____월 ____일
Start!			

4일 차 ☐	5일 차 ☐	6일 차 ☐	7일 차 ☐
____월 ____일	____월 ____일	____월 ____일	____월 ____일

STUDY CHECK BOX

구분	1일 차	2일 차	3일 차	4일 차	5일 차	6일 차	7일 차
기출복원문제							
PART 1							
최종점검 모의고사 1회							
최종점검 모의고사 2회							
최종점검 모의고사 3회							
최종점검 모의고사 4회							
다회독 1회							
다회독 2회							
오답분석							

스터디 체크박스 활용법

1주 완성 **학습플랜**에서 계획한 학습량을 어느 정도 실천하였는지 표시하여 자신의 학습량을 효율적으로 관리할 수 있다.

구분	1일 차	2일 차	3일 차	4일 차	5일 차	6일 차	7일 차
PART 1	언어이해	×	×	완료			

이 책의 차례 CONTENTS

Add+

2023년 하반기 기출복원문제

※ 기출복원문제는 수험생들의 후기를 통해 SD에듀에서 복원한 문제로 실제 문제와 다소 차이가 있을 수 있으며, 본 저작물의 무단전재 및 복제를 금합니다.

2023 하반기 기출복원문제

※ 정답 및 해설은 기출복원문제 바로 뒤 p.16에 있습니다.

01 언어이해

01 다음 글의 내용으로 적절하지 않은 것은?

> ‘갑’이라는 사람이 있다고 하자. 이때 사회가 갑에게 강제적 힘을 행사하는 것이 정당화되는 근거는 무엇일까? 그것은 갑이 다른 사람에게 미치는 해악을 방지하려는 데 있다. 특정 행위가 갑에게 도움이 될 것이라든가, 이 행위가 갑을 더욱 행복하게 할 것이라든가 또는 이 행위가 현명하다든가 혹은 옳은 것이라든가 하는 이유를 들면서 갑에게 이 행위를 강제하는 것은 정당하지 않다. 이러한 이유는 갑에게 권고하거나 이치를 이해시키거나 무엇인가를 간청하거나 할 때는 충분한 이유가 된다. 그러나 갑에게 강제를 가하는 이유 혹은 어떤 처벌을 가할 이유는 되지 않는다. 이와 같은 사회적 간섭이 정당화되기 위해서는 갑이 행하려는 행위가 다른 어떤 이에게 해악을 끼칠 것이라는 점이 충분히 예측되어야 한다. 한 사람이 행하고자 하는 행위 중에서 그가 사회에 대해서 책임을 져야 할 유일한 부분은 다른 사람에게 관계되는 부분이다.

① 개인에 대한 사회의 간섭은 어떤 조건이 필요하다.
② 행위 수행 혹은 행위 금지의 도덕적 이유와 법적 이유는 구분된다.
③ 한 사람의 행위는 타인에 대한 행위와 자신에 대한 행위로 구분된다.
④ 사회는 개인의 해악에 관해서는 관심이 있지만, 그 해악을 방지할 강제성의 근거는 가지고 있지 않다.
⑤ 타인과 관계되는 행위는 사회적 책임이 따른다.

Hard

02 다음 글의 내용으로 가장 적절한 것은?

> 뉴턴은 빛이 눈에 보이지 않는 작은 입자라고 주장하였고, 이것은 그의 권위에 의지하여 오랫동안 정설로 여겨졌다. 그러나 19세기 초에 토머스 영의 겹실틈실험은 빛의 파동성을 증명하였다. 이 실험의 방법은 먼저 한 개의 실틈을 거쳐 생긴 빛이 다음에 설치된 두 개의 겹실틈을 지나가게 하여 스크린에 나타나는 무늬를 관찰하는 것이다.
>
> 이때 빛이 파동이냐 입자이냐에 따라 결과 값이 달라진다. 즉, 빛이 입자라면 일자 형태의 띠가 두 개 나타나야 하는데, 실험 결과 스크린에는 예상과 다른 무늬가 나타났다. 마치 두 개의 파도가 만나면 골과 마루가 상쇄와 간섭을 일으키듯이, 보강 간섭이 일어난 곳은 밝아지고 상쇄 간섭이 일어난 곳은 어두워지는 간섭무늬가 연속적으로 나타난 것이다. 그러나 19세기 말부터 빛의 파동성으로는 설명할 수 없는 몇 가지 실험적 사실이 나타났다. 1905년에 아인슈타인은 빛은 광량자라고 하는 작은 입자로 이루어졌다는 광량자설을 주장하였다. 빛의 파동성은 명백한 사실이었으므로 이것은 빛이 파동이면서 동시에 입자인 이중적인 본질을 가지고 있다는 것을 의미하는 것이었다.

① 뉴턴의 가설은 그의 권위에 의해 현재까지도 정설로 여겨진다.

② 겹실틈 실험은 한 개의 실틈을 거쳐 생긴 빛이 다음 설치된 두 개의 겹실틈을 지나가게 해서 그 틈을 관찰하는 것이다.

③ 겹실틈 실험 결과, 일자 형태의 띠가 두 개 나타났으므로, 빛은 입자이다.

④ 토머스 영의 겹실틈 실험은 빛의 파동성을 증명하였지만, 이는 아인슈타인에 의해서 거짓으로 판명 났다.

⑤ 아인슈타인의 광량자설은 뉴턴과 토머스 영의 가설을 모두 포함한다.

03 다음 글이 비판의 대상으로 삼는 주장으로 가장 적절한 것은?

경제 문제는 대개 해결이 가능하다. 대부분의 경제 문제에는 몇 개의 해결책이 있다. 그러나 모든 해결책은 누군가가 상당한 손실을 반드시 감수해야 한다는 특징을 갖고 있다. 하지만 누구도 이 손실을 자발적으로 감수하고자 하지 않으며, 우리의 정치제도는 누구에게도 이 짐을 짊어지라고 강요할 수 없다. 우리의 정치적·경제적 구조로는 실질적으로 제로섬(Zero-sum)적인 요소를 지니는 경제 문제에 전혀 대처할 수 없기 때문이다.

대개의 경제적 해결책은 대규모의 제로섬적인 요소를 갖기 때문에 큰 손실을 수반한다. 모든 제로섬 게임에는 승자가 있다면 반드시 패자가 있으며, 패자가 존재해야만 승자가 존재할 수 있다. 경제적 이득이 경제적 손실을 초과할 수도 있지만, 손실의 주체에게 손실의 의미란 상당한 크기의 경제적 이득을 부정할 수 있을 만큼 매우 중요하다. 어떤 해결책으로 인해 평균적으로 사회는 더 잘살게 될 수도 있지만, 이 평균이 훨씬 더 잘살게 된 수많은 사람과 훨씬 더 못살게 된 수많은 사람을 감춘다. 만약 당신이 더 못살게 된 사람 중 하나라면 내 수입이 줄어든 것보다 다른 누군가의 수입이 더 많이 늘었다고 해서 위안을 얻지는 않을 것이다. 결국 우리는 우리 자신의 수입을 보호하기 위해 경제적 변화가 일어나는 것을 막거나 혹은 사회가 우리에게 손해를 입히는 공공정책이 강제로 시행되는 것을 막기 위해 싸울 것이다.

① 빈부격차를 해소하는 것만큼 중요한 정책은 없다.
② 사회의 총생산량이 많아지게 하는 정책이 좋은 정책이다.
③ 경제문제에서 모두가 만족하는 해결책은 존재하지 않는다.
④ 경제적 변화에 대응하는 정치제도의 기능에는 한계가 존재한다.
⑤ 경제정책의 효율성을 높이는 방법은 일관성을 유지하는 것이다.

Easy

04 다음 글의 주제로 가장 적절한 것은?

동양 사상이라 해서 언어와 개념을 무조건 무시하는 것은 결코 아니다. 만약 그렇다면 동양 사상은 경전이나 저술을 통해 언어화되지 않고 순전히 침묵 속에서 전수되어 왔을 것이다. 물론 이것은 사실이 아니다. 동양 사상도 끊임없이 언어적으로 다듬어져 왔으며 논리적으로 전개되어 왔다. 흔히 동양 사상은 신비주의적이라고 말하지만, 이것은 동양 사상의 한 면만을 특정 지우는 것이지 결코 동양의 철인(哲人)들이 사상을 전개함에 있어 논리를 무시했다거나 항시 어떤 신비적인 체험에 호소해서 자신의 주장들을 폈다는 것을 뜻하지는 않는다. 그러나 역시 동양 사상은 신비주의적임에 틀림없다. 거기서는 지고(至高)의 진리란 언제나 언어화될 수 없는 어떤 신비한 체험의 경지임이 늘 강조되어 왔기 때문이다. 최고의 진리는 언어 이전, 혹은 언어 이후의 무언(無言)의 진리이다. 엉뚱하게 들리겠지만, 동양 사상의 정수(精髓)는 말로써 말이 필요 없는 경지를 가리키려는 데에 있다고 해도 과언이 아니다. 말이 스스로를 부정하고 초월하는 경지를 나타내도록 사용된 것이다. 언어로써 언어를 초월하는 경지를 나타내고자 하는 것이야말로 동양 철학이 지닌 가장 특징적인 정신이다. 동양에서는 인식의 주체를 심(心)이라는 매우 애매하면서도 포괄적인 말로 이해해 왔다. 심(心)은 물(物)과 항시 자연스러운 교류를 하고 있으며, 이성은 단지 심(心)의 일면일 뿐인 것이다. 동양은 이성의 오만이라는 것을 모른다. 지고의 진리, 인간을 살리고 자유롭게 하는 생동적 진리는 언어적 지성을 넘어선다는 의식이 있었기 때문일 것이다. 언어는 언제나 마음을 못 따르며 둘 사이에는 항시 괴리가 있다는 생각이 동양인들의 의식 저변에 깔려 있는 것이다.

① 동양 사상은 신비주의적인 요소가 많다.
② 언어와 개념을 무시하면 동양 사상을 이해할 수 없다.
③ 동양 사상은 언어적 지식을 초월하는 진리를 추구한다.
④ 인식의 주체를 심(心)으로 표현하는 동양 사상은 이성적이라 할 수 없다.
⑤ 동양 사상에서는 언어는 마음을 따르므로 진리는 마음속에 있다고 주장한다.

05 다음 글을 바탕으로 〈보기〉의 내용으로부터 추론할 수 있는 내용으로 가장 적절한 것은?

독립신문은 우리나라 최초의 민간 신문이다. 사장 겸 주필(신문의 최고 책임자)은 서재필 선생이, 국문판 편집과 교정은 최고의 국어학자로 유명한 주시경 선생이, 그리고 영문판 편집은 선교사 호머 헐버트가 맡았다. 창간 당시 독립신문은 이들 세 명에 기자 두 명과 몇몇 인쇄공들이 합쳐 단출하게 시작했다.
신문은 우리가 흔히 사용하는 'A4 용지'보다 약간 큰 '국배판(218×304mm)' 크기로 제작됐고, 총 4면 중 3면은 순 한글판으로, 나머지 1면은 영문판으로 발행했다. 제1호는 '독닙신문'이고 영문판은 'Independent(독립)'로 조판했고, 내용을 살펴보면 제1면에는 대체로 논설과 광고가 실렸고, 제2면에는 관보・외국통신・잡보가, 제3면에는 물가・우체시간표・제물포 기선 출입항 시간표와 광고가 게재됐다.
독립신문은 민중을 개화시키고 교육하기 위해 발간된 것이지만, 그 이름에서부터 알 수 있듯 스스로 우뚝 서는 독립국을 만들고자 자주적 근대화 사상을 강조했다. 창간호 표지에는 '뎨일권 뎨일호. 조선 서울 건양 원년 사월 초칠일 금요일'이라고 표기했는데, '건양(建陽)'은 조선의 연호이고, 한성 대신 서울을 표기한 점과 음력 대신 양력을 쓴 점 모두 중국 사대주의에서 벗어난 자주독립을 꾀한 것으로 볼 수 있다.
독립신문이 발행되자 사람들은 모두 깜짝 놀랄 수밖에 없었다. 순 한글로 만들어진 것은 물론 유려한 편집 솜씨에 조판과 내용까지 완벽했기 때문이다. 무엇보다 제4면을 영어로 발행해 국내 사정을 외국에 알린다는 점은 호시탐탐 한반도를 노리던 일본 당국에 큰 부담을 안겨주었고, 더는 자기네들 마음대로 조선의 사정을 왜곡 보도할 수 없게 된 것이다.
날이 갈수록 독립신문을 구독하려는 사람은 늘어났고, 처음 300부씩 인쇄되던 신문이 곧 500부로, 나중에는 3,000부까지 확대된다. 오늘날에는 한 사람이 신문 한 부를 읽으면 폐지 처리하지만, 과거에는 돌려가며 읽는 경우가 많았고 시장이나 광장에서 글을 아는 사람이 낭독해주는 일도 빈번했기에 한 부의 독자 수는 50명에서 100명에 달했다. 이런 점을 감안해보면 실제 독립신문의 독자 수는 10만 명을 넘어섰다고 가늠해 볼 수 있다.

보기

우리 신문이 한문은 아니 쓰고 다만 국문으로만 쓰는 것은 상하귀천이 다 보게 함이라. 또 국문을 이렇게 구절을 떼어 쓴즉 아무라도 이 신문을 보기가 쉽고 신문 속에 있는 말을 자세히 알아보게 함이라.

① 교통수단도 발달하지 않던 과거에는 활자 매체인 신문이 소식 전달에 있어 절대적인 역할을 차지했다.
② 민중을 개화시키고 교육하기 위해 발간된 것으로 역사적・정치적으로 큰 의의를 가진다.
③ 한글을 사용해야 누구나 읽을 수 있다는 점을 인식해 한문우월주의에 영향을 받지 않고, 소신 있는 행보를 했다.
④ 일본이 한반도를 집어삼키려 하던 혼란기 우리만의 신문을 펴낼 수 있었다는 것에 큰 의의가 있다.
⑤ 중국의 지배에서 벗어나 자주독립을 꾀하고 스스로 우뚝 서는 독립국을 만들고자 자주적 사상을 강조했다.

02 자료해석

01 다음은 A기업 지원자의 인턴 및 해외연수 경험과 합격여부에 관한 자료이다. 이에 대한 〈보기〉의 설명 중 옳은 것을 모두 고르면?

〈A기업 지원자의 인턴 및 해외연수 경험과 합격여부〉

(단위 : 명, %)

인턴 경험	해외연수 경험	합격여부		합격률
		합격	불합격	
있음	있음	53	414	11.3
	없음	11	37	22.9
없음	있음	–	16	0.0
	없음	4	139	2.8

※ 합격률(%)$=\frac{(\text{합격자 수})}{(\text{합격자 수})+(\text{불합격자 수})}\times 100$

※ 합격률은 소수점 둘째 자리에서 반올림한 값임

보기

ㄱ. 해외연수 경험이 있는 지원자가 해외연수 경험이 없는 지원자보다 합격률이 높다.

ㄴ. 인턴 경험이 있는 지원자가 인턴 경험이 없는 지원자보다 합격률이 높다.

ㄷ. 인턴 경험과 해외연수 경험이 모두 있는 지원자 합격률은 인턴 경험만 있는 지원자 합격률의 2배 이상이다.

ㄹ. 인턴 경험과 해외연수 경험이 모두 없는 지원자와 인턴 경험만 있는 지원자 간 합격률 차이는 30%p보다 크다.

① ㄱ, ㄴ
② ㄱ, ㄷ
③ ㄴ, ㄷ
④ ㄱ, ㄴ, ㄹ
⑤ ㄴ, ㄷ, ㄹ

Easy

02 다음은 어느 지역에서 세대 간 직업이동성을 알아보기 위하여 임의로 표본 추출하여 조사한 자료이다. 직업은 편의상 A, B, C로 구분하였다면 〈보기〉의 설명 중 옳은 것을 모두 고르면?

〈세대 간 직업이동성 비율〉

(단위 : %)

부모의 직업 \ 자녀의 직업	A	B	C
A	45	48	7
B	5	70	25
C	1	50	49

※ 전체 부모 세대의 직업은 A가 10%, B가 40%, C가 50%이고, 조사한 부모당 자녀 수는 한 명임

보기

ㄱ. 자녀의 직업이 C일 확률은 $\frac{81}{100}$ 이다.

ㄴ. 자녀의 직업이 B인 경우에 부모의 직업이 C일 확률은 구할 수 없다.

ㄷ. 부모와 자녀의 직업이 모두 A일 확률은 $0.1\times\frac{45}{100}$ 이다.

ㄹ. 자녀의 직업이 A일 확률은 부모의 직업이 A일 확률보다 낮다.

① ㄱ, ㄷ
② ㄱ, ㄹ
③ ㄴ, ㄷ
④ ㄴ, ㄹ
⑤ ㄷ, ㄹ

03 다음은 A～E 5개국의 경제 및 사회 지표 자료이다. 자료에 대한 설명으로 옳지 않은 것은?

〈주요 5개국의 경제 및 사회 지표〉

구분	1인당 GDP(달러)	경제성장률(%)	수출(백만 달러)	수입(백만 달러)	총인구(백만 명)
A	27,214	2.6	526,757	436,499	50.6
B	32,477	0.5	624,787	648,315	126.6
C	55,837	2.4	1,504,580	2,315,300	321.8
D	25,832	3.2	277,423	304,315	46.1
E	56,328	2.3	188,445	208,414	24.0

※ (총 GDP)=(1인당 GDP)×(총인구)

① 경제성장률이 가장 큰 나라가 총 GDP는 가장 작다.
② 총 GDP가 가장 큰 나라의 GDP는 가장 작은 나라의 GDP보다 10배 이상 더 크다.
③ 5개국 중 수출과 수입에 있어서 규모에 따라 나열한 순위는 서로 일치한다.
④ A국이 E국보다 총 GDP가 더 크다.
⑤ 1인당 GDP에 따른 순위와 총 GDP에 따른 순위는 서로 일치한다.

Easy

04 S사는 최근 미세먼지와 황사로 인해 실내 공기질이 많이 안 좋아졌다는 건의가 들어와 내부 검토 후 예산 400만 원으로 공기청정기 40대를 구매하기로 하였다. 다음 두 업체 중 어느 곳에서 공기청정기를 구매하는 것이 유리하며 얼마나 더 저렴한가?

업체	할인 정보	가격
S전자	• 8대 구매 시, 2대 무료 증정 • 구매 금액 100만 원당 2만 원 할인	8만 원/대
B마트	• 20대 이상 구매 : 2% 할인 • 30대 이상 구매 : 5% 할인 • 40대 이상 구매 : 7% 할인 • 50대 이상 구매 : 10% 할인	9만 원/대

※ 1,000원 단위 이하는 절사함

① S전자, 82만 원
② S전자, 148만 원
③ B마트, 12만 원
④ B마트, 20만 원
⑤ S전자, 120만 원

05 다음은 2013 ~ 2022년 물이용부담금 총액에 관한 자료이다. 이에 대한 설명으로 옳지 않은 것을 〈보기〉에서 모두 고르면?

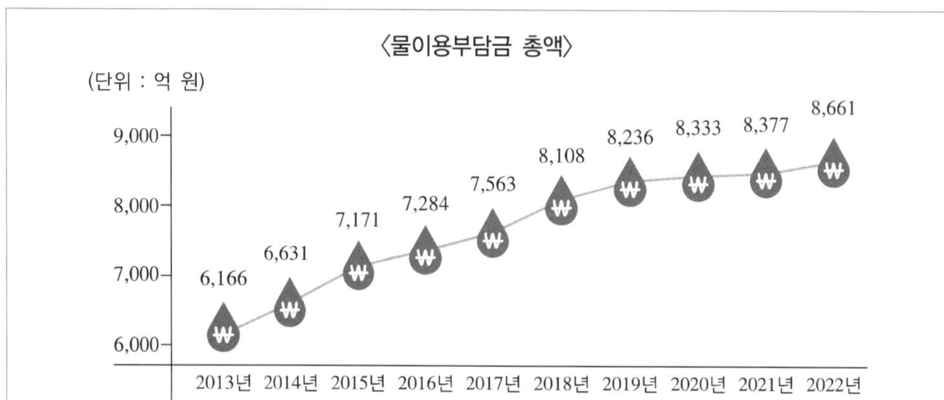

※ 상수원 상류지역에서의 수질개선 및 주민지원 사업을 효율적으로 추진하기 위한 재원 마련을 위해 최종수요자에게 물 사용량에 비례하여 물이용부담금 부과함

※ 한강, 낙동강, 영·섬유역의 물이용부담금 단가는 170원/m^3, 금강유역은 160원/m^3

보기

ㄱ. 물이용부담금 총액은 지속적으로 증가하는 추세를 보이고 있다.

ㄴ. 2014 ~ 2022년 중 물이용부담금 총액이 전년 대비 가장 많이 증가한 해는 2015년이다.

ㄷ. 2022년 물이용부담금 총액에서 금강유역 물이용부담금 총액이 차지하는 비중이 20%라면, 2022년 금강유역에서 사용한 물의 양은 약 10.83억m^3이다.

ㄹ. 2022년 물이용부담금 총액은 전년 대비 약 3.2% 이상 증가했다.

① ㄱ
② ㄴ
③ ㄷ
④ ㄱ, ㄹ
⑤ ㄴ, ㄷ

03 창의수리

Easy

01 농도가 20%인 소금물 100g을 50g 덜어낸 뒤, 남아있는 소금물에 물을 더 넣어 10%의 소금물을 만들려고 한다. 이때, 필요한 물의 양은?

① 10g
② 20g
③ 30g
④ 40g
⑤ 50g

02 S회사 회계팀에는 A ~ E 다섯 명의 팀원이 일을 하고 있다. 이들은 다가오는 감사에 대비하기 위해 월요일부터 금요일에 한 명씩 돌아가면서 당직 근무를 하기로 하였다. D는 금요일에, E는 수요일에 당직 근무를 할 확률은 얼마인가?

① $\frac{1}{2}$
② $\frac{1}{4}$
③ $\frac{1}{5}$
④ $\frac{1}{10}$
⑤ $\frac{1}{20}$

03 보트를 타고 길이가 35km인 강을 왕복하려고 한다. 유속이 2km/h이고 보트의 속력이 12km/h일 때, 걸린 시간은?

① 7시간
② 6시간
③ 5시간
④ 4시간
⑤ 3시간

04 하이킹을 하는데 올라갈 때는 시속 10km로 달리고, 내려올 때는 올라갈 때보다 10km 더 먼 길을 시속 20km로 달렸다. 올라갔다가 내려오는 데 총 5시간이 걸렸다면, 올라갈 때 달린 거리는 몇 km인가?

① 15km
② 20km
③ 25km
④ 30km
⑤ 35km

04 언어추리

Easy

01 S그룹의 A ~ D사원은 각각 홍보팀, 총무팀, 영업팀, 기획팀 소속으로 3 ~ 6층의 서로 다른 층에서 근무하고 있다. 이들 중 한 명이 거짓말을 하고 있을 때, 다음 중 바르게 추론한 것은?(단, 각 팀은 서로 다른 층에 위치한다)

> A사원 : 저는 홍보팀과 총무팀 소속이 아니며, 3층에서 근무하고 있지 않습니다.
> B사원 : 저는 영업팀 소속이며, 4층에서 근무하고 있습니다.
> C사원 : 저는 홍보팀 소속이며, 5층에서 근무하고 있습니다.
> D사원 : 저는 기획팀 소속이며, 3층에서 근무하고 있습니다.

① A사원은 홍보팀 소속이다.
② B사원은 6층에서 근무하고 있다.
③ 홍보팀은 3층에 위치한다.
④ 기획팀은 4층에 위치한다.
⑤ D사원은 5층에서 근무하고 있다.

02 S병원에는 현재 5명의 심리상담사가 근무 중이다. 얼마 전 시행한 감사 결과 이들 중 1명이 근무시간에 자리를 비운 것이 확인되었다. 5명의 심리상담사 중 3명이 진실을 말하고 2명이 거짓을 말한다고 할 때, 다음 중 거짓을 말하고 있는 심리상담사를 모두 고르면?

> A : B는 진실을 말하고 있어요.
> B : 제가 근무시간에 C를 찾아갔을 때, C는 자리에 없었어요.
> C : 근무시간에 자리를 비운 사람은 A입니다.
> D : 저는 C가 근무시간에 밖으로 나가는 것을 봤어요.
> E : D는 어제도 근무시간에 자리를 비웠어요.

① A, B
② A, D
③ B, C
④ B, D
⑤ C, E

03 다음 명제가 모두 참일 때, 반드시 참인 명제는?

- 서로 다른 음식을 판매하는 총 여섯 대의 푸드트럭이 이 사업에 신청하였고, 이들 중 세 대의 푸드트럭이 최종 선정될 예정이다.
- 치킨을 판매하는 푸드트럭이 선정되면, 핫도그를 판매하는 푸드트럭은 선정되지 않는다.
- 커피를 판매하는 푸드트럭이 선정되지 않으면, 피자를 판매하는 푸드트럭이 선정된다.
- 솜사탕을 판매하는 푸드트럭이 선정되면, 치킨을 판매하는 푸드트럭도 선정된다.
- 핫도그를 판매하는 푸드트럭이 최종 선정되었다.
- 피자를 판매하는 푸드트럭과 떡볶이를 판매하는 푸드트럭 중 하나만 선정된다.
- 솜사탕을 판매하는 푸드트럭이 선정되지 않으면, 떡볶이를 판매하는 푸드트럭이 선정된다.

① 치킨, 커피, 핫도그를 판매하는 푸드트럭이 선정될 것이다.
② 피자, 솜사탕, 핫도그를 판매하는 푸드트럭이 선정될 것이다.
③ 피자, 커피, 핫도그를 판매하는 푸드트럭이 선정될 것이다.
④ 핫도그, 커피, 떡볶이를 판매하는 푸드트럭이 선정될 것이다.
⑤ 핫도그, 피자, 핫도그, 떡볶이를 판매하는 푸드트럭이 선정될 것이다.

Easy

04 A ~ E는 S시에서 개최하는 마라톤에 참가하였다. 제시된 내용이 모두 참일 때, 다음 중 항상 참이 아닌 것은?

- A는 B와 C보다 앞서 달리고 있다.
- D는 A보다 뒤에 달리고 있지만, B보다는 앞서 달리고 있다.
- C는 D보다 뒤에 달리고 있지만, B보다는 앞서 달리고 있다.
- E는 C보다 뒤에 달리고 있지만, 다섯 명 중 꼴찌는 아니다.

① 현재 1등은 A이다.
② 현재 꼴찌는 B이다.
③ E는 C와 B 사이에서 달리고 있다.
④ D는 A와 C 사이에서 달리고 있다.
⑤ 현재 순위에 변동 없이 결승점까지 달린다면 C가 4등을 할 것이다.

05 수열추리

※ 일정한 규칙으로 수를 나열할 때, 빈칸에 들어갈 알맞은 수를 고르시오. [1~4]

Hard

01

0.8 0.9 2.7 0.7 6.6 0.3 14.5 ( )

① −0.5
② −0.6
③ −0.7
④ −0.8
⑤ −0.9

02

1 2 3 5 8 ( )

① 12
② 13
③ 14
④ 15
⑤ 16

03

6 4 4 21 5 32 19 ( ) 10

① 18
② 16
③ 14
④ 12
⑤ 10

04

5　9　21　57　165　489　(　)

① 1,355
② 1,402
③ 1,438
④ 1,461
⑤ 11,476

Hard

05 다음 수열의 11번째 항의 값은?

4　5　10　11　22　23 …

① 174
② 178
③ 186
④ 190
⑤ 195

2023 하반기 기출복원문제

01 언어이해

01	02	03	04	05					
④	⑤	②	③	③					

01

정답 ④

오답분석

①은 두 번째 문장, ②는 제시문의 흐름, ③·⑤는 마지막 문장에서 각각 확인할 수 있다.

02

정답 ⑤

아인슈타인의 광량자설은 빛이 파동이면서 동시에 입자인 이중적인 본질을 가지고 있다는 것을 의미하는 것으로, 뉴턴의 입자설과 토머스 영의 파동성설을 모두 포함한다.

오답분석

① 뉴턴의 가설은 그의 권위에 의해 오랫동안 정설로 여겨졌지만, 토머스 영의 겹실틈 실험에 의해 다른 가설이 생겨났다.
② 겹실틈 실험은 한 개의 실틈을 거쳐 생긴 빛이 다음 설치된 두 개의 겹실틈을 지나가게 해서 스크린에 나타나는 무늬를 관찰하는 것이다.
③ 일자 형태의 띠가 두 개 나타나면 빛이 입자임은 맞으나, 겹실틈 실험 결과 보강 간섭이 일어난 곳은 밝아지고 상쇄 간섭이 일어난 곳은 어두워지는 간섭무늬가 연속적으로 나타났다.
④ 토머스 영의 겹실틈 실험은 빛의 파동성을 증명하였고, 이는 명백한 사실이었으므로 아인슈타인은 빛이 파동이면서 동시에 입자인 이중적인 본질을 가지고 있다는 것을 증명하였다.

03

정답 ②

제시문의 첫 번째 문단의 끝에서 '제로섬(Zero-sum)적인 요소를 지니는 경제 문제'와 두 번째 문단의 끝에서 '우리 자신의 수입을 보호하기 위해 경제적 변화가 일어나는 것을 막거나 혹은 사회가 우리에게 손해를 입히는 공공정책이 강제로 시행되는 것을 막기 위해 싸울 것'에 대한 것이 핵심 주장임을 알 수 있다. 따라서 제시문은 사회경제적인 총합이 많아지는 정책, 즉 '사회의 총생산량이 많아지게 하는 정책이 좋은 정책'이라는 주장에 대한 비판이라고 할 수 있다.

04

정답 ③

'최고의 진리는 언어 이전, 혹은 언어 이후의 무언(無言)의 진리이다.', '동양 사상의 정수(精髓)는 말로써 말이 필요 없는 경지'라고 한 부분을 보았을 때 '동양 사상은 언어적 지식을 초월하는 진리를 추구한다는 것'이 제시문의 핵심 내용이다.

05

정답 ③

보기의 내용은 독립신문이 일반 민중들을 위해 순 한글을 사용해 배포됐고, 상하귀천 없이 누구나 새로운 소식을 전달해준다는 내용이다. 따라서 ③이 가장 적절하다.

02 자료해석

01	02	03	04	05					
①	⑤	⑤	①	②					

01

정답 ①

ㄱ. 해외연수 경험이 있는 지원자 합격률은 $\frac{53}{53+414+16}\times100 ≒ 11\%$로, 해외연수 경험이 없는 지원자 합격률인 $\frac{11+4}{11+37+4+139}\times100 ≒ 7.9\%$보다 높다.

ㄴ. 인턴 경험이 있는 지원자의 합격률 $\frac{53+11}{53+414+11+37}\times100=\frac{64}{515}\times100 ≒ 12.4\%$은 인턴 경험이 없는 지원자의 합격률 $\frac{4}{16+4+139}\times100=\frac{4}{159}\times100 ≒ 2.5\%$보다 높다.

오답분석

ㄷ. 인턴 경험과 해외연수 경험이 모두 있는 지원자 합격률(11.3%)은 인턴 경험만 있는 지원자 합격률(22.9%)보다 낮다.

ㄹ. 인턴 경험과 해외연수 경험이 모두 없는 지원자와 인턴 경험만 있는 지원자 간 합격률 차이는 22.9−2.8=20.1%p이다.

02

정답 ⑤

ㄷ. 부모와 자녀의 직업이 모두 A일 확률은 $\frac{1}{10}\times\frac{45}{100}$, 즉 $0.1\times\frac{45}{100}$이다.

ㄹ. (자녀의 직업이 A일 확률)$=\frac{1}{10}\times\frac{45}{100}+\frac{4}{10}\times\frac{5}{100}+\frac{5}{10}\times\frac{1}{100}=\frac{7}{100}$

따라서 부모의 직업이 A일 확률은 $\frac{10}{100}$이므로 자녀의 직업이 A일 확률이 더 낮다.

오답분석

ㄱ. (자녀의 직업이 C일 확률)$=\frac{1}{10}\times\frac{7}{100}+\frac{4}{10}\times\frac{25}{100}+\frac{5}{10}\times\frac{49}{100}=\frac{352}{1,000}=\frac{44}{125}$

ㄴ. '부모의 직업이 C일 때, 자녀의 직업이 B일 확률'을 '자녀의 직업이 B일 확률'로 나누면 구할 수 있다.

03

정답 ⑤

1인당 GDP 순위는 E>C>B>A>D이다. 그런데 1인당 GDP가 가장 큰 E국은 1인당 GDP가 2위인 C국보다 1% 정도밖에 높지 않은 반면, 인구는 C국의 $\frac{1}{10}$ 이하이므로 총 GDP 역시 C국보다 작다. 따라서 1인당 GDP 순위와 총 GDP 순위는 일치하지 않는다.

오답분석

① 경제성장률이 가장 큰 나라는 D국이며, 1인당 GDP와 총인구를 고려하면 D국의 총 GDP가 가장 작은 것을 알 수 있다.

② 1인당 GDP 대비 총인구를 고려하였을 때 총 GDP가 가장 큰 나라는 C국, 가장 작은 나라는 D국이다.
- D국의 총 GDP : 25,832×46.1=1,190,855.2백만 달러
- C국의 총 GDP : 55,837×321.8=17,968,346.6백만 달러

따라서 총 GDP가 가장 큰 나라와 가장 작은 나라는 10배 이상의 차이를 보인다.

③ 수출 및 수입 규모에 따른 순위는 C>B>A>D>E이므로 서로 일치한다.

④ A국의 총 GDP는 27,214×50.6=1,377,028.4백만 달러, E국의 총 GDP는 56,328×24.0=1,351,872백만 달러이므로 A국의 총 GDP가 더 크다.

04

정답 ①

- S전자 : 8대 구매 시 2대를 무료로 증정하기 때문에 32대를 사면 8개를 무료로 증정 받아 32대 가격으로 총 40대를 살 수 있다. 32대의 가격은 80,000×32=2,560,000원이다. 그리고 구매 금액 100만 원당 2만 원이 할인되므로 구매 가격은 2,560,000−40,000=2,520,000원이다.
- B마트 : 40대 구매 금액인 90,000×40=3,600,000원에서 40대 이상 구매 시 7% 할인 혜택을 적용하면 3,600,000×0.93=3,348,000원이다. 1,000원 단위 이하는 절사하므로 구매 가격은 3,340,000원이다.

따라서 B마트에 비해 S전자가 3,340,000−2,520,000=82만 원 저렴하다.

05

정답 ②

제시된 그래프에서 선의 기울기가 가파른 구간은 2013 ~ 2014년, 2014 ~ 2015년, 2017 ~ 2018년이다. 2014년, 2015년, 2018년 물이용부담금 총액의 전년 대비 증가폭을 구하면 다음과 같다.

- 2014년 : 6,631−6,166=465억 원
- 2015년 : 7,171−6,631=540억 원
- 2018년 : 8,108−7,563=545억 원

따라서 물이용부담금 총액이 전년 대비 가장 많이 증가한 해는 2018년이다.

오답분석

ㄱ. 제시된 자료를 통해 확인할 수 있다.

ㄷ. 2022년 금강유역 물이용부담금 총액 : 8,661×0.2=1,732.2억 원

∴ 2022년 금강유역에서 사용한 물의 양 : 1,732.2억 원÷160원/m^3 ≒ 10.83억m^3

ㄹ. 2022년 물이용부담금 총액의 전년 대비 증가율 : $\frac{8,661-8,377}{8,377}\times 100 \fallingdotseq 3.39\%$

03 창의수리

01	02	03	04						
⑤	⑤	②	④						

01

정답 ⑤

50g을 덜어낸 뒤 남아있는 소금물의 양은 50g이고, 농도는 20%이다. 이때 남아있는 소금의 양은 다음과 같다.

(소금의 양)=(농도)×(남아있는 소금물의 양)= $\frac{20}{100}\times 50=10$g

농도를 10%로 만들기 위해 더 넣은 물의 양을 xg이라고 하면 식은 다음과 같다.

$\frac{10}{50+x}\times 100=10\%$

$\therefore x=50$

따라서 필요한 물의 양은 50g이다.

02

정답 ⑤

A ~ E 다섯 명이 월요일에서 금요일까지 한 명씩 당직 근무를 하는 경우의 수는 5!=5×4×3×2×1=120가지이다.

이 중 D는 금요일, E는 수요일에 당직 근무를 할 경우의 수는 D와 E를 제외한 나머지 3명을 월요일, 화요일, 목요일에 배정하는 것과 같으므로 3!=3×2×1=6가지이다.

따라서 구하고자 하는 확률은 $\frac{3!}{5!}=\frac{6}{120}=\frac{1}{20}$ 이다.

03

정답 ②

• 강을 올라갈 때 걸리는 시간 : $\frac{35}{12-2}=\frac{35}{10}$=3시간 30분

• 강을 내려갈 때 걸리는 시간 : $\frac{35}{12+2}=\frac{35}{14}$=2시간 30분

따라서 보트를 타고 강을 왕복할 때 걸리는 시간은 총 6시간이다.

04

정답 ④

올라갈 때 달린 거리를 $x$km라고 하면 다음과 같다.

$\frac{x}{10}+\frac{x+10}{20}=5 \rightarrow 20x+10(x+10)=1,000 \rightarrow 30x=900$

$\therefore x=30$

따라서 30km를 달려서 올라갔다.

04 언어추리

01	02	03	04						
②	⑤	④	⑤						

01

정답 ②

먼저 A사원의 말이 거짓이라면 A사원과 D사원 두 명이 3층에서 근무하게 되고, 반대로 D사원의 말이 거짓이라면 3층에는 아무도 근무하지 않게 되므로 조건에 어긋난다. 결국 A사원과 D사원은 진실을 말하고 있음을 알 수 있다. 또한 C사원의 말이 거짓이라면 아무도 홍보팀에 속하지 않으므로 C사원도 진실을 말하고 있음을 알 수 있다. 따라서 거짓말을 하고 있는 사람은 B사원이며, 이때 B사원은 총무팀 소속으로 6층에서 근무하고 있다.

02

정답 ⑤

A～E의 진술에 따르면 B와 D의 진술은 반드시 동시에 참이나 거짓이 되어야 하며, A와 B의 진술 역시 동시에 참이나 거짓이 되어야 한다. 이때 B의 진술이 거짓일 경우, A와 D의 진술 모두 거짓이 되므로 2명이 거짓을 말한다는 조건에 어긋난다.
따라서 진실을 말하고 있는 심리상담사는 A, B, D이며, 거짓을 말하고 있는 심리상담사는 C와 E가 된다. 이때, 진실을 말하고 있는 B와 D의 진술에 따라 근무시간에 자리를 비운 사람은 C가 된다.

03

정답 ④

'치킨을 판매하는 푸드트럭이 선정된다.'를 a, '핫도그를 판매하는 푸드트럭이 선정된다.'를 b, '커피를 판매하는 푸드트럭이 선정된다.'를 c, '피자를 판매하는 푸드트럭이 선정된다.'를 d, '솜사탕을 판매하는 푸드트럭이 선정된다.'를 e, '떡볶이를 판매하는 푸드트럭이 선정된다.'를 f라고 할 때, 주어진 명제를 정리하면 다음과 같다.

• a → ~b
• ~c → d
• e → a
• d → ~f or f → ~d
• ~e → f

핫도그를 판매하는 푸드트럭이 선정되면 b → ~a → ~e → f → ~d → c가 성립한다.
따라서 사업에 선정되는 푸드트럭은 핫도그, 커피, 떡볶이를 판매한다.

04

정답 ⑤

주어진 조건에 따라 앞서 달리고 있는 순서대로 나열하면 'A－D－C－E－B'가 된다. 따라서 이 순위대로 결승점까지 달린다면 C는 3등을 할 것이다.

05 수열추리

01	02	03	04	05					
①	②	③	④	④					

01

정답 ①

홀수 항은 $\times2+1.1$, $\times2+1.2$, $\times2+1.3$, …이고, 짝수 항은 $\times2-1.1$인 수열이다.

따라서 ( )$=0.3\times2-1.1=-0.5$이다.

02

정답 ②

앞의 두 항의 합이 다음 항이 되는 피보나치수열이다.

따라서 ( )$=5+8=13$이다.

03

정답 ③

$\underline{A\ B\ C} \rightarrow C=(A-B)\times2$

따라서 ( )$=19-\frac{10}{2}=14$이다.

04

정답 ④

앞의 항에 $+4$, $+4\times3$, $+4\times3^2$, $+4\times3^3$, $+4\times3^4$, …인 수열이다.

따라서 ( )$=489+4\times3^5=1,461$이다.

05

정답 ④

앞의 항에 $+1$, $\times2$를 반복하는 수열이다.

4, 5, 10, 11, 22, 23, 46, 47, 94, 95, 190, …

따라서 11번째 항의 값은 190이다.

PART 1

출제유형분석

CHAPTER 01

언어이해

합격 Cheat Key

언어이해는 크게 독해, 문장나열, 빈칸추론 등으로 나눌 수 있다. 이 중 독해의 비중이 압도적으로 높은 편인데, 독해는 내용 일치·불일치, 주제 찾기, 추론하기 등으로 구성되어 있다. 15분 동안 20문제를 풀어야 하는 언어이해는 최대한 많은 문제를 풀어 보면서 글의 주제와 흐름을 파악하여 정확하게 답을 고르는 연습이 필요하다.

01 독해

제시문의 전체적인 맥락을 읽고 파악하는 문제로 구성되어 있으며, 특히 추론하기와 비판하기가 높은 비율로 출제되고 있다.

학습 포인트

- 경제·경영·철학·역사·예술·과학 등 다양한 분야와 관련된 글이 제시된다.
- 독해의 경우 단기간의 공부로 성적을 올릴 수 있는 부분이 아니므로 평소에 꾸준히 연습해야 한다.
- 추론하기와 비판하기의 경우 제시문을 바탕으로 정확한 근거를 판단하여 풀이하면 오답을 피할 수 있다.

02 문장나열

주어진 문장을 논리적 순서에 맞게 나열하는 문제, 〈보기〉에 주어진 문장을 제시문에서 적절한 자리에 배치하는 문제 유형 등이 있다.

학습 포인트

- SKCT의 난이도를 생각할 때 결코 어려운 편에 속하지 않으므로 고득점을 목표로 한다면 절대 놓쳐서는 안되는 영역이다.
- 문장과 문장을 연결하는 접속어의 쓰임에 대해 알고 있으면 빠른 시간 내에 문제를 풀 수 있다.
- 문장 속에 나타나는 지시어는 해당 문장의 앞에 어떤 내용이 오는지에 대한 힌트가 되므로 이에 집중한다.

03 빈칸추론

문맥의 흐름에 맞는 적절한 문장을 찾는 유형으로, 이전 시험에서는 앞뒤 문장으로 추론이 가능했으나 이제는 글의 전체적인 맥락을 알지 못하면 풀 수 없게 출제되고 있으므로 글의 중심 내용을 빠르게 이해해야 한다.

학습 포인트

- 제시문을 처음부터 끝까지 다 읽지 않고 빈칸의 앞뒤 문장만으로 그 사이에 들어갈 내용을 유추하는 연습을 해야 한다.
- 선택지를 읽으며 빈칸에 들어갈 답을 고른 후 해설과 비교한다. 확실하게 정답을 선택한 경우를 제외하고, 놓친 부분을 다시 한 번 확인하는 습관을 들인다.

CHAPTER

01 이론점검

01 논리구조

논리구조에서는 주로 단락과 문장 간의 관계나 글 전체의 논리적 구조를 정확히 파악했는지를 묻는다. 글의 순서를 바르게 나열하는 유형이 출제되고 있다. 제시문의 전체적인 흐름을 바탕으로 각 문단의 특징, 단락 간의 역할 등을 논리적으로 구조화할 수 있는 능력을 길러야 한다.

1. 문장과 문장 간의 관계

① **상세화 관계** : 주지 → 구체적 설명(비교, 대조, 유추, 분류, 분석, 인용, 예시, 비유, 부연, 상술 등)
② **문제(제기)와 해결 관계** : 한 문장이 문제를 제기하고, 다른 문장이 그 해결책을 제시하는 관계(과제 제시 → 해결 방안, 문제 제기 → 해답 제시)
③ **선후 관계** : 한 문장이 먼저 발생한 내용을 담고, 다음 문장이 나중에 발생한 내용을 담고 있는 관계
④ **원인과 결과 관계** : 한 문장이 원인이 되고, 다른 문장이 그 결과가 되는 관계(원인 제시 → 결과 제시, 결과 제시 → 원인 제시)
⑤ **주장과 근거 관계** : 한 문장이 필자가 말하고자 하는 바(주지)가 되고, 다른 문장이 그 문장의 증거(근거)가 되는 관계(주장 제시 → 근거 제시, 의견 제안 → 의견 설명)
⑥ **전제와 결론 관계** : 앞 문장에서 조건이나 가정을 제시하고, 뒤 문장에서 이에 따른 결론을 제시하는 관계

2. 문장의 연결 방식

① **순접** : 원인과 결과, 부연 설명 등의 문장 연결에 쓰임
예 그래서, 그리고, 그러므로 등
② **역접** : 앞글의 내용을 전면적 또는 부분적으로 부정
예 그러나, 그렇지만, 그래도, 하지만 등
③ **대등 · 병렬** : 앞뒤 문장의 대비와 반복에 의한 접속
예 및, 혹은, 또는, 이에 반하여 등
④ **보충 · 첨가** : 앞글의 내용을 보다 강조하거나 부족한 부분을 보충하기 위해 다른 말을 덧붙이는 문맥
예 단, 곧, 즉, 더욱이, 게다가, 왜냐하면 등
⑤ **화제 전환** : 앞글과는 다른 새로운 내용을 이야기하기 위한 문맥
⑥ **비유 · 예시** : 앞글에 대해 비유적으로 다시 말하거나 구체적인 예를 보임
예 예를 들면, 예컨대, 마치 등

3. 원리 접근법

앞뒤 문장의 중심 의미 파악	→	앞뒤 문장의 중심 내용이 어떤 관계인지 파악	→	문장 간의 접속어, 지시어의 의미와 기능	→	문장의 의미와 관계성 파악
각 문장의 의미를 어떤 관계로 연결해서 글을 전개하는지 파악해야 한다.		지문 안의 모든 문장은 서로 논리적 관계성이 있다.		접속어와 지시어를 음미하는 것은 독해의 길잡이 역할을 한다.		문단의 중심 내용을 알기 위한 기본 분석 과정이다.

PART 1

02 논리적 이해

1. 전제의 추론

전제의 추론은 원칙적으로 주어진 내용의 이면에 내포되어 있는 이미 옳다고 인정된 사실을 유추하는 유형이다.

① 먼저 주장이 무엇인지 명확하게 파악해야 한다.
② 주장이 성립하기 위해서 논리적으로 필요한 요건이 무엇인지 생각해 본다.
③ 선택지 중 주장과 논리적으로 인과 관계를 형성할 수 있는 조건을 찾아낸다.

2. 결론의 추론

주어진 내용을 명확히 이해한 다음, 이를 근거로 이끌어 낼 수 있는 올바른 결론이나 관련 사항을 논리적인 관점에서 찾는 문제 유형이다. 이와 같은 문제는 평상시 비판적이고 논리적인 관점으로 글을 읽는 연습을 충분히 해두어야 유리하다고 볼 수 있다.

3. 주제의 추론

주제와 관련된 추론 문제는 적성검사에서 자주 출제되는 유형으로서, 글의 표제, 부제, 주제, 주장, 의도를 파악하는 형태의 문제와 같은 유형이다. 이러한 유형의 문제는 주제를 글의 첫 문단이나 마지막 문단을 통해서 찾을 수 있으며, 그렇지 않더라도 문단의 병렬・대등 관계를 파악하면 쉽게 찾을 수 있다. 여러 문단에서 공통된 주제를 추론할 때는, 각각의 제시문을 먼저 요약한 뒤, 핵심 키워드를 찾은 다음 이를 토대로 주제문을 가려내어 하나의 주제를 유추하면 된다. 따라서 평소에 제시문을 읽고, 핵심 키워드를 찾아 문장을 구성하는 연습을 많이 해두어야 한다. 또한 겉으로 드러난 주제나 정보를 찾는 데 그치지 않고 글 속에 숨겨진 의도나 정보를 찾기 위해 꼼꼼히 관찰하는 태도가 필요하다.

01 주제 · 제목 찾기

| 유형분석 |

- 글을 읽고 말하고자 하는 주제를 파악할 수 있는지를 평가하는 유형이다.
- 단순한 설명문부터 주장, 반박문까지 다양한 성격의 지문이 제시되므로 글의 성격별 특징을 알아두는 것이 좋다.

다음 글의 중심 내용으로 가장 적절한 것은?

통계는 다양한 분야에서 사용되며 막강한 위력을 발휘하고 있다. 그러나 모든 도구나 방법이 그렇듯이, 통계 수치에도 함정이 있다. 함정에 빠지지 않으려면 통계 수치의 의미를 정확히 이해하고, 도구와 방법을 올바르게 사용해야 한다. 친구 5명이 만나서 이야기를 나누다가 연봉이 화제가 되었다. 2천만 원이 4명, 7천만 원이 1명이었는데, 평균을 내면 3천만 원이다. 이 숫자에 대해 4명은 "나는 봉급이 왜 이렇게 적을까?"하며 한숨을 내쉬었다. 그러나 이 평균값 3천만 원이 5명의 집단을 대표하는 데에 아무 문제가 없을까? 물론 계산 과정에는 하자가 없지만, 평균을 집단의 대푯값으로 사용하는 데에 어떤 한계가 있을 수 있는지 깊이 생각해 보지 않는다면, 우리는 잘못된 생각에 빠질 수도 있다. 평균은 극단적으로 아웃라이어(비정상적인 수치)에 민감하다. 집단 내에 아웃라이어가 하나만 있어도 평균이 크게 바뀐다는 것이다. 위의 예에서 1명의 연봉이 7천만 원이 아니라 100억 원이었다고 하자. 그러면 평균은 20억 원이 넘게 된다.
나머지 4명은 자신의 연봉이 평균치의 100분의 1밖에 안 된다며 슬퍼해야 할까? 연봉 100억 원인 사람이 아웃라이어이듯이 처음의 예에서 연봉 7천만 원인 사람도 아웃라이어인 것이다. 두드러진 아웃라이어가 있는 경우에는 평균보다는 최빈값이나 중앙값이 대푯값으로서 더 나을 수 있다.

① 평균은 집단을 대표하는 수치로서는 매우 부적당하다.
② 통계는 숫자 놀음에 불과하므로 통계 수치에 일희일비할 필요가 없다.
③ 평균보다는 최빈값이나 중앙값을 대푯값으로 사용해야 한다.
④ 통계 수치의 의미와 한계를 정확히 인식하고 사용할 필요가 있다.
⑤ 통계는 올바르게 활용하면 다양한 분야에서 사용할 수 있는 도구이다.

정답 ④

제시문은 통계 수치의 의미를 정확하게 이해하고 도구와 방법을 올바르게 사용해야 하며, 특히 아웃라이어의 경우를 생각해야 한다고 주장하고 있다.

오답분석

①·② 집단을 대표하는 수치로서의 '평균' 자체가 숫자 놀음과 같이 부적당하다고는 언급하지 않았다.

③ 아웃라이어가 있는 경우에는 평균보다는 최빈값이나 중앙값이 대푯값으로 더 적당하다.

⑤ 내용이 올바르지 않은 것은 아니지만, 통계의 유용성은 글의 도입부에 잠깐 인용되었을 뿐, 글의 중심 내용으로 볼 수 없다.

30초 컷 풀이 Tip

- 주제가 되는 글 또는 문단의 앞과 뒤에 핵심어가 오는 경우가 있으므로 먼저 글을 읽어 핵심어를 잡아낸 뒤 중심 내용을 파악할 수 있도록 한다. 또한 선택지 중 세부적인 내용을 다루고 있는 것은 정답에서 제외시킨다.
- 글의 전체적인 진행 중에 반전이 되는 내용이나 접속어가 나온다면 그 다음 내용이 중심 내용인 경우가 많다. 따라서 글의 분위기가 반전되는 경우 이에 집중하여 독해한다.

출제유형분석 01 실전예제

01 다음 글의 중심 내용으로 가장 적절한 것은?

> 신문이 진실을 보도해야 한다는 것은 새삼스러운 설명이 필요 없는 당연한 이야기이다. 정확한 보도를 하기 위해서는 문제를 전체적으로 보아야 하고, 역사적으로 새로운 가치의 편에서 봐야 하며, 무엇이 근거이고, 무엇이 조건인가를 명확히 해야 한다. 그런데 이러한 준칙을 강조하는 것은 기자들의 기사 작성 기술이 미숙하기 때문이 아니라, 이해관계에 따라 특정 보도의 내용이 달라지기 때문이다. 자신들에게 유리하도록 기사가 보도되게 하려는 외부 세력이 있으므로 진실 보도는 일반적으로 수난의 길을 걷게 마련이다. 신문은 스스로 자신들의 임무가 '사실 보도'라고 말한다. 그 임무를 다하기 위해 신문은 자신들의 이해관계에 따라 진실을 왜곡하려는 권력과 이익 집단, 그 구속과 억압의 논리로부터 자유로워야 한다.

① 진실 보도를 위하여 구속과 억압의 논리로부터 자유로워야 한다.
② 자신들에게 유리하도록 기사가 보도되게 하는 외부 세력이 있다.
③ 신문의 임무는 '사실 보도'이나, 진실 보도는 수난의 길을 걷는다.
④ 정확한 보도를 하기 위하여 전체적 시각을 가져야 한다.
⑤ 신문 보도에 있어 준칙을 강조하는 것은, 기자들의 기사 작성 기술이 미숙하기 때문이다.

Easy

02 다음 글의 제목으로 가장 적절한 것은?

맥주의 주원료는 양조용수·보리·홉 등이다. 맥주를 양조하기 위해서는 일반적으로 맥주생산량의 10 ~ 20배 정도 되는 물이 필요하며, 이것을 양조용수라고 한다. 양조용수는 맥주의 종류와 품질을 좌우하며, 무색·무취·투명해야 한다. 보리를 싹틔워 맥아로 만든 것을 사용하여 맥주를 제조하는데, 맥주용 보리로는 곡립이 고르고 녹말질이 많으며 단백질이 적은 것, 그리고 곡피(穀皮)가 얇으며 발아력이 왕성한 것이 좋다. 홉은 맥주 특유의 쌉쌀한 향과 쓴맛을 만들어 내는 주요 첨가물이며, 맥주를 맑게 하고 잡균의 번식을 막아주는 역할을 한다.
맥주의 제조공정을 살펴보면 맥아제조, 담금, 발효, 저장, 여과의 다섯 단계로 나눌 수 있다.
이 중 발효공정은 맥즙이 발효되어 술이 되는 과정을 말하는데, 효모가 발효탱크 속에서 맥즙에 있는 당분을 알코올과 탄산가스로 분해한다. 이 공정은 1주일간 이어지며, 그동안 맥즙 안에 있던 당분은 점점 줄어들고 알코올과 탄산가스가 늘어나 맥주가 되는 것이다. 이때 발효 중 맥즙의 온도 상승을 막기 위해 탱크를 냉각 코일로 감고 그 표면을 하얀 폴리우레탄으로 단열시키는데, 그 모습이 마치 남극의 이글루처럼 보이기도 한다.
발효의 방법에 따라 하면발효 맥주와 상면발효 맥주로 구분되는데, 이는 어떤 온도에서 발효시키느냐에 달려있다. 세계 맥주 생산량의 70%를 차지하는 하면발효 맥주는 발효 중 밑으로 가라앉는 효모를 사용해 저온에서 발효시킨 맥주를 말한다. 요즘 유행하는 드래프트비어가 바로 여기에 속한다. 반면, 상면발효 맥주는 주로 영국, 미국, 캐나다, 벨기에 등에서 생산되며 발효 중 표면에 떠오르는 효모로 비교적 높은 온도에서 발효시킨 맥주를 말한다. 에일, 스타우트 등이 상면발효 맥주에 포함된다.

① 홉과 발효 방법의 종류에 따른 맥주 구분법
② 주원료에 따른 맥주의 발효 방법 분류
③ 맥주의 주원료와 발효 방법에 따른 맥주의 종류
④ 맥주의 제조공정
⑤ 맥주의 발효 과정

03 다음 글의 중심 내용으로 가장 적절한 것은?

> 발전된 산업 사회는 인간을 단순한 수단으로 지배하기 위해 새로운 수단을 발전시키고 있다. 여러 사회 과학과 심층 심리학이 이를 위해 동원되고 있다. 목적이나 이념의 문제를 배제하고 가치 판단으로부터의 중립을 표방하는 사회 과학들은 인간 조종을 위한 기술적·합리적인 수단을 개발해 대중 지배에 이바지한다. 마르쿠제는 이런 발전된 산업 사회에서의 도구화된 지성을 비판하면서 이것을 '현대인의 일차원적 사유'라고 불렀다. 비판과 초월을 모르는 도구화된 사유라는 것이다.
> 발전된 산업 사회는 이처럼 사회 과학과 도구화된 지성을 동원해 인간을 조종하고 대중을 지배할 뿐만 아니라 향상된 생산력을 통해 인간을 매우 효율적으로 거의 완전하게 지배한다. 즉, 발전된 산업 사회는 높은 생산력을 통해 늘 새로운 수요들을 창조하고, 모든 선전 수단을 동원하여 이러한 새로운 수요들을 인간의 삶을 위해 불가결한 것으로 만든다. 그리하여 인간이 새로운 수요들을 지향하지 않을 수 없게 한다. 이렇게 산업 사회는 늘 새로운 수요의 창조와 공급을 통해 인간의 삶을 지배하고 그의 인격을 사로잡아 버리는 것이다.

① 산업 사회에서 도구화된 지성의 문제점
② 산업 사회의 발전과 경제력 향상
③ 산업 사회의 특징과 문제점
④ 산업 사회의 대중 지배 양상
⑤ 산업 사회의 새로운 수요의 창조와 공급

Easy

04 다음 글의 제목으로 가장 적절한 것은?

요한 제바스티안 바흐는 '경건한 종교음악가'로서 천직을 다하기 위한 이상적인 장소를 라이프치히라고 생각하여 27년 동안 그곳에서 열심히 칸타타를 써 나갔다고 알려졌다. 그러나 실은 7년째에 라이프치히의 칸토르(교회의 음악감독)직으로는 가정을 꾸리기에 수입이 충분치 못해서 다른 일을 하기도 했고 다른 궁정에 자리를 알아보기도 했다. 그것이 계기가 되어 칸타타를 쓰지 않게 되었다는 사실이 최근의 연구에서 밝혀졌다. 또한 볼프강 아마데우스 모차르트의 경우에는 비극적으로 막을 내린 35년이라는 짧은 생애에 걸맞게 '하늘이 이 위대한 작곡가의 죽음을 비통해하듯' 천둥 치고 진눈깨비 흩날리는 가운데 장례식이 행해졌고 그 때문에 그의 묘지는 행방을 알 수 없게 되었다고 하는데, 그 후 이러한 이야기는 빈 기상대에 남아 있는 기상자료와 일치하지 않는다는 사실도 밝혀졌다. 게다가 만년에 엄습해온 빈곤에도 불구하고 다수의 걸작을 남기고 세상을 떠난 모차르트가 실제로는 그 정도로 수입이 적지는 않았다는 사실도 드러나 최근에는 도박벽으로 인한 빈곤설을 주장하는 학자까지 등장하게 되었다.

① 음악가들의 쓸쓸한 최후

② 미화된 음악가들의 이야기와 그 진실

③ 음악가들을 괴롭힌 근거 없는 소문들

④ 음악가들의 명성에 가려진 빈곤한 생활

⑤ 음악가들의 헌신적인 열정

출제유형분석

02 문장 · 문단나열

| 유형분석 |

- 문장 및 문단의 전체적인 흐름을 파악하고 이에 맞춰 논리적 순서대로 나열하는 유형이다.
- 각 문장의 지시어나 접속어에 주의해야 한다.

다음 문단을 논리적 순서대로 바르게 나열한 것은?

(가) 상품의 가격은 기본적으로 수요와 공급의 힘으로 결정된다. 시장에 참여하고 있는 경제 주체들은 자신이 가진 정보를 기초로 하여 수요와 공급을 결정한다.

(나) 이런 경우에는 상품의 가격이 우리의 상식으로는 도저히 이해하기 힘든 수준까지 일시적으로 뛰어오르는 현상이 나타날 가능성이 있다. 이런 현상은 특히 투기의 대상이 되는 자산의 경우 자주 나타나는데, 우리는 이를 '거품 현상'이라고 부른다.

(다) 그러나 현실에서는 사람들이 서로 다른 정보를 갖고 시장에 참여하는 경우가 많다. 어떤 사람은 특정한 정보를 갖고 있는데 거래 상대방은 그 정보를 갖고 있지 못한 경우도 있다.

(라) 일반적으로 거품 현상이란 것은 어떤 상품 –특히 자산– 의 가격이 지속해서 급격히 상승하는 현상을 가리킨다. 이와 같은 지속적인 가격 상승이 일어나는 이유는 애초에 발생한 가격 상승이 추가적인 가격 상승의 기대로 이어져 투기 바람이 형성되기 때문이다.

(마) 이들이 똑같은 정보를 함께 갖고 있으며 이 정보가 아주 틀린 것이 아닌 한, 상품의 가격은 어떤 기본적인 수준에서 크게 벗어나지 않을 것이라고 예상할 수 있다.

① (마) – (가) – (다) – (라) – (나)
② (라) – (가) – (다) – (나) – (마)
③ (나) – (마) – (다) – (가) – (라)
④ (가) – (마) – (다) – (나) – (라)
⑤ (가) – (다) – (나) – (라) – (마)

정답 ④

제시문은 가격을 결정하는 요인과 현실적인 여러 요인으로 인해 나타나는 '거품 현상'에 대해 설명하는 글이다. 따라서 (가) 수요와 공급에 의해 결정되는 가격 → (마) 상품의 가격에 대한 일반적인 예상 → (다) 가격의 현실적인 상황 → (나) 현실적인 가격 결정 '거품 현상' → (라) '거품 현상'에 대한 구체적인 설명 순으로 나열하는 것이 적절하다.

30초 컷 풀이 Tip

글의 전체적인 진행 중에 반전이 되는 내용이나 접속어가 나온다면 그 다음 내용이 중심 내용인 경우가 많다. 따라서 글의 분위기가 반전되는 경우 이에 집중하여 독해한다.

출제유형분석 02 실전예제

※ 다음 문단을 논리적 순서대로 바르게 나열한 것을 고르시오. [1~4]

PART 1

01

(가) 보통 라면은 일본에서 유래된 것으로 알려졌다. 그러나 우리가 좋아하는 라면과 일본의 라멘은 다르다. 일본의 라멘은 하나의 '요리'로서 위치하고 있으며, 처음에 인스턴트 라면이 발명된 것은 라멘을 휴대하고 다니면서 어떻게 하면 쉽게 먹을 수 있을까 하는 발상에서 기인한다. 그러나 한국의 라면은 그렇지 않다.

(나) 일본의 라멘이 고기 육수를 통한 맛을 추구한다면, 한국의 인스턴트 라면에서 가장 중요한 특징은 '매운맛'이다. 한국의 라면은 매운맛을 좋아하는 한국 소비자의 입맛에 맞춰 변화되었다.

(다) 이렇게 한국의 라면이 일본 라멘과 전혀 다른 모습을 보이면서, 라멘과 한국의 라면은 독자적인 영역을 만들어내기 시작했고, 당연히 해외에서도 한국의 라면은 라멘과 달리 나름대로 마니아층을 만들어내고 있다.

(라) 한국의 라면은 요리라기보다는 일종의 간식으로서 취급되며, '일본 라멘의 간소화'로 인스턴트 라면과는 그 맛도 다르다. 이는 일본의 라멘이 어떠한 맛을 추구하고 있는지에 대해서 생각해 보면 알 수 있다.

① (라) – (가) – (다) – (나)
② (라) – (가) – (나) – (다)
③ (가) – (라) – (다) – (나)
④ (가) – (라) – (나) – (다)
⑤ (가) – (다) – (나) – (라)

02

(가) 상품 생산자, 즉 판매자는 화폐를 얻기 위해 자신의 상품을 시장에 내놓는다. 하지만 생산자가 만들어 낸 상품이 시장에 들어서서 다른 상품이나 화폐와 관계를 맺게 되면, 이제 그 상품은 주인에게 복종하기를 멈추고 자립적인 삶을 살아가게 된다.

(나) 이처럼 상품이나 시장 법칙은 인간에 의해 산출된 것이지만, 이제 거꾸로 상품이나 시장 법칙이 인간을 지배하게 된다. 이때 인간 및 인간들 간의 관계가 소외되는 현상이 나타난다.

(다) 상품은 그것을 만들어 낸 생산자의 분신이지만, 시장 안에서는 상품이 곧 독자적인 인격체가 된다. 즉, 사람이 주체가 아니라 상품이 주체가 된다.

(라) 또한 사람들이 상품들을 생산하여 교환하는 과정에서 시장의 경제 법칙을 만들어 냈지만, 이제 거꾸로 상품들은 인간의 손을 떠나 시장 법칙에 따라 교환된다. 이런 시장 법칙의 지배 아래에서는 사람과 사람 간의 관계가 상품과 상품, 상품과 화폐 등 사물과 사물 간의 관계에 가려 보이지 않게 된다.

① (가) – (다) – (나) – (라)
② (가) – (다) – (라) – (나)
③ (다) – (라) – (가) – (나)
④ (다) – (라) – (나) – (가)
⑤ (다) – (가) – (라) – (나)

03

(가) 오히려 클레나 몬드리안의 작품을 우리 조각보의 멋에 비견되는 것으로 보아야 할 것이다. 조각보는 몬드리안이나 클레의 작품보다 100여 년 이상 앞서 제작된 공간 구성미를 가진 작품이며, 시대적으로 앞설 뿐 아니라 평범한 여성들의 일상에서 시작되었다는 점 그리고 정형화되지 않은 색채감과 구성미로 독특한 예술성을 지닌다는 점에서 차별화된 가치를 지닌다.

(나) 조각보는 일상생활에서 쓰다 남은 자투리 천을 이어서 만든 것으로, 옛 서민들의 절약 정신과 소박한 미의식을 보여준다. 조각보의 색채와 공간구성 면은 공간 분할의 추상화가로 유명한 클레(Paul Klee)나 몬드리안(Peit Mondrian)의 작품과 비견되곤 한다. 그만큼 아름답고 훌륭한 조형미를 지녔다는 의미이기도 하지만 일견 돌이켜 보면 이것은 잘못된 비교이다.

(다) 기하학적 추상을 표방했던 몬드리안의 작품보다 세련된 색상 배치로 각 색상이 가진 느낌을 살렸으며, 동양적 정서가 담김 '오방색'이라는 원색을 통해 강렬한 추상성을 지닌다. 또한 조각보를 만드는 과정과 그 작업의 내면에 가족의 건강과 행복을 기원하는 마음이 담겨 있어 단순한 오브제이기 이전에 기복신앙적인 부분이 있다. 조각보가 아름답게 느껴지는 이유는 이처럼 일상 속에서 삶과 예술을 함께 담았기 때문일 것이다.

① (가) – (나) – (다)
② (나) – (가) – (다)
③ (나) – (다) – (가)
④ (다) – (가) – (나)
⑤ (다) – (나) – (가)

04

(가) 교정 중에는 치아뿐 아니라 교정 장치를 부착하고 있기 때문에 교정 장치까지 닦아주어야 하는데요. 교정용 칫솔은 가운데 홈이 있어 장치와 치아를 닦을 수 있는 칫솔을 선택하게 되고, 가운데 파여진 곳을 교정 장치에 위치시킨 후 옆으로 왔다 갔다 전체적으로 닦아줍니다. 그다음 칫솔을 비스듬히 하여 장치의 위아래를 꼼꼼하게 닦아줍니다.

(나) 치아를 가지런하게 하기 위해 교정하시는 분들 중에 간혹 교정 중에 칫솔질이 잘 되지 않아 충치가 생기고 잇몸이 내려가 버리는 경우를 종종 보곤 합니다. 그러므로 교정 중에는 더 신경 써서 칫솔질을 해야 하죠.

(다) 마지막으로 칫솔질을 할 때 잊지 말아야 할 것은 우리 입안에 치아만 있는 것이 아니므로 혀와 잇몸에 있는 플라그들도 제거해주셔야 입 냄새도 예방할 수 있다는 것입니다. 올바른 칫솔질 방법으로 건강한 치아를 잘 유지하시길 바랍니다.

(라) 또 장치 때문에 닦이지 않는 부위는 치간 칫솔을 이용해 위아래 오른쪽 왼쪽 넣어 잘 닦아줍니다. 치실은 치아에 C자 모양으로 감아준 후 치아 방향으로 쓸어내려 줍니다. 그리고 교정 중에는 워터픽이라는 물 분사 장치를 이용해 양치해 주시는 것도 많은 도움이 됩니다. 잘 하실 수 있으시겠죠?

① (나) – (라) – (다) – (가)
② (나) – (가) – (라) – (다)
③ (가) – (라) – (나) – (다)
④ (가) – (나) – (라) – (다)
⑤ (가) – (다) – (나) – (라)

03 사실적 독해

| 유형분석 |

- 글의 내용과 선택지가 일치·불일치하는지를 묻는 유형이다.
- 제시문에 있는 내용을 그대로 선택지에 제시하거나 다른 표현으로 돌려서 제시한다.
- 오답의 근거가 명확한 선택지를 답으로 고른다.

다음 글의 내용으로 적절하지 않은 것은?

우리 민족은 고유한 주거문화로 바닥 난방 기술인 구들을 발전시켜 왔는데, 구들은 우리 민족에 다양한 영향을 주었다. 우선 오랜 구들 생활은 우리 민족의 인체에 적지 않은 변화를 초래하였다. 태어나면서부터 따뜻한 구들에 누워 자는 것이 습관이 된 우리 아이들은 사지의 활동량이 적어 발육이 늦어졌다. 구들에서 자란 우리 아이들은 다른 어떤 민족의 아이들보다 따뜻한 곳에서 안정감을 느꼈으며, 우리 민족은 아이들에게 따뜻함을 만들어주기 위해 여러 가지를 고안하여 발전시켰다.

구들은 농경을 주업으로 하는 우리 민족의 생산도구의 제작과 사용에 많은 영향을 주었다. 구들에 앉아 오랫동안 활동하는 습관은 하반신보다 상반신의 작업량을 증가시켰고 상반신의 움직임이 상대적으로 정교하게 되었다. 구들 생활에 익숙해진 우리 민족은 방 안에서의 작업뿐만 아니라 농사를 비롯한 야외의 많은 작업에서도 앉아서 하는 습관을 갖게 되었는데 이는 큰 농기구를 이용하여 서서 작업을 하는 서양과는 완전히 다른 방식이었다.

① 구들의 영향으로 우리 민족은 앉아서 하는 작업방식이 일반화되었다.
② 구들은 실내뿐 아니라 실외활동에도 영향을 끼쳤다.
③ 우리 민족은 하반신 활동보다 상반신 활동이 많은 대신 상반신 작업이 정교한 특징이 있다.
④ 구들은 아이들의 체온을 높여 발육을 방해한다.
⑤ 우리 민족은 서양보다 작은 농기구를 사용하였다.

정답 ④

아이들이 따뜻한 구들에 누워 자는 것이 습관이 되어 사지의 활동량이 적어 발육이 늦어진 것이지, 체온을 높였기 때문에 발육이 늦어진 것은 아니다.

오답분석

①·③ 두 번째 문단 두 번째 문장에서 확인할 수 있다.
②·⑤ 두 번째 문단 마지막 문장을 통해 알 수 있다.

30초 컷 풀이 Tip

선택지를 보고 글에 자주 등장하는 키워드가 무엇인지를 파악한 후 제시문을 읽는다.

출제유형분석 03 실전예제

※ 다음 글의 내용으로 가장 적절한 것을 고르시오. [1~2]

01

상업 광고는 기업은 물론이고 소비자에게도 요긴하다. 기업은 마케팅 활동의 주요한 수단으로 광고를 적극적으로 이용하여 기업과 상품의 인지도를 높이려 한다. 소비자는 소비 생활에 필요한 상품의 성능, 가격, 판매 조건 등의 정보를 광고에서 얻으려 한다. 광고를 통해 기업과 소비자가 모두 이익을 얻는다면 이를 규제할 필요는 없을 것이다. 그러나 광고에서 기업과 소비자의 이익이 상충하는 경우도 있고 광고가 사회 전체에 폐해를 낳는 경우도 있어, 다양한 규제 방식이 모색되었다.

이때 문제가 된 것은 과연 광고로 인한 피해를 책임질 당사자로서 누구를 상정할 것인가였다. 초기에는 '소비자 책임 부담 원칙'에 따라 광고 정보를 활용한 소비자의 구매 행위에 대해 소비자가 책임을 져야 한다고 보았다. 여기에는 광고 정보가 정직한 것인지와는 상관없이 소비자는 이성적으로 이를 판단하여 구매할 수 있어야 한다는 전제가 있었다. 그래서 기업은 광고에 의존하여 물건을 구매한 소비자가 입은 피해에 대하여 책임을 지지 않았고, 광고의 기만성에 대한 입증 책임도 소비자에게 있었다.

책임 주체로 기업을 상정하여 '기업 책임 부담 원칙'이 부상하게 된 배경은 복합적이다. 시장의 독과점 상황이 광범위해지면서 소비자의 자유로운 선택이 어려워졌고, 상품에 응용된 과학 기술이 복잡해지고 첨단화되면서 상품 정보에 대한 소비자의 정확한 이해도 기대하기 어려워졌다. 또한 다른 상품 광고와의 차별화를 위해 통념에 어긋나는 표현이나 장면도 자주 활용되었다. 그리하여 경제적, 사회·문화적 측면에서 광고로부터 소비자를 보호해야 한다는 당위를 바탕으로 기업이 광고에 대해 책임을 져야 한다는 공감대가 확산되었다.

오늘날 행해지고 있는 여러 광고 규제는 이런 공감대에서 나온 것인데, 이는 크게 보아 법적 규제와 자율 규제로 나눌 수 있다. 구체적인 법 조항을 통해 광고를 규제하는 법적 규제는 광고 또한 사회적 활동의 일환이라는 점에 근거한다. 특히 자본주의 사회에서는 기업이 시장 점유율을 높여 다른 기업과의 경쟁에서 승리하기 위하여 사실에 반하는 광고나 소비자를 현혹하는 광고를 할 가능성이 높다. 법적 규제는 허위 광고나 기만 광고 등을 불공정 경쟁의 수단으로 간주하여 정부 기관이 규제를 가하는 것이다.

자율 규제는 법적 규제에 대한 기업의 대응책으로 등장했다. 법적 규제가 광고의 역기능에 따른 피해를 막기 위한 강제적 조치라면, 자율 규제는 광고의 순기능을 극대화하기 위한 자율적 조치이다. 광고에 대한 기업의 책임감에서 비롯된 자율 규제는 법적 규제를 보완하는 효과가 있다.

① 광고 주체의 자율 규제가 잘 작동될수록 광고에 대한 법적 규제의 역할도 커진다.

② 기업의 이익과 소비자의 이익이 상충하는 정도가 클수록 법적 규제와 자율 규제의 필요성이 약화된다.

③ 시장 독과점 상황이 심각해지면서 기업 책임 부담 원칙이 약화되고 소비자 책임 부담 원칙이 부각되었다.

④ 첨단 기술을 강조한 상품의 광고일수록 소비자가 광고 내용을 정확히 이해하지 못한 채 상품을 구매할 가능성이 커진다.

⑤ 광고의 기만성을 입증할 책임을 소비자에게 돌리는 경우, 그 이유는 소비자에게 이성적 판단 능력이 있다는 전제를 받아들이지 않기 때문이다.

PART 1

02

> 우리 속담에 '울다가도 웃을 일이다.'라는 말이 있듯이 슬픔의 아름다움과 해학의 아름다움이 함께 존재한다면 이것은 우리네의 곡절 많은 역사 속에 밴 미덕의 하나라고 할 만하다. 울다가도 웃을 일이라는 말은 물론 어처구니가 없을 때 하는 말이기도 하지만 애수가 아름다울 수 있고 또 익살이 세련되어 아름다울 수 있다면 그 사회의 서정과 조형미에 나타나는 표현에도 의당 이러한 것이 반영되어 있어야 한다.
> 이러한 고요의 아름다움과 슬픔의 아름다움이 조형 작품 위에 옮겨질 수 있다면 이것은 바로 예술에서 말하는 적조미의 세계이며, 익살의 아름다움이 조형 위에 구현된다면 물론 이것은 해학미의 세계일 것이다.

① 익살은 우리 민족만이 지닌 특성이다.
② 익살은 풍속화에서 가장 잘 표현된다.
③ 익살이 조형 위에 구현된다면 적조미이다.
④ 익살은 우리 민족의 삶의 정서를 반영한다.
⑤ 익살은 예술 작품을 통해서만 표현될 수 있다.

03

G씨는 성장기인 아들의 수면습관을 바로 잡기 위해 수면습관에 관련된 글을 찾아보았다. 다음 중 G씨가 이해한 것으로 적절하지 않은 것은?

> 수면은 비렘(Non-Rem)수면과 렘수면으로 이뤄진 사이클이 반복되면서 이뤄지는 복잡한 신경계의 상호작용이며 좋은 수면이란 이 사이클이 끊어지지 않고 충분한 시간 동안 유지되도록 하는 것이다. 수면 패턴은 일정한 것이 좋으며 깨는 시간을 지키는 것이 중요하다. 그리고 수면 패턴은 휴일과 평일 모두 일정하게 지키는 것이 성장하는 아이들의 수면 리듬을 유지하는 데 좋다. 수면상태에서 깨어날 때 영향을 주는 자극들은 '빛, 식사 시간, 운동, 사회 활동' 등이 있으며 이 중 가장 강한 자극은 '빛'이다. 침실을 밝게 하는 것은 적절한 수면 자극을 방해하는 것이다. 반대로 깨어날 때는 강한 빛 자극을 주면 빠르게 수면 상태에서 벗어날 수 있다. 이는 뇌의 신경 전달 물질인 멜라토닌의 농도와 연관되어 나타나는 현상으로, 수면 중 최대치로 올라간 멜라토닌은 시신경이 강한 빛에 노출되면 빠르게 줄어들게 되는데 이때 수면 상태에서 벗어나게 된다. 아침 일찍 일어나 커튼을 젖히고 밝은 빛이 침실 안으로 들어오게 하는 것은 매우 효과적인 각성 방법인 것이다.

① 잠에서 깨는 데 가장 강력한 자극을 주는 것은 빛이었구나.
② 멜라토닌의 농도에 따라 수면과 각성이 영향을 받는군.
③ 평일에 잠이 모자란 우리 아들은 잠을 보충해줘야 하니까 휴일에 늦게까지 자도록 둬야겠다.
④ 좋은 수면은 비렘수면과 렘수면의 사이클이 충분한 시간동안 유지되도록 하는 것이구나.
⑤ 우리 아들 침실이 좀 밝은 편이니 충분한 수면을 위해 암막커튼을 달아줘야겠어.

04 다음 글의 내용으로 적절하지 않은 것은?

위기지학(爲己之學)이란 15세기의 사림파 선비들이 『소학(小學)』을 강조하면서 내세운 공부 태도를 가리킨다. 원래 이 말은 위인지학(爲人之學)과 함께 『논어(論語)』에 나오는 말이다. '옛날에 공부하던 사람들은 자기를 위해 공부했는데, 요즘 사람들은 남을 위해 공부한다.' 즉, 공자는 공부하는 사람의 관심이 어디에 있느냐를 가지고 학자를 두 부류로 구분했다. 어떤 학자는 '위기(爲己)란 자아가 성숙하는 것을 추구하며, 위인(爲人)이란 남들에게서 인정받기를 바라는 태도'라고 했다.

조선 시대를 대표하는 지식인 퇴계 이황(李滉)은 이렇게 말했다. '위기지학이란, 우리가 마땅히 알아야 할 바가 도리이며, 우리가 마땅히 행해야 할 바가 덕행이라는 것을 믿고, 가까운 데서부터 착수해 나가되 자신의 이해를 통해서 몸소 실천하는 것을 목표로 삼는 공부이다. 반면 위인지학이란, 내면의 공허함을 감추고 관심을 바깥으로 돌려 지위와 명성을 취하는 공부이다.' 위기지학과 위인지학의 차이는 공부의 대상이 무엇이냐에 있다기보다 공부를 하는 사람의 일차적 관심과 태도가 자신을 내면적으로 성숙시키는 데 있느냐 아니면 다른 사람으로부터 인정을 받는 데 있느냐에 있다는 것이다.

이것은 학문의 목적이 외재적 가치에 의해서가 아니라 내재적 가치에 의해서 정당화된다는 사고방식이 나타났음을 뜻한다. 이로써 당시 사대부들은 출사(出仕)를 통해 정치에 참여하는 것 외에 학문과 교육에 종사하면서도 자신의 사회적 존재 의의를 주장할 수 있다고 믿었다. 더 나아가 학자 또는 교육자로서 사는 것이 관료 또는 정치가로서 사는 것보다 훌륭한 것이라고 주장할 수 있게 되었다. 또한 위기지학의 출현은 종래 과거제에 종속되어 있던 교육에 독자적 가치를 부여했다는 점에서 역사적 사건으로 평가받아 마땅하다.

① 국가가 위기지학을 권장함으로써 그 위상이 높아졌다.
② 위인지학을 추구하는 사람들은 체면과 인정을 중시했다.
③ 위기적 태도를 견지한 사람들은 자아의 성숙을 추구했다.
④ 공자는 학문을 대하는 태도를 기준으로 삼아 학자들을 나누었다.
⑤ 위기지학은 사대부에게 출사만이 훌륭한 것은 아니라는 근거를 제공했다.

04 추론적 독해

| 유형분석 |

- 글의 내용을 바탕으로 논리적으로 추론할 수 있는지를 묻는 유형이다.
- 글의 전체적인 내용과 세부적인 내용을 정확하게 알고 있어야 풀이할 수 있는 유형이다.
- 독해 유형 중 난이도가 높은 편에 속한다.
- 오답의 근거가 명확한 선택지를 답으로 고른다.

다음 글을 읽고 추론한 내용으로 적절하지 않은 것은?

태양 빛은 흰색으로 보이지만 실제로는 다양한 파장의 가시광선이 혼합되어 나타난 것이다. 프리즘을 통과시키면 흰색의 가시광선은 파장에 따라 붉은빛부터 보랏빛까지의 무지갯빛으로 분해된다. 가시광선의 파장 범위는 390 ~ 780nm* 정도인데 보랏빛이 가장 짧고 붉은빛이 가장 길다. 빛의 진동수는 파장과 반비례하므로 진동수는 보랏빛이 가장 크고 붉은빛이 가장 작다. 태양 빛이 대기층에 입사하여 산소나 질소 분자와 같은 공기 입자(직경 0.1 ~ 1nm 정도), 먼지 미립자, 에어로졸*(직경 1 ~ 100,000nm 정도) 등과 부딪치면 여러 방향으로 흩어지는데 이러한 현상을 산란이라 한다. 산란은 입자의 직경과 빛의 파장에 따라 '레일리(Rayleigh) 산란'과 '미(Mie) 산란'으로 구분된다.

레일리 산란은 입자의 직경이 파장의 1/10보다 작을 경우에 일어나는 산란을 말하는데, 그 세기는 파장의 네제곱에 반비례한다. 대기의 공기 입자는 직경이 매우 작아 가시광선 중 파장이 짧은 빛을 주로 산란시키며, 파장이 짧을수록 산란의 세기가 강하다. 따라서 맑은 날에는 주로 공기 입자에 의한 레일리 산란이 일어나서 보랏빛이나 파란빛이 강하게 산란되는 반면 붉은빛이나 노란빛은 약하게 산란된다. 산란되는 세기로는 보랏빛이 가장 강하겠지만, 우리 눈은 보랏빛보다 파란빛을 더 잘 감지하기 때문에 하늘은 파랗게 보이는 것이다. 만약 태양 빛이 공기 입자보다 큰 입자에 의해 레일리 산란이 일어나면 공기 입자만으로는 산란이 잘되지 않던 긴 파장의 빛까지 산란되어 하늘의 파란빛은 상대적으로 엷어진다.

미 산란은 입자의 직경이 파장의 1/10보다 큰 경우에 일어나는 산란을 말하는데 주로 에어로졸이나 구름 입자 등에 의해 일어난다. 이때 산란의 세기는 파장이나 입자 크기에 따른 차이가 거의 없다. 구름이 흰색으로 보이는 것은 미 산란으로 설명된다. 구름 입자(직경 20,000nm 정도)처럼 입자의 직경이 가시광선의 파장보다 매우 큰 경우에는 모든 파장의 빛이 고루 산란된다. 이 산란된 빛이 동시에 우리 눈에 들어오면 모든 무지갯빛이 혼합되어 구름이 하얗게 보인다. 이처럼 대기가 없는 달과 달리 지구는 산란 효과에 의해 파란 하늘과 흰 구름을 볼 수 있다.

*나노미터(nm) : 물리학적 계량 단위(1nm=10^{-9}m)
*에어로졸 : 대기에 분산된 고체 또는 액체 입자

① 가시광선의 파란빛은 보랏빛보다 진동수가 작다.
② 프리즘으로 분해한 태양 빛을 다시 모으면 흰색이 된다.
③ 레일리 산란의 세기는 파란빛이 가장 크다.
④ 빛의 진동수가 2배가 되면 레일리 산란의 세기는 16배가 된다.
⑤ 달의 하늘에서는 공기 입자에 의한 태양 빛의 산란이 일어나지 않는다.

정답 ③

레일리 산란의 세기는 보랏빛이 가장 강하지만 우리 눈은 보랏빛보다 파란빛을 더 잘 감지하기 때문에 하늘이 파랗게 보이는 것이다.

오답분석

①·② 첫 번째 문단을 통해 내용을 추론할 수 있다.
④ 빛의 진동수는 파장과 반비례하고, 레일리 산란의 세기는 파장의 네제곱에 반비례한다. 즉, 빛의 진동수가 2배가 되면 파장은 1/2배가 되고, 레일리 산란의 세기는 $2^4=16$배가 된다.
⑤ 마지막 문단의 내용을 통해 추론할 수 있다.

30초 컷 풀이 Tip

1. 제시문에 대한 내용이 지나치게 한 편으로 치우친 선택지는 소거한다.
2. 글의 구조를 파악하고 핵심적인 키워드를 표시하여 다시 봐야 할 때도 빠르게 찾을 수 있도록 한다.

PART 1

출제유형분석 04 실전예제

01 다음 글을 통해 추론할 수 없는 것은?

제약 연구원이란 제약 회사에서 약을 만드는 과정에 참여하는 사람을 말한다. 제약 연구원은 이러한 모든 단계에 참여하지만, 특히 신약 개발 단계와 임상 시험 단계에서 가장 중점적인 역할을 한다. 일반적으로 약을 만드는 과정은 새로운 약품을 개발하는 신약 개발 단계, 임상 시험을 통해 개발된 신약의 약효를 확인하는 임상 시험 단계, 식약처에 신약이 판매될 수 있도록 허가를 요청하는 약품 허가 요청 단계, 마지막으로 의료진과 환자를 대상으로 신약에 대해 홍보하는 영업 및 마케팅의 단계로 나눈다.

제약 연구원이 되기 위해서는 일반적으로 약학을 전공해야 한다고 생각하기 쉽지만, 약학 전공자 이외에도 생명 공학, 화학 공학, 유전 공학 전공자들이 제약 연구원으로 활발하게 참여하고 있다. 만일 신약 개발의 전문가가 되고 싶다면 해당 분야에서 오랫동안 연구한 경험이 필요하기 때문에 대학원에서 석사나 박사 학위를 취득하는 것이 유리하다.

제약 연구원이 되기 위해서는 전문적인 지식도 중요하지만, 사람의 생명과 관련된 일인 만큼, 무엇보다도 꼼꼼함과 신중함, 책임 의식이 필요하다. 또한 제약 회사라는 공동체 안에서 일을 하는 것이므로 원만한 일의 진행을 위해서 의사소통 능력도 필수적으로 요구된다. 오늘날 제약 분야가 빠르게 성장하고 있다는 점을 고려할 때, 일에 대한 도전 의식, 호기심과 탐구심 등도 제약 연구원에게 필요한 능력으로 꼽을 수 있다.

① 제약 연구원은 약품 허가 요청 단계에 참여한다.
② 오늘날 제약 연구원에게 요구되는 능력이 많아졌다.
③ 생명이나 유전 공학 전공자도 제약 연구원으로 일할 수 있다.
④ 신약 개발 전문가가 되려면 반드시 석사나 박사를 취득해야 한다.
⑤ 제약 연구원과 관련된 정보가 부족하다면 약학을 전공해야만 제약 연구원이 될 수 있다고 생각할 수 있다.

02 다음 글 뒤에 이어질 내용으로 가장 적절한 것은?

멋이라는 것도 일상생활의 단조로움이나 생활의 압박에서 해방되려는 노력 중 하나일 것이다. 끊임없이 일상의 복장, 그 복장이 주는 압박감으로부터 벗어나기 위해 옷을 잘 차려 입는 사람은 그래서 멋쟁이다. 또는 삶을 공리적 계산으로서가 아니라 즐김의 대상으로 볼 수 있게 해 주는 활동, 가령 서도(書道)라든가 다도(茶道)라든가 꽃꽂이라든가 하는 일을 과외로 즐길 줄 아는 사람을 우리는 생활의 멋을 아는 사람이라고 말한다. 그러나 그렇다고 해서 값비싸고 화려한 복장, 어떠한 종류의 스타일과 수련을 전제하는 활동만이 멋을 나타내는 것이 아니다. 경우에 따라서는 털털한 옷차림, 겉으로 내세울 것이 없는 소탈한 생활 태도가 멋있게 생각될 수도 있다. 기준적인 것에 변화를 더하는 것이 중요한 것이다. 그러나 기준으로부터의 편차가 너무 커서는 안 된다. 혐오감을 불러일으킬 정도의 몸가짐, 몸짓 또는 생활 태도는 멋이 있는 것으로 생각되지 않는다. 편차는 어디까지나 기준에 의해서만 존재하는 것이다.

① 타인의 관점만을 존중하는 멋
② 사회적인 기준에 의해 형성되는 멋
③ 일상적인 것을 뛰어넘는 멋
④ 개성을 따르는 고유한 멋
⑤ 의도가 없이 자연스럽게 창조되는 멋

PART 1

03 다음 글을 읽은 독자의 반응으로 적절하지 않은 것은?

우주로 쏘아진 인공위성들은 지구 주위를 돌며 저마다의 임무를 충실히 수행한다. 이들의 수명은 얼마나 될까? 인공위성들은 태양 전지판으로 햇빛을 받아 전기를 발생시키는 태양전지와 재충전용 배터리를 장착하여 지구와의 통신은 물론 인공위성의 온도를 유지하고 자세와 궤도를 조정하는데, 이러한 태양전지와 재충전용 배터리의 수명은 평균 15년 정도이다.
방송 통신 위성은 원활한 통신을 위해 안테나가 늘 지구의 특정 위치를 향해 있어야 하는데, 안테나 자세 조정을 위해 추력기라는 작은 로켓에서 추진제를 소모한다. 자세 제어용 추진제가 모두 소진되면 인공위성은 자세를 유지할 수 없기 때문에 더 이상의 임무 수행이 불가능해지고 자연스럽게 수명을 다하게 된다.
첩보 위성의 경우는 임무의 특성상 아주 낮은 궤도를 비행한다. 하지만 낮은 궤도로 비행하게 될 경우 인공위성은 공기의 저항 때문에 마모가 훨씬 빨라지므로 수명이 몇 개월에서 몇 주일까지 짧아진다. 게다가 운석과의 충돌 등 예기치 못한 사고로 인하여 부품이 훼손되어 수명이 다하는 경우도 있다.

① 수명이 다 된 인공위성들은 어떻게 되는 걸까?
② 첩보 위성을 높은 궤도로 비행시키면 더욱 오래 임무를 수행할 수 있을 거야.
③ 안테나가 특정 위치를 향하지 않더라도 통신이 가능하도록 만든다면 방송 통신 위성의 수명을 늘릴 수 있을지도 모르겠군.
④ 별도의 충전 없이 오래가는 배터리를 사용한다면 인공위성의 수명을 더 늘릴 수 있지 않을까?
⑤ 아무런 사고 없이 임무를 수행한 인공위성이라도 15년 정도만 사용할 수 있겠구나.

05 비판적 독해

| 유형분석 |

- 어떠한 견해에 대하여 적절한 반응을 보이거나 타당한 비판을 하는 유형이다.
- 글의 전체적인 주제를 정확히 이해하는 것이 중요하다.
- 특정한 문장에 의해 한쪽으로 치우친 판단을 하지 않는 것이 중요하다.

다음 글에 대한 반박으로 적절하지 않은 것은?

> 윤리와 관련하여 가장 광범위하게 받아들여진 사실 가운데 하나는 옳은 것과 그른 것에 대한 광범위한 불일치가 과거부터 현재까지 항상 있었고, 아마도 앞으로도 계속 있을 것이라는 점이다. 가령 육식이 올바른지를 두고 한 문화에 속해 있는 사람들의 판단은 다른 문화에 속해 있는 사람들의 판단과 굉장히 다르다. 그뿐만 아니라 한 문화에 속한 사람들의 판단은 시대마다 아주 다르기도 하다. 심지어 우리는 동일한 문화와 시대 안에서도 하나의 행위에 대해 서로 다른 윤리적 판단을 하는 경우를 볼 수 있다.
> 이러한 사실이 의미하는 바는 사람들의 윤리적 기준이 시간과 장소, 그리고 그들이 사는 상황에 따라 달라진다는 것이다. 그러므로 올바른 윤리적 기준은 그것을 적용하는 사람에 따라 상대적이다. 이것이 바로 윤리적 상대주의의 핵심 논지이다. 따라서 우리는 윤리적 상대주의가 참이라는 결론을 내려야 한다.

① 사람들의 윤리적 판단은 그들이 사는 지역에 따라 크게 다르지 않다.
② 윤리적 판단이 다르다고 해서 윤리적 기준도 반드시 달라지는 것은 아니다.
③ 윤리적 상대주의가 옳다고 해서 사람들의 윤리적 판단이 항상 서로 다른 것은 아니다.
④ 인류학자들에 따르면 문화에 따른 판단의 차이에도 불구하고 일부 윤리적 기준은 보편적으로 신봉되고 있다.
⑤ 서로 다른 윤리적 판단이 존재하는 경우에도 올바른 판단은 하나뿐이며, 그런 올바른 판단을 옳게 만들어 주는 객관적 기준이 존재한다.

정답 ③

제시문은 윤리적 상대주의가 참이라는 결론을 내리기 위한 논증이다. 어떤 행위에 대한 문화 간의 지속적인 시비 논란(윤리적 판단)은 사람들의 윤리적 기준 차이에 의하여 한 문화 안에서 시대마다 다르기도 하고, 동일한 문화와 시대 안에서도 다를 수 있다. 그러므로 올바른 윤리적 기준은 그것을 적용하는 사람에 따라 상대적이므로 윤리적 상대주의가 참이라는 논증이다. 따라서 이 논증의 반박은 '절대적 기준에 의한 보편적 윤리 판단은 존재한다.'가 되어야 한다. 그러나 ③은 '윤리적 판단이 항상 서로 다른 것은 아니다.'는 내용이다. 제시문에서도 윤리적 판단이 '~ 다르기도 하다.', '다른 윤리적 판단을 하는 경우를 볼 수 있다.'고 했지 '항상 다르다.'고는 하지 않았다. 따라서 ③은 반박으로 적절하지 않다.

출제유형분석 05 실전예제

Hard

01 다음 글이 비판하는 주장으로 가장 적절한 것은?

> '모래언덕'이나 '바람' 같은 개념은 매우 모호해 보인다. 작은 모래 무더기가 모래언덕이라고 불리려면 얼마나 높이 쌓여야 하는가? 바람이 되려면 공기는 얼마나 빨리 움직여야 하는가?
> 그러나 지질학자들이 관심이 있는 대부분의 문제 상황에서 이런 개념들은 아무 문제 없이 작동한다. 더 높은 수준의 세분화가 요구될 만한 맥락에서는 그때마다 '30m에서 40m 사이의 높이를 가진 모래언덕'이나 '시속 20km와 시속 40km 사이의 바람'처럼 수식어구가 달린 표현이 과학적 용어의 객관적인 사용을 뒷받침한다.
> 물리학 같은 정밀과학에서도 사정은 비슷하다. 물리학의 한 연구 분야인 저온물리학은 저온현상, 즉 초전도 현상을 비롯하여 절대온도 0도인 −273.16℃ 부근의 저온에서 나타나는 흥미로운 현상들을 연구한다. 그렇다면 정확히 몇 도부터 저온인가? 물리학자들은 이 문제를 놓고 다투지 않는다. 때로는 이 말이 헬륨의 끓는점(−268.6℃) 같은 극저온 근방을 가리키는가 하면, 질소의 끓는점(−195.8℃)이 기준이 되기도 한다.
> 과학자들은 모호한 것을 싫어한다. 모호성은 과학의 정밀성을 훼손할 뿐만 아니라 궁극적으로 과학의 객관성을 약화하기 때문이다. 그러나 모호성에 대응하는 길은 모든 측정의 오차를 0으로 만드는 데 있는 것이 아니라 대화를 통해 그 상황에 적절한 합의를 하는 데 있다.

① 과학의 정확성은 측정기술의 정확성에 달려 있다.
② 물리학 같은 정밀과학에서도 오차는 발생하기 마련이다.
③ 과학의 발달은 과학적 용어체계의 변화를 유발할 수 있다.
④ 과학적 언어의 객관성은 그 언어가 사용되는 맥락 속에서 확보된다.
⑤ 과학적 언어의 객관성은 용어의 엄밀하고 보편적인 정의에 의해서만 보장된다.

Hard

02 다음 글에 나타난 '라이헨바흐의 논증'을 평가 · 비판한 것으로 적절하지 않은 것은?

귀납은 현대 논리학에서 연역이 아닌 모든 추론, 즉 전제가 결론을 개연적으로 뒷받침하는 모든 추론을 가리킨다. 귀납은 기존의 정보나 관찰 증거 등을 근거로 새로운 사실을 추가하는 지식 확장적 특성을 지닌다. 이 특성으로 인해 귀납은 근대 과학 발전의 방법적 토대가 되었지만, 한편으로 귀납 자체의 논리적 한계를 지적하는 문제들에 부딪히기도 한다.
먼저 흄은 과거의 경험을 근거로 미래를 예측하는 귀납이 정당한 추론이 되려면 미래의 세계가 과거에 우리가 경험해 온 세계와 동일하다는 자연의 일양성(一様性), 곧 한결같음이 가정되어야 한다고 보았다. 그런데 자연의 일양성은 선험적으로 알 수 있는 것이 아니라 경험에 기대어야 알 수 있는 것이다. 즉, "귀납이 정당한 추론이다."라는 주장은 "자연은 일양적이다."라는 다른 지식을 전제로 하는데, 그 지식은 다시 귀납에 의해 정당화되어야 하는 경험적 지식이므로 귀납의 정당화는 순환 논리에 빠져 버린다는 것이다. 이것이 귀납의 정당화 문제이다.
귀납의 정당화 문제로부터 과학의 방법인 귀납을 옹호하기 위해 라이헨바흐는 이 문제에 대해 현실적 구제책을 제시한다. 라이헨바흐는 자연이 일양적일 수도 있고 그렇지 않을 수도 있음을 전제한다. 먼저 자연이 일양적일 경우, 그는 지금까지의 우리의 경험에 따라 귀납이 점성술이나 예언 등의 다른 방법보다 성공적인 방법이라고 판단한다. 자연이 일양적이지 않다면, 어떤 방법도 체계적으로 미래 예측에 계속해서 성공할 수 없다는 논리적 판단을 통해 귀납은 최소한 다른 방법보다 나쁘지 않은 추론이라고 확언한다. 결국 자연이 일양적인지 그렇지 않은지 알 수 없는 상황에서는 귀납을 사용하는 것이 옳은 선택이라는 라이헨바흐의 논증은 귀납의 정당화 문제를 현실적 차원에서 해소하려는 시도로 볼 수 있다.

① 귀납이 지닌 논리적 허점을 완전히 극복한 것은 아니라는 비판의 여지가 있다.
② 귀납을 과학의 방법으로 사용할 수 있음을 지지하려는 목적에서 시도하였다는 데 의미가 있다.
③ 귀납과 다른 방법을 비교하기 위해 경험적 판단과 논리적 판단을 모두 활용한 것이 특징이다.
④ 귀납과 견주어 미래 예측에 더 성공적인 방법이 없다는 판단을 근거로 귀납의 가치를 보여 주고 있다.
⑤ 귀납이 현실적으로 옳은 추론 방법임을 밝히기 위해 자연의 일양성이 선험적 지식임을 증명한 데 의의가 있다.

03 다음 글의 ㉠에 대해 제기할 수 있는 반론으로 가장 적절한 것은?

기업은 상품의 사회적 마모를 촉진시키는 주체이다. 생산과 소비가 지속되어야 이윤을 남길 수 있기 때문에, 하나의 상품을 생산해서 그 상품의 물리적 마모가 끝날 때까지를 기다렸다가는 그 기업은 망하기 십상이다. 이러한 상황에서 늘 수요에 비해서 과잉 생산을 하는 기업이 살아남을 수 있는 길은 상품의 사회적 마모를 짧게 해서 사람들로 하여금 계속 소비하게 만드는 것이다.

그래서 ㉠ 기업들은 더 많은 이익을 내기 위해서는 상품의 성능을 향상시키기보다는 디자인을 변화시키는 것이 더 바람직하다고 생각한다. 산업이 발달하여 상품의 성능이나 기능, 내구성이 이전보다 더욱 향상되었는데도 불구하고 상품의 생명이 이전보다 더 짧아지는 것은 어떻게 생각하면 자본주의 상품이 지닌 모순이라고 할 수 있다. 섬유의 질은 점점 좋아지지만 그 옷을 입는 기간은 이에 비해서 점점 짧아지게 되는 것이 바로 자본주의 상품이 지니고 있는 모순이다. 산업이 계속 발달하여 상품의 성능이 향상되는데도 상품의 사회적인 마모 기간이 누군가에 의해서 엄청나게 짧아지고 있다. 상품의 질은 향상되고 내가 버는 돈은 늘어가는 것 같은데 늘 무엇인가 부족한 듯한 느낌이 드는 것도 이것과 관련이 있다.

– 류승호, 『신세대 유행의 속성』

① 상품의 성능은 그대로 두어도 향상될 수 있는가?
② 디자인에 관한 소비자들의 취향이 바뀌는 것을 막을 방안은 있는가?
③ 상품의 성능 향상을 등한시하며 디자인만 바꾼다고 소비가 증가할 것인가?
④ 사회적 마모 기간이 점차 짧아지면 디자인을 개발하는 것이 기업에 도움이 되겠는가?
⑤ 소비 성향에 맞춰 디자인을 다양화할 수 있는가?

04 다음 글의 주장에 대한 비판으로 가장 적절한 것은?

전통적인 경제학에 따른 통화 정책에서는 정책 금리를 활용하여 물가를 안정시키고 경제 안정을 도모하는 것을 목표로 한다. 중앙은행은 경기가 과열되었을 때 정책 금리 인상을 통해 경기를 진정시키고자 한다. 정책 금리 인상으로 시장 금리도 높아지면 가계 및 기업에 대한 대출 감소로 신용 공급이 축소된다. 신용 공급의 축소는 경제 내 수요를 줄여 물가를 안정시키고 경기를 진정시킨다. 반면 경기가 침체되었을 때는 반대의 과정을 통해 경기를 부양시키고자 한다.

금융을 통화 정책의 전달 경로로만 보는 전통적인 경제학에서는 금융감독 정책이 개별 금융 회사의 건전성 확보를 통해 금융 안정을 달성하고자 하는 미시 건전성 정책에 집중해야 한다고 보았다. 이러한 관점은 금융이 직접적인 생산 수단이 아니므로 단기적일 때와는 달리 장기적으로는 경제 성장에 영향을 미치지 못한다는 인식과 자산 시장에서는 가격이 본질적 가치를 초과하여 폭등하는 버블이 존재하지 않는다는 효율적 시장 가설에 기인한다. 미시 건전성 정책은 개별 금융 회사의 건전성에 대한 예방적 규제 성격을 가진 정책 수단을 활용하는데, 그 예로는 향후 손실에 대비하여 금융 회사의 자기자본 하한을 설정하는 최저 자기자본 규제를 들 수 있다.

① 중앙은행의 정책이 자산 가격 버블에 따른 금융 불안을 야기하여 경제 안정이 훼손될 수 있다.
② 시장의 물가가 지나치게 상승할 경우 국가는 적극적으로 개입하여 물가를 안정시켜야 한다.
③ 경기가 침체된 상황에서는 처방적 규제보다 예방적 규제에 힘써야 한다.
④ 금융은 단기적일 때와 달리 장기적으로는 경제 성장에 별다른 영향을 미치지 못한다.
⑤ 금융 회사에 대한 최저 자기자본 규제를 통해 금융 회사의 건전성을 확보할 수 있다.

06 빈칸추론

| 유형분석 |

- 제시문을 읽고 빈칸에 들어갈 가장 적절한 선택지를 찾는 유형이다.
- 빈칸의 앞뒤 문장을 통해 추론하는 것이 빠르게 푸는 방법이라고 알려져 있지만, 최근에는 제시문 전체의 내용을 모르면 풀이하기 어려운 문제가 출제되고 있다.

다음 글의 빈칸에 들어갈 내용으로 가장 적절한 것은?

만약 어떤 사람에게 다가온 신비적 경험이 그가 살아갈 수 있는 힘으로 밝혀진다면, 그가 다른 방식으로 살아야 한다고 다수인 우리가 주장할 근거는 어디에도 없다. 사실상 신비적 경험은 우리의 모든 노력을 조롱할 뿐 아니라, 논리라는 관점에서 볼 때 우리의 관할 구역을 절대적으로 벗어나 있다. 우리 자신의 더 합리적인 신념은 신비주의자가 자신의 신념을 위해서 제시하는 증거와 그 본성에 있어서 유사한 증거에 기초해 있다. 우리의 감각이 우리의 신념에 강력한 증거가 되는 것과 마찬가지로, 신비적 경험도 그것을 겪은 사람의 신념에 강력한 증거가 된다. 우리가 지닌 합리적 신념의 증거와 유사한 증거에 해당되는 경험은, 그러한 경험을 한 사람에게 살아갈 힘을 제공해줄 것이다. 신비적 경험은 신비주의자들에게는 살아갈 힘이 되는 것이다. 따라서 ________________________

① 신비주의가 가져다주는 긍정적인 면에 대한 심도 있는 연구가 필요하다.
② 신비주의자들의 삶의 방식이 수정되어야 할 불합리한 것이라고 주장할 수는 없다.
③ 논리적 사고와 신비주의적 사고를 상반된 개념으로 보는 견해는 수정되어야 한다.
④ 신비주의자들은 그렇지 않은 사람들보다 더 나은 삶을 살아간다고 할 수 있다.
⑤ 모든 합리적 신념의 증거는 사실상 신비적 경험에서 나오는 것이다.

정답 ②

첫 번째 문장에서는 신비적 경험이 살아갈 수 있는 힘으로 밝혀진다면 그가 다른 방식으로 살아야 한다고 주장할 근거는 어디에도 없다고 하였으며, 이어지는 내용은 신비적 경험이 신비주의자들에게 살아갈 힘이 된다는 근거를 제시하고 있다. 따라서 보기 중 빈칸에 들어갈 내용으로는 '신비주의자들의 삶의 방식이 수정되어야 할 불합리한 것이라고 주장할 수 없다.'가 가장 적절하다.

30초 컷 풀이 Tip

1. 제시문의 전체적인 내용을 우선적으로 판단하고 글의 흐름과 맞지 않는 선택지를 먼저 제거한다.
2. 빈칸의 앞뒤 문장에 있는 키워드와 지시어, 접속어 사이의 관계를 판단한다.

출제유형분석 06 실전예제

※ 다음 글의 빈칸에 들어갈 내용으로 가장 적절한 것을 고르시오. **[1~4]**

Hard

01

> 어느 시대든 사람들은 원인이 무엇인지 알고 있다고 믿었다. 사람들은 그런 앎을 어디서 얻는가? 원인을 안다고 믿는 사람들의 믿음은 어디서 생기는 것일까?
> 새로운 것, 체험되지 않은 것, 낯선 것은 원인이 될 수 없다. 알려지지 않은 것에서는 위험, 불안정, 걱정, 공포감이 뒤따르기 때문이다. 우리 마음의 불안한 상태를 없애고자 한다면, 우리는 알려지지 않은 것을 알려진 것으로 환원해야 한다. 이러한 환원은 우리 마음을 편하게 해주고 안심시키며 만족을 느끼게 한다. 이 때문에 우리는 이미 알려진 것, 체험된 것, 기억에 각인된 것을 원인으로 설정하게 된다. '왜?'라는 물음의 답으로 나온 것은 그것이 진짜 원인이기 때문에 우리에게 떠오른 것이 아니다. 그것이 우리에게 떠오른 것은 그것이 우리를 안정시켜주고 성가신 것을 없애주며 무겁고 불편한 마음을 가볍게 해주기 때문이다. 따라서 원인을 찾으려는 우리의 본능은 위험, 불안정, 걱정, 공포감 등에 의해 촉발되고 자극받는다.
> 우리는 '설명이 없는 것보다 설명이 있는 것이 언제나 더 낫다.'고 믿는다. 우리는 특별한 유형의 원인만을 써서 설명을 만들어 낸다. ________________ 그래서 특정 유형의 설명만이 점점 더 우세해지고, 그러한 설명들이 하나의 체계로 모아져 결국 그런 설명이 우리의 사고방식을 지배하게 된다. 기업인은 즉시 이윤을 생각하고, 기독교인은 즉시 원죄를 생각하며 소녀는 즉시 사랑을 생각한다.

① 이것은 우리의 호기심과 모험심을 자극한다.
② 이것은 인과관계에 대한 우리의 지식을 확장시킨다.
③ 이것은 우리가 왜 불안한 심리 상태에 있는지를 설명해 준다.
④ 이것은 낯설고 체험하지 않았다는 느낌을 가장 빠르고 가장 쉽게 제거해 버린다.
⑤ 이것은 새롭고 낯선 것에서 원인을 발견하려는 우리의 본래 태도를 점차 약화시키고 오히려 그 반대의 태도를 우리의 습관으로 굳어지게 한다.

02

> 사회가 변하면 사람들은 그때까지의 생활을 그대로 수긍하지 못한다. 새로운 생활에 맞는 새로운 언어를 필요로 하게 된다. 그 언어가 자연스럽게 육성되기를 기다릴 수도 있지만, 사람들은 대개 외국으로부터 그러한 개념의 언어를 빌려오려고 한다. 돈이나 기술을 빌리는 것에 비하면 언어는 대가 없이 빌려 쓸 수 있으므로 대개는 제한 없이 외래어를 빌린다. 특히 ________________ 광복 이후 우리 사회에서 외래어가 넘쳐나는 것은 그간 우리나라의 고도성장과 절대 무관하지 않다.

① 외래어의 증가는 사회의 팽창과 함께 진행된다.
② 새로운 언어는 사회의 변화를 선도하기도 한다.
③ 외래어가 증가하면 범람한다는 비판을 받게 된다.
④ 새로운 언어는 인간의 욕망을 적절히 표현해 준다.
⑤ 새로운 언어는 필연적으로 외국의 개념을 빌릴 수밖에 없다.

PART 1

Hard

03

우리는 도시의 세계에 살고 있다. 2010년에 인류 역사상 처음으로 세계 전체에서 도시 인구가 농촌 인구를 넘어섰다. 이제 우리는 도시가 없는 세계를 상상하기 힘들며, 세계 최초의 도시들을 탄생시킨 근본적인 변화가 무엇이었는지를 상상하기도 쉽지 않다.
인류는 약 1만 년 전부터 5천 년 전까지 도시가 아닌 작은 농촌 마을에서 살았다. 이 시기 농촌 마을의 인구는 대부분 약 2천 명 정도였다. 약 5천 년 전부터 이라크 남부, 이집트, 파키스탄, 인도 북서부에서 1만 명 정도의 사람이 모여 사는 도시가 출현하였다. 이런 세계 최초의 도시들을 탄생시킨 원인은 무엇인가? 이 질문에 대해서 몇몇 사람들은 약 1만 년 전부터 5천 년 전 사이에 일어난 농업의 발전에 의해서 농촌의 인구가 점차적으로 증가해 도시가 되었다고 말한다. 과연 농촌의 인구는 점차적으로 증가했는가? 고고학적 연구는 그렇지 않다고 말해주는 듯하다. 농업 기술의 발전으로 마을이 점차적으로 거대화 되었다면, 거주 인구가 2천 명과 1만 명 사이인 마을들이 빈번하게 발견되어야 한다. 그러나 2천 명이 넘는 인구를 수용한 마을은 거의 발견되지 않았다. 이 점은 약 5천 년 전 즈음 마을의 거주 인구가 비약적으로 증가했다는 것을 보여준다.
무엇 때문에 이런 거주 인구의 비약적인 변화가 가능했는가? 이 질문에 대한 답은 사회적 제도의 발명에서 찾을 수 있다. ______________________________ 따라서 거주 인구가 비약적으로 증가하기 위해서는 사람들을 조직하고, 이웃들 간의 분쟁을 해소하는 것과 같은 문제들을 해결하는 사회적 제도의 발명이 필수적이다. 이런 이유에서 도시의 발생은 사회적 제도의 발명에 영향을 받았다고 생각할 수 있다. 그리고 이런 사회적 제도의 출현은 이후 인류 역사의 모습을 형성하는 데 결정적인 역할을 한 사건이었다.

① 거주 인구가 2천 명이 넘지 않는 마을은 도시라고 할 수 없다.

② 농업 기술의 발전에 의해서 마을이 점차적으로 거대화되었다면, 약 1만 년 전 농촌 마을의 거주 인구는 2천 명 정도여야 한다.

③ 행정조직, 정치제도, 계급과 같은 사회적 제도 없이 사람들이 함께 모여 살 수 있는 인구 규모의 최대치는 2천 명 정도밖에 되지 않는다.

④ 2천 명 정도의 인구가 사는 농촌 마을도 행정조직과 같은 사회적 제도를 가지고 있었다.

⑤ 도시인의 삶이 정치제도, 계급과 같은 사회적 제도에 의해 제한되었다는 사실은 수많은 역사적 자료에 의해 검증된다.

Easy

04

서울의 청계광장에는 「스프링(Spring)」이라는 다슬기 형상의 대형 조형물이 설치돼 있다. 이것을 기획한 올덴버그는 공공장소에 작품을 설치하여 대중과 미술의 소통을 이끌어내려 했다. 이와 같이 대중과 미술의 소통을 위해 공공장소에 설치된 미술 작품 또는 공공영역에서 이루어지는 예술 행위 및 활동을 공공미술이라 한다.

1960년대 후반부터 1980년까지의 공공미술은 대중과 미술의 소통을 위해 작품이 설치되는 장소를 점차 확장하는 쪽으로 전개되었기 때문에 장소 중심의 공공미술이라 할 수 있다. 초기의 공공미술은 이전까지는 미술관에만 전시되던 작품을 사람들이 자주 드나드는 공공건물에 설치하기 시작했다. 하지만 이렇게 공공건물에 설치된 작품들은 건물의 장식으로 인식되어 대중과의 소통에 한계가 있었기 때문에, 작품이 설치되는 공간은 공원이나 광장 같은 공공장소로 확장되었다. 그러나 공공장소에 놓이게 된 작품들이 주변 공간과 어울리지 않거나, 미술가의 미학적 입장이 대중에게 수용되지 못하는 일들이 벌어졌다. 이는 소통에 대한 미술가의 반성으로 이어졌고, 시간이 지남에 따라 공공미술은 점차 주변의 삶과 조화를 이루는 방향으로 발전하였다.

1990년대 이후의 공공미술은 참된 소통이 무엇인가에 대해 진지하게 성찰하며, 대중을 작품 창작 과정에 참여시키는 쪽으로 전개되었기 때문에 참여 중심의 공공미술이라 할 수 있다. 이때의 공공미술은 대중들이 작품 제작에 직접 참여하게 하거나, 작품을 보고 만지며 체험하는 활동 속에서 작품의 의미를 완성할 수 있도록 하여 미술가와 대중, 작품과 대중 사이의 소통을 강화하였다. 장소 중심의 공공미술이 이미 완성된 작품을 어디에 놓느냐에 주목하던 '결과 중심'의 수동적 미술이라면, '과정 중심'의 능동적 미술이라고 볼 수 있다.

그런데 공공미술에서는 대중과의 소통을 위해 누구나 쉽게 다가가 감상할 수 있는 작품을 만들어야 하므로, 미술가는 자신의 미학적 입장을 어느 정도 포기해야 한다고 우려할 수도 있다. 그러나 이러한 우려는 대중의 미적 감상 능력을 무시하는 편협한 시각이다. 왜냐하면 추상적이고 난해한 작품이라도 대중과의 소통의 가능성은 늘 존재하기 때문이다. 따라서 ____________________ 공공미술가는 예술의 자율성과 소통의 가능성을 높이기 위해 대중의 예술적 감성이 어떠한지, 대중이 어떠한 작품을 기대하는지 면밀히 분석하여 작품을 창작해야 한다.

① 공공미술은 대중과의 소통에 한계가 있으므로 대립되기 마련이다.
② 공공영역에서 이루어지는 예술은 대중과의 소통을 위한 작품이기 때문에 수동적 미술이어야 한다.
③ 공공미술에서 예술의 자율성은 소통의 가능성과 대립하지 않는다.
④ 공공미술은 예술의 자율성이 보장되어야 하므로, 대중의 뜻이 미술작품에 반드시 반영되어야 한다.
⑤ 장소 중심의 공공미술은 결과 중심의 미술이기 때문에 소통의 가능성과 단절되어 있다.

PART 1

07 문장삽입

| 유형분석 |

- 주어진 문장을 제시문의 적절한 위치에 배치하는 유형이다.
- 글을 배치했을 때, 흐름이 어색하지 않은지를 확인해야 한다.

다음 글에서 〈보기〉의 문장이 들어갈 위치로 가장 적절한 곳은?

오늘날 인류가 왼손보다 오른손을 선호하는 경향은 어디서 비롯되었을까? 오른손을 귀하게 여기고 왼손을 천대하는 현상은 어쩌면 산업화 이전 사회에서 배변 후 사용할 휴지가 없었다는 사실과 관련이 있을 법하다. (가) 맨손으로 배변 뒤처리를 하는 것은 불쾌할 뿐더러 병균을 옮길 위험을 수반하는 일이었다. 이런 위험의 가능성을 낮추는 간단한 방법은 음식을 먹거나 인사할 때 다른 손을 사용하는 것이었다. 기술 발달 이전의 사회는 대개 왼손을 배변 뒤처리에, 오른손을 먹고 인사하는 일에 사용했다. (나)

나는 이런 배경이 인간 사회에 널리 나타나는 '오른쪽'에 대한 긍정과 '왼쪽'에 대한 반감을 어느 정도 설명해 줄 수 있으리라고 생각한다. 그러나 이 설명은 왜 애초에 오른손이 먹는 일에, 그리고 왼손이 배변 처리에 사용되었는지 설명해주지 못한다. 동서양을 막론하고, 왼손잡이 사회는 확인된 바 없다. (다)

한쪽 손을 주로 쓰는 경향은 뇌의 좌우반구의 기능 분화와 관련되어 있는 것으로 보인다. 보고된 증거에 따르면, 왼손잡이는 읽기와 쓰기, 개념적·논리적 사고 같은 좌반구 기능에서 오른손잡이보다 상대적으로 미약한 대신 상상력, 패턴 인식, 창의력 등 전형적인 우반구 기능에서는 상대적으로 기민한 경우가 많다. (라)

나는 이성 대 직관의 힘겨루기, 뇌의 두 반구 사이의 힘겨루기가 오른손과 왼손의 힘겨루기로 표면화된 것이 아닐까 생각한다. 즉, 오른손이 원래 왼손보다 더 능숙했기 때문이 아니라 뇌의 좌반구가 인간의 행동을 지배하는 권력을 갖게 되었기 때문에 오른손 선호에 이르렀다는 생각이다. (마)

보기

따라서 근본적인 설명은 다른 곳에서 찾아야 할 것 같다.

① (가)
② (나)
③ (다)
④ (라)
⑤ (마)

정답 ③

보기의 내용으로 볼 때 이전의 내용과 다른 근본적인 설명의 예가 나와야 한다. (다) 앞의 문단은 왜 왼손이 배변 처리에 사용되었는지 설명해 주지 못한다고 하였고, (다) 뒤의 문단은 뇌의 좌우반구 기능 분화의 내용을 다루는 다른 설명이 있다. 따라서 (다)가 보기의 문장이 들어갈 위치로 가장 적절하다.

30초 컷 풀이 Tip

1. 이미 제시문이 나열되어 있는 상태이므로 오히려 난이도는 쉬운 편인 문제이다. 전체 글의 핵심 내용을 찾는다.
2. 보기의 제시된 내용을 먼저 읽고, 빈칸 앞뒤 문장의 핵심 키워드와 접속어를 찾는다.

예 보기에서 '따라서'로 앞의 설명을 마무리하고 있으며, '근본적인 설명은 다른 곳에서 찾아야 할 것 같다.'라고 하였으므로 보기 다음에는 앞의 설명과 다른 설명이 나와야 함을 알 수 있다. (다) 앞까지는 왼손보다 오른손을 선호하는 경향을 긍정과 반감으로 설명하고 있고 (다) 뒤부터는 뇌의 좌우반구의 기능 분화로 설명하고 있다. 따라서 보기의 문장은 (다)의 위치가 적절하다.

출제유형분석 07 실전예제

※ 다음 글에서 〈보기〉의 문장이 들어갈 위치로 가장 적절한 곳을 고르시오. **[1~4]**

01

(가) 1783년 영국 자연철학자 존 미첼은 빛은 입자라는 생각과 뉴턴의 중력이론을 결합한 이론을 제시하였다. 그는 우선 별들이 어떻게 보일 것인지 사고 실험을 통해 예측하였다.
별의 표면에서 얼마간의 초기 속도로 입자를 쏘아 올려 아무런 방해 없이 위로 올라간다고 가정해보자. (나) 만약에 초기 속도가 충분히 빠르지 않으면 별의 중력은 입자의 속도를 점점 느리게 할 것이며, 결국 그 입자를 별의 표면으로 되돌아가게 할 것이다. 만약 초기 속도가 충분히 빠르면 입자는 중력을 극복하고 별을 탈출할 수 있을 것이다. 이렇게 입자가 별을 탈출할 수 있는 최소한의 초기 속도는 '탈출 속도'라고 불린다.
(다) 이를 바탕으로 미첼은 '임계 둘레'라는 것도 추론해냈다. 임계 둘레란 탈출 속도와 빛의 속도를 같게 만드는 별의 둘레를 말한다. 빛 입자는 다른 입자들처럼 중력의 영향을 받는다. 그로 인해 빛은 임계 둘레보다 작은 둘레를 가진 별에서는 탈출할 수 없다. 그런 별에서 약 30만 km/s의 초기 속도로 빛 입자를 쏘아 올렸을 때 입자는 우선 위로 날아갈 것이다. (라) 그런 다음 멈출 때까지 느려지다가, 결국 별의 표면으로 되돌아갈 것이다. 미첼은 임계 둘레를 쉽게 계산할 수 있었다. 태양과 동일한 질량을 가진 별의 임계 둘레는 약 19km로 계산되었다. (마) 이러한 사고 실험을 통해 미첼은 임계 둘레보다 작은 둘레를 가진 암흑의 별들이 무척 많을 테고, 그 별들에선 빛 입자가 빠져나올 수 없기에 지구에서는 볼 수 없을 것으로 추측했다.

보기

미첼은 뉴턴의 중력이론을 이용해서 탈출 속도를 계산할 수 있었으며, 그 속도가 별 질량을 별의 둘레로 나눈 값의 제곱근에 비례한다는 것을 유도하였다.

① (가)
② (나)
③ (다)
④ (라)
⑤ (마)

02

생물학에서 이기주의와 이타주의에 대한 문제는 학문적으로 흥미로울 뿐 아니라 인간사 일반에서도 중요한의미를 갖는다. 예를 들어 사랑과 증오, 다툼과 도움, 주는 것과 훔치는 것 그리고 욕심과 자비심 등이 모두 이 문제와 밀접히 연관되어 있다. (가)
만약 인간 사회를 지배하는 유일한 원리가 인간 유전자의 철저한 이기주의라면 이 세상은 매우 삭막한 곳이 될 것이다. 그럼에도 불구하고 우리가 원한다고 해서 인간 유전자의 철저한 이기성이 사라지는 것도 아니다. 인간이나 원숭이나 모두 자연의 선택 과정을 거쳐 진화해 왔다. 그리고 자연이 제공하는 선택 과정의 살벌함을 이해한다면 그 과정을 통해서 살아남은 모든 개체는 이기적일 수밖에 없음을 알게 될 것이다. (나)
따라서 만약 우리가 인간, 원숭이 혹은 어떤 살아있는 개체를 자세히 들여다보면 그들의 행동양식이 매우 이기적일 것이라고 예상할 수 있다. 우리의 이런 예상과 달리, 인간의 행동양식이 진정한 이타주의를 보여준다면 이는 상당히 놀라운 일이며 뭔가 새로운 설명을 필요로 한다. (다)
이 문제에 대해서는 이미 많은 연구와 저서가 있었다. 그러나 이 연구들은 대부분 진화의 원리를 정확히 이해하지 못해서 잘못된 결론에 도달했다. 즉, 기존의 이기주의 – 이타주의 연구에서는 진화에 있어서 가장 중요한 것이 개체의 살아남음이 아니라 종 전체 혹은 어떤 종에 속하는 한 그룹의 살아남음이라고 가정했다. (라)
진화론의 관점에서 이기주의 – 이타주의의 문제를 들여다보는 가장 타당한 견해는 자연의 선택이 유전의 가장 기본적인 단위에서 일어난다고 생각하는 것이다. 즉, 나는 자연의 선택이 일어나는 근본 단위는 혹은 생물의 이기주의가 작동하는 기본 단위는, 종이나 종에 속하는 한 그룹 혹은 개체가 아니며 바로 유전자라고 주장한다. (마)

보기

나는 성공적인 유전자가 갖는 가장 중요한 특성은 이기주의이며 이러한 유전자의 이기성은 개체의 행동 양식에 철저한 이기주의를 심어주었다고 주장한다. 물론 어떤 특별한 경우에 유전자는 그 이기적 목적을 달성하기 위해서 개체로 하여금 제한된 형태의 이타적 행태를 보이도록 하기도 한다. 그럼에도 불구하고 조건 없는 사랑이나 종 전체의 이익이라는 개념은, 우리에게 그런 개념들이 아무리 좋아 보이더라도, 진화론과는 상충되는 생각들이다.

① (가)
② (나)
③ (다)
④ (라)
⑤ (마)

03

'아무리 퍼내도 쌀이 자꾸자꾸 차오르는 항아리가 있다면 얼마나 좋을까…….' 가난한 사람들에게는 이런 소망이 있을 것이다. 신화의 세계에는 그런 쌀독이 얼마든지 있다. 세계 어느 나라 신화를 들추어 보아도 이런 항아리가 등장하지 않는 신화는 없다. (가) 신화에는 사람들의 원망(願望)이 투사(投射)되어 있다.
신화란 신(神)이나 신 같은 존재에 대한 신비롭고 환상적인 이야기, 우주나 민족의 시작에 대한 초인적(超人的)인 내용, 그리고 많은 사람이 믿는, 창작되거나 전해지는 이야기를 의미한다. 다시 말해 모든 신화는 상상력에 바탕을 둔 우주와 자연에 대한 이해이다. (나) 이처럼 신화는 상상력을 발휘하여 얻은 것이지만 그 결과는 우리 인류에게 유익한 생산력으로 나타나고 있다.
그런데 신화는 단순한 상상력으로 이루어지는 것이 아니라 창조적 상상력으로 이루어지는 것이며, 이 상상력은 또 생산적 창조력으로 이어졌다. 오늘날 우리 인류의 삶을 풍족하게 만든 모든 문명의 이기(利器)들은, 그것의 근본을 규명해 보면 신화적 상상력의 결과임을 알 수 있다. (다) 결국, 그것들은 인류가 부단한 노력을 통해 신화를 현실화한 것이다. 또한 신화는 고대인들의 우주 만물에 대한 이해로 끝나지 않고 현재까지도 끊임없이 창조되고 있고, 나아가 신화 자체가 문학적 상상력의 재료로 사용되는 경우도 있다.
신화적 사유의 근간은 환상성(幻想性)이지만, 이것을 잘못 이해하면 현실성을 무시한 황당무계한 것으로 오해하기 쉽다. (라) 그러나 이 환상성은 곧 상상력이고 이것이 바로 창조력이라는 점을 우리는 이해하지 않으면 안 된다. 그래서 인류 역사에서 풍부한 신화적 유산을 계승한 민족이 찬란한 문화를 이룬 예를 서양에서는 그리스, 동양에서는 중국에서 찾아볼 수 있다. 우리나라에도 규모는 작지만 단군・주몽・박혁거세 신화 등이 있었기에 우리 민족 역시 오늘날 이 작은 한반도에서 나름대로 민족 국가를 형성하여 사는 것이다. 왜냐하면 민족이나 국가에 대한 이야기, 곧 신화가 그 민족과 국가의 정체성을 확보해 주기 때문이다.
신화는 물론 인류의 보편적 속성에 기반을 두어 형성되고 발전되어 왔지만 그 구체적인 내용은 민족마다 다르게 나타난다. 즉, 나라마다 각각 다른 지리・기후・풍습 등의 특성이 반영되어 각 민족 특유의 신화가 만들어지는 것이다. (마) 그래서 고대 그리스의 신화와 중국의 신화는 신화적 발상과 사유에 있어서는 비슷하지만 내용은 전혀 다르게 전개되고 있다. 예를 들어 그리스 신화에서 태양은 침범 불가능한 아폴론 신의 영역이지만 중국 신화에서는 후예가 태양을 쏜 신화에서 볼 수 있듯이 떨어뜨려야 할 대상으로 나타나기도 하는 것이다.

보기

오늘날 인류 최고의 교통수단이 되고 있는 비행기도 우주와 창공을 마음껏 날아보려는 신화적 사유의 소산이며, 바다를 마음대로 항해해 보고자 했던 인간의 신화적 사유가 만들어낸 것이 여객선이다. 이러한 것들은 바로 『장자(莊子)』에 나오는, 물길을 차고 높이 날아올라 순식간에 먼 거리를 이동한 곤붕(鯤鵬)의 신화가 오늘의 모습으로 나타난 것이라고 볼 수 있다.

① (가)
② (나)
③ (다)
④ (라)
⑤ (마)

04

자본주의 경제 체제는 이익을 추구하려는 인간의 욕구를 최대한 보장해주고 있다. 기업 또한 이익 추구라는 목적에서 탄생하여, 생산의 주체로서 자본주의 체제의 핵심적 역할을 수행하고 있다. 곧, 이익은 기업가로 하여금 사업을 시작하게 하는 동기가 된다. (가) 이익에는 단기적으로 실현되는 이익과 장기간에 걸쳐 지속적으로 실현되는 이익이 있다. 기업이 장기적으로 존속, 성장하기 위해서는 단기 이익보다 장기 이익을 추구하는 것이 더 중요하다. 실제로 기업은 단기 이익의 극대화가 장기 이익의 극대화와 상충할 때에는 단기 이익을 과감히 포기하기도 한다. (나) 자본주의 초기에는 기업이 단기 이익과 장기 이익을 구별하여 추구할 필요가 없었다. 소자본끼리의 자유 경쟁 상태에서는 단기든 장기든 이익을 포기하는 순간에 경쟁에서 탈락하기 때문이다. 그에 따라 기업은 치열한 경쟁에서 살아남기 위해 주어진 자원을 최대한 효율적으로 활용하여 가장 저렴한 가격으로 좋은 품질의 상품을 소비자에게 공급하게 되었다. (다) 이 단계에서는 기업의 소유자가 곧 경영자였기 때문에, 기업의 목적은 자본가의 이익을 추구하는 것으로 집중되었다.
그러나 기업의 규모가 점차 커지고 경영 활동이 복잡해지면서 전문적인 경영 능력을 갖춘 경영자가 필요하게 되었다. (라) 이에 따라 소유와 경영이 분리되어 경영의 효율성이 높아졌지만, 동시에 기업이 단기 이익과 장기 이익 사이에서 갈등을 겪게 되는 일도 발생하였다. 주주의 대리인으로 경영을 위임 받은 전문 경영인은 기업의 장기적 전망보다 단기 이익에 치중하여 경영 능력을 과시하려는 경향이 있기 때문이다. 주주는 경영자의 이러한 비효율적 경영 활동을 감시함으로써 자신의 이익은 물론 기업의 장기 이익을 극대화하고자 하였다. (마)

보기

이는 기업의 이익 추구가 결과적으로 사회 전체의 이익도 증진시켰다는 의미이다.

① (가)
② (나)
③ (다)
④ (라)
⑤ (마)

CHAPTER 02

자료해석

합격 Cheat Key

자료해석은 제시된 표를 이용하여 그래프로 변환하거나 자료를 해석하는 문제, 자료의 추이를 파악하여 빈칸을 찾는 문제 등이 출제된다. 15분 동안 20문제를 풀어야 하므로 다양한 자료를 보고 시간을 절약하는 방법을 연습하는 것이 중요하다.

도표, 그래프 등의 통계자료를 보고 세부적인 내용을 분석하거나, 제시된 공식을 활용 또는 비율, 증감률, 평균 등을 구하는 공식을 활용하여 일정한 값을 도출하는 문제가 출제된다. 객관적인 사실만을 풀어서 쓰는 경우도 있지만 자료를 보고 미래의 추세를 예측하는 형태로 출제되기도 한다.

학습 포인트

- 표, 꺾은선그래프, 막대그래프, 원그래프 등 다양한 형태의 자료를 눈에 익힌다. 그래야 실제 시험에서 자료가 제시되었을 때 중점을 두고 파악해야 할 부분이 더욱 선명하게 보일 것이다.
- 자료해석 유형의 문제는 제시되는 정보의 양이 매우 많으므로 시간을 절약하기 위해서는 문제를 읽은 후 바로 자료 분석에 들어가는 것보다는, 선택지를 먼저 읽고 필요한 정보만 추출하여 답을 찾는 것이 좋다.

CHAPTER

02 이론점검

01 기초통계능력

(1) 통계

집단현상에 대한 구체적인 양적 기술을 반영하는 숫자로 특히, 사회집단 또는 자연집단의 상황을 숫자로 나타낸 것이다.

예 서울 인구의 생계비, 한국 쌀 생산량의 추이, 추출 검사한 제품 중 불량품의 개수 등

(2) 통계치

① **빈도** : 어떤 사건이 일어나거나 증상이 나타나는 정도

② **빈도 분포** : 빈도를 표나 그래프로 종합적이면서도 일목요연하게 표시하는 것

③ **평균** : 모든 자료 값의 합을 자료의 개수로 나눈 값

④ **백분율** : 전체의 수량을 100으로 볼 때의 비율

(3) 통계의 계산

① **범위** : (최댓값)−(최솟값)

② **평균** : $\frac{\text{(자료 값의 총합)}}{\text{(자료의 개수)}}$

③ **분산** : $\frac{[\{\text{(관찰값)}-\text{(평균)}\}^2\text{의 총합}]}{\text{(자료의 개수)}}$

※ (편차)=(관찰값)−(평균)

④ **표준편차** : $\sqrt{\text{분산}}$ (평균으로부터 얼마나 떨어져 있는가를 나타냄)

02 도표분석능력

(1) 꺾은선(절선)그래프

① 시간적 추이(시계열 변화)를 표시하는 데 적합하다.

예 연도별 매출액 추이 변화 등

② 경과·비교·분포를 비롯하여 상관관계 등을 나타낼 때 사용한다.

〈중학교 장학금, 학비감면 수혜현황〉

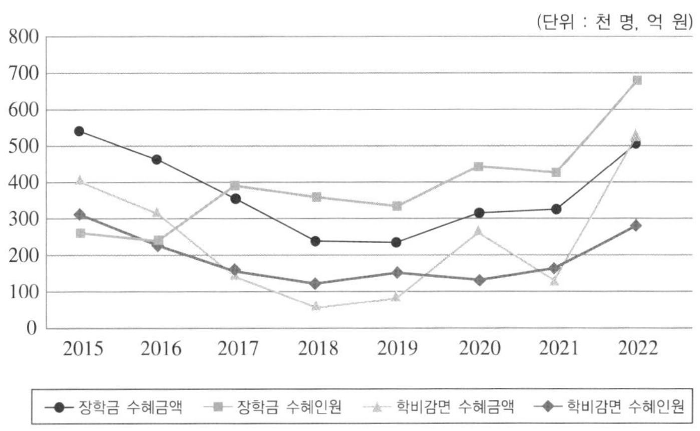

(2) 막대그래프

① 비교하고자 하는 수량을 막대 길이로 표시하고, 그 길이를 비교하여 각 수량 간의 대소 관계를 나타내는 데 적합하다.

예 영업소별 매출액, 성적별 인원분포 등

② 가장 간단한 형태로 내역·비교·경과·도수 등을 표시하는 용도로 사용한다.

〈연도별 암 발생 추이〉

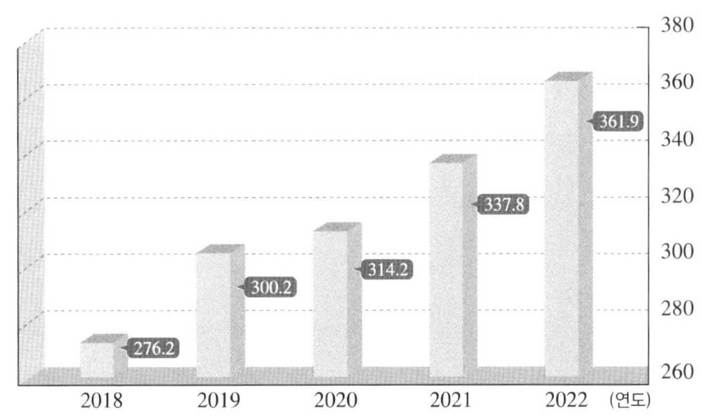

(3) 원그래프

① 내역이나 내용의 구성비를 분할하여 나타내는 데 적합하다.

  예 제품별 매출액 구성비 등

② 원그래프를 정교하게 작성할 때는 수치를 각도로 환산해야 한다.

〈C국의 가계 금융자산 구성비〉

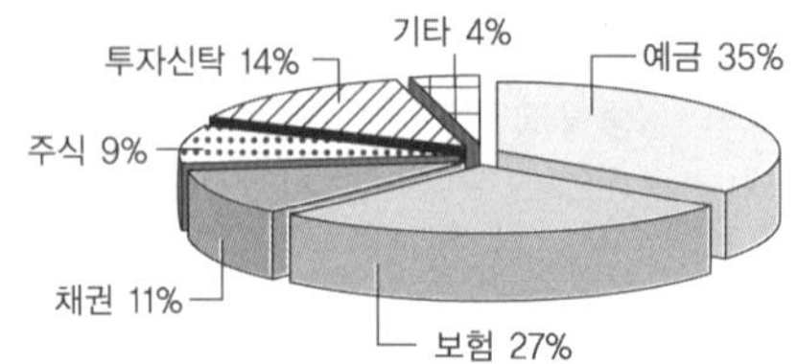

(4) 점그래프

① 지역분포를 비롯하여 도시, 지방, 기업, 상품 등의 평가나 위치, 성격을 표시하는 데 적합하다.

  예 광고비율과 이익률의 관계 등

② 종축과 횡축에 두 요소를 두고, 보고자 하는 것이 어떤 위치에 있는가를 알고자 할 때 사용한다.

〈OECD 국가의 대학졸업자 취업률 및 경제활동인구 비중〉

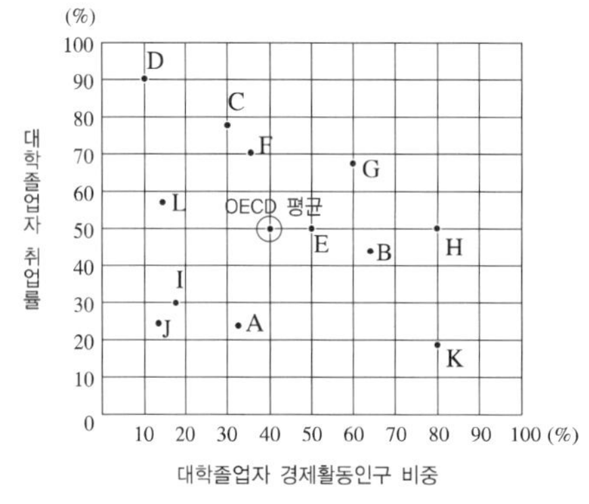

(5) 층별그래프

① 합계와 각 부분의 크기를 백분율로 나타내고 시간적 변화를 보는 데 적합하다.

② 합계와 각 부분의 크기를 실수로 나타내고 시간적 변화를 보는 데 적합하다.

예 상품별 매출액 추이 등

③ 선의 움직임보다는 선과 선 사이의 크기로써 데이터 변화를 나타내는 그래프이다.

〈우리나라 세계유산 현황〉

(6) 레이더 차트(거미줄 그래프)

① 다양한 요소를 비교할 때, 경과를 나타내는 데 적합하다. 예 매출액의 계절변동 등

② 비교하는 수량을 직경, 또는 반경으로 나누어 원의 중심에서의 거리에 따라 각 수량의 관계를 나타내는 그래프이다.

〈외환위기 전후 한국의 경제상황〉

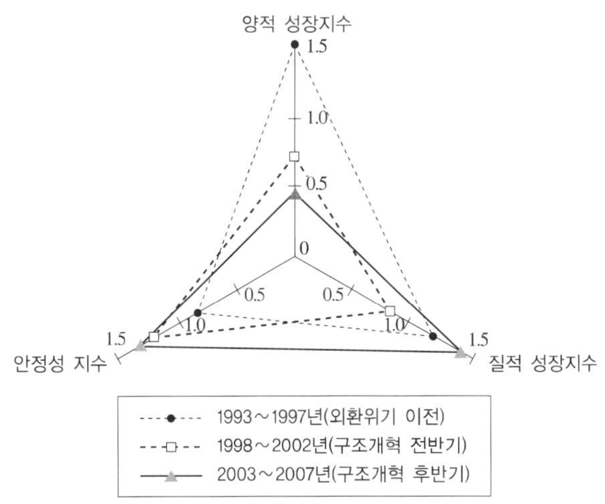

PART 1

출제유형분석

01 자료추론

| 유형분석 |

- 자료를 보고 해석하거나 추론한 내용을 고르는 문제가 출제된다.
- 증감 추이, 증감률, 증감폭 등의 간단한 계산이 포함되어 있다.
- %, %p 등의 차이점을 알고 적용할 수 있어야 한다.
  %(퍼센트) : 어떤 양이 전체(100)에 대해서 얼마를 차지하는가를 나타내는 단위
  %p(퍼센트 포인트) : %로 나타낸 수치가 이전 수치와 비교했을 때 증가하거나 감소한 양

다음은 어느 나라의 국내 여행객 수에 대한 자료이다. 이에 대한 설명으로 가장 적절한 것은?

〈2017년 관광객 유동 수〉

(단위 : 천 명)

출신지 \ 여행지	동부지역	남부지역	서부지역	북부지역	합계
동부지역	550	80	250	300	1,180
남부지역	200	400	510	200	1,310
서부지역	390	300	830	180	1,700
북부지역	80	200	80	420	780
합계	1,220	980	1,670	1,100	4,970

〈2022년 관광객 유동 수〉

(단위 : 천 명)

출신지 \ 여행지	동부지역	남부지역	서부지역	북부지역	합계
동부지역	500	200	400	200	1,300
남부지역	200	300	500	300	1,300
서부지역	400	400	800	200	1,800
북부지역	100	300	100	300	800
합계	1,200	1,200	1,800	1,000	5,200

※ (관광수지)=(총수입액)−(총지출액)

① 5년 사이에 전체적으로 관광객 수가 증가하였고, 지역별로도 모든 지역에서 관광객이 증가하였다.
② 남부지역을 관광한 사람들 중에서 서부지역 사람이 차지하는 비중은 5년 사이에 증가하였다.
③ 자기 지역 내 관광이 차지하는 비중은 2017년에 비해 2022년에 증가하였다.
④ 모든 관광객이 동일한 지출을 한다고 가정했을 때, 2017년에 관광수지가 적자인 곳은 2곳이었지만, 2022년에는 1곳이다.
⑤ 2022년에 동부지역 출신이 자기 지역을 관광하는 비율이 2017년에 서부지역 출신이 자기 지역을 관광하는 비율보다 높다.

정답 ②

남부지역을 관광한 사람들 중 서부지역 사람이 차지하는 비중은 2017년에는 $\frac{300}{980}\times100≒31\%$를, 2022년에는 $\frac{400}{1,200}\times100≒33\%$를 차지하고 있으므로 5년 사이에 증가하였다.

오답분석

① 전체 관광객은 증가하였으나, 동부지역과 북부지역의 관광객은 감소하였다.

③ 2017년에는 $\frac{2,200}{4,970}\times100≒44\%$, 2022년에는 $\frac{1,900}{5,200}\times100≒37\%$의 비중을 차지하고 있으므로 2022년에 감소하였다.

④ 여행지>출신지이면 흑자이고, 여행지<출신지이면 적자이다.
2017년에는 동부・북부는 흑자, 남부・서부가 적자이고, 2022년에는 동부・남부는 적자, 서부는 균형수지, 북부는 흑자이다.

⑤ • 2022년 동부지역 출신이 자기 지역을 관광하는 비율 : $\frac{500}{1,300}\times100≒38\%$
• 2017년 서부지역 출신이 자기 지역을 관광하는 비율 : $\frac{830}{1,700}\times100≒49\%$

30초 컷 풀이 Tip

간단한 선택지부터 해결하기
계산이 필요 없거나 생각하지 않아도 되는 선택지를 먼저 해결한다.
예 ①은 제시된 수치의 증감 추이를 판단하는 문제이므로 가장 먼저 풀이 가능하다.

적절한 것 / 적절하지 않은 것 헷갈리지 않게 표시하기
자료해석은 적절한 것 또는 적절하지 않은 것을 찾는 문제가 출제된다. 문제마다 매번 바뀌므로 이를 확인하는 것은 매우 중요하다. 따라서 선택지에 표시할 때에도 선택지가 적절하지 않은 내용이라서 '×' 표시를 했는지, 적절한 내용이지만 문제가 적절하지 않은 것을 찾는 문제라 '×' 표시를 했는지 헷갈리지 않도록 표시 방법을 정해야 한다.

제시된 자료를 통해 계산할 수 있는 값인지 확인하기
제시된 자료만으로 계산할 수 없는 값을 묻는 선택지인지 먼저 판단해야 한다. 문제를 읽고 바로 계산부터 하면 함정에 빠지기 쉽다.

PART 1

출제유형분석 01 실전예제

Easy

01 다음은 연도별 우편 매출액을 나타낸 표이다. 이에 대한 내용으로 옳지 않은 것은?

〈우편 매출액〉

(단위 : 만 원)

구분	2018년	2019년	2020년	2021년	2022년				
					소계	1분기	2분기	3분기	4분기
일반통상	11,373	11,152	10,793	11,107	10,899	2,665	2,581	2,641	3,012
특수통상	5,418	5,766	6,081	6,023	5,946	1,406	1,556	1,461	1,523
소포우편	3,390	3,869	4,254	4,592	5,017	1,283	1,070	1,292	1,372
합계	20,181	20,787	21,128	21,722	21,862	5,354	5,207	5,394	5,907

① 매년 매출액이 가장 높은 분야는 일반통상 분야이다.

② 1년 집계를 기준으로 매년 매출액이 꾸준히 증가하고 있는 분야는 소포우편 분야뿐이다.

③ 2022년 1분기 특수통상 분야의 매출액이 차지하고 있는 비율은 20% 이상이다.

④ 2022년 소포우편 분야의 2018년 대비 매출액 증가율은 70% 이상이다.

⑤ 2021년에는 일반통상 분야의 매출액이 전체의 50% 이상을 차지하고 있다.

02 다음은 어린이보호구역 지정대상 및 현황을 나타낸 표이다. 이에 대한 설명으로 옳지 않은 것을 〈보기〉에서 모두 고르면?

〈어린이보호구역 지정대상 및 지정현황〉

(단위 : 곳)

구분		2016년	2017년	2018년	2019년	2020년	2021년	2022년
어린이보호구역 지정대상	계	17,339	18,706	18,885	21,274	21,422	20,579	21,273
어린이보호구역 지정현황	계	14,921	15,136	15,444	15,799	16,085	16,355	16,555
	초등학교	5,917	5,946	5,975	6,009	6,052	6,083	6,127
	유치원	6,766	6,735	6,838	6,979	7,056	7,171	7,259
	특수학교	131	131	135	145	146	148	150
	보육시설	2,107	2,313	2,481	2,650	2,775	2,917	2,981
	학원	–	11	15	16	56	36	38

보기

ㄱ. 2019년부터 2022년까지 어린이보호구역 지정대상은 전년 대비 매년 증가하였다.

ㄴ. 2017년 어린이보호구역 지정대상 중 어린이보호구역으로 지정된 구역의 비율은 75% 이상이다.

ㄷ. 어린이보호구역으로 지정된 구역 중 학원이 차지하는 비중은 2020년부터 2022년까지 전년 대비 매년 증가하였다.

ㄹ. 어린이보호구역으로 지정된 구역 중 초등학교가 차지하는 비중은 2016년부터 2020년까지 매년 60% 이상이다.

① ㄱ, ㄴ

② ㄴ, ㄹ

③ ㄱ, ㄴ, ㄷ

④ ㄱ, ㄷ, ㄹ

⑤ ㄴ, ㄷ, ㄹ

03 다음은 연도별 유아교육 규모를 나타낸 표이다. 〈보기〉 중 옳지 않은 것을 모두 고르면?

〈유아교육 규모〉

구분	2016년	2017년	2018년	2019년	2020년	2021년	2022년
유치원 수(원)	8,494	8,275	8,290	8,294	8,344	8,373	8,388
학급 수(학급)	20,723	22,409	23,010	23,860	24,567	24,908	25,670
원아 수(명)	545,263	541,603	545,812	541,550	537,822	537,361	538,587
교원 수(명)	28,012	31,033	32,095	33,504	34,601	35,415	36,461
취원율(%)	26.2	31.4	35.3	36.0	38.4	39.7	39.9
교원 1인당 원아 수(명)	19.5	17.5	17.0	16.2	15.5	15.2	14.8

보기

ㄱ. 유치원 원아 수의 변동은 매년 일정한 흐름을 보이지는 않는다.
ㄴ. 교원 1인당 원아 수가 적어지는 것은 원아 수 대비 학급 수가 늘어나기 때문이다.
ㄷ. 취원율은 매년 증가하고 있는 추세이다.
ㄹ. 교원 수가 매년 증가하는 이유는 청년 취업과 관계가 있다.

① ㄱ, ㄴ
② ㄱ, ㄷ
③ ㄴ, ㄹ
④ ㄷ, ㄹ
⑤ ㄱ, ㄷ, ㄹ

Easy

04 다음은 2010 ~ 2022년 축산물 수입 추이를 나타낸 그래프이다. 이에 대한 설명으로 옳지 않은 것은?

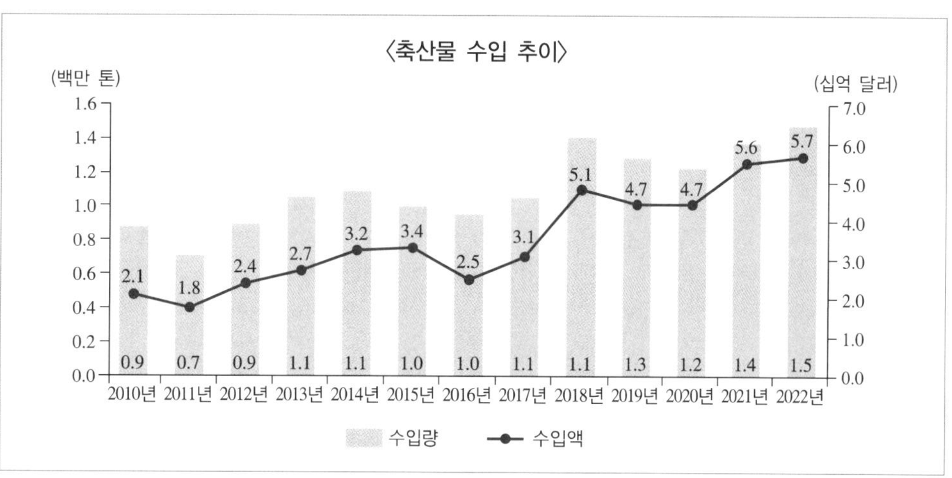

① 2022년 축산물 수입량은 2012년 대비 약 67% 증가하였다.

② 처음으로 2010년 축산물 수입액의 두 배 이상 수입한 해는 2018년이다.

③ 전년 대비 축산물 수입액의 증가율이 가장 높았던 해는 2018년이다.

④ 축산물 수입량과 수입액의 변화 추세는 동일하다.

⑤ 2012년부터 2015년까지 축산물 수입액은 전년 대비 증가했다.

02 자료계산

| 유형분석 |

- 자료상에 주어진 공식을 활용하는 계산문제와 증감률, 비율, 합, 차 등을 활용한 문제가 출제된다.
- 많은 문제가 출제되지는 않지만, 숫자가 큰 경우가 많으므로 정확한 수치와 제시된 조건을 꼼꼼히 확인하여 실수를 하지 않는 것이 중요하다.

부동산 취득세 세율이 아래와 같을 때, 실 매입비가 6억 7천만 원인 92m^2 아파트의 거래금액은?(단, 만 원 단위 미만은 절사한다)

〈표준세율〉

구분		취득세	농어촌특별세	지방교육세
6억 원 이하 주택	85m^2 이하	1%	비과세	0.1%
	85m^2 초과	1%	0.2%	0.1%
6억 원 초과 9억 원 이하 주택	85m^2 이하	2%	비과세	0.2%
	85m^2 초과	2%	0.2%	0.2%
9억 원 초과 주택	85m^2 이하	3%	비과세	0.3%
	85m^2 초과	3%	0.2%	0.3%

※ (아파트 거래금액)×[1+(표준세율)]=(실 매입비)

※ (표준세율)=(취득세율)+(농어촌특별세율)+(지방교육세율)

① 65,429만 원

② 65,800만 원

③ 67,213만 원

④ 67,480만 원

⑤ 68,562만 원

정답 ①

$92m^2$의 6억 원 초과 9억 원 이하 주택의 표준세율은 0.02+0.002+0.002=0.024이다.
거래금액을 x원이라고 하자.

$x\times(1+0.024)=670,000,000$

→ $1.024x=670,000,000$

∴ $x=654,290,000$원(∵ 만 원 단위 미만 절사)

30초 컷 풀이 Tip

1. 정확한 값을 계산하려고 하기보다 어림값을 활용하여 계산한다.
   예 $\frac{300}{980}\fallingdotseq\frac{300}{1,000}=0.3$
2. 자료계산에서 단위를 놓쳐 잘못 계산하기 쉬우므로 단위를 잘 확인하고 계산에 필요한 단위로 환산하는 것이 중요하다.

단위	환산
길이	1cm=10mm, 1m=100cm, 1km=1,000m
넓이	$1cm^2=100mm^2$, $1m^2=10,000cm^2$, $1km^2=1,000,000m^2$
부피	$1cm^3=1,000mm^3$, $1m^3=1,000,000cm^3$, $1km^3=1,000,000,000m^3$
들이	$1mL=1cm^3$, $1dL=100cm^3=100mL$, $1L=1,000cm^3=10dL$
무게	1kg=1,000g, 1t=1,000kg=1,000,000g
시간	1분=60초, 1시간=60분=3,600초

출제유형분석 02 실전예제

01 다음은 2018 ~ 2022년 자원봉사 참여현황에 대한 자료이다. 참여율이 4번째로 높은 해의 전년 대비 참여율 증가율은?(단, 소수점 둘째 자리에서 반올림한다)

〈자원봉사 참여현황〉

(단위 : 명, %)

구분	2018년	2019년	2020년	2021년	2022년
총 성인 인구수	39,377,310	39,832,282	40,287,814	40,747,638	41,210,561
자원봉사 참여 성인 인구수	5,077,428	5,823,697	6,666,477	7,169,252	7,998,625
참여율	12.9	14.6	16.5	17.6	19.4

① 7.5%
② 9.6%
③ 11.6%
④ 13.2%
⑤ 14.5%

02 다음은 S기업의 지역별 매장 수 증감에 대한 표이다. 2019년에 매장이 두 번째로 많은 지역의 매장 개수는 몇 개인가?

〈지역별 매장 수 증감〉

(단위 : 개)

지역	2019년 대비 2020년 증감 수	2020년 대비 2021년 증감 수	2021년 대비 2022년 증감 수	2022년 매장 수
서울	2	2	−2	17
경기	2	1	−2	14
인천	−1	2	−5	10
부산	−2	−4	3	10

① 10개
② 12개
③ 14개
④ 16개
⑤ 18개

03 S기업에서 직원들에게 자기계발 교육비용을 일부 지원하기로 하였다. 총무인사팀에 A ~ E 5명의 직원이 아래 자료와 같이 교육프로그램을 신청하였을 때, S기업에서 총무인사팀 직원들에게 지원하는 총 교육비는 얼마인가?

〈자기계발 수강료 및 지원 금액〉

구분	영어회화	컴퓨터 활용	세무회계
수강료	7만 원	5만 원	6만 원
지원 금액 비율	50%	40%	80%

〈신청한 교육프로그램〉

구분	영어회화	컴퓨터 활용	세무회계
A	○		○
B	○	○	○
C		○	○
D	○		
E		○	

① 307,000원

② 308,000원

③ 309,000원

④ 310,000원

⑤ 311,000원

03 자료변환

| 유형분석 |

- 제시된 표나 그래프의 수치를 그래프로 올바르게 변환한 것을 묻는 유형이다.
- 복잡한 표가 제시되지 않으므로 수의 크기만을 판단하여 풀이할 수 있다.
- 정확한 수치가 제시되지 않을 수 있으므로 그래프의 높낮이나 넓이를 판단하여 풀이해야 한다.
- 제시된 표나 그래프의 수치를 계산하여 변환하는 유형도 출제될 수 있다.

다음은 제주도 감귤 생산량 및 면적을 연도별로 나타낸 자료이다. 이를 올바르게 나타낸 그래프는?(단, 그래프의 면적 단위가 '만 ha'일 때, 백의 자리에서 반올림한다)

〈제주도 감귤 생산량 및 면적〉

(단위 : 톤, ha)

구분	생산량	면적
2012년	19,725	536,668
2013년	19,806	600,511
2014년	19,035	568,920
2015년	18,535	677,770
2016년	18,457	520,350
2017년	18,279	655,046
2018년	17,921	480,556
2019년	17,626	500,106
2020년	17,389	558,942
2021년	17,165	554,007
2022년	16,941	573,442

① 연도별 제주도 감귤 생산량 및 면적

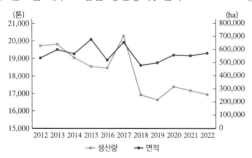

(톤) (ha)
21,000 800,000
20,000 700,000
600,000
19,000 500,000
18,000 400,000
17,000 300,000
200,000
16,000 100,000
15,000 0
2012 2013 2014 2015 2016 2017 2018 2019 2020 2021 2022
생산량 면적

② 2017 ~ 2022년 감귤 생산량

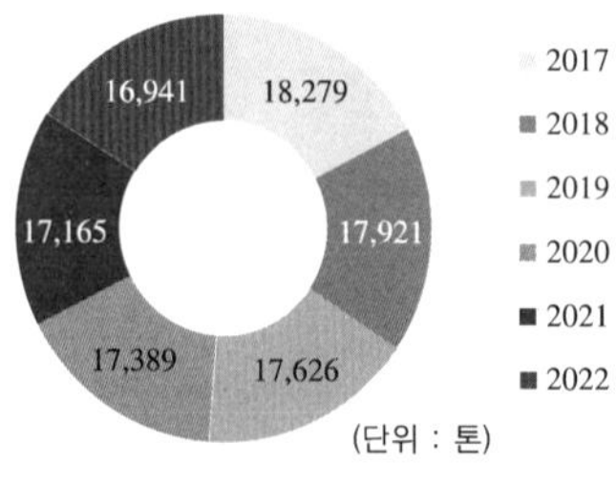

③ 2012 ~ 2017년 제주도 감귤 재배면적

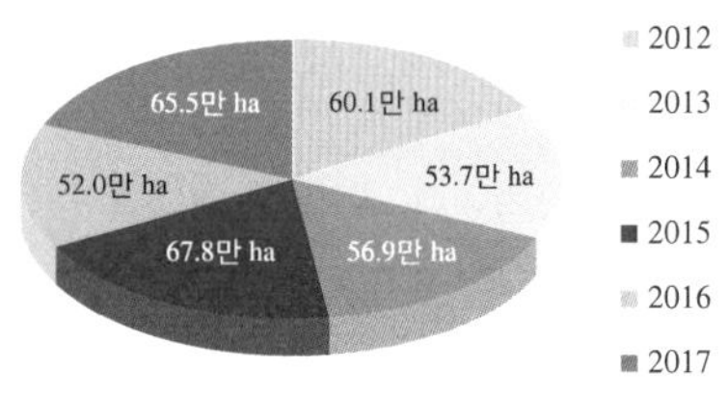

④ 연도별 제주도 감귤 생산량 및 면적

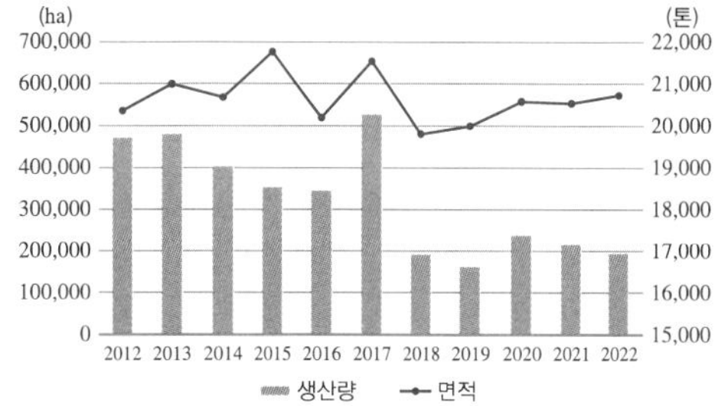

⑤ 2014 ~ 2022년 감귤 생산량 전년 대비 감소량

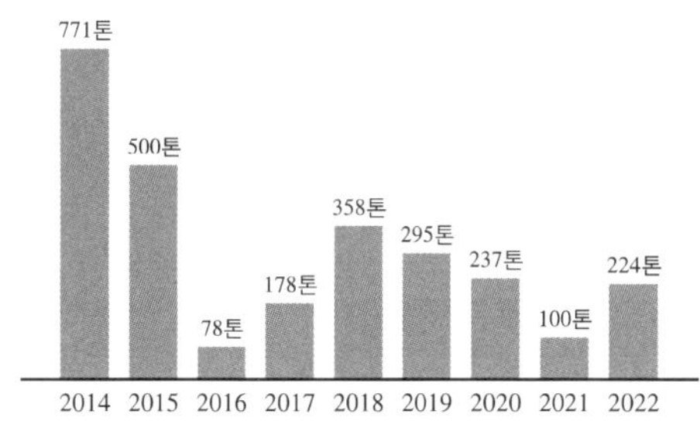

정답 ②

오답분석

①·④ 2017년 감귤 생산량은 자료보다 높고, 2019년 감귤 생산량은 자료보다 낮다.

구분	2012년	2013년	2014년	2015년	2016년	2017년	2018년	2019년	2020년	2021년	2022년
생산량	–	증가	감소	감소	감소	감소	감소	감소	감소	감소	감소
면적	–	증가	감소	증가	감소	증가	감소	증가	증가	감소	증가

③ 2012년과 2013년의 재배면적 수치가 표와 다르다.

⑤ 2021년 전년 대비 감소량은 2022년 전년 대비 감소량 224톤과 같다.

30초 컷 풀이 Tip

1. 수치를 일일이 확인하는 것보다 풀이처럼 증감 추이를 먼저 판단해서 선택지를 1차적으로 거르고 나머지 선택지 중 그래프 모양이 크게 차이나는 곳의 수치를 우선적으로 확인하면 빠르게 풀이할 수 있다.
2. 선택지를 먼저 보고 특징적인 부분이 있는 선택지를 먼저 판단한다.
   예 ②, ③의 경우 제시된 자료의 수치를 보고 바로 확인할 수 있으므로 이를 우선적으로 파악한다.

출제유형분석 03 실전예제

01 다음은 광역시에 거주하는 한국 국적을 취득한 외국인에 대한 자료이다. 이를 그래프로 나타낸 것으로 옳지 않은 것은?(단, 비율은 소수점 첫째 자리에서 반올림한다)

〈동북아시아 한국 국적 취득자〉

(단위 : 명)

구분	부산광역시	대구광역시	인천광역시	광주광역시	대전광역시	울산광역시
중국	1,137	767	3,159	639	730	538
대만	164	133	366	40	108	36
일본	33	10	38	11	23	8

〈동남아시아 한국 국적 취득자〉

(단위 : 명)

구분	부산광역시	대구광역시	인천광역시	광주광역시	대전광역시	울산광역시
베트남	1,610	1,376	1,339	881	754	960
필리핀	332	185	377	344	211	137
태국	19	15	42	17	14	8
인도네시아	6	8	10	0	0	0
캄보디아	135	180	110	162	123	66

〈서남아시아 한국 국적 취득자〉

(단위 : 명)

구분	부산광역시	대구광역시	인천광역시	광주광역시	대전광역시	울산광역시
스리랑카	0	0	5	0	0	0
파키스탄	27	37	72	0	0	0
방글라데시	0	0	26	0	0	0
네팔	29	10	16	19	8	6

① 부산광역시, 인천광역시, 광주광역시에 거주하는 동북아시아 한국 국적 취득자
(단, 막대그래프는 왼쪽 축, 꺾은선그래프는 오른쪽 축의 값을 적용한다)

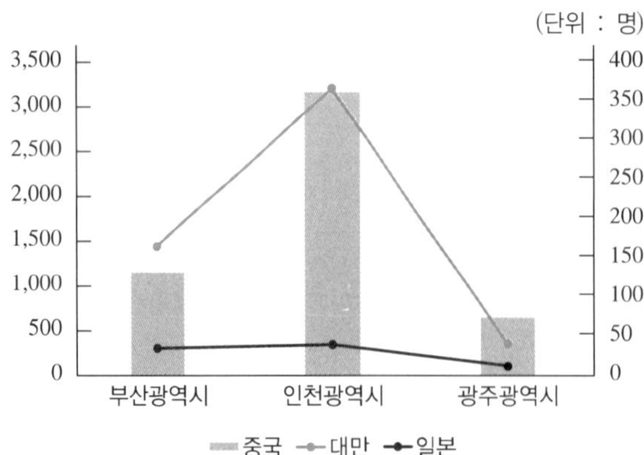

② 대구광역시에 거주하는 한국 국적 취득자

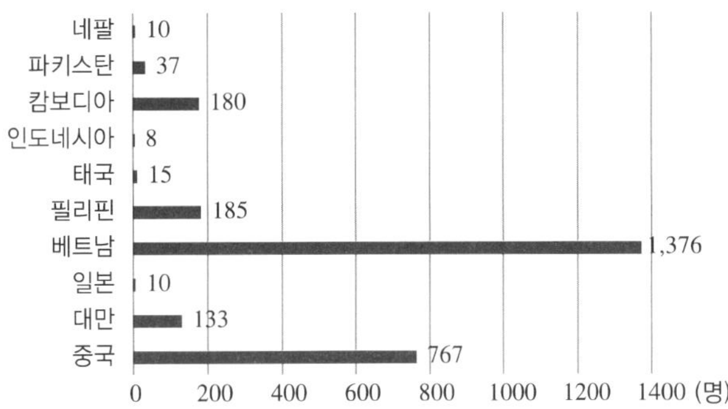

③ 울산광역시에 거주하는 동남아시아 한국 국적 취득자 중 국가별 비율

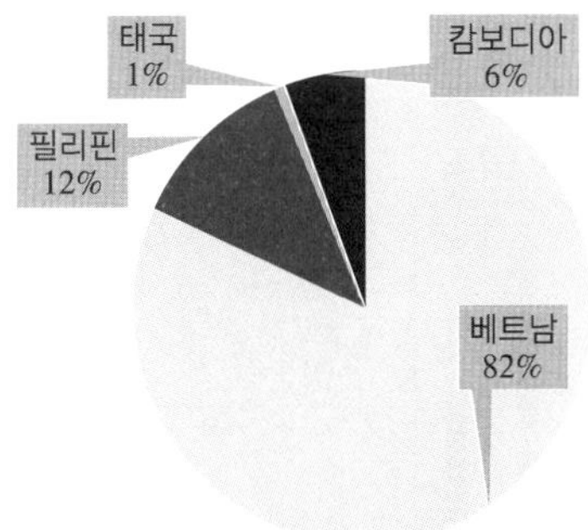

④ 서남아시아 국가별 총 한국 국적 취득자

(단위 : 명)

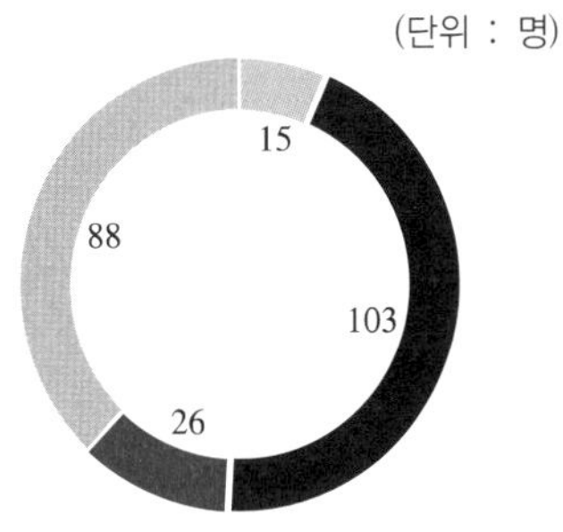

⑤ 대전광역시에 거주하는 아시아 국가별 한국 국적 취득자

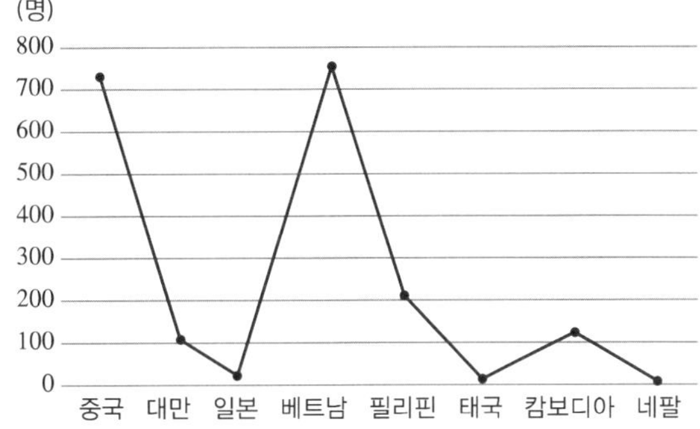

PART 1

02 다음은 S국가의 2022년 월별 반도체 수출 동향을 나타낸 표이다. 이 자료를 올바르게 나타내지 않은 그래프는?(단, 그래프 단위는 모두 '백만 달러'이다)

〈2022년 월별 반도체 수출액 동향〉

(단위 : 백만 달러)

기간	수출액	기간	수출액
1월	9,681	7월	10,383
2월	9,004	8월	11,513
3월	10,804	9월	12,427
4월	9,779	10월	11,582
5월	10,841	11월	10,684
6월	11,157	12월	8,858

① 2022년 월별 반도체 수출액

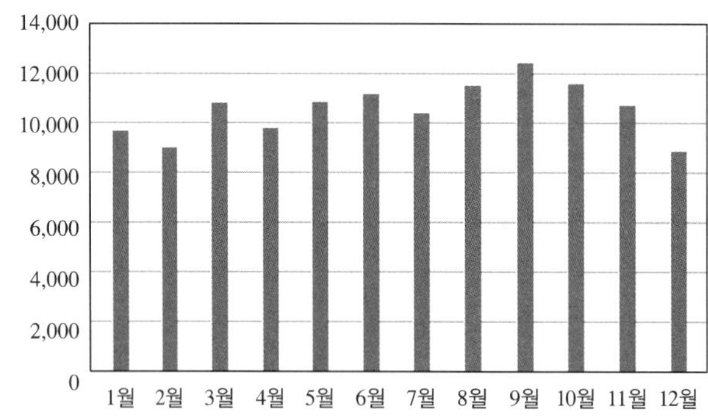

② 2022년 월별 반도체 수출액

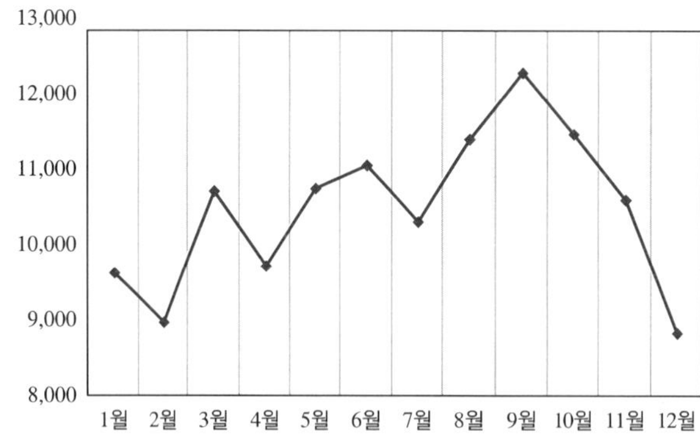

③ 2022년 월별 반도체 수출액

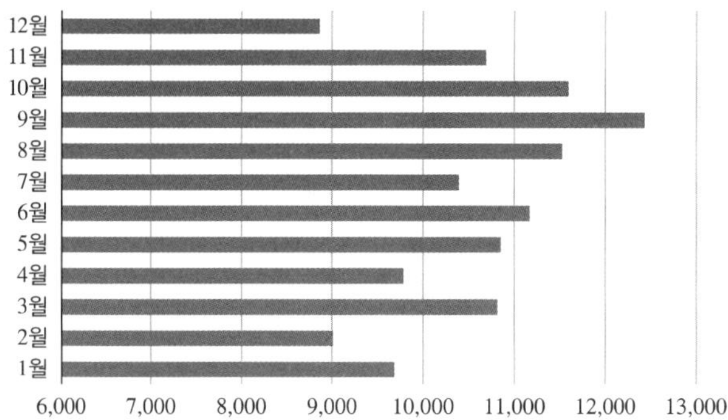

④ 2~12월까지 전월 대비 반도체 수출 증감액

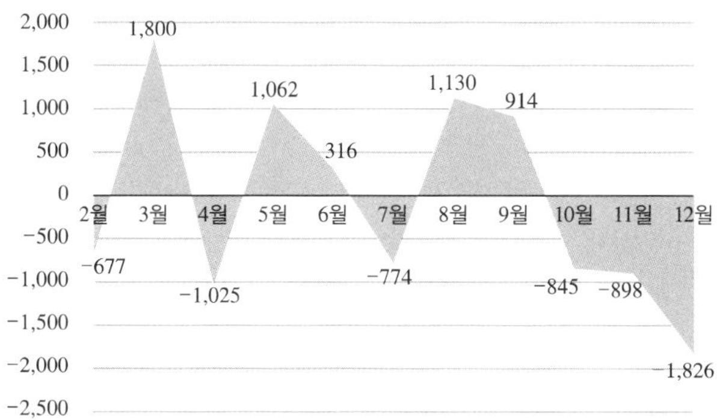

⑤ 2~12월까지 전월 대비 반도체 수출 증감액

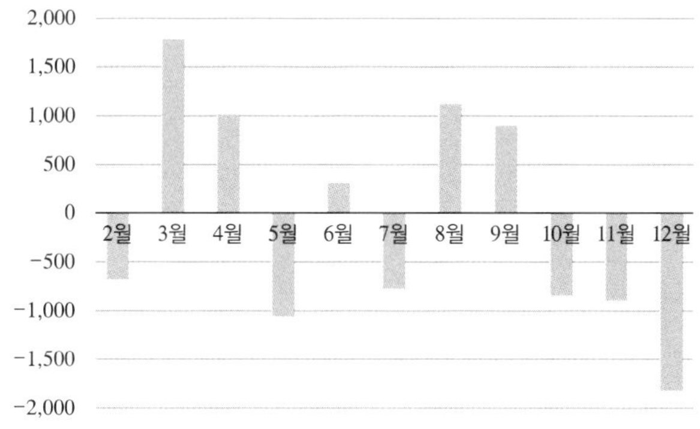

CHAPTER 03

창의수리

합격 Cheat Key

창의수리는 20문제가 출제되며, 15분의 시간이 주어진다. 주로 수의 관계(약수와 배수, 소수, 합성수, 인수분해, 최대공약수・최소공배수 등)를 이용하는 기초적인 계산 문제, 방정식과 부등식을 수립(날짜・요일・시간, 시간・거리・속도, 나이・수량, 원가・정가, 일・일률, 농도, 비율 등)하여 미지수를 계산하는 응용계산 문제, 경우의 수와 확률을 구하는 문제 등이 출제된다.

수의 관계에 대해 알고 그것을 응용하여 계산할 수 있는지, 그리고 미지수를 구하기 위해 필요한 계산식을 세울 수 있는지를 평가하는 유형이다. 최근에는 단순하게 계산하는 문제가 아닌 두, 세 단계의 풀이과정을 거쳐서 답을 도출하는 문제가 출제되고 있으므로 기초적인 유형을 정확하게 알고, 이를 활용하는 연습을 해야 한다.

학습 포인트

- 문제풀이 시간 확보가 관건이므로 이 유형에서 점수를 따기 위해서는 다양한 문제를 최대한 많이 풀어 보는 수밖에 없다.
- 고등학교 시절을 생각하며 오답노트를 만드는 것도 좋은 방법이 될 수 있다.

CHAPTER

03 이론점검

1. 수의 관계

(1) 약수와 배수

a가 b로 나누어떨어질 때, a는 b의 배수, b는 a의 약수

(2) 소수

1과 자기 자신만을 약수로 갖는 수. 즉, 약수의 개수가 2개인 수

(3) 합성수

1과 자신 이외의 수를 약수로 갖는 수. 즉, 소수가 아닌 수 또는 약수의 개수가 3개 이상인 수

(4) 최대공약수

2개 이상의 자연수의 공통된 약수 중에서 가장 큰 수

(5) 최소공배수

2개 이상의 자연수의 공통된 배수 중에서 가장 작은 수

(6) 서로소

1 이외에 공약수를 갖지 않는 두 자연수. 즉, 최대공약수가 1인 두 자연수

(7) 소인수분해

주어진 합성수를 소수의 거듭제곱의 형태로 나타내는 것

(8) 약수의 개수

자연수 $\mathrm{N}=a^m \times b^n$에 대하여, N의 약수의 개수는 $(m+1)\times(n+1)$개

(9) 최대공약수와 최소공배수의 관계

두 자연수 A, B에 대하여, 최소공배수와 최대공약수를 각각 L, G라고 하면 $\mathrm{A}\times\mathrm{B}=\mathrm{L}\times\mathrm{G}$가 성립한다.

2. 방정식의 활용

(1) 날짜 · 요일 · 시계

① 날짜 · 요일

㉠ 1일=24시간=1,440분=86,400초

㉡ 날짜 · 요일 관련 문제는 대부분 나머지를 이용해 계산한다.

② 시계

㉠ 시침이 1시간 동안 이동하는 각도 : 30°

㉡ 시침이 1분 동안 이동하는 각도 : 0.5°

㉢ 분침이 1분 동안 이동하는 각도 : 6°

PART 1

(2) 거리 · 속력 · 시간

① (거리)=(속력)×(시간)

㉠ 기차가 터널을 통과하거나 다리를 지나가는 경우

- (기차가 움직인 거리)=(기차의 길이)+(터널 또는 다리의 길이)

㉡ 두 사람이 반대 방향 또는 같은 방향으로 움직이는 경우

- (두 사람 사이의 거리)=(두 사람이 움직인 거리의 합 또는 차)

② $(\text{속력})=\frac{(\text{거리})}{(\text{시간})}$

㉠ 흐르는 물에서 배를 타는 경우

- (하류로 내려갈 때의 속력)=(배 자체의 속력)+(물의 속력)
- (상류로 올라갈 때의 속력)=(배 자체의 속력)−(물의 속력)

③ $(\text{시간})=\frac{(\text{거리})}{(\text{속력})}$

(3) 나이 · 인원 · 개수

구하고자 하는 것을 미지수로 놓고 식을 세운다. 동물의 경우 다리의 개수에 유의해야 한다.

(4) 원가 · 정가

① (정가)=(원가)+(이익), (이익)=(정가)−(원가)

② (a원에서 b% 할인한 가격)$=a\times\left(1-\frac{b}{100}\right)$

(5) 일률 · 톱니바퀴

① 일률

전체 일의 양을 1로 놓고, 시간 동안 한 일의 양을 미지수로 놓고 식을 세운다.

- $(\text{일률})=\frac{(\text{작업량})}{(\text{작업기간})}$
- $(\text{작업기간})=\frac{(\text{작업량})}{(\text{일률})}$
- (작업량)=(일률)×(작업기간)

② 톱니바퀴

(톱니 수)×(회전수)=(총 맞물린 톱니 수)

즉, A, B 두 톱니에 대하여, (A의 톱니 수)×(A의 회전수)=(B의 톱니 수)×(B의 회전수)가 성립한다.

(6) 농도

① (농도)$=\frac{\text{(용질의 양)}}{\text{(용액의 양)}}\times 100$

② (용질의 양)$=\frac{\text{(농도)}}{100}\times$(용액의 양)

(7) 수 I

① 연속하는 세 자연수 : $x-1$, x, $x+1$

② 연속하는 세 짝수(홀수) : $x-2$, x, $x+2$

(8) 수 II

① 십의 자릿수가 x, 일의 자릿수가 y인 두 자리 자연수 : $10x+y$

이 수에 대해, 십의 자리와 일의 자리를 바꾼 수 : $10y+x$

② 백의 자릿수가 x, 십의 자릿수가 y, 일의 자릿수가 z인 세 자리 자연수 : $100x+10y+z$

(9) 증가 · 감소

① x가 $a\%$ 증가 : $\left(1+\frac{a}{100}\right)x$

② y가 $b\%$ 감소 : $\left(1-\frac{b}{100}\right)y$

3. 경우의 수 · 확률

(1) 경우의 수

① 경우의 수 : 어떤 사건이 일어날 수 있는 모든 가짓수

② 합의 법칙

㉠ 두 사건 A, B가 동시에 일어나지 않을 때, A가 일어나는 경우의 수를 m, B가 일어나는 경우의 수를 n이라고 하면, 사건 A 또는 B가 일어나는 경우의 수는 $m+n$이다.

㉡ '또는', '~이거나'라는 말이 나오면 합의 법칙을 사용한다.

③ 곱의 법칙

㉠ A가 일어나는 경우의 수를 m, B가 일어나는 경우의 수를 n이라고 하면, 사건 A와 B가 동시에 일어나는 경우의 수는 $m\times n$이다.

㉡ '그리고', '동시에'라는 말이 나오면 곱의 법칙을 사용한다.

④ 여러 가지 경우의 수

㉠ 동전 n개를 던졌을 때, 경우의 수 : 2^n

㉡ 주사위 m개를 던졌을 때, 경우의 수 : 6^m

㉢ 동전 n개와 주사위 m개를 던졌을 때, 경우의 수 : $2^n \times 6^m$

㉣ n명을 한 줄로 세우는 경우의 수 : $n! = n \times (n-1) \times (n-2) \times \cdots \times 2 \times 1$

㉤ n명 중, m명을 뽑아 한 줄로 세우는 경우의 수 : ${}_nP_m = n \times (n-1) \times \cdots \times (n-m+1)$

㉥ n명을 한 줄로 세울 때, m명을 이웃하여 세우는 경우의 수 : $(n-m+1)! \times m!$

㉦ 0이 아닌 서로 다른 한 자리 숫자가 적힌 n장의 카드에서, m장을 뽑아 만들 수 있는 m자리 정수의 개수 : ${}_nP_m$

㉧ 0을 포함한 서로 다른 한 자리 숫자가 적힌 n장의 카드에서, m장을 뽑아 만들 수 있는 m자리 정수의 개수 : $(n-1) \times {}_{n-1}P_{m-1}$

㉨ n명 중, 자격이 다른 m명을 뽑는 경우의 수 : ${}_nP_m$

㉩ n명 중, 자격이 같은 m명을 뽑는 경우의 수 : ${}_nC_m = \frac{{}_nP_m}{m!}$

㉪ 원형 모양의 탁자에 n명을 앉히는 경우의 수 : $(n-1)!$

⑤ 최단거리 문제 : A에서 B 사이에 P가 주어져 있다면, A와 P의 최단거리, B와 P의 최단거리를 각각 구하여 곱한다.

(2) 확률

① $(\text{사건 A가 일어날 확률}) = \frac{(\text{사건 A가 일어나는 경우의 수})}{(\text{모든 경우의 수})}$

② 여사건의 확률

㉠ 사건 A가 일어날 확률이 p일 때, 사건 A가 일어나지 않을 확률은 $(1-p)$이다.

㉡ '적어도'라는 말이 나오면 주로 사용한다.

③ 확률의 계산

㉠ 확률의 덧셈

두 사건 A, B가 동시에 일어나지 않을 때, A가 일어날 확률을 p, B가 일어날 확률을 q라고 하면, 사건 A 또는 B가 일어날 확률은 $p+q$이다.

㉡ 확률의 곱셈

A가 일어날 확률을 p, B가 일어날 확률을 q라고 하면, 사건 A와 B가 동시에 일어날 확률은 $p \times q$이다.

④ 여러 가지 확률

㉠ 연속하여 뽑을 때, 꺼낸 것을 다시 넣고 뽑는 경우 : 처음과 나중의 모든 경우의 수는 같다.

㉡ 연속하여 뽑을 때, 꺼낸 것을 다시 넣지 않고 뽑는 경우 : 나중의 모든 경우의 수는 처음의 모든 경우의 수보다 1만큼 작다.

㉢ $(\text{도형에서의 확률}) = \frac{(\text{해당하는 부분의 넓이})}{(\text{전체 넓이})}$

출제유형분석

01 거리 · 속력 · 시간

| 유형분석 |

- (거리)=(속력)×(시간) 공식을 활용한 문제이다.

  (속력)=$\frac{(거리)}{(시간)}$, (시간)=$\frac{(거리)}{(속력)}$
- 기차와 터널의 길이, 물과 같이 속력이 있는 장소 등 추가적인 거리나 속력 시간에 관한 조건과 결합하여 난이도 높은 문제로 출제된다.

S사원은 회사 근처 카페에서 거래처와 미팅을 갖기로 했다. 처음에는 4km/h로 걸어가다가 약속 시간에 늦을 것 같아서 10km/h로 뛰어서 24분 만에 미팅 장소에 도착했다. 회사에서 카페까지의 거리가 2.5km일 때, A사원이 뛴 거리는?

① 0.6km
② 0.9km
③ 1.2km
④ 1.5km
⑤ 1.8km

정답 ④

S사원이 회사에서 카페까지 걸어간 거리를 $x$km, 뛴 거리를 $y$km라고 하자. 회사에서 카페까지의 거리는 2.5km이므로 걸어간 거리 $x$km와 뛴 거리 $y$km를 합하면 2.5km이다.

$x+y=2.5$ … ㉠

S사원이 회사에서 카페까지 24분이 걸렸으므로 걸어간 시간$\left(\frac{x}{4}\text{시간}\right)$과 뛰어간 시간$\left(\frac{y}{10}\text{시간}\right)$을 합치면 24분이다. 이때 속력은 시간 단위이므로 분으로 바꾸어 계산한다.

$\frac{x}{4}\times60+\frac{y}{10}\times60=24 \rightarrow 5x+2y=8$ … ㉡

㉡$-2\times$㉠을 하여 ㉠과 ㉡을 연립하면 $x=1$이고, 구한 x의 값을 ㉠에 대입하면 $y=1.5$이다.

따라서 S사원이 뛴 거리는 1.5km이다.

30초 컷 풀이 Tip

1. 미지수를 정할 때에는 문제에서 묻는 것을 정확하게 파악해야 한다.
2. 속력과 시간의 단위를 처음에 정리하여 계산하면 계산 실수 없이 풀이할 수 있다.
   - 1시간=60분=3,600초
   - 1km=1,000m=100,000cm

출제유형분석 01 실전예제

Easy

01 S사원은 지하철을 타고 출근하는데, 속력이 60km/h인 지하철에 이상이 생겨 평소 속력의 0.4배로 운행하게 되었다. 지하철이 평소보다 45분 늦게 도착하였다면, S사원이 출발하는 역부터 도착하는 역까지 지하철의 이동거리는 얼마인가?

① 20km ② 25km
③ 30km ④ 35km
⑤ 40km

PART 1

02 A신입사원은 집에서 거리가 10km 떨어진 회사에 근무하고 있다. 출근할 때는 자전거를 타고 1시간이 걸린다. 퇴근할 때는 회사에서 4km 떨어진 헬스장을 들렸다가 운동 후 7km 거리를 이동하여 집에 도착한다. 퇴근할 때 회사에서 헬스장까지 30분, 헬스장에서 집까지 1시간 30분이 걸린다면 A신입사원이 출·퇴근하는 평균속력은 몇 km/h인가?

① 5km/h ② 6km/h
③ 7km/h ④ 8km/h
⑤ 9km/h

03 미주는 집에서 백화점에 가기 위해 시속 8km의 속력으로 집에서 출발했다. 미주가 집에서 출발한 지 12분 후에 지갑을 두고 간 것을 발견한 동생이 시속 20km의 속력으로 미주를 만나러 출발했다. 미주와 동생은 몇 분 후에 만나게 되는가?(단, 미주와 동생은 쉬지 않고 일정한 속력으로 움직인다)

① 11분 ② 14분
③ 17분 ④ 20분
⑤ 23분

02 농도

| 유형분석 |

- (농도)=$\frac{(\text{용질의 양})}{(\text{용액의 양})}\times 100$ 공식을 활용한 문제이다.
- (소금물의 양)=(물의 양)+(소금의 양)이라는 것에 유의하고, 더해지거나 없어진 것을 미지수로 두고 풀이한다.

소금물 500g이 있다. 이 소금물에 농도가 3%인 소금물 200g을 온전히 섞었더니 소금물의 농도는 7%가 되었다. 500g의 소금물에 녹아 있던 소금의 양은?

① 31g
② 37g
③ 43g
④ 49g
⑤ 55g

정답 ③

500g의 소금물에 녹아 있던 소금의 양을 xg이라고 하자.
소금물 500g에 농도 3%인 소금물 200g을 섞었을 때 소금물의 농도가 주어졌으므로 농도를 기준으로 식을 세우면 다음과 같다.

$\frac{x+6}{500+200}\times 100=7$

$\rightarrow (x+6)\times 100=7\times(500+200) \rightarrow (x+6)\times 100=4,900 \rightarrow 100x+600=4,900$

$\rightarrow 100x=4,300$

$\therefore x=43$

따라서 500g의 소금물에 녹아 있던 소금의 양은 43g이다.

30초 컷 풀이 Tip

간소화

숫자의 크기를 최대한 간소화해야 한다. 특히, 농도의 경우 분수와 정수가 같이 제시되고, 최근에는 비율을 활용한 문제가 많이 출제되고 있으므로 통분이나 약분을 통해 수를 간소화시켜 계산 실수를 줄일 수 있도록 한다.

주의사항

항상 미지수를 구해서 그 값을 계산하여 풀이해야 하는 것은 아니다. 문제에서 원하는 값은 정확한 미지수를 구하지 않아도 풀이과정에서 답이 제시되는 경우가 있으므로 문제에서 묻는 것을 명확히 해야 한다.

출제유형분석 02 실전예제

Easy

01 농도 8%의 소금물 24g에 4% 소금물 몇 g을 넣으면 5% 소금물이 되겠는가?

① 12g
② 24g
③ 36g
④ 48g
⑤ 72g

PART 1

02 8%의 소금물 400g에서 한 컵의 소금물을 퍼내고 그 양만큼 물을 부은 다음 다시 2%의 소금물을 넣었더니 6%의 소금물 520g이 되었다. 퍼낸 소금물의 양은 얼마인가?

① 10g
② 20g
③ 30g
④ 40g
⑤ 50g

Hard

03 농도가 각각 10%, 6%인 설탕물을 섞어서 300g의 설탕물을 만들었다. 여기에 설탕 20g을 더 넣었더니 농도가 12%인 설탕물이 되었다면 6% 설탕물의 양은 얼마인가?

① 10g
② 20g
③ 280g
④ 290g
⑤ 320g

03 일률

| 유형분석 |

- 전체 일의 양을 1로 두고 풀이하는 유형이다.
- 분이나 초 단위 계산이 가장 어려운 유형으로 출제되고 있다.
- $(\text{일률})=\frac{(\text{작업량})}{(\text{작업기간})}$, $(\text{작업기간})=\frac{(\text{작업량})}{(\text{일률})}$, $(\text{작업량})=(\text{일률})\times(\text{작업기간})$

한 공장에서는 기계 2대를 운용하고 있다. 이 공장의 전체 작업을 수행할 때 A기계로는 12시간이 걸리며, B기계로는 18시간이 걸린다. 이미 절반의 작업이 수행된 상태에서, A기계로 4시간 동안 작업하다가 이후로는 A, B 두 기계를 모두 동원해 작업을 수행했다면 남은 절반의 작업을 완료하는 데 소요되는 총 시간은?

① 1시간
② 1시간 12분
③ 1시간 20분
④ 1시간 30분
⑤ 1시간 40분

정답 ②

전체 일의 양을 1이라고 하자. A기계가 한 시간 동안 작업할 수 있는 일의 양은 $\frac{1}{12}$이고, B기계가 한 시간 동안 작업할 수 있는 일의 양은 $\frac{1}{18}$이다.

이미 절반의 작업이 진행되었으므로 남은 일의 양은 $1-\frac{1}{2}=\frac{1}{2}$이다. 이 중 A기계로 4시간 동안 작업을 진행했으므로 A기계와 B기계가 함께 작업해야 하는 일의 양은 $\frac{1}{2}-\left(\frac{1}{12}\times4\right)=\frac{1}{6}$이다.

따라서 남은 $\frac{1}{6}$을 수행하는 데 걸리는 시간은 $\frac{\frac{1}{6}}{\left(\frac{1}{12}+\frac{1}{18}\right)}=\frac{\frac{1}{6}}{\frac{5}{36}}=\frac{6}{5}$시간, 즉 1시간 12분이 걸린다.

30초 컷 풀이 Tip

1. 전체의 값을 모르는 상태에서 비율을 묻는 문제의 경우 전체를 1이라고 하면 쉽게 풀이할 수 있다.

   예 S가 1개의 빵을 만드는 데 3시간이 걸린다. 1개의 빵을 만드는 일의 양을 1이라고 하면 S는 한 시간에 $\frac{1}{3}$만큼의 빵을 만든다.

2. 난이도가 있는 일의 양 문제를 접근할 때 전체 일의 양을 막대 그림으로 표현하면서 풀이하면 한눈에 파악할 수 있다.

   예

$\frac{1}{2}$ 수행됨	A기계로 4시간 동안 작업	A, B 두 기계를 모두 동원해 작업

출제유형분석 03 실전예제

01 어느 제약회사 공장에서는 A, B 두 종류의 기계로 같은 종류의 플라스틱 통에 비타민제를 담는다. 한 시간에 A기계 3대와 B기계 2대를 작동하면 1,600통에 비타민제를 담을 수 있고, A기계 2대와 B기계 3대를 작동하면 1,500통에 비타민제를 담을 수 있다고 한다. A기계 1대와 B기계 1대로 한 시간 동안에 담을 수 있는 비타민제 통의 전체 개수는?(단, 한 통에 들어가는 비타민제의 양은 같다)

① 580개
② 600개
③ 620개
④ 640개
⑤ 660개

PART 1

02 톱니가 각각 24개, 60개인 두 톱니바퀴 A, B가 서로 맞물려 회전하고 있다. 이 두 톱니바퀴가 한 번 맞물린 후 같은 톱니에서 처음으로 다시 맞물리려면 톱니바퀴 A는 최소한 몇 바퀴 회전해야 하는가?

① 2바퀴
② 3바퀴
③ 5바퀴
④ 6바퀴
⑤ 8바퀴

Easy

03 욕조에 물을 채우는 데 A관은 30분, B관은 40분 걸린다. 이 욕조에 채운 물을 배수하는 데는 20분이 걸린다. A관과 B관을 동시에 틀고, 동시에 배수를 할 때, 욕조가 가득 채워질 때까지 걸리는 시간은?

① 60분
② 80분
③ 100분
④ 120분
⑤ 150분

04 | 금액

| 유형분석 |

- 원가, 정가, 할인가, 판매가 등의 개념을 명확히 한다.
  (정가)=(원가)+(이익)
  (이익)=(정가)−(원가)
  a원에서 b% 할인한 가격$=a\times\left(1-\frac{b}{100}\right)$
- 난이도가 어려운 편은 아니지만 비율을 활용한 계산 문제이기 때문에 실수하기 쉽다.
- 경우의 수와 결합하여 출제되기도 한다.

종욱이는 25,000원짜리 피자 두 판과 8,000원짜리 샐러드 세 개를 주문했다. 통신사 멤버십 혜택으로 피자는 15%, 샐러드는 25%를 할인 받을 수 있고, 이벤트로 통신사 멤버십 혜택을 적용한 금액의 10%를 추가 할인받았다고 한다. 종욱이가 할인받은 금액은?

① 12,150원　② 13,500원
③ 18,600원　④ 19,550원
⑤ 20,850원

정답 ④

할인받기 전 종욱이가 지불할 금액은 25,000×2+8,000×3=74,000원이다.
통신사 할인과 이벤트 할인을 적용한 금액은 (25,000×2×0.85+8,000×3×0.75)×0.9=54,450원이다.
따라서 종욱이가 할인받은 금액은 74,000−54,450=19,550원이다.

30초 컷 풀이 Tip

전체 금액을 구하는 것이 아니라 할인된 금액을 구하면 수의 크기도 작아지고, 풀이 과정을 단축시킬 수 있다.
예를 들어 위의 문제에서 피자는 15%, 샐러드는 25%를 할인받았으므로 할인받은 금액은 각각 7,500원, 6,000원이다. 할인받은 금액의 합을 원래 지불했어야 하는 금액에서 빼면 60,500원이고, 이의 10%는 6,050원이므로 종욱이가 할인받은 총 금액은 7,500+6,000+6,050=19,550원이다.

출제유형분석 04 실전예제

01 조각 케이크 1조각을 정가로 팔면 3,000원의 이익을 얻는다. 장사가 되지 않아 정가보다 20%를 할인하여 5개 팔았을 때 순이익과 조각 케이크 1개당 정가에서 2,000원씩 할인하여 4개를 팔았을 때의 매출액이 같다면 이 상품의 정가는 얼마인가?

① 4,000원
② 4,100원
③ 4,300원
④ 4,400원
⑤ 4,600원

02 A와 B가 시장에 가서 각각 2번에 걸쳐 물건을 사는 데 총 32,000원이 들었다. A는 두 번째 구매 시 첫 번째보다 50% 감소한 금액을 냈고, B는 두 번째 구매 시 첫 번째보다 50% 증가한 금액을 냈다. 나중에 서로 비교해보니 B가 A보다 5,000원을 더 소비한 것을 알게 되었다고 할 때, A가 첫 번째로 낸 금액은 얼마인가?

① 7,400원
② 8,500원
③ 9,000원
④ 9,700원
⑤ 10,300원

Hard

03 S사와 A사는 연구 협업을 맺고 있다. 초기 투자 비용은 S사와 A사가 5 : 2의 비율로 투자하였는데 초기 투자금 내에서 S사에서 A사에 1,500만 원의 연구자금을 주었다면 투자금의 비율은 4 : 3이 된다. 이때, A사의 초기 투자 비용을 구하면?

① 2,000만 원
② 2,200만 원
③ 2,500만 원
④ 3,000만 원
⑤ 3,500만 원

05 경우의 수

| 유형분석 |

- 순열(P)과 조합(C)을 활용한 문제이다.

$${}_{n}P_{m}=n\times(n-1)\times\cdots\times(n-m+1)$$

$${}_{n}C_{m}=\frac{{}_{n}P_{m}}{m!}=\frac{n\times(n-1)\times\cdots\times(n-m+1)}{m!}$$

- 벤다이어그램을 활용한 문제가 출제되기도 한다.

S사에서 파견 근무를 나갈 10명을 뽑아 팀을 구성하려 한다. 새로운 팀 내에서 팀장 한 명과 회계 담당 2명을 뽑으려고 하는데, 이 인원을 뽑는 경우는 몇 가지인가?

① 300가지
② 320가지
③ 348가지
④ 360가지
⑤ 396가지

정답 ④

- 팀장 한 명을 뽑는 경우의 수 : ${}_{10}C_{1}=10$가지
- 회계 담당 2명을 뽑는 경우의 수 : ${}_{9}C_{2}=\frac{9\times8}{2!}=36$가지

따라서 $10\times36=360$가지이다.

30초 컷 풀이 Tip

경우의 수의 합의 법칙과 곱의 법칙 등에 관해 명확히 한다.

합의 법칙

㉠ 두 사건 A, B가 동시에 일어나지 않을 때, A가 일어나는 경우의 수를 m, B가 일어나는 경우의 수를 n이라고 하면, A 또는 B가 일어나는 경우의 수는 $m+n$이다.
㉡ '또는', '~이거나'라는 말이 나오면 합의 법칙을 사용한다.

곱의 법칙

㉠ A가 일어나는 경우의 수를 m, B가 일어나는 경우의 수를 n이라고 하면, A와 B가 동시에 일어나는 경우의 수는 $m\times n$이다.
㉡ '그리고', '동시에'라는 말이 나오면 곱의 법칙을 사용한다.

출제유형분석 05 실전예제

01 서로 다른 소설책 7권과 시집 5권이 있다. 이 중에서 소설책 3권과 시집 2권을 선택하는 경우의 수는?

① 350가지
② 360가지
③ 370가지
④ 380가지
⑤ 390가지

PART 1

Easy

02 할아버지와 할머니, 아버지와 어머니, 그리고 3명의 자녀로 이루어진 가족이 있다. 이 가족이 일렬로 서서 가족사진을 찍으려고 한다. 할아버지가 맨 앞, 할머니가 맨 뒤에 위치할 때, 가능한 경우의 수는?

① 120가지
② 125가지
③ 130가지
④ 135가지
⑤ 140가지

03 S기업의 친목회에서 임원진(회장, 부회장, 총무)을 새롭게 선출하려고 한다. 친목회 전체 인원이 17명일 때, 회장, 부회장, 총무를 각 1명씩 뽑는 경우의 수는 몇 가지인가?(단, 작년에 임원진이었던 3명은 연임하지 못한다)

① 728가지
② 1,360가지
③ 2,184가지
④ 2,730가지
⑤ 4,080가지

06 확률

| 유형분석 |

- 순열(P)과 조합(C)을 활용한 문제이다.
- 조건부 확률 문제가 출제되기도 한다.

주머니에 1부터 10까지의 숫자가 적힌 카드 10장이 들어있다. 주머니에서 카드를 세 번 뽑는다고 할 때, 1, 2, 3이 적힌 카드 중 하나 이상을 뽑을 확률은?(단, 꺼낸 카드는 다시 넣지 않는다)

① $\frac{5}{8}$
② $\frac{17}{24}$
③ $\frac{7}{24}$
④ $\frac{7}{8}$
⑤ $\frac{5}{6}$

정답 ②

(1, 2, 3이 적힌 카드 중 하나 이상을 뽑을 확률)=1−(세 번 모두 4 ~ 10이 적힌 카드를 뽑을 확률)

- 세 번 모두 4 ~ 10이 적힌 카드를 뽑을 확률 : $\frac{7}{10}\times\frac{6}{9}\times\frac{5}{8}=\frac{7}{24}$

∴ 1, 2, 3이 적힌 카드 중 하나 이상을 뽑을 확률 : $1-\frac{7}{24}=\frac{17}{24}$

30초 컷 풀이 Tip

여사건의 확률

㉠ 사건 A가 일어날 확률이 p일 때, 사건 A가 일어나지 않을 확률은 $(1-p)$이다.

㉡ '적어도'라는 말이 나오면 주로 사용한다.

확률의 덧셈

두 사건 A, B가 동시에 일어나지 않을 때, A가 일어날 확률을 p, B가 일어날 확률을 q라고 하면, 사건 A 또는 B가 일어날 확률은 $p+q$이다.

확률의 곱셈

A가 일어날 확률을 p, B가 일어날 확률을 q라고 하면, 사건 A와 B가 동시에 일어날 확률은 $p\times q$이다.

출제유형분석 06 실전예제

01 비가 온 다음 날 비가 올 확률은 $\frac{1}{3}$, 비가 안 온 다음 날 비가 올 확률은 $\frac{1}{8}$이다. 내일 비가 올 확률이 $\frac{1}{5}$일 때, 모레 비가 안 올 확률은?

① $\frac{1}{4}$
② $\frac{5}{6}$
③ $\frac{5}{7}$
④ $\frac{6}{11}$
⑤ $\frac{7}{11}$

02 주머니에 빨간색 구슬 3개, 초록색 구슬 4개, 파란색 구슬 5개가 있다. 구슬 2개를 동시에 꺼낼 때, 모두 빨간색이거나 모두 초록색이거나 모두 파란색일 확률은?

① $\frac{3}{11}$
② $\frac{19}{66}$
③ $\frac{10}{33}$
④ $\frac{7}{22}$
⑤ $\frac{7}{44}$

Easy

03 1에서 10까지 적힌 숫자카드를 임의로 두 장을 동시에 뽑을 때, 뽑은 두 카드에 적힌 수의 곱이 홀수일 확률은?

① $\frac{5}{7}$
② $\frac{7}{8}$
③ $\frac{5}{9}$
④ $\frac{2}{9}$
⑤ $\frac{1}{9}$

CHAPTER 04

언어추리

합격 Cheat Key

언어추리는 20문제가 출제되며, 15분의 시간이 주어진다. 주어진 정보를 종합하고, 진술문 간의 관계 구조를 파악하여 새로운 내용을 추론해내는 능력을 요한다. 온라인 SKCT에서 출제되는 언어추리는 크게 명제추리, 조건추리로 구분할 수 있다.

01 명제추리

삼단논법을 통해 적절한 결론을 찾는 문제가 출제되며, 최근 벤다이어그램 등을 이용해야 풀이할 수 있는 문제도 출제되고 있으므로 다양한 유형의 문제를 접해보는 것이 중요하다.

학습 포인트

- 명제의 기본적인 개념(역 · 이 · 대우)에 대해 정확히 알고 기호화시킬 수 있어야 한다.
- 전제나 결론을 찾는 문제가 출제되기도 하므로 삼단논법에 대한 정확한 개념을 알아야 한다.

02 조건추리

언어추리에서 난이도가 높은 편이므로 고득점을 얻기 위해서 반드시 빠르고 정확하게 풀이하는 연습을 해야 한다.

| 학습 포인트 |

- 제시된 조건을 간단하게 도식화시켜서 풀이할 수 있는 연습을 해야 한다.

CHAPTER

04 이론점검

1. 연역 추론

이미 알고 있는 판단(전제)을 근거로 새로운 판단(결론)을 유도하는 추론이다. 연역 추론은 진리일 가능성을 따지는 귀납 추론과는 달리, 명제 간의 관계와 논리적 타당성을 따진다. 즉, 연역 추론은 전제들로부터 절대적인 필연성을 가진 결론을 이끌어내는 추론이다.

(1) 직접 추론

한 개의 전제로부터 중간적 매개 없이 새로운 결론을 이끌어내는 추론이며, 대우 명제가 그 대표적인 예이다.

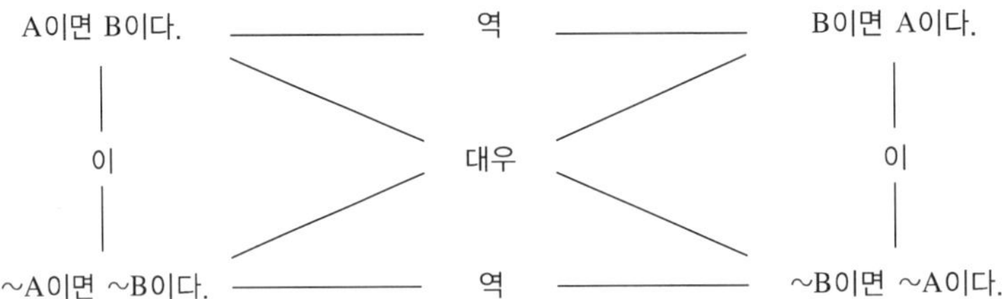

• 한국인은 모두 황인종이다.	(전제)
• 그러므로 황인종이 아닌 사람은 모두 한국인이 아니다.	(결론 1)
• 그러므로 황인종 중에는 한국인이 아닌 사람도 있다.	(결론 2)

(2) 간접 추론

둘 이상의 전제로부터 새로운 결론을 이끌어내는 추론이다. 삼단논법이 가장 대표적인 예이다.

① **정언 삼단논법** : 세 개의 정언명제로 구성된 간접추론 방식이다. 세 개의 명제 가운데 두 개의 명제는 전제이고, 나머지 한 개의 명제는 결론이다. 세 명제의 주어와 술어는 세 개의 서로 다른 개념을 표현한다.

② **가언 삼단논법** : 가언명제로 이루어진 삼단논법을 말한다. 가언명제란 두 개의 정언명제가 '만일 ~이라면'이라는 접속사에 의해 결합된 복합명제이다. 여기서 '만일'에 의해 이끌리는 명제를 전건이라고 하고, 그 뒤의 명제를 후건이라고 한다. 가언 삼단논법의 종류로는 혼합가언 삼단논법과 순수가언 삼단논법이 있다.

㉠ 혼합가언 삼단논법 : 대전제만 가언명제로 구성된 삼단논법이다. 긍정식과 부정식 두 가지가 있으며, 긍정식은 'A면 B이다. A이다. 그러므로 B이다.'이고, 부정식은 'A면 B이다. B가 아니다. 그러므로 A가 아니다.'이다.

- 만약 A라면 B이다.
- B가 아니다.
- 그러므로 A가 아니다.

㉡ 순수가언 삼단논법 : 대전제와 소전제 및 결론까지 모두 가언명제들로 구성된 삼단논법이다.

- 만약 A라면 B이다.
- 만약 B라면 C이다.
- 그러므로 만약 A라면 C이다.

③ 선언 삼단논법 : '~이거나 ~이다.'의 형식으로 표현되며 전제 속에 선언 명제를 포함하고 있는 삼단논법이다.

- 내일은 비가 오거나 눈이 온다(A 또는 B이다).
- 내일은 비가 오지 않는다(A가 아니다).
- 그러므로 내일은 눈이 온다(그러므로 B이다).

④ 딜레마 논법 : 대전제는 두 개의 가언명제로, 소전제는 하나의 선언명제로 이루어진 삼단논법으로, 양도추론이라고도 한다.

- 만일 네가 거짓말을 하면, 신이 미워할 것이다. (대전제)
- 만일 네가 거짓말을 하지 않으면, 사람들이 미워할 것이다. (대전제)
- 너는 거짓말을 하거나, 거짓말을 하지 않을 것이다. (소전제)
- 그러므로 너는 미움을 받게 될 것이다. (결론)

2. 귀납 추론

특수한 또는 개별적인 사실로부터 일반적인 결론을 이끌어 내는 추론을 말한다. 귀납 추론은 구체적 사실들을 기반으로 하여 결론을 이끌어 내기 때문에 필연성을 따지기보다는 개연성과 유관성, 표본성 등을 중시하게 된다. 여기서 개연성이란, 관찰된 어떤 사실이 같은 조건하에서 앞으로도 관찰될 수 있는가 하는 가능성을 말하고, 유관성은 추론에 사용된 자료가 관찰하려는 사실과 관련되어야 하는 것을 일컬으며, 표본성은 추론을 위한 자료의 표본 추출이 공정하게 이루어져야 하는 것을 가리킨다. 이러한 귀납 추론은 일상생활 속에서 많이 사용하고, 우리가 알고 있는 과학적 사실도 이와 같은 방법으로 밝혀졌다.

그러나 전제들이 참이어도 결론이 항상 참인 것은 아니다. 단 하나의 예외로 인하여 결론이 거짓이 될 수 있다.

- 성냥불은 뜨겁다.
- 연탄불도 뜨겁다.
- 그러므로 모든 불은 뜨겁다.

위 예문에서 '성냥불이나 연탄불이 뜨거우므로 모든 불은 뜨겁다.'라는 결론이 나왔는데, 반딧불은 뜨겁지 않으므로 '모든 불이 뜨겁다.'라는 결론은 거짓이 된다.

(1) 완전 귀납 추론

관찰하고자 하는 집합의 전체를 다 검증함으로써 대상의 공통 특질을 밝혀내는 방법이다. 이는 예외 없는 진실을 발견할 수 있다는 장점은 있으나, 집합의 규모가 크고 속성의 변화가 다양할 경우에는 적용하기 어려운 단점이 있다.

예 1부터 10까지의 수를 다 더하여 그 합이 55임을 밝혀내는 방법

(2) 통계적 귀납 추론

통계적 귀납 추론은 관찰하고자 하는 집합의 일부에서 발견한 몇 가지 사실을 열거함으로써 그 공통점을 결론으로 이끌어 내려는 방식을 가리킨다. 관찰하려는 집합의 규모가 클 때 그 일부를 표본으로 추출하여 조사하는 방식이 이에 해당하며, 표본 추출의 기준이 얼마나 적합하고 공정한가에 따라 그 결과에 대한 신뢰도가 달라진다는 단점이 있다.

예 여론조사에서 일부의 국민에 대한 설문 내용을 바탕으로, 이를 전체 국민의 여론으로 제시하는 것

(3) 인과적 귀납 추론

관찰하고자 하는 집합의 일부 원소들이 지닌 인과 관계를 인식하여 그 원인이나 결과를 이끌어 내려는 방식을 말한다.

① **일치법** : 공통적인 현상을 지닌 몇 가지 사실 중에서 각기 지닌 요소 중 어느 한 가지만 일치한다면 이 요소가 공통 현상의 원인이라고 판단

② **차이법** : 어떤 현상이 나타나는 경우와 나타나지 않은 경우를 놓고 보았을 때, 각 경우의 여러 조건 중 단 하나만이 차이를 보인다면 그 차이를 보이는 조건이 원인이 된다고 판단

예 현수와 승재는 둘 다 지능이나 학습 시간, 학습 환경 등이 비슷한데 공부하는 태도에는 약간의 차이가 있다. 따라서 두 사람이 성적이 차이를 보이는 것은 학습 태도의 차이 때문으로 생각된다.

③ **일치·차이 병용법** : 몇 개의 공통 현상이 나타나는 경우와 몇 개의 그렇지 않은 경우를 놓고 일치법과 차이법을 병용하여 적용함으로써 그 원인을 판단

예 학업 능력 정도가 비슷한 두 아동 집단에 대해 처음에는 같은 분량의 과제를 부여하고 나중에는 각기 다른 분량의 과제를 부여한 결과, 많이 부여한 집단의 성적이 훨씬 높게 나타났다. 이로 보아, 과제를 많이 부여하는 것이 적게 부여하는 것보다 학생의 학업 성적 향상에 도움이 된다고 판단할 수 있다.

④ **공변법** : 관찰하는 어떤 사실의 변화에 따라 현상의 변화가 일어날 때 그 변화의 원인이 무엇인지 판단

예 담배를 피우는 양이 각기 다른 사람들의 집단을 조사한 결과, 담배를 많이 피울수록 폐암에 걸릴 확률이 높다는 사실이 발견되었다.

⑤ **잉여법** : 앞의 몇 가지 현상이 뒤의 몇 가지 현상의 원인이며, 선행 현상의 일부분이 후행 현상의 일부분이라면, 선행 현상의 나머지 부분이 후행 현상의 나머지 부분의 원인임을 판단

예 어젯밤 일어난 사건의 혐의자는 정은이와 규민이 두 사람인데, 정은이는 알리바이가 성립되어 혐의 사실이 없는 것으로 밝혀졌다. 따라서 그 사건의 범인은 규민이일 가능성이 높다.

3. 유비 추론

두 개의 대상 사이에 일련의 속성이 동일하다는 사실에 근거하여 그것들의 나머지 속성도 동일하리라는 결론을 이끌어내는 추론, 즉 이미 알고 있는 것에서 다른 유사한 점을 찾아내는 추론을 말한다. 그렇기 때문에 유비 추론은 잣대(기준)가 되는 사물이나 현상이 있어야 한다. 유비 추론은 가설을 세우는 데 유용하다. 이미 알고 있는 사례로부터 아직 알지 못하는 것을 생각해 봄으로써 쉽게 가설을 세울 수 있다. 이때 유의할 점은 이미 알고 있는 사례와 이제 알고자 하는 사례가 매우 유사하다는 확신과 증거가 있어야 한다. 그렇지 않은 상태에서 유비 추론에 의해 결론을 이끌어 내면, 그것은 개연성이 거의 없고 잘못된 결론이 될 수도 있다.

- 지구에는 공기, 물, 흙, 햇빛이 있다(A는 a, b, c, d의 속성을 가지고 있다).
- 화성에는 공기, 물, 흙, 햇빛이 있다(B는 a, b, c, d의 속성을 가지고 있다).
- 지구에 생물이 살고 있다(A는 e의 속성을 가지고 있다).
- 그러므로 화성에도 생물이 살고 있을 것이다(그러므로 B도 e의 속성을 가지고 있을 것이다).

01 명제

| 유형분석 |

- 명제는 삼단논법과 역 · 이 · 대우 명제를 통해 풀이하는 유형이다.
- 주어진 문장들을 빠르게 도식화하여 정리한다.

제시된 명제가 모두 참일 때, 빈칸에 들어갈 명제로 가장 적절한 것은?

전제1. 공부를 하지 않으면 시험을 못 본다.
전제2. ______________________
결론. 공부를 하지 않으면 성적이 나쁘게 나온다.

① 공부를 한다면 시험을 잘 본다.
② 시험을 잘 본다면 공부를 한 것이다.
③ 성적이 좋다면 공부를 한 것이다.
④ 시험을 잘 본다면 성적이 좋은 것이다.
⑤ 성적이 좋다면 시험을 잘 본 것이다.

정답 ⑤

'공부를 함'을 p, '시험을 잘 봄'을 q, '성적이 좋게 나옴'을 r이라 하면 첫 번째 명제는 $\sim p \rightarrow \sim q$, 마지막 명제는 $\sim p \rightarrow \sim r$이다. 따라서 $\sim q \rightarrow \sim r$이 빈칸에 들어가야 $\sim p \rightarrow \sim q \rightarrow \sim r$이 되어 $\sim p \rightarrow \sim r$이 성립한다. 참인 명제의 대우도 역시 참이므로 $\sim q \rightarrow \sim r$의 대우인 '성적이 좋다면 시험을 잘 본 것이다.'가 답이 된다.

30초 컷 풀이 Tip

전제 추리 방법	결론 추리 방법
전제1이 $p \rightarrow q$일 때, 결론이 $p \rightarrow r$이라면 각 명제의 앞부분이 같으므로 뒷부분을 $q \rightarrow r$로 이어준다. 만일 형태가 이와 맞지 않는다면 대우 명제를 이용한다.	대우 명제를 활용하여 전제1과 전제2가 $p \rightarrow q$, $q \rightarrow r$의 형태로 만들어진다면 결론은 $p \rightarrow r$이다.

출제유형분석 01 실전예제

※ 제시된 명제가 모두 참일 때, 빈칸에 들어갈 명제로 가장 적절한 것을 고르시오. [1~3]

Easy

01

- 펜싱을 잘하는 사람은 검도를 잘한다.
- 야구를 잘하는 사람은 골프를 잘한다.
- 족구를 잘하는 사람은 펜싱을 잘한다.

그러므로 ______________________

① 골프를 잘하는 사람은 야구를 잘하지 못한다.

② 검도를 잘하는 사람은 족구를 잘한다.

③ 야구를 잘하지 못하는 사람은 검도를 잘한다.

④ 펜싱을 잘하는 사람은 골프를 잘한다.

⑤ 족구를 잘하는 사람은 검도를 잘한다.

02

- 과학자들 가운데 미신을 따르는 사람은 아무도 없다.
- 돼지꿈을 꾼 다음 날 복권을 사는 사람들은 모두가 미신을 따르는 사람들이다.

그러므로 ______________________

① 미신을 따르는 사람들은 모두 돼지꿈을 꾼 다음 날 복권을 산다.

② 미신을 따르지 않는 사람 중 돼지꿈을 꾼 다음 날 복권을 사는 사람이 있다.

③ 과학자가 아닌 사람들은 모두 미신을 따른다.

④ 돼지꿈을 꾼 다음 날 복권을 사는 사람이라면 과학자가 아니다.

⑤ 돼지꿈을 꾼 다음날 복권을 사지 않는다면 미신을 따르는 사람이 아니다.

03

- 술을 많이 마시면 간에 무리가 간다.
- ______________________
- 스트레스를 많이 받으면 술을 많이 마신다.

그러므로 운동을 꾸준히 하지 않으면 간에 무리가 간다.

① 운동을 꾸준히 하지 않아도 술을 끊을 수 있다.

② 간이 건강하다면 술을 마실 수 있다.

③ 술을 마시지 않는다는 것은 스트레스를 주지 않는다는 것이다.

④ 스트레스를 많이 받지 않는다는 것은 운동을 꾸준히 했다는 것이다.

⑤ 운동을 꾸준히 한다고 해도 스트레스를 많이 받지 않는다는 것은 아니다.

02 | 벤다이어그램

| 유형분석 |

- '어떤', '모든' 등 일부 또는 전체를 나타내는 명제 유형이다.
- 전제 또는 결론을 추리하는 유형이 출제된다.
- 벤다이어그램으로 나타내어 접근한다.

제시된 명제가 모두 참일 때, 빈칸에 들어갈 명제로 가장 적절한 것은?

전제1. 어떤 키가 작은 사람은 농구를 잘한다.
전제2. ________________
결론. 어떤 순발력이 좋은 사람은 농구를 잘한다.

① 어떤 키가 작은 사람은 순발력이 좋다.
② 농구를 잘하는 어떤 사람은 키가 작다.
③ 순발력이 좋은 사람은 모두 키가 작다.
④ 키가 작은 사람은 모두 순발력이 좋다.
⑤ 어떤 키가 작은 사람은 농구를 잘하지 못한다.

정답 ④

'키가 작은 사람'을 A, '농구를 잘하는 사람'을 B, '순발력이 좋은 사람'을 C라고 하면, 전제1과 결론은 다음과 같은 벤다이어그램으로 나타낼 수 있다.

1) 전제1

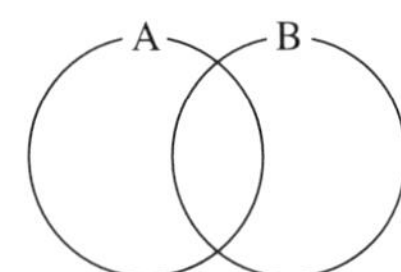

2) 결론

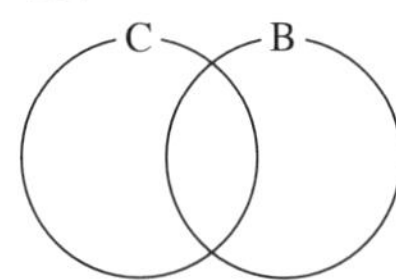

결론이 참이 되기 위해서는 B와 공통되는 부분의 A와 C가 연결되어야 하므로 A를 C에 모두 포함시켜야 한다. 즉, 다음과 같은 벤다이어그램이 성립할 때 마지막 명제가 참이 될 수 있으므로 빈칸에 들어갈 명제는 '키가 작은 사람은 모두 순발력이 좋다.'의 ④이다.

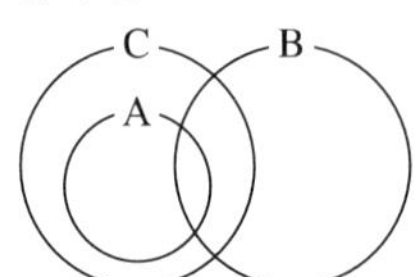

오답분석

① 다음과 같은 경우 성립하지 않는다.

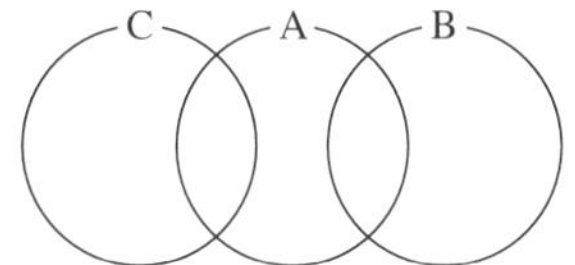

③ 다음과 같은 경우 성립하지 않는다.

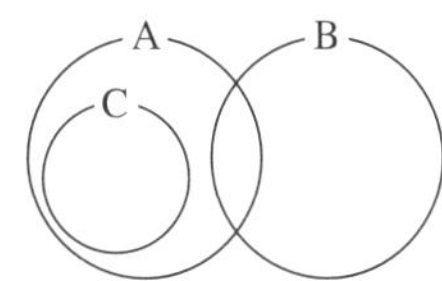

30초 컷 풀이 Tip

다음은 출제 가능성이 높은 명제 유형을 정리한 표이다. 이를 응용한 다양한 유형의 문제가 출제될 수 있으므로 대표적인 유형을 학습해두어야 한다.

명제 유형		전제1	전제2	결론
유형1	명제	어떤 A는 B이다.	모든 A는 C이다.	어떤 C는 B이다. (=어떤 B는 C이다)
	벤다이어그램	A B	C A	C B A
유형2	명제	모든 A는 B이다.	모든 A는 C이다.	어떤 C는 B이다. (=어떤 B는 C이다)
	벤다이어그램	B A	C A	B C A

출제유형분석 02 실전예제

※ 제시된 명제가 모두 참일 때, 빈칸에 들어갈 명제로 가장 적절한 것을 고르시오. [1~4]

01

> 전제1. 유행에 민감한 모든 사람은 고양이를 좋아한다.
> 전제2. ______________________________
> 결론. 고양이를 좋아하는 어떤 사람은 쇼핑을 좋아한다.

① 고양이를 좋아하는 모든 사람은 유행에 민감하다.
② 유행에 민감한 어떤 사람은 쇼핑을 좋아한다.
③ 쇼핑을 좋아하는 모든 사람은 고양이를 좋아하지 않는다.
④ 유행에 민감하지 않은 어떤 사람은 쇼핑을 좋아한다.
⑤ 고양이를 좋아하지 않는 모든 사람은 쇼핑을 좋아한다.

02

> 전제1. 환경정화 봉사활동에 참여하는 모든 사람은 재난복구 봉사활동에 참여한다.
> 전제2. ______________________________
> 결론. 재난복구 봉사활동에 참여하는 어떤 사람은 유기동물 봉사활동에 참여한다.

① 재난복구 봉사활동에 참여하지 않는 모든 사람은 유기동물 봉사활동에 참여하지 않는다.
② 환경정화 봉사활동에 참여하지 않는 어떤 사람은 유기동물 봉사활동에 참여한다.
③ 재난복구 봉사활동에 참여하는 어떤 사람은 환경정화 봉사활동에 참여한다.
④ 환경정화 봉사활동에 참여하는 어떤 사람은 유기동물 봉사활동에 참여한다.
⑤ 환경정화 봉사활동에 참여하는 모든 사람은 유기동물 봉사활동에 참여하지 않는다.

03

전제1. 회의에 참석하는 어떤 회사원은 결근을 한다.
전제2. ______________________
결론. 출장을 가는 어떤 회사원은 회의에 참석한다.

① 결근을 하는 회사원은 회의에 참석한다.
② 회의에 참석하는 어떤 회사원은 출장을 간다.
③ 결근을 하는 회사원은 출장을 간다.
④ 출장을 가는 어떤 회사원은 결근을 한다.
⑤ 출장을 가는 모든 회사원은 결근을 한다.

04

전제1. 모든 손님들은 A와 B 중에서 하나만을 주문했다.
전제2. A를 주문한 손님 중에서 일부는 C를 주문했다.
전제3. B를 주문한 손님들만 추가로 주문할 수 있는 D도 많이 판매되었다.
결론. ______________________

① B와 C를 동시에 주문하는 손님도 있었다.
② B를 주문한 손님은 C를 주문하지 않았다.
③ D를 주문한 손님은 C를 주문하지 않았다.
④ D를 주문한 손님은 A를 주문하지 않았다.
⑤ C를 주문한 손님은 모두 A를 주문했다.

03 배열하기 · 묶기 · 연결하기

| 유형분석 |

- 주어진 조건에 따라 한 줄로 세우거나 자리를 배치하는 유형이다.
- 평소 충분한 연습이 되어있지 않으면 풀기 어려운 유형이므로, 최대한 다양한 유형을 접해보고 패턴을 익히는 것이 좋다.

S그룹 마케팅팀에는 부장 A, 과장 B · C, 대리 D · E, 신입사원 F · G 총 7명이 근무하고 있다. A부장은 신입사원 입사 기념으로 팀원을 데리고 영화관에 갔다. 영화를 보기 위해 주어진 〈조건〉에 따라 자리에 앉는다고 할 때, 항상 옳은 것은?

조건

- 7명은 7자리가 일렬로 붙어 있는 좌석에 앉는다.
- 양 끝자리 옆에는 비상구가 있다.
- D와 F는 인접한 자리에 앉는다.
- A와 B 사이에는 한 명이 앉아 있다.
- C와 G 사이에는 한 명이 앉아 있다.
- G는 왼쪽 비상구 옆 자리에 앉아 있다.

① E는 D와 B 사이에 앉는다.
② G와 가장 멀리 떨어진 자리에 앉는 사람은 D이다.
③ C 양옆에는 A와 B가 앉는다.
④ D는 비상구와 붙어 있는 자리에 앉는다.
⑤ 가운데 자리에는 항상 B가 앉는다.

정답 ③

여섯 번째 조건에 의해 G는 첫 번째 자리에 앉고, 다섯 번째 조건에 의해 C는 세 번째 자리에 앉는다.

A와 B가 네 번째·여섯 번째 또는 다섯 번째·일곱 번째 자리에 앉으면 D와 F가 나란히 앉을 수 없다. 따라서 A와 B는 두 번째, 네 번째 자리에 앉는다.

그러면 남은 자리는 다섯·여섯·일곱 번째 자리이므로 D와 F는 다섯·여섯 번째 또는 여섯·일곱 번째 자리에 앉게 되고, 나머지 한 자리에 E가 앉는다.

이를 정리하면 다음과 같다.

구분	1	2	3	4	5	6	7
경우 1	G	A	C	B	D	F	E
경우 2	G	A	C	B	F	D	E
경우 3	G	A	C	B	E	D	F
경우 4	G	A	C	B	E	F	D
경우 5	G	B	C	A	D	F	E
경우 6	G	B	C	A	F	D	E
경우 7	G	B	C	A	E	D	F
경우 8	G	B	C	A	E	F	D

C의 양옆에는 항상 A와 B가 앉으므로 ③은 항상 옳다.

오답분석

① 경우 3, 경우 4, 경우 7, 경우 8에서만 가능하며, 나머지 경우에는 성립하지 않는다.

②·④ 경우 4와 경우 8에서만 가능하며, 나머지 경우에는 성립하지 않는다.

⑤ B는 두 번째 자리에 앉을 수도 있다.

30초 컷 풀이 Tip

이 유형에서 가장 먼저 해야 할 일은 고정된 조건을 찾는 것이다. 고정된 조건을 찾아 그 부분을 정해 놓으면 경우의 수가 훨씬 줄어든다.

출제유형분석 03 실전예제

01 영업팀의 A ~ E사원은 출장으로 인해 S호텔에 투숙하게 되었다. S호텔은 5층 건물로 A ~ E사원이 서로 다른 층에 묵는다고 할 때, 다음에 근거하여 바르게 추론한 것은?

> • A사원은 2층에 묵는다.
> • B사원은 A사원보다 높은 층에 묵지만, C사원보다는 낮은 층에 묵는다.
> • D사원은 C사원 바로 아래층에 묵는다.

① E사원은 1층에 묵는다.
② B사원은 4층에 묵는다.
③ E사원은 가장 높은 층에 묵는다.
④ C사원은 D사원보다 높은 층에 묵지만, E사원보다는 낮은 층에 묵는다.
⑤ 가장 높은 층에 묵는 사람은 알 수 없다.

Easy

02 진영이가 다니는 유치원에는 서로 다른 크기의 토끼, 곰, 공룡, 기린, 돼지 인형이 있다. 다음에 근거하여 바르게 추론한 것은?

> • 진영이가 좋아하는 인형의 크기가 가장 크다.
> • 토끼 인형은 곰 인형보다 크다.
> • 공룡 인형은 기린 인형보다 작다.
> • 곰 인형은 기린 인형보다는 크지만 돼지 인형보다는 작다.

① 곰 인형의 크기가 가장 작다.
② 기린 인형의 크기가 가장 작다.
③ 돼지 인형은 토끼 인형보다 작다.
④ 토끼 인형은 돼지 인형보다 작다.
⑤ 진영이가 좋아하는 인형은 알 수 없다.

03 A ~ E는 아파트 101 ~ 105동 중 서로 다른 동에 각각 살고 있다. 제시된 내용이 모두 참일 때, 다음 중 반드시 참인 것은?(단, 101 ~ 105동은 일렬로 나란히 배치되어 있다)

- A와 B는 서로 인접한 동에 산다.
- C는 103동에 산다.
- D는 C 바로 옆 동에 산다.

① A는 101동에 산다.
② B는 102동에 산다.
③ D는 104동에 산다.
④ A가 102동에 산다면 E는 105동에 산다.
⑤ B가 102동에 산다면 E는 101동에 산다.

Hard

04 4일간 태국으로 여행을 간 현수는 하루에 한 번씩 매일 발 마사지를 받았는데, 현수가 간 마사지 숍에는 30분, 1시간, 1시간 30분, 2시간의 발 마사지 코스가 있었다. 제시된 내용이 모두 참일 때, 다음 중 항상 참인 것은?

- 첫째 날에는 2시간이 소요되는 코스를 선택하였다.
- 둘째 날에는 셋째 날보다 1시간이 더 소요되는 코스를 선택하였다.
- 넷째 날에 받은 코스의 소요 시간은 첫째 날의 코스보다 짧고 셋째 날의 코스보다 길었다.

① 첫째 날에 받은 마사지 코스가 둘째 날에 받은 마사지 코스보다 길다.
② 넷째 날에 받은 마사지 코스는 둘째 날에 받은 마사지 코스보다 짧다.
③ 첫째 날에 받은 마사지 코스는 넷째 날에 받은 마사지 코스보다 1시간 이상 더 길다.
④ 셋째 날에 가장 짧은 마사지 코스를 선택하였다.
⑤ 현수는 4일간 총 5시간의 발 마사지를 받았다.

PART 1

04 진실게임

| 유형분석 |

- 일반적으로 4 ~ 5명의 진술이 제시되며, 각 진술의 진실 및 거짓 여부를 확인하여 범인을 찾는 유형이다.
- 추리 유형 중에서도 난도가 상대적으로 높은 것으로 알려져 있으나, 문제풀이 패턴을 익히면 시간을 절약할 수 있는 문제이다.
- 각 진술 사이의 모순을 찾아 성립하지 않는 경우의 수를 제거하거나, 경우의 수를 나누어 모든 조건이 들어맞는지를 확인해야 한다.

5명의 취업준비생 갑, 을, 병, 정, 무가 S그룹에 지원하여 그 중 1명이 합격하였다. 취업준비생들은 다음과 같이 이야기하였고, 1명이 거짓말을 하였다. 합격한 학생은 누구인가?

갑 : 을은 합격하지 않았다.
을 : 합격한 사람은 정이다.
병 : 내가 합격하였다.
정 : 을의 말은 거짓말이다.
무 : 나는 합격하지 않았다.

① 갑　② 을
③ 병　④ 정
⑤ 무

정답 ③

을과 정은 상반된 이야기를 하고 있으므로 둘 중 한 명은 진실, 다른 한 명은 거짓을 말하고 있다.

ⅰ) 을이 진실, 정이 거짓인 경우 : 정을 제외한 네 사람의 말은 모두 참이므로 합격자는 병, 정이 되는데, 합격자는 1명이어야 하므로 모순이다. 따라서 을은 거짓, 정은 진실을 말한다.

ⅱ) 을이 거짓, 정이 진실인 경우 : 을을 제외한 네 사람의 말은 모두 참이므로 합격자는 병이다.

즉, 합격자는 병이 된다.

30초 컷 풀이 Tip

진실게임 유형 중 90% 이상은 다음 두 가지 방법으로 풀 수 있다. 주어진 진술을 빠르게 훑으며 다음 두 가지 중 어떤 경우에 해당되는지 확인한 후 문제를 풀어나간다.

두 명 이상의 발언 중 한쪽이 진실이면 다른 한쪽이 거짓인 경우

1. A가 진실이고 B가 거짓인 경우, B가 진실이고 A가 거짓인 경우 두 가지로 나눌 수 있다.
2. 두 가지 경우에서 각 발언의 진위 여부를 판단한다.
3. 주어진 조건과 비교한다(범인의 숫자가 맞는지, 진실 또는 거짓을 말한 인원수가 조건과 맞는지 등).

두 명 이상의 발언 중 한쪽이 진실이면 다른 한쪽도 진실인 경우

1. A와 B가 모두 진실인 경우, A와 B가 모두 거짓인 경우 두 가지로 나눌 수 있다.
2. 두 가지 경우에서 각 발언의 진위 여부를 판단한다.
3. 주어진 조건과 비교한다(범인의 숫자가 맞는지, 진실 또는 거짓을 말한 인원수가 조건과 맞는지 등).

출제유형분석 04 실전예제

Easy

01 민지, 아름, 진희, 희정, 세영은 함께 15시에 상영하는 영화를 예매하였고, 상영시간에 맞춰 영화관에 도착하는 순서대로 각자 상영관에 입장하였다. 다음 대화에서 한 사람이 거짓말을 하고 있을 때, 가장 마지막으로 영화관에 도착한 사람은 누구인가?(단, 다섯 명 모두 다른 시간에 도착하였다)

> 민지 : 나는 마지막에 도착하지 않았어. 다음에 분명 누군가가 왔어.
> 아름 : 내가 가장 먼저 영화관에 도착했어. 진희의 말은 진실이야.
> 진희 : 나는 두 번째로 영화관에 도착했어.
> 희정 : 나는 세 번째로 도착했어. 진희는 내가 도착한 다음에서야 왔어.
> 세영 : 나는 영화가 시작한 뒤에야 도착했어. 나는 마지막으로 도착했어.

① 민지
② 아름
③ 진희
④ 희정
⑤ 세영

02 다음 중 한 명만 거짓말을 할 때 항상 옳은 것은?(단, 한 층에 한 명만 내린다)

> A : B는 1층에서 내렸다.
> B : C는 1층에서 내렸다.
> C : D는 적어도 3층에서 내리지 않았다.
> D : A는 4층에서 내렸다.
> E : A는 4층에서 내리고 나는 5층에 내렸다.

① C는 1층에서 내렸다.
② A는 4층에서 내리지 않았다.
③ D는 3층에서 내렸다.
④ C는 B보다 높은 층에서 내렸다.
⑤ A는 D보다 높은 층에서 내렸다.

03 운동선수인 A ~ D는 각자 하는 운동 종목이 모두 다르다. 농구를 하는 선수는 늘 진실을 말하고, 축구를 하는 선수는 늘 거짓을 말하며, 야구와 배구를 하는 선수는 진실과 거짓을 한 개씩 말한다. 이들이 다음과 같이 진술했을 때 선수와 운동이 일치하는 것은?

A : C는 농구를 하고, B는 야구를 한다.
B : C는 야구, D는 배구를 한다.
C : A는 농구, D는 배구를 한다.
D : B는 야구, A는 축구를 한다.

① A – 야구
② A – 배구
③ B – 축구
④ C – 농구
⑤ D – 배구

PART 1

Hard

04 A ~ E사원이 강남, 여의도, 상암, 잠실, 광화문 다섯 지역에 각각 출장을 간다. 다음 대화에서 A ~ E 중 한 명은 거짓말을 하고 나머지 네 명은 진실을 말하고 있을 때, 항상 거짓인 것은?

A : B는 상암으로 출장을 가지 않는다.
B : D는 강남으로 출장을 간다.
C : B는 진실을 말하고 있다.
D : C는 거짓말을 하고 있다.
E : C는 여의도, A는 잠실로 출장을 간다.

① A는 광화문으로 출장을 가지 않는다.
② B는 여의도로 출장을 가지 않는다.
③ C는 강남으로 출장을 가지 않는다.
④ D는 잠실로 출장을 가지 않는다.
⑤ E는 상암으로 출장을 가지 않는다.

CHAPTER 05

수열추리

합격 Cheat Key

수열추리는 일정한 규칙에 따라 배열된 숫자 열이나 숫자의 집합으로부터 규칙 및 관계의 특성을 추론하는 능력을 알아보기 위한 유형의 문제가 출제되며, 총 15분 동안 20문제를 풀어야 한다.

일정한 규칙에 따라 나열된 수를 보고 규칙을 찾아 빈칸에 들어가는 수를 찾아내는 유형이다. 기본적인 등차, 등비, 계차수열과 관련하여 이를 응용한 문제와 건너뛰기 수열(홀수 항, 짝수 항에 규칙이 따로 적용되는 수열)이 많이 출제되는 편이며, 군수열이 출제되기도 한다. 또한 나열되는 수는 자연수뿐만 아니라 분수, 소수, 정수 등 다양하게 제시된다. 수가 변화하는 규칙을 빠르게 파악하는 것이 관건이므로, 많은 문제를 풀어보며 유형을 익히는 것이 중요하다.

학습 포인트

- 눈으로만 규칙을 찾고자 할 경우 변화된 값을 모두 외우기 어려우므로 나열된 수의 변화된 값을 적어두면 규칙을 발견하기 용이하다.
- 규칙이 발견되지 않는 경우에는 홀수 항과 짝수 항을 분리해서 파악하거나 군수열을 생각해본다.

CHAPTER

05 이론점검

(1) **등차수열** : 앞의 항에 일정한 수를 더해 이루어지는 수열

예 1 3 5 7 9 11 13 15

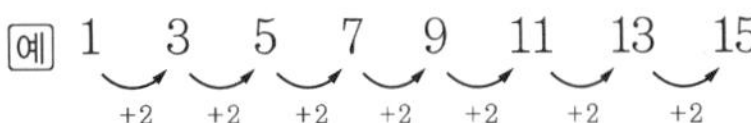

(2) **등비수열** : 앞의 항에 일정한 수를 곱해 이루어지는 수열

예 1 2 4 8 16 32 64 128

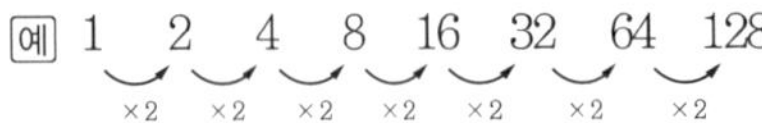

(3) **계차수열** : 앞의 항과의 차가 일정하게 증가하는 수열

예 1 2 4 7 11 16 22 29

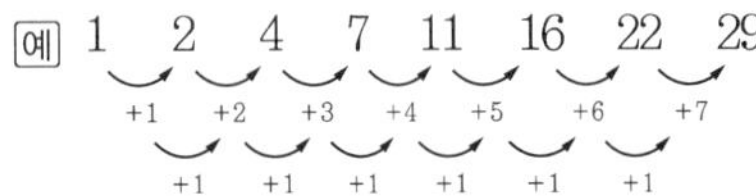

(4) **피보나치 수열** : 앞의 두 항의 합이 그 다음 항의 수가 되는 수열

$a_n = a_{n-1} + a_{n-2}$ ($n \geq 3$, $a_n = 1$, $a_2 = 1$)

예 1 1 $\underset{1+1}{2}$ $\underset{1+2}{3}$ $\underset{2+3}{5}$ $\underset{3+5}{8}$ $\underset{5+8}{13}$ $\underset{8+13}{21}$

(5) **건너뛰기 수열** : 두 개 이상의 수열이 일정한 간격을 두고 번갈아가며 나타나는 수열

예 1 1 3 7 5 13 7 19

- 홀수항 : 1 3 5 7 (+2 +2 +2)
- 짝수항 : 1 7 13 19 (+6 +6 +6)

(6) **군수열** : 일정한 규칙성으로 몇 항씩 묶어 나눈 수열

예 • 1 1 2 1 2 3 1 2 3 4

⇒ 1 | 1 2 | 1 2 3 | 1 2 3 4

• 1 3 4 6 5 11 2 6 8 9 3 12

⇒ 1 3 4 | 6 5 11 | 2 6 8 | 9 3 12

($1+3=4$, $6+5=11$, $2+6=8$, $9+3=12$)

• 1 3 3 2 4 8 5 6 30 7 2 14

⇒ 1 3 3 | 2 4 8 | 5 6 30 | 7 2 14

($1\times3=3$, $2\times4=8$, $5\times6=30$, $7\times2=14$)

PART 1

01 수열

| 유형분석 |

- 나열된 수를 분석하여 그 안의 규칙을 찾고 적용할 수 있는지를 평가하는 유형이다.
- 규칙에 분수나 소수가 나오면 어려운 문제인 것처럼 보이지만 오히려 규칙은 단순한 경우가 많다.

일정한 규칙으로 수를 나열할 때, 빈칸에 들어갈 알맞은 수는?

1 −1 2 −6 24 −120 ( ) −5,040

① 700
② 720
③ 740
④ 760
⑤ 780

정답 ②

앞의 항에 ×(−1), ×(−2), ×(−3), …인 수열이다.
따라서 ( )=(−120)×(−6)=720이다.

30초 컷 풀이 Tip

- 처음에 규칙이 잘 보이지 않아서 어렵다는 평이 많은 유형이므로 수록되어 있는 문제의 다양한 풀이 방법을 충분히 숙지하는 것이 중요하다.
- 한 번에 여러 개의 수열을 보는 것보다 하나의 수열을 찾아서 규칙을 찾은 후 다른 것에 적용시켜보는 것이 빠른 방법일 수 있다.

출제유형분석 01 실전예제

※ 일정한 규칙으로 수를 나열할 때, 빈칸에 들어갈 알맞은 수를 고르시오. **[1~3]**

01

4 6 9 14 21 32 ( )

① 41
② 45
③ 49
④ 52
⑤ 57

02

$\frac{2}{3}$ $\frac{1}{2}$ $\frac{1}{3}$ ( ) $\frac{1}{21}$

① $\frac{1}{18}$
② $\frac{1}{6}$
③ $\frac{1}{36}$
④ $\frac{1}{21}$
⑤ $\frac{1}{4}$

03

12.3 15 7.5 10.2 ( ) 7.8 3.9

① 4.2
② 5.1
③ 6.3
④ 7.2
⑤ 8.1

04 다음 수열의 10번째 항의 값은?

97 38 59 21 38 17 21 …

① 10
② 13
③ 16
④ 19
⑤ 22

아이들이 답이 있는 질문을 하기 시작하면
그들이 성장하고 있음을 알 수 있다.

– 존 J. 플롬프 –

PART 2

최종점검 모의고사

SK그룹 온라인 SKCT	
도서 동형 온라인 실전연습 서비스	APIP-00000-0347D

SK그룹 온라인 SKCT		
영역	문항 수	영역별 제한시간
언어이해	20문항	15분
자료해석	20문항	15분
창의수리	20문항	15분
언어추리	20문항	15분
수열추리	20문항	15분

※ 검사 시간이 모두 완료된 후 종료 가능

※ 이전 문항 이동 불가

제 1 회 최종점검 모의고사

응시시간 : 75분　문항 수 : 100문항

정답 및 해설 p.020

01 언어이해

01 다음 글의 중심 내용으로 가장 적절한 것은?

1948년에 제정된 대한민국 헌법은 공동체의 정치적 문제는 기본적으로 국민의 의사에 의해 결정된다는 점을 구체적인 조문으로 명시하고 있다. 그러나 이러한 공화제적 원리는 1948년에 이르러 갑작스럽게 등장한 것이 아니다. 이미 19세기 후반부터 한반도에서는 이와 같은 원리가 공공 영역의 담론 및 정치적 실천 차원에서 표명되고 있었다.

공화제적 원리는 1885년부터 발행되기 시작한 근대적 신문인 『한성주보』에서도 어느 정도 언급된 바 있지만 특히 1898년에 출현한 만민 공동회에서 그 내용이 명확하게 드러난다. 독립협회를 중심으로 촉발되었던 만민 공동회는 민회를 통해 공론을 형성하고 이를 국정에 반영하고자 했던 완전히 새로운 형태의 정치운동이었다. 이것은 전통적인 집단상소나 민란과는 전혀 달랐다. 이 민회는 자치에 대한 국민의 자각을 기반으로 공동생활의 문제들을 협의하고 함께 행동해나가려 하였다. 이것은 자신들이 속한 정치공동체에 대한 소속감과 연대감을 갖지 않고서는 불가능한 현상이었다. 즉, 만민 공동회는 국민이 스스로 정치적 주체가 되고자 했던 시도였다. 전제적인 정부가 법을 통해 제한하려고 했던 정치참여를 국민이 스스로 쟁취하여 정치체제를 변화시키고자 하였던 것이다.

19세기 후반부터 한반도에 공화제적 원리가 표명되고 있었다는 사례는 이뿐만이 아니다. 당시 독립협회가 정부와 함께 개최한 관민 공동회에서 발표한 「헌의 6조」를 살펴보면 제3조에 "예산과 결산은 국민에게 공표할 일"이라고 명시하고 있는 것을 확인할 수 있다. 이것은 오늘날의 재정운용의 기본원칙으로 여겨지는 예산공개의 원칙과 정확하게 일치하는 것으로 국민과 함께 협의하여 정치를 하여야 한다는 공화주의 원리를 보여주고 있다.

① 만민 공동회는 전제 정부의 법적 제한에 맞서 국민의 정치 참여를 쟁취하고자 했다.
② 한반도에서 예산공개의 원칙은 19세기 후반 관민 공동회에서 처음으로 표명되었다.
③ 예산과 결산이라는 용어는 관민 공동회가 열렸던 19세기 후반에 이미 소개되어 있었다.
④ 만민 공동회를 통해 대한민국 헌법에 공화제적 원리를 포함시키는 것이 결정되었다.
⑤ 한반도에서 공화제적 원리는 이미 19세기 후반부터 담론 및 실천의 차원에서 표명되고 있었다.

※ 다음 글의 내용으로 가장 적절한 것을 고르시오. [2~4]

02

연료전지는 전해질의 종류에 따라 구분한다. 먼저 알칼리형 연료전지가 있다. 대표적인 강염기인 수산화칼륨을 전해질로 이용하는데, 85% 이상의 진한 농도는 고온용에, 35 ~ 50%의 묽은 농도는 저온용에 사용한다. 촉매로는 은, 금속 화합물, 귀금속 등 다양한 고가의 물질을 쓰지만, 가장 많이 사용하는 것은 니켈이다. 전지가 연료나 촉매에서 발생하는 이산화탄소를 잘 버티지 못한다는 단점이 있는데, 이 때문에 1960년대부터 우주선에 주로 사용해 왔다.

인산형 연료전지는 진한 인산을 전해질로, 백금을 촉매로 사용한다. 인산은 안정도가 높아 연료전지를 장기간 사용할 수 있게 하는데, 원래 효율은 40% 정도나 열병합발전 시 최대 85%까지 상승하고, 출력 조정이 가능하다. 천연가스 외에도 다양한 에너지를 대체 연료로 사용하는 것도 가능하며 현재 분산형 발전 컨테이너 패키지나 교통수단 부품으로 세계에 많이 보급되어 있다.

세 번째 용융 탄산염형 연료전지는 수소와 일산화탄소를 연료로 쓰고, 리튬 · 나트륨 · 칼륨으로 이뤄진 전해질을 사용하며 고온에서 작동한다. 일반적으로 연료전지는 백금이나 귀금속 등의 촉매제가 필요한데, 고온에서는 이런 고가의 촉매제가 필요치 않고, 열병합에도 용이한 덕분에 발전 사업용으로 활용할 수 있다.

다음은 용융 탄산염형과 공통점이 많은 고체 산화물형 연료전지이다. 일단 수소와 함께 일산화탄소를 연료로 이용한다는 점이 같고, 전해질은 용융 탄산염형과 다르게 고체 세라믹을 주로 이용하는데, 대체로 산소에 의한 이온 전도가 일어나는 800 ~ 1,000℃에서 작동한다. 이렇게 고온에서 작동하다 보니, 발전 사업용으로 활용할 수 있다는 공통점도 있다. 원래부터 기존의 발전 시설보다 장점이 있는 연료전지인데, 연료전지의 특징이자 한계인, 전해질 투입과 전지 부식 문제를 보완해서 한 단계 더 나아간 형태라고 볼 수 있다. 이러한 장점들 때문에 소형기기부터 대용량 시설까지 다방면으로 개발하고 있다.

다섯 번째로 고분자 전해질형 연료전지이다. 주로 탄소를 운반체로 사용한 백금을 촉매로 사용하지만, 연료인 수소에 일산화탄소가 조금이라도 들어갈 경우 백금과 루테늄의 합금을 사용한다. 고체 산화물형과 더불어 가정용으로 주로 개발되고 있고, 자동차, 소형 분산 발전 등 휴대성과 이동성이 필요한 장치에 유용하다.

① 알칼리형 연료전지는 이산화탄소를 잘 버텨내기 때문에 우주선에 주로 사용해 왔다.
② 안정도가 높은 인산형 연료전지는 진한 인산을 촉매로, 백금을 전해질로 사용한다.
③ 발전용으로 적절한 연료전지는 용융 탄산염형 연료전지와 고체 산화물형 연료전지이다.
④ 고체 산화물형 연료전지는 전해질을 투입하지 않아 전지 부식 문제를 보완한 형태이다.
⑤ 고분자 전해질형 연료전지는 수소에 일산화탄소가 조금이라도 들어갈 경우 백금을 촉매로 사용한다.

PART 2

Easy

03

포화지방산에서 나타나는 탄소 결합 형태는 연결된 탄소끼리 모두 단일 결합하는 모습을 띤다. 이때 각각의 탄소에는 수소가 두 개씩 결합한다. 이 결합 형태는 지방산 분자의 모양을 일자형으로 만들어 이웃하는 지방산 분자들이 조밀하게 연결될 수 있으므로, 분자 간 인력이 높아 지방산 분자들이 단단하게 뭉치게 된다. 이 인력을 느슨하게 만들려면 많은 열에너지가 필요하다. 따라서 이 지방산을 함유한 지방은 녹는점이 높아 상온에서 고체로 존재하게 된다. 그리고 이 지방산 분자에는 탄소 사슬에 수소가 충분히 결합되어, 수소가 분자 내에 포화되어 있으므로 포화지방산이라 부르며, 이것이 들어 있는 지방을 포화지방이라고 한다. 포화지방은 체내의 장기 주변에 쌓여 장기를 보호하고 체내에 저장되어 있다가 에너지로 전환되어 몸에 열량을 내는 데 이용된다. 그러나 이 지방이 저밀도 단백질과 결합하면, 콜레스테롤이 혈관 내부에 쌓여 혈액의 흐름을 방해하고 혈관 내부의 압력을 높여 심혈관계 질병을 유발하는 것으로 알려져 있다.

① 포화지방산에서 나타나는 탄소 결합은 각각의 탄소에 수소가 두 개씩 결합하므로 다중 결합한다고 할 수 있다.
② 탄소에 수소가 두 개씩 결합하는 형태는 열에너지가 많아서 지방산 분자들이 단단하게 뭉치게 된다.
③ 분자 간 인력을 느슨하게 하면 지방산 분자들의 연결이 조밀해진다.
④ 포화지방은 포화지방산이 들어 있는 지방을 가리킨다.
⑤ 포화지방이 체내에 저장되면 콜레스테롤이 혈관 내부에 쌓여 흐름을 방해하고 혈관 내부의 압력을 높여 질병을 유발하므로 몸에 좋지 않다.

04

사회 진화론은 다윈의 생물 진화론을 개인과 집단에 적용시킨 사회 이론이다. 사회 진화론의 중심 개념은 19세기에 등장한 '생존경쟁'과 '적자생존'인데, 이 두 개념의 적용 범위가 개인인가 집단인가에 따라 자유방임주의와 결합하기도 하고 민족주의나 제국주의와 결합하기도 하였다. 1860년대 대표적인 사회 진화론자인 스펜서는 인간 사회의 생활은 개인 간의 '생존경쟁'이며, 그 경쟁은 '적자생존'에 의해 지배된다고 주장하였다. 19세기 말 키드, 피어슨 등은 인종이나 민족, 국가 등의 집단 단위로 '생존경쟁'과 '적자생존'을 적용하여 우월한 집단이 열등한 집단을 지배하는 것은 자연법칙이라고 주장함으로써 인종 차별이나 제국주의를 정당화하였다. 일본에서는 19세기 말 문명개화론자들이 사회 진화론을 수용하였다.
이들은 '생존경쟁'과 '적자생존'을 국가와 민족 단위에 적용하여 '약육강식' · '우승열패'의 논리를 바탕으로 서구식 근대 문명국가 건설과 군국주의를 역설하였다.

① 사회 진화론은 생물 진화론을 바탕으로 개인에게만 적용시킨 사회 이론이다.
② 사회 진화론은 19세기 이전에는 존재하지 않았다.
③ '생존경쟁'과 '적자생존'의 개념이 개인의 범위에 적용되면 민족주의와 결합한다.
④ 키드, 피어슨 등의 주장은 사회 진화론의 개념을 집단 단위에 적용한 결과이다.
⑤ 문명개화론자들은 생물 진화론을 수용하였다.

Hard

05 다음 글에서 설명한 '즉흥성'과 관련 있는 내용을 〈보기〉에서 모두 고르면?

우리나라의 전통 음악은 대체로 크게 정악과 속악으로 나뉜다. 정악은 왕실이나 귀족들이 즐기던 음악이고, 속악은 일반 민중들이 가까이 하던 음악이다. 개성을 중시하고 자유분방한 감정을 표출하는 한국인의 예술 정신은 정악보다는 속악에 잘 드러나 있다. 우리 속악의 특징은 한 마디로 즉흥성이라는 개념으로 집약될 수 있다. 판소리나 산조에 '유파(流派)'가 자꾸 형성되는 것은 모두 즉흥성이 강하기 때문이다. 즉흥으로 나왔던 것이 정형화되면 그 사람의 대표 가락이 되는 것이고, 그것이 독특한 것이면 새로운 유파가 형성되기도 하는 것이다.

물론 즉흥이라고 해서 음악가가 제멋대로 하는 것은 아니다. 곡의 일정한 틀은 유지하면서 그 안에서 변화를 주는 것이 즉흥 음악의 특색이다. 판소리 명창이 무대에 나가기 전에 "오늘 공연은 몇 분으로 할까요?"하고 묻는 것이 그런 예다. 이때 창자는 상황에 맞추어 얼마든지 곡의 길이를 조절할 수 있는 것이다. 이것은 서양 음악에서는 어림없는 일이다. 그나마 서양 음악에서 융통성을 발휘할 수 있다면 4악장 가운데 한 악장만 연주하는 것 정도이지 각 악장에서 조금씩 뽑아 한 곡을 만들어 연주할 수는 없다. 그러나 한국 음악에서는, 특히 속악에서는 연주 장소나 주문자의 요구 혹은 연주자의 상태에 따라 악기도 하나면 하나로만, 둘이면 둘로 연주해도 별문제가 없다. 거문고나 대금 하나만으로도 얼마든지 연주할 수 있다. 전혀 이상하지도 않다. 그렇지만 베토벤의 운명 교향곡을 바이올린이나 피아노만으로 연주하는 경우는 거의 없을 뿐만 아니라, 연주를 하더라도 어색하게 들릴 수밖에 없다.

즉흥과 개성을 중시하는 한국의 속악 가운데 대표적인 것이 시나위다. 현재의 시나위는 19세기말에 완성되었으나 원형은 19세기 훨씬 이전부터 연주되었을 것으로 추정된다. 시나위의 가장 큰 특징은 악보 없는 즉흥곡이라는 것이다. 연주자들이 모여 아무 사전 약속도 없이 "시작해 볼까"하고 연주하기 시작한다. 그러니 처음에는 서로가 맞지 않는다. 불협음 일색이다. 그렇게 진행되다가 중간에 호흡이 맞아 떨어지면 협음을 낸다. 그러다가 또 각각 제 갈 길로 가서 혼자인 것처럼 연주한다. 이게 시나위의 묘미다. 불협음과 협음이 오묘하게 서로 들어맞는 것이다.

그런데 이런 음악은 아무나 하는 게 아니다. 즉흥곡이라고 하지만 '초보자(初步者)'들은 꿈도 못 꾸는 음악이다. 기량이 뛰어난 경지에 이르러야 가능한 음악이다. 그래서 요즈음은 시나위를 잘 할 수 있는 사람들이 별로 없다고 한다. 요즘에는 악보로 정리된 시나위를 연주하는 경우가 대부분인데, 이것은 시나위 본래의 취지에 어긋난다. 악보로 연주하면 박제된 음악이 되기 때문이다.

요즘 음악인들은 시나위 가락을 보통 '허튼 가락'이라고 한다. 이 말은 말 그대로 '즉흥 음악'으로 이해된다. 미리 짜 놓은 일정한 형식이 없이 주어진 장단과 연주 분위기에 몰입해 그때그때의 감흥을 자신의 음악성과 기량을 발휘해 연주하는 것이다. 이럴 때 즉흥이 튀어 나온다. 시나위는 이렇듯 즉흥적으로 흐드러져야 맛이 난다. 능청거림, 이것이 시나위의 음악적 모습이다.

보기

ㄱ. 주어진 상황에 따라 임의로 곡의 길이를 조절하여 연주한다.
ㄴ. 장단과 연주 분위기에 몰입해 새로운 가락으로 연주한다.
ㄷ. 연주자들 간에 사전 약속 없이 연주하지만 악보의 지시는 따른다.
ㄹ. 감흥을 자유롭게 표현하기 위해 일정한 틀을 철저히 무시한 채 연주한다.

① ㄱ, ㄴ
② ㄱ, ㄷ
③ ㄴ, ㄷ
④ ㄱ, ㄹ
⑤ ㄷ, ㄹ

PART 2

06 다음 글을 읽고 추론할 수 있는 것은?

근대적 공론장의 형성을 중시하는 연구자들은 아렌트와 하버마스의 공론장 이론을 적용하여 한국적 근대 공론장의 원형을 찾는다. 이들은 유럽에서 18 ~ 19세기에 신문, 잡지 등이 시민들의 대화와 토론에 의거한 부르주아 공론장을 형성하였다는 사실에 착안하여 『독립신문』이 근대적 공론장의 역할을 하였다고 주장한다. 또한 만민공동회라는 새로운 정치권력이 만들어낸 근대적 공론장을 통해, 공화정의 근간인 의회와 한국 최초의 근대적 헌법이 등장하는 결정적 계기가 마련되었다고 인식한다. 그런데 공론장의 형성을 근대 이행의 절대적 특징으로 이해하는 태도는 근대 이행의 다른 길들에 대한 불신과 과소평가로 이어지기도 한다. 당시 사회의 개혁을 위해서는 갑신정변과 같은 소수 엘리트 주도의 혁명이나 동학농민운동과 같은 민중봉기가 아니라, 만민공동회와 같은 다수 인민에 의한 합리적인 토론과 공론에 의거한 민주적 개혁이 올바른 길이라고 주장하는 것이 대표적 예이다. 나아가 이러한 태도는 당시 고종이 만민공동회의 주장을 수용하여 입헌군주제나 공화제를 채택했더라면 국권박탈이라는 비극만은 면할 수 있었으리라는 비약으로 이어진다.
이러한 생각의 배경에는 개인의 자각에 근거한 공론장과 평화적 토론을 통한 공론의 형성, 그리고 공론을 정치에 실현시킬 제도적 장치가 마련되어 있는 체제가 바로 '근대'라는 확고한 인식이 자리 잡고 있다. 그들은 시민세력으로 성장할 가능성을 지닌 인민들의 행위가 근대적 정치를 표현하고 있었다는 점만 중시하고, 공론 형성의 주체인 시민이 아직 형성되지 못한 시대 상황은 특수한 것으로 평가한다. 또한 근대적 정치행위가 실패한 것은 인민들의 한계가 아니라, 전제황실 권력의 탄압이나 개혁파 지도자 내부의 권력투쟁 때문이라고 설명한다.
이러한 인식으로는 농민들을 중심으로 한 반봉건 민중운동의 지향점, 그리고 토지문제 해결을 통한 근대 이행이라는 고전적 과제에 답할 수가 없다. 또한 근대적 공론장에 기반한 근대국가가 수립되었을지라도 제국주의 열강들의 위협을 극복할 수 있었겠는지, 그 극복이 농민들의 지지 없이 가능했을지에 대한 문제의식은 들어설 여지가 없게 된다. 더 큰 문제는 이런 인식이 농민운동을 근대 이행을 방해하는 역사의 반역으로 왜곡할 소지가 있다는 것이다. 이러한 의문들이 적극적으로 해명되지 않는다면 근대 공론장 이론은 설득력을 갖기 어려울 것이다.

① 『독립신문』은 근대적 공론장의 역할을 하지 못했다.
② 농민운동이 한국의 근대 이행을 방해했다고 볼 수 없다.
③ 제국주의 열강의 위협이 한국의 근대 공론장 형성을 가속화하였다.
④ 고종이 만민공동회의 주장을 채택하였다면 국권박탈의 비극은 없었을 것이다.
⑤ 근대 공론장 이론의 한국적 적용은 몇 가지 한계가 있지만 근대 이행의 문제를 효과적으로 설명하였다.

Hard

07 다음 글을 읽고 인조를 비판할 수 있는 내용으로 적절하지 않은 것은?

1636년(인조 14년) 4월 국세를 확장한 후금의 홍타이지(태종)는 스스로 황제라 칭하고, 국호를 청으로, 수도는 심양으로 정하였다. 심양으로의 천도는 명나라를 완전히 압박하여 중원 장악의 기틀을 마련하기 위함이었다. 후금은 명 정벌에 앞서 그 배후가 될 수 있는 조선을 확실히 장악하기 위해 조선에 군신 관계를 맺을 것도 요구해 왔다. 이러한 청 태종의 요구는 인조와 조선 조정을 격분시켰다. 결국, 강화 회담의 성립으로 전쟁은 종료되었지만, 정묘호란 이후에도 후금에 대한 강경책의 목소리가 높았다. 1627년 정묘호란을 겪으면서 맺은 형제 관계조차도 무효로 하고자 하는 상황에서, 청 태종을 황제로 섬길 것을 요구하는 무례에 분노했던 것이다. 이제껏 오랑캐라고 무시했던 후금을 명나라와 동등하게 대우하여야 한다는 조처는 인조와 서인 정권의 생리에 절대 맞지가 않았다. 특히 후금이 통상적인 조건의 10배가 넘는 무역을 요구해 오자 인조의 분노는 폭발하였다.

전쟁의 여운이 어느 정도 사라진 1634년 인조는 "이기고 짐은 병가의 상사이다. 금나라 사람이 강하긴 하지만 싸울 때마다 반드시 이기지는 못할 것이며, 아군이 약하지만 싸울 때마다 반드시 패하지도 않을 것이다. 옛말에 '의지가 있는 용사는 목이 떨어질 각오를 한다.'고 하였고, 또 '군사가 교만하면 패한다.'고 하였다. 오늘날 무사들이 만약 자신을 잊고 순국한다면 이 교만한 오랑캐를 무찌르기는 어려운 일이 아니다."는 하교를 내리면서 전쟁을 결코 피하지 않을 것임을 선언하였다. 조선은 또다시 전시 체제에 돌입했다.

신흥 강국 후금에 대한 현실적인 힘을 무시하고 의리와 명분을 고집한 집권층의 닫힌 의식은 스스로 병란을 자초한 꼴이 되었다. 정묘호란 때 그렇게 당했으면서도 내부의 국방력에 대한 철저한 점검이 없이 맞불 작전으로 후금에 맞서는 최악의 길을 택한 것이다.

① 오랑캐의 나라인 후금을 명나라와 동등하게 대우한다는 것은 있을 수 없다.
② 감정 따로 현실 따로인 법, 힘과 국력이 문제다. 현실을 직시해야 한다.
③ 그들의 요구를 물리친다면 승산 없는 전쟁으로 결과는 불 보듯 뻔하다.
④ 명분만 내세워 준비 없이 수행하는 전쟁은 더 큰 피해를 입게 될 것이다.
⑤ 후금은 전쟁을 피해야 할 북방의 최고 강자로 성장한 나라다.

PART 2

08 다음 글의 주제로 가장 적절한 것은?

정부는 탈원전·탈석탄 공약에 발맞춰 2030년까지 전체 국가 발전량의 20%를 신재생에너지로 채운다는 정책 목표를 수립하였다. 목표를 달성하기 위해 신재생에너지에 대한 송·변전 계획을 제8차 전력수급기본계획에 처음으로 수립하겠다는 게 정부의 방침이다.

정부는 기존의 수급계획이 수급안정과 경제성을 중점적으로 수립된 것에 반해, 8차 계획은 환경성과 안전성을 중점으로 하였다고 밝히고 있으며, 신규 발전설비는 원전, 석탄화력발전에서 친환경, 분산형 재생에너지와 LNG 발전을 우선시하는 방향으로 수요관리를 통합하여 합리적 목표수용 결정에 주안점을 두었다고 밝혔다.

그동안 많은 NGO 단체에서 에너지 분산에 관한 다양한 제안을 해왔지만 정부 차원에서 고려하거나 논의가 활발히 진행된 적은 거의 없었으며 명목상으로 포함하는 수준이었다. 그러나 이번 정부에서는 탈원전·탈석탄 공약을 제시하는 등 중앙집중형 에너지 생산시스템에서 분산형 에너지 생산시스템으로 정책의 방향을 전환하고자 한다. 이 기조에 발맞춰 분산형 에너지 생산시스템은 2018년도 지방선거에서도 해당 지역에 대한 다양한 선거공약으로 제시될 가능성이 높다.

중앙집중형 에너지 생산시스템은 환경오염, 송전선 문제, 지역 에너지 불균형 문제 등 다양한 사회적인 문제를 야기하였다. 하지만 그동안은 값싼 전기인 기저전력을 편리하게 사용할 수 있는 환경을 조성하고자 하는 기존 에너지계획과 전력수급계획에 밀려 중앙집중형 발전원 확대가 꾸준히 진행되었다. 그러나 현재 대통령은 중앙집중형 에너지 정책에서 분산형 에너지정책으로 전환되어야 한다는 것을 대선 공약사항으로 밝혀 왔으며, 현재 분산형 에너지정책으로 전환을 모색하기 위한 다각도의 노력을 하고 있다. 이러한 정부의 정책변화와 아울러 석탄화력발전소가 국내 미세먼지에 주는 영향과 일본 후쿠시마 원자력 발전소 문제, 국내 경주 대지진 및 최근 포항 지진 문제 등으로 인한 원자력에 대한 의구심 또한 커지고 있다.

제8차 전력수급계획(안)에 의하면, 우리나라의 에너지 정책은 격변기를 맞고 있다. 우리나라는 현재 중앙집중형 에너지 생산시스템이 대부분이며, 분산형 전원 시스템은 그 설비용량이 극히 적은 상태이다. 또한 우리나라의 발전설비는 2016년 말 105GW이며, 2014년도 최대 전력치를 보면 80GW 수준이므로 25GW 정도의 여유가 있는 상태이다. 25GW라는 여유는 원자력발전소 약 25기 정도의 전력생산 설비가 여유가 있는 상황이라고 볼 수 있다. 또한 제7차 전력수급기본계획의 2015 ~ 2016년 전기수요 증가율을 4.3 ~ 4.7%라고 예상하였으나 실제 증가율은 1.3 ~ 2.8% 수준에 그쳤다는 점은 우리나라의 전력 소비량 증가량이 둔화하고 있는 상태라는 것을 나타내고 있다.

① 중앙집중형 에너지 생산시스템의 발전 과정
② 에너지 분권의 필요성과 방향
③ 전력 소비량과 에너지 공급량의 문제점
④ 중앙집중형 에너지 정책의 한계점
⑤ 전력수급기본계획의 내용과 수정 방안 모색

※ 다음 문단을 논리적 순서대로 바르게 나열한 것을 고르시오. **[9~10]**

09

(가) 하지만 영화를 볼 때 소리를 없앤다면 어떤 느낌이 들까? 아마 내용이나 분위기, 인물의 심리 등을 파악하기 힘들 것이다. 이런 점을 고려할 때 영화 속 소리는 영상과 분리해서 생각할 수 없는 필수 요소라고 할 수 있다. 소리는 영상 못지않게 다양한 기능이 있기 때문에 현대 영화감독들은 영화 속 소리를 적극적으로 활용하고 있다.

(나) 이와 같이 영화 속 소리는 다양한 기능을 수행하기 때문에 영화의 예술적 상상력을 빼앗는 것이 아니라 오히려 더 풍부하게 해 준다. 그래서 현대 영화에서 소리를 빼고 작품을 완성한다는 것은 생각하기 어려운 일이 되었다.

(다) 영화의 소리에는 대사, 음향 효과, 음악 등이 있으며, 이러한 소리들은 영화에서 다양한 기능을 수행한다. 우선, 영화 속 소리는 다른 예술 장르의 표현 수단보다 더 구체적이고 분명하게 내용을 전달하는 데 도움을 줄 수 있다. 그리고 줄거리 전개에 도움을 주거나 작품의 상징적 의미를 전달할 뿐만 아니라 주제 의식을 강조하는 역할을 하기도 한다. 또 영상에 현실감을 줄 수 있으며, 영상의 시공간적 배경을 확인시켜 주는 역할도 한다. 또한 영화 속 소리는 영화의 분위기를 조성하고 인물의 내면 심리도 표현할 수 있다.

(라) 유성영화가 등장했던 1920년대 후반에 유럽의 표현주의나 형식주의 감독들은 영화 속의 소리에 대한 부정적인 견해가 컸다. 그들은 가장 영화다운 장면은 소리 없이 움직이는 그림으로만 이루어진 장면이라고 믿었다. 그래서 그들은 영화 속 소리가 시각 매체인 영화의 예술적 효과와 영화적 상상력을 빼앗을 것이라고 내다보았다.

① (라) – (가) – (다) – (나)
② (가) – (다) – (라) – (나)
③ (라) – (다) – (가) – (나)
④ (나) – (라) – (가) – (다)
⑤ (나) – (라) – (다) – (가)

10

(가) 본성 대 양육 논쟁은 앞으로 치열하게 전개될 소지가 많다. 하지만 유전과 환경이 인간의 행동에 어느 정도 영향을 미치는가를 따지는 일은 멀리서 들려오는 북소리가 북에 의한 것인지, 아니면 연주자에 의한 것인지를 분석하는 것처럼 부질없는 것인지 모른다. 본성과 양육 다 인간 행동에 필수적인 요인이므로.

(나) 20세기 들어 공산주의와 나치주의의 출현으로 본성 대 양육 논쟁이 극단으로 치달았다. 공산주의의 사회 개조론은 양육을, 나치즘의 생물학적 결정론은 본성을 옹호하는 이데올로기이기 때문이다. 히틀러의 유대인 대량 학살에 충격을 받은 과학자들은 환경 결정론에 손을 들어 줄 수밖에 없었다. 본성과 양육 논쟁에서 양육 쪽이 일방적인 승리를 거두게 된 것이다.

(다) 이러한 추세는 1958년 미국 언어학자 노엄 촘스키에 의해 극적으로 반전되기 시작했다. 촘스키가 치켜든 선천론의 깃발은 진화 심리학자들이 승계했다. 진화 심리학은 사람의 마음을 생물학적 적응의 산물로 간주한다. 1992년 심리학자인 레다 코스미데스와 인류학자인 존 투비 부부가 함께 저술한 『적응하는 마음』이 출간된 것을 계기로 진화 심리학은 하나의 독립된 연구 분야가 됐다. 말하자면 윌리엄 제임스의 본능에 대한 개념이 1세기 만에 새 모습으로 부활한 셈이다.

(라) 더욱이 1990년부터 인간 게놈 프로젝트가 시작됨에 따라 본성과 양육 논쟁에서 저울추가 본성 쪽으로 기울면서 생물학적 결정론이 더욱 강화되었다. 그러나 2001년 유전자 수가 예상보다 적은 3만여 개로 밝혀지면서 본성보다는 양육이 중요하다는 목소리가 커지기 시작했다. 이를 계기로 본성 대 양육 논쟁이 재연되기에 이르렀다.

① (가) – (나) – (다) – (라)
② (가) – (나) – (라) – (다)
③ (가) – (다) – (나) – (라)
④ (나) – (다) – (라) – (가)
⑤ (나) – (라) – (다) – (가)

11 다음 글에서 〈보기〉의 문장이 들어갈 위치로 가장 적절한 곳은?

현대 사회가 다원화되고 복잡해지면서 중앙 정부는 물론, 지방자치단체 또한 정책 결정 과정에서 능률성과 효과성을 우선시하는 경향이 커져 왔다. 이로 인해 전문적인 행정 담당자를 중심으로 한 정책 결정이 빈번해지고 있다. 그러나 지방자치단체의 정책 결정은 지역 주민의 의사와 무관하거나 배치되어서는 안 된다는 점에서 이러한 정책 결정은 지역 주민의 의사에 보다 부합하는 방향으로 보완될 필요가 있다. (가)

행정 담당자 주도로 이루어지는 정책 결정의 문제점을 극복하기 위해 그동안 지방자치단체 자체의 개선 노력이 없었던 것은 아니다. (나) 이 둘은 모두 행정 담당자 주도의 정책 결정을 보완하기 위해 시장 경제의 원리를 부분적으로 받아들였다는 점에서는 공통되지만, 운영 방식에는 차이가 있다. 민간화는 지방자치단체가 담당하는 특정 업무의 운영권을 민간 기업에 위탁하는 것으로, 기업 선정을 위한 공청회에 주민들이 참여하는 등의 방식으로 주민들의 요구를 반영하는 것이다. (다) 하지만 민간화를 통해 수용되는 주민들의 요구는 제한적이므로 전체 주민의 이익이 반영되지 못하는 경우가 많고, 민간 기업의 특성상 공익의 추구보다는 기업의 이익을 우선한다는 한계가 있다. 경영화는 민간화와는 달리, 지방자치단체가 자체적으로 민간 기업의 운영 방식을 도입하는 것을 말한다. 주민들을 고객으로 대하며 주민들의 요구를 충족하고자 하는 것이다. (라)

이러한 한계를 해소하고 지방자치단체의 정책 결정 과정에서 지역 주민 전체의 의견을 보다 적극적으로 반영하기 위해서는 주민 참여 제도의 활성화가 요구된다. (마) 현재 우리나라의 지방자치단체가 채택하고 있는 간담회, 설명회 등의 주민 참여 제도는 주민들의 의사를 간접적으로 수렴하여 정책에 반영하는 방식인데, 주민들의 의사를 더욱 직접적으로 반영하기 위해서는 주민 투표, 주민 소환, 주민 발안 등의 직접 민주주의 제도를 활성화하는 방향으로 주민 참여 제도가 전환될 필요가 있다.

보기

ㄱ. 지역 주민의 요구를 수용하기 위해 도입한 '민간화'와 '경영화'가 대표적인 사례이다.

ㄴ. 그러나 주민 감시나 주민자치위원회 등을 통한 외부의 적극적인 견제가 없으면 행정 담당자들이 기존의 관행에 따라 업무를 처리하는 경향이 나타나기도 한다.

	ㄱ	ㄴ
①	(가)	(다)
②	(나)	(다)
③	(다)	(라)
④	(나)	(라)
⑤	(마)	(라)

12 다음 글의 중심 내용으로 가장 적절한 것은?

대부분의 동물에게 후각은 생존에 필수적인 본능으로 진화되었다. 수컷 나비는 몇 km 떨어진 곳에 있는 암컷 나비의 냄새를 맡을 수 있고, 돼지는 15cm 깊이의 땅 속에 숨어있는 송로버섯의 냄새를 맡을 수 있다. 그중에서도 가장 예민한 후각을 가진 동물은 개나 다람쥐처럼 냄새분자가 가라앉은 땅에 코를 바짝 댄 채 기어 다니는 짐승이다. 때문에 지구상의 거의 모든 포유류의 공통점은 '후각'의 발달이라고 할 수 있다.

여기서 주목할 만한 점은 만물의 영장이라 하는 인간이 후각 기능만큼은 대부분의 포유류보다 한참 뒤떨어진 수준이라는 사실이다. 개는 2억 2,000만 개의 후각세포를 갖고 있고, 토끼는 1억 개를 갖고 있는 반면, 인간은 500만 개의 후각세포를 갖고 있을 뿐이며, 그마저도 실제로 기능하는 것은 평균 375개 정도라고 알려져 있다.

이처럼 인간의 진화과정에서 유독 후각이 퇴화한 이유는 무엇일까? 새는 지면에서 멀리 떨어진 곳에 활동 영역이 있기 때문에 맡을 수 있는 냄새가 제한적이다. 자연스레 그들은 후각기관을 퇴화시키는 대신 시각기관을 발달시켰다. 인간 역시 직립보행 이후에는 냄새를 맡고 구별하는 능력보다는 시야의 확보가 생존에 더 중요해졌고, 점차 시각정보에 의존하기 시작하면서 후각은 자연스레 퇴화한 것이다.

따라서 인간의 후각정보를 관장하는 후각 중추는 이처럼 대폭 축소된 후각 기능을 반영이라도 하듯 아주 작다. 뇌 전체의 0.1% 정도에 지나지 않는 후각 중추는 감정을 관장하는 변연계의 일부이고, 언어 중추가 있는 대뇌지역과는 직접적인 연결이 없다. 따라서 후각은 시각이나 청각을 통해 감지한 요소에 비해 언어로 분석해서 묘사하기가 어려우며, 감정이 논리적 사고와 같이 정밀하고 체계적이지 못한 것처럼, 후각도 체계적이지 않다. 인간이 후각을 언어로 표현하는 것은 시각을 언어로 표현하는 것보다 세밀하지 못하며, 동일한 냄새에 대한 인지도 현저히 떨어진다는 사실은 이미 다양한 연구를 통해 증명되었다.

그러나 후각과 뇌변연계의 연결고리는 여전히 제법 강력하다. 냄새는 감정과 욕망을 넌지시 암시하고 불러일으킨다. 또한 냄새는 일단 우리의 뇌 속에 각인되면 상당히 오랫동안 지속되고, 이와 관련된 기억들을 상기시킨다. 언어로 된 기억은 기록의 힘을 빌리지 않고는 오래 남겨두기 어렵지만, 냄새로 이루어진 기억은 작은 단서만 있으면 언제든 다시 꺼낼 수 있다. 뿐만 아니라 후각은 청각이나 시각과 달리, 차단할 수 없는 유일한 감각이기도 하다. 하루에 2만 번씩 숨을 쉴 때마다 후각은 계속해서 작동하고 있고, 지금도 우리에게 영향을 끼치고 있다.

① 후각은 다른 모든 감각을 지배하는 상위 기능을 담당한다.
② 인간은 선천적인 뇌구조로 인해 후각이 발달하지 못했다.
③ 모든 동물은 정밀한 감각을 두 가지 이상 갖기 어렵다.
④ 인간은 진화하면서 필요에 따라 후각을 퇴화시켰다.
⑤ 인간은 후각이 가져다주는 영향으로부터 조금도 벗어날 수 없다.

※ 다음 글의 내용으로 적절하지 않은 것을 고르시오. [13~15]

Easy

13

골격근에서 전체 근육은 근육섬유를 뼈에 연결시키는 주변 조직인 힘줄과 결합조직을 모두 포함한다. 골격근의 근육섬유가 수축할 때 전체 근육의 길이가 항상 줄어드는 것은 아니다. 근육 수축의 종류 중 근육섬유가 수축함에 따라 전체 근육의 길이가 변화하는 것을 '등장수축'이라 하는데, 등장수축은 근육섬유 수축과 함께 전체 근육의 길이가 줄어드는 '동심 등장수축'과 전체 근육의 길이가 늘어나는 '편심 등장수축'으로 나뉜다.
반면에 근육섬유가 수축함에도 불구하고 전체 근육의 길이가 변하지 않는 수축을 '등척수축'이라고 한다. 예를 들어 아령을 손에 들고 팔꿈치의 각도를 일정하게 유지하고 있는 상태에서 위팔의 이두근 근육섬유는 끊임없이 수축하고 있지만, 이 근육에서 만드는 장력이 근육에 걸린 부하량, 즉 아령의 무게와 같아 전체 근육의 길이가 변하지 않기 때문에 등척수축을 하는 것이다. 등척수축은 골격근의 주변 조직과 근육섬유 내에 있는 탄력섬유의 작용에 의해 일어난다. 근육에 부하가 걸릴 때, 이 부하를 견디기 위해 탄력섬유가 늘어나기 때문에 근육섬유는 수축하지만 전체 근육의 길이는 변하지 않는 등척수축이 일어날 수 있다.

① 등장수축에서는 근육섬유가 수축할 때, 전체 근육 길이가 줄어든다.
② 등척수축에서는 근육섬유가 수축할 때, 전체 근육 길이가 변하지 않는다.
③ 등척수축은 탄력섬유의 작용에 의해 일어난다.
④ 골격근은 힘줄과 결합조직을 모두 포함한다.
⑤ 근육에 부하가 걸릴 때, 부하를 견디기 위해 탄력섬유가 늘어난다.

PART 2

14

인간 사유의 결정적이고도 독창적인 비약은 시각적인 표시의 코드 체계의 발명에 의해서 이루어졌다. 시각적인 표시의 코드 체계에 의해 인간은 정확한 말을 결정하여 텍스트를 마련하고, 또 이해할 수 있게 된 것이다. 이것이 바로 진정한 의미에서의 '쓰기(Writing)'이다.
이러한 '쓰기'에 의해 코드화된 시각적인 표시는 말을 사로잡게 되고, 그 결과 그때까지 소리 속에서 발전해 온 정밀하고 복잡한 구조나 지시 체계의 특수한 복잡성이 그대로 시각적으로 기록될 수 있게 되고, 나아가서는 그러한 시각적인 기록으로 인해 그보다 훨씬 정교한 구조나 지시 체계가 산출될 수 있게 된다. 그러한 정교함은 구술적인 발화가 지니는 잠재력으로써는 도저히 이룩할 수 없는 정도의 것이다. 이렇듯 '쓰기'는 인간의 모든 기술적 발명 속에서도 가장 영향력이 큰 것이었으며, 지금도 그러하다. 쓰기는 말하기에 단순히 첨가된 것이 아니다. 왜냐하면 쓰기는 말하기를 구술 – 청각의 세계에서 새로운 감각의 세계, 즉 시각의 세계로 이동시킴으로써 말하기와 사고를 함께 변화시키기 때문이다.

① 인간은 시각적 코드 체계를 사용함으로써 말하기를 한층 정교한 구조로 만들었다.
② 인간은 쓰기를 통해서 정확한 말을 사용한 텍스트의 생산과 소통이 가능하게 되었다.
③ 인간은 쓰기를 통해 지시 체계의 복잡성을 기록함으로써 말하기와 사고의 변화를 일으킨다.
④ 인간은 정밀하고 복잡한 지시 체계를 통해 시각적 코드를 발명하였다.
⑤ 인간의 모든 기술적 발명 속에서도 '쓰기'는 예전이나 지금이나 가장 영향력이 크다.

15

경제학에서는 가격이 한계 비용과 일치할 때를 가장 이상적인 상태라고 본다. '한계 비용'이란 재화의 생산량을 한 단위 증가시킬 때 추가되는 비용을 말한다. 한계 비용 곡선과 수요 곡선이 만나는 점에서 가격이 정해지면 재화의 생산 과정에 들어가는 자원이 낭비 없이 효율적으로 배분되며, 이때 사회 전체의 만족도가 가장 커진다. 가격이 한계 비용보다 높아지면 상대적으로 높은 가격으로 인해 수요량이 줄면서 거래량이 따라 줄고, 결과적으로 생산량도 감소한다. 이는 사회 전체의 관점에서 볼 때 자원이 효율적으로 배분되지 못하는 상황이므로 사회 전체의 만족도가 떨어지는 결과를 낳는다.
위에서 설명한 일반 재화와 마찬가지로 수도, 전기, 철도와 같은 공익 서비스도 자원배분의 효율성을 생각하면 한계 비용 수준으로 가격(=공공요금)을 결정하는 것이 바람직하다. 대부분의 공익 서비스는 초기 시설 투자비용은 막대한 반면 한계 비용은 매우 적다. 이러한 경우, 한계 비용으로 공공요금을 결정하면 공익 서비스를 제공하는 기업은 손실을 볼 수 있다.
예컨대 초기 시설 투자비용이 6억 달러이고, 톤당 1달러의 한계 비용으로 수돗물을 생산하는 상수도 서비스를 가정해보자. 이때 수돗물 생산량을 '1톤, 2톤, 3톤, …'으로 늘리면 총비용은 '6억 1달러, 6억 2달러, 6억 3달러, …'로 늘어나고, 톤당 평균 비용은 '6억 1달러, 3억 1달러, 2억 1달러, …'로 지속적으로 줄어든다. 그렇지만 평균 비용이 계속 줄어들더라도 한계 비용 아래로는 결코 내려가지 않는다. 따라서 한계 비용으로 수도 요금을 결정하면 총비용보다 총수입이 적으므로 수도 사업자는 손실을 보게 된다.
이를 해결하는 방법에는 크게 두 가지가 있다. 하나는 정부가 공익 서비스 제공 기업에 손실분만큼 보조금을 주는 것이고, 다른 하나는 공공요금을 평균 비용 수준으로 정하는 것이다. 전자의 경우 보조금을 세금으로 충당한다면 다른 부문에 들어갈 재원이 줄어드는 문제가 있다. 평균 비용 곡선과 수요 곡선이 교차하는 점에서 요금을 정하는 후자의 경우에는 총수입과 총비용이 같아져 기업이 손실을 보지는 않는다. 그러나 요금이 한계 비용보다 높기 때문에 사회 전체의 관점에서 자원의 효율적 배분에 문제가 생긴다.

① 자원이 효율적으로 배분될 때 사회 전체의 만족도가 극대화된다.
② 가격이 한계 비용보다 높은 경우에는 한계 비용과 같은 경우에 비해 결국 그 재화의 생산량이 줄어든다.
③ 공익 서비스와 일반 재화의 생산 과정에서 자원을 효율적으로 배분하기 위한 조건은 서로 같다.
④ 정부는 공공요금을 한계 비용 수준으로 유지하기 위하여 보조금 정책을 펼 수 있다.
⑤ 평균 비용이 한계 비용보다 큰 경우, 공공요금을 평균 비용 수준에서 결정하면 자원의 낭비를 방지할 수 있다.

16 다음 글의 주장에 대한 반박으로 가장 적절한 것은?

우리는 우리가 생각한 것을 말로 나타낸다. 또 다른 사람의 말을 듣고, 그 사람이 무슨 생각을 가지고 있는가를 짐작한다. 그러므로 생각과 말은 서로 떨어질 수 없는 깊은 관계를 가지고 있다.
그러면 말과 생각이 얼마만큼 깊은 관계를 가지고 있을까? 이 문제를 놓고 사람들은 오랫동안 여러 가지 생각을 하였다. 그 가운데 가장 두드러진 것이 두 가지 있다. 그 하나는 말과 생각이 서로 꼭 달라붙은 쌍둥이인데 한 놈은 생각이 되어 속에 감추어져 있고 다른 한 놈은 말이 되어 사람 귀에 들리는 것이라는 생각이다. 다른 하나는 생각이 큰 그릇이고 말은 생각 속에 들어가는 작은 그릇이어서 생각에는 말 이외에도 다른 것이 더 있다는 생각이다.
이 두 가지 생각 가운데서 앞의 것은 조금만 깊이 생각해 보면 틀렸다는 것을 즉시 깨달을 수 있다. 우리가 생각한 것은 거의 대부분 말로 나타낼 수 있지만, 누구든지 가슴 속에 응어리진 어떤 생각이 분명히 있기는 한데 그것을 어떻게 말로 표현해야 할지 애태운 경험을 가지고 있을 것이다. 이것 한 가지만 보더라도 말과 생각이 서로 안팎을 이루는 쌍둥이가 아님은 쉽게 판명된다.
인간의 생각이라는 것은 매우 넓고 큰 것이며, 말이란 결국 생각의 일부분을 주워 담는 작은 그릇에 지나지 않는다. 그러나 아무리 인간의 생각이 말보다 범위가 넓고 큰 것이라고 하여도 그것을 가능한 한 말로 바꾸어 놓지 않으면 그 생각의 위대함이나 오묘함이 다른 사람에게 전달되지 않기 때문에 생각이 형님이요, 말이 동생이라고 할지라도 생각은 동생의 신세를 지지 않을 수가 없게 되어 있다.

① 말이 통하지 않아도 생각은 얼마든지 전달될 수 있다.
② 생각을 드러내는 가장 직접적인 수단은 말이다.
③ 말은 생각이 바탕이 되어야 생산될 수 있다.
④ 말과 생각은 서로 영향을 주고받는 긴밀한 관계를 유지한다.
⑤ 사회적·문화적 배경이 우리의 생각에 영향을 끼친다.

PART 2

Hard

17 다음 글의 빈칸에 들어갈 내용으로 가장 적절한 것은?

미국 대통령 후보 선거제도 중 '코커스'는 정당 조직의 가장 하위 단위인 기초선거구의 당원들이 모여 상위의 전당대회에 참석할 대의원을 선출하는 당원회의이다. 대의원 후보들은 자신이 대통령 후보로 누구를 지지하는지 먼저 밝힌다. 상위 전당대회에 참석할 대의원들은 각 대통령 후보에 대한 당원들의 지지율에 비례해서 선출된다. 코커스에서 선출된 대의원들은 카운티 전당대회에서 투표권을 행사하여 다시 다음 수준인 의회선거구 전당대회에 보낼 대의원들을 선출한다. 여기서도 비슷한 과정을 거쳐 주(州) 전당대회 대의원들을 선출해내고, 거기서 다시 마지막 단계인 전국 전당대회 대의원들을 선출한다. 주에 따라 의회선거구 전당대회는 건너뛰기도 한다.

1971년까지는 선거법에 따라 민주당과 공화당 모두 5월 둘째 월요일까지 코커스를 개최해야 했다. 그런데 민주당 전국위원회가 1972년부터는 대선후보 선출을 위한 전국 전당대회를 7월 말에 개최하도록 결정하면서 1972년 아이오와주 민주당의 코커스는 그 해 1월에 열렸다. 아이오와주 민주당 규칙에 코커스, 카운티 전당대회, 의회선거구 전당대회, 주 전당대회, 전국 전당대회 순서로 진행되는 각급 선거 간에 최소 30일의 시간적 간격을 두어야 한다는 규정이 있었기 때문이다. 이후 아이오와주에서 공화당이 1976년부터 코커스 개최시기를 1월로 옮기면서, ________________

아이오와주의 선거 운영 방식은 민주당과 공화당 간에 차이가 있었다. 공화당의 경우 코커스를 포함한 하위 전당대회에서 특정 대선후보를 지지하여 당선된 대의원이 상위 전당대회에서 반드시 같은 후보를 지지해야 하는 것은 아니었다. 반면 민주당의 경우 그러한 구속력을 부여하였다. 그러나 2016년부터 공화당 역시 상위 전당대회에 참여하는 대의원에게 같은 구속력을 부여함으로써 기층 당원의 대통령 후보에 대한 지지도가 전국 전당대회에 참여할 주(州) 대의원 선출에 반영되도록 했다.

① 아이오와주는 미국의 대선후보 선출 과정에서 선거 운영 방식이 달라진 최초의 주가 되었다.
② 아이오와주는 미국의 대선후보 선출 과정에서 민주당과 공화당 사이에 깊은 골을 남기게 되었다.
③ 아이오와주는 미국의 대선후보 선출 과정에서 코커스의 개정을 요구하는 최초의 주가 되었다.
④ 아이오와주는 미국의 대선후보 선출 과정에서 민주당과 공화당 모두 가장 먼저 코커스를 실시하는 주가 되었다.
⑤ 아이오와주는 미국의 대선후보 선출 과정에서 코커스 제도를 폐지한 최초의 주가 되었다.

18 다음 글의 주제로 가장 적절한 것은?

> 오늘날 사회계층 간 의료수혜의 불평등이 심화되어 의료이용도의 소득계층별, 지역별, 성별, 직업별, 연령별 차이가 사회적 불만의 한 원인으로 대두되고, 보건의료서비스가 의·식·주에 이어 제4의 기본적 수요로 인식됨에 따라 의료보장제도의 필요성이 나날이 높아지고 있다.
> 의료보장제도란 국민의 건강권을 보호하기 위하여 요구되는 필요한 보건의료서비스를 국가나 사회가 제도적으로 제공하는 것을 말하며, 건강보험, 의료급여, 산재보험을 포괄한다. 이를 통해 상대적으로 과다한 재정의 부담을 경감시킬 수 있으며, 국민의 주인의식과 참여 의식을 조장할 수 있다.
> 의료보장제도는 의료수혜의 불평등을 해소하기 위한 사회적·국가적 노력이며, 예측할 수 없는 질병의 발생 등에 대한 개인의 부담능력의 한계를 극복하기 위한 제도이다. 또한 개인의 위험을 사회적·국가적 위험으로 인식하여 위험의 분산 및 상호부조 인식을 제고하기 위한 제도이기도 하다.
> 의료보장제도의 의료보험(National Health Insurance) 방식은 일명 비스마르크(Bismarck)형 의료제도라고 하는데, 개인의 기여를 기반으로 한 보험료를 주재원으로 하는 제도이다. 사회보험의 낭비를 줄이기 위하여 진찰 시에 본인 일부 부담금을 부과하는 것이 특징이라 할 수 있다. 반면, 국가보건서비스(National Health Service) 방식은 일명 조세 방식, 비버리지(Beveridge)형 의료제도라고 하며, 국민의 의료문제는 국가가 책임져야 한다는 관점에서 조세를 재원으로 모든 국민에게 국가가 직접 의료를 제공하는 의료보장방식이다.

① 의료보장제도의 장단점
② 의료보장제도의 개념과 유형
③ 의료보장제도의 종류
④ 의료급여제도의 필요성
⑤ 의료급여제도의 유형

PART 2

19 다음 글로 미루어 ㉠의 구체적 내용을 가장 적절하게 추론한 것은?

1억 6천만 년 동안 지구를 지배해오던 공룡이 6천5백만 년 전 갑자기 지구에서 사라졌다. 왜 공룡들이 갑자기 사라졌을까? 이러한 미스터리는 1820년대 공룡 화석이 처음 발견된 후 지금까지 여전히 풀리지 않고 있다. 그동안 공룡 멸종의 원인을 밝혀보려는 노력은 수없이 많았지만, 여러 멸종 이론 중 어느 것도 공룡이 왜 지구상에서 자취를 감추었는지 명쾌하게 설명하지 못했다. 하지만 대부분의 과학자는 거대한 운석이 지구에 부딪힌 사건을 공룡 멸종의 가장 큰 이유로 꼽고 있다.

과학자들은 멕시코의 유카탄 반도에서 지름이 180km나 되는 커다란 운석 구덩이의 연대를 측정했는데, 이 운석 구덩이의 생성 연대가 공룡이 멸종한 시기와 일치한다는 사실을 확인하였다. 하지만 운석이 지구와 충돌하면서 생긴 직접적 충격으로 인해 공룡을 비롯한 수많은 종이 갑자기 멸종된 것이 라고 보기는 어려우며, 그 충돌 때문에 발생한 이차적 영향들이 있었을 것으로 짐작하고 있다. 그처럼 거대한 구덩이가 생길 정도의 파괴력이면 물리적 충격은 물론 지구의 대기를 비롯한 생존 환경에 장기간 ㉠ <u>엄청난 영향을 주었을 것</u>이고, 그로 인해 생명체들이 멸종될 수 있다는 결론을 내린 것이다.

실제로 최근 뉴질랜드 국립 지리・핵 과학 연구소(GNS)의 조사팀은, 운석과 충돌한 지점과 반대편에 있는 '사우스'섬의 서부 해안에서 발견된 '탄화된 작은 꽃가루들'에 대해 연구하였다. 이 연구를 통해 환경의 변화가 운석과의 충돌 지점뿐만 아니라 전 지구적으로 진행되었음을 밝혔다. 또한, 6천5백만 년 전의 지층인 K-T 퇴적층에서는 지구에는 없는 원소인 팔라듐이 다량 발견되었고, 운석에 많이 함유된 이리듐(Ir)의 함량이 지구의 어느 암석보다 높다는 사실도 밝혀졌는데, 이것 역시 '운석에 의한 충돌설'을 뒷받침한다. 그뿐만 아니라 공룡이 멸종됐던 백악기 말과 신생대 제3기 사이에 바다에 녹아있던 탄산칼슘의 용해 정도가 갑자기 증가한 것도 당시 지구에 급속한 기온의 변화가 있었다는 증거가 되고 있다.

이렇게 운석에 의한 공룡의 멸종설은 점점 설득력 있게 받아들여지고 있다. 문제는 그러한 상황에서도 살아남은 생물들이 있다는 데에 있다. 씨앗으로 동면(冬眠)할 수 있는 식물들과 비교적 조그만 동물들이, 대기권을 가득 메운 먼지로 인해 닥친 '길고 긴 겨울'의 추위를 견디고 생존하였다. 그것은 거대한 몸집의 공룡보다는 은신처와 먹잇감이 상대적으로 많았을 것이며, 생존에 필요한 기초 활동들이 공룡보다는 용이했을 것이기 때문이다.

공룡이 멸종하게 된 직접적인 이유가 운석과의 충돌에 있다고 할지라도, 결국 인간이나 공룡을 비롯한 지구상의 모든 종(種)이, 갑작스럽게 멸종하느냐 진화하면서 생존하느냐 여부는 '자연에 대한 적응력'에 달려있다고 보인다. 이것이 생존의 조건인 셈인데, 환경에 대한 적응력이 뛰어나면 당연히 더 많은 생존 가능성을 가지게 되고, 새로운 환경에 적응하며 번성할 수도 있다. 적응력이 뛰어난 어떤 돌연변이의 후손들은 새로운 종으로 진화하며 생존하기도 한다. 그런데 환경의 변화가 급격한 시기에는 생명체 대부분이 변화에 적응하기가 매우 어렵다. 만일 공룡이 급변하는 환경에 대한 적응력이 뛰어 났다면 살아남을 가능성이 훨씬 많았을 것이고, 그렇다면 지금껏 지구를 지배하고 있었을지도 모른다.

① 운석과의 충돌은 반대쪽에도 엄청난 반사 충격파를 전달하여 전 지구적인 화산 활동을 초래하였다.
② 운석과의 충돌은 지구의 공전궤도에 변화를 주어, 밤낮의 길이나 계절이 바뀌는 등의 환경 변화가 일어났다.
③ 운석 충돌로 발생한 먼지가 지구 대기를 완전히 뒤덮어 햇빛이 차단되었고, 따라서 기온이 급속히 내려갔다.
④ 운석과의 충돌은 엄청난 양의 유독 가스를 발생시켜, 생명체의 생존에 필요한 산소가 부족하게 되었다.
⑤ 운석 충돌의 충격으로 대륙의 형태가 변함에 따라, 다른 대륙에서 옮겨온 질병과 기생충이 기존의 생명체에 치명적으로 작용하게 되었다.

20 다음 글의 주장에 대한 반박으로 적절하지 않은 것은?

> 쾌락주의는 모든 쾌락이 그 자체로서 가치가 있으며 쾌락의 증가와 고통의 감소를 통해 최대의 쾌락을 산출하는 행위를 올바른 것으로 간주하는 윤리설이다. 쾌락주의에 따르면 쾌락만이 내재적 가치를 지니며, 모든 것은 이러한 쾌락을 기준으로 가치 평가되어야 한다.
> 그런데 쾌락주의자는 단기적이고 말초적인 쾌락만을 추구함으로써 결국 고통에 빠지게 된다는 오해를 받기도 한다. 하지만 쾌락주의적 삶을 순간적이고 감각적인 쾌락만을 추구하는 방탕한 삶과 동일시하는 것은 옳지 않다. 쾌락주의는 일시적인 쾌락의 극대화가 아니라 장기적인 쾌락의 극대화를 목적으로 하므로 단기적, 말초적 쾌락만을 추구하는 것은 아니다. 예를 들어 사회적 성취가 장기적으로 더 큰 쾌락을 가져다준다면 쾌락주의자는 단기적 쾌락보다는 사회적 성취를 우선으로 추구한다.
> 또한 쾌락주의는 쾌락 이외의 것은 모두 무가치한 것으로 본다는 오해를 받기도 한다. 하지만 쾌락주의가 쾌락만을 가치 있는 것으로 보는 것은 아니다. 세상에는 쾌락 말고도 가치 있는 것들이 있으며, 심지어 고통조차도 가치 있는 것으로 볼 수 있다. 발이 불구덩이에 빠져서 통증을 느껴 곧바로 발을 빼낸 상황을 생각해 보자. 이때의 고통은 분명히 좋은 것임에 틀림없다. 만약 고통을 느끼지 못했다면, 불구덩이에 빠진 발을 꺼낼 생각을 하지 못해서 큰 부상을 당했을 수도 있기 때문이다. 물론 이때 고통이 가치 있다는 것은 도구인 의미에서 그런 것이지 그 자체가 목적이라는 의미는 아니다.
> 쾌락주의는 고통을 도구가 아닌 목적으로 추구하는 것을 이해할 수 없다고 본다. 금욕주의자가 기꺼이 감내하는 고통조차도 종교적 · 도덕적 성취와 만족을 추구하기 위한 도구인 것이지 고통 그 자체가 목적인 것은 아니기 때문이다. 대부분의 세속적 금욕주의자들은 재화나 명예와 같은 사회적 성취를 위해 당장의 쾌락을 포기하며, 종교적 금욕주의자들은 내세의 성취를 위해 현세의 쾌락을 포기하는데, 그것이 사회적 성취이든 내세적 성취이든지 간에 모두 광의의 쾌락을 추구하고 있는 것이다.

① 쾌락의 원천은 다양한데, 서로 다른 쾌락을 같은 것으로 볼 수 있는가?
② 순간적이고 감각적인 쾌락만을 추구하는 삶을 쾌락주의적 삶이라고 볼 수 있는가?
③ 식욕의 충족에서 비롯된 쾌락과 사회적 명예의 획득에서 비롯된 쾌락은 같은 것인가?
④ 쾌락의 질적 차이를 인정한다면, 이질적인 쾌락을 어떻게 서로 비교할 수 있는가?
⑤ 과연 쾌락이나 고통만으로 가치를 규정할 수 있는가?

02 자료해석

Easy

01 다음은 S사의 2022년 분기별 손익 현황에 대한 자료이다. 〈보기〉 중 자료에 대한 설명으로 옳은 것을 모두 고르면?

〈2022년 분기별 손익 현황〉

(단위 : 억 원)

구분		1분기	2분기	3분기	4분기
손익	매출액	9,332	9,350	8,364	9,192
	영업손실	278	491	1,052	998
	당기순손실	261	515	1,079	1,559

※ 영업이익률(%)=$\frac{[\text{영업이익(손실)}]}{(\text{매출액})}\times 100$

보기

ㄱ. 2022년 3분기의 영업이익이 가장 높다.
ㄴ. 2022년 4분기의 영업이익률은 2022년 1분기보다 감소하였다.
ㄷ. 2022년 2～4분기 매출액은 직전 분기보다 증가하였다.
ㄹ. 2022년 3분기의 당기순손실은 직전 분기 대비 100% 이상 증가하였다.

① ㄱ, ㄴ
② ㄱ, ㄷ
③ ㄴ, ㄷ
④ ㄴ, ㄹ
⑤ ㄷ, ㄹ

02 다음은 A의 보유 반찬 및 칼로리 정보와 A의 하루 식단에 대한 자료이다. A가 하루에 섭취하는 총 열량은?

〈A의 보유 반찬 및 칼로리 정보〉

반찬	현미밥	미역국	고등어구이	시금치나물	버섯구이	블루베리
무게(g)	300	500	400	100	150	80
열량(kcal)	540	440	760	25	90	40
반찬	우유식빵	사과잼	된장찌개	갈비찜	깍두기	연근조림
무게(g)	100	40	200	200	50	100
열량(kcal)	350	110	176	597	50	96

〈A의 하루 식단〉

구분	식단
아침	우유식빵 80g, 사과잼 40g, 블루베리 60g
점심	현미밥 200g, 갈비찜 200g, 된장찌개 100g, 버섯구이 50g, 시금치나물 20g
저녁	현미밥 100g, 미역국 200g, 고등어구이 150g, 깍두기 50g, 연근조림 50g

① 1,940kcal

② 2,120kcal

③ 2,239kcal

④ 2,352kcal

⑤ 2,520kcal

PART 2

03 다음은 골다공증 진료 현황을 나타낸 표이다. 이에 대한 내용으로 적절하지 않은 것은?

〈2022년 연령대별 골다공증 진료 현황〉

(단위 : 명)

구분	전체	9세 이하	10대	20대	30대	40대	50대	60대	70대	80대 이상
합계	855,975	44	181	1,666	6,548	21,654	155,029	294,553	275,719	100,581
남성	53,741	21	96	305	1,000	2,747	7,677	12,504	20,780	8,611
여성	802,234	23	85	1,361	5,548	18,907	147,352	282,049	254,939	91,970

① 골다공증 발병이 진료로 이어진다면 여성의 발병률이 남성보다 높다고 추론할 수 있다.

② 전체 진료 인원 중 40대 이하가 차지하는 비율은 3.5%이다.

③ 전체 진료 인원 중 골다공증 진료 인원이 가장 높은 연령은 60대로, 그 비율은 약 34.4%이다.

④ 연령대별 골다공증 진료율이 높은 순서는 남성과 여성 모두 같다.

⑤ 10대를 제외한 모든 연령대에서 남성보다 여성이 많은 진료를 받았다.

Easy

04 다음은 5월 22일 당일을 기준으로 하여 5월 15일부터 일주일간 수박 1개의 판매가를 나타낸 표이다. 자료를 이해한 내용으로 옳지 않은 것은?

〈5월 15일 ~ 22일 수박 판매가〉

(단위 : 원/개)

구분		5/15	5/16	5/17	5/18	5/19	5/22(당일)
평균		18,200	17,400	16,800	17,000	17,200	17,400
최고값		20,000	20,000	20,000	20,000	20,000	18,000
최저값		16,000	15,000	15,000	15,000	16,000	16,000
등락률		−4.4%	0.0%	3.6%	2.4%	1.2%	−
지역별	서울	16,000	15,000	15,000	15,000	17,000	18,000
	부산	18,000	17,000	16,000	16,000	16,000	16,000
	대구	19,000	19,000	18,000	18,000	18,000	18,000
	광주	18,000	16,000	15,000	16,000	17,000	18,000

① 대구의 경우 5월 16일까지는 가격 변동이 없었지만, 5일 전인 5월 17일에 감소했다.

② 5월 17일부터 전체 수박의 평균 가격은 200원씩 일정하게 증가하고 있다.

③ 5월 16일부터 증가한 서울의 수박 가격은 최근 높아진 기온의 영향을 받은 것이다.

④ 5월 15 ~ 19일 서울의 수박 평균 가격은 동기간 부산의 수박 평균 가격보다 낮다.

⑤ 5월 16 ~ 19일 나흘간 광주의 수박 평균 가격은 16,000원이다.

Easy

05 S유통에서 근무하는 W사원은 A, B작업장에서 발생하는 작업 환경의 유해 요인을 조사한 후 다음과 같이 정리하였다. 이에 대한 설명으로 옳은 것을 〈보기〉에서 모두 고르면?

〈A, B작업장의 작업 환경 유해 요인〉

구분	작업 환경 유해 요인	사례 수		
		A작업장	B작업장	합계
1	소음	3	1	4
2	분진	1	2	3
3	진동	3	0	3
4	바이러스	0	5	5
5	부자연스러운 자세	5	3	8
합계		12	11	23

※ 물리적 요인 : 소음, 진동, 고열, 조명, 유해광선, 방사선 등
※ 화학적 요인 : 독성, 부식성, 분진, 미스트, 흄, 증기 등
※ 생물학적 요인 : 세균, 곰팡이, 각종 바이러스 등
※ 인간 공학적 요인 : 작업 방법, 작업 자세, 작업 시간, 사용공구 등

보기

ㄱ. A작업장에서 발생하는 작업 환경 유해 사례는 화학적 요인으로 인해서 가장 많이 발생되었다.
ㄴ. B작업장에서 발생하는 작업 환경 유해 사례는 생물학적 요인으로 인해서 가장 많이 발생되었다.
ㄷ. A와 B작업장에서 화학적 요인으로 발생되는 작업 환경의 유해 요인은 집진 장치를 설치하여 예방할 수 있다.

① ㄱ
② ㄴ
③ ㄱ, ㄷ
④ ㄴ, ㄷ
⑤ ㄱ, ㄴ, ㄷ

06 다음은 S도서관에서 특정 시점에 구입한 도서 10,000권에 대한 5년간의 대출 현황을 조사한 자료이다. 이에 대한 설명으로 옳지 않은 것은?

〈도서 10,000권의 5년간 대출 현황〉

(단위 : 권)

구분	구입 ~ 1년	구입 ~ 3년	구입 ~ 5년
0회	5,302	4,021	3,041
1회	2,912	3,450	3,921
2회	970	1,279	1,401
3회	419	672	888
4회	288	401	519
5회	109	177	230
합계	10,000	10,000	10,000

① 구입 후 1년 동안 도서의 절반 이상이 대출됐다.

② 도서의 약 40%가 구입 후 3년 동안 대출되지 않았으며, 도서의 약 30%가 구입 후 5년 동안 대출되지 않았다.

③ 구입 후 1년 동안 1회 이상 대출된 도서의 60% 이상이 단 1회 대출됐다.

④ 구입 후 1년 동안 도서의 평균 대출횟수는 약 0.78권이다.

⑤ 구입 후 5년 동안 적어도 2회 이상 대출된 도서의 비율은 전체 도서의 약 30%이다.

07 다음은 5가지 커피에 대한 소비자 선호도 조사를 정리한 자료이며, 조사는 541명의 동일한 소비자를 대상으로 1차와 2차 구매를 통해 이루어졌다. 자료에 대한 설명으로 옳은 것을 〈보기〉에서 모두 고르면?

〈커피에 대한 소비자 선호도 조사〉

(단위 : 명)

1차 구매	2차 구매					합계
	A	B	C	D	E	
A	93	17	44	7	10	171
B	9	46	11	0	9	75
C	17	11	155	9	12	204
D	6	4	9	15	2	36
E	10	4	12	2	27	55
합계	135	82	231	33	60	541

보기

ㄱ. D, E를 제외하고 대부분의 소비자들이 취향에 맞는 커피를 꾸준히 선택하고 있다고 추론할 수 있다.
ㄴ. 1차에서 A를 구매한 소비자가 2차 구매에서 C를 구입하는 경우가 그 반대의 경우보다 더 적다.
ㄷ. 1차, 2차 모두 C를 구입하는 소비자가 제일 많다.

① ㄱ
② ㄴ, ㄷ
③ ㄷ
④ ㄱ, ㄷ
⑤ ㄱ, ㄴ, ㄷ

08 다음은 각 주류의 2018년에서 2022년 사이의 출고량 및 매출성장률을 나타낸 표이다. 이에 대한 설명으로 옳지 않은 것은?

〈주류 출고량 및 매출성장률〉

(단위 : 1,000KL, %)

구분	2018년		2019년		2020년		2021년		2022년	
	출고량	성장률	출고량	성장률	출고량	성장률	출고량	성장률	출고량	성장률
맥주	1,571	21.8	1,574	0.2	1,529	−2.9	1,711	11.9	1,769	5.2
소주	684	−3.5	717	4.8	741	3.3	781	5.4	770	5.0
탁주	481	−20.2	414	−13.9	317	−23.4	295	−6.9	265	−10.0
청주	44	22.2	50	13.6	48	−4.0	49	2.1	47	−8.5
위스키	10	11.1	11	10.0	12	9.1	16	33.3	17	45
기타	32	0.0	29	−9.4	22	−24.1	19	−13.6	19	−10.0
계	2,822	5.3	2,795	−1.0	2,669	−4.5	2,871	7.56	2,887	3.44

① 2018년 맥주의 출고량은 맥주 이외의 모든 주류를 합친 것보다 많다.

② 연간 매출성장률의 변동이 가장 심한 것은 위스키이다.

③ 2018년 이후 감소세가 가장 심한 것은 탁주이다.

④ 전체 주류 시장의 움직임은 맥주의 성장률에 의해서 가장 크게 영향을 받는다.

⑤ 2018년 이후 소주의 출고량은 맥주의 출고량의 절반을 넘긴 적이 없다.

09 다음은 한국의 물가수준을 기준으로 연도별 각국의 물가수준을 비교한 자료이다. 이에 대한 설명으로 옳지 않은 것은?

〈연도별 각국의 물가수준 비교〉

구분	2018년	2019년	2020년	2021년	2022년
한국	100	100	100	100	100
일본	217	174	145	129	128
프랑스	169	149	127	127	143
캐나다	138	124	126	114	131
미국	142	118	116	106	107
독일	168	149	128	128	139
헝가리	86	85	72	75	91
영국	171	145	127	132	141

※ (해당연도 한국 물가수준)=100

① 2022년에 한국보다 물가수준이 높은 나라는 6개국이다.

② 2020～2021년의 한국과 프랑스의 물가변동률은 같다.

③ 2021년과 2022년에 한국의 물가수준이 같다면, 2022년 일본의 물가는 전년에 비해 약간 하락하였다.

④ 영국은 항상 세 번째로 물가가 높은 나라이다.

⑤ 2018～2021년 동안 헝가리의 물가는 상대적으로 가장 낮았다.

PART 2

10 다음은 S매장을 방문한 손님 수를 월별로 나타낸 표이다. 남자 손님 수가 가장 많은 달은 몇 월인가?

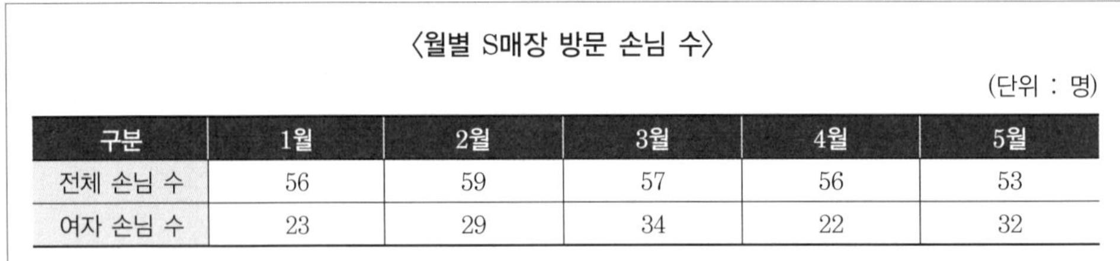

〈월별 S매장 방문 손님 수〉

(단위 : 명)

구분	1월	2월	3월	4월	5월
전체 손님 수	56	59	57	56	53
여자 손님 수	23	29	34	22	32

① 1월
② 2월
③ 3월
④ 4월
⑤ 5월

11 다음은 농구 경기에서 갑, 을, 병, 정 4개 팀의 월별 득점을 나타낸 표이다. 빈칸에 들어갈 수치로 가장 적절한 것은?(단, 각 수치는 매월 일정한 규칙으로 변화한다)

〈월별 득점 현황〉

(단위 : 점)

구분	1월	2월	3월	4월	5월	6월	7월	8월	9월	10월
갑	1,024	1,266	1,156	1,245	1,410	1,545	1,205	1,365	1,875	2,012
을	1,352	1,702	2,000	1,655	1,320	1,307	1,232	1,786	1,745	2,100
병	1,078	1,423		1,298	1,188	1,241	1,357	1,693	2,041	1,988
정	1,298	1,545	1,658	1,602	1,542	1,611	1,080	1,458	1,579	2,124

① 1,358
② 1,397
③ 1,450
④ 1,498
⑤ 1,522

12 다음은 2017년부터 2022년까지 교원 1인당 학생 수를 나타낸 표이다. 이를 참고하여 연도별 변화율을 그래프로 나타낸 것으로 적절하지 않은 것은?

〈교원 1인당 학생 수〉

(단위 : 명)

구분	2017년	2018년	2019년	2020년	2021년	2022년
유치원	13.4	13.4	13.3	12.9	12.3	11.9
초등학교	14.9	14.9	14.6	14.5	14.5	14.6
중학교	15.2	14.3	13.3	12.7	12.1	11.7
고등학교	13.7	13.2	12.9	12.4	11.5	10.6
일반대학	25.2	24.6	24.2	23.6	23.6	23.7

※ 당해 증가율=(당해연도 수−전년도 수)÷전년도 수×100

① 유치원 증가율

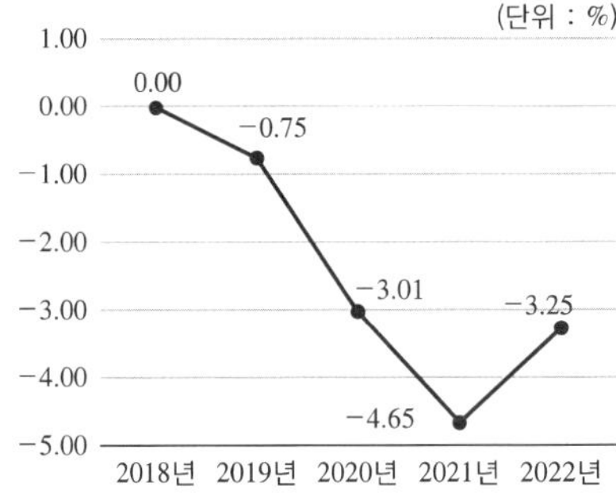

② 초등학교 증가율

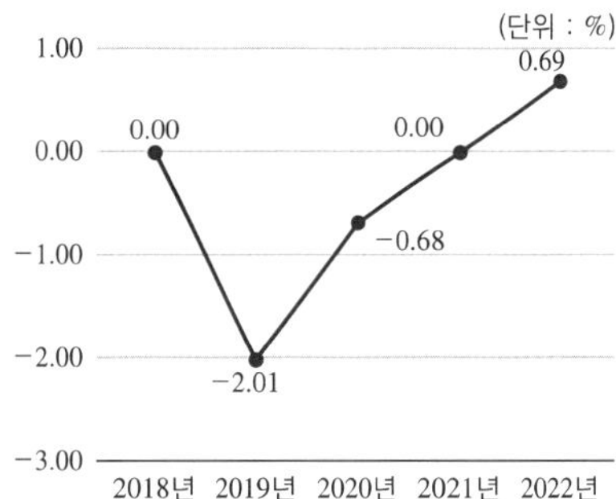

③ 일반대학 증가율

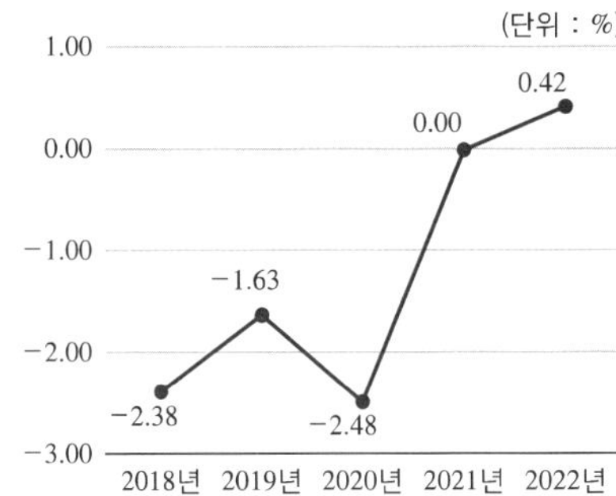

④ 중학교 증가율

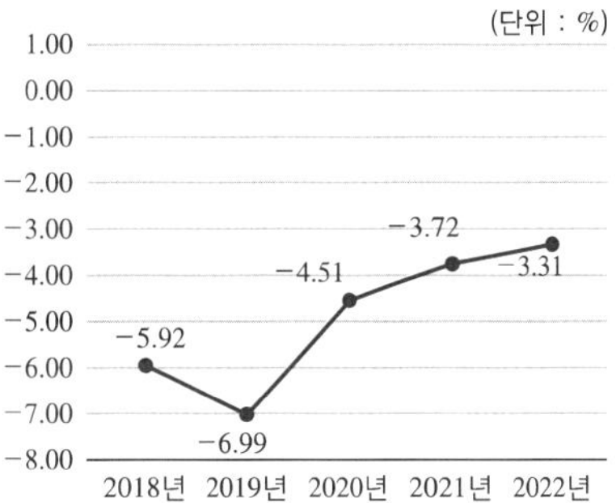

⑤ 고등학교 증가율

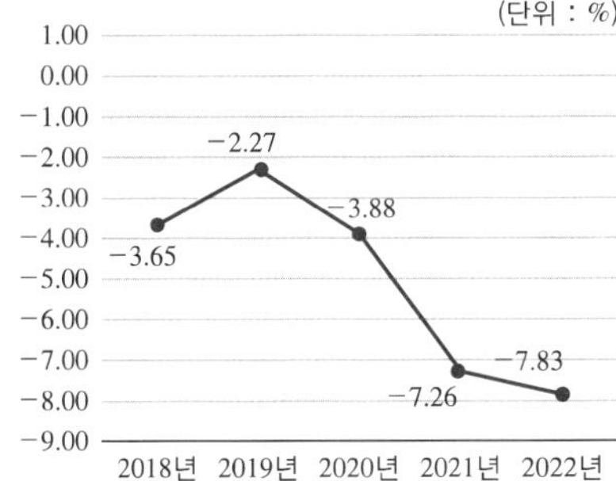

PART 2

13 다음은 민간 분야 사이버 침해사고 발생현황을 나타낸 표이다. 이를 보고 판단한 〈보기〉의 내용 중 옳지 않은 것을 모두 고르면?

〈민간 분야 사이버 침해사고 발생현황〉

(단위 : 건)

구분	2019년	2020년	2021년	2022년
홈페이지 변조	6,490	10,148	5,216	3,727
스팸릴레이	1,163	988	731	365
기타 해킹	3,175	2,743	4,126	2,961
단순침입시도	2,908	3,031	3,019	2,783
피싱 경유지	2,204	4,320	3,043	1,854
전체	15,940	21,230	16,135	11,690

보기

ㄱ. 단순침입시도 분야의 침해사고는 매년 스팸릴레이 분야의 침해사고 건수의 두 배 이상이다.
ㄴ. 2019년 대비 2022년 침해사고 건수가 50% 이상 감소한 분야는 2개 분야이다.
ㄷ. 2021년 홈페이지 변조 분야의 침해사고 건수가 차지하는 비중은 35% 이하이다.
ㄹ. 2020년 대비 2022년은 모든 분야의 침해사고 건수가 감소하였다.

① ㄱ, ㄴ
② ㄱ, ㄹ
③ ㄴ, ㄷ
④ ㄴ, ㄹ
⑤ ㄷ, ㄹ

14 다음은 주요 국가별 자국 영화 점유율을 나타낸 표이다. 이에 대한 설명으로 옳지 않은 것은?

〈주요 국가별 자국 영화 점유율〉

(단위 : %)

구분	2019년	2020년	2021년	2022년
한국	50.8	42.1	48.8	46.5
일본	47.7	51.9	58.8	53.6
영국	28.0	31.1	16.5	24.0
독일	18.9	21.0	27.4	16.8
프랑스	36.5	45.3	36.8	35.7
스페인	13.5	13.3	16.0	12.7
호주	4.0	3.8	5.0	4.5
미국	90.1	91.7	92.1	92.0

① 자국 영화 점유율에서, 프랑스가 한국을 앞지른 해는 한 번도 없다.
② 지난 4년간 자국 영화 점유율이 매년 꾸준히 상승한 국가는 하나도 없다.
③ 2019년 대비 2022년 자국 영화 점유율이 가장 많이 하락한 국가는 한국이다.
④ 2021년 자국 영화 점유율이 해당 국가의 4년간 통계에서 가장 높은 경우가 절반이 넘는다.
⑤ 2021년을 제외하고 프랑스, 영국, 독일과 스페인의 자국 영화 점유율 순위는 매년 같다.

15 다음은 2014 ~ 2022년 공연예술의 연도별 행사 추이를 나타낸 표이다. 이에 대한 설명으로 옳은 것은?

〈공연예술의 연도별 행사 추이〉

(단위 : 건)

구분	2014년	2015년	2016년	2017년	2018년	2019년	2020년	2021년	2022년
양악	2,658	2,658	2,696	3,047	3,193	3,832	3,934	4,168	4,628
국악	617	1,079	1,002	1,146	1,380	1,440	1,884	1,801	2,192
무용	660	626	778	1,080	1,492	1,323	미집계	1,480	1,521
연극	610	482	593	717	1,406	1,113	1,300	1,929	1,794

① 이 기간 동안 매년 국악 공연 건수가 연극 공연 건수보다 더 많았다.
② 이 기간 동안 매년 양악 공연 건수가 국악, 무용, 연극 공연 건수의 합보다 더 많았다.
③ 2014년에 비해 2022년 공연 건수의 증가율이 가장 높은 장르는 국악이었다.
④ 연극 공연 건수가 무용 공연 건수보다 많아진 것은 2021년부터였다.
⑤ 2021년에 비해 2022년에 공연 건수가 가장 많이 증가한 장르는 국악이다.

PART 2

16 다음은 2010 ~ 2021년 연어회귀율을 나타낸 그래프이다. 이에 대한 설명으로 옳지 않은 것은?

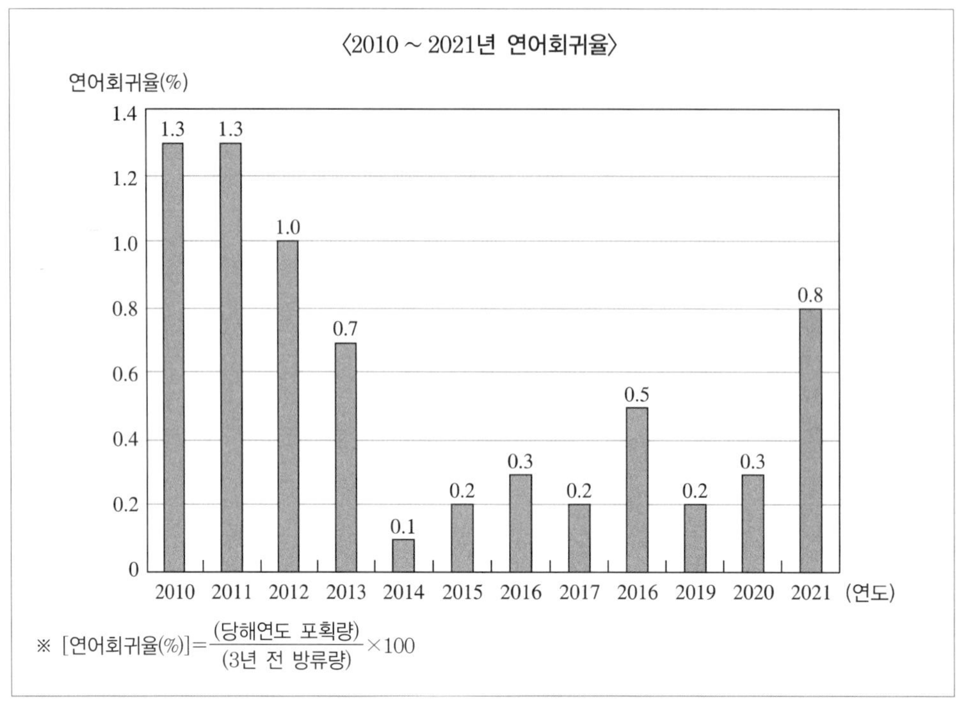

① 2014년까지의 방류량이 매년 600만 마리였다면, 2014년의 포획량은 6천 마리이다.

② 2010년부터 2013년까지의 평균 회귀율은 1.075%이다.

③ 2014년부터 2021년까지의 평균 회귀율은 0.32% 이상이다.

④ 2010년보다 2020년대의 방류량이 두 배로 늘었는데도 회귀율이 줄어든 이유는 무분별한 개발 때문이다.

⑤ 2014년까지의 방류량은 매년 600만 마리였고 2015년부터는 매년 1,000만 마리였다면 2017년보다 2019년의 포획량이 더 많다.

17 다음은 창업보육센터 수 및 지원금액에 대한 자료이다. 이에 대한 설명으로 옳지 않은 것을 〈보기〉에서 모두 고르면?

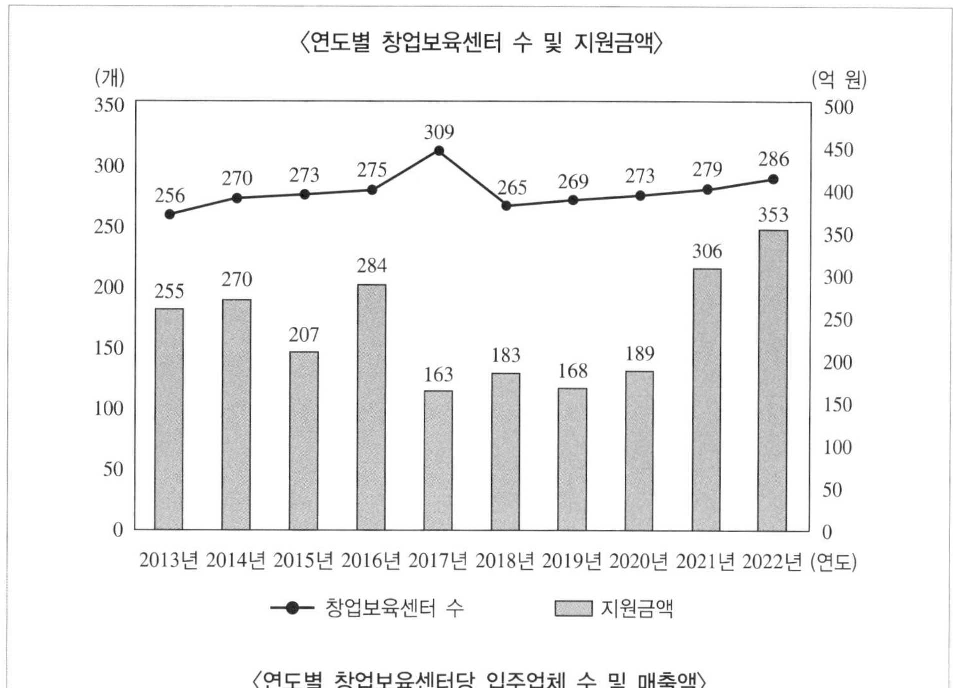

〈연도별 창업보육센터당 입주업체 수 및 매출액〉

(단위 : 개, 억 원)

구분	2020년	2021년	2022년
창업보육센터당 입주업체 수	16.6	17.1	16.8
창업보육센터당 입주업체 매출액	85.0	91.0	86.7

※ 한 업체는 1개의 창업보육센터에만 입주함

보기

ㄱ. 2022년 창업보육센터 지원금액의 전년 대비 증가율은 창업보육 센터 수 증가율의 5배 이상이다.
ㄴ. 2022년 창업보육센터의 전체 입주업체 수는 전년보다 적다.
ㄷ. 창업보육센터당 지원금액이 가장 적은 해는 2017년이며, 가장 많은 해는 2022년이다.
ㄹ. 창업보육센터 입주업체의 전체 매출액은 2020년 이후 매년 증가하였다.

① ㄱ, ㄴ
② ㄱ, ㄷ
③ ㄴ, ㄷ
④ ㄴ, ㄹ
⑤ ㄷ, ㄹ

18 다음은 우리나라의 예산분야별 재정지출 추이를 나타낸 표이다. 이에 대한 설명으로 옳은 것은?

〈우리나라 예산분야별 재정지출 추이〉

(단위 : 조 원, %)

구분	2018년	2019년	2020년	2021년	2022년	연평균 증가율
예산	137.2	147.5	153.7	165.5	182.8	7.4
기금	59.0	61.2	70.4	72.9	74.5	6.0
교육	24.5	27.6	28.8	31.4	35.7	9.9
사회복지·보건	32.4	49.6	56.0	61.4	67.5	20.1
R&D	7.1	7.8	8.9	9.8	10.9	11.3
SOC	27.1	18.3	18.4	18.4	18.9	−8.6
농림·해양·수산	12.3	14.1	15.5	15.9	16.5	7.6
산업·중소기업	11.4	11.9	12.4	12.6	12.6	2.5
환경	3.5	3.6	3.8	4.0	4.4	5.9
국방비	18.1	21.1	22.5	24.5	26.7	10.2
통일·외교	1.4	2.0	2.6	2.4	2.6	16.7
문화·관광	2.3	2.6	2.8	2.9	3.1	7.7
공공질서·안전	7.6	9.4	11.0	10.9	11.6	11.2
균형발전	5.0	5.5	6.3	7.2	8.1	12.8
기타	43.5	35.2	35.1	37.0	38.7	−2.9
총지출	196.2	208.7	224.1	238.4	257.3	7.0

※ (총지출)=(예산)+(기금)

① 총지출에 대한 기금의 비중이 가장 컸던 해는 2018년이다.
② 교육 분야의 지출 증가율이 가장 높은 해는 2019년이다.
③ 기타를 제외하고 전년 대비 지출액이 동일한 해가 있는 분야는 2개이다.
④ 사회복지·보건 분야가 차지하고 있는 비율은 언제나 가장 높다.
⑤ 기금의 연평균 증가율보다 낮은 연평균 증가율을 보이는 분야는 3개이다.

19 다음은 지역별 마약류 단속 건수를 나타낸 표이다. 이에 대한 설명으로 옳은 것은?

〈지역별 마약류 단속 건수〉

(단위 : 건, %)

구분	대마	코카인	향정신성 의약품	합계	
					비중
서울	49	18	323	390	22.1
인천·경기	55	24	552	631	35.8
부산	6	6	166	178	10.1
울산·경남	13	4	129	146	8.3
대구·경북	8	1	138	147	8.3
대전·충남	20	4	101	125	7.1
강원	13	0	35	48	2.7
전북	1	4	25	30	1.7
광주·전남	2	4	38	44	2.5
충북	0	0	21	21	1.2
제주	0	0	4	4	0.2
전체	167	65	1,532	1,764	100.0

※ 수도권은 서울과 인천·경기를 합한 지역임

※ 마약류는 대마, 코카인, 향정신성의약품으로만 구성됨

① 대마 단속 전체 건수는 코카인 단속 전체 건수의 3배 이상이다.

② 수도권의 마약류 단속 건수는 마약류 단속 전체 건수의 50% 이상이다.

③ 코카인 단속 건수가 없는 지역은 5곳이다.

④ 향정신성의약품 단속 건수는 대구·경북 지역이 광주·전남 지역의 4배 이상이다.

⑤ 강원 지역은 향정신성의약품 단속 건수가 대마 단속 건수의 3배 이상이다.

PART 2

20 다음은 미디어 매체별 이용자 분포에 대한 자료이다. 이를 그래프로 나타낸 것으로 적절하지 않은 것은?

〈미디어 매체별 이용자 분포〉

(단위 : %)

구분		TV	스마트폰	PC / 노트북
사례 수		7,000명	6,000명	4,000명
성별	남	49.4	51.7	51.9
	여	50.6	48.3	48.1
연령	10대	9.4	11.2	13.0
	20대	14.1	18.7	20.6
	30대	17.1	21.1	23.0
	40대	19.1	22.2	22.6
	50대	18.6	18.6	15.0
	60세 이상	21.7	8.2	5.8
직업	사무직	20.1	25.6	28.2
	서비스직	14.8	16.6	14.9
	생산직	20.3	17.0	13.4
	학생	13.2	16.8	19.4
	주부	20.4	17.8	18.4
	기타	0.6	0.6	0.6
	무직	10.6	5.6	5.1
소득	상	31.4	35.5	38.2
	중	45.1	49.7	48.8
	하	23.5	14.8	13.0
도시규모	대도시	45.3	47.5	49.5
	중소도시	37.5	39.6	39.3
	군지역	17.2	12.9	11.2

① 연령대별 스마트폰 이용자 수

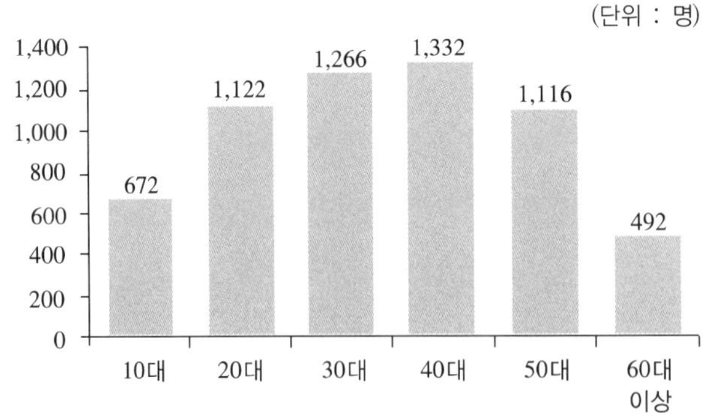

② 성별 매체이용자 수

(단위 : 명)

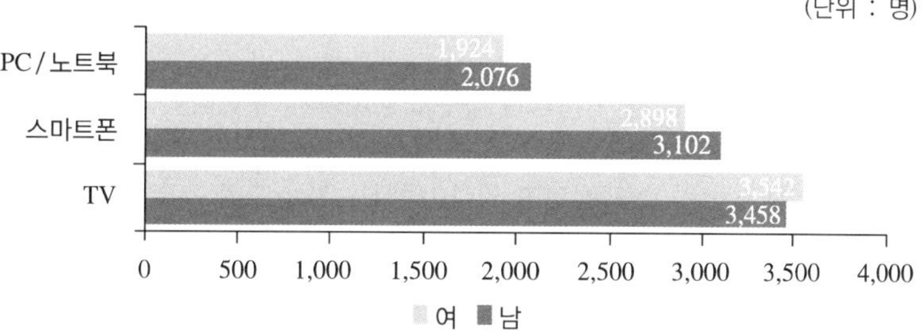

③ 매체별 소득수준 구성비

상 중 하

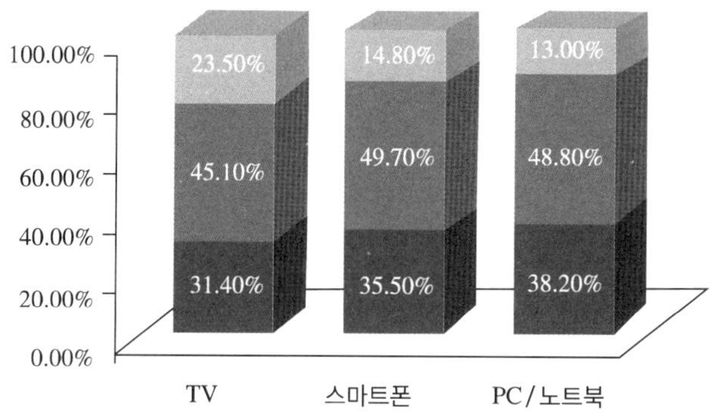

④ TV+스마트폰 이용자의 도시규모별 구성비

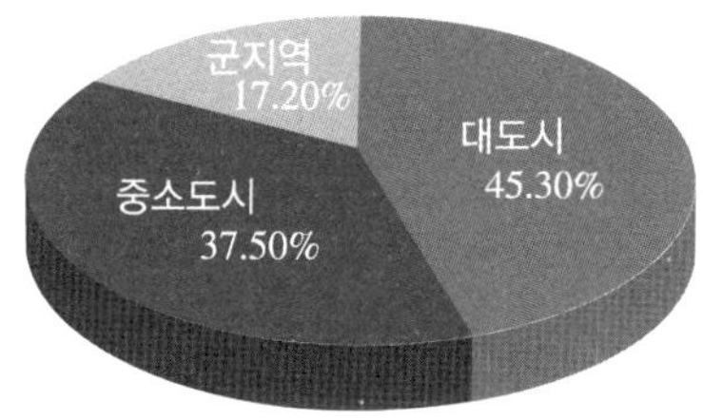

⑤ 사무직 이용자의 매체별 구성비

03 창의수리

01 헤어진 두 남녀가 집으로 돌아가다가 마음을 바꾸고 동시에 다시 만나기 위해 달려가고 있다. 두 남녀 간의 거리는 10km이며, 여자는 남자가 있는 곳으로 4km/h의 속도로 달려가고 있고, 남자는 여자가 있는 곳으로 6km/h의 속도로 가고 있다. 여자는 가는 도중 30분을 쉬었다가 달려서 두 남녀가 다시 만났다면, 두 남녀가 다시 만나는 데 걸리는 시간은?

① 1시간
② 1시간 4분
③ 1시간 12분
④ 1시간 18분
⑤ 1시간 22분

Easy

02 농도가 5%인 설탕물 500g을 가열하려고 한다. 1분 동안 가열하면 50g의 물이 증발할 때, 5분 동안 가열하면 설탕물의 농도는 얼마인가?(단, 설탕물을 가열했을 때 시간에 따라 증발하는 물의 양은 일정하다)

① 6%
② 7%
③ 8%
④ 10%
⑤ 11%

03 어떤 물건의 정가에서 30%를 할인한 가격을 1,000원 더 할인하였다. 이 물건을 2개 사면 그 가격이 처음 정가와 같다고 할 때, 처음 정가는 얼마인가?

① 4,000원
② 5,000원
③ 6,000원
④ 7,000원
⑤ 8,000원

04 책을 읽는데 첫날은 전체의 $\frac{1}{3}$, 둘째 날은 남은 양의 $\frac{1}{4}$, 셋째 날은 100쪽을 읽었더니 92쪽이 남았다. 책의 전체 쪽수는?

① 356쪽
② 372쪽
③ 384쪽
④ 394쪽
⑤ 402쪽

05 슬기와 경서는 꽁꽁 언 강 위에서 각각 다른 일정한 속력으로 썰매를 타고 있다. 경서는 슬기의 출발선보다 1.2m 앞에서 동시에 출발하여 슬기가 따라잡기로 하였다. 경서의 속력은 0.6m/s이며, 슬기가 출발하고 6초 후 경서를 따라잡았다고 할 때, 슬기의 속력은 몇 m/s인가?

① 0.8m/s
② 1.0m/s
③ 1.2m/s
④ 1.4m/s
⑤ 1.6m/s

06 피자 가게에서 부가세를 정가의 15%로 잘못 알아 피자 가격을 부가세 포함 18,400원으로 책정하였다. 부가세를 정가의 10%로 계산하여 부가세를 포함한 피자 가격을 다시 책정한다면 얼마인가?

① 16,800원
② 17,600원
③ 18,000원
④ 18,400원
⑤ 19,200원

07 농도가 12%인 A설탕물 200g, 15%인 B설탕물 300g, 17%인 C설탕물 100g이 있다. A와 B설탕물을 합친 후 300g만 남기고 버린 다음, 여기에 C설탕물을 합친 후 다시 300g만 남기고 버렸다. 마지막 300g 설탕물에 녹아있는 설탕의 질량은?

① 41.5g
② 42.7g
③ 43.8g
④ 44.6g
⑤ 45.1g

08 S동물원에 세 마리 거북이가 살고 있다. 그 중 한 번에 2마리를 임의로 골라 나이를 곱하면 77, 143, 91이 나온다. 세 마리 거북이 중 가장 나이 많은 거북이와 가장 어린 거북이의 나이 차는 얼마인가?

① 2살
② 3살
③ 4살
④ 5살
⑤ 6살

09 10명의 학생들 중 2명의 임원을 뽑고 남은 학생들 중 2명의 주번을 뽑는다고 할 때, 나올 수 있는 경우의 수는?

① 1,024가지
② 1,180가지
③ 1,260가지
④ 1,320가지
⑤ 1,380가지

10 진영이는 이번 출장에 KTX 표를 미리 구매하여 40% 할인된 가격에 구매하였다. 하지만 출장 일정이 바뀌어서 하루 전날 표를 취소하였다. 환불 규정에 따라 16,800원을 돌려받았을 때, 할인되지 않은 KTX 표의 가격은?

〈환불 규정〉

- 2일 전 : 구매 가격의 100%
- 1일 전부터 열차 출발 전 : 구매 가격의 70%
- 열차 출발 후 : 구매 가격의 50%

① 40,000원
② 48,000원
③ 56,000원
④ 67,200원
⑤ 70,000원

PART 2

11 서로 다른 2개의 주사위 A, B를 동시에 던졌을 때, 나온 눈의 곱이 홀수일 확률은?

① $\frac{1}{4}$
② $\frac{1}{5}$
③ $\frac{1}{6}$
④ $\frac{1}{8}$
⑤ $\frac{1}{10}$

12 서울에 사는 S씨는 휴가를 맞아 가족들과 자동차를 타고 휴가를 떠났다. 휴가지에 갈 때는 시속 80km로 운전하고, 휴가지에서 집으로 돌아올 때는 시속 120km로 운전했다. 갈 때와 돌아올 때의 시간 차이가 1시간 20분이라고 할 때, S씨의 집과 휴가지 사이의 거리는?

① 300km
② 320km
③ 340km
④ 360km
⑤ 380km

13 A매장에서는 직원 6명이 마감 청소를 하는 데 5시간이 걸린다. 만약 리모델링 작업을 진행하기 위해 3시간 만에 마감 청소를 끝낼 수 있도록 단기 직원을 추가로 고용하려고 한다면, 몇 명의 단기 직원이 추가로 필요한가?(단, 모든 직원의 능률은 동일하다)

① 2명
② 3명
③ 4명
④ 5명
⑤ 6명

Easy

14 15% 소금물 500g에 몇 g의 물을 넣어야 10% 소금물이 되는가?

① 180g
② 200g
③ 230g
④ 250g
⑤ 270g

15 A와 B는 함께 자격증 시험에 도전하였다. A가 불합격할 확률이 $\frac{2}{3}$이고 B가 합격할 확률이 60%일 때 A, B 둘 다 합격할 확률은?

① 20%
② 30%
③ 40%
④ 50%
⑤ 60%

16 동양역과 서양역은 100km 거리에 있으며, 편도로 1시간이 걸린다고 한다. 동양역의 경우 20분마다, 서양역은 15분마다 기차가 출발한다. 동양역과 서양역에서 서로의 역을 향하여 10시에 첫 기차가 출발할 때, 두 번째로 50km인 지점에서 만나는 시각은 몇 시인가?(단, 모든 기차의 속력은 같다)

① 10시 30분
② 11시 00분
③ 11시 30분
④ 12시 00분
⑤ 12시 30분

17 4통의 엽서를 서로 다른 3개의 우체통에 넣는 방법의 가짓수는?

① 24가지
② 38가지
③ 64가지
④ 81가지
⑤ 96가지

Hard

18 올해 S기업 지원부서원 25명의 평균 나이는 38세이다. 다음 달에 52세의 팀원이 퇴사하고 27세의 신입사원이 입사할 예정일 때, 내년 지원부서원 25명의 평균 나이는?(단, 주어진 조건 외에 다른 인사이동은 없다)

① 34세
② 35세
③ 36세
④ 37세
⑤ 38세

19 A, B 두 개의 톱니가 서로 맞물려 있다. A의 톱니 수는 B의 톱니 수보다 20개 더 많고, A가 6회전 할 때, B는 10회전 한다면, A의 톱니 수는 몇 개인가?

① 35개
② 40개
③ 45개
④ 50개
⑤ 55개

20 순수한 물 100g에 36%의 설탕물 50g과 20%의 설탕물 50g을 모두 섞으면, 몇 %의 설탕물이 되는가?

① 10%
② 12%
③ 14%
④ 16%
⑤ 18%

04 언어추리

01 다음 제시문을 바탕으로 추론할 수 있는 것은?

- 가장 큰 B종 공룡보다 A종 공룡은 모두 크다.
- 일부의 C종 공룡은 가장 큰 B종 공룡보다 작다.
- 가장 큰 D종 공룡보다 B종 공룡은 모두 크다.

① 가장 작은 A종 공룡만 한 D종 공룡이 있다.
② 가장 작은 C종 공룡만 한 D종 공룡이 있다.
③ 어떤 C종 공룡은 가장 작은 A종 공룡보다 작다.
④ 어떤 A종 공룡은 가장 큰 C종 공룡보다 작다.
⑤ 어떤 D종 공룡은 가장 작은 B종 공룡보다 클 수 있다.

02 남학생 A ~ D와 여학생 W ~ Z 총 8명이 있다. 입사 시험을 본 뒤 이 8명의 득점을 알아보았더니, 남녀 모두 1명씩 짝을 이루어 동점을 받았다. 다음 〈조건〉을 모두 만족할 때, 도출할 수 있는 결론으로 적절한 것은?

조건
- 여학생 X는 남학생 B 또는 C와 동점이다.
- 여학생 Y는 남학생 A 또는 B와 동점이다.
- 여학생 Z는 남학생 A 또는 C와 동점이다.
- 남학생 B는 여학생 W 또는 Y와 동점이다.

① 여학생 W는 남학생 C와 동점이다.
② 여학생 X와 남학생 B가 동점이다.
③ 여학생 Z와 남학생 C는 동점이다.
④ 여학생 Y는 남학생 A와 동점이다.
⑤ 남학생 D와 여학생 W는 동점이다.

Easy

03 주어진 명제가 모두 참일 때, 다음 중 반드시 참인 것은?

- 세경이는 전자공학을 전공한다.
- 원영이는 사회학을 전공한다.
- 세경이는 복수전공으로 패션디자인을 전공한다.

① 원영이는 전자공학을 전공한다.

② 세경이는 전자공학과 패션디자인 모두를 전공한다.

③ 원영이의 부전공은 패션디자인이다.

④ 세경이의 부전공은 패션디자인이다.

⑤ 원영이의 복수전공은 전자공학이다.

04 S기업에서는 이번 주 월 ~ 금 건강검진을 실시한다. 서로 요일이 겹치지 않도록 하루를 선택하여 건강검진을 받아야 할 때, 다음 중 반드시 참인 것은?

- 이사원은 최사원보다 먼저 건강검진을 받는다.
- 김대리는 최사원보다 늦게 건강검진을 받는다.
- 박과장의 경우 금요일에는 회의로 인해 건강검진을 받을 수 없다.
- 이사원은 월요일 또는 화요일에 건강검진을 받는다.
- 홍대리는 수요일에 출장을 가므로 수요일 이전에 건강검진을 받아야 한다.
- 이사원은 홍대리보다는 늦게, 박과장보다는 먼저 건강검진을 받는다.

① 홍대리는 월요일에 건강검진을 받는다.

② 박과장은 수요일에 건강검진을 받는다.

③ 최사원은 목요일에 건강검진을 받는다.

④ 최사원은 박과장보다 먼저 건강검진을 받는다.

⑤ 박과장은 최사원보다 먼저 건강검진을 받는다.

05 S회사에 재직 중인 A ~ D는 각각 서로 다른 지역인 인천, 세종, 대전, 강릉에서 근무하고 있다. A ~ D 모두 연수에 참여하기 위해 서울에 있는 본사를 방문한다고 할 때, 다음에 근거하여 바르게 추론한 것은?(단, A ~ D 모두 같은 종류의 교통수단을 이용하고, 이동 시간은 거리가 멀수록 많이 소요되며, 그 외 소요되는 시간은 서로 동일하다)

> • 서울과의 거리가 먼 순서대로 나열하면 강릉 – 대전 – 세종 – 인천 순이다.
> • D가 서울에 올 때, B보다 더 많은 시간이 소요된다.
> • C는 A보다는 많이 B보다는 적게 시간이 소요된다.

① B는 세종에 근무한다.
② C는 대전에 근무한다.
③ D는 강릉에 근무한다.
④ C는 B보다 먼저 출발해야 한다.
⑤ 이동 시간이 긴 순서대로 나열하면 'C – D – B – A'이다.

06 A ~ E가 기말고사를 봤는데, 이 중 2명은 부정행위를 하였다. 부정행위를 한 2명은 거짓을 말하고 부정행위를 하지 않은 3명은 진실을 말할 때, 다음 진술을 보고 부정행위를 한 사람끼리 짝지은 것은?

> A : D는 거짓말을 하고 있어.
> B : A는 부정행위를 하지 않았어.
> C : B가 부정행위를 했어.
> D : 나는 부정행위를 하지 않았어.
> E : C가 거짓말을 하고 있어.

① A, B
② B, C
③ C, D
④ C, E
⑤ D, E

07 가와 나 마을에 A ~ F가 살고 있다. 가와 나 마을에는 3명씩 살고 있으며, 가 마을 사람들은 항상 진실만을 말하고 나 마을 사람들은 항상 거짓만 말한다. F가 가 마을에 살고 있고, 다음 〈조건〉을 고려했을 때 나 마을 사람으로 옳은 것은?

> **조건**
> • A : B, D 중 한 명은 가 마을이야.
> • C : A, E 중 한 명은 나 마을이야.

① A, B, C
② A, B, D
③ B, C, D
④ B, C, E
⑤ C, D, E

PART 2

08 A ~ E 다섯 명이 100m 달리기를 했다. 기록 측정 결과가 나오기 전에 그들끼리의 대화를 통해 순위를 예측해 보려고 한다. 그들의 대화는 다음과 같고, 이 중 한 사람은 거짓말만 하고 있다. 다음 중 A ~ E의 순위로 알맞은 것은?

> A : 나는 1등이 아니고, 3등도 아니야.
> B : 나는 1등이 아니고, 2등도 아니야.
> C : 나는 3등이 아니고, 4등도 아니야.
> D : 나는 A와 B보다 늦게 들어왔어.
> E : 나는 C보다는 빠르게 들어왔어. 하지만 A보다는 늦게 들어왔지.

① E – C – B – A – D
② E – A – B – C – D
③ C – E – B – A – D
④ C – A – D – B – E
⑤ A – C – E – B – D

09 대학생의 취미생활에 대한 선호도를 조사하였더니 다음과 같은 결과가 나왔다. 이를 바탕으로 올바르게 추론한 것은?

> • 등산을 좋아하는 사람은 스케이팅을 좋아하지 않는다.
> • 영화 관람을 좋아하지 않는 사람은 독서를 좋아한다.
> • 영화 관람을 좋아하지 않는 사람은 조깅 또한 좋아하지 않는다.
> • 낮잠 자기를 좋아하는 사람은 스케이팅을 좋아한다.
> • 스케이팅을 좋아하는 사람은 독서를 좋아한다.

① 영화 관람을 좋아하는 사람은 스케이팅을 좋아한다.
② 스케이팅을 좋아하는 사람은 낮잠 자기를 좋아하지 않는다.
③ 조깅을 좋아하는 사람은 독서를 좋아한다.
④ 낮잠 자기를 좋아하는 사람은 독서를 좋아한다.
⑤ 독서를 좋아하지 않는 사람은 조깅을 좋아하지 않는다.

10 주어진 명제를 바탕으로 결론을 내릴 때, 다음 중 참인지 거짓인지 알 수 없는 것은?

> • 월계 빌라의 주민들은 모두 A의 친척이다.
> • B는 자식이 없다.
> • C는 A의 오빠이다.
> • D는 월계 빌라의 주민이다.
> • A의 아들은 미국에 산다.

① A의 아들은 C와 친척이다.
② D는 A와 친척 간이다.
③ B는 월계 빌라의 주민이다.
④ A와 D는 둘 다 남자이다.
⑤ C는 A의 아들의 이모이다.

11 다음 제시문을 바탕으로 추론할 수 있는 것은?

> • 어떤 안경은 바다를 좋아한다.
> • 바다를 좋아하는 것은 유리로 되어 있다.
> • 모든 유리로 되어 있는 것은 열쇠이다.

① 모든 안경은 열쇠이다.
② 유리로 되어 있는 어떤 것 중 안경이 있다.
③ 바다를 좋아하는 모든 것은 안경이다.
④ 바다를 좋아하는 어떤 것은 유리로 되어 있지 않다.
⑤ 안경이 아닌 것은 바다를 좋아하지 않는다.

12 A ~ E는 점심 식사 후 제비뽑기를 통해 '꽝'을 뽑은 한 명이 나머지 네 명의 아이스크림을 모두 사주기로 하였다. 다음 A ~ E의 대화에서 한 명이 거짓말을 한다고 할 때, 아이스크림을 사야 할 사람은 누구인가?

> A : D는 거짓말을 하고 있지 않아.
> B : '꽝'을 뽑은 사람은 C이다.
> C : B의 말이 사실이라면 D의 말은 거짓이야.
> D : E의 말이 사실이라면 '꽝'을 뽑은 사람은 A이다.
> E : C는 빈 종이를 뽑았어.

① A　　② B
③ C　　④ D
⑤ E

※ 제시된 명제가 모두 참일 때, 빈칸에 들어갈 명제로 가장 적절한 것을 고르시오. [13~15]

Easy

13

전제1. 눈을 자주 깜빡이지 않으면 눈이 건조해진다.
전제2. 스마트폰을 이용할 때는 눈을 자주 깜빡이지 않는다.
결론. ______________________

① 눈이 건조해지면 눈을 자주 깜빡이지 않는다.
② 눈이 건조해지지 않으면 눈을 자주 깜빡이지 않는다.
③ 눈을 자주 깜빡이지 않으면 스마트폰을 이용하는 때이다.
④ 스마트폰을 이용할 때는 눈이 건조해진다.
⑤ 눈이 건조해지면 눈을 자주 깜빡인 것이다.

14

전제1. 밤에 잠을 잘 못자면 낮에 피곤하다.
전제2. ______________________
전제3. 업무효율이 떨어지면 성과급을 받지 못한다.
결론. 밤에 잠을 잘 못자면 성과급을 받지 못한다.

① 업무효율이 떨어지면 밤에 잠을 잘 못 잔다.
② 낮에 피곤하면 업무효율이 떨어진다.
③ 성과급을 받으면 밤에 잠을 잘 못 잔다.
④ 밤에 잠을 잘 자면 성과급을 받는다.
⑤ 성과급을 받지 못하면 낮에 피곤하다.

15

전제1. 자차가 없으면 대중교통을 이용한다.
전제2. ______________________
결론. 자차가 없으면 출퇴근 비용을 줄일 수 있다.

① 자차가 있으면 출퇴근 비용이 줄어든다.
② 대중교통을 이용하려면 자차가 있어야 한다.
③ 대중교통을 이용하면 출퇴근 비용이 줄어든다.
④ 출퇴근 비용을 줄이려면 자차가 있어야 한다.
⑤ 자차가 없으면 출퇴근 비용을 줄일 수 없다.

※ 마지막 명제가 참일 때, 빈칸에 들어갈 명제로 가장 적절한 것을 고르시오. **[16~18]**

16

• 노트북을 구매하면 흰색 마우스도 구매한 것이다.
• ________________
그러므로 노트북을 구매하면 키보드도 구매한 것이다.

① 노트북을 구매하면 흰색 마우스를 구매하지 않은 것이다.
② 키보드를 구매하지 않으면 흰색 마우스도 구매하지 않은 것이다.
③ 키보드를 구매하지 않아도 흰색 마우스는 구매한다.
④ 키보드를 구매하면 흰색 마우스도 구매한 것이다.
⑤ 노트북을 구매하면 마우스도 구매한 것이다.

17

• 피아노를 잘 치는 사람은 노래를 잘 부른다.
• ________________
그러므로 혜미는 피아노를 잘 치지 못한다.

① 노래를 못 부르면 피아노를 못 친다.
② 혜미는 피아노 소리를 좋아한다.
③ 혜미는 노래를 잘 부르지 못한다.
④ 노래를 잘 부르면 피아노를 잘 친다.
⑤ 혜미는 피아노 연습을 매일한다.

18

• 서로를 사랑하면 세계에 평화가 찾아온다.
• ________________
그러므로 타인을 사랑하면 세계에 평화가 찾아온다.

① 서로를 사랑하지 않는다는 것은 타인을 사랑하지 않는다는 것이다.
② 세계가 평화롭지 않으면 서로를 싫어한다는 것이다.
③ 서로를 사랑하면 타인을 사랑하지 않게 된다.
④ 세계에 평화가 찾아오면 서로를 사랑하게 된다.
⑤ 세계에 평화가 찾아오면 서로를 미워하게 된다.

19 은호네 가족 아빠, 엄마, 은호, 동생 은수는 각각 서로 다른 사이즈의 신발을 신는다. 제시된 내용이 모두 참일 때, 다음 중 항상 참이 되는 것은?(단, 신발은 5mm 단위로 판매된다)

- 은호의 아빠는 은호네 가족 중 가장 큰 사이즈인 270mm의 신발을 신는다.
- 은호의 엄마는 은호의 신발보다 5mm 더 큰 사이즈의 신발을 신는다.
- 은호에게 230mm의 신발은 조금 작고, 240mm의 신발은 조금 크다.
- 은수의 신발 사이즈는 230mm 이하로 가족 중 가장 작은 사이즈의 신발을 신는다.

① 은호 아빠와 엄마의 신발 사이즈 차이는 20mm이다.
② 은호 엄마와 은수의 신발 사이즈는 10mm 이하 차이가 난다.
③ 은호 아빠와 은호의 신발 사이즈 차이는 35mm이다.
④ 은호와 은수의 신발 사이즈 차이는 5mm 이하이다.
⑤ 은수의 신발 사이즈는 225mm이다.

20 S사에 근무 중인 A ~ E는 다음 사내 교육 프로그램 일정에 따라 요일별로 하나의 프로그램에 참가한다. 제시된 〈조건〉이 모두 참일 때, 다음 중 항상 참이 되는 것은?

월	화	수	목	금
필수1	필수2	선택1	선택2	선택3

조건

- A는 선택 프로그램에 참가한다.
- C는 필수 프로그램에 참가한다.
- D는 C보다 나중에 프로그램에 참가한다.
- E는 A보다 나중에 프로그램에 참가한다.

① D는 반드시 필수 프로그램에 참가한다.
② B가 필수 프로그램에 참가하면 C는 화요일 프로그램에 참가한다.
③ C가 화요일 프로그램에 참가하면 E는 선택2 프로그램에 참가한다.
④ A가 목요일 프로그램에 참가하면 E는 선택3 프로그램에 참가한다.
⑤ E는 반드시 목요일 프로그램에 참가한다.

05 수열추리

※ 일정한 규칙으로 수를 나열할 때, 빈칸에 들어갈 알맞은 수를 고르시오. **[1~16]**

01

0.5 1.4 1.2 4.1 2.8 12.2 6.2 ( )

① 36.5
② 36.6
③ 37.5
④ 37.6
⑤ 38.5

02

$\frac{1}{2}$ $\frac{2}{3}$ $\frac{3}{4}$ $\frac{1}{2}$ 1 $\frac{1}{3}$ $\frac{5}{4}$ $\frac{1}{6}$ ( )

① $\frac{9}{2}$
② $\frac{7}{2}$
③ $\frac{5}{2}$
④ $\frac{3}{2}$
⑤ $\frac{1}{2}$

03

2 3 1 −0.7 ( ) −4.9 $\frac{1}{4}$ −9.6

① $\frac{1}{2}$
② −1
③ −2.5
④ −3
⑤ $\frac{1}{3}$

Easy

04

0.4 0.5 0.65 0.85 1.1 ( )

① 1.35
② 1.4
③ 1.45
④ 1.5
⑤ 1.55

05

−5 −3 1 9 25 ( )

① 50
② 57
③ 143
④ 286
⑤ 300

06

68 71 ( ) 70 73 68 82 65

① 6
② 7
③ 69
④ 34
⑤ 75

07

−88 66 ( ) 78 −22 90 −11

① −33
② −44
③ −55
④ −66

08

7 4 35 13 175 40 875 ( ) 4,375 364

① 121
② 119
③ 118
④ 115
⑤ 113

09

7	6	( )	1	17	−4	22

① 5
② 9
③ 10
④ 12
⑤ 14

10

10	42	58	66	70	72	( )

① 74
② 73
③ 71
④ 69
⑤ 68

11

30	12	20	14	11	16	3	18	( )	20

① −4
② 4
③ −5
④ 5
⑤ 6

12

7	18	13	16	( )	14	25

① 7
② 9
③ 15
④ 17
⑤ 19

13

1　2　2　2　4　2　3　12　(　)

① 4
② 5
③ 6
④ 7
⑤ 9

14

2　9　16　5　8　11　7　10　(　)

① 8
② 10
③ 13
④ 15
⑤ 16

15

22　4　6　19　7　3　8　(　)　2

① 5
② 7
③ 9
④ 10
⑤ 11

16

(　)　3　81　2　4　16　3　5　125

① 1
② 3
③ 4
④ 5
④ 8

17 다음 수열의 8번째 항의 값은?

−1,000	−996	−984	−948	−840	−516	⋯

① 3,056
② 3,372
③ 3,728
④ 4,094
⑤ 4,200

18 다음 수열의 12번째 항의 값은?

3	−3	6	−9	15	−24	39	−63	⋯

① −432
② −210
③ −105
④ −52
⑤ −20

19 다음 수열의 22번째 항의 값은?

2	−5	10	−17	26	−37	50	−65	⋯

① −485
② −325
③ −226
④ 325
⑤ 485

Hard

20 다음 수열의 11번째 항의 값은?

1	3	8	18	35	61	98	⋯

① 396
② 402
③ 424
④ 444
⑤ 476

PART 2

제 2 회 최종점검 모의고사

응시시간 : 75분 문항 수 : 100문항

정답 및 해설 p.038

01 언어이해

01 다음 글의 중심 내용으로 가장 적절한 것은?

'노블레스 오블리주(Noblesse Oblige)'는 높은 지위에 맞는 도덕적 의무감을 일컫는 말이다. 높든 낮든 사람들은 모두 지위를 가지고 이 사회를 살아가고 있다. 그러나 '노블레스 오블리주'는 '높은 지위'를 강조하고, 그것도 사회를 이끌어 가는 지도층에 속하는 사람들의 지위를 강조한다. 지도층은 '엘리트층'이라고도 하고 '상층'이라고도 한다. 좀 부정적 의미로는 '지배층'이라고도 한다. '노블레스 오블리주'는 지도층의 지위에 맞는 도덕적 양심과 행동을 이르는 말로, 사회의 중요 덕목으로 자주 인용된다.

그렇다면 지도층만 도덕적 의무감이 중요하고 일반 국민의 도덕적 의무감은 중요하지 않다는 말인가? 물론 그럴 리도 없고 그렇지도 않다. 도덕적 의무감은 지위가 높든 낮든 다 중요하다. "사회는 도덕 체계다."라는 말처럼, 사회가 존속하고 지속되는 것은 기본적으로는 법 때문이 아니라 도덕 때문이다. 한 사회 안에서 수적으로 얼마 안 되는 '지도층'의 도덕성만이 문제될 수는 없다. 화합하는 사회, 인간이 존중되는 사회는 국민 전체의 도덕성이 더 중요하다.

그런데도 왜 '노블레스 오블리주'인가? 왜 지도층만의 도덕적 의무감을 특히 중요시하는가? 이유는 명백하다. 우리식 표현으로는 윗물이 맑아야 아랫물이 맑기 때문이다. 서구식 주장으로는 지도층이 '도덕적 지표(指標)'가 되기 때문이다. 그런데 우리식의 표현이든 서구식의 주장이든 이 두 생각이 사회에서 그대로 적용되는 것은 아니다. 사회에서는 위가 맑아도 아래가 부정한 경우가 비일비재(非一非再)하다. 또한 도덕적 실천에서는 지도층이 꼭 절대적 기준이 되는 것도 아니다. 완벽한 기준은 세상 어디에도 존재하지 않는다. 단지 건전한 사회를 만드는 데 어느 방법이 높은 가능성을 지니느냐, 어느 방법이 효과적이냐 하는 의논만이 있을 뿐이다. 우리식 표현이든 서구식 생각이든 두 생각이 공통적으로 갖는 의미는 지도층의 도덕적 의무감이 일반 국민을 도덕 체계 속으로 끌어들이는 데 가장 효과적이며 효율적인 방법이라는 것에 있다. 그래서 '노블레스 오블리주'이다.

① 노블레스 오블리주의 기원
② 노블레스 오블리주가 필요한 이유
③ 노블레스 오블리주의 적용범위
④ 노블레스 오블리주의 한계
⑤ 노블레스 오블리주의 장점과 단점

※ 다음 글의 내용으로 가장 적절한 것을 고르시오. [2~4]

02

독일의 발명가 루돌프 디젤이 새로운 엔진에 대한 아이디어를 내고 특허를 얻은 것은 1892년의 일이었다. 1876년 오토가 발명한 가솔린 엔진의 효율은 당시에 무척 떨어졌으며, 가동비용도 많이 드는 단점이 있었다. 디젤의 목표는 고효율의 엔진을 만드는 것이었고, 그의 아이디어는 훨씬 더 높은 압축 비율로 연료를 연소시키는 것이었다.
일반적으로 가솔린 엔진은 기화기에서 공기와 연료를 먼저 혼합하고, 그 혼합 기체를 실린더 안으로 흡입하여 압축한 후, 점화 플러그로 스파크를 일으켜 동력을 얻는다. 이러한 과정에서 문제는 압축 정도가 제한된다는 것이다. 만일 기화된 가솔린에 너무 큰 압력을 가하면 멋대로 점화되어 버리는데, 이것이 엔진의 노킹 현상이다.
공기를 압축하면 뜨거워진다는 것은 알려져 있던 사실이다. 디젤 엔진의 기본 원리는 실린더 안으로 공기만을 흡입하여 피스톤으로 강하게 압축시킨 다음, 그 압축 공기에 연료를 분사하여 저절로 착화가 되도록 하는 것이다. 따라서 디젤 엔진에는 점화 플러그가 필요 없는 대신, 연료 분사기가 장착되어 있다. 또 압축 과정에서 디젤 엔진은 최대 12 : 1의 압축 비율을 갖는 가솔린 엔진보다 훨씬 더 높은 25 : 1 정도의 압축 비율을 갖는다. 압축 비율이 높다는 것은 그만큼 효율이 좋다는 것을 의미한다.
사용하는 연료의 특성도 다르다. 디젤 연료인 경유는 가솔린보다 훨씬 무겁고 점성이 강하며 증발하는 속도도 느리다. 왜냐하면 경유는 가솔린보다 훨씬 더 많은 탄소 원자가 길게 연결되어 있기 때문이다. 일반적으로 가솔린은 5 ~ 10개, 경유는 16 ~ 20개의 탄소를 가진 탄화수소들의 혼합물이다. 한편, 경유는 가솔린보다 에너지 밀도가 높다.
1갤런의 경유는 약 1억 5,500만 줄(Joule)의 에너지를 가지고 있지만, 가솔린은 1억 3,200만 줄을 가지고 있다. 이러한 연료의 특성들이 디젤 엔진의 높은 효율과 결합되면서, 디젤 엔진은 가솔린 엔진보다 좋은 연비를 내게 되는 것이다.
발명가 디젤은 디젤 엔진이 작고 경제적인 엔진이 되어야 한다고 생각했지만, 그의 생전에는 크고 육중한 것만 만들어졌다. 하지만 그 후 디젤의 기술적 유산은 이 발명가가 꿈꾼 대로 널리 보급되었다. 디젤 엔진은 원리상 가솔린 엔진보다 더 튼튼하고 고장도 덜 난다. 디젤 엔진은 연료의 품질에 민감하지 않고 연료의 소비 면에서도 경제성이 뛰어나 오늘날 자동차 엔진용으로 확고한 자리를 잡았다. 환경론자들이 걱정하는 디젤 엔진의 분진 배출 문제도 필터 기술이 나아지면서 점차 극복되고 있다.

① 디젤 엔진은 가솔린 엔진보다 내구성이 뛰어나다.
② 디젤 엔진은 가솔린 엔진보다 먼저 개발되었다.
③ 가솔린 엔진은 디젤 엔진보다 분진을 많이 배출한다.
④ 디젤 엔진은 가솔린 엔진보다 연료의 품질에 민감하다.
⑤ 가솔린 엔진은 디젤 엔진보다 높은 압축 비율을 가진다.

03

조선 후기의 대표적인 관료 선발 제도 개혁론인 유형원의 공거제 구상은 능력주의적, 결과주의적 인재 선발의 약점을 극복하려는 의도와 함께 신분적 세습의 문제점도 의식한 것이었다. 중국에서는 17세기 무렵 관료 선발에서 세습과 같은 봉건적인 요소를 부분적으로 재도입하려는 개혁론이 등장했다. 고염무는 관료제의 상층에는 능력주의적 제도를 유지하되, 지방관인 지현들은 어느 정도의 검증 기간을 거친 이후 그 지위를 평생 유지시켜 주고 세습의 길까지 열어 놓는 방안을 제안했다. 황종희는 지방의 관료가 자체적으로 관리를 초빙해서 시험한 후에 추천하는 '벽소'와 같은 옛 제도를 되살리는 방법으로 과거제를 보완하자고 주장했다.

이러한 개혁론은 갑작스럽게 등장한 것이 아니었다. 과거제를 시행했던 국가들에서는 수백 년에 걸쳐 과거제를 개선하라는 압력이 있었다. 시험 방식이 가져오는 부작용들은 과거제의 중요한 문제였다. 치열한 경쟁은 학문에 대한 깊이 있는 학습이 아니라 합격만을 목적으로 하는 형식적 학습을 하게 만들었고, 많은 인재들이 수험 생활에 장기간 매달리면서 재능을 낭비하는 현상도 낳았다. 또한 학습 능력 이외의 인성이나 실무 능력을 평가할 수 없다는 이유로 시험의 익명성에 대한 회의도 있었다.

과거제의 부작용에 대한 인식은 과거제를 통해 임용된 관리들의 활동에 대한 비판적 시각으로 연결되었다. 능력주의적 태도는 시험뿐 아니라 관리의 업무에 대한 평가에도 적용되었다. 세습적이지 않으면서 몇 년의 임기마다 다른 지역으로 이동하는 관리들은 승진을 위해서 빨리 성과를 낼 필요가 있었기에, 지역 사회를 위해 장기적인 전망을 가지고 정책을 추진하기보다 가시적이고 단기적인 결과만을 중시하는 부작용을 가져왔다. 개인적 동기가 공공성과 상충되는 현상이 나타났던 것이다. 공동체 의식의 약화 역시 과거제의 부정적 결과로 인식되었다. 과거제 출신의 관리들이 공동체에 대한 소속감이 낮고 출세 지향적이기 때문에 세습엘리트나 지역에서 천거된 관리에 비해 공동체에 대한 충성심이 약했던 것이다.

① 과거제 출신의 관리들은 공동체에 대한 소속감이 낮고 출세 지향적이었다.
② 고염무는 관료제의 상층에는 세습제를 실시하고, 지방관에게는 능력주의적 제도를 실시하자는 방안을 제안했다.
③ '벽소'는 과거제를 없애고자 등장한 새로운 제도이다.
④ 과거제는 학습 능력 이외의 인성이나 실무 능력까지 정확하게 평가할 수 있는 제도였다.
⑤ 과거제를 통해 임용된 관리들은 지역 사회를 위해 장기적인 전망을 가지고 정책을 추진하였다.

04

통증은 조직 손상이 일어나거나 일어나려고 할 때 의식적인 자각을 주는 방어적 작용으로 감각의 일종이다. 통증을 유발하는 자극에는 강한 물리적 충격에 의한 기계적 자극, 높은 온도에 의한 자극, 상처가 나거나 미생물에 감염되었을 때 세포에서 방출하는 화학 물질에 의한 화학적 자극 등이 있다. 이러한 자극은 온몸에 퍼져 있는 감각 신경의 말단에서 받아들이는데, 이 신경 말단을 통각 수용기라 한다. 통각 수용기는 피부에 가장 많아 피부에서 발생한 통증은 위치를 확인하기 쉽지만, 통각 수용기가 많지 않은 내장 부위에서 발생한 통증은 위치를 정확히 확인하기 어렵다. 후각이나 촉각 수용기 등에는 지속적인 자극에 대해 수용기의 반응이 감소되는 감각 적응 현상이 일어난다. 하지만 통각 수용기에는 지속적인 자극에 대해 감각 적응 현상이 거의 일어나지 않는다. 그래서 우리 몸은 위험한 상황에 대응할 수 있게 된다.
대표적인 통각 수용 신경 섬유에는 Aδ 섬유와 C섬유가 있다. Aδ 섬유에는 기계적 자극이나 높은 온도 자극에 반응하는 통각 수용기가 분포되어 있으며, C섬유에는 기계적 자극이나 높은 온도 자극뿐만 아니라 화학적 자극에도 반응하는 통각 수용기가 분포되어 있다. Aδ 섬유를 따라 전도된 통증 신호가 대뇌 피질로 전달되면, 대뇌 피질에서는 날카롭고 쑤시는 듯한 짧은 초기 통증을 느끼고 통증이 일어난 위치를 파악한다. C섬유를 따라 전도된 통증 신호가 대뇌 피질로 전달되면, 대뇌피질에서는 욱신거리고 둔한 지연 통증을 느낀다. 이는 두 신경 섬유의 특징과 관련이 있다. Aδ 섬유는 직경이 크고 전도 속도가 빠르며, C섬유는 직경이 작고 전도 속도가 느리다.

① Aδ 섬유를 따라 전도된 통증 신호가 대뇌 피질로 전달되면, 대뇌피질에서는 욱신거리고 둔한 지연 통증을 느낀다.
② 통각 수용기는 수용기의 반응이 감소되는 감각 적응 현상이 거의 일어나지 않는다.
③ Aδ 섬유는 C섬유보다 직경이 작고 전도 속도가 빠르다.
④ 통각 수용기가 적은 부위일수록 통증 위치를 확인하기 쉽다.
⑤ 기계적 자극이나 높은 온도에 반응하는 통각 수용기는 Aδ 섬유에만 분포되어 있다.

PART 2

Easy

05 다음 글의 밑줄 친 '정원'에 대한 설명으로 적절하지 않은 것은?

야생의 자연이라는 이상을 고집하는 자연 애호가들은 인류가 자연과 내밀하면서도 창조적인 관계를 맺었던 반(反)야생의 자연, 즉 '정원'을 간과한다. 정원은 울타리를 통해 농경지보다 야생의 자연과 분명한 경계를 긋는다. 집약적인 토지 이용이라는 전통은 정원에서 시작되었다. 정원은 대규모의 농경지 경작이 행해지지 않은 원시적인 문화에서도 발견된다. 만여 종의 경작용 식물들은 모두 대량 생산에 들어가기 전에 정원에서 자라는 단계를 거쳐 온 것으로 보인다.

농업경제의 역사에서 정원이 갖는 의미는 시대와 지역에 따라 매우 달랐다. 좁은 공간에서 집약적인 농사를 짓는 지역에서는 농부가 곧 정원사였다. 반면 예전의 독일 농부들은 정원이 곡물 경작에 사용될 퇴비를 앗아가므로 정원을 악으로 여기기도 했다. 하지만 여성들의 입장은 지역적인 편차가 없었다. 아메리카의 푸에블로 인디언부터 근대 독일의 농부 집안까지 정원은 농업 혁신에 주도적인 역할을 해온 여성들에게는 자신들의 제국이자 자존심이었다. 그곳에는 여성들이 경험을 통해 쌓은 지식 전통이 살아 있었다. 환경사에서 여성이 갖는 특별한 역할의 물질적 근간은 대부분 정원에서 발견된다. 지난 세기들의 경우 이는 특히 여성 제후들과 관련되어 있으며 자료가 풍부하다. 작센의 여성 제후인 안나는 식물에 관한 지식을 늘 공유했던 긴밀하고도 광범위한 사회적 네트워크를 가지고 있었는데, 그중에는 식물 경제학에 관심이 깊은 고귀한 신분의 여성들도 많았으며 수도원 소속의 여성들도 있었다.

여성들이 정원에서 쌓은 경험의 특징은 무엇일까? 정원에서는 땅을 면밀히 살피고 손으로 흙을 부스러뜨리는 습관이 생겨났을 것이다. 정원에서 즐겨 이용되는 삽도 다양한 토질의 층을 자세히 연구하도록 부추겼을 것이 분명하다. 넓은 경작지보다는 정원에서 땅을 다룰 때 더 아끼고 보호했을 것이다. 정원이라는 매우 제한된 공간에는 옛날에도 충분한 퇴비를 줄 수 있었다. 경작지보다도 다양한 종류의 퇴비로 실험할 수 있었고 새로운 작물을 키우며 경험을 수집할 수 있었다. 정원에서는 좁은 공간에서 다양한 식물이 자라기 때문에 모든 종류의 식물들이 서로 잘 지내지는 않는다는 사실에도 주의를 기울였다. 이는 식물 생태학의 근간을 이루는 통찰이었다.

결론적으로 정원은 여성들이 주도가 되어 토양과 식물을 이해하고, 농경지 경작에 유용한 지식과 경험을 배양할 수 있는 좋은 장소였다.

① 울타리를 통해 야생의 자연과 분명한 경계를 긋는다.

② 집약적 토지 이용의 전통이 시작된 곳으로 원시적인 문화에서도 발견된다.

③ 시대와 지역에 따라 정원에 대한 여성들의 입장이 달랐다.

④ 정원에서는 모든 종류의 식물들이 서로 잘 지내지는 않는다.

⑤ 여성이 갖는 특별한 역할의 물질적 근간이 대부분 발견되는 곳이다.

06 다음 글의 집필 의도를 바르게 제시한 것은?

> 미술가가 얻어내려고 하는 효과가 어떤 것인지는 결코 예견할 수 없기 때문에 이러한 종류의 규칙을 설정하기는 불가능하며, 또한 이것이 진리이다. 미술가는 일단 옳다는 생각이 들면 전혀 조화되지 않는 것까지 시도하기를 원할지 모른다. 하나의 그림이나 조각이 어떻게 되어 있어야 제대로 된 것인지 말해 줄 수 있는 규칙이 없기 때문에 우리가 어떤 작품을 걸작이라고 느끼더라도 그 이유를 정확한 말로 표현한다는 것은 거의 불가능하다. 그러나 그렇다고 어느 작품이나 다 마찬가지라거나, 사람들이 취미에 대해 논할 수 없다는 뜻은 아니다. 만일 그러한 논의가 별 의미가 없는 것이라 하더라도 그러한 논의들은 우리에게 그림을 더 보도록 만들고, 우리가 그림을 더 많이 볼수록 전에는 발견하지 못했던 점들을 깨달을 수 있게 된다. 그림을 보면서 각 시대의 미술가들이 이룩하려 했던 조화에 대한 감각을 발전시키고, 이러한 조화들에 의해 우리의 느낌이 풍부해질수록 우리는 더욱 그림 감상을 즐기게 될 것이다. 취미에 관한 문제는 논의의 여지가 없다는 오래된 경구는 진실이겠지만, 이로 인해 '취미는 개발될 수 있다.'는 사실이 숨겨져서는 안 된다. 예컨대 차를 마셔 버릇하지 않은 사람들은 여러 가지 차를 혼합해서 만드는 차와 다른 종류의 차가 똑같은 맛을 낸다고 느낄지 모른다. 그러나 만일 그들이 여가(餘暇)와 기회가 있어 그러한 맛의 차이를 찾아내려 한다면 그들은 자기가 좋아하는 혼합된 차의 종류를 정확하게 식별해 낼 수 있는 진정한 감식가가 될 수 있을 것이다.

① 미의 표현 방식을 설명하기 위해
② 미술에 대한 관심을 불러일으키기 위해
③ 미술 교육이 나아갈 방향을 제시하기 위해
④ 미술 작품 감상의 올바른 태도를 제시하기 위해
⑤ 미술을 통해 얻는 효과를 이해시키기 위해

07 다음 글의 주장에 대한 반박으로 적절하지 않은 것은?

> 문화재 관리에서 중요한 개념이 복원과 보존이다. 복원은 훼손된 문화재를 원래대로 다시 만드는 것을, 보존은 더 이상 훼손되지 않도록 잘 간수하는 것을 의미한다. 이와 관련하여 훼손된 탑의 관리에 대한 논의가 한창이다.
>
> 나는 복원보다는 보존이 다음과 같은 근거에서 더 적절하다고 생각한다. 우선, 탑을 보존하면 탑에 담긴 역사적 의미를 온전하게 전달할 수 있어 진정한 역사 교육이 가능하다. 탑은 백성들의 평화로운 삶을 기원하기 위해 만들어졌고, 이후 역사의 흐름 속에서 전란을 겪으며 훼손된 흔적들이 더해져 지금 모습으로 남아 있다. 그런데 탑을 복원하면 이런 역사적 의미들이 사라져 그 의미를 온전하게 전달할 수 없다.
>
> 다음으로, 정확한 자료가 없이 탑을 복원하면 이는 결국 탑을 훼손하는 것이 될 수밖에 없다. 따라서 원래의 재료를 활용하지 못하고 과거의 건축 과정에 충실하게 탑을 복원하지 못하면 탑의 옛 모습을 온전하게 되살리는 것은 불가능하므로 탑을 보존하는 것이 더 바람직하다.
>
> 마지막으로, 탑을 보존하면 탑과 주변 공간의 조화가 유지된다. 전문가에 따르면 탑은 주변 산수는 물론 절 내부 건축물들과의 조화를 고려하여 세워졌다고 한다. 이런 점을 무시하고 탑을 복원한다면 탑과 기존 공간의 조화가 사라지기 때문에 보존하는 것이 적절하다.
>
> 따라서 탑은 보존하는 것이 복원하는 것보다 더 적절하다고 생각한다. 건축 문화재의 경우 복원보다는 보존을 중시하는 국제적인 흐름을 고려했을 때도, 탑이 더 훼손되지 않도록 지금의 모습을 유지하고 관리하는 것이 문화재로서의 가치를 지키고 계승할 수 있는 바람직한 방법이라고 생각한다.

① 탑을 복원하더라도 탑에 담긴 역사적 의미는 사라지지 않는다.

② 탑을 복원하면 형태가 훼손된 탑에서는 느낄 수 없었던 탑의 형태적 아름다움을 느낄 수 있다.

③ 탑 복원에 필요한 자료를 충분히 수집하여 탑을 복원하면 탑의 옛 모습을 되살릴 수 있다.

④ 주변 공간과의 조화를 유지하는 방법으로 탑을 복원할 수 있다.

⑤ 탑을 복원하는 비용보다 보존하는 비용이 더 많이 든다.

08 다음 글의 제목으로 가장 적절한 것은?

사전적 정의에 의하면 재즈는 20세기 초반 미국 뉴올리언스의 흑인 문화 속에서 발아한 후 미국을 대표하는 음악 스타일이자 문화가 된 음악 장르이다. 서아프리카의 흑인 민속음악이 18세기 후반과 19세기 초반의 대중적이고 가벼운 유럽의 클래식 음악과 만나서 탄생한 것이 재즈다. 그러나 이 정도의 정의로 재즈의 전모를 밝히기에는 역부족이다. 이미 재즈가 미국을 넘어 전 세계에서 즐겨 연주되고 있으며 그 기법 역시 트레이드 마크였던 스윙(Swing)에서 많이 벗어났기 때문이다.

한편 재즈 역사가들은 재즈를 음악을 넘어선 하나의 이상이라고 이야기한다. 그 이상이란 삶 속에서 우러나온 경험과 감정을 담고자 하는 인간의 열정적인 마음이다. 여기에서 영감을 얻은 재즈 작곡가나 연주자는 즉자적으로 곡을 작곡하고 연주해 왔으며, 그러한 그들의 의지가 바로 다사다난한 인생을 관통하여 재즈에 담겨 있다. 초기의 재즈가 미국 흑인들의 한과 고통을 담아낸 흔적이자 역사 그 자체인 점이 이를 증명한다.

억압된 자유를 되찾으려는 그들의 저항 의식은 아름답게 정제된 기존의 클래식 음악의 틀 안에서는 온전하게 표출될 수 없었다. 불규칙적으로 전개되는 과감한 불협화음, 줄곧 어긋나는 듯한 리듬, 정제되지 않은 멜로디, 이들의 총합으로 유발되는 긴장감과 카타르시스……. 당시 재즈 사운드는 충격 그 자체였다. 그렇지만 현 시점에서 이러한 기법과 형식을 담은 장르는 넘쳐날 정도로 많아졌고, 클래식 역시 아방가르드(Avantgarde)라는 새로운 영역을 개척한 지 오래이다. 그러므로 앞에서 언급한 스타일과 이를 가능하게 했던 이상은 더 이상 재즈만의 전유물이라 할 수 없다.

켄 번스(Ken Burns)의 영화 「재즈(Jazz)」에서 윈튼 마살리스(Wynton Marsalis)는 "재즈의 진정한 힘은 사람들이 모여서 즉흥적인 예술을 만들고 자신들의 예술적 주장을 타협해 나가는 것에서 나온다. 이러한 과정 자체가 곧 재즈라는 예술 행위이다."라고 말한다. 그렇다면 우리의 일상은 곧 재즈 연주와 견줄 수 있다. 출생과 동시에 우리는 다른 사람들과 관계를 맺으며 살아간다. 물론 자신과 타인은 호불호나 삶의 가치관이 제각각일 수밖에 없다. 따라서 자신과 타인의 차이가 옳고 그름의 차원이 아닌 '다름'이라는 것을 알아가는 것, 그리고 그러한 차이를 인정하고 그 속에서 서로 이해하고 배려하려는 노력이 필요하다. 이렇듯 자신과 다른 사람과 함께 '공통의 행복'이라는 것을 만들어 간다면 우리 역시 바로 '재즈'라는 위대한 예술을 구현하고 있는 것이다.

① 재즈와 클래식의 차이
② 재즈의 기원과 본질
③ 재즈의 장르적 우월성
④ 재즈와 인생의 유사성과 차이점
⑤ 재즈를 감상하는 이유

※ 다음 문단을 논리적 순서대로 바르게 나열한 것을 고르시오. [9~10]

09

(가) 그중에서도 우리나라의 나전칠기는 중국이나 일본보다 단조한 편이지만, 옻칠의 질이 좋고 자개 솜씨가 뛰어나 우리나라 칠공예만의 두드러진 개성을 가진다. 전래 초기에는 주로 백색의 야광패를 사용하였으나 후대에는 청록 빛깔을 띤 복잡한 색상의 전복껍데기를 많이 사용하였다. 우리나라의 나전칠기는 일반적으로 목제품의 표면에 옻칠을 하고 그것에다 한층 치레 삼아 첨가한다.

(나) 이러한 나전칠기는 특히 통영의 것이 유명하다. 이는 예로부터 통영에는 나전의 원료가 되는 전복이 많이 생산되었으며, 인근 내륙 및 함안지역의 질 좋은 옻이 나전칠기가 발달하는 주요 원인이 되었기 때문이다. 이에 통영시는 지역 명물 나전칠기를 널리 알리기 위해 매년 10월 통영 나전칠기축제를 개최하여 400년을 이어온 통영지방의 우수하고 독창적인 공예법을 소개하고 작품도 전시한다.

(다) 제작방식은 우선 전복껍데기를 얇게 하여 무늬를 만들고 백골에 모시 천을 바른 뒤, 칠과 호분을 섞어 표면을 고른다. 그 후 칠죽 바르기, 삼베 붙이기, 탄회 칠하기, 토회 칠하기를 통해 제조과정을 끝마친다. 또한 문양을 내기 위해 나전을 잘라내는 방법에는 주름질(자개를 문양 형태로 오려낸 것), 이음질(문양 구도에 따라 주름대로 문양을 이어가는 것), 끊음질(자개를 실같이 가늘게 썰어서 문양 부분에 모자이크 방법으로 붙이는 것)이 있다.

(라) 나전칠기는 기물에다 무늬를 나타내는 대표적인 칠공예의 장식기법 중 하나로 얇게 깐 조개껍데기를 여러 가지 형태로 오려내어 기물의 표면에 감입하여 꾸미는 것을 통칭한다. 우리나라는 목기와 더불어 칠기가 발달했는데, 이러한 나전기법은 중국 주대(周代)부터 이미 유행했고 당대(唐代)에 성행하여 한국과 일본에 전해진 것으로 보인다. 나전기법은 여러 나라를 포함한 아시아 일원에 널리 보급되었고 지역에 따라 독특한 성격을 가진다.

① (나) – (다) – (가) – (라)
② (나) – (가) – (다) – (라)
③ (다) – (나) – (라) – (가)
④ (라) – (가) – (다) – (나)
⑤ (라) – (다) – (나) – (가)

10

(가) 이처럼 사대부들의 시조는 심성 수양과 백성의 교화라는 두 가지 주제로 나타난다. 이는 사대부들이 재도지기(載道之器), 즉 문학을 도(道)를 싣는 수단으로 보는 효용론적 문학관에 바탕을 두었기 때문이다. 이때 도(道)란 수기의 도와 치인의 도라는 두 가지 의미를 지니는데, 강호가류의 시조는 수기의 도를, 오륜가류의 시조는 치인의 도를 표현한 것이라 할 수 있다.

(나) 한편, 오륜가류는 백성들에게 유교적 덕목인 오륜을 실생활 속에서 실천할 것을 권장하려는 목적으로 창작한 시조이다. 사대부들이 관직에 나아가면 남을 다스리는 치인(治人)을 위해 최선을 다했고, 그 방편으로 오륜가류를 즐겨 지었던 것이다. 오륜가류는 쉬운 일상어를 활용하여 백성들이 일상생활에서 마땅히 행하거나 행하지 말아야 할 것들을 명령이나 청유 등의 어조로 노래하였다. 이처럼 오륜가류는 유교적 덕목인 인륜을 실천함으로써 인간과 인간이 이상적 조화를 이루고, 이를 통해 천하가 평화로운 상태까지 나아가는 것을 주요 내용으로 하였다.

(다) 조선시대 시조 문학의 주된 향유 계층은 사대부들이었다. 그들은 '사(士)'로서 심성을 수양하고 '대부(大夫)'로서 관직에 나아가 정치 현실에 참여하는 것을 이상으로 여겼다. 세속적 현실 속에서 나라와 백성을 위한 이념을 추구하면서 동시에 심성을 닦을 수 있는 자연을 동경했던 것이다. 이러한 의식의 양면성에 기반을 두고 시조 문학은 크게 강호가류(江湖歌類)와 오륜가류(五倫歌類)의 두 가지 경향으로 발전하게 되었다.

(라) 강호가류는 자연 속에서 한가롭게 지내는 삶을 노래한 것으로, 시조 가운데 작품 수가 가장 많다. 강호가류가 크게 성행한 시기는 사화와 당쟁이 끊이질 않았던 16 ~ 17세기였다. 세상이 어지러워지자 정치적 이상을 실천하기 어려웠던 사대부들은 정치 현실을 떠나 자연으로 회귀하였다. 이때 사대부들이 지향했던 자연은 세속적 이익과 동떨어진 검소하고 청빈한 삶의 공간이자 안빈낙도(安貧樂道)의 공간이었다. 그 속에서 사대부들은 강호가류를 통해 자연과 인간의 이상적 조화를 추구하며 자신의 심성을 닦는 수기(修己)에 힘썼다.

① (라) – (다) – (나) – (가)
② (라) – (나) – (가) – (다)
③ (라) – (나) – (다) – (가)
④ (다) – (라) – (나) – (가)
⑤ (다) – (나) – (가) – (라)

PART 2

11 다음 제시된 문장을 읽고, 이어질 문단을 논리적 순서대로 바르게 나열한 것은?

우리가 익숙하게 먹는 음식인 피자는 이탈리아에서 시작된 음식으로, 고대 로마에서도 이와 비슷한 음식을 먹었다는 기록은 있지만 현대적 의미에서의 피자는 19세기 말에 이탈리아에서 등장했다고 볼 수 있다.

(가) 그러나 나폴리식 피자는 재료의 풍족하지 못함을 철저한 인증제도의 도입으로 메꿈으로써 그 영향력을 발휘하고 있는데, 나폴리식 피자의 인증을 받기 위해서는 밀가루부터 피자를 굽는 과정까지 철저한 검증을 받아야 한다.

(나) 피자의 본토인 이탈리아나 피자가 유명한 미국 등에서 피자가 간편하고 저렴한 음식으로 인식되고 있는 것에 비해, 한국에서 피자는 저렴한 음식이라고는 볼 수 없는데, 이는 피자의 도입과 확산의 과정과 무관하다고 하기는 어려울 것이다.

(다) 이탈리아의 피자는 남부의 나폴리식 피자와 중북부의 로마식 피자로 나뉘는데, 이탈리아의 남부는 예전부터 중북부에 비해 가난한 지역이었기 때문에 로마식 피자에 비해 나폴리식 피자의 토핑은 풍족하지 못한 편이다.

(라) 한국의 경우 피자가 본격적으로 자리 잡기 시작한 것은 1960년대부터로, 한국에서 이탈리아 음식을 최초로 전문적으로 팔기 시작한 '라 칸티나'의 등장과 함께였다. 이후 피자는 호텔을 중심으로 퍼져나가게 되었다.

① (가) – (다) – (라) – (나)
② (라) – (나) – (다) – (가)
③ (라) – (나) – (가) – (다)
④ (다) – (라) – (가) – (나)
⑤ (다) – (가) – (라) – (나)

12 다음 글의 제목으로 가장 적절한 것은?

서양에서는 아리스토텔레스가 중용을 강조했다. 하지만 동양의 중용과는 다르다. 아리스토텔레스가 말하는 중용은 균형을 중시하는 서양인의 수학적 의식에 기초했으며 또한 우주와 천체의 운동을 완벽한 원과 원운동으로 이해한 우주관에 기초한 것이다. 그러므로 그것은 명백한 대칭과 균형의 의미를 갖는다. 팔씨름에 비유해 보면 아리스토텔레스는 똑바로 두 팔이 서 있을 때 중용이라고 본 데 비해 동양은 팔이 한 쪽으로 완전히 기울었다 해도 아직 승부가 나지 않았으면 중용이라고 보는 것이다. 그러므로 비대칭도 균형을 이루면 중용을 이룰 수 있다는 생각은 분명 서양의 중용관과는 다르다.

이러한 정신은 병을 다스리고 약을 쓰는 방법에도 나타난다. 서양의 의학은 병원체와의 전쟁이고 그 대상을 완전히 제압하는 데 반해, 동양 의학은 각 장기간의 균형을 중시한다. 만약 어떤 이가 간장이 나쁘다면 서양 의학은 그 간장의 능력을 회생시키는 방향으로만 애를 쓴다. 그런데 동양은 만약 더 이상 간장 기능을 강화할 수 없다고 할 때 간장과 대치되는 심장의 기능을 약하게 만드는 방법을 쓰는 것이다. 한쪽의 기능이 치우치면 병이 심해진다고 보기 때문이다. 동양은 의학 처방에 있어서조차 중용관에 기초해서 서양과는 다른 가치관과 세계관을 적용하면서 살아온 것이다.

① 아리스토텔레스의 중용의 의미
② 서양 의학과 동양 의학의 차이
③ 서양과 동양의 가치관
④ 서양 중용관과 동양 중용관의 차이
⑤ 균형을 중시하는 중용

※ 다음 글의 내용으로 적절하지 않은 것을 고르시오. [13~15]

13

낭만주의의 초석이라 할 수 있는 칸트는 인간 정신에 여러 범주들이 내재하기 때문에 이것들이 우리가 세계를 지각하는 방식을 선험적으로 결정한다고 주장한 바 있다. 이 범주들은 공간, 시간, 원인, 결과 등의 개념들이다. 우리는 이 개념들을 '배워서' 아는 것이 아니다. 즉, 경험에 앞서 이미 아는 것이다. 경험에 앞서는 범주를 제시했다는 점에서 혁명적 개념이었고, 경험을 강조한 베이컨 주의에 대한 강력한 반동인 셈이다.
칸트 스스로도 이것을 철학에 있어 '코페르니쿠스적 전환'이라고 보았다. "따라서 우리는 자신의 인식에 부분적으로 책임이 있고, 자기 존재의 부분적 창조자다." 인간이라는 존재는 백지에 쓴 경험의 총합체가 아니며, 그만큼 우리는 권리와 의무를 가진 주체적인 결정권자라는 선언이었다. 세상은 결정론적이지 않고 인간은 사회의 기계적 부품 같은 존재가 아님을 강력히 암시하고 있다.
칸트가 건설한 철학적 관념론은 우리 외부에서 지각되는 대상은 사실 우리 정신의 내용과 연관된 관념일 뿐이라는 것을 명백히 했다. 현실적인 것은 근본적으로 심리적인 것이라는 신념으로서, 객관적이고 물질적인 것에서 근본을 찾는 유물론과는 분명한 대척점에 있는 관점이다.
그 밖에도 "공간과 시간은 경험적으로 실재적이지만 초월적으로는 관념적이다.", "만일 우리가 주관을 제거해버리면 공간과 시간도 사라질 것이다. 현상으로서 공간과 시간은 그 자체로서 존재할 수 없고 단지 우리 안에서만 존재할 수 있다."처럼 시간과 공간의 실재성에도 의문을 품었던 칸트의 생각들은 독일 철학의 흐름 속에 이어지다가 후일 아인슈타인에게도 결정적 힌트가 되었다. 그리고 결국 아인슈타인은 상대성이론으로 뉴턴의 세계를 무너뜨린다.

① 칸트에 의하면 공간, 시간 등의 개념들은 태어나면서부터 아는 것이다.
② 낭만주의와 베이컨 주의는 상반된 견해를 가지고 있다.
③ 칸트에 의하면 현실의 공간과 시간은 인간에 의해 존재한다.
④ 칸트의 철학적 관념론은 주관적인 것에 가깝다.
⑤ 칸트와 아인슈타인의 견해는 같다고 볼 수 있다.

14

인천은 예로부터 해상 활동의 중심지였다. 지리적으로 한양과 인접해 있을 뿐 아니라, 가깝게는 강화·서산·수원·태안·개성 등지와 멀리는 충청·황해·평안·전라 지방으로부터 온갖 지역 생산품이 모이는 곳이었다. 즉, 상권이 전국에 미치는 매우 중요한 지역이었으며, 갑오개혁 이후에는 일본군, 관료, 상인들이 한양으로 들어오는 관문이었다.
현재 인천광역시 옥련동에 남아 있는 능허대는 백제가 당나라와 교역했던 사실을 말해 주는 대표적인 유적이다. 고구려 역시 광개토대왕 이래 남진 정책을 펼치면서 경기만을 활용해 해상 활동을 활발하게 전개했고, 이를 국가 발전의 원동력으로 삼았다. 고려는 황해를 무대로 한 해상 세력이 건국한 국가였으므로 인천을 비롯한 경기만은 송나라는 물론 이슬람 권역과 교역하는 주요 거점이 되었다. 조선 시대 인천은 조운선의 중간 기착지였다. 이처럼 고대로부터 인천 지역이 해상 교역에서 중요한 역할을 담당했던 것은 한반도의 허리이자, 황해의 핵심적 위치에서 자리하고 있기 때문이었다.
인천항의 근대 산업항으로서의 역사는 1883년 개항에 의해 본격적으로 시작된다. 그 무렵 인천 도호부는 인구 4,700여 명의 작은 마을이었다. 비록 외세에 의한 강제적 개항이며 식민지 찬탈의 창구였으나, 1900년대 초 인천은 우리나라 무역 총액의 50%를 담당하는 국내 대표 항구로서 자리잡게 되었다. 그리고 이후 우리나라 근대화와 산업화를 이끈 주역으로 역할을 수행하게 된다.

① 인천은 지리적 특성으로 해상 활동의 중심지였다.
② 능허대는 백제의 국내 교역이 활발했음을 말해주는 대표적인 유적이다.
③ 광개토대왕은 경기만을 이용한 해상 활동으로 국가를 발전시킬 수 있었다.
④ 인천은 조선 시대에 조운선의 중간 기착지로 활용되었다.
⑤ 근대 산업항으로서의 인천항은 외세에 의한 강제적 개항으로 시작되었다.

15

리더는 자신이 가진 권위로 인해 쉽게 힘에 의존하는 경우가 있는데 이런 리더를 권위적이라 부른다. 대화나 공감보다는 힘을 앞세워 문제를 해결하려 하거나, 구성원들과 인간적인 측면의 교류보다는 권력을 가진 상위자로서 대접받고 싶어 한다는 말이다. 이는 개인의 성향과도 밀접한 관련이 있지만 그렇지 않은 사람도 분위기에 휩쓸리다 보면 자신도 모르는 사이에 권위주의적으로 바뀔 수 있다. 리더십은 개인의 스타일 외에 조직문화에 의해서도 영향을 받기 때문이다.
종종 신문 지상을 장식하는 기업들처럼 '시키면 시키는 대로 하는' 조직문화에서 리더의 명령은 절대적인 힘을 가질 수밖에 없다. 구성원들이 리더의 요구사항에 적절하게 대응하지 못하는 경우 리더는 권위에 대한 유혹을 느낀다. 이러한 과정에서 구성원들에게 욕설이나 협박, 인간적인 모욕감을 안겨주는 일이 일어날 수 있다. 그러다 보면 해야 할 말이 있어도 입을 꼭 다물고 말을 하지 않는 '침묵 효과'나 무엇을 해도 소용이 없을 것이라 여겨 저항 없이 시킨 일만 하는 '학습된 무기력'의 증상이 구성원들에게 나타날 수 있다.
조직에서 성과를 끌어내기 위한 가장 좋은 방법은 구성원들 스스로 목표를 인식하고 자발적으로 맡은 일에 전념함으로써 성과를 창출해내도록 만드는 것이다. 리더가 구성원들의 머리와 가슴을 사로잡아 스스로 업무에 헌신하도록 만들어야 하는데 그러자면 리더는 덕(德)을 베풀 줄 알아야 한다. 한비자는 "덕(德)은 득(得)이다."라고 말했다. 이는 덕이 단순히 도덕적인 품성을 갖추는 것뿐만 아니라 덕을 갖추면 얻는 것이 있다는 것을 나타낸다. 여기에서 얻을 수 있는 것이란 무엇일까? 다름 아닌 '사람'이다. 리더가 덕을 베풀면 구성원들은 마음을 열고 리더의 편이 된다. 구성원들이 리더의 편이 되면 강압적인 지시나 욕설이 아니어도 스스로 해야 할 일을 찾아 가치를 창출할 수 있게 된다.
권위는 자신도 모르는 사이에 외부로 드러날 수 있지만 분명한 한계를 가질 수밖에 없다. 처음에는 구성원들의 복종을 가져올 수 있겠지만 그것에 익숙해지면 더욱 강력한 권위 없이는 그들을 통제할 수 없게 된다. 반발을 불러일으키고 일정 수준이 넘어서게 되면 더 이상 리더가 가진 권위는 통하지 않게 된다. 그렇게 되면 리더는 더욱 강력한 권위에 의지하고 싶은 욕망이 생기게 되고 그것이 욕설이나 인격적인 모욕 등의 형태로 표출될 수밖에 없다. 이러한 것이 조직의 문화로 굳어지게 되면 그 조직은 권위 없이 움직일 수 없는 비효율적인 집단이 되고 만다. 아이오와 대학의 연구에 따르면 권위적인 리더가 이끄는 조직의 생산성은 높은 편이지만 리더가 자리를 비우게 되면 생산성은 급격히 떨어진다고 한다. 그러므로 리더는 구성원을 다루는 데 있어 권위를 제한적으로 사용하지 않으면 안 된다.

① 리더가 덕을 바탕으로 행동하면 이는 리더에 대한 충성으로 이어지게 된다.
② 권위적인 행동은 구성원들의 생산성을 떨어뜨리므로 절대 하지 않아야 한다.
③ 리더의 강압적인 행동이나 욕설은 구성원들의 침묵과 학습된 무기력을 초래할 수 있다.
④ 덕으로 조직을 이끌면 구성원들로부터 긍정적인 감정을 얻게 된다.
⑤ 지속적으로 권위적인 행동을 하는 것은 구성원의 긴장을 야기하므로 좋지 않다.

16 다음 글의 주장에 대한 반박으로 가장 적절한 것은?

현재 우리나라는 드론의 개인 정보 수집과 활용에 대해 '사전 규제' 방식을 적용하고 있다. 이는 개인 정보 수집과 활용을 원칙적으로 금지하면서 예외적인 경우에만 허용하는 방식으로 정보 주체의 동의 없이 개인 정보를 수집・활용하기 어려운 것이다. 이와 관련하여 개인 정보를 대부분의 경우 개인 동의 없이 활용하는 것을 허용하고, 예외적인 경우에 제한적으로 금지하는 '사후 규제' 방식을 도입해야 한다는 의견이 대두하고 있다. 그러나 나는 사전 규제 방식의 유지에 찬성한다.
드론은 고성능 카메라나 통신 장비 등이 장착되어 있는 경우가 많아 사전 동의 없이 개인의 초상, 성명, 주민등록번호 등의 정보뿐만 아니라 개인의 위치 정보까지 저장할 수 있다. 또한 드론에서 수집한 정보를 검색하거나 전송하는 중에 사생활이 노출될 가능성이 높다. 더욱이 드론의 소형화, 경량화 기술이 발달하고 있어 사생활 침해의 우려가 커지고 있다. 드론은 인명 구조, 시설물 점검 등의 공공 분야뿐만 아니라 제조업, 물류 서비스 등의 민간 분야까지 활용 범위가 확대되고 있는데, 동시에 개인 정보를 수집하는 일이 많아지면서 사생활 침해 사례도 증가하고 있다.
헌법에서는 주거의 자유, 사생활의 비밀과 자유 등을 명시하여 개인의 사생활이 보호받도록 하고 있고, 개인 정보를 자신이 통제할 수 있는 정보의 자기 결정권을 부여하고 있다. 이와 같은 기본권이 안정적으로 보호될 때 드론 기술과 산업의 발전으로 얻게 되는 사회적 이익은 더욱 커질 것이다.

① 드론을 이용하여 개인 정보를 자유롭게 수집하게 되면 사생활 침해는 더욱 심해지고, 개인 정보의 복제, 유포, 훼손, 가공 등 의도적으로 악용하는 사례까지 증가할 것이다.

② 사전 규제를 통해 개인 정보의 수집과 활용에 제약이 생기면 개인의 기본권이 보장되어 오히려 드론을 다양한 분야에 활용할 수 있고, 드론 기술과 산업은 더욱더 빠르게 발전할 수 있다.

③ 산업적 이익을 우선시하면 개인 정보 보호에 관한 개인의 기본권을 등한시하는 결과를 초래할 수 있다.

④ 개인 정보의 복제, 유포, 위조 등으로 정보 주체에게 중대한 손실을 입힐 경우 손해액을 배상하도록 하여 엄격하게 책임을 묻는다면 사전 규제 없이도 개인 정보를 효과적으로 보호할 수 있다.

⑤ 사전 규제 방식을 유지하면서도 개인 정보 수집과 활용에 동의를 얻는 절차를 간소화하고 편의성을 높이면 정보의 활용이 용이해져 드론 기술과 산업의 발전을 도모할 수 있다.

PART 2

17 다음 글의 빈칸에 들어갈 말로 가장 적절한 것은?

미학은 자연, 인생, 예술에 담긴 아름다움의 현상이나 가치 그리고 체험 따위를 연구하는 학문으로, 미적 현상이 지닌 본질이나 법칙성을 명백히 밝히는 학문이다. 본래 미학은 플라톤에서 비롯되었지만, 오늘날처럼 미학이 독립된 학문으로 불린 것은 18세기 중엽 독일의 알렉산더 고틀리프 바움가르텐(Alexander Gottlieb Baumgarten)의 저서 『미학』에서 시작된다. 바움가르텐은 '미(美)'란 감성적 인식의 완전한 것으로, 감성적 인식의 학문은 미의 학문이라고 생각했다. 여기서 근대 미학의 방향이 개척되었다.

미학에 대한 연구는 심리학·사회학·철학 등 다양한 각도에서 시도할 수 있다. 또한 미적 사실을 어떻게 보느냐에 따라서 미학의 성향도 달라지며, ______________________ 예컨대 고전 미학은 영원히 변하지 않는 초감각적 존재로서의 미의 이념을 추구하고, 근대 미학은 감성적 인식 때문에 포착된 현상으로서 미적인 것을 대상으로 한다. 여기서 미적인 것은 우리들의 인식에 비치는 아름다움을 말한다.

미학을 연구하는 사람들은 이러한 미적 의식 및 예술의 관계를 해명하는 것을 주된 과제로 삼는다. 그들에게 '아름다움'을 성립시키는 주관적 원리는 가장 중요한 것으로 미학은 우리에게 즐거움과 기쁨을 안겨주며, 인생을 충실하고 행복하게 해준다. 더 나아가 오늘날에는 이러한 미적 현상의 해명에 사회학적 방법을 적용하려는 '사회학적 미학'이나, 분석 철학의 언어 분석 방법을 미학에 적용하려고 하는 '분석미학' 등 다채로운 연구 분야가 개척되고 있다.

① 최근에는 미학의 새로운 분야를 개척하고 있다.
② 추구하는 이념과 대상도 시대에 따라 다르다.
③ 따라서 미학은 이분법적인 원리로 적용할 수 없다.
④ 다른 학문과 달리 미학의 경계는 모호하다.
⑤ 근대 미학은 고전 미학의 개념에서 부분적으로 응용한 것이다.

Easy

18 다음 기사에 대한 제목으로 적절하지 않은 것은?

대・중소기업 간 동반성장을 위한 '상생'이 산업계의 화두로 조명 받고 있다. 4차 산업혁명 시대 도래 등 글로벌 시장에서의 경쟁이 날로 치열해지는 상황에서 대기업과 중소기업이 힘을 합쳐야 살아남을 수 있다는 위기감이 상생의 중요성을 부각하고 있다고 분석한다. 재계 관계자는 "그동안 반도체, 자동차 등 제조업에서 세계적인 경쟁력을 갖출 수 있었던 배경에는 대기업과 협력업체 간 상생의 역할이 컸다."며 "고속 성장기를 지나 지속 가능한 구조로 한 단계 더 도약하기 위해 상생경영이 중요하다."라고 강조했다.

우리 기업들은 협력사의 경쟁력 향상이 곧 기업의 성장으로 이어질 것으로 보고 2・3차 중소 협력업체들과의 상생경영에 힘쓰고 있다. 단순히 갑을 관계에서 대기업을 서포트 해야 하는 존재가 아니라 상호 발전을 위한 동반자라는 인식이 자리 잡고 있다는 분석이다. 이에 따라 협력사들에 대한 지원도 거래대금 현금 지급 등 1차원적인 지원 방식에서 벗어나 경영 노하우 전수, 기술 이전 등을 통한 '상생 생태계' 구축에 도움을 주는 방향으로 초점이 맞춰지는 추세다.

특히 최근에는 상생 협력이 대기업이 중소기업에 주는 일시적인 시혜 차원의 문제가 아니라 경쟁에서 살아남기 위한 생존 문제와 직결된다는 인식이 강하다. 협약을 통해 협력업체를 지원해준 대기업이 업체의 기술력 향상으로 더 큰 이득으로 보상받고 이를 통해 우리 산업의 경쟁력이 강화될 것이란 설명이다.

경제 전문가는 "대・중소기업 간의 상생 협력이 강제 수단이 아니라 문화적으로 자리 잡아야 할 시기"라며 "대기업, 특히 오너 중심의 대기업들도 단기적인 수익이 아닌 장기적인 시각에서 질적 평가를 통해 협력업체의 경쟁력을 키울 방안을 고민해야 한다."라고 강조했다.

이와 관련해 국내 주요 기업들은 대기업보다 연구개발(R&D) 인력과 관련 노하우가 부족한 협력사들을 위해 각종 노하우를 전수하는 프로그램을 운영 중이다. S전자는 협력사들에 기술 노하우를 전수하기 위해 경영관리 제조 개발 품질 등 해당 전문 분야에서 20년 이상 노하우를 가진 S전자 임원과 부장급 100여 명으로 '상생컨설팅팀'을 구성했다. 지난해부터는 해외에 진출한 국내 협력사에도 노하우를 전수하고 있다.

① 지속 가능한 구조를 위한 상생 협력의 중요성
② 상생경영, 함께 가야 멀리 간다.
③ 대기업과 중소기업, 상호 발전을 위한 동반자로
④ 시혜적 차원에서의 대기업 지원의 중요성
⑤ 동반성장을 위한 상생의 중요성

PART 2

19 다음 글의 내용을 지지하지 않는 것은?

지구와 태양 사이의 거리와 지구가 태양 주위를 도는 방식은 인간의 생존에 유리한 여러 특징을 지니고 있다. 인간을 비롯한 생명이 생존하려면 행성을 액체 상태의 물을 포함하면서 너무 뜨겁거나 차갑지 않아야 한다. 이를 위해 행성은 태양과 같은 별에서 적당히 떨어져 있어야 한다. 이 적당한 영역을 '골디락스 영역'이라고 한다. 또한, 지구가 태양의 중력장 주위를 도는 타원 궤도는 충분히 원에 가깝다. 따라서 연중 태양에서 오는 열에너지가 비교적 일정하게 유지될 수 있다. 만약 태양과의 거리가 일정하지 않았다면 지구는 여름에는 바다가 모두 끓어 넘치고 겨울에는 거대한 얼음덩어리가 되는 불모의 행성이었을 것이다.

우리 우주에 작용하는 근본적인 힘의 세기나 물리법칙도 인간을 비롯한 생명의 탄생에 유리하도록 미세하게 조정되어 있다. 예를 들어 근본적인 힘인 강한 핵력이나 전기력의 크기가 현재 값에서 조금만 달랐다면, 별의 내부에서 탄소처럼 무거운 원소는 만들어질 수 없었고 행성도 만들어질 수 없었을 것이다. 최근 들어 물리학자들은 이들 힘을 지배하는 법칙이 현재와 다르다면 우주는 구체적으로 어떤 모습이 될지 컴퓨터 모형으로 계산했다. 그 결과를 보면 강한 핵력의 강도가 겨우 0.5% 다르거나 전기력의 강도가 겨우 4% 다를 경우에도 탄소나 산소는 우주에서 합성되지 않는다. 따라서 생명 탄생의 가능성도 사라진다. 결국, 강한 핵력이나 전기력을 지배하는 법칙들을 조금이라도 건드리면 우리가 존재할 가능성은 사라지는 것이다.

결론적으로 지구 주위 환경뿐만 아니라 보편적 자연법칙까지도 인류와 같은 생명이 진화해 살아가기에 알맞은 범위 안에 제한되어 있다고 할 수 있다. 만일 그러한 제한이 없었다면 태양계나 지구가 탄생할 수 없었을 뿐만 아니라 생명 또한 진화할 수 없었을 것이다. 우리가 아는 행성이나 생명이 탄생할 가능성을 열어두면서 물리법칙을 변경할 수 있는 폭은 매우 좁다.

① 탄소가 없는 상황에서도 생명은 자연적으로 진화할 수 있다.

② 중력법칙이 현재와 조금만 달라도 지구는 태양으로 빨려 들어간다.

③ 원자핵의 질량이 현재보다 조금 더 크다면 우리 몸을 이루는 원소는 합성되지 않는다.

④ 별 주위의 '골디락스 영역'에 행성이 위치할 확률은 매우 낮지만, 지구는 그 영역에 위치한다.

⑤ 핵력의 강도가 현재와 약간만 달라도 별의 내부에서 무거운 원소가 거의 전부 사라진다.

20 다음 글의 주장에 대한 반박으로 가장 적절한 것은?

> 우리 마을 사람들의 대부분은 산에 있는 밭이나 과수원에서 일한다. 그런데 마을 사람들이 밭이나 과수원에 갈 때 주로 이용하는 도로의 통행을 가로막은 울타리가 설치되었다. 그 도로는 산의 밭이나 과수원까지 차량이 통행할 수 있는 유일한 길이었다. 이러한 도로가 사유지 보호라는 명목으로 막혀서 땅 주인과 마을 사람들 간의 갈등이 심해지고 있다.
> 마을 사람들의 항의에 대해서 땅 주인은 자신의 사유 재산이 더 이상 훼손되는 것을 간과할 수 없어 통행을 막았다고 주장한다. 그 도로가 사유 재산이므로 독점적이고 배타적인 사용 권리가 있어서 도로 통행을 막은 것이 정당하다는 것이다.
> 마을 사람들은 그 도로가 10년 가까이 공공으로 사용되어 왔는데 사유 재산이라는 이유로 갑자기 통행을 금지하는 것은 부당하다고 주장하고 있다. 도로가 막히면 밭이나 과수원에서 농사를 짓는 데 불편함이 크고 수확물을 차에 싣고 내려올 수도 없는 등의 피해를 입게 되는데, 개인의 권리 행사 때문에 이러한 피해를 입는 것은 부당하다는 것이다.
> 사유 재산에 대한 개인의 권리가 보장받는 것도 중요하지만, 그로 인해 다수가 피해를 입게 된다면 사익보다 공익을 우선시하여 개인의 권리가 제한되어야 한다고 생각한다. 만일 개인의 권리가 공익을 위해 제한되지 않으면 이번 일처럼 개인과 다수 간의 갈등이 발생할 수밖에 없다.
> 땅 주인은 사유 재산의 독점적이고 배타적인 사용을 주장하기에 앞서 마을 사람들이 생업의 곤란으로 겪는 어려움을 염두에 두어야 한다. 공익을 우선시하는 태도로 조속히 문제 해결을 위해 노력해야 할 것이다.

① 땅 주인은 개인의 권리 추구에 앞서 마을 사람들과 함께 더불어 살아가는 법을 배워야 한다.
② 마을 사람들과 땅 주인의 갈등은 민주주의의 다수결의 원칙에 따라 해결해야 한다.
③ 공익으로 인해 침해된 땅 주인의 사익은 적절한 보상을 통해 해결될 수 있다.
④ 땅 주인의 권리 행사로 발생하는 피해가 법적으로 증명되어야만 땅 주인의 권리를 제한할 수 있다.
⑤ 해당 도로는 10년 가까이 공공으로 사용되었기 때문에 사유 재산으로 인정받을 수 없다.

PART 2

02 자료해석

01 금연프로그램을 신청한 흡연자 A씨는 국민건강보험공단에서 진료 및 상담비용과 금연보조제 비용의 일정 부분을 지원받고 있다. A씨는 의사와 상담을 6회 받았고, 금연보조제로 니코틴패치 3묶음을 구입했다고 할 때, 다음 지원 현황에 따라 흡연자 A씨가 지불하는 부담금은 얼마인가?

〈금연프로그램 지원 현황〉

구분	진료 및 상담	금연보조제(니코틴패치)
가격	30,000원/회	12,000원/묶음
지원금 비율	90%	75%

※ 진료 및 상담료 지원금은 6회까지 지원함

① 21,000원
② 23,000원
③ 25,000원
④ 27,000원
⑤ 28,000원

02 S제약회사는 하반기 신입사원 공개채용을 시행했다. 1차 서류전형과 인적성, 면접전형이 모두 끝나고 최종 면접자들의 점수를 확인하여 합격 점수 산출법에 따라 합격자를 선정하려고 한다. 총점이 80점 이상인 지원자가 합격한다고 할 때, 다음 중 합격자끼리 바르게 짝지어진 것은?

〈최종 인적성 점수〉

(단위 : 점)

구분	A	B	C	D	E
언어	75	65	60	68	90
수리	52	70	55	45	80
추리	44	55	50	50	49

〈합격 점수 산출법〉

- (언어)×0.6
- (수리)×0.3
- (추리)×0.4
- (총점)=80점 이상

※ 과락 점수(미만) : 언어 60점, 수리 50점, 추리 45점

① A, C
② A, D
③ B, E
④ C, E
⑤ D, E

03 다음은 A, B상품의 일 년간 계절별 판매량을 나타낸 그래프이다. 그래프의 내용으로 옳지 않은 것은?

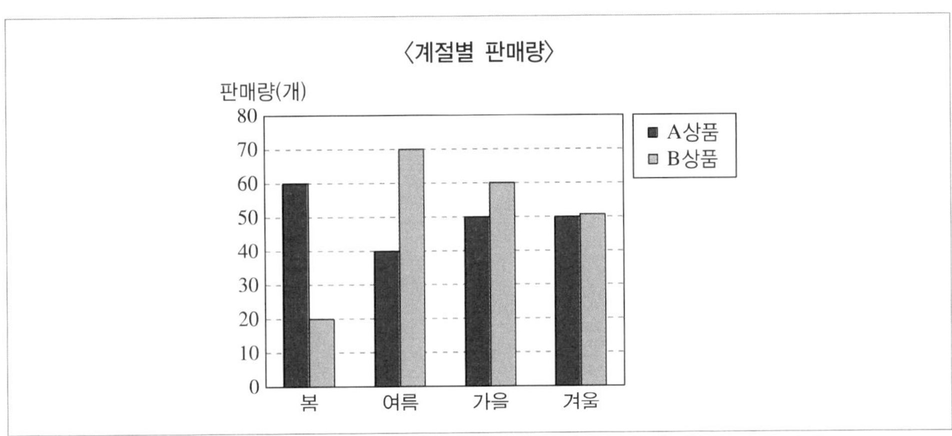

① A상품과 B상품의 연간 판매량은 모두 200개 이상이다.

② A상품 판매량의 표준편차가 B상품보다 크다.

③ A상품과 B상품의 판매량의 합이 가장 적은 계절은 봄이다.

④ 두 상품의 판매량의 차는 봄에서부터 시간이 지남에 따라 감소한다.

⑤ B상품은 여름에 잘 팔리는 물건이다.

04 다음은 연간 국내 인구이동에 관한 자료이다. 자료에 대한 설명으로 옳지 않은 것은?(단, 소수점 둘째 자리에서 반올림한다)

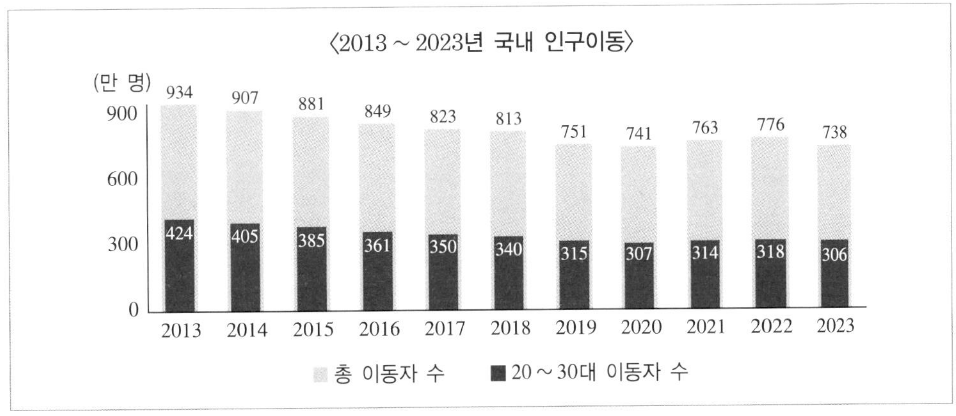

① 2020년까지 20 ~ 30대 이동자 수는 지속적으로 감소하였다.

② 총 이동자 수와 20 ~ 30대 이동자 수의 변화 양상은 동일하다.

③ 총 이동자 수 대비 20 ~ 30대 이동자 수의 비율은 2020년이 가장 높다.

④ 20 ~ 30대를 제외한 이동자 수가 가장 많은 해는 2013년이다.

⑤ 총 이동자 수가 가장 적은 해에 20 ~ 30대 이동자가 차지하는 비율은 40% 이상이다.

PART 2

05 다음은 수도권 지역의 기상실황표이다. 이에 대한 설명으로 옳지 않은 것은?

〈기상실황표〉

구분	시정(km)	현재기온(℃)	이슬점 온도(℃)	불쾌지수	습도(%)	풍향	풍속(m/s)	기압(hPa)
서울	6.9	23.4	14.6	70	58	동	1.8	1012.7
백령도	0.4	16.1	15.2	61	95	동남동	4.4	1012.6
인천	10	21.3	15.3	68	69	서남서	3.8	1012.9
수원	7.7	23.8	16.8	72	65	남서	1.8	1012.9
동두천	10.1	23.6	14.5	71	57	남남서	1.5	1012.6
파주	20	20.9	14.7	68	68	남남서	1.5	1013.1
강화	4.2	20.7	14.8	67	67	남동	1.7	1013.3
양평	6.6	22.7	14.5	70	60	동남동	1.4	1013
이천	8.4	23.7	13.8	70	54	동북동	1.4	1012.8

※ 시정은 수평 방향으로 목표물을 볼 수 있는 거리를 뜻함

① 시정이 가장 좋은 곳은 파주이다.

② 이슬점 온도가 가장 높은 지역은 불쾌지수 또한 가장 높다.

③ 불쾌지수가 70을 초과한 지역은 2곳이다.

④ 현재기온이 가장 높은 지역은 이슬점 온도와 습도 또한 가장 높다.

⑤ 시정이 가장 좋지 않은 지역은 풍속이 가장 강하다.

Hard

06 다음은 중학생의 주당 운동시간 현황을 조사한 자료이다. 이에 대한 설명으로 옳은 것을 〈보기〉에서 모두 고르면?

〈중학생의 주당 운동시간 현황〉

(단위 : %, 명)

구분		남학생			여학생		
		1학년	2학년	3학년	1학년	2학년	3학년
1시간 미만	비율	10.0	5.7	7.6	18.8	19.2	25.1
	인원수	118	66	87	221	217	281
1시간 이상 ~ 2시간 미만	비율	22.2	20.4	19.7	26.6	31.3	29.3
	인원수	261	235	224	312	353	328
2시간 이상 ~ 3시간 미만	비율	21.8	20.9	24.1	20.7	18.0	21.6
	인원수	256	241	274	243	203	242
3시간 이상 ~ 4시간 미만	비율	34.8	34.0	23.4	30.0	27.3	14.0
	인원수	409	392	266	353	308	157
4시간 이상	비율	11.2	19.0	25.2	3.9	4.2	10.0
	인원수	132	219	287	46	47	112
합계	비율	100.0	100.0	100.0	100.0	100.0	100.0
	인원수	1,176	1,153	1,138	1,175	1,128	1,120

보기

ㄱ. 1시간 미만 운동하는 3학년 남학생 수는 4시간 이상 운동하는 1학년 여학생 수보다 많다.
ㄴ. 동일 학년의 남학생과 여학생을 비교하면, 남학생 중 1시간 미만 운동하는 남학생의 비율이 여학생 중 1시간 미만 운동하는 여학생의 비율보다 각 학년에서 모두 낮다.
ㄷ. 남학생과 여학생 각각, 학년이 높아질수록 3시간 이상 운동하는 학생의 비율이 낮아진다.
ㄹ. 모든 학년별 남학생과 여학생 각각에서, 3시간 이상 ~ 4시간 미만 운동하는 학생의 비율이 4시간 이상 운동하는 학생의 비율보다 높다.

① ㄱ, ㄴ
② ㄱ, ㄹ
③ ㄴ, ㄷ
④ ㄷ, ㄹ
⑤ ㄱ, ㄴ, ㄷ

Hard

07 다음은 조세심판원의 연도별 사건 처리건수에 대한 자료이다. 이에 대한 설명으로 옳은 것을 〈보기〉에서 모두 고르면?(단, 소수점 셋째 자리에서 반올림한다)

〈조세심판원의 연도별 사건 처리건수〉

(단위 : 건)

구분		2019년	2020년	2021년	2022년	2023년
처리대상 건수	전년 이월건수	1,854		2,403	2,127	2,223
	당년 접수건수	6,424	7,883	8,474	8,273	6,003
	소계	8,278		10,877	10,400	8,226
처리건수	취하건수	90	136	163	222	163
	각하건수	346	301	482	459	506
	기각건수	4,214	5,074	6,200	5,579	4,322
	제조사건수	27	0	465	611	299
	인용건수	1,767	1,803	1,440	1,306	1,338
	소계	6,444	7,314	8,750	8,177	6,628

※ (당해 연도 전년 이월건수)=(전년도 처리대상건수)−(전년도 처리건수)

※ (처리율)=$\frac{\text{(처리건수)}}{\text{(처리대상건수)}}\times 100$

※ (인용률)=$\frac{\text{(인용건수)}}{\text{(각하건수)+(기각건수)+(인용건수)}}\times 100$

보기

ㄱ. 처리대상건수가 가장 적은 연도의 처리율은 75% 이상이다.

ㄴ. 2020 ~ 2023년 동안 취하건수와 기각건수의 전년 대비 증감 추이는 동일하다.

ㄷ. 2020년의 처리율은 80% 이상이다.

ㄹ. 인용률은 2019년이 2021년보다 높다.

① ㄱ, ㄴ

② ㄱ, ㄹ

③ ㄴ, ㄷ

④ ㄱ, ㄷ, ㄹ

⑤ ㄴ, ㄷ, ㄹ

Easy

08 다음은 우리나라 역대 대통령 선거의 투표율을 지역별로 구별한 표이다. 자료에 대한 설명으로 옳지 않은 것은?

〈역대 대통령 선거 지역별 투표율〉

(단위 : %)

구분	15대	16대	17대	18대
서울	80.5	71.4	62.9	75.1
부산	78.9	71.2	62.1	76.2
대구	78.9	71.1	66.8	79.7
인천	80	67.8	60.3	74
광주	89.9	78.1	64.3	80.4
대전	78.6	67.6	61.9	76.5
울산	81.1	70	64.6	78.4
세종	–	–	–	74.1
경기	80.6	69.6	61.2	75
강원	78.5	68.4	62.6	73.8
충북	79.3	68	61.3	75
충남	77	66	60.4	72.9
전북	85.5	74.6	67.2	77
전남	87.3	76.4	64.7	76.6
경북	79.2	71.6	68.5	78.2
경남	80.3	72.4	64.1	77
제주	77.1	68.6	60.9	73.3

① 15 ~ 18대 대통령 선거 전체에서 지역별 투표율의 최고치는 호남 지방 중 한 곳에서 기록되었다.

② 17대 대통령 선거에서 가장 투표율이 높은 지역은 경북이다.

③ 18대 대통령 선거 투표율이 15대 대통령 선거 투표율보다 높은 지역은 없다.

④ 15 ~ 18대 대통령 선거 지역별 투표율 중 최저치를 기록한 지역은 매번 같은 곳은 아니다.

⑤ 17대 대통령 선거의 전체 투표율은 68.5%를 넘지 않는다.

PART 2

09 최근 시리얼 제품에 대한 소비자들의 관심이 높아지자 한 소비자단체가 시리얼 제품의 열량과 함량을 비교하여 다음과 같은 결과를 발표하였다. 다음 중 자료를 바르게 이해한 것은?

〈시중 시리얼 제품의 열량과 함량 비교(1회 제공량)〉

식품 유형	제품명	열량(Kcal)	탄수화물(g)	당류(g)	단백질(g)
일반 제품	콘프라이트	117	27.2	9.7	1.3
	콘프로스트	115	26.6	9.3	1.6
	콘프레이크	152	35.0	2.3	3.0
당 함량을 낮춘 제품	1/3 라이트	118	27.1	5.9	1.4
	라이트슈거	115	26.5	6.8	1.6
견과류 첨가 제품	후레이크	131	24.2	7.2	1.8
	크런치너트 프레이크	170	31.3	10.9	2.7
	아몬드 프레이크	164	33.2	8.7	2.5
초코맛 제품	오곡 코코볼	122	25.0	8.8	2.0
	첵스 초코	115	25.5	9.1	1.5
	초코볼 시리얼	151	34.3	12.9	2.9
체중조절용 제품	라이트업	155	31.4	6.9	6.7
	스페셜K	153	31.4	7.0	6.5
	바디랩	154	31.2	7.0	6.4
	슬림플러스	153	31.4	7.8	6.4

① 탄수화물 함량이 가장 낮은 시리얼은 당류 함량도 가장 낮은 수치를 보이고 있다.

② 일반 제품의 열량은 체중조절용 제품의 열량보다 더 높은 수치를 보이고 있다.

③ 견과류 첨가 제품은 당 함량을 낮춘 제품보다 단백질 함량이 높은 편이다.

④ 당류가 가장 많은 시리얼은 견과류 첨가 제품이다.

⑤ 체중조절용 제품 시리얼에는 일반 제품 시리얼보다 단백질이 3배 이상 많다.

10 서울에 위치한 A회사는 거래처인 B, C회사에 소포를 보내려고 한다. 서울에 위치한 B회사에는 800g의 소포를, 인천에 위치한 C회사에는 2.4kg의 소포를 보내려고 한다. 두 회사로 보낸 소포의 총 중량이 16kg 이하이고, 택배요금의 합계가 6만 원이다. T택배회사의 요금표가 다음과 같을 때, A회사는 800g 소포와 2.4kg 소포를 각각 몇 개씩 보냈는가?(단, 소포는 각 회사로 1개 이상 보낸다)

구분	~ 2kg	~ 4kg	~ 6kg	~ 8kg	~ 10kg
동일지역	4,000원	5,000원	6,500원	8,000원	9,500원
타지역	5,000원	6,000원	7,500원	9,000원	10,500원

	800g	2.4kg
①	12개	2개
②	12개	4개
③	9개	2개
④	9개	4개
⑤	6개	6개

PART 2

11 S자동차 회사에서 새로운 두 모델에 대해 연비 테스트를 하였다. 두 모델 'S'와 'E'에 대해서 휘발유를 3L와 5L 주입 후 동일한 조건에서 주행하였을 때 차가 멈출 때까지 운행한 거리를 각각 측정하였고 그 결과는 다음과 같았다. 3L로 시험했을 때 두 자동차의 주행거리의 합은 48km였고 연비 테스트에서 E모델이 달린 주행거리의 합이 56km였다면, 두 자동차 연비의 곱은 얼마인가?

구분	3L	5L
S모델	$a$km	$b$km
E모델	$c$km	$d$km

※ 연비$=\frac{km}{L}$(단위 주행 거리당 소비하는 연료의 양)

① 52　② 56
③ 60　④ 63
⑤ 64

12 다음은 2017년부터 2023년까지의 영·유아 사망률을 나타낸 그래프이다. 다음 자료를 변형한 그래프로 옳은 것은?(단, 모든 그래프의 단위는 '%'이다)

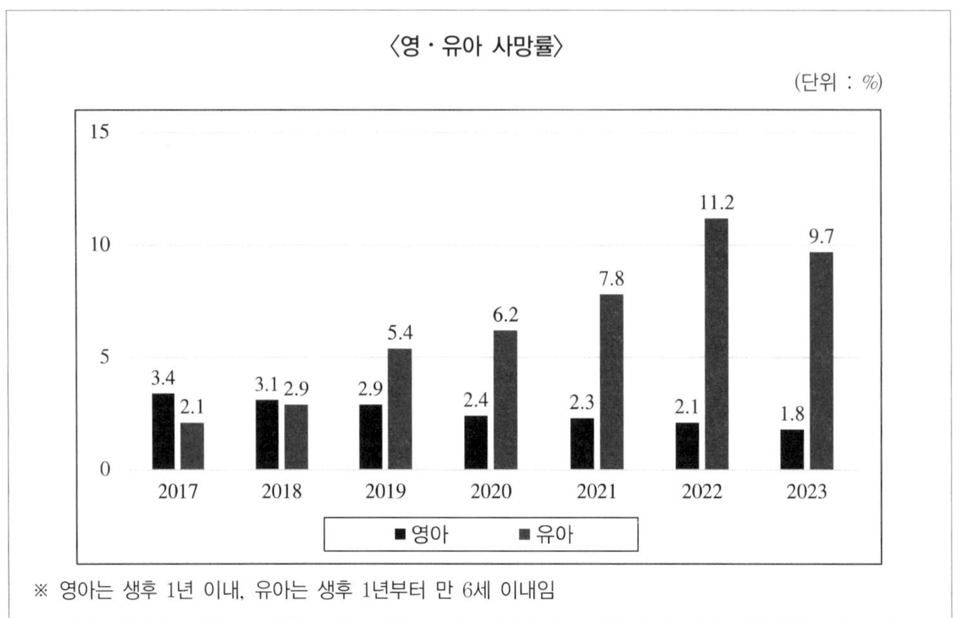

※ 영아는 생후 1년 이내, 유아는 생후 1년부터 만 6세 이내임

①

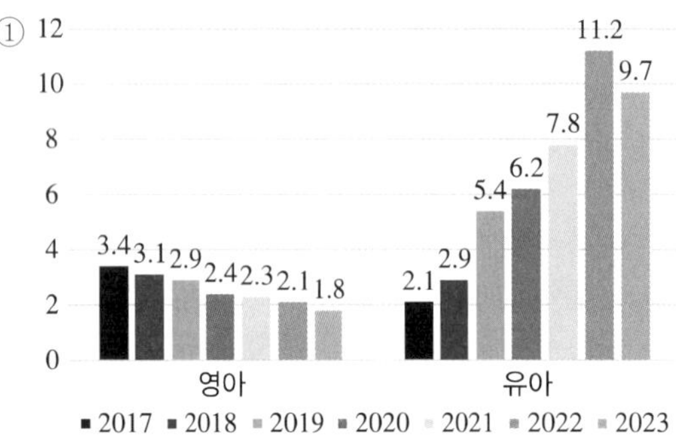

②

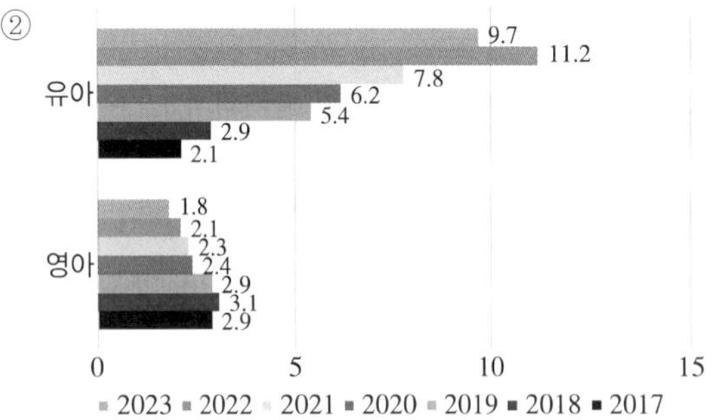

③
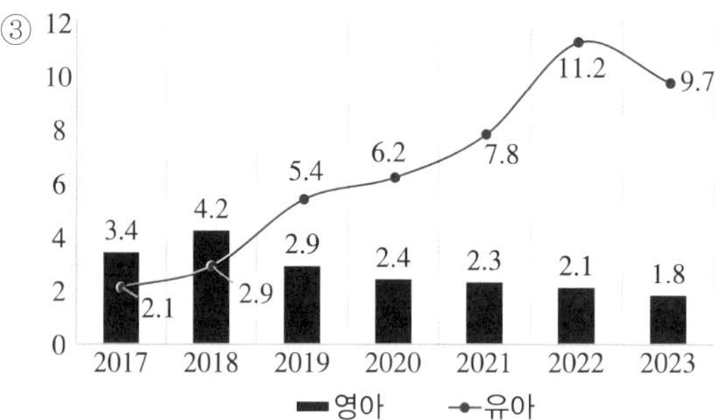
12
10
8
6
4
2
0
3.4
4.2
2.9
2.4
2.3
2.1
1.8
2.1
2.9
5.4
6.2
7.8
11.2
9.7
2017
2018
2019
2020
2021
2022
2023
영아
유아

④
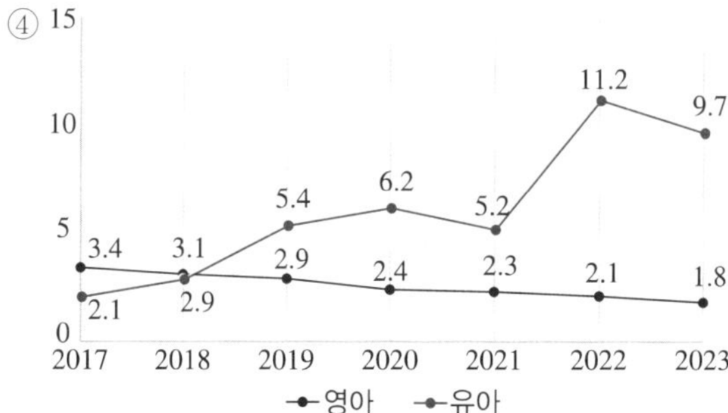
15
10
5
0
3.4
3.1
2.9
2.4
2.3
2.1
1.8
2.1
2.9
5.4
6.2
5.2
11.2
9.7
2017
2018
2019
2020
2021
2022
2023
영아
유아

⑤
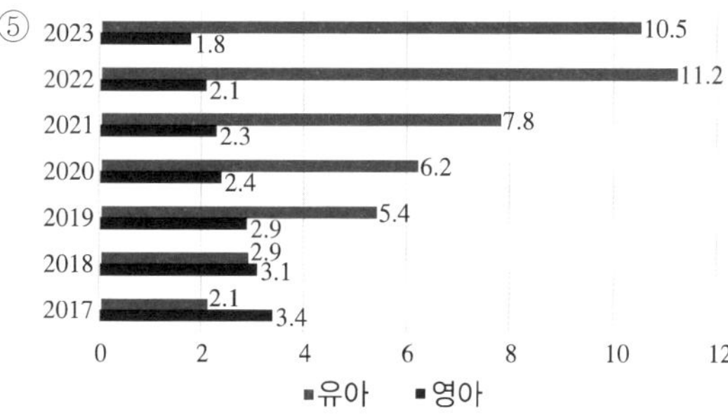
2023
10.5
1.8
2022
11.2
2.1
2021
7.8
2.3
2020
6.2
2.4
2019
5.4
2.9
2018
2.9
3.1
2017
2.1
3.4
0
2
4
6
8
10
12
유아
영아

13 다음은 수송부문 대기 중 온실가스 배출량을 나타낸 표이다. 이에 대한 설명으로 옳지 않은 것은?

〈수송부문 대기 중 온실가스 배출량〉

(단위 : ppm)

연도	구분	합계	이산화탄소	아산화질소	메탄
2019년	합계	83,617.9	82,917.7	197.6	502.6
	산업 부문	58,168.8	57,702.5	138	328.3
	가계 부문	25,449.1	25,215.2	59.6	174.3
2020년	합계	85,343	84,626.3	202.8	513.9
	산업 부문	59,160.2	58,686.7	141.4	332.1
	가계 부문	26,182.8	25,939.6	61.4	181.8
2021년	합계	85,014.3	84,306.8	203.1	504.4
	산업 부문	60,030	59,553.9	144.4	331.7
	가계 부문	24,984.3	24,752.9	58.7	172.7
2022년	합계	86,338.3	85,632.1	205.1	501.1
	산업 부문	64,462.4	63,936.9	151.5	374
	가계 부문	21,875.9	21,695.2	53.6	127.1
2023년	합계	88,261.37	87,547.49	210.98	502.9
	산업 부문	65,491.52	64,973.29	155.87	362.36
	가계 부문	22,769.85	22,574.2	55.11	140.54

① 이산화탄소의 비중은 어느 시기든 상관없이 가장 크다.

② 연도별 가계와 산업 부문의 배출량 차이 값은 2023년에 가장 크다.

③ 연도별 가계와 산업 부문의 배출량 차이 값은 해가 지날수록 지속적으로 증가한다.

④ 해당기간 동안 온실가스 총량은 지속적으로 증가하고 있다.

⑤ 모든 시기에서 아산화질소보다 메탄은 항상 많은 양이 배출되고 있다.

14 다음은 지역별 전력 최종에너지 소비량 변화를 나타낸 표이다. 이에 대한 설명으로 옳지 않은 것을 〈보기〉에서 고르면?

구분	2013년		2023년		연평균 증가율(%)
	소비량(천 TOE)	비중(%)	소비량(천 TOE)	비중(%)	
전국	28,588	100.0	41,594	100.0	3.8
서울	3,485	12.2	3,903	9.4	1.1
부산	1,427	5.0	1,720	4.1	1.9
대구	1,063	3.7	1,286	3.1	1.9
인천	1,562	5.5	1,996	4.8	2.5
광주	534	1.9	717	1.7	3.0
대전	624	2.2	790	1.9	2.4
울산	1,793	6.3	2,605	6.3	3.8
세종	–	–	227	0.5	–
경기	5,913	20.7	9,034	21.7	4.3
강원	1,065	3.7	1,394	3.4	2.7
충북	1,244	4.4	1,974	4.7	4.7
충남	1,931	6.8	4,067	9.8	7.7
전북	1,169	4.1	1,899	4.6	5.0
전남	1,617	5.7	2,807	6.7	5.7
경북	2,852	10.0	3,866	9.3	3.1
경남	2,072	7.2	2,913	7.0	3.5
제주	238	0.8	381	0.9	4.8

보기

전력은 모든 지역에서 소비가 증가하였다. 특히 ㉠ 충청남도가 7.7%로 가장 높은 상승세를 나타냈으며, 이어서 ㉡ 전라도가 5%대의 연평균 증가율을 보이며, 뒤를 이었다. 반면에 ㉢ 서울을 제외한 부산 및 인천 지역은 그에 비해 증가율이 상대적으로 낮은 편인 것으로 나타났다.
인구가 가장 많은 경기도는 20%대의 비중을 유지하면서, 지속해서 가장 높은 수준의 전력을 소비하는 지역으로 나타났으며, ㉣ 2013년 두 번째로 많은 전력을 소비했던 서울은 충청남도에 밀려 2023년에는 세 번째가 되었다. 한편, ㉤ 전국 에너지 소비량은 10년 사이 10,000천 TOE 이상의 증가량을 나타냈다.

① ㉠　　② ㉡
③ ㉢　　④ ㉣
⑤ ㉤

PART 2

15 다음은 우리나라 첫 직장 근속기간을 조사한 자료이다. 이에 대한 설명으로 옳지 않은 것은?(단, 졸업·중퇴 후 취업 유경험자 전체는 비임금 근로자와 임금 근로자의 합이다)

〈15 ~ 29세 첫 직장 근속기간 현황〉

(단위 : 명, 개월)

구분		전체	첫 일자리를 그만둔 경우	첫 일자리가 현 직장인 경우
2021년	졸업·중퇴 후 취업 유경험자 전체	4,032	2,411	1,621
	임금 근로자	3,909	2,375	1,534
	평균 근속기간	18	14	24
2022년	졸업·중퇴 후 취업 유경험자 전체	4,101	2,516	1,585
	임금 근로자	4,012	2,489	1,523
	평균 근속기간	18	14	24
2023년	졸업·중퇴 후 취업 유경험자 전체	4,140	2,574	1,566
	임금 근로자	4,055	2,546	1,509
	평균 근속기간	18	14	25

① 첫 직장에서의 비임금 근로자 수는 2022 ~ 2023년까지 매년 감소하였다.

② 2021년부터 2023년까지 졸업·중퇴 후 취업 유경험자 수의 평균은 4,091명이다.

③ 2021년 첫 일자리를 그만둔 임금 근로자 수는 첫 일자리가 현 직장인 근로자 수의 약 1.5배이다.

④ 2022년 첫 일자리가 현 직장인 임금 근로자 수는 전체 임금 근로자 수의 35% 이하이다.

⑤ 2023년 첫 일자리를 그만둔 경우의 평균 근속기간은 첫 일자리가 현 직장인 경우 평균 근속기간의 56%이다.

16 다음은 2019 ~ 2022년 A국가채권 현황에 대한 자료이다. 이에 대한 설명으로 옳은 것을 〈보기〉에서 모두 고르면?

〈A국가채권 현황〉

(단위 : 조 원)

채권종류별	2019년		2020년		2021년		2022년	
	국가채권	연체채권	국가채권	연체채권	국가채권	연체채권	국가채권	연체채권
합계	238	27	268	31	298	36	317	39
조세채권	26	18	30	22	34	25	38	29
경상 이전수입	8	7	8	7	9	8	10	8
융자회수금	126	–	129	–	132	–	142	–
예금 및 예탁금	73	–	97	–	118	–	123	–
기타	5	2	4	2	5	3	4	2

보기

ㄱ. 2019년 총 연체채권은 2021년 총 연체채권의 80% 이상이다.
ㄴ. 국가채권 중 조세채권의 전년 대비 증가율은 2020년이 2022년보다 높다.
ㄷ. 융자회수금의 국가채권과 연체채권의 총합이 가장 높은 해에는 경상 이전수입의 국가채권과 연체채권의 총합도 가장 높다.
ㄹ. 2019년 대비 2022년 경상 이전수입 중 국가채권의 증가율은 경상 이전수입 중 연체채권의 증가율보다 낮다.

① ㄱ, ㄴ
② ㄱ, ㄷ
③ ㄴ, ㄷ
④ ㄴ, ㄹ
⑤ ㄷ, ㄹ

PART 2

17 다음은 2017 ~ 2022년 연도별 관광통역 안내사 자격증 취득현황을 나타낸 표이다. 이에 대한 설명으로 옳지 않은 것을 <보기>에서 모두 고르면?

〈연도별 관광통역 안내사 자격증 취득현황〉

(단위 : 명)

구분	영어	일어	중국어	불어	독어	스페인어	러시아어	베트남어	태국어
2022년	464	153	1,418	6	3	3	6	5	15
2021년	344	137	1,963	7	3	4	5	5	17
2020년	379	266	2,468	3	1	4	6	15	35
2019년	238	244	1,160	3	4	3	4	4	8
2018년	166	278	698	2	3	2	3	–	12
2017년	156	357	370	2	2	1	5	1	4
합계	1,747	1,435	8,077	23	16	17	29	30	91

보기

ㄱ. 영어와 스페인어 관광통역 안내사 자격증 취득자는 2018년부터 2022년까지 매년 증가하였다.

ㄴ. 중국어 관광통역 안내사 자격증 취득자는 2020년부터 2022년까지 매년 일어 관광통역 안내사 자격증 취득자의 8배 이상이다.

ㄷ. 태국어 관광통역 안내사 자격증 취득자 수 대비 베트남어 관광통역 안내사 자격증 취득자 수 비율은 2019년부터 2021년까지 매년 증가하였다.

ㄹ. 불어 관광통역 안내사 자격증 취득자 수와 스페인어 관광통역 안내사 자격증 취득자 수는 2018년부터 2022년까지 전년 대비 증감추이가 동일하다.

① ㄱ
② ㄴ, ㄹ
③ ㄱ, ㄷ
④ ㄱ, ㄷ, ㄹ
⑤ ㄴ, ㄷ, ㄹ

18 다음은 2021년 8월부터 2022년 1월까지의 산업별 월간 국내카드 승인액이다. 이에 대한 설명으로 옳은 것을 〈보기〉에서 모두 고르면?

〈산업별 월간 국내카드 승인액〉

(단위 : 억 원)

산업별 \ 월별	2021년 8월	2021년 9월	2021년 10월	2021년 11월	2021년 12월	2022년 1월
도매 및 소매업	3,116	3,245	3,267	3,261	3,389	3,241
운수업	161	145	165	159	141	161
숙박 및 음식점업	1,107	1,019	1,059	1,031	1,161	1,032
사업시설관리 및 사업지원 서비스업	40	42	43	42	47	48
교육 서비스업	127	104	112	119	145	122
보건 및 사회복지 서비스업	375	337	385	387	403	423
예술, 스포츠 및 여가관련 서비스업	106	113	119	105	89	80
협회 및 단체, 수리 및 기타 개인 서비스업	163	155	168	166	172	163

보기

ㄱ. 교육 서비스업의 2022년 1월 국내카드 승인액의 전월 대비 감소율은 25% 이상이다.

ㄴ. 2021년 11월 운수업과 숙박 및 음식점업의 국내카드 승인액의 합은 도매 및 소매업의 국내카드 승인액의 40% 미만이다.

ㄷ. 2021년 10월부터 2022년 1월까지 사업시설관리 및 사업지원 서비스업과 예술, 스포츠 및 여가관련 서비스업 국내카드 승인액의 전월 대비 증감 추이는 동일하다.

ㄹ. 2021년 9월 협회 및 단체, 수리 및 기타 개인 서비스업의 국내카드 승인액은 보건 및 사회복지 서비스업 국내카드 승인액의 35% 이상이다.

① ㄱ, ㄴ
② ㄱ, ㄷ
③ ㄴ, ㄷ
④ ㄴ, ㄹ
⑤ ㄷ, ㄹ

PART 2

19 다음은 S사 직원들의 평균보수를 나타낸 표이다. 이에 대한 설명으로 옳지 않은 것은?

〈직원 평균보수 현황〉

(단위 : 천 원)

구분	2019년 결산	2020년 결산	2021년 결산	2022년 결산	2023년 예산
기본급	31,652	31,763	32,014	34,352	34,971
고정수당	13,868	13,434	12,864	12,068	12,285
실적수당	2,271	2,220	2,250	2,129	2,168
복리후생비	946	1,056	985	1,008	1,027
성과급	733	1,264	1,117	862	0
기타 상여금	5,935	5,985	6,979	5,795	5,898
1인당 평균 보수액	55,405	55,722	56,209	56,214	56,349

① 2020년부터 2022년까지 기본급은 전년 대비 계속 증가했다.

② 기타 상여금이 가장 높은 해의 1인당 평균 보수액은 복리후생비의 50배 이상이다.

③ 2019 ~ 2022년 동안 고정수당의 증감 추이와 같은 항목은 없다.

④ 1인당 평균 보수액에서 성과급이 차지하는 비중은 2020년이 2022년보다 낮다.

⑤ 2023년 성과급의 전년 대비 증가율이 실적수당과 같다면, 그 금액은 900천 원 미만이다.

20 다음은 외상 후 스트레스 장애 진료인원에 관한 자료이다. 이를 바르게 나타낸 그래프는?(단, 성비는 소수점 첫째 자리에서 반올림하고, 그래프의 단위는 '명'이다.)

〈연도별 외상 후 스트레스 장애 진료인원〉

(단위 : 명)

구분	전체	남성	여성	성비
2019년	7,268	2,966	4,302	69
2020년	7,901	3,169	4,732	67
2021년	8,282	3,341	4,941	68
2022년	9,648	3,791	5,857	65
2023년	10,570	4,170	6,400	65

※ (성비)$=\frac{(\text{남성 수})}{(\text{여성 수})}\times 100$

①
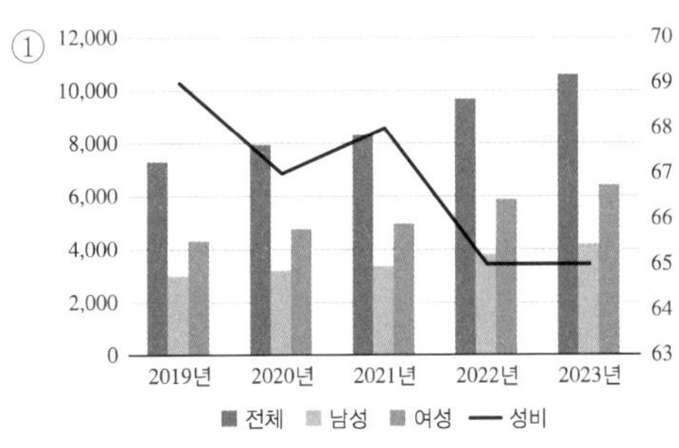

②
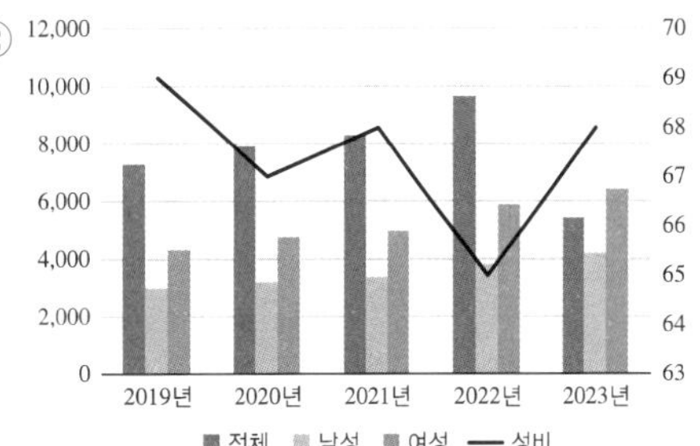

③
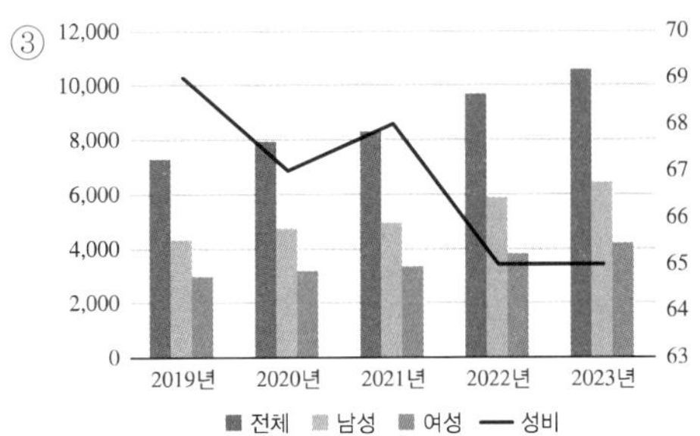

④
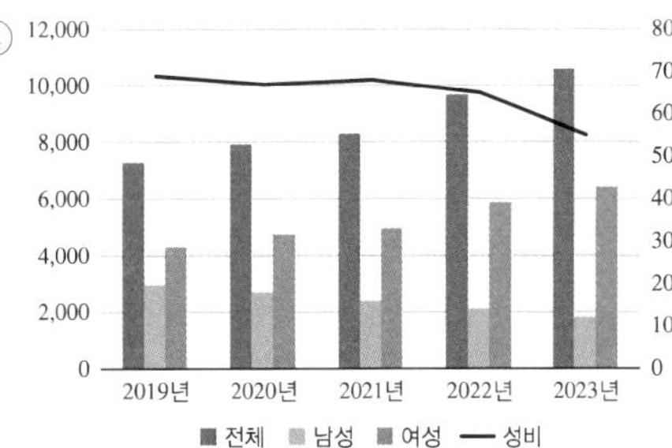

⑤
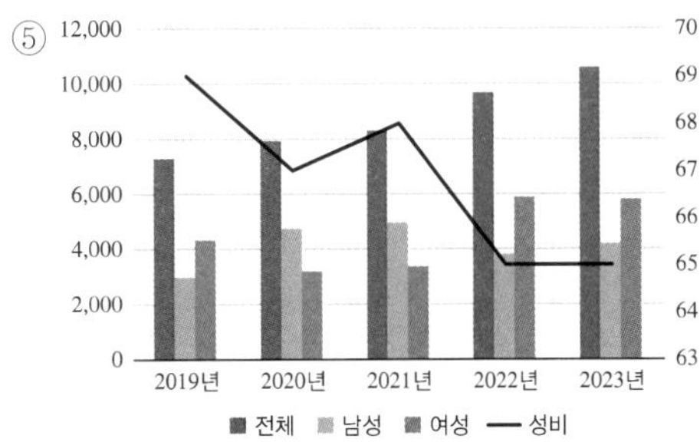

03 창의수리

Easy

01 터널의 길이가 10km이고 열차의 길이가 2km, 열차의 속력이 3km/h라면 열차가 터널을 통과하는 데에 걸리는 시간은 몇 시간인가?

① 3시간
② 4시간
③ 5시간
④ 6시간
⑤ 7시간

02 5%의 소금물 320g에 물 80g을 섞으면 몇 %의 소금물이 되는가?

① 3%
② 3.5%
③ 4%
④ 4.5%
⑤ 5%

03 A상품과 B상품의 재고는 각각 60개이다. A상품은 2개에 35,000원, B상품은 3개에 55,000원의 정상가격에 판매하고 있었으나 잘 팔리지 않아 A와 B 모두 5개에 80,000원에 할인하여 판매하고자 한다. A, B상품을 정상가격에 판매하였을 때와 할인가격에 판매하였을 때의 차이는?

① 18만 원
② 23만 원
③ 29만 원
④ 32만 원
⑤ 38만 원

04 수돗가에 서로 각기 다른 물의 양이 나오는 수도꼭지 A, B, C가 있다. 비어있는 양동이에 물을 완전히 채우기 위해 A, B, C 수도꼭지 모두 틀었더니 10분이 걸렸고, B와 C만으로 채우면 30분이 걸렸다. A수도꼭지에서 1분당 물이 나오는 양은 B수도꼭지의 8배였다. 이때, C수도꼭지만으로 양동이를 가득 채우는데 걸리는 시간은 몇 분인가?

① 20분 ② 25분
③ 30분 ④ 40분
⑤ 55분

05 둘레가 600m인 호수가 있다. 서희와 소정이가 자전거를 타고 서로 반대 방향으로 동시에 출발하여 각각 초속 7m, 초속 5m의 속력으로 달렸을 때, 세 번째로 만나는 지점은 출발점에서 얼마나 떨어져 있는가?(단, 양쪽 중 더 짧은 거리를 기준으로 한다)

① 120m ② 150m
③ 200m ④ 220m
⑤ 250m

Hard

06 A는 마트에서 장을 보고 있다. 지금까지 고른 물건의 중간 계산을 해보니 버섯 한 봉지, 두부 두 모, 대파 한 묶음, 우유 두 팩, 달걀 한 판을 구매하여 총 12,500원이었다. 우유는 세일 제품으로 두 팩에 4,200원, 달걀은 한 판에 3,400원이며, 버섯 한 봉지와 두부 한 모의 가격은 대파 3묶음 가격보다 300원 저렴하다. 그리고 버섯 한 봉지는 두부 한 모보다 300원 비싸다고 할 때, 두부 한 모의 가격은 얼마인가?

① 1,500원 ② 1,400원
③ 1,350원 ④ 1,200원
⑤ 1,000원

07

8%의 설탕물 300g에서 설탕물을 조금 퍼내고 퍼낸 설탕물만큼의 물을 부은 후 4%의 설탕물을 섞어 6%의 설탕물 400g을 만들었다. 처음 퍼낸 설탕물의 양은 몇 g인가?

① 30g
② 35g
③ 40g
④ 45g
⑤ 50g

08

S를 포함한 6명이 한국사 자격증 시험을 보았다. 시험 점수가 70점 이상인 2명이 고급 자격증을 획득하였고, 1명이 60점 미만인 54점으로 과락을 하였다. 그리고 나머지는 중급을 획득하였는데, 평균이 62점이었다. 6명의 평균이 65점일 때, S가 얻을 수 있는 시험 점수의 최댓값은?

① 70점
② 75점
③ 80점
④ 85점
⑤ 90점

Easy

09

A상자에는 흰 공 2개가 들어있고, B상자에는 빨간 공 3개가 들어있다. 각 상자에서 공을 한 개씩 꺼낸다고 할 때, 나올 수 있는 모든 경우의 수는?(단, 중복되는 경우는 고려하지 않는다)

① 2가지
② 3가지
③ 4가지
④ 5가지
⑤ 6가지

10 대학 서적을 도서관에서 빌리면 10일간 무료이고 그 이상은 하루에 100원의 연체료가 부과되며 연체료가 부과되는 시점부터 한 달 단위마다 연체료는 두 배로 늘어난다. 1학기 동안 대학 서적을 도서관에서 빌려 사용하는 데 얼마의 비용이 드는가?(단, 1학기의 기간은 15주이고, 한 달은 30일이다)

① 18,000원　② 20,000원
③ 23,000원　④ 25,000원
⑤ 28,000원

11 두 개의 주사위가 있다. 주사위를 굴려서 눈의 합이 2 이하가 나오는 확률은?

① $\frac{1}{36}$　② $\frac{2}{36}$
③ $\frac{3}{36}$　④ $\frac{4}{36}$
⑤ $\frac{5}{36}$

12 A와 B는 1.2km 떨어진 직선거리의 양 끝에서부터 12분 동안 마주 보고 달려 한 지점에서 만났다. B는 A보다 1.5배가 빠르다고 할 때, A의 속도는?

① 28m/분　② 37m/분
③ 40m/분　④ 48m/분
⑤ 53m/분

13 갑, 을, 병 3명에게 같은 양의 물건을 한 사람씩 똑같이 나누어 주면 각각 30일, 60일, 40일 동안 사용할 수 있다고 한다. 만약 세 사람에게 나누어 줄 물건의 양을 모두 합하여 세 사람이 함께 사용한다면, 세 사람이 함께 모든 물건을 사용하는 데 걸리는 시간은 얼마인가?

① 20일　② 30일
③ 35일　④ 40일
⑤ 45일

14 농도를 알 수 없는 설탕물 500g에 3%의 설탕물 200g을 온전히 섞었더니 섞은 설탕물의 농도는 7%가 되었다. 처음 500g의 설탕물에 녹아있던 설탕은 몇 g인가?

① 40g
② 41g
③ 42g
④ 43g
⑤ 44g

15 A ~ F를 한 줄로 세울 때, A와 B가 나란히 서 있을 확률은?

① $\frac{1}{6}$
② $\frac{1}{3}$
③ $\frac{1}{2}$
④ $\frac{2}{3}$
⑤ $\frac{5}{6}$

16 집에서 약수터까지 가는 데 형은 $\frac{1}{2}$m/s로 걸어서 10분 걸리고, 동생은 15분이 걸린다. 두 사람이 동시에 집에서 출발하여 약수터를 다녀오는 데 형이 집에 도착했다면 동생은 집에서 몇 m 떨어진 곳에 있는가?(단, 약수터에서 머문 시간은 생각하지 않는다)

① 150m
② 200m
③ 250m
④ 300m
⑤ 350m

17 빨강, 파랑, 노랑, 검정의 4가지 색을 다음 ㄱ, ㄴ, ㄷ, ㄹ에 칠하려고 한다. 같은 색을 여러 번 사용해도 상관없으나, 같은 색을 이웃하여 칠하면 안 된다. 색칠하는 전체 경우의 수는?

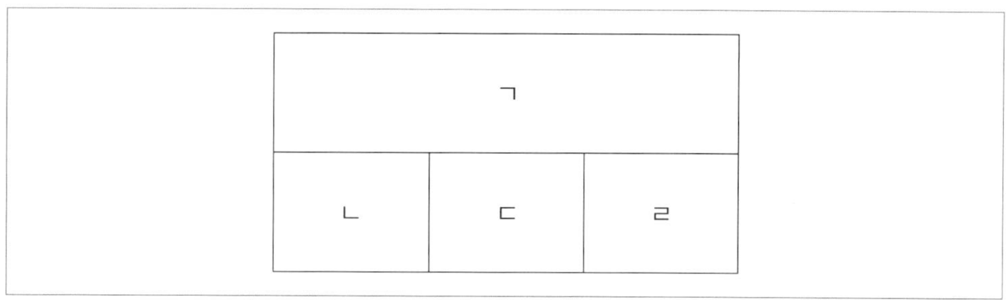

① 24가지
② 48가지
③ 64가지
④ 72가지
⑤ 84가지

18 올해 아버지의 나이는 은서 나이의 2배이고, 지은이 나이의 7배이다. 은서와 지은이의 나이 차이가 15살이라면, 아버지의 나이는?

① 38세
② 39세
③ 40세
④ 41세
⑤ 42세

19 1시간에 책을 60페이지 읽는 사람이 있다. 40분씩 읽고 난 후 5분씩 휴식하면서 4시간 동안 읽으면 모두 몇 페이지를 읽겠는가?

① 215페이지
② 220페이지
③ 230페이지
④ 235페이지
⑤ 240페이지

20 농도가 10%인 소금물 200g에 농도가 15%인 소금물을 섞어서 13%인 소금물을 만들려고 한다. 이때, 농도가 15%인 소금물은 몇 g이 필요한가?

① 150g
② 200g
③ 250g
④ 300g
⑤ 350g

04 언어추리

※ 제시된 명제가 참일 때, 반드시 참인 명제를 고르시오. [1~3]

01

- 창조적인 기업은 융통성이 있다.
- 오래 가는 기업은 건실하다.
- 오래 가는 기업이라고 해서 모두가 융통성이 있는 것은 아니다.

① 융통성이 있는 기업은 건실하다.
② 창조적인 기업이 오래 갈지 아닐지 알 수 없다.
③ 융통성이 있는 기업은 오래 간다.
④ 어떤 창조적인 기업은 건실하다.
⑤ 창조적인 기업은 오래 간다.

02

- 사람은 빵도 먹고 밥도 먹는다.
- 사람이 아니면 생각을 하지 않는다.
- 모든 인공지능은 생각을 한다.
- T는 인공지능이다.

① 사람이면 T이다.
② 생각을 하면 인공지능이다.
③ 인공지능이 아니면 밥을 먹지 않거나 빵을 먹지 않는다.
④ 빵을 먹지 않거나 밥을 먹지 않으면 생각을 한다.
⑤ T는 빵도 먹고 밥도 먹는다.

03

- 테니스를 좋아하는 사람은 가족 여행을 싫어한다.
- 가족 여행을 좋아하는 사람은 독서를 좋아한다.
- 독서를 좋아하는 사람은 쇼핑을 싫어한다.
- 쇼핑을 좋아하는 사람은 그림 그리기를 좋아한다.
- 그림 그리기를 좋아하는 사람은 테니스를 좋아한다.

① 그림 그리기를 좋아하는 사람은 가족 여행을 좋아한다.
② 쇼핑을 싫어하는 사람은 그림 그리기를 좋아한다.
③ 테니스를 좋아하는 사람은 독서를 좋아한다.
④ 쇼핑을 좋아하는 사람은 가족 여행을 싫어한다.
⑤ 쇼핑을 싫어하는 사람은 테니스를 좋아한다.

04 S대리는 사내 워크숍 준비를 위해 직원 A ~ E의 참석 여부를 조사하고 있다. 다음 정보를 참고하여 C가 워크숍에 참석한다고 할 때, 다음 중 워크숍에 참석하는 직원을 바르게 추론한 것은?

- B가 워크숍에 참석하면 E는 참석하지 않는다.
- D는 B와 E가 워크숍에 참석하지 않을 때 참석한다.
- A가 워크숍에 참석하면 B 또는 D 중 한 명이 함께 참석한다.
- C가 워크숍에 참석하면 D는 참석하지 않는다.
- C가 워크숍에 참석하면 A도 참석한다.

① A, B, C
② A, C, D
③ A, C, D, E
④ A, B, C, D
⑤ A, B, C, E

PART 2

05 S박물관에는 발견된 연도가 서로 다른 왕의 유물들이 전시되어 있다. 다음 〈조건〉에 근거하여 바르게 추론한 것은?

조건

- 왕의 목걸이는 100년 전에 발견되었다.
- 왕의 신발은 목걸이보다 나중에 발견되었다.
- 왕의 초상화는 가장 최근인 10년 전에 발견되었다.
- 왕의 편지는 신발보다 먼저 발견되었고 목걸이보다 나중에 발견되었다.
- 왕의 반지는 30년 전에 발견되어 신발보다 늦게 발견되었다.

① 왕의 편지가 가장 먼저 발견되었다.
② 왕의 신발은 두 번째로 발견되었다.
③ 왕의 반지는 편지보다 먼저 발견되었다.
④ 왕의 편지는 목걸이와 반지보다 늦게 발견되었다.
⑤ 왕의 유물을 발견된 순서대로 나열하면 '목걸이 – 편지 – 신발 – 반지 – 초상화'이다.

06 S그룹에서 근무하는 A～E 사원 중 한 명은 이번 주 금요일에 열리는 세미나에 참석해야 한다. 다음 A～E 사원의 대화에서 2명이 거짓말을 하고 있다고 할 때, 다음 중 이번 주 금요일 세미나에 참석하는 사람은 누구인가?

> A사원 : 나는 금요일 세미나에 참석하지 않아.
> B사원 : 나는 금요일에 중요한 미팅이 있어. D사원이 세미나에 참석할 예정이야.
> C사원 : 나와 D는 금요일에 부서 회의에 참석해야 하므로 세미나는 참석할 수 없어.
> D사원 : C와 E 중 한 명이 참석할 예정이야.
> E사원 : 나는 목요일부터 금요일까지 휴가라 참석할 수 없어. 그리고 C의 말은 모두 사실이야.

① A사원
② B사원
③ C사원
④ D사원
⑤ E사원

07 A～E 5명 중 단 1명만 거짓을 말하고 있을 때, 다음 중 범인은 누구인가?

> A : C가 범인입니다.
> B : A는 거짓말을 하고 있습니다.
> C : B가 거짓말을 하고 있습니다.
> D : 저는 범인이 아닙니다.
> E : A가 범인입니다.

① A
② A, B
③ A, C
④ C, D
⑤ D, E

08 국내 유명 감독의 영화가 이번에 개최되는 국제 영화 시상식에서 작품상, 감독상, 각본상, 편집상의 총 4개 후보에 올랐다. 4명의 심사위원이 해당 작품의 수상 가능성에 대해 다음과 같이 진술하였고, 이들 중 3명의 진술은 모두 참이고, 나머지 1명의 진술은 거짓이다. 다음 중 해당 작품이 수상할 수 있는 상의 최대 개수는?

> A심사위원 : 편집상을 받지 못한다면 감독상도 받지 못하며, 대신 각본상을 받을 것이다.
> B심사위원 : 작품상을 받는다면 감독상도 받을 것이다.
> C심사위원 : 감독상을 받지 못한다면 편집상도 받지 못한다.
> D심사위원 : 편집상과 각본상은 받지 못한다.

① 0개
② 1개
② 2개
④ 3개
⑤ 4개

09 함께 놀이공원에 간 A～E 5명 중 가장 겁이 많은 1명만 롤러코스터를 타지 않고 회전목마를 탔다. 이들은 집으로 돌아오는 길에 다음과 같은 대화를 나누었다. 5명 중 2명은 거짓을 말하고, 나머지 3명은 모두 진실을 말한다고 할 때, 롤러코스터를 타지 않은 사람은 누구인가?

> A : 오늘 탄 롤러코스터는 정말 재밌었어. 나는 같이 탄 E와 함께 소리를 질렀어.
> B : D는 회전목마를 탔다던데? E가 회전목마를 타는 D를 봤대. E의 말은 사실이야.
> C : D는 회전목마를 타지 않고 롤러코스터를 탔어.
> D : 나는 혼자서 회전목마를 타고 있는 B를 봤어.
> E : 나는 롤러코스터를 탔어. 손뼉을 칠 만큼 너무 완벽한 놀이기구야.

① A　　② B
③ C　　④ D
⑤ E

10 S사의 사내 축구 대회에서 홍보팀이 1 : 0으로 승리했고, 시합에 참여했던 홍보팀 직원 A～D는 다음과 같이 말하였다. 이들 중 1명의 진술만 참이라고 할 때, 골을 넣은 사람은 누구인가?

> A : C가 골을 넣었다.
> B : A가 골을 넣었다.
> C : A는 거짓말을 했다.
> D : 나는 골을 넣지 못했다.

① A　　② B
③ C　　④ D
⑤ 알 수 없다.

PART 2

11 어떤 회사가 A ~ D 네 부서에 한 명씩 신입사원을 선발하였다. 지원자는 총 5명이었으며, 선발 결과에 대해 다음과 같이 진술하였다. 이 중 1명의 진술만 거짓으로 밝혀졌다. 다음 중 항상 옳은 것은?

> 지원자 1 : 지원자 2가 A부서에 선발되었다.
> 지원자 2 : 지원자 3은 A 또는 D부서에 선발되었다.
> 지원자 3 : 지원자 4는 C부서가 아닌 다른 부서에 선발되었다.
> 지원자 4 : 지원자 5는 D부서에 선발되었다.
> 지원자 5 : 나는 D부서에 선발되었는데, 지원자 1은 선발되지 않았다.

① 지원자 1은 B부서에 선발되었다.
② 지원자 2는 A부서에 선발되었다.
③ 지원자 3은 D부서에 선발되었다.
④ 지원자 4는 B부서에 선발되었다.
⑤ 지원자 5는 C부서에 선발되었다.

12 어느 호텔 라운지에 둔 화분이 투숙자 중 1명에 의하여 깨진 사건이 발생했다. 이 호텔에는 갑, 을, 병, 정, 무 5명의 투숙자가 있었으며, 각 투숙자는 아래와 같이 진술하였다. 5명의 투숙자 중 4명은 진실을 말하고 1명이 거짓말을 하고 있다면, 거짓말을 하고 있는 사람은 누구인가?

> 갑 : '을'은 화분을 깨뜨리지 않았다.
> 을 : 화분을 깨뜨린 사람은 '정'이다.
> 병 : 내가 깨뜨렸다.
> 정 : '을'의 말은 거짓말이다.
> 무 : 나는 깨뜨리지 않았다.

① 갑 ② 을
③ 병 ④ 정
⑤ 무

※ 제시된 명제가 참일 때, 빈칸에 들어갈 명제로 가장 적절한 것을 고르시오. **[13~15]**

Easy

13

전제1. 등산을 자주 하면 폐활량이 좋아진다.
전제2. 폐활량이 좋아지면 오래 달릴 수 있다.
결론. ____________________

① 등산을 자주 하면 오래 달릴 수 있다.
② 오래 달릴 수 있으면 등산을 자주 할 수 있다.
③ 폐활량이 좋아지면 등산을 자주 할 수 있다.
④ 등산을 자주 하면 오래 달릴 수 없다.
⑤ 오래 달릴 수 있으면 폐활량이 좋아진다.

PART 2

14

전제1. 커피를 많이 마시면 카페인을 많이 섭취한다.
전제2. 커피를 많이 마시지 않으면 불면증이 생기지 않는다.
결론. ____________________

① 카페인을 많이 섭취하면 커피를 많이 마신 것이다.
② 커피를 많이 마시면 불면증이 생긴다.
③ 카페인을 많이 섭취하면 불면증이 생긴다.
④ 불면증이 생기지 않으면 카페인을 많이 섭취하지 않은 것이다.
⑤ 불면증이 생기면 카페인을 많이 섭취한 것이다.

15

전제1. 양식 자격증이 없다면 레스토랑에 취직할 수 없다.
전제2. 양식 자격증을 획득하려면 양식 실기시험에 합격해야 한다.
결론. ____________________

① 양식 실기시험에 합격하면 레스토랑에 취직할 수 있다.
② 레스토랑에 취직하려면 양식 실기시험에 합격해야 한다.
③ 양식 자격증이 있으면 레스토랑에 취직할 수 있다.
④ 양식 실기시험에 합격하면 양식 자격증을 획득할 수 있다.
⑤ 레스토랑에 취직할 수 없다면 양식 자격증이 없는 것이다.

※ 마지막 명제가 참일 때, 빈칸에 들어갈 명제로 가장 적절한 것을 고르시오. [16~18]

16

• 도로가 얼면 사고가 잘 난다.
• ______________________________
그러므로 사고가 잘 나지 않으면 도로 정비가 되어 있는 것이다.

① 사고가 나면 도로 정비가 안 되어 있는 것이다.
② 도로가 얼면 도로 정비가 잘 되어 있는 것이다.
③ 사고가 잘 나지 않으면 도로가 얼지 않은 것이다.
④ 도로 정비를 하지 않으면 도로가 언다.
⑤ 도로가 얼지 않으면 사고가 잘 나지 않는다.

17

• 사람은 곰이거나 호랑이이다.
• ______________________
• 소현이는 사람이다.
그러므로 소현이는 곰이다.

① 곰이면 사람이다.
② 호랑이가 아니면 사람이 아니다.
③ 호랑이가 아니면 소현이가 아니다.
④ 사람은 호랑이다.
⑤ 소현이는 호랑이가 아니다.

18

• 모든 식물은 광합성을 한다.
• ______________________
그러므로 사과나무는 광합성을 한다.

① 사과나무는 햇빛을 좋아한다.
② 광합성을 하지 않으면 식물이 아니다.
③ 사과나무는 식물이다.
④ 사과나무에서 사과가 열린다.
⑤ 사과는 식물의 열매이다.

Hard

19 **초콜릿 과자 3개와 커피 과자 3개를 A ~ E가 서로 나누어 먹는다고 할 때, 다음을 읽고 바르게 추론한 것은?**

- A와 C는 한 종류의 과자만 먹었다.
- B는 초콜릿 과자 1개만 먹었다.
- C는 B와 같은 종류의 과자를 먹었다.
- D와 E 중 한 명은 두 종류의 과자를 먹었다.

① A는 초콜릿 과자 2개를 먹었다.
② C는 초콜릿 과자 2개를 먹었다.
③ A가 커피 과자 1개를 먹었다면, D와 E 중 한 명은 과자를 먹지 못했다.
④ A가 커피 과자 1개를 먹었다면, D가 두 종류의 과자를 먹었을 것이다.
⑤ A와 D가 같은 과자를 하나씩 먹었다면, E가 두 종류의 과자를 먹었을 것이다.

20 **3학년 1반에서는 학생들의 투표를 통해 득표수에 따라 학급 대표를 선출하기로 하였고, 학급 대표 후보로 A ~ E가 나왔다. 투표 결과 A ~ E의 득표수가 다음과 같을 때, 바르게 추론한 것은?(단, 1반 학생들은 총 30명이며, 다섯 후보의 득표수는 서로 다르다)**

- A는 15표를 얻었다.
- B는 C보다 2표를 더 얻었지만, A보다는 낮은 표를 얻었다.
- D는 A보다 낮은 표를 얻었지만, C보다는 높은 표를 얻었다.
- E는 1표를 얻어 가장 낮은 득표수를 기록했다.

① A가 학급 대표로 선출된다.
② B보다 D의 득표수가 높다.
③ D보다 B의 득표수가 높다.
④ 5명 중 2명이 10표 이상을 얻었다.
⑤ 최다 득표자는 과반수 이상의 표를 얻었다.

05 수열추리

※ 일정한 규칙으로 수를 나열할 때, 빈칸에 들어갈 알맞은 수를 고르시오. **[1~16]**

01

$\frac{1}{3}$ $\frac{6}{10}$ ( ) $\frac{16}{94}$ $\frac{21}{283}$

① $\frac{10}{31}$
② $\frac{11}{31}$
③ $\frac{11}{45}$
④ $\frac{11}{47}$
⑤ $\frac{18}{47}$

02

$\frac{4}{3}$ $\frac{4}{3}$ ( ) 8 32 160

① $\frac{1}{3}$
② $\frac{8}{3}$
③ 1
④ 2
⑤ 3

03

0.8 2.0 1.0 2.2 1.1 ( ) 1.15

① 2.0
② 2.3
③ 2.6
④ 2.9
⑤ 3.1

04

$$1 \quad \frac{3}{2} \quad \frac{11}{6} \quad \frac{25}{12} \quad \frac{137}{60} \quad (\quad)$$

① $\frac{157}{120}$ ② $\frac{147}{60}$

③ $\frac{157}{60}$ ④ $\frac{167}{60}$

⑤ $\frac{177}{60}$

05

2 5 ( ) 8 −4 11

① −1 ② 6

③ 9 ④ −12

⑤ 15

06

27 81 9 27 3 ( )

① 5 ② 6

③ 7 ④ 8

⑤ 9

07

1 ( ) −5 44 25 22 −125 11

① 64 ② 66

③ 88 ④ 122

⑤ 124

08

−1　0　4　13　29　54　(　)

① 84　② 87
③ 90　④ 93
⑤ 96

09

1　4　13　40　121　(　)　1,093

① 351　② 363
③ 364　④ 370
⑤ 392

Hard

10

4　2　6　−2　14　−18　(　)

① 46　② −46
③ 52　④ −52
⑤ 74

11

0　(　)　−6　−18　−24　−72　−78

① −6　② −2
③ 0　④ 2
⑤ 6

12

2	512	20	512	200	256	2,000	( )

① 60
② 64
③ 128
④ 164
⑤ 180

13

1 8 3	2 ( ) 4	3 16 5

① 9
② 10
③ 12
④ 13
⑤ 15

14

12 6 3	8 ( ) 2	4 12 36

① 1
② 2
③ 3
④ 4
⑤ 5

PART 2

15

2 5 7	3 6 9	4 7 ( )

① 13
② 28
③ 11
④ 24
⑤ 28

16

11 19 8	−14 ( ) 16	−3 8 11

① 2
② 8
③ 12
④ 18
⑤ 20

17 다음 수열의 100번째 항의 값은?

$$\frac{1}{9} \quad -\frac{2}{18} \quad -\frac{5}{27} \quad -\frac{8}{36} \quad -\frac{11}{45} \quad \cdots$$

① $-\frac{296}{891}$
② $-\frac{293}{900}$
③ $-\frac{296}{900}$
④ $-\frac{293}{909}$
⑤ $-\frac{296}{909}$

Easy

18 다음 수열의 11번째 항의 값은?

4　9　25　49　121　169　…

① 841　② 961
③ 1,089　④ 1,225
⑤ 1,369

Hard

19 다음 수열의 13번째 항의 값은?

−4　−1　−2　1　2　5　10　13　…

① 90　② 98
③ 106　④ 114
⑤ 122

20 다음 수열의 13번째 항의 값은?

4,000,　40,　2,000,　80,　1,000,　160,　500,　320,　…

① 6,400　② 1,280
③ 62.5　④ 31.25
⑤ 7.8125

제 3 회 최종점검 모의고사

응시시간 : 75분　문항 수 : 100문항

정답 및 해설 p.056

01 언어이해

01 다음 글의 제목으로 가장 적절한 것은?

시장경제는 국민 모두가 잘살기 위한 목적을 달성하기 위한 수단으로서 선택한 나라 살림의 운영 방식이다. 그러나 최근에 재계, 정계, 그리고 경제 관료 사이에 벌어지고 있는 시장경제에 대한 논쟁은 마치 시장경제 그 자체가 목적인 것처럼 왜곡되고 있다. 국민들이 잘살기 위해서는 경제가 성장해야 한다. 그러나 경제가 성장했는데도 다수의 국민들이 잘사는 결과를 가져오지 못하고 경제적 강자들의 기득권을 확대 생산하는 결과만을 가져온다면 국민들은 시장경제를 버리고 대안적 경제 체제를 찾을 것이다. 그렇기 때문에 시장경제를 유지하기 위해서는 성장과 분배의 균형이 중요하다.
시장경제는 경쟁을 통해서 효율성을 높이고 성장을 달성한다. 경쟁의 동기는 사적인 이익을 추구하는 인간의 이기적 속성에 기인한다. 국민 각자는 모두가 함께 잘살기 위해서가 아니라 내가 잘살기 위해서 경쟁을 한다. 모두가 함께 잘살기 위한 공동의 목적을 달성하기 위한 수단으로 시장경제를 선택한 것이지만 개개인은 이기적인 동기로 시장에 참여하는 것이다. 이와 같이 시장경제는 개인과 공동의 목적이 서로 상반되는 모순을 갖는 것이 그 본질이다. 그래서 시장경제가 제대로 운영되기 위해서는 국가의 소임이 중요하다.
시장경제에서 국가가 할 일을 크게 세 가지로 나누어 볼 수 있다. 첫째는 경쟁을 유도하는 시장 체제를 만드는 것이고, 둘째는 공정한 경쟁이 이루어지도록 시장 질서를 세우는 것이며, 셋째는 경쟁의 결과로 얻은 성과가 모두에게 공평하게 분배되도록 조정하는 것이다. 최근에 벌어지고 있는 시장경제의 논쟁은 세 가지 국가의 역할 중에서 논쟁의 주체들이 자신의 이해관계에 따라서 선택적으로 시장경제를 왜곡하고 있다. 경쟁에서 강자의 위치를 확보한 재벌들은 경쟁 촉진을 주장하면서 공정 경쟁이나 분배를 말하는 것은 반시장적이라고 매도한다. 정치권은 인기 영합의 수단으로, 그리고 일부 노동계는 이기적 동기에서 분배를 주장하면서 분배의 전제가 되는 성장을 위해서 필요한 경쟁을 훼손하는 모순된 주장을 한다. 경제 관료들은 자신의 권력을 강화하기 위한 부처의 이기적인 관점에서 경쟁촉진과 공정 경쟁 사이에서 줄타기 곡예를 하며 분배에 대해서 말하는 것은 금기시한다. 모두가 자신들의 기득권을 위해서 선택적으로 왜곡하고 있다.
경쟁은 원천적으로 공정성을 보장하지 못한다. 서로 다른 능력이 주어진 천부적인 차이는 물론이고, 물려받는 재산과 환경의 차이로 인하여 출발선에서부터 불공정한 경쟁이 시작된다. 그럼에도 불구하고 경쟁은 창의력을 가지고 노력하는 사람에게 성공을 가져다주는 체제이다. 그래서 출발점이 다를지라도 노력과 능력에 따라서 성공의 기회가 제공되도록 보장하기 위해서 공정 경쟁이 중요하다.
경쟁은 또한 분배의 공평성을 보장하지 못한다. 경쟁의 결과는 경쟁에 참여한 모든 사람들의 노력의 결과로 이루어진 것이지, 승자만의 노력으로 이루어진 것은 아니다. 경쟁의 결과가 승자에 의해서 독점된다면 국민들은 경쟁의 참여를 거부할 수밖에 없다. 그래서 경쟁에 참여한 모두에게 공평한 분배가 이루어지는 것이 중요하다.

① 시장경제에서의 개인과 경쟁의 상호 관계
② 시장경제에서의 국가의 역할
③ 시장경제에서의 개인 상호 간의 경쟁
④ 시장경제에서의 경쟁의 양면성과 그 한계
⑤ 시장경제에서의 경쟁을 통한 개개인의 관계

PART 2

※ 다음 글의 내용으로 가장 적절한 것을 고르시오. [2~4]

Hard

02

'청렴(淸廉)'은 현대 사회에서 좁게는 반부패와 동의어로 사용되며 넓게는 투명성과 책임성 등을 포괄하는 통합적 개념으로 사용되고 있다. 유학자들은 청렴을 효제와 같은 인륜의 덕목보다는 하위에 두었지만 군자라면 마땅히 지켜야 할 일상의 덕목으로 중시하였다. 조선의 대표적 유학자였던 이황과 이이는 청렴을 사회 규율이자 개인 처세의 지침으로 강조하였다. 특히 공적 업무에 종사하는 사람이라면 사회 규율로서의 청렴이 개인의 처세와 직결된다는 점에 유념해야 한다고 보았다.
청렴에 대한 논의는 정약용의 『목민심서』에서 본격적으로 나타난다. 정약용은 청렴이야말로 목민관이 지켜야 할 근본적인 덕목이며 목민관의 직무는 청렴이 없이는 불가능하다고 강조하였다. 정약용은 청렴을 당위의 차원에서 주장하는 기존의 학자들과 달리 행위자 자신에게 실질적 이익이 된다는 점을 들어 설득하고자 한다. 그는 청렴은 큰 이득이 남는 장사라고 말하면서, 지혜롭고 욕심이 큰 사람은 청렴을 택하지만 지혜가 짧고 욕심이 작은 사람은 탐욕을 택한다고 설명한다. 정약용은 "지자(知者)는 인(仁)을 이롭게 여긴다."라는 공자의 말을 빌려 "지혜로운 자는 청렴함을 이롭게 여긴다."라고 하였다. 비록 재물을 얻는 데 뜻이 있더라도 청렴함을 택하는 것이 결과적으로는 지혜로운 선택이라고 정약용은 말한다. 목민관의 작은 탐욕은 단기적으로 보면 눈 앞의 재물을 취하여 이익을 얻을 수 있겠지만 궁극에는 개인의 몰락과 가문의 불명예를 가져올 수 있기 때문이다.
정약용은 청렴을 지키는 것은 두 가지 효과가 있다고 보았다. 첫째, 청렴은 다른 사람에게 긍정적 효과를 미친다. 목민관이 청렴할 경우 백성을 비롯한 공동체 구성원에게 좋은 혜택이 돌아갈 것이다. 둘째, 청렴한 행위를 하는 것은 목민관 자신에게도 좋은 결과를 가져다준다. 청렴은 그 자신의 덕을 높이는 것일 뿐 아니라 자신의 가문에 빛나는 명성과 영광을 가져다줄 것이다.

① 정약용은 청렴이 목민관이 반드시 지켜야 할 덕목임을 당위론 차원에서 정당화하였다.
② 정약용은 탐욕을 택하는 것보다 청렴을 택하는 것이 이롭다는 공자의 뜻을 계승하였다.
③ 정약용은 청렴한 사람은 욕심이 작기 때문에 재물에 대한 탐욕에 빠지지 않는다고 보았다.
④ 정약용은 청렴이 백성에게 이로움을 줄 뿐 아니라 목민관 자신에게도 이로운 행위라고 보았다.
⑤ 이황과 이이는 청렴을 개인의 처세에 있어 주요 지침으로 여겼으나 사회 규율로는 보지 않았다.

03

개인의 합리성과 사회의 합리성은 병행할 수 있을까? 이 문제와 관련하여 고전 경제학에서는 개인이 합리적으로 행동하면 사회 전체적으로도 합리적인 결과를 얻을 수 있다고 말한다. 물론 여기에서 '합리성'이란 여러 가지 가능한 대안 가운데 효용의 극대화를 추구하는 방향으로 선택을 한다는 의미의 경제적 합리성을 의미한다. 따라서 개인이 최대한 자신의 이익에 충실하면 모든 자원이 효율적으로 분배되어 사회적으로도 이익이 극대화된다는 것이 고전 경제학의 주장이다.

그러나 개인의 합리적 선택이 반드시 사회적인 합리성으로 연결되지 못한다는 주장도 만만치 않다. 이른바 '죄수의 딜레마' 이론에서는, 서로 의사소통을 할 수 없도록 격리된 두 용의자가 각각의 수준에서 가장 합리적으로 내린 선택이, 오히려 집합적인 결과에서는 두 사람 모두에게 비합리적인 결과를 초래할 수 있다고 설명하고 있다. 즉, 다른 사람을 고려하지 않고 자신의 이익만을 추구하는 개인적 차원의 합리성만을 강조하면, 오히려 사회 전체적으로는 비합리적인 결과를 초래할 수 있다는 것이다. 죄수의 딜레마 이론을 지지하는 쪽에서는, 심각한 환경오염 등 우리 사회에 존재하는 문제의 대부분을 이 이론으로 설명한다.

일부 경제학자들은 이러한 주장에 대하여 강하게 반발한다. 그들은 죄수의 딜레마 현상이 보편적인 현상이라면, 우리 주위에서 흔히 발견할 수 있는 협동은 어떻게 설명할 수 있느냐고 반문한다. 사실 우리 주위를 돌아보면, 사람들은 의외로 약간의 손해를 감수하더라도 협동을 하는 모습을 곧잘 보여주곤 한다. 그들은 이런 행동들도 합리성을 들어 설명한다. 안면이 있는 사이에서는 오히려 상대방과 협조를 하는 행동이 장기적으로는 이익이 된다는 것을 알기 때문에 협동을 한다는 것이다. 즉, 협동도 크게 보아 개인적 차원의 합리적 선택이 집합적으로 나타난 결과로 보는 것이다.

그러나 이런 해명에도 불구하고 우리 주변에서는 각종 난개발이 도처에서 자행되고 있으며, 환경오염은 이제 전 지구적으로 만연해 있는 것이 엄연한 현실이다. 자기 집 부근에 도로나 공원이 생기기를 원하면서도 정작 그 비용은 부담하려고 하지 않는다든지, 남에게 해를 끼치는 일인 줄 뻔히 알면서도 쓰레기를 무단 투기하는 등의 행위를 서슴지 않고 한다. '합리적인 개인'이 '비합리적인 사회'를 초래하고 있는 것이다.

그렇다면 죄수의 딜레마와 같은 현상을 극복하고 사회적인 합리성을 확보할 수 있는 방안은 무엇인가? 그것은 개인적으로는 도덕심을 고취하고, 사회적으로는 의사소통 과정을 원활하게 하는 것이라고 할 수 있다. 개인들이 자신의 욕망을 적절하게 통제하고 남을 배려하는 태도를 지니면 죄수의 딜레마 같은 현상에 빠지지 않고도 개인의 합리성을 추구할 수 있을 것이다. 아울러 서로 간의 원활한 의사소통을 통해 공감의 폭을 넓히고 신뢰감을 형성하며, 적절한 의사 수렴과정을 거친다면 개인의 합리성이 보다 쉽게 사회적 합리성으로 이어지는 길이 열릴 것이다.

① 사회의 이익은 개인의 이익을 모두 합한 것이다.
② 사람들은 이기심보다 협동심이 더 강하다.
③ 사회가 기계라면 사회를 이루는 개인은 그 기계의 부속품일 수밖에 없다.
④ 전체 사회를 위해 개인의 희생은 감수할 수밖에 없다.
⑤ 사회적 합리성을 위해서는 개인의 노력만으로는 안 된다.

04

풍속화는 문자 그대로 풍속을 그린 그림이다. 세속을 그린 그림이라는 뜻에서 속화(俗畵)라고도 한다. 정의는 이렇게 간단하지만 따져야 할 문제들은 산적해 있다. 나는 풍속화에 대해 엄밀한 학문적 논의를 펼 만큼 전문적인 식견을 갖고 있지는 않다. 하지만 한 가지 확실하게 말할 수 있는 것은, 풍속화가 인간의 모습을 화폭 전면에 채우는 그림이라는 사실이다. 그런데 현재 우리가 접하는 그림에서, 인간의 모습이 그림의 전면을 차지하는 작품은 생각보다 많지 않다. 우리의 일상적인 모습은 더욱 그렇다. 만원 지하철에 시달리며 출근 전쟁을 하고, 직장 상사로부터 핀잔을 듣고, 포장마차에서 소주를 마시고, 노래방에서 스트레스를 푸는 평범한 사람들의 일상의 모습은 그림에 등장하지 않는다. 조선 시대에도 회화의 주류는 산수와 꽃과 새, 사군자와 같은 인간의 외부에 존재하는 대상을 그리는 것이었다. 이렇게 말하면 너무 지나치다고도 할 것이다. 산수화에도 인간이 등장하고 있지 않은가? 하지만 산수화 속의 인간은 산수에 부속된 것일 뿐이다. 산수화에서의 초점은 산수에 있지, 산수 속에 묻힌 인간에 있지 않다. 인간의 그림이라면, 초상화가 있지 않느냐고 물을 수도 있다. 사실 그렇다. 초상화는 인간이 화면 전체를 차지하는 그림이다. 나는 조선 시대 초상화에서 깊은 감명을 받은 적도 있다. 그것은 초상에 그 인간의 내면이 드러나 보일 때인데, 특히 송시열의 초상화를 보고 그런 느낌을 받았다. 하지만 초상화는 아무래도 딱딱하다. 초상화에서 보이는 것은 얼굴과 의복일 뿐, 구체적인 삶의 모습은 아니다. 이에 반해 조선 후기 풍속화는 인간의 현세적・일상적 모습을 중심 제재로 삼고 있다. 조선 사회가 양반 관료 사회인만큼 양반들의 생활이 그려지는 것은 당연하겠지만, 풍속화에 등장하는 인물의 주류는 이미 양반이 아니다. 농민과 어민, 그리고 별감, 포교, 나장, 기생, 뚜쟁이 할미까지 도시의 온갖 인간들이 등장한다. 풍속화를 통하여 우리는 양반이 아닌 인간들을 비로소 만나게 된 것이다. 여성이 그림에 등장하는 것도 풍속화의 시대에 와서이다. 조선 시대는 양반・남성의 사회였다. 양반・남성 중심주의는 양반이 아닌 이들과 여성을 은폐하였다. 이들이 예술의 중심대상이 된 적은 거의 없었다. 특히 그림에서는 인간이 등장하는 일이 드물었고, 여성이 등장하는 일은 더욱 없었다. 풍속화에 와서야 비로소 여성이 회화의 주요대상으로 등장했던 것이다. 조선 시대 풍속화는 18, 19세기에 '그려진 것'이다. 물론 풍속화의 전통을 따지고 들면, 저 멀리 고구려 시대의 고분벽화에 까지 이를 수 있다. 그러나 그것들은 의례적・정치적・도덕적 관념의 선전이란 목적을 가지고 '제작된 것'이다. 좀 더 구체적으로 말하자면, 죽은 이를 위하여, 농업의 중요성을 강조하고 생산력을 높이기 위하여, 혹은 민중의 교화를 위하여 '제작된 것'이다. 이점에서 이 그림들은 18, 19세기의 풍속화와는 구분되어야 마땅하다.

① 풍속화는 인간의 외부에 존재하는 대상을 그리는 것이었다.
② 조선 후기 풍속화에는 양반들의 생활상이 주로 나타나 있다.
③ 조선 시대 산수화 속에 등장하는 인물은 부수적 존재에 불과하다.
④ 조선 시대 회화의 주류는 인간의 내면을 그린 그림이 대부분이었다.
⑤ 조선 전기에도 여성이 회화의 주요대상으로 등장했다.

05 다음 A～C의 주장에 대한 평가로 적절한 것만을 〈보기〉에서 모두 고르면?

A : 정당에 대한 충성도와 공헌도를 공직자 임용 기준으로 삼아야 한다. 이는 전쟁에서 전리품은 승자에게 속한다는 국제법의 규정에 비유할 수 있다. 즉, 주기적으로 실시되는 대통령 선거에서 승리한 정당이 공직자 임용의 권한을 가져야 한다. 이러한 임용 방식은 공무원에 대한 정치지도자의 지배력을 강화해 지도자가 구상한 정책 실현을 쉽게 할 수 있다.

B : 공직자 임용 기준은 개인의 능력·자격·적성에 두어야 하며 공개경쟁 시험을 통해서 공무원을 선발하는 것이 좋다. 그러면 신규 채용 과정에서 공개와 경쟁의 원칙을 준수하기 때문에 정실 개입의 여지가 줄어든다. 공개경쟁 시험은 무엇보다 공직자 임용에서 기회균등을 보장하여 인재를 임용함으로써 행정의 능률을 높일 수 있고 공무원의 정치적 중립을 통하여 행정의 공정성이 확보될 수 있다는 장점이 있다. 또한, 공무원의 신분보장으로 행정의 연속성과 직업적 안정성도 강화될 수 있다.

C : 사회를 구성하는 모든 지역 및 계층으로부터 인구 비례에 따라 공무원을 선발하고, 그들을 정부 조직 내의 각 직급에 비례적으로 배치함으로써 정부 조직이 사회의 모든 지역과 계층에 가능한 한 공평하게 대응하도록 구성하여야 한다. 공무원들은 가치중립적인 존재가 아니다. 그들은 자신의 출신 집단의 영향을 받은 가치관과 신념을 가지고 정책 결정과 집행에 깊숙이 개입하고 있으며, 이 과정에서 자신의 견해나 가치를 반영하고자 노력한다.

보기

ㄱ. 공직자 임용의 정치적 중립성을 보장할 필요성이 대두된다면, A의 주장은 설득력을 얻는다.
ㄴ. 공직자 임용과정의 공정성을 높일 필요성이 두드러진다면, B의 주장은 설득력을 얻는다.
ㄷ. 인구의 절반을 차지하는 비수도권 출신 공무원의 비율이 1/4에 그쳐 지역 편향성을 완화할 필요성이 제기된다면, C의 주장은 설득력을 얻는다.

① ㄱ
② ㄴ
③ ㄷ
④ ㄱ, ㄷ
⑤ ㄴ, ㄷ

06 다음 글에 이어질 내용으로 가장 적절한 것은?

테레민이라는 악기는 손을 대지 않고 연주하는 악기이다. 이 악기를 연주하기 위해 연주자는 허리 높이쯤에 위치한 상자 앞에 선다. 오른손은 상자에 수직으로 세워진 안테나 주위에서 움직인다. 오른손의 엄지와 집게손가락으로 고리를 만들고 손을 흔들면서 나머지 손가락을 하나씩 펴면 안테나에 손이 닿지 않고서도 음이 들린다. 이때 들리는 음은 피아노 건반을 눌렀을 때 나는 것처럼 정해진 음이 아니고 현악기를 연주하는 것과 같은 연속음이며, 소리는 손과 손가락의 움직임에 따라 변한다. 왼손은 손가락을 펼친 채로 상자에서 수평으로 뻗은 안테나 위에서 서서히 오르내리면서 소리를 조절한다.

오른손으로는 수직 안테나와의 거리에 따라 음고(音高)를 조절하고 왼손으로는 수평 안테나와의 거리에 따라 음량을 조절한다. 따라서 오른손과 수직 안테나는 음고를 조절하는 회로에 속하고 왼손과 수평 안테나는 음량을 조절하는 또 다른 회로에 속한다. 이 두 회로가 하나로 합쳐지면서 두 손의 움직임에 따라 음고와 음량을 변화시킬 수 있다.

어떻게 테레민에서 다른 음고의 음이 발생되는지 알아보자. 음고를 조절하는 회로는 가청주파수 범위 바깥의 주파수를 갖는 서로 다른 두 개의 음파를 발생시킨다. 이 두 개의 음파 사이에 존재하는 주파수의 차이 값에 의해 가청주파수를 갖는 새로운 진동이 발생하는데 그것으로 소리를 만든다. 가청주파수 범위 바깥의 주파수 중 하나는 고정된 주파수를 갖고 다른 하나는 연주자의 손 움직임에 따라 주파수가 바뀐다. 이렇게 발생한 주파수의 변화에 의해 진동이 발생되고 이 진동의 주파수는 가청주파수 범위 내에 있기 때문에 그 진동을 증폭시켜 스피커로 보내면 소리가 들린다.

① 수직 안테나에 손이 닿으면 소리가 발생하는 원리
② 왼손의 손가락 모양에 따라 음고가 바뀌는 원리
③ 수평 안테나와 왼손 사이의 거리에 따라 음량이 조절되는 원리
④ 음고를 조절하는 회로에서 가청주파수의 진동이 발생하는 원리
⑤ 오른손 손가락으로 가상의 피아노 건반을 눌러 음량을 변경하는 원리

07 다음 〈보기〉의 입장에서 제시문을 비판하는 내용으로 가장 적절한 것은?

로봇의 발달로 일자리가 줄어들 것이라는 사람들의 불안이 커지면서 최근 로봇세(Robot稅) 도입에 대한 논의가 활발하다. 로봇세는 로봇을 사용해 이익을 얻는 기업이나 개인에 부과하는 세금이다. 로봇으로 인해 일자리를 잃은 사람들을 지원하거나 사회 안전망을 구축하기 위한 예산을 마련하자는 것이 로봇세 도입의 목적이다. 이처럼 로봇의 사용으로 일자리가 감소할 것이라는 이유로 로봇세의 필요성이 제기되었지만, 역사적으로 볼 때 새로운 기술로 인해 전체 일자리는 줄지 않았다. 산업혁명을 거치면서 새로운 기술에 대한 걱정은 늘 존재했지만, 산업 전반에서 일자리는 오히려 증가해 왔다는 점이 이를 뒷받침한다. 따라서 로봇의 사용으로 일자리가 줄어들 가능성은 낮다.
우리는 로봇 덕분에 어렵고 위험한 일이나 반복적인 일로부터 벗어나고 있다. 로봇 사용의 증가 추세에서 알 수 있듯이 로봇 기술이 인간의 삶을 편하게 만들어 주는 것은 틀림없다. 로봇세의 도입으로 이러한 편안한 삶이 지연되지 않기를 바란다.

보기

로봇 기술의 발전에 따라 로봇의 생산 능력이 비약적으로 향상되고 있다. 이는 로봇 하나당 대체할 수 있는 인간 노동자의 수도 지속적으로 증가함을 의미한다. 로봇 사용이 사회 전반에 빠르게 확산되는 현실을 고려할 때, 로봇 사용으로 인한 일자리 대체 규모가 기하급수적으로 커질 것이다.

① 산업 혁명의 경우와 같이 로봇의 생산성 증가는 인간의 새로운 일자리를 만드는 데 기여할 것이다.
② 로봇세를 도입해 기업이 로봇의 생산성 향상에 기여하도록 해야 인간의 일자리 감소를 막을 수 있다.
③ 로봇 사용으로 밀려날 수 있는 인간 노동자의 생산 능력을 향상시킬 수 있는 제도적 지원 방안을 마련해야 한다.
④ 로봇의 생산 능력에 대한 고려 없이 과거 사례만으로 일자리가 감소하지 않을 것이라고 보는 것은 성급한 판단이다.
⑤ 로봇 기술의 발달을 통해 일자리를 늘리려면 지속적으로 일자리가 늘었던 산업 혁명의 경험에서 대안을 찾아야 한다.

Hard

08 다음 글의 중심 내용으로 가장 적절한 것은?

판소리는 한국의 서사무가의 서술원리와 구연방식을 빌려다가 흥미 있는 설화 자료를 각색해, 굿이 아닌 세속의 저잣거리에서 일반 사람들을 상대로 노래하면서 시작되었다. 호남지역에서 대대로 무당을 세습하던 세습 무당 집안에서는 여자 무당이 굿을 담당하고 남자 무당은 여자 무당을 도와 여러 가지 잡일을 했다. 당연히 굿을 해주고 받는 굿값의 분배도 여자 무당을 중심으로 이루어졌고, 힘든 잡일을 담당한 남자 무당은 몫이 훨씬 적었다. 남자 무당이 굿에 참여하고 그 몫의 돈을 받는 경우는 노래를 할 때뿐이었다. 따라서 세습 무당 집안에서 태어난 남자들은 노래를 잘하는 것이 잘 살 수 있는 길이었다. 남자들은 노래 공부를 열심히 했고, 이 과정에서 세습 무당 집안에서는 많은 명창을 배출하였다.

이러한 호남지역의 무속적 특징은 조선 후기 사회 변화와 관련을 맺으면서 판소리의 발생을 자극했다. 조선 후기로 갈수록 지역 마을마다 행하던 주민 공동행사인 마을굿이 제사형태로 바뀌었고, 이에 따라 무당이 참여하지 않는 마을굿이 늘어났다. 정부와 양반 지배층이 유교이념에 입각하여 지속적으로 무속을 탄압하는 정책을 펴왔던 탓이었다. 또한 합리적 사고의 발달에 따라 무속이 사회적 신임을 잃은 탓이기도 하였다.

호남지역의 세습 무당들은 개인의 질병을 치료하는 굿보다는 풍년이나 풍어를 기원하는 정기적인 마을굿을 하여 생계를 유지했다. 이러한 마을굿이 점차 사라지면서 그들은 생계를 위협받게 되었다. 한편 이 시기에는 상업이 발달하면서 상행위가 활발해졌고, 생활이 풍족해짐에 따라 백성들의 문화 욕구가 커지면서 예능이 상품으로 인정받았다. 이에 따라 춤과 소리 등의 예술과 곡예가 구경거리로 부상하였다. 세습 무당 집안 출신의 노래 잘하는 남자 무당들은 무속이라는 속박을 떨쳐 버리고 돈을 벌기 위하여 소리판을 벌이게 되었다. 이들의 소리가 많은 사람에게 환영을 받자 점차 전문 직업인으로서 명창이 등장하게 되었다. 대중적 인기가 자신의 명성과 소득에 직결되었으므로, 이들은 대중이 좋아할 만한 내용을 담은 소리들을 발굴하고 개발하였다.

① 조선 후기 사회 변화는 유교 중심 체제의 쇠퇴와 민중 기반 무속신앙의 성장을 가져 왔다.
② 세습 무당 집안의 남자들이 상업적인 공연에 뛰어들면서 판소리 개발과 전파의 주축이 되었다.
③ 판소리의 발달은 무속신앙의 상업화와 함께 남자 무당들이 대거 성장하는 계기가 되었다.
④ 유교이념의 전파로 전통 무속신앙이 쇠퇴하면서 서사무가가 자취를 감추게 되었다.
⑤ 조선 후기에 전문 직업인으로서의 판소리 명창들이 대거 출현하면서 무속인들이 설자리를 잃었다.

※ 다음 문단을 논리적 순서대로 바르게 나열한 것을 고르시오. [9~10]

09

(가) 그러나 캐넌과 바드는 신체 반응 이후 정서가 나타난다는 제임스와 랑에의 이론에 대해 다른 의견을 제시한다. 첫째, 그들은 정서와 신체 반응은 거의 동시에 나타난다고 주장한다. 즉, 정서를 일으키는 외부 자극이 대뇌에 입력되는 것과 동시에 우리 몸의 신경계가 자극되므로, 정서와 신체 반응은 거의 동시에 발생한다는 것이다.

(나) 둘째, 특정한 신체 반응에 하나의 정서가 일대일로 대응되어 연결되는 것이 아니라고 주장한다. 즉, 특정한 신체 반응이 여러 가지 정서들에 대응되기도 한다는 것이다. 따라서 특정한 신체 반응 이후에 특정한 정서가 유발된다고 한 제임스와 랑에의 이론은 한계가 있다고 본 것이다.

(다) 이 이론에 따르면 외부자극은 인간의 신체 내부에 자율신경계의 반응을 일으키고, 정서는 이러한 신체 반응의 결과로 나타난다는 것이다. 이는 만약 우리가 인위적으로 신체 반응을 유발할 수 있다면 정서를 바꿀 수도 있다는 것을 시사해 주기도 한다.

(라) 인간의 신체 반응은 정서에 의해 유발되는 것일까? 이에 대해 제임스와 랑에는 정서에 의해 신체 반응이 유발되는 것이 아니라, 신체 반응이 오히려 정서보다 앞서 나타난다고 주장한다. 즉, 웃으니까 기쁜 감정이 생기고, 우니까 슬픈 감정이 생긴다는 것이다. 이는 외부자극에 대한 자율 신경계의 반응으로 신체의 변화가 먼저 일어나고, 이러한 변화에 대한 자각을 한 이후 공포감이나 놀라움이라는 정서를 느끼게 되었음을 보여준다.

① (라) – (다) – (가) – (나)
② (나) – (가) – (다) – (라)
③ (라) – (다) – (나) – (가)
④ (다) – (가) – (라) – (나)
⑤ (다) – (라) – (가) – (나)

10

(가) 흡연자와 비흡연자 사이의 후두암, 폐암 등의 질병별 발생위험도에 대해서 건강보험공단은 유의미한 연구결과를 내놓기도 했는데, 연구결과에 따르면 흡연자는 비흡연자에 비해서 후두암 발생률이 6.5배, 폐암 발생률이 4.6배 등 각종 암에 걸릴 확률이 높은 것으로 나타났다.
(나) 건강보험공단은 이에 대해 담배회사가 절차적 문제로 방어막을 치고 있는 것에 지나지 않는다 하여 비판을 제기하고 있다. 아직 소송이 처음 시작한 만큼 담배회사와 건강보험공단 간의 '담배 소송'의 결과를 보려면 오랜 시간을 기다려야 할 것이다.
(다) 이와 같은 담배의 유해성 때문에 건강보험공단은 현재 담배회사와 소송을 진행하고 있는데, 당해 소송에서는 담배의 유해성에 관한 인과관계 입증 이전에 다른 문제가 부상하였다. 건강보험공단이 소송당사자가 될 수 있는지가 문제가 된 것이다.
(라) 담배는 임진왜란 때 일본으로부터 호박, 고구마 등과 함께 들어온 것으로 알려져 있다. 그러나 선조들이 알고 있던 것과는 달리, 담배는 약초가 아니다. 담배의 유해성은 우선 담뱃갑이 스스로를 경고하는 경고 문구에 나타나 있다. 담뱃갑에는 '흡연은 폐암 등 각종 질병의 원인'이라는 문구를 시작으로, '담배 연기에는 발암성 물질인 나프틸아민, 벤젠, 비닐 크롤라이드, 비소, 카드뮴이 들어 있다.'라고 적시하고 있다.

① (가) – (다) – (라) – (나)
② (라) – (가) – (다) – (나)
③ (가) – (라) – (다) – (나)
④ (라) – (다) – (가) – (나)
⑤ (가) – (라) – (나) – (다)

11 다음 제시된 문장을 읽고, 이어질 문단을 논리적 순서대로 바르게 나열한 것은?

청화백자란 초벌구이한 백자에 코발트 안료를 사용하여 장식한 후 백자 유약을 시유(施釉)하여 구운 그릇을 말한다.

(가) 원대에 제작된 청화백자는 잘 정제되고 투명한 색상을 보이며, 이슬람의 문양과 기형을 중국의 기술과 전통적인 도자(陶瓷) 양식에 결합시킨 전 세계인의 애호품이자 세계적인 무역품이었다. 이러한 청화백자는 이전까지 유행하던 백자 바탕에 청자 유약을 입혀 청백색을 낸 청백자를 밀어내고 중국 최고의 백자로 자리매김하였다.

(나) 조선 시대 청화백자의 특징은 문양의 주제와 구도, 필치(筆致) 등에서 찾을 수 있다. 조선 시대 청화백자는 19세기 이전까지 대부분 조선 최고의 도화서 화원들이 그림을 담당한 탓에 중국이나 일본과 비교할 때 높은 회화성을 유지할 수 있었다. 또한 여백을 중시한 구도와 농담(濃淡) 표현이 자연스러운 놀라운 필치, 그리고 여러 상징 의미를 재현한 문양 주제들도 볼 수 있었다. 청화백자에 사용된 여러 문양들은 단지 장식적인 효과를 고려하여 삽입된 것도 있지만 대부분은 그 상징 의미를 고려한 경우가 많았다.

(다) 청화백자가 우리나라에서 제작된 것은 조선 시대부터였다. 전세계적인 도자(陶瓷) 상품인 청화백자에 대한 정보와 실제 작품이 유입되자, 청화백자에 대한 소유와 제작의 열망이 점차 커지게 되었고, 이후 제작에도 성공하게 되었다. 청화백자의 유입 시기는 세종과 세조 연간에 집중되었으며, 본격적으로 코발트 안료를 찾기 위한 탐색을 시작하였고, 그 이후 수입된 청화 안료로 도자(陶瓷) 장인과 화원들의 손으로 결국 조선에서도 청화백자 제작이 이루어지게 되었다.

(라) 청화백자의 기원은 멀리 9세기 중동의 이란 지역에서 비롯되는데 이때는 자기(瓷器)가 아닌 굽는 온도가 낮은 하얀 도기(陶器) 위에 코발트를 사용하여 채색을 시도하였다. 이러한 시도가 백자 위에 결실을 맺은 것은 14세기 원대에 들어서의 일이다. 이전 당・송대에도 여러 차례 시도는 있었지만 오늘날과 같은 1,250도 이상 높은 온도의 백자가 아닌 1,000도 이하의 낮은 온도의 채색 도기여서 일반적으로 이야기하는 청화백자로 보기에는 부족함이 많았다.

① (다) – (나) – (라) – (가)
② (다) – (라) – (가) – (나)
③ (라) – (다) – (가) – (나)
④ (라) – (가) – (나) – (다)
⑤ (라) – (가) – (다) – (나)

Easy

12 다음 글의 제목으로 가장 적절한 것은?

'5060세대'. 몇 년 전까지만 해도 그들은 사회로부터 '지는 해' 취급을 받았다. '오륙도'라는 꼬리표를 달아 일터에서 밀어내고, 기업은 젊은 고객만 왕처럼 대우했다. 젊은 층의 지갑을 노려야 돈을 벌 수 있다는 것이 기업의 마케팅 전략이었기 때문이다.

그러나 최근 들어 상황이 달라졌다. 5060세대가 새로운 소비 군단으로 주목되기 시작한 가장 큰 이유는 고령화 사회로 접어들면서 시니어(Senior) 마켓 시장이 급속도로 커지고 있는 데다 이들이 돈과 시간을 가장 넉넉하게 가진 세대이기 때문이다. LG경제연구원에 따르면 2010년이면 50대 이상 인구 비중이 30%에 이르면서 50대 이상을 겨냥한 시장 규모가 100조 원대까지 성장할 예정이다. 통계청이 집계한 가구주 나이별 가계수지 자료를 보면, 한국 사회에서는 50대 가구주의 소득이 가장 높다. 월평균 361만 500원으로 40대의 소득보다도 높은 것으로 집계됐다. 가구주 나이가 40대인 가구의 가계수지를 보면, 소득은 50대보다 적으면서도 교육 관련 지출(45만 6,400원)이 압도적으로 높아 소비 여력이 낮은 편이다. 그러나 50대 가구주의 경우 소득이 높으면서 소비 여력 또한 충분하다. 50대 가구주의 처분가능소득은 288만 7,500원으로 전 연령층에서 가장 높다.

이들이 신흥 소비군단으로 떠오르면서 '애플(APPLE)족'이라는 마케팅 용어까지 등장했다. 활동적이고(Active) 자부심이 강하며(Pride) 안정적으로(Peace) 고급문화(Luxury)를 즐기는 경제력(Economy) 있는 50대 이후 세대를 뜻하는 말이다. 통계청은 여행과 레저를 즐기는 5060세대를 '2008 주목해야 할 블루슈머*7' 가운데 하나로 선정했다. 과거 5060세대는 자식을 보험으로 여기며 자식에게 의존하면서 살아가는 전통적인 노인이었다. 그러나 애플족은 자녀로부터 독립해 자기만의 새로운 인생을 추구한다. '통크족(TONK; Two Only, No Kids)'이라는 별칭이 붙는 이유다. 통크족이나 애플족은 젊은 층의 전유물로 여겨졌던 자기중심적이고 감각 지향적인 소비도 주저하지 않는다. 후반전 인생만은 자기가 원하는 일을 하며 멋지게 살아야 한다고 생각하기 때문이다.

애플족은 한국 국민 가운데 해외여행을 가장 많이 하는 세대이기도 하다. 2007년 통계청의 사회통계조사에 따르면 2006년 6월 15일 ~ 2007년 6월 14일 50대의 17.5%가 해외여행을 다녀왔다. 20대, 30대보다 높은 수치다. 그리고 그들은 어떤 지출보다 교양·오락비를 아낌없이 쓰는 것이 특징이다. 전문가들은 애플족의 교양·오락 및 문화에 대한 지출비용은 앞으로도 증가할 것으로 내다보고 있다. 한 사회학과 교수는 "고령사회로 접어들면서 성공적 노화 개념이 중요해짐에 따라 텔레비전 시청, 수면, 휴식 등 소극적 유형의 여가에서 게임 등 재미와 젊음을 찾을 수 있는 진정한 여가로 전환되고 있다."라고 말했다. 이 교수는 젊은이 못지않은 의식과 행동반경을 보이는 5060세대를 겨냥한 다양한 상품과 서비스에 대한 수요가 앞으로도 크게 늘 것이라고 내다보았다.

*블루슈머(Bluesumer) : 경쟁자가 없는 시장을 의미하는 블루오션(Blue Ocean)과 소비자(Consumer)의 합성어로 새로운 제품에 적응력이 높고 소비성향을 선도하는 소비자를 의미함

① 애플족의 소비 성향은 어떠한가?
② 5060세대의 사회·경제적 위상 변화
③ 다양한 여가 활동을 즐기는 5060세대
④ 애플족을 '주목해야 할 블루슈머 7'로 선정
⑤ 점점 커지는 시니어 마켓 시장의 선점 방법

※ 다음 글의 내용으로 적절하지 않은 것을 고르시오. [13~15]

13

일그러진 달항아리와 휘어진 대들보. 물론 달항아리와 대들보가 언제나 그랬던 것은 아니다. 사실인즉 일그러지지 않은 달항아리와 휘어지지 않은 대들보가 더 많았을 것이다. 하지만 주목해야 할 것은 한국인들은 달항아리가 일그러졌다고 해서 깨뜨려 버리거나, 대들보가 구부러졌다고 해서 고쳐서 쓰거나 하지는 않았다는 것이다. 나아가 그들은 살짝 일그러진 달항아리나 그럴싸하게 휘어진 대들보, 입술이 약간 휘어져 삐뚜름 능청거리는 사발이 오히려 멋있다는 생각을 했던 것 같다. 일그러진 달항아리와 휘어진 대들보에서 '형(形)의 어눌함'과 함께 '상(象)의 세련됨'을 볼 수 있다. 즉, '상의 세련됨'을 머금은 '형의 어눌함'을 발견하게 된다. 대체로 평균치를 넘어서는 우아함을 갖춘 상은 어느 정도 형의 어눌함을 수반한다. 이런 형상을 가리켜 아졸하거나 고졸하다고 하는데, 한국문화는 이렇게 상의 세련됨과 형의 어눌함이 어우러진 아졸함이나 고졸함의 형상으로 넘쳐난다. 분청이나 철화, 달항아리 같은 도자기 역시 예상과는 달리 균제적이거나 대칭적이지 않은 경우가 많다. 이 같은 비균제성이나 비대칭성은 무의식(無意識)의 산물이 아니라 '형의 어눌함을 수반하는 상의 세련됨'을 추구하는 미의식(美意識)의 산물이다. 이러한 미의식은 하늘과 땅과 인간을 하나의 커다란 유기체로 파악하는 우리 민족이 자신의 삶을 통해 천지인의 조화를 이룩하기 위해 의식적으로 노력한 결과이다.

① 달항아리는 일그러진 모습, 대들보는 휘어진 모습을 한 것들이 많다.
② 한국인들은 곧은 대들보와 완벽한 모양의 달항아리를 좋아하지 않았다.
③ 상(象)의 세련됨은 형(形)의 어눌함에서도 발견할 수 있다.
④ 분청, 철화, 달항아리 같은 도자기에서는 비대칭적인 요소가 종종 발견된다.
⑤ 비대칭적 미의식은 천지인을 유기체로 파악하는 우리 민족의 의식적인 노력의 결과이다.

14

언어는 생성, 변천, 소멸과 같은 과정을 거치면서 발전해 간다. 또한 각 언어는 서로 영향을 미치고 영향을 받으면서 변천하여 간다. 그런데 어떤 언어는 오랜 역사 기간 동안에 잘 변동되지 않는가 하면 어떤 언어는 쉽게 변한다. 한 나라의 여러 지역 방언들도 이와 같은 차이가 일어날 수 있다. 즉, 어떤 지역의 방언은 빨리 변천하여 옛말을 찾아보기 어려운 반면, 어떤 지역 방언은 그 변천의 속도가 느려서 아직도 옛말의 흔적이 많이 남아 있는 경우가 있다.

방언의 변천은 지리적 · 문화적 · 정치적인 면에서 그 원인을 찾을 수 있다. 지리적으로는 교통이 원활히 소통되는 곳이 그렇지 않은 곳보다 전파가 빨리 이루어진다. 문화적으로는 문화가 발달한 곳에서 발달하지 못한 곳으로 영향을 미치게 된다. 이는 대개의 표준말이 수도를 중심으로 결정되며 도시의 언어가 시골의 언어에 침투됨이 쉽다는 말과 같다. 또한 정치적으로는 정치의 중심지가 되는 곳에서 지배를 받는 지역으로 전파된다.

이러한 여러 요인으로 인한 방언의 전파에도 불구하고 자기 방언의 특성을 지키려는 노력을 하게 되는데 이것이 방언의 유지성이다. 각 지역의 방언은 그 유지성에도 불구하고 서로 영향을 끼쳐서 하나의 방언일지라도 사실은 여러 방언의 요소가 쓰이고 있다. 따라서 각 방언을 엄밀히 분리한다는 것은 어려운 일이다.

방언은 한편으로는 통일되려는 성질도 가지고 있다. 즉, 국가, 민족, 문화가 동일한 지역 내에 살고 있는 주민들은 원활한 의사소통을 위하여 방언의 공통성을 추구하려는 노력을 하는 것이다. 그 대표적인 결과가 표준어의 제정이다.

① 방언의 변화 양상은 언어의 변화 양상과 유사하다.
② 방언에는 다른 지역 방언의 요소들이 포함되어 있다.
③ 방언의 통일성은 표준어 제정에 영향을 주었을 것이다.
④ 방언이 유지되려는 힘이 클수록 방언의 통일성은 강화될 것이다.
⑤ 정치적 · 문화적 · 지리적 조건은 방언의 유지성과 통합성에 영향을 끼친다.

15

> 신혼부부 가구의 주거안정을 위해서는 우선적으로 육아·보육지원 정책의 확대·강화가 필요한 것으로 나타났다.
> 신혼부부 가구는 주택 마련 지원 정책보다 육아수당, 육아보조금, 탁아시설 확충과 같은 육아·보육지원 정책의 확대·강화가 더 필요하다고 생각하고 있으며 특히, 믿고 안심할 수 있는 육아·탁아시설의 확대가 필요한 것으로 나타났다. 이는 최근 부각된 보육기관에서의 아동학대문제 등 사회적 분위기의 영향과 맞벌이 가구의 경우, 안정적인 자녀 보육환경이 전제되어야만 안심하고 경제활동을 할 수 있기 때문인 것으로 보인다.
> 신혼부부 가구 중 아내의 경제활동 비율은 평균 38.3%이며 맞벌이 비율은 평균 37.2%로 나타났으나, 일반적으로 자녀 출산 시기로 볼 수 있는 혼인 3년 차에서의 맞벌이 비율은 30% 수준까지 낮아지는 경향을 보이는데 자녀의 육아환경 때문으로 판단된다. 또한, 외벌이 가구의 81.5%가 자녀의 육아·보육을 위해 맞벌이를 하지 않는다고 하였으며 이는 결혼 여성의 경제활동 지원을 위해서는 무엇보다 육아를 위한 보육시설의 확대가 필요하다는 것을 시사한다.
> 맞벌이의 주된 목적이 주택비용 마련임을 고려할 때, 보육시설의 확대는 결혼 여성에게 경제활동의 기회를 제공하여 신혼부부 가구의 경제력을 높이고, 내 집 마련 시기를 앞당길 수 있다는 점에서 중요성을 갖는다.
> 특히, 신혼부부 가구가 계획하고 있는 총 자녀의 수는 1.83명이나 자녀 양육 환경문제 등으로 추가적인 자녀계획을 포기하는 경우가 나타날 수 있으므로 실제 이보다 낮은 자녀 수를 보일 것으로 예상된다. 따라서 출산장려를 위해서도 결혼 여성의 경제활동을 지원하기 위한 강화된 국가적 차원의 배려와 관심이 필요하다고 할 수 있다.

① 육아·보육지원은 신혼부부의 주거안정을 위한 정책이다.
② 신혼부부들은 육아수당, 육아보조금 등이 주택 마련 지원보다 더 필요하다고 생각한다.
③ 자녀의 보육환경이 개선되면 맞벌이 비율이 상승할 것이다.
④ 경제활동에 참여하는 여성이 많아질수록 출산율은 낮아질 것이다.
⑤ 보육환경의 개선은 신혼부부 가구가 내 집 마련을 보다 이른 시기에 할 수 있게 해 준다.

Hard

16 다음 글의 주장에 대한 반박으로 가장 적절한 것은?

비타민D 결핍은 우리 몸에 심각한 건강 문제를 일으킬 수 있다. 비타민D는 칼슘이 체내에 흡수되어 뼈와 치아에 축적되는 것을 돕고 가슴뼈 뒤쪽에 위치한 흉선에서 면역세포를 생산하는 작용에 관여하는데, 비타민D가 부족할 경우 칼슘과 인의 흡수량이 줄어들고 면역력이 약해져 뼈가 약해지거나 신체 불균형이 일어날 수 있다.
비타민D는 주로 피부가 중파장 자외선에 노출될 때 형성된다. 중파장 자외선은 피부와 혈류에 포함된 7-디하이드로콜레스테롤을 비타민D로 전환시키는데, 이렇게 전환된 비타민D는 간과 신장을 통해 칼시트리롤(Calcitriol)이라는 호르몬으로 활성화된다. 바로 이 칼시트리롤을 통해 우리는 혈액과 뼈에 흡수될 칼슘과 인의 흡수를 조절하는 것이다.
이러한 기능을 담당하는 비타민D를 함유하고 있는 식품은 자연에서 매우 적기 때문에, 우리의 몸은 충분한 비타민D를 생성하기 위해 주기적으로 태양빛에 노출될 필요가 있다.

① 태양빛에 노출될 경우 피부암 등의 질환이 발생하여 도리어 건강이 더 악화될 수 있다.
② 비타민D 결핍으로 인해 생기는 부작용은 주기적인 칼슘과 인의 섭취를 통해 해결할 수 있다.
③ 비타민D 보충제만으로는 체내에 필요한 비타민D를 얻을 수 없다.
④ 태양빛에 직접 노출되지 않거나 자외선 차단제를 사용했음에도 체내 비타민D 수치가 정상을 유지한다는 연구결과가 있다.
⑤ 선크림 등 자외선 차단제를 사용하더라도 비타민D 생성에 충분한 중파장 자외선에 노출될 수 있다.

17 다음 글의 빈칸에 들어갈 내용으로 가장 적절한 것은?

아파트에서는 부엌이나 안방이나 화장실이나 거실이 다 같은 높이의 평면 위에 있다. 그것보다 밑에 또는 위에 있는 것은 다른 사람의 아파트이다. 좀 심한 표현을 쓴다면 아파트에서는 모든 것이 평면적이다. 깊이가 없는 것이다. 자연히 사물은 아파트에서 그 부피를 잃고 평면 위에 선으로 존재하는 그림과 같이 되어 버린다. 모든 것은 한 평면 위에 나열되어 있다. 그래서 한눈에 들어오게 되어 있다. 아파트에는 사람이나 물건이나 다 같이 자신을 숨길 데가 없다.
땅집에서는 사정이 전혀 딴판이다. 땅집에서는 모든 것이 자기 나름의 두께와 깊이를 가지고 있다. 같은 물건이라도 그것이 다락방에 있을 때와 안방에 있을 때와 부엌에 있을 때는 거의 다르다. 집 자체가 인간과 마찬가지의 두께와 깊이를 가지고 있다. 땅집이 아름다운 이유는 ________________ 다락방은 의식이며 지하실은 무의식이다.

① 세상을 조망할 수 있기 때문이다.
② 인간을 닮았기 때문이다.
③ 안정을 뜻하기 때문이다.
④ 어딘가로 떠날 수 있기 때문이다.
⑤ 휴식과 안락을 제공하기 때문이다.

18 다음 글의 주제로 가장 적절한 것은?

우주 개발이 왜 필요한가에 대한 주장은 크게 다음 세 가지로 구분할 수 있다. 먼저 칼 세이건이 우려하는 것처럼 인류가 혜성이나 소행성의 지구 충돌과 같은 재앙에서 살아남으려면 지구 이외의 다른 행성에 식민지를 건설해야 한다는 것이다. 소행성의 지구 충돌로 절멸한 공룡의 전철을 밟지 않기 위해서 말이다. 여기에는 자원 고갈이나 환경오염과 같은 전 지구적 재앙에 대비하자는 주장도 포함된다. 그 다음으로 우리의 관심을 지구에 한정하다는 것은 인류의 숭고한 정신을 가두는 것이라는 호킹의 주장을 들 수 있다. 지동설, 진화론, 상대성 이론, 양자역학, 빅뱅 이론과 같은 과학적 성과들은 인류의 문명뿐만 아니라 정신적 패러다임의 변화에 지대한 영향을 끼쳤다. 마지막으로 우주 개발의 노력에 따르는 부수적인 기술의 파급 효과를 근거로 한 주장을 들 수 있다. 실제로 우주 왕복선 프로그램을 통해 산업계에 이전된 새로운 기술이 100여 가지나 된다고 한다. 인공심장, 신분확인 시스템, 비행추적 시스템 등이 그 대표적인 기술들이다. 그러나 우주 개발에서 얻는 이익이 과연 인류 전체의 이익을 대변할 수 있는가에 대해서는 쉽게 답할 수가 없다. 역사적으로 볼 때 탐사의 주된 목적은 새로운 사실의 발견이라기보다 영토와 자원, 힘의 우위를 선점하기 위한 것이었기 때문이다. 이러한 이유로 우주 개발에 의심의 눈초리를 보내는 사람들도 적지 않다. 그들은 우주 개발에 소요되는 자금과 노력을 지구의 가난과 자원 고갈, 환경 문제 등을 해결하는 데 사용하는 것이 더 현실적이라고 주장한다.

과연 그 주장을 따른다고 해서 이러한 문제들을 해결할 수 있는가? 인류가 우주 개발에 나서지 않고 지구 안에서 인류의 미래를 위한 노력을 경주한다고 가정해보자. 그렇더라도 인류가 사용할 수 있는 자원이 무한한 것은 아니며, 인구의 자연 증가를 막을 수 없다는 문제는 여전히 남는다. 지구에 자금과 노력을 투자해야 한다고 주장하는 사람들은 지금 당장은 아니더라도 언젠가는 이러한 문제들을 해결할 수 있다는 논리를 펼지도 모른다. 그러나 이러한 논리는 우주 개발을 지지하는 쪽에서 마찬가지로 내세울 수 있다. 오히려 인류가 미래에 닥칠 문제를 해결할 수 있는 방법은 지구 밖에서 찾게 될 가능성이 더 크지 않을까?

우주를 개발하려는 시도가 최근에 등장한 것은 아니다. 인류가 의식을 갖게 되면서부터 우주를 꿈꾸어 왔다는 증거는 세계 여러 민족의 창세신화에서 발견된다. 수천 년 동안 우주에 대한 인류의 꿈은 식어갈 줄 몰랐다. 그리고 그 결과가 오늘날의 우주 개발이라는 현실로 다가온 것이다. 이제 인류는 우주의 시초를 밝히게 되었고, 우주의 끄트머리를 바라볼 수 있게 되었으며, 우주 공간에 인류의 거주지를 만들 수 있게 되었다. 우주 개발을 해야 할 것이냐 말아야 할 것이냐는 이제 문제의 핵심이 아니다. 우리가 선택해야 할 문제는 우주 개발을 어떻게 해야 할 것인가이다. "달과 다른 천체들은 모든 나라가 함께 탐사하고 이용할 수 있도록 자유지역으로 남아 있어야 한다. 어느 국가도 영유권을 주장할 수는 없다."라는 린든 B. 존슨의 경구는 우주 개발의 방향을 일러주는 시금석이 되어야 한다.

① 우주 개발의 한계
② 지구의 당면 과제
③ 우주 개발의 정당성
④ 친환경적인 지구 개발
⑤ 우주 개발 기술의 발달

19 다음 글의 내용과 상충하는 것을 〈보기〉에서 모두 고르면?

> 벼슬에 나아감과 물러남의 도리에 밝은 옛 군자는 조금이라도 관직에 책임을 다하지 못하거나 의리의 기준으로 보아 직책을 더 이상 수행할 수 없을 경우, 반드시 몸을 이끌고 급히 물러났습니다. 그들도 임금을 사랑하는 정(情)이 있기에 차마 물러나기 어려웠을 터이나, 정 때문에 주저하여 자신이 물러나야 할 때를 놓치지는 않았으니, 이는 정보다는 의리를 지키지 않을 수 없었기 때문입니다. 임금과 어버이는 일체이므로 모두 죽음으로 섬겨야 할 대상입니다. 그러나 부자관계는 천륜이어서 자식이 어버이를 봉양하는 데 한계가 없지만, 군신관계는 의리로 합쳐진 것이라, 신하가 임금을 받드는 데 한계가 있습니다. 한계가 없는 경우에는 은혜가 항상 의리에 우선하므로 관계를 떠날 수 없지만, 한계가 있는 경우에는 때때로 의리가 은혜보다 앞서기도 하므로 떠날 수 있는 상황이 생기는 것입니다. 의리의 문제는 사람과 때에 따라 같지 않습니다. 공들의 경우는 벼슬에 나가는 것이 의리가 되지만 나에게 공들처럼 하도록 요구해서는 안 되며, 내 경우는 물러나는 것이 의리가 되니 공들에게 나처럼 하도록 바라서도 안 됩니다.

PART 2

보기

ㄱ. 부자관계에서는 은혜가 의리보다 중요하다.
ㄴ. 군신관계에서 의리가 은혜에 항상 우선하는 것은 아니다.
ㄷ. 군신관계에서 신하들이 임금에 대해 의리를 실천하는 방식은 누구에게나 동일하다.

① ㄱ
② ㄷ
③ ㄱ, ㄴ
④ ㄴ, ㄷ
⑤ ㄱ, ㄴ, ㄷ

20 다음 글의 주장에 대한 반박으로 가장 적절한 것은?

> 인공 지능 면접은 더 많이 활용되어야 한다. 인공 지능을 활용한 면접은 인터넷에 접속하여 인공 지능과 문답하는 방식으로 진행되는데, 지원자는 시간과 공간에 구애받지 않고 면접에 참여할 수 있는 편리성이 있어 면접 기회가 확대된다. 또한 회사는 면접에 소요되는 인력을 줄여, 비용 절감 측면에서 경제성이 크다. 실제로 인공 지능을 면접에 활용한 G회사는 전년 대비 2억 원 정도의 비용을 절감했다. 그리고 기존 방식의 면접에서는 면접관의 주관이 개입될 가능성이 큰 데 반해, 인공 지능을 활용한 면접에서는 빅데이터를 바탕으로 한 일관된 평가 기준을 적용할 수 있다. 이러한 평가의 객관성 때문에 많은 회사들이 인공 지능 면접을 도입하는 추세이다.

① 빅데이터는 사회에서 형성된 정보가 축적된 결과물이므로 왜곡될 가능성이 적다.
② 인공 지능을 활용한 면접은 기술적으로 완벽하기 때문에 인간적 공감을 떨어뜨린다.
③ 회사 관리자 대상의 설문 조사에서 인공 지능을 활용한 면접을 신뢰한다는 비율이 높게 나온 것으로 보아 기존의 면접 방식보다 지원자의 잠재력을 판단하는 데 더 적합하다.
④ 회사의 특수성을 고려해 적합한 인재를 선발하려면 오히려 해당 분야의 경험이 축적된 면접관의 생각이나 견해가 면접 상황에서 중요한 판단 기준이 되어야 한다.
⑤ 면접관의 주관적인 생각이나 견해로는 지원자의 잠재력을 판단하기 어렵다.

02 자료해석

Easy

01 다음은 우리나라 국민들의 환경오염 방지 기여도를 나타낸 표이다. 이에 대한 설명으로 옳은 것은?

〈환경오염 방지 기여도〉

(단위 : %)

구분		합계	매우 노력함	약간 노력함	별로 노력하지 않음	전혀 노력하지 않음
성별	남성	100	13.6	43.6	37.8	5.0
	여성	100	23.9	50.1	23.6	2.4
연령	10 ~ 19세	100	13.2	41.2	39.4	6.2
	20 ~ 29세	100	10.8	39.9	42.9	6.4
	30 ~ 39세	100	13.1	46.7	36.0	4.2
	40 ~ 49세	100	15.5	52.4	29.4	2.7
	50 ~ 59세	100	21.8	50.4	25.3	2.5
	60 ~ 69세	100	29.7	46.0	21.6	2.7
	70세 이상	100	31.3	44.8	20.9	3.0
경제활동	취업	100	16.5	47.0	32.7	3.8
	실업 및 비경제활동	100	22.0	46.6	27.7	3.7

① 10세 이상 국민들 중 환경오염 방지를 위해 별로 노력하지 않음 비율의 합이 가장 높다.
② 10세 이상 국민들 중 환경오염 방지를 위해 매우 노력함의 비율이 가장 높은 연령층은 60 ~ 69세이다.
③ 우리나라 국민들 중 환경오염 방지를 위해 전혀 노력하지 않음의 비율이 가장 높은 집단은 10 ~ 19세이다.
④ 10 ~ 69세까지 각 연령층에서 약간 노력함의 비중이 제일 높다.
⑤ 매우 노력함과 약간 노력함 비율 합은 남성보다 여성이, 취업자보다 실업 및 비경제활동자가 더 높다.

02 다음은 지역별 1인 가구 현황을 나타낸 표이다. 이에 대한 설명으로 옳지 않은 것은?(단, 소수점 첫째 자리에서 반올림한다)

〈지역별 1인 가구 현황〉

(단위 : 천 가구)

구분	2020년		2021년		2022년	
	전체 가구	1인 가구	전체 가구	1인 가구	전체 가구	1인 가구
전국	19,092	5,238	19,354	5,434	19,590	5,613
서울특별시	3,778	1,123	3,786	1,149	3,789	1,172
부산광역시	1,334	363	1,344	376	1,354	388
대구광역시	927	241	935	249	942	257
인천광역시	1,043	245	1,059	256	1,075	266
대전광역시	582	171	590	178	597	185
울산광역시	422	104	426	107	430	110
기타 지역	11,006	2,991	11,214	3,119	11,403	3,235

① 해마다 1인 가구 수는 전국적으로 증가하고 있다.

② 전체 가구 수는 해마다 전국적으로 증가하고 있다.

③ 2022년 서울특별시 전체 가구 수 중에서 1인 가구가 차지하는 비중은 30% 이상이다.

④ 대전광역시와 울산광역시의 1인 가구 수의 합은 인천광역시의 1인 가구 수보다 항상 많다.

⑤ 2022년 서울특별시의 1인 가구 수는 전국의 1인 가구 수의 20% 이하이다.

Easy

03 다음은 전국의 전력발전량 및 소비량을 나타낸 표이다. 이에 대한 〈보기〉의 설명 중 옳은 것은 총 몇 개인가?(단, 자립도 및 비율은 소수점 둘째 자리에서 반올림한다)

〈전국의 전력발전량 및 소비량〉

(단위 : GWh)

구분	전력발전량	전력소비량
서울	1,384	46,903
인천	68,953	22,241
경기	23,791	97,003
대전	156	9,060
충북	1,580	20,453
충남	118,041	42,650
광주	37	8,047
전북	7,181	21,168
전남	69,481	27,137
부산	39,131	20,562
대구	198	14,822
울산	10,750	28,198
경북	71,706	44,167
경남	69,579	33,071
강원	12,047	15,876
제주	2,878	3,710

※ [자립도(%)]=(전력발전량)÷(전력소비량)×100

※ 수도권 : 서울, 인천, 경기

※ 충청권 : 대전, 충북, 충남

※ 호남권 : 광주, 전북, 전남

※ 영남권 : 부산, 대구, 울산, 경북, 경남

보기

ㄱ. 서울지역의 자립도는 5% 미만이다.

ㄴ. 인천지역의 자립도와 부산지역의 자립도 차이는 100%p 미만이다.

ㄷ. 서울과 충남지역의 전력소비량의 합은 경기지역의 전력소비량보다 적다.

ㄹ. 전력발전량이 가장 많은 지역의 전력소비량은 전국에서 세 번째로 많다.

ㅁ. 호남권의 전력소비량 대비 수도권의 전력발전량 비율은 170% 이상이다.

① 1개 ② 2개

③ 3개 ④ 4개

⑤ 5개

04 다음은 성별 · 연령별 기대여명 추이를 나타낸 표이다. 이에 대한 설명으로 옳지 않은 것은?

〈성별 · 연령별 기대여명 추이〉

(단위 : 년)

구분	남자					여자				
	1970년	1995년	2010년	2018년	2019년	1970년	1995년	2010년	2018년	2019년
0세	58.7	69.7	74.9	78.6	79.0	65.8	77.9	81.6	85.0	85.2
1세	60.3	69.3	74.2	77.8	78.2	67.6	77.6	80.9	84.3	84.4
2 ~ 10세	52.8	60.7	65.4	68.9	69.3	60.2	68.9	72.1	75.3	75.5
11 ~ 20세	43.9	51.1	55.5	59.0	59.4	51.3	59.1	62.2	65.4	65.5
21 ~ 30세	35.4	41.7	45.9	49.3	49.7	43.0	49.4	52.4	55.6	55.7
31 ~ 40세	26.7	32.6	36.4	39.7	40.1	34.3	39.8	42.7	45.9	46.0
41 ~ 50세	19.0	24.2	27.5	30.5	30.8	26.0	30.5	33.2	36.3	36.4
51 ~ 60세	12.7	16.7	19.3	22.0	22.2	18.4	21.7	24.0	26.9	27.0
61 ~ 70세	8.2	10.5	12.2	14.1	14.3	11.7	13.7	15.4	17.9	17.9
71 ~ 80세	4.7	6.1	6.9	7.8	8.0	6.4	7.8	8.5	10.1	10.1
81 ~ 90세	2.8	3.3	3.6	4.0	4.1	3.4	4.2	4.2	4.9	4.8
100세 이상	1.7	1.8	1.9	2.1	2.1	1.9	2.2	2.2	2.4	2.3

※ 기대여명 : 특정 연도의 특정 연령의 사람이 생존할 것으로 기대되는 평균 생존연수를 말함

① 1970년 대비 2019년에 변동이 가장 적은 연령대는 100세 이상이다.

② 1970년 대비 2019년에 기대여명이 가장 많이 늘어난 것은 0세 남자이다.

③ 제시된 표에서 남녀 모든 연령에서 기대여명은 2019년까지 유지되거나 증가했다.

④ 기대여명은 매해 동일 연령에서 여자가 항상 높았다.

⑤ 2018년 대비 2019년의 기대여명의 증감 수치는 80세 이하 연령대에서 남자가 여자보다 크다.

05 다음은 2020년부터 2022년까지 우리나라의 시 · 도별 부도업체 수를 나타낸 표이다. 〈보기〉 중 이에 대한 설명으로 옳은 것을 모두 고르면?

〈시 · 도별 부도업체 수〉

(단위 : 개)

구분	2020년	2021년	2022년
전국	720	555	494
서울특별시	234	153	145
부산광역시	58	51	41
대구광역시	37	36	29
인천광역시	39	27	25
광주광역시	18	12	9
대전광역시	15	20	15
울산광역시	9	5	12
경기도	130	116	108
강원도	13	9	3
충청북도	16	11	5
충청남도	19	17	9
전라북도	34	15	26
전라남도	18	10	5
경상북도	31	27	18
경상남도	38	38	37
제주특별자치도	11	8	7

보기

ㄱ. 전라북도 부도업체 수는 2020년 대비 2022년에 30% 이상 감소하였다.
ㄴ. 2021년에 부도업체 수가 20곳을 초과하는 시 · 도는 8곳이다.
ㄷ. 경기도와 광주광역시의 2021년과 2022년 부도업체 수의 전년 대비 증감추세는 동일하다.
ㄹ. 2022년 부산광역시의 부도업체가 전국 부도업체 중 차지하는 비중은 10% 미만이다.

① ㄱ, ㄴ
② ㄱ, ㄷ
③ ㄴ, ㄷ
④ ㄴ, ㄹ
⑤ ㄷ, ㄹ

06 다음은 2022년 지역별 백미 생산량을 나타낸 표이다. 이에 대한 설명으로 옳지 않은 것은?

〈2022년 지역별 백미 생산량〉

(단위 : ha, 톤)

구분	논벼		밭벼	
	면적	생산량	면적	생산량
서울·인천·경기	91,557	468,506	2	4
강원	30,714	166,396	0	0
충북	37,111	201,670	3	5
세종·대전·충남	142,722	803,806	11	21
전북	121,016	687,367	10	31
광주·전남	170,930	871,005	705	1,662
대구·경북	105,894	591,981	3	7
부산·울산·경남	77,918	403,845	11	26
제주	10	41	117	317

① 광주·전남 지역은 백미 생산 면적이 가장 넓고 백미 생산량도 가장 많다.
② 제주 지역의 밭벼 생산량은 제주 지역 백미 생산량의 85% 이상을 차지한다.
③ 면적당 논벼 생산량이 가장 많은 지역은 세종·대전·충남이다.
④ 전국 밭벼 생산 면적 중 광주·전남 지역의 면적이 차지하는 비율은 80% 이상이다.
⑤ 제주를 제외한 지역의 면적당 논벼 생산량은 5톤 이상이다.

PART 2

07 다음은 한국, 중국, 일본 3개국의 배타적 경제수역(EEZ) 내 조업현황을 나타낸 표이다. 이에 대한 설명으로 옳은 것은?

〈한국, 중국, 일본의 배타적 경제수역(EEZ) 내 조업현황〉

(단위 : 척, 일, 톤)

해역	어선 국적	구분	2021년 12월	2022년 11월	2022년 12월
한국 EEZ	일본	입어척수	30	70	57
		조업일수	166	1,061	277
		어획량	338	2,176	1,177
	중국	입어척수	1,556	1,468	1,536
		조업일수	27,070	28,454	27,946
		어획량	18,911	9,445	21,230
중국 EEZ	한국	입어척수	68	58	62
		조업일수	1,211	789	1,122
		어획량	463	64	401
일본 EEZ	한국	입어척수	335	242	368
		조업일수	3,992	1,340	3,236
		어획량	5,949	500	8,233

① 2022년 12월 중국 EEZ 내 한국어선 조업일수는 전월 대비 감소하였다.

② 2022년 11월 한국어선의 일본 EEZ 입어척수는 전년 동월 대비 감소하였다.

③ 2022년 12월 일본 EEZ 내 한국어선의 조업일수는 같은 기간 중국 EEZ 내 한국어선 조업일수의 3배 이상이다.

④ 2022년 12월 일본어선의 한국 EEZ 내 입어척수당 조업일수는 전년 동월 대비 증가하였다.

⑤ 2022년 11월 일본어선과 중국어선의 한국 EEZ 내 어획량 합은 같은 기간 중국 EEZ와 일본 EEZ 내 한국어선 어획량 합의 20배 이상이다.

08 어떤 고등학생이 13살 동생, 40대 부모님, 65세 할머니와 함께 박물관에 가려고 한다. 주말에 입장할 때와 주중에 입장할 때의 요금 차이는?

〈박물관 입장료〉

구분	주말	주중
어 른	20,000원	18,000원
중·고등학생	15,000원	13,000원
어린이	11,000원	10,000원

※ 어린이 : 3살 이상 ~ 13살 이하
※ 경로 : 65세 이상은 50% 할인

① 8,000원
② 9,000원
③ 10,000원
④ 11,000원
⑤ 12,000원

PART 2

09 다음은 사내전화 평균 통화시간을 나타낸 표이다. 평균 통화시간이 6 ~ 9분인 여자의 수는 12분 이상인 남자의 수의 몇 배인가?

〈성별 사내전화 평균 통화시간〉

평균 통화시간	남자	여자
3분 이하	33%	26%
3 ~ 6분	25%	21%
6 ~ 9분	18%	18%
9 ~ 12분	14%	16%
12분 이상	10%	19%
대상 인원수	600명	400명

① 1.1배
② 1.2배
③ 1.3배
④ 1.4배
⑤ 1.5배

10 다음은 대 일본 수출액과 수입액을 나타낸 표이다. 이를 올바르게 나타낸 그래프는?

〈대 일본 연도별 수출액 및 수입액〉

(단위 : 억 달러, %)

구분	2010년	2011년	2012년	2013년	2014년	2015년	2016년	2017년	2018년	2019년
수출액	281	396	388	346	321	255	243	268	305	284
수출액 전년 대비 증감률	29	40.9	−2.0	−10.8	−7.2	−20.6	−4.7	10.3	13.8	−6.9
수입액	643	683	643	600	537	358	474	551	546	475
수입액 전년 대비 증감률	30	6.2	−5.9	−6.7	−10.5	−33.3	32.4	16.2	−0.9	−13.0

①
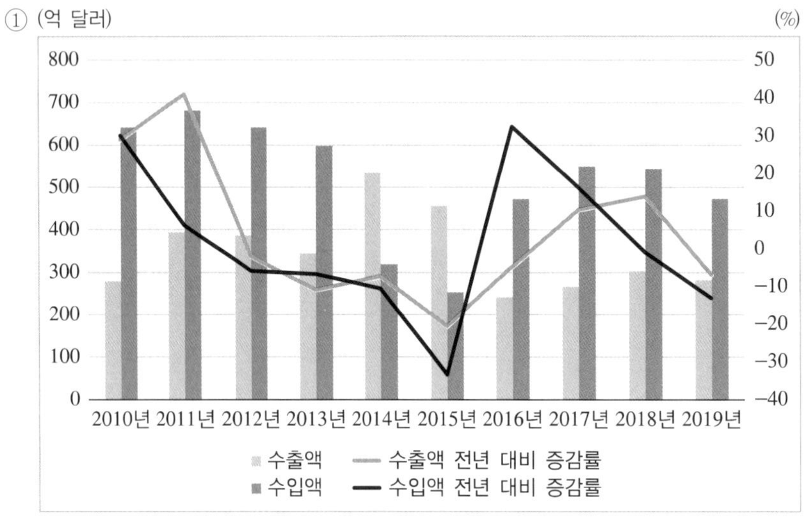

②
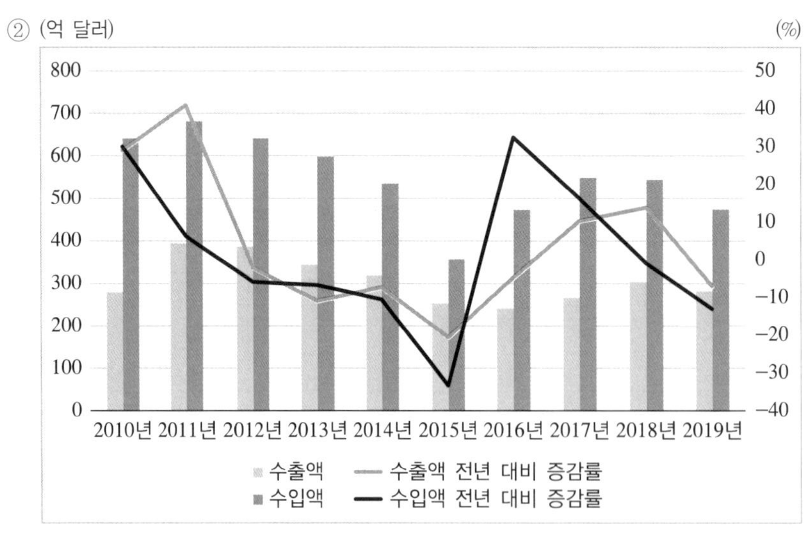

③
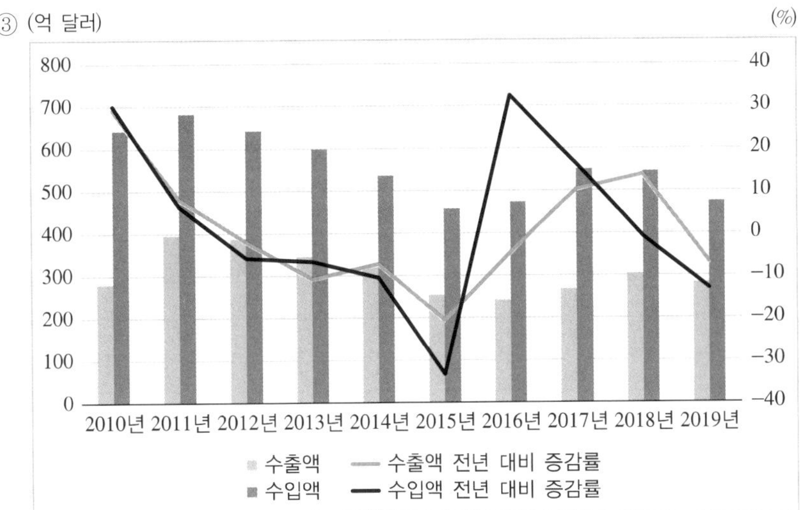
(억 달러)
(%)
800
700
600
500
400
300
200
100
0
40
30
20
10
0
−10
−20
−30
−40
2010년 2011년 2012년 2013년 2014년 2015년 2016년 2017년 2018년 2019년
수출액
수입액
수출액 전년 대비 증감률
수입액 전년 대비 증감률

④
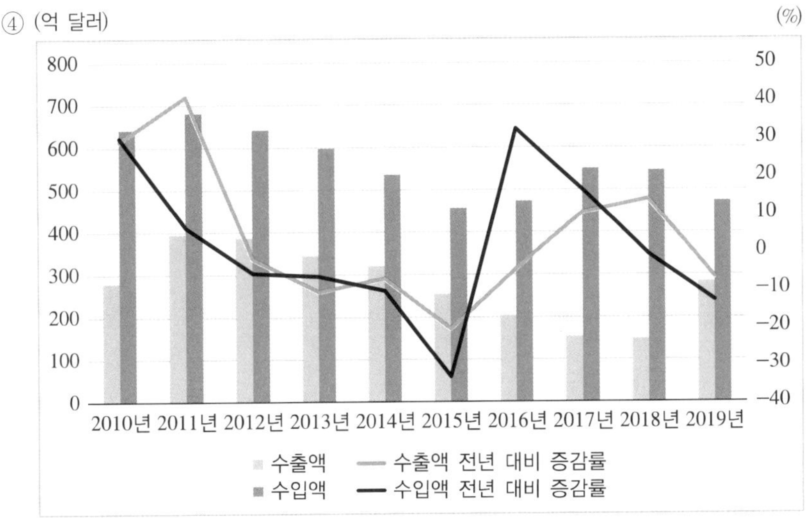
(억 달러)
(%)
800
700
600
500
400
300
200
100
0
50
40
30
20
10
0
−10
−20
−30
−40
2010년 2011년 2012년 2013년 2014년 2015년 2016년 2017년 2018년 2019년
수출액
수입액
수출액 전년 대비 증감률
수입액 전년 대비 증감률

⑤
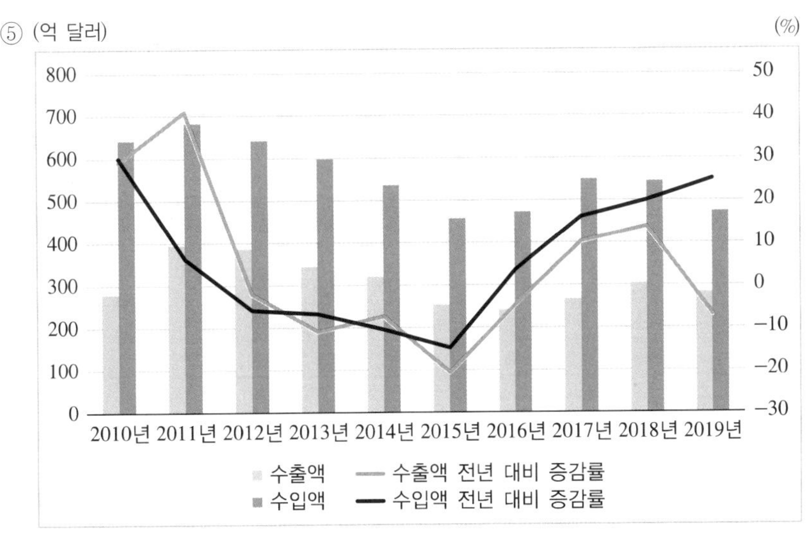
(억 달러)
(%)
800
700
600
500
400
300
200
100
0
50
40
30
20
10
0
−10
−20
−30
2010년 2011년 2012년 2013년 2014년 2015년 2016년 2017년 2018년 2019년
수출액
수입액
수출액 전년 대비 증감률
수입액 전년 대비 증감률

11 S사원은 사내의 복지 증진과 관련하여 임직원을 대상으로 휴게실 확충에 대한 의견을 수렴하였다. 의견 수렴 결과가 다음과 같을 때, 이에 대한 해석으로 옳지 않은 것은?

〈휴게실 확충에 대한 본부별·성별 찬반 의견〉

(단위 : 명)

구분	A본부		B본부	
	여성	남성	여성	남성
찬성	180	156	120	96
반대	20	44	80	104
합계	200	200	200	200

① 남성의 60% 이상이 휴게실 확충에 찬성하고 있다.

② A본부 여성의 찬성 비율이 B본부 여성보다 1.5배 높다.

③ B본부 전체 인원 중 여성의 찬성률이 B본부 남성의 찬성률보다 보다 1.2배 이상 높다.

④ A, B본부 전체 인원에서 찬성하는 사람의 수는 전체 성별 차이가 본부별 차이보다 크다.

⑤ A본부에 휴게실이 확충될지 B본부에 휴게실이 확충될지 확정할 수 없다.

Hard

12 다음은 유통과정에 따른 가격변화를 나타낸 자료이다. 소비자가 구매하는 가격은 협동조합의 최초 구매가격 대비 몇 %인가?

〈유통과정에 따른 가격변화〉

판매처	구매처	판매가격
산지	협동조합	재배 원가에 10% 이윤을 붙임
협동조합	도매상	산지에서 구입가격에 20% 이윤을 붙임
도매상	소매상	협동조합으로부터 구입가격이 판매가의 80%
소매상	소비자	도매상으로부터 구입가격에 20% 이윤을 붙임

① 98%

② 80%

③ 78%

④ 70%

⑤ 65%

13 다음은 외환위기 전후 한국의 경제 상황을 나타낸 그래프이다. 이에 대한 설명으로 옳은 것은?

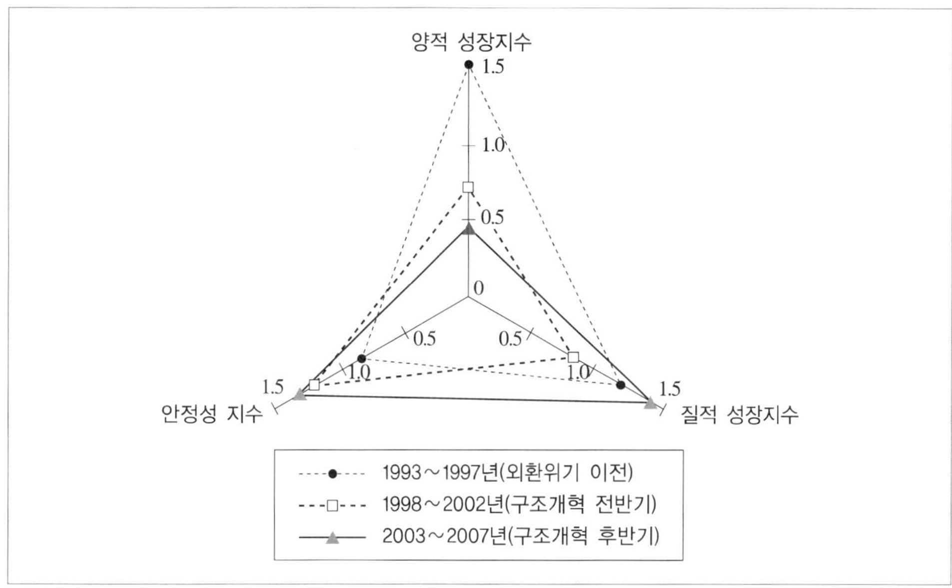

① 1993년 이후 양적 성장지수가 감소함에 따라 안정성 지수 또한 감소하였다.

② 안정성 지수는 구조개혁 전반기와 구조개혁 후반기에 직전기간 대비 모두 증가하였으나, 구조개혁 후반기의 직전기간 대비 증가율은 구조개혁 전반기의 직전기간 대비 증가율보다 낮다.

③ 세 지수 모두에서 구조개혁 전반기의 직전기간 대비 증감폭보다 구조개혁 후반기의 직전기간 대비 증감폭이 크다.

④ 구조개혁 전반기와 후반기 모두에서 양적 성장지수의 직전기간 대비 증감폭보다 안정성 지수의 직전기간 대비 증감폭이 크다.

⑤ 외환위기 이전에 비해 구조개혁 전반기에는 양적 성장지수와 질적 성장지수 모두 50% 이상 감소하였다.

PART 2

Hard

14 다음은 기계 100대의 업그레이드 전·후 성능지수를 나타낸 자료이다. 이에 대한 설명으로 옳은 것은?

〈업그레이드 전·후 성능지수별 대수〉

(단위 : 대)

구분 \ 성능지수	65	79	85	100
업그레이드 전	80	5	0	15
업그레이드 후	0	60	5	35

※ 성능지수는 네 가지 값(65, 79, 85, 100)만 존재하고, 그 값이 클수록 성능지수가 향상됨을 의미함

〈성능지수 향상폭 분포〉

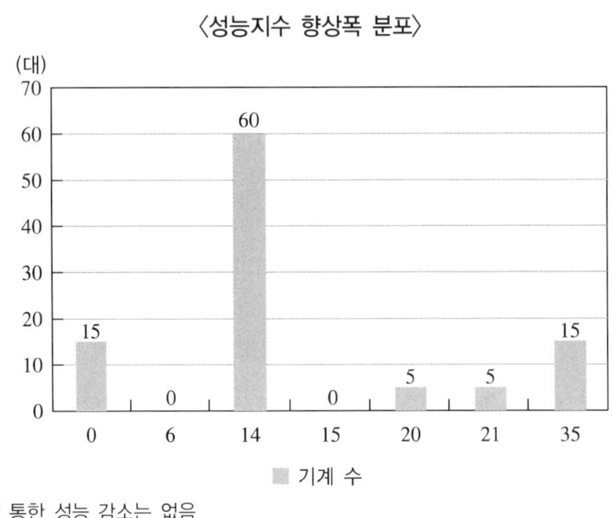

※ 업그레이드를 통한 성능 감소는 없음

※ (성능지수 향상폭)=(업그레이드 후 성능지수)−(업그레이드 전 성능지수)

① 업그레이드 후 1대당 성능지수는 20 이상 향상되었다.

② 업그레이드 전 성능지수가 65이었던 기계의 15%가 업그레이드 후 성능지수 100이 된다.

③ 업그레이드 전 성능지수가 79이었던 모든 기계가 업그레이드 후 성능지수 100이 된 것은 아니다.

④ 업그레이드 전 성능지수가 100이 아니었던 기계 중, 업그레이드를 통한 성능지수 향상폭이 0인 기계가 있다.

⑤ 업그레이드를 통한 성능지수 향상폭이 35인 기계 대수는 업그레이드 전 성능지수가 100이었던 기계 대수와 같다.

15 다음은 2022년 데이트 폭력 신고건수에 대한 그래프이다. 이에 대한 해석으로 옳지 않은 것은?(단, 비율은 소수점 둘째 자리에서 반올림한다)

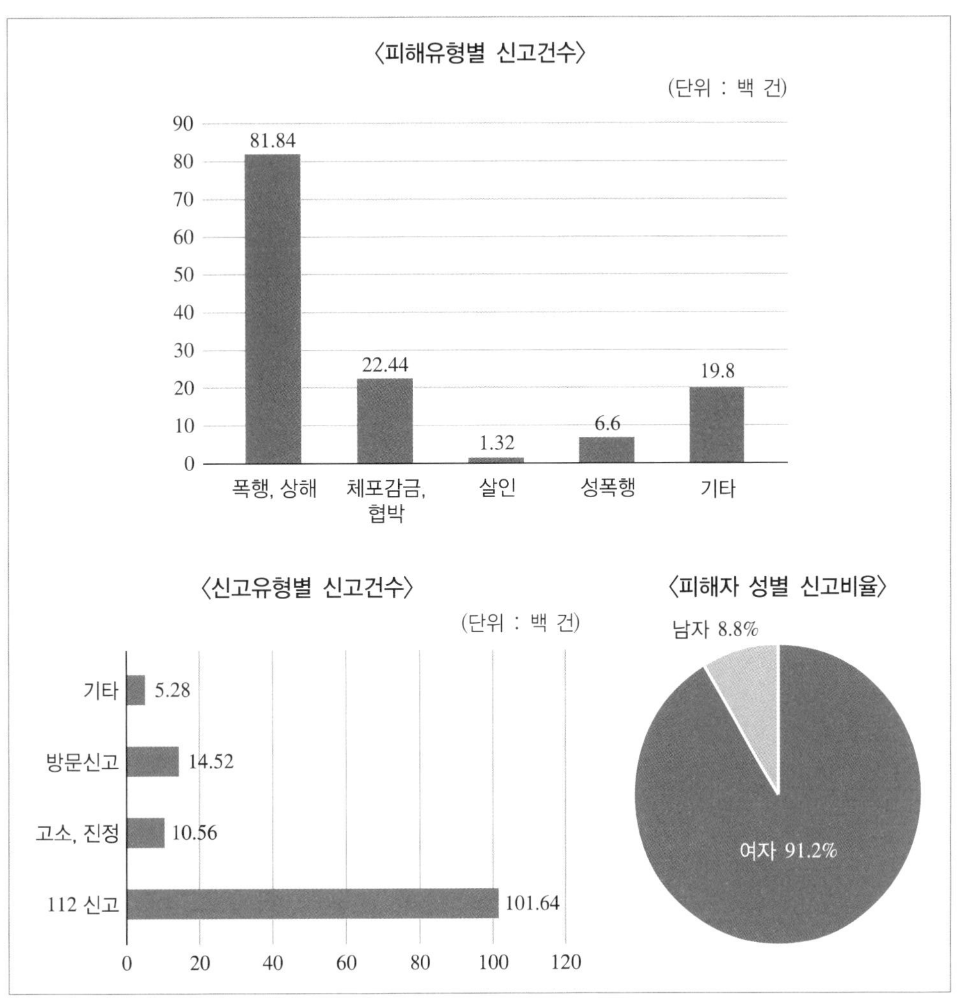

① 2022년 데이트 폭력 신고건수는 총 13,200건이다.

② 112신고로 접수된 건수는 체포감금, 협박 피해자로 신고한 건수의 4배 이상이다.

③ 남성 피해자의 50%가 폭행, 상해로 신고했을 때, 폭행, 상해 전체 신고건수에서 남성의 비율은 10% 미만이다.

④ 방문신고의 25%가 성폭행 피해자일 때, 이들은 전체 신고건수에서 5% 미만을 차지한다.

⑤ 살인 신고건수에서 여성피해자가 남성피해자의 2배일 때, 전체 남성피해자 신고건수 중 살인 신고건수는 3% 미만이다.

Hard

16 다음은 기업 집중도를 나타낸 표이다. 이를 보고 판단한 것으로 옳지 않은 것은?

〈기업 집중도 현황〉

구분	2020년	2021년	2022년	
				전년 대비
상위 10대 기업	25.0%	26.9%	25.6%	▽ 1.3%p
상위 50대 기업	42.2%	44.7%	44.7%	–
상위 100대 기업	48.7%	51.2%	51.0%	▽ 0.2%p
상위 200대 기업	54.5%	56.9%	56.7%	▽ 0.2%p

① 2022년의 상위 10대 기업의 점유율은 전년도에 비해 낮아졌다.
② 2020년 상위 101 ~ 200대 기업이 차지하고 있는 비율은 5% 미만이다.
③ 전년 대비 2022년에는 상위 50대 기업을 제외하고 모두 점유율이 감소했다.
④ 전년 대비 2022년의 상위 100대 기업이 차지하고 있는 점유율은 약간 하락했다.
⑤ 2021 ~ 2022년까지 상위 10대 기업의 등락률과 상위 200대 기업의 등락률은 같은 방향을 보인다.

17 다음은 S사 신입사원 채용에 지원한 남자·여자의 입사지원자와 합격자를 나타낸 표이다. 이에 대한 설명으로 옳지 않은 것은?(단, 합격률 및 비율은 소수점 둘째 자리에서 반올림한다)

〈신입사원 채용 현황〉

(단위 : 명)

구분	입사지원자 수	합격자 수
남자	10,891	1,699
여자	3,984	624

① 총 입사지원자 중 합격률은 15% 이상이다.
② 여자 입사지원자 대비 여자의 합격률은 20% 미만이다.
③ 총 입사지원자 중 여자는 30% 미만이다.
④ 합격자 중 남자의 비율은 80% 이상이다.
⑤ 남자 입사지원자의 합격률은 여자 입자지원자의 합격률보다 낮다.

18 다음은 2023년 9월 인천국제공항 원인별 지연 및 결항 통계이다. 이를 해석한 것으로 옳은 것은? (단, 소수점 첫째 자리에서 반올림한다)

〈2023년 9월 인천국제공항 원인별 지연 및 결항 통계〉

(단위 : 편)

구분	기상	A/C 접속	A/C 정비	여객처리 및 승무원관련	복합원인	기타	합계
지연	118	1,676	117	33	2	1,040	2,986
결항	17	4	10	0	0	39	70

① 기상으로 지연된 경우는 기상으로 결항된 경우의 5배 미만이다.

② 기타를 제외하고 항공편 지연과 결항에서 가장 높은 비중을 차지하고 있는 원인이 같다.

③ 9월에 인천국제공항을 이용하는 비행기가 지연되었을 확률은 98%이다.

④ 9월 한 달간 인천국제공항 날씨는 좋은 편이었다.

⑤ 항공기 지연 중 A/C 정비가 차지하는 비율은 결항 중 기상이 차지하는 비율의 $\frac{1}{6}$ 수준이다.

PART 2

19 다음은 S사 서비스 센터에서 A지점의 만족도를 조사한 결과이다. 이에 대한 설명으로 옳지 않은 것은?

〈서비스 만족도 조사 결과〉

만족도	응답자 수(명)	비율(%)
매우 만족	(A)	20%
만족	33	22%
보통	(B)	(C)
불만족	24	16%
매우 불만족	15	(D)
합계	150	100%

① 150명을 대상으로 은행서비스 만족도를 조사하였다.

② 응답한 고객 중 30명이 본 지점의 서비스를 '매우 만족'한다고 평가하였다.

③ 고객의 30% 이상이 본 지점의 서비스 만족도를 '보통'으로 평가하였다.

④ '불만족' 이하 구간이 26%로 큰 비중을 차지하고 있으므로 고객응대 매뉴얼을 수정할 필요가 있다.

⑤ 전체 고객 중 $\frac{1}{5}$이 '매우 불만족'으로 평가하였는데, 지점 내의 서비스 교육을 통해 개선할 수 있을 것이다.

20 다음은 2017년부터 2021년까지 시행된 A국가고시 현황에 관한 표이다. 자료를 참고하여 그래프로 나타낸 것으로 적절하지 않은 것은?

〈A국가고시 현황〉

(단위 : 명)

구분	2017년	2018년	2019년	2020년	2021년
접수자	3,540	3,380	3,120	2,810	2,990
응시자	2,810	2,660	2,580	2,110	2,220
응시율	79.40%	78.70%	82.70%	75.10%	74.20%
합격자	1,310	1,190	1,210	1,010	1,180
합격률	46.60%	44.70%	46.90%	47.90%	53.20%

※ 응시율(%)$=\frac{\text{(응시자 수)}}{\text{(접수자 수)}}\times 100$, 합격률(%)$=\frac{\text{(합격자 수)}}{\text{(응시자 수)}}\times 100$

① 연도별 미응시자 수 추이

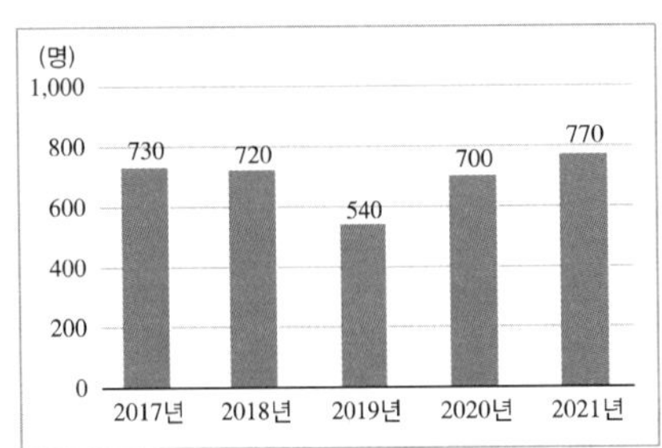

② 연도별 응시자 중 불합격자 수 추이

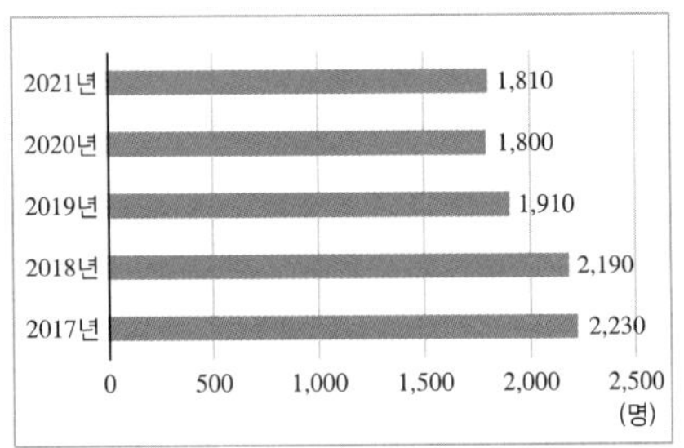

③ 2018 ~ 2021년 전년 대비 접수자 수 변화량

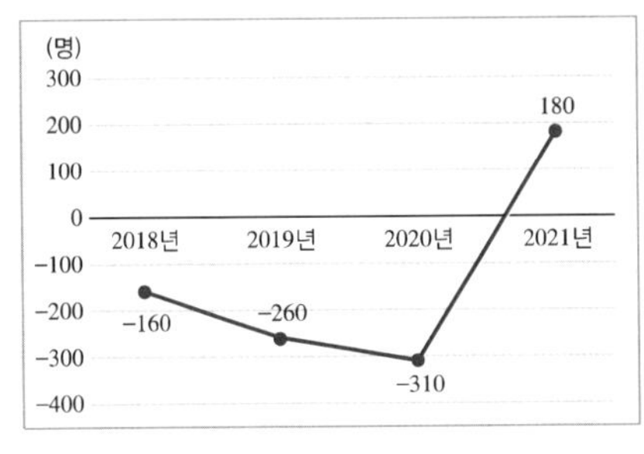

④ 2018 ~ 2021년 전년 대비 합격자 수 변화량

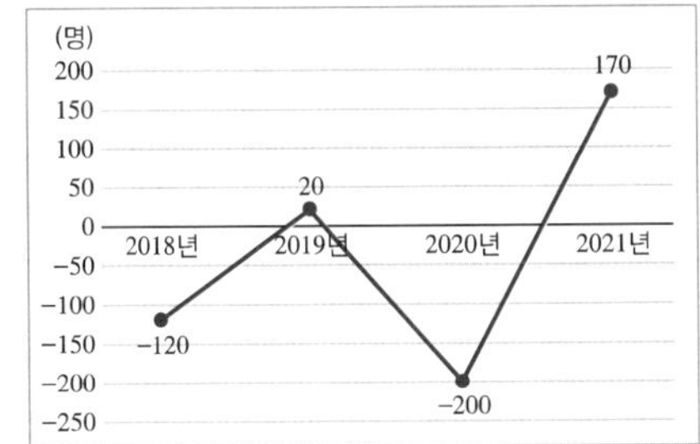

⑤ 2018 ~ 2021년 전년 대비 합격률 증감량

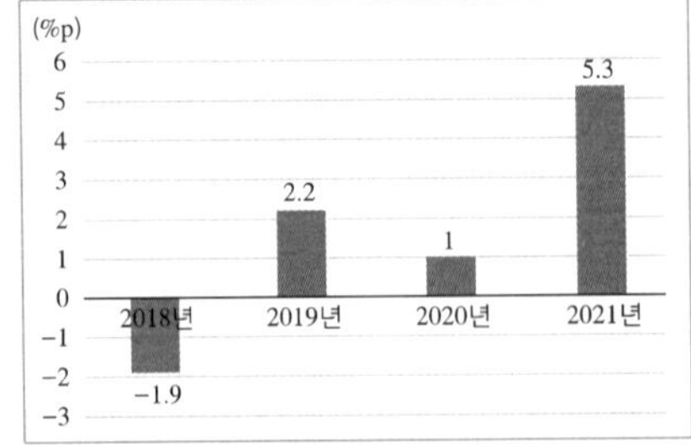

03 창의수리

01 비행기가 순항 중일 때에는 860km/h의 속력으로 날아가고, 기상이 악화되면 40km/h의 속력이 줄어든다. 어떤 비행기가 3시간 30분 동안 비행하는 데 15분 동안 기상이 악화되었다면 날아간 거리는 총 몇 km인가?

① 2,850km
② 2,900km
③ 2,950km
④ 3,000km
⑤ 3,050km

Hard

02 S사원은 물 200g과 녹차 가루 50g을 가지고 있다. S사원은 같은 부서 동료인 A사원과 B사원에게 농도가 다른 녹차를 타주려고 한다. A사원의 녹차는 물 65g과 녹차 가루 35g으로 만들어 주었고, B사원에게는 남은 물과 녹차 가루로 녹차를 타주려고 한다. B사원이 마시는 녹차의 농도는 몇 %인가?(단, 모든 물과 녹차 가루를 남김없이 사용한다)

① 10%
② 11%
③ 12%
④ 13%
⑤ 14%

03 원가가 2,000원인 제품에 15%의 마진을 붙여 정가로 판매하였다. 총 판매된 제품은 160개이고 그중 8개 제품에 하자가 발견되어 판매가격의 두 배를 보상금으로 지불했을 때, 얻은 이익은 총 얼마인가?

① 10,800원
② 11,200원
③ 18,200원
④ 24,400원
⑤ 26,500원

PART 2

04 민수가 어떤 일을 하는 데 1시간이 걸리고, 그 일을 아버지가 하는 데는 15분이 걸린다. 민수가 30분간 혼자서 일하는 중에 아버지가 오셔서 함께 그 일을 끝마쳤다면, 민수가 아버지와 함께 일한 시간은 몇 분인가?

① 5분
② 6분
③ 7분
④ 8분
⑤ 9분

Easy

05 C회사에 근무하는 A씨는 오전에 B회사로 외근을 갔다. 일을 마치고 시속 3km로 걸어서 회사로 가는 반대 방향으로 1km 떨어진 우체국에 들렀다가 회사로 복귀하는 데 1시간 40분이 걸렸다. B회사부터 C회사까지 거리는 몇 km인가?

① 1km
② 2km
③ 3km
④ 4km
⑤ 5km

06 20억 원을 투자하여 10% 수익이 날 확률은 50%이고, 원가 그대로일 확률은 30%, 10% 손해를 볼 확률은 20%일 때 기대수익은?

① 4,500만 원
② 5,000만 원
③ 5,500만 원
④ 6,000만 원
⑤ 6,500만 원

07 농도가 10%인 소금물 800g을 증발시켜 16%의 소금물을 만들려고 한다. 1시간에 15g의 물이 증발되는 곳에 소금물을 놔뒀다면, 몇 시간이 걸리겠는가?

① 18시간
② 19시간
③ 20시간
④ 21시간
⑤ 22시간

PART 2

08 헬스장 이용권을 구매하려고 한다. A이용권은 한 달에 5만 원을 내고 한 번 이용할 때마다 1,000원을 내야 하고, B이용권은 한 달에 2만 원을 내고 한 번 이용할 때마다 5,000원을 낸다고 한다. 한 달에 최소 몇 번 이용해야 A이용권을 이용하는 것이 B이용권을 이용하는 것보다 싸게 이용할 수 있는가?

① 5번
② 8번
③ 11번
④ 14번
⑤ 16번

09 남자 5명과 여자 4명이 함께 있는 모임이 있다. 이 모임에서 각 성별마다 대표, 부대표를 한 명씩 선출하려고 할 때, 선출 가능한 경우의 수는 총 몇 가지인가?

① 240가지
② 120가지
③ 80가지
④ 40가지
⑤ 20가지

10 소풍을 왔는데 경비의 30%는 교통비, 교통비의 50%는 식비로 사용하여 남은 돈이 33,000원이라면, 처음 경비는 얼마인가?

① 60,000원
② 70,000원
③ 80,000원
④ 90,000원
⑤ 100,000원

Easy

11 내일 비가 올 확률은 $\frac{1}{3}$이다. 비가 온 다음 날 비가 올 확률은 $\frac{1}{4}$, 비가 안 온 다음 날 비가 올 확률은 $\frac{1}{5}$일 때, 내일 모레 비가 올 확률은?

① $\frac{13}{60}$
② $\frac{9}{20}$
③ $\frac{11}{20}$
④ $\frac{29}{60}$
⑤ $\frac{31}{60}$

12 철수와 영희가 5 : 3 비율의 속력으로 A지점에서 출발하여 B지점으로 향했다. 영희가 30분 먼저 출발했을 때 철수가 영희를 따라잡은 시간은 철수가 출발하고 나서 몇 분만인가?

① 30분
② 35분
③ 40분
④ 45분
⑤ 50분

13 K프로젝트를 A가 혼자 일하면 10일, B가 혼자 일하면 20일 C가 혼자 일하면 40일이 걸린다. 이 프로젝트를 4일간 A와 B가 먼저 일하고, 남은 양을 C 혼자서 마무리한다고 할 때, C는 며칠간 일해야 하는가?

① 12일 ② 14일
③ 16일 ④ 18일
⑤ 20일

14 6%의 소금물과 11%의 소금물을 섞어서 9%의 소금물 500g을 만들려고 한다. 이때 6%의 소금물은 몇 g을 섞어야 하는가?

① 200g ② 300g
③ 400g ④ 500g
⑤ 600g

15 A주머니에는 흰 공 1개와 검은 공 3개가 들어있고, B주머니에는 흰 공 2개가 들어있다. 두 주머니 중에 어느 하나를 택하여 1개의 공을 꺼낼 때, 그 공이 흰 공일 확률은?

① $\frac{1}{4}$ ② $\frac{3}{8}$
③ $\frac{1}{2}$ ④ $\frac{5}{8}$
⑤ $\frac{3}{4}$

16 강물이 A지점에서 3km 떨어진 B지점으로 흐르고 있을 때, 물의 속력이 1m/s이다. 철수가 A지점에서 B지점까지 배를 타고 갔다가 다시 돌아오는 데 1시간 6분 40초가 걸렸다고 한다. 철수가 탄 배의 속력은 몇 m/s인가?

① 2m/s ② 4m/s
③ 6m/s ④ 12m/s
⑤ 15m/s

17 집에서 놀이터까지 가는 경우의 수는 4가지, 놀이터에서 학교까지 가는 경우의 수는 5가지이다. 또한, 집에서 놀이터를 거치지 않고 학교까지 갈 수 있는 경우의 수는 2가지이다. 집에서 학교까지 갈 수 있는 경우의 수는 모두 몇 가지인가?

① 20가지
② 22가지
③ 26가지
④ 30가지
⑤ 32가지

18 S회사의 연구부서에 A ~ D연구원 4명이 있다. B, C연구원의 나이의 합은 A, D연구원 나이의 합보다 5살 적고, A연구원은 C보다는 2살 많으며, D연구원보다 5살 어리다. A연구원이 30살일 때, B연구원의 나이를 구하면?

① 28살
② 30살
③ 32살
④ 34살
⑤ 36살

19 라온이는 부산으로 며칠간 출장을 다녀왔다. 출장 기간의 $\frac{1}{4}$시간은 잠을 잤고, $\frac{1}{6}$시간은 식사했다. 그리고 출장 기간의 $\frac{3}{8}$시간을 업무를 보는 데 사용했으며, $\frac{1}{8}$시간을 이동하는 데 사용했다. 마지막으로 부산에 있는 친구들이랑 시간을 보내는 데 나머지 8시간을 모두 사용했을 때, 라온이는 며칠 동안 출장을 다녀왔는가?

① 3일
② 4일
③ 5일
④ 6일
⑤ 7일

20 지윤이는 5%의 오렌지 주스와 11%의 오렌지 주스를 섞어서 8%의 오렌지 주스를 400g을 만들려고 한다. 이때 11%의 오렌지 주스는 몇 g을 섞어야 하는가?

① 150g
② 170g
③ 190g
④ 200g
⑤ 210g

04 언어추리

※ 제시된 명제가 참일 때, 다음 중 바르게 유추한 것을 고르시오. [1~3]

01

- 늦잠을 자지 않으면 부지런하다.
- 늦잠을 자면 건강하지 않다.
- 비타민을 챙겨먹으면 건강하다.

① 비타민을 챙겨먹으면 부지런하다.
② 부지런하면 비타민을 챙겨먹는다.
③ 늦잠을 자면 비타민을 챙겨먹는다.
④ 늦잠을 자면 부지런하지 않다.
⑤ 부지런하면 건강하다.

PART 2

Easy
02

- 어떤 남자는 산을 좋아한다.
- 산을 좋아하는 남자는 결혼을 했다.
- 결혼을 한 모든 남자는 자유롭다.

① 산을 좋아하는 어떤 남자는 결혼을 하지 않았다.
② 결혼을 한 사람은 남자이다.
③ 산을 좋아하는 사람은 모두 남자이다.
④ 결혼을 한 모든 남자는 산을 좋아한다.
⑤ 어떤 남자는 자유롭다.

03

- 경철이는 윤호보다 바둑을 못 둔다.
- 윤호는 정래보다 바둑을 못 둔다.
- 혜미는 윤호보다 바둑을 잘 둔다.

① 정래는 혜미보다 바둑을 잘 둔다.
② 바둑을 가장 잘 두는 사람은 혜미다.
③ 혜미는 경철이보다 바둑을 잘 둔다.
④ 경철이가 정래보다 바둑을 잘 둔다.
⑤ 윤호는 혜미보다 바둑을 잘 둔다.

04 어젯밤에 탕비실 냉장고에 보관되어 있던 행사용 케이크가 없어졌다. 어제 야근을 한 갑, 을, 병, 정, 무를 조사했더니 다음과 같이 진술했다. 케이크를 먹은 범인은 2명이고, 단 2명만이 진실을 말한다고 할 때, 다음 중 범인이 될 수 있는 사람으로 짝지어진 것은?(단, 모든 사람은 진실만 말하거나 거짓만 말한다)

> 갑 : 을이나 병 중에 한 명만 케이크를 먹었어요.
> 을 : 무는 확실히 케이크를 먹었어요.
> 병 : 정과 무가 모의해서 함께 케이크를 훔쳐먹는 걸 봤어요.
> 정 : 저는 절대 범인이 아니에요.
> 무 : 사실대로 말하자면 제가 범인이에요.

① 갑, 을
② 을, 정
③ 을, 무
④ 갑, 정
⑤ 정, 무

05 진실마을 사람은 진실만을 말하고, 거짓마을 사람은 거짓만을 말한다. 주형이와 윤희는 진실마을과 거짓마을 중 한 곳에서 사는데, 다음 윤희가 한 말을 통해 주형이와 윤희가 어느 마을에 사는지 바르게 유추한 것은?

> 윤희 : "적어도 우리 둘 중에 한 사람은 거짓마을 사람이다."

① 윤희는 거짓마을 사람이고, 주형이는 진실마을 사람이다.
② 윤희는 진실마을 사람이고, 주형이는 거짓마을 사람이다.
③ 윤희와 주형이 모두 진실마을 사람이다.
④ 윤희와 주형이 모두 거짓마을 사람이다.
⑤ 윤희의 말만으로는 알 수 없다.

06 A, B, C 세 사람 중 한 사람은 수녀이고, 한 사람은 왕이고, 한 사람은 농민이다. 수녀는 언제나 참을, 왕은 언제나 거짓을, 농민은 참을 말하기도 하고 거짓을 말하기도 한다. 이 세 사람이 다음과 같은 대화를 할 때, A, B, C는 각각 누구인가?

> A : 나는 농민이다.
> B : A의 말은 진실이다.
> C : 나는 농민이 아니다.

① 농민, 왕, 수녀
② 농민, 수녀, 왕
③ 수녀, 왕, 농민
④ 수녀, 농민, 왕
⑤ 왕, 농민, 수녀

※ 제시된 명제가 모두 참일 때, 빈칸에 들어갈 명제로 가장 적절한 것을 고르시오. [7~9]

07

전제1. 창의적인 문제해결을 하기 위해서는 브레인스토밍을 해야 한다.
전제2. 브레인스토밍을 하기 위해서는 상대방의 아이디어를 비판해서는 안 된다.
결론. ____________________

① 상대방의 아이디어를 비판하지 않으면 창의적인 문제해결이 가능하다.
② 상대방의 아이디어를 비판하지 않으면 브레인스토밍을 할 수 있다.
③ 브레인스토밍을 하면 창의적인 문제해결이 가능하다.
④ 창의적인 문제해결을 하기 위해서는 상대방의 아이디어를 비판해서는 안 된다.
⑤ 브레인스토밍을 하지 않으면 상대방의 아이디어를 비판하게 된다.

PART 2

08

전제1. 약속을 지키지 않으면 다른 사람에게 신뢰감을 줄 수 없다.
전제2. 메모하는 습관이 없다면 약속을 지킬 수 없다.
결론. ____________________

① 다른 사람에게 신뢰감을 줄 수 없으면 약속을 지키지 않는다.
② 메모하는 습관이 없으면 다른 사람에게 신뢰감을 줄 수 있다.
③ 약속을 지키지 않으면 메모하는 습관이 없다.
④ 메모하는 습관이 있으면 다른 사람에게 신뢰감을 줄 수 있다.
⑤ 다른 사람에게 신뢰감을 주려면 메모하는 습관이 있어야 한다.

09

전제1. 지구 온난화를 해소하려면 탄소 배출을 줄여야 한다.
전제2. 지구 온난화가 해소되지 않으면 기후 위기가 발생한다.
결론. ____________________

① 탄소 배출을 줄이면 지구 온난화가 해소된다.
② 기후 위기가 발생하면 지구 온난화가 해소된다.
③ 탄소 배출을 줄이면 기후 위기가 발생하지 않는다.
④ 지구 온난화를 해소하려면 기후 위기가 발생하지 않아야 한다.
⑤ 기후 위기가 발생하지 않으려면 탄소 배출을 줄여야 한다.

Easy

10 **다음은 해외 출장이 잦은 해외사업팀 A ~ D사원의 항공 마일리지 현황이다. 다음 중 항상 참이 되지 않는 것은?**

> • A사원의 항공 마일리지는 8,500점이다.
> • A사원의 항공 마일리지는 B사원보다 1,500점 많다.
> • C사원의 항공 마일리지는 B사원보다 많고 A사원보다 적다.
> • D사원의 항공 마일리지는 7,200점이다.

① A사원의 항공 마일리지가 가장 많다.
② D사원의 항공 마일리지가 4명 중 가장 적지는 않다.
③ B사원의 항공 마일리지는 4명 중 가장 적다.
④ C사원의 정확한 항공 마일리지는 알 수 없다.
⑤ 항공 마일리지가 많은 순서는 'A－D－C－B' 사원이다.

11 **제시된 명제를 통해 추론할 수 있는 내용이 아닌 것은?**

> • 건강한 사람은 건강한 요리를 좋아한다.
> • 건강한 요리를 좋아하면 혈색이 좋다.
> • 건강하지 않은 사람은 인상이 좋지 않다.
> • 건강한 요리를 좋아하는 사람은 그렇지 않은 사람보다 콜레스테롤 수치가 낮다.

① 건강한 사람은 혈색이 좋다.
② 인상이 좋은 사람은 건강한 요리를 좋아한다.
③ 건강한 사람은 그렇지 않은 사람보다 콜레스테롤 수치가 낮다.
④ 인상이 좋은 사람은 그렇지 않은 사람보다 콜레스테롤 수치가 높다.
⑤ 혈색이 좋지 않으면 인상이 좋지 않다.

※ 마지막 명제가 참일 때, 빈칸에 들어갈 명제로 가장 적절한 것을 고르시오. [12~14]

12

- 전기 수급에 문제가 생기면 많은 사람이 피해를 입는다.
- ______________________________

그러므로 많은 사람이 피해를 입지 않았다면 전기를 낭비하지 않은 것이다.

① 전기를 낭비하면 많은 사람이 피해를 입는다.
② 전기를 낭비하면 전기 수급에 문제가 생긴다.
③ 많은 사람이 피해를 입으면 전기 수급에 문제가 생긴다.
④ 전기 수급에 문제가 없다면 많은 사람이 피해를 입는다.
⑤ 전기 수급에 문제가 생기지 않는다면 전기를 낭비하게 된다.

PART 2

13

- 미리 대비하지 않으면 급한 경우에 준비할 수 없다.
- ______________________________

그러므로 큰 고난이 찾아오지 않으면 미리 대비한 것이다.

① 미리 대비하면 큰 고난이 찾아오지 않는다.
② 준비를 하지 않아도 고난은 막을 수 있다.
③ 큰 고난이 찾아오지 않으면 급한 경우에 준비를 한 것이다.
④ 급할 때 준비할 수 있다면 큰 고난을 막을 수 있다.
⑤ 큰 고난을 막을 수 있으면 준비하지 않아도 된다.

14

- 회계팀의 팀원은 모두 회계 관련 자격증을 가지고 있다.
- ______________________________

그러므로 돈 계산이 빠르지 않은 사람은 회계팀이 아니다.

① 회계팀이 아닌 사람은 돈 계산이 빠르다.
② 돈 계산이 빠른 사람은 회계 관련 자격증을 가지고 있다.
③ 회계팀이 아닌 사람은 회계 관련 자격증을 가지고 있지 않다.
④ 돈 계산이 빠르지 않은 사람은 회계 관련 자격증을 가지고 있다.
⑤ 돈 계산이 빠르지 않은 사람은 회계 관련 자격증을 가지고 있지 않다.

15 자동차회사에 다니는 A, B, C 세 사람은 각각 대전지점, 강릉지점, 군산지점으로 출장을 다녀왔다. A, B, C의 출장지는 서로 다르며 세 사람 중 한 사람만 참을 말할 때, 세 사람이 다녀온 출장지를 순서대로 나열한 것은?

> • A : 나는 대전지점에 가지 않았다.
> • B : 나는 강릉지점에 가지 않았다.
> • C : 나는 대전지점에 갔다.

	〈대전지점〉	〈강릉지점〉	〈군산지점〉
①	A	B	C
②	A	C	B
③	B	A	C
④	B	C	A
⑤	C	A	B

16 S기업에 입사한 A ~ E사원은 각각 2개 항목의 물품을 신청하였다. 5명의 사원 중 2명의 진술이 거짓일 때, 다음 중 신청 사원과 신청 물품이 바르게 연결된 것은?

> ※ A ~ E사원이 신청한 항목은 4개이며, 항목별 신청 사원의 수는 다음과 같다.
> • 필기구 : 2명
> • 의자 : 3명
> • 복사용지 : 2명
> • 사무용 전자제품 : 3명

> A : 나는 필기구를 신청하였고, E는 거짓말을 하고 있다.
> B : 나는 의자를 신청하지 않았고, D는 진실을 말하고 있다.
> C : 나는 의자를 신청하지 않았고, E는 진실을 말하고 있다.
> D : 나는 필기구와 사무용 전자제품을 신청하였다.
> E : 나는 복사용지를 신청하였고, B와 D는 거짓말을 하고 있다.

① A – 복사용지
② A – 의자
③ C – 필기구
④ C – 사무용 전자제품
⑤ E – 필기구

17 다음 다섯 사람이 얘기를 하고 있다. 이 중 두 사람은 진실만을 말하고, 세 사람은 거짓만을 말하고 있다. 지훈이 거짓을 말할 때, 다음 중 진실만을 말하는 사람을 짝지은 것은?

> 동현 : 정은이는 지훈이와 영석이를 싫어해.
> 정은 : 아니야. 난 둘 중 한 사람은 좋아해.
> 선영 : 동현이는 정은이를 좋아해.
> 지훈 : 선영이는 거짓말만 해.
> 영석 : 선영이는 동현이를 싫어해.
> 선영 : 맞아. 그런데 정은이는 지훈이와 영석이 둘 다 좋아해.

① 동현, 선영
② 정은, 영석
③ 동현, 영석
④ 정은, 선영
⑤ 선영, 영석

PART 2

18 테니스공, 축구공, 농구공, 배구공, 야구공, 럭비공을 각각 A, B, C상자에 넣으려고 한다. 한 상자에 공을 두 개까지 넣을 수 있고, 〈조건〉이 아래와 같다고 할 때 항상 참이 될 수 없는 것은?

> **조건**
> • 테니스공과 축구공은 같은 상자에 넣는다.
> • 럭비공은 B상자에 넣는다.
> • 야구공은 C상자에 넣는다.

① 농구공을 C상자에 넣으면 배구공은 B상자에 들어가게 된다.
② 테니스공과 축구공은 반드시 A상자에 들어간다.
③ 배구공과 농구공은 같은 상자에 들어갈 수 없다.
④ B상자에 배구공을 넣으면 농구공은 야구공과 같은 상자에 들어가게 된다.
⑤ 럭비공은 반드시 배구공과 같은 상자에 들어간다.

19 제시된 명제를 통해 유추할 수 있는 것은?

- 노란상자는 초록상자에 들어간다.
- 파란상자는 빨간상자에 들어간다.
- 빨간상자와 노란상자가 같은 크기이다.

① 파란상자는 초록상자에 들어가지 않는다.
② 초록상자는 빨간상자에 들어간다.
③ 초록상자는 파란상자에 들어가지 않는다.
④ 노란상자는 빨간상자에 들어간다.
⑤ 노란상자에 초록상자와 빨간상자 모두 들어간다.

Hard

20 민하, 상식, 은희, 은주, 지훈은 점심 메뉴로 쫄면, 라면, 우동, 김밥, 어묵 중 각각 하나씩을 주문하였다. 다음 〈조건〉이 모두 참일 때, 바르게 연결된 것은?(단, 모두 서로 다른 메뉴를 주문하였다)

조건

- 민하와 은주는 라면을 먹지 않았다.
- 상식과 민하는 김밥을 먹지 않았다.
- 은희는 우동을 먹었고, 지훈은 김밥을 먹지 않았다.
- 지훈은 라면과 어묵을 먹지 않았다.

① 지훈 – 라면, 상식 – 어묵
② 지훈 – 쫄면, 민하 – 라면
③ 은주 – 어묵, 상식 – 김밥
④ 은주 – 쫄면, 민하 – 김밥
⑤ 민하 – 어묵, 상식 – 라면

05 수열추리

※ 일정한 규칙으로 수를 나열할 때, 빈칸에 들어갈 알맞은 수를 고르시오. [1~16]

01

0.7	0.9	1.15	1.45	1.8	( )

① 2.0
② 2.1
③ 2.15
④ 2.2
⑤ 2.5

02

$\frac{1}{6}$ $\frac{2}{6}$ $-\frac{1}{2}$ $\frac{7}{6}$ $-\frac{5}{2}$ 2 ( ) $\frac{17}{6}$

① $\frac{13}{2}$
② $-\frac{13}{2}$
③ $\frac{15}{2}$
④ $-\frac{15}{2}$
⑤ $-\frac{17}{2}$

03

−2	−0.4	−2.8	0.4	−3.6	( )

① −2.1
② −1.3
③ −0.9
④ 1.2
⑤ 0.4

04

−5 −1 ( ) $-\frac{1}{2}$ −3 $-\frac{1}{4}$ −0.5 $-\frac{1}{12}$

① −5.5
② −4.5
③ −3.5
④ −2.5
⑤ −1.5

05

3	12	6	24	12	48	( )	96

① 16
② 20
③ 24
④ 28
⑤ 30

06

−16	32	−64	128	( )

① −192
② 192
③ −256
④ 256
⑤ −320

07

4	8	1	2	−5	−10	−17	( )

① 27
② −27
③ 33
④ −34
⑤ −37

Easy

08

−15	−21	−26	−30	−33	−35	( )

① −36
② −37
③ −38
④ −39
⑤ −40

09

−28 −21 ( ) −14 0 −7 14

① −21
② −14
③ −7
④ 0
⑤ 7

10

( ) 15 35 50 85 135

① 20
② 15
③ 10
④ 5
⑤ 1

11

1 −1 3 −5 11 −21 43 ( )

① −85
② −86
③ 129
④ −129
⑤ 130

12

9 −3 20 −9 42 −27 ( )

① 84
② 85
③ 86
④ 87
⑤ 88

13

8 5 2 7 ( ) 2 10 3 6

① 6
② 5
③ 4
④ 3
⑤ 2

14

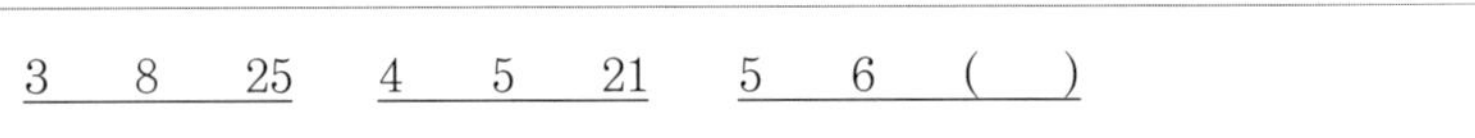

3 8 25 4 5 21 5 6 ( )

① 27
② 28
③ 29
④ 30
⑤ 31

15

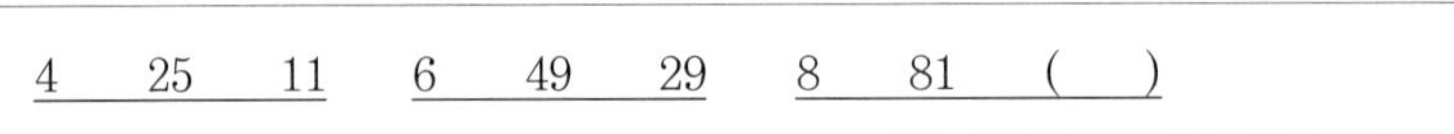

4 25 11 6 49 29 8 81 ( )

① 35
② 43
③ 47
④ 55
⑤ 57

16

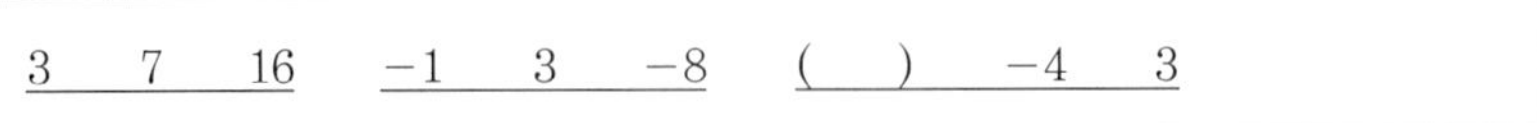

3 7 16 −1 3 −8 ( ) −4 3

① 5
② 7
③ 0
④ −2
⑤ −5

Hard

17 다음 수열의 31번째 항의 값은?

2 6 4 6 6 6 8 6 10 6 …

① 30 ② 32
③ 60 ④ 62
⑤ 72

18 다음 수열의 17번째 항의 값은?

10 12 9 14 7 18 5 22 …

① −15 ② −17
③ −19 ④ −21
⑤ −23

Hard

19 다음 수열의 20번째 항의 값은?

−1 3 −3 7 −5 15 −7 27 …

① 147 ② 183
③ 223 ④ 267
⑤ 315

20 다음 수열의 10번째 항의 값은?

110 231 375 544 740 965 1,221 …

① 2,075 ② 2,115
③ 2,155 ④ 2,195
⑤ 2,335

제 4 회 최종점검 모의고사

응시시간 : 75분 문항 수 : 100문항

정답 및 해설 p.076

01 언어이해

01 다음 글의 주제로 가장 적절한 것은?

최근에 사이버공동체를 중심으로 한 시민의 자발적 정치 참여 현상이 많은 관심을 끌고 있다. 이러한 현상과 관련하여 A의 연구가 새삼 주목 받고 있다. A의 연구에 따르면 공동체의 구성원이 됨으로써 얻게 되는 '사회적 자본'이 시민사회의 성숙과 민주주의 발전을 가져오는 원동력이다. A의 이론에서는 공동체에 대한 자발적 참여를 통해 사회 구성원 간의 상호 의무감과 신뢰, 구성원들이 공유하는 규칙과 관행, 사회적 유대 관계와 같은 사회적 자본이 늘어나면, 사회 구성원 간의 협조적인 행위가 가능하게 된다고 보았다. 더 나아가 A는 자원봉사자와 같이 공동체 참여도가 높은 사람이 투표할 가능성이 높고 정부 정책에 대한 의견 개진도 활발해지는 등 정치 참여도가 높아진다고 주장하였다.
몇몇 학자들은 A의 이론을 적용하여 면대면 접촉에 따른 인간관계의 산물인 사회적 자본이 사이버공동체에서도 충분히 형성될 수 있다고 보았다. 그리고 사이버공동체에서 사회적 자본의 증가는 곧 정치 참여도 활성화시킬 것으로 기대했다. 하지만 이러한 기대와는 달리 정치 참여가 활성화되지 않았다. 요즘 젊은이들을 보면 각종 사이버공동체에 자발적으로 참여하는 수준은 높지만 투표나 다른 정치 활동에는 무관심하거나 심지어 정치를 혐오하기도 한다. 이런 측면에서 A의 주장은 사이버공동체가 활성화된 오늘날에는 잘 맞지 않는다.
이러한 이유 때문에 오늘날 사이버공동체를 중심으로 한 정치 참여를 더 잘 이해하기 위해서 '정치적 자본' 개념의 도입이 필요하다. 정치적 자본은 사회적 자본의 구성 요소와는 달리 정치 정보의 습득과 이용, 정치적 토론과 대화, 정치적 효능감 등으로 구성된다. 정치적 자본은 사회적 자본과 마찬가지로 공동체 참여를 통해서 획득되지만, 정치 과정에의 관여를 촉진한다는 점에서 사회적 자본과는 구분될 필요가 있다. 사회적 자본만으로 정치 참여를 기대하기 어렵고, 사회적 자본과 정치 참여 사이를 정치적 자본이 매개할 때 비로소 정치 참여가 활성화된다.

① 사이버공동체를 통해 축적된 사회적 자본에 정치적 자본이 더해질 때 정치 참여가 활성화된다.
② 사회적 자본은 정치적 자본을 포함하기 때문에 그 자체로 정치 참여의 활성화를 가져온다.
③ 사회적 자본이 많은 사회는 정치 참여가 활발하기 때문에 민주주의가 실현된다.
④ 사이버공동체의 특수성으로 인해 시민들의 정치 참여가 어렵게 되었다.
⑤ 사이버공동체에의 자발적 참여 증가는 정치 참여를 활성화시킨다.

※ 다음 글의 내용으로 가장 적절한 것을 고르시오. **[2~4]**

02

일반적으로 동식물에서 종(種)이란 '같은 개체끼리 교배하여 자손을 남길 수 있는' 또는 '외양으로 구분이 가능한' 집단을 뜻한다. 그렇다면 세균처럼 한 개체가 둘로 분열하여 번식하며 외양의 특징도 많지 않은 미생물에서는 종을 어떤 기준으로 구분할까?
미생물의 종 구분에는 외양과 생리적 특성을 이용한 방법이 사용되기도 한다. 하지만 이러한 특성들은 미생물이 어떻게 배양되는지에 따라 변할 수 있으며, 모든 미생물에 적용될 만한 공통적 요소가 되기도 어렵다. 이런 문제를 극복하기 위해 오늘날 미생물 종의 구분에는 주로 유전적 특성을 이용하고 있다. 미생물의 유전체는 DNA로 이루어진 많은 유전자로 구성되는데, 특정 유전자를 비교함으로써 미생물들 간의 유전적 관계를 알 수 있다. 종의 구분에는 서로 간의 차이를 잘 나타내 주는 유전자를 이용한다. 유전자 비교를 통해 미생물들이 유전적으로 얼마나 가깝고 먼지를 확인할 수 있는데, 이를 '유전거리'라 한다. 유전거리가 가까울수록 같은 종으로 묶일 가능성이 커진다.
하지만 유전자 비교로 확인한 유전거리만으로는 두 미생물이 같은 종에 속하는지를 명확히 판별하기 어렵다. 특정 유전자가 해당 미생물의 전체적인 유전적 특성을 대변하지는 못하기 때문이다. 이러한 문제를 보완하기 위한 것이 미생물들 간의 유전체 유사도를 측정하는 방법이다. 유전체 유사도를 정확히 측정하기 위해서는 모든 유전자를 대상으로 유전적 관계를 살펴야 하지만, 수많은 유전자를 모두 비교하는 것은 현실적으로 어렵다. 따라서 유전체의 특성을 화학적으로 비교하는 방법이 주로 사용되고 있다. 이렇게 얻어진 유전체 유사도는 종의 경계를 확정하는 데 유용한 기준을 제공한다.

① 외양과 생리적 특성을 이용한 종 구분 방법은 미생물의 종 구분 시 일절 사용하지 않는다.
② 유전체 유사도를 이용한 방법은 비교대상이 되는 유전자를 모두 비교해야만 가능하다.
③ 유전거리보다는 유전체의 비교가 종을 구분하는 데 더 명확한 기준을 제시한다.
④ 미생물의 유전체는 동식물의 유전자보다 구조가 단순하여 종 구분이 용이하다.
⑤ 유전체의 특성을 물리적으로 비교하는 방법이 널리 사용되고 있다.

03

어떤 연구자들은 동성애가 어린 시절 경험의 결과라고 생각한다. 이들에 따르면, 특정한 유형의 부모가 자녀를 양육할 경우, 그 자녀가 동성애자가 될 가능성이 높다는 것이다. 이를 입증하기 위해, 수백 명의 동성애 남성과 여성을 대상으로 대규모 연구가 실시되었다. 그 결과 동성애자가 강압적인 어머니와 복종적인 아버지에 의해 양육되었다는 아무런 증거도 발견하지 못하였다.
그 후 연구자들은 동성애의 원인으로 뇌에 주목했다. 몇몇 연구에서 이성애 남성과 동성애 남성, 이성애 여성의 뇌를 사후에 조사하였다. 이들의 뇌는 시교차 상핵, 성적 이형핵, 전교련이라는 뇌 부위에서 차이가 있었다. 예를 들어 시교차 상핵은 동성애 남자가 더 크고, 이성애 남성과 이성애 여성은 그보다 작았다. 그러나 이러한 뇌 영역 및 그 크기의 차이가 인간의 성적 방향성과 직접적인 인과 관계를 맺고 있다는 증거는 아직까지 발견되지 않았다. 오히려 개인의 성적 방향성이 뇌 구조에 후천적으로 영향을 미쳤을 가능성이 제기되었다. 그렇다면 뇌 구조의 차이가 성적 방향성의 원인이라기보다는 그 결과일 수 있다.
최근 성적 방향성이 출생 전 호르몬 노출과 관련된다는 사실이 밝혀졌다. 안드로겐 호르몬은 출생 전 태아의 정소에서 분비되는 호르몬 중 하나이다. 이 안드로겐 호르몬의 노출 정도가 남성화 수준과 남성의 성적 방향성을 결정하는 요인 중 하나이다. 이러한 연구 결과에 따른다면, 실제로 성적 방향성의 원인이 되는 차이가 발생하는 곳은 뇌가 아닌 다른 영역일 가능성이 높다.
실험실 동물을 이용한 또 다른 연구에서는 출생 전 스트레스가 성숙한 후의 성행동에 영향을 미칠 수 있음이 밝혀졌다. 임신한 쥐를 구금하거나 밝은 빛에 노출시켜 스트레스를 유발하는 방식으로, 수컷 태아의 안드로겐 생산을 억제 시키는 스트레스 호르몬을 방출하도록 하였다. 그 결과 스트레스를 받은 어미에게서 태어난 수컷 쥐는 그렇지 않은 쥐에 비하여 수컷의 성 활동을 덜 나타내는 경향이 있었다. 다른 연구에서는 출생 전 스트레스가 성적 이형핵의 크기를 축소시킨다는 사실을 발견했다. 성적 이형핵의 크기를 비교해보면, 이성애 남성에게서 가장 크고 동성애 남성과 이성애 여성은 상대적으로 작다.
성적 방향성을 결정짓는 또 다른 요인은 유전이다. 동성애가 유전적 근거를 갖는다면, 쌍생아의 경우 둘 중 한 사람이라도 동성애자인 집단에서 둘 다 동성애자로 일치하는 비율은 일란성 쌍생아의 경우가 이란성 쌍생아의 경우보다 높아야 한다. 조사 결과, 남성 쌍생아의 경우 일란성 쌍생아의 동성애 일치 비율은 52%인 반면 이란성 쌍생아의 경우 22%였다. 여성의 경우 일란성 쌍생아의 동성애 일치 비율은 48%이고, 이란성 쌍생아의 경우 16%였다.

① 뇌의 시교차 상핵과 성적 이형핵의 크기 차이가 남성의 성적 방향성을 결정하는 요인 중 하나이다.
② 출생 전 특정 호르몬에 얼마나 노출되었는지가 남성의 성적 방향성을 결정하는 요인 중 하나이다.
③ 어린 시절 부모의 억압적 양육과 특정 유형의 편향된 상호작용이 동성애를 결정하는 요인 중 하나이다.
④ 출생 전 스트레스는 성적 이형핵의 크기를 축소시켜 그 부위에서 생성되는 안드로겐 호르몬의 양을 감소시킨다.
⑤ 일란성 쌍생아의 동성애 일치 비율은 남성이 여성에 비해 동성애를 후천적으로 선택하는 비율이 높다는 것을 보여준다.

04

사람의 키는 주로 다리뼈의 길이에 의해서 결정된다. 다리뼈는 뼈대와 뼈끝판, 그리고 뼈끝으로 구성되어 있다. 막대기 모양의 뼈대는 뼈 형성세포인 조골세포를 가지고 있다. 그리고 뼈끝은 다리뼈의 양쪽 끝 부분이며 뼈끝과 뼈대의 사이에는 여러 개의 연골세포층으로 구성된 뼈끝판이 있다. 뼈끝판의 세포층 중 뼈끝과 경계면에 있는 세포층에서만 세포분열이 일어난다.

연골세포의 세포분열이 일어날 때, 뼈대 쪽에 가장 가깝게 있는 연골세포의 크기가 커지면서 뼈끝판이 두꺼워진다. 크기가 커진 연골세포는 결국 죽으면서 빈 공간을 남기고 이렇게 생긴 공간이 뼈대에 있는 조골세포로 채워지면서 뼈가 형성된다. 이 과정을 되풀이하면서 뼈끝판이 두꺼워지는 만큼 뼈대의 길이 성장이 일어나는데, 이는 연골세포의 분열이 계속되는 한 지속된다.

사춘기 동안 뼈의 길이 성장에는 여러 호르몬이 관여하는데, 이 중 뇌에서 분비하는 성장호르몬은 직접 뼈에 작용하여 뼈를 성장시킨다. 또한 성장호르몬은 간세포에 작용하여 뼈의 길이 성장 과정 전체를 촉진하는 성장인자를 분비하도록 한다. 이외에도 갑상샘 호르몬과 남성호르몬인 안드로겐도 뼈의 길이 성장에 영향을 미친다. 성장호르몬이 뼈에 작용하기 위해서는 갑상샘 호르몬의 작용이 있어야 하기 때문에 갑상샘 호르몬은 뼈의 성장에 중요한 요인이다. 안드로겐은 뼈의 성장을 촉진함으로써 사춘기 남자의 급격한 성장에 일조한다. 부신에서 분비되는 안드로겐은 이 시기에 나타나는 뼈의 길이 성장에 관여한다. 하지만 사춘기가 끝날 때, 안드로겐은 뼈끝판 전체에서 뼈가 형성되도록 하여 뼈의 길이 성장을 정지시킨다. 결국 사춘기 이후에는 호르몬에 의한 뼈의 길이 성장이 일어나지 않는다.

① 사람의 키를 결정짓는 다리뼈는 연골세포의 분열로 인해 성장하게 된다.
② 뼈끝판의 세포층 중 뼈대와 경계면에 있는 세포층에서만 세포분열이 일어난다.
③ 사춘기 이후에 뼈의 길이가 성장하였다면, 호르몬이 그 원인이다.
④ 성장호르몬은 간세포에 작용하여 뼈 성장을 촉진하는 성장인자를 분비하는 등 뼈 성장에 간접적으로 도움을 준다.
⑤ 뼈의 성장을 촉진시키는 호르몬인 안드로겐은 남성호르몬으로서, 여자에게서는 생성되지 않는다.

PART 2

05 다음 글의 밑줄 친 시기에 대한 설명으로 가장 적절한 것은?

하나의 패러다임 형성은 애초에 불완전하지만 이후 연구의 방향을 제시하고 소수 특정 부분의 성공적인 결과를 약속할 수 있을 뿐이다. 그러나 패러다임의 정착은 연구의 정밀화, 집중화 등을 통하여 자기 지식을 확장해 가며 차츰 폭넓은 이론 체계를 구축한다.

이처럼 과학자들이 패러다임을 기반으로 하여 연구를 진척시키는 것을 쿤은 '정상 과학'이라고 부른다. 기초적인 전제가 확립되었으므로 과학자들은 이 시기에 상당히 심오한 문제의 작은 영역들에 집중함으로써, 그렇지 않았더라면 상상조차 못했을 자연의 어느 부분을 깊이 있게 탐구하게 된다. 그에 따라 각종 실험 장치들도 정밀해지고 다양해지며, 문제를 해결해 가는 특정 기법과 규칙들이 만들어진다.

연구는 이제 혼란으로서의 다양성이 아니라, 이론과 자연 현상을 일치시켜 가는 지식의 확장으로서의 다양성을 이루게 된다.

그러나 정상 과학은 완성된 과학이 아니다. 과학적 사고방식과 관습, 기법 등이 하나의 기반으로 통일돼 있다는 것일 뿐 해결해야 할 과제는 무수하다. 패러다임이란 과학자들 사이의 세계관 통일이지 세계에 대한 해석의 끝은 아니다.

그렇다면 <u>정상 과학의 시기</u>에는 어떤 연구가 어떻게 이루어지는가? 정상 과학의 시기에는 이미 이론의 핵심 부분들은 정립돼 있다. 따라서 과학자들의 연구는 근본적인 새로움을 좇아가지는 않으며, 다만 연구의 세부 내용이 좀 더 깊어지거나 넓어질 뿐이다. 이러한 시기에 과학자들의 열정과 헌신성은 무엇으로 유지될 수 있을까? 연구가 고작 예측된 결과를 좇아갈 뿐이고, 예측된 결과가 나오지 않으면 실패라고 규정되는 상태에서 과학의 발전은 어떻게 이루어지는가?

쿤은 이 물음에 대하여 '수수께끼 풀이'라는 대답을 준비한다. 어떤 현상의 결과가 충분히 예측된다 할지라도 정작 그 예측이 달성되는 세세한 과정은 대개 의문 속에 있게 마련이다. 자연 현상의 전 과정을 우리가 일목요연하게 알고 있는 것은 아니기 때문이다. 이론으로서의 예측 결과와 실제의 현상을 일치시키기 위해서는 여러 복합적인 기기적, 개념적, 수학적인 방법이 필요하다. 이것이 수수께끼 풀이이다.

① 패러다임을 기반으로 하여 연구를 진척하기 때문에 다양한 학설과 이론이 등장한다.
② 예측된 결과만을 좇을 수밖에 없기 때문에 과학자들의 열정과 헌신성은 낮아진다.
③ 기초적인 전제가 확립되었으므로 작은 범주의 영역에 대한 연구에 집중한다.
④ 과학자들 사이의 세계관이 통일된 시기이기 때문에 완성된 과학이라고 부를 수 있다.
⑤ 이 시기는 문제를 해결해가는 과정보다는 기초 이론에 대한 발견이 주가 된다.

Hard

06 다음 글에서 추론할 수 있는 내용으로 가장 적절한 것은?

조선이 임진왜란 중에도 필사적으로 보존하고자 한 서적이 바로 조선왕조실록이다. 실록은 원래 서울의 춘추관과 성주・충주・전주 4곳의 사고(史庫)에 보관되었으나, 임진왜란 이후 전주 사고의 실록만 온전한 상태였다. 전란이 끝난 후 단 1벌 남은 실록을 다시 여러 벌 등서하자는 주장이 제기되었다. 우여곡절 끝에 실록 인쇄가 끝난 시기는 1606년이었다. 재인쇄 작업의 결과 원본을 포함해 모두 5벌의 실록을 갖추게 되었다. 원본은 강화도 마니산에 봉안하고 나머지 4벌은 서울의 춘추관과 평안도 묘향산, 강원도의 태백산과 오대산에 봉안했다.

이 5벌 중에서 서울 춘추관의 것은 1624년 이괄의 난 때 불에 타 없어졌고, 묘향산의 것은 1633년 후금과의 관계가 악화되자 전라도 무주의 적상산에 사고를 새로 지어 옮겼다. 강화도 마니산의 것은 1636년 병자호란 때 청군에 의해 일부 훼손되었던 것을 현종 때 보수하여 숙종 때 강화도 정족산에 다시 봉안했다. 결국 내란과 외적 침입으로 인해 5곳 가운데 1곳의 실록은 소실되었고, 1곳의 실록은 장소를 옮겼으며, 1곳의 실록은 손상을 입었던 것이다.

정족산, 태백산, 적상산, 오대산 4곳의 실록은 그 후 안전하게 지켜졌다. 그러나 일본이 다시 여기에 손을 대었다. 1910년 조선 강점 이후 일제는 정족산과 태백산에 있던 실록을 조선총독부로 이관하고, 적상산의 실록은 구황궁 장서각으로 옮겼으며, 오대산의 실록은 일본 동경제국대학으로 반출했다. 일본으로 반출한 것은 1923년 관동 대지진 때 거의 소실되었다. 정족산과 태백산의 실록은 1930년에 경성제국대학으로 옮겨져 지금까지 서울대학교에 보존되어 있다. 한편 장서각의 실록은 6・25 전쟁 때 북한으로 옮겨져 현재 김일성종합대학에 소장되어 있다.

① 재인쇄하였던 실록은 모두 5벌이다.
② 태백산에 보관하였던 실록은 현재 일본에 있다.
③ 현재 한반도에 남아 있는 실록은 모두 4벌이다.
④ 적상산에 보관하였던 실록은 일부가 훼손되었다.
⑤ 현존하는 실록 중에서 가장 오래된 것은 서울대학교에 있다.

07 다음 글의 주장에 대한 반박으로 가장 적절한 것은?

스피노자의 윤리학을 이해하기 위해서는 코나투스(Conatus)라는 개념이 필요하다. 스피노자에 따르면 실존하는 모든 사물은 자신의 존재를 유지하기 위해 노력하는데, 이것이 바로 그 사물의 본질인 코나투스라는 것이다. 정신과 신체를 서로 다른 것이 아니라 하나로 보았던 그는 정신과 신체에 관계되는 코나투스를 충동이라 부르고, 다른 사물들과 같이 인간도 자신을 보존하고자 하는 충동을 갖고 있다고 보았다. 특히 인간은 자신의 충동을 의식할 수 있다는 점에서 동물과 차이가 있다며 인간의 충동을 욕망이라고 하였다. 즉, 인간에게 코나투스란 삶을 지속하고자 하는 욕망을 의미한다.
스피노자는 선악의 개념도 코나투스와 연결 짓는다. 그는 사물이 다른 사물과 어떤 관계를 맺느냐에 따라 선이 되기도 하고 악이 되기도 한다고 말한다. 코나투스의 관점에서 보면 선이란 자신의 신체적 활동 능력을 증가시키는 것이며, 악은 자신의 신체적 활동 능력을 감소시키는 것이다. 이를 정서의 차원에서 설명하면 선은 자신에게 기쁨을 주는 모든 것이며, 악은 자신에게 슬픔을 주는 모든 것이다. 한마디로 인간의 선악에 대한 판단은 자신의 감정에 따라 결정된다는 것을 의미한다.
이러한 생각을 토대로 스피노자는 코나투스인 욕망을 긍정하고 욕망에 따라 행동하라고 이야기한다. 슬픔은 거부하고 기쁨을 지향하라는 것, 그것이 곧 선의 추구라는 것이다. 그리고 코나투스는 타자와의 관계에 영향을 받으므로 인간에게는 타자와 함께 자신의 기쁨을 증가시킬 수 있는 공동체가 필요하다고 말한다. 그 안에서 자신과 타자 모두의 코나투스를 증가시킬 수 있는 기쁨의 관계를 형성하라는 것이 스피노자의 윤리학이 우리에게 하는 당부이다.

① 자신의 힘을 능동적으로 발휘하여 욕망을 성취할 수 있을 때 비로소 진정한 자유의 기쁨을 누릴 수 있다.

② 인간의 모든 행동은 욕망에 의해 생겨나며, 욕망이 없다면 무기력한 존재가 될 수밖에 없다.

③ 인간을 포함한 모든 동물은 삶에 대한 본능적 의지인 코나투스를 가지고 있다.

④ 욕망은 채우고 채워도 완전히 충족될 수 없으므로 욕망의 결핍이 주는 고통으로부터 벗어나기 위해 욕망을 절제해야 한다.

⑤ 타자와의 관계 속에서 촉발되는 감정에 휘둘릴 수 있으므로 자신의 욕망에 대한 주체적 태도를 지녀야 한다.

Easy

08 다음 글의 주제로 가장 적절한 것은?

> 우유니 사막은 세계 최대의 소금사막으로 남아메리카 중앙부 볼리비아의 포토시주(州)에 위치한 소금 호수로, '우유니 소금사막' 혹은 '우유니 염지' 등으로 불린다. 지각변동으로 솟아오른 바다가 빙하기를 거쳐 녹기 시작하면서 거대한 호수가 생겨났다. 면적은 1만 2,000km^{2}이며 해발고도 3,680m의 고지대에 위치한다. 물이 배수되지 않은 지형적 특성 때문에 물이 고여 얕은 호수가 되었으며, 소금으로 덮인 수면 위에 푸른 하늘과 흰 구름이 거울처럼 투명하게 반사되어 관광지로도 이름이 높다.
>
> 소금층 두께는 30cm부터 깊은 곳은 100m 이상이며 호수의 소금 매장량은 약 100억 톤 이상이다. 우기인 12월에서 3월 사이에는 20 ~ 30cm의 물이 고여 얕은 염호를 형성하는 반면, 긴 건기 동안에는 표면뿐만 아니라 사막의 아래까지 증발한다. 특이한 점은 지역에 따라 호수의 색이 흰색, 적색, 녹색 등의 다른 빛깔을 띤다는 점이다. 이는 호수마다 쌓인 침전물의 색깔과 조류의 색깔이 다르기 때문이다. 또한 소금 사막 곳곳에서는 커다란 바위부터 작은 모래까지 한꺼번에 섞인 빙하성 퇴적물들과 같은 빙하의 흔적들을 볼 수 있다.

① 우유니 사막의 기후와 식생
② 우유니 사막의 주민 생활
③ 우유니 사막의 자연지리적 특징
④ 우유니 사막 이름의 유래
⑤ 우유니 사막의 관광 상품 종류

※ 다음 문단을 논리적 순서대로 바르게 나열한 것을 고르시오. [9~10]

09

(가) 여기에 반해 동양에서는 보름달에 좋은 이미지를 부여한다. 예를 들어, 우리나라의 처녀귀신이나 도깨비는 달빛이 흐린 그믐 무렵에나 활동하는 것이다. 그런데 최근에는 동서양의 개념이 마구 뒤섞여 보름달을 배경으로 악마의 상징인 늑대가 우는 광경이 동양의 영화에 나오기도 한다.

(나) 동양에서 달은 '음(陰)'의 기운을, 해는 '양(陽)'의 기운을 상징한다는 통념이 자리를 잡았다. 그래서 달을 '태음', 해를 '태양'이라고 불렀다. 동양에서는 해와 달의 크기가 같은 덕에 음과 양도 동등한 자격을 갖춘다. 즉, 음과 양은 어느 하나가 좋고 다른 하나는 나쁜 것이 아니라 서로 보완하는 관계를 이루는 것이다.

(다) 옛날부터 형성된 이러한 동서양 간의 차이는 오늘날까지 영향을 끼치고 있다. 동양에서는 달이 밝으면 달맞이를 하는데, 서양에서는 달맞이를 자살 행위처럼 여기고 있다. 특히 보름달은 서양인들에게 거의 공포의 상징과 같은 존재이다. 예를 들어, 13일의 금요일에 보름달이 뜨게 되면 사람들이 외출조차 꺼린다.

(라) 하지만 서양의 경우는 다르다. 서양에서 낮은 신이, 밤은 악마가 지배한다는 통념이 자리를 잡았다. 따라서 밤의 상징인 달에 좋지 않은 이미지를 부여하게 되었다. 이는 해와 달의 명칭을 보면 알 수 있다. 라틴어로 해를 'Sol', 달을 'Luna'라고 하는데 정신병을 뜻하는 단어 'Lunacy'의 어원이 바로 'Luna'이다.

① (가) – (나) – (라) – (다)

② (나) – (라) – (가) – (다)

③ (나) – (라) – (다) – (가)

④ (나) – (다) – (가) – (라)

⑤ (다) – (나) – (라) – (가)

10

(가) 동아시아의 문명 형성에 가장 큰 영향력을 끼친 책을 꼽을 때, 그 중에 『논어』가 빠질 수 없다. 『논어』는 공자(B.C 551 ~ 479)가 제자와 정치인 등을 만나서 나눈 이야기를 담고 있다. 공자의 활동기간으로 따져보면 『논어』는 지금으로부터 대략 2,500년 전에 쓰인 것이다. 지금의 우리는 한나절에 지구 반대편으로 날아다니고, 여름에 겨울 과일을 먹는 그야말로 공자는 상상할 수도 없는 세상에 살고 있다.

(나) 2,500년 전의 공자와 그가 대화한 사람 역시 우리와 마찬가지로 '호모 사피엔스'이기 때문이다. 2,500년 전의 사람도 배고프면 먹고, 졸리면 자고, 좋은 일이 있으면 기뻐하고, 나쁜 일이 있으면 화를 내는 오늘날의 사람과 다름없었다. 불의를 보면 공분하고, 전쟁보다 평화가 지속되기를 바라고, 예술을 보고 들으며 즐거워했는데, 오늘날의 사람도 마찬가지이다.

(다) 물론 2,500년의 시간으로 인해 달라진 점도 많고 시대와 문화에 따라 '사람다움이 무엇인가?'에 대한 답은 다를 수 있지만, 사람은 돌도 아니고 개도 아니고 사자도 아니라 여전히 사람일 뿐인 것이다. 즉 현재의 인간이 과거보다 자연의 힘에 두려워하지 않고 자연을 합리적으로 설명할 수는 있지만, 인간적 약점을 극복하고 신적인 존재가 될 수는 없는 그저 인간일 뿐인 것이다.

(라) 『논어』의 일부는 여성과 아동, 이민족에 대한 당시의 편견을 드러내고 있어 이처럼 달라진 시대의 흐름에 따라 폐기될 수밖에 없지만, 이를 제외한 부분은 '오래된 미래'로서 읽을 가치가 있는 것이다.

(마) 이론의 생명 주기가 짧은 학문의 경우, 2,500년 전의 책은 역사적 가치가 있을지언정 이론으로서는 폐기 처분이 당연시된다. 그런데 왜 21세기의 우리가 2,500년 전의 『논어』를 지금까지도 읽고, 또 읽어야 할 책으로 간주하고 있는 것일까?

① (가) – (마) – (나) – (라) – (다)
② (가) – (마) – (다) – (나) – (라)
③ (가) – (마) – (나) – (다) – (라)
④ (나) – (다) – (가) – (마) – (라)
⑤ (마) – (가) – (나) – (다) – (라)

11 다음 제시된 문단을 읽고, 이어질 문장을 논리적 순서대로 바르게 나열한 것은?

구체적 행위에 대한 도덕적 판단 문제를 다루는 것이 규범 윤리학이라면, 옳음의 의미 문제, 도덕적 진리의 존재 문제 등과 같이 규범 윤리학에서 사용하는 개념과 원칙에 대해 다루는 것은 메타 윤리학이다. 메타 윤리학에서 도덕 실재론과 정서주의는 '옳음'과 '옳지 않음'의 의미를 이해하는 방식과 도덕적 진리의 존재 여부에 대해 상반된 주장을 펼친다.

(가) 따라서 '옳다' 혹은 '옳지 않다'라는 도덕적 판단을 내리지만, 과학적 진리와 같은 도덕적 진리는 없다는 입장을 보인다.
(나) 도덕 실재론에서는 도덕적 판단과 도덕적 진리를 과학적 판단 및 과학적 진리와 마찬가지라고 본다.
(다) 한편, 정서주의에서는 어떤 도덕적 행위에 대해 도덕적으로 옳음이나 도덕적으로 옳지 않음이라는 성질은 객관적으로 존재하지 않는 것이고 도덕적 판단도 참 또는 거짓으로 판정되는 명제를 나타내지 않는다.
(라) 즉, 과학적 판단이 '참' 또는 '거짓'을 판정할 수 있는 명제를 나타내고 이때 참으로 판정된 명제를 과학적 진리라고 부르는 것처럼, 도덕적 판단도 참 또는 거짓으로 판정할 수 있는 명제를 나타내고 참으로 판정된 명제가 곧 도덕적 진리라고 규정하는 것이다.

① (다) – (라) – (나) – (가)
② (나) – (가) – (다) – (라)
③ (가) – (나) – (다) – (라)
④ (나) – (라) – (다) – (가)
⑤ (다) – (가) – (나) – (라)

12 다음 글의 제목으로 가장 적절한 것은?

반대는 필수불가결한 것이다. 지각 있는 대부분의 사람이 그러하듯 훌륭한 정치가는 항상 열렬한 지지자보다는 반대자로부터 더 많은 것을 배운다. 만약 반대자들이 위험이 있는 곳을 지적해 주지 않는다면, 그는 지지자들에 떠밀려 파멸의 길을 걷게 될 수 있기 때문이다. 따라서 현명한 정치가라면 그는 종종 친구들로부터 벗어나기를 기도할 것이다. 친구들이 자신을 파멸시킬 수도 있다는 것을 알기 때문이다. 그리고 비록 고통스럽다 할지라도 결코 반대자 없이 홀로 남겨지는 일이 일어나지 않기를 기도할 것이다. 반대자들이 자신을 이성과 양식의 길에서 멀리 벗어나지 않도록 해준다는 사실을 알기 때문이다. 자유의지를 가진 국민의 범국가적 화합은 정부의 독단과 반대당의 혁명적 비타협성을 무력화시키는 정치권력의 충분한 균형에 의존하고 있다. 그 균형이 어떤 상황 때문에 강제로 타협하게 되지 않는 한, 그리고 모든 시민이 어떤 정책에 영향을 미칠 수는 있으나 누구도 혼자 정책을 지배할 수 없다는 것을 느끼게 되지 않는 한, 그리고 습관과 필요에 의해서 서로 조금씩 양보하지 않는 한, 자유는 유지될 수 없기 때문이다.

① 민주주의와 사회주의
② 반대의 필요성과 민주주의
③ 민주주의와 일방적인 의사소통
④ 권력을 가진 자와 혁명을 꿈꾸는 집단
⑤ 혁명의 정의

PART 2

※ 다음 글의 내용으로 적절하지 않은 것을 고르시오. **[13~15]**

13

청색기술은 자연의 원리를 차용하거나 자연에서 영감을 얻은 기술을 말한다. 그리고 청색기술을 경제 전반으로 확대한 것을 '청색 경제'라고 한다. 벨기에의 환경운동가인 군터 파울리(Gunter Pauli)가 저탄소 성장을 표방하는 녹색기술의 한계를 지적하며 청색경제를 제안했다. 녹색경제가 환경오염에 대한 사후 대책으로 환경보호를 위한 비용을 수반한다면, 청색경제는 애초에 자연 친화적이면서도 경제적인 물질을 창조한다는 점에서 차이가 있다.

청색기술은 오랫동안 진화를 거듭해서 자연에 적응한 동식물 등을 모델 삼아 새로운 제품을 만드는데, 특히 화학·재료과학 분야에서 연구가 활발히 진행되고 있다. 예를 들어 1955년 스위스에서 식물 도꼬마리의 가시를 모방해 작은 돌기를 가진 잠금장치 '벨크로(일명 찍찍이)'가 발명되었고, 얼룩말의 줄무늬에서 피부 표면 온도를 낮추는 원리를 알아낼 수 있었다.

이미 미국·유럽·일본 등 선진국에서는 청색기술을 국가 전략사업으로 육성하고 있고, 세계 청색기술 시장은 2030년에 1조 6,000억 달러 규모로 성장할 전망이다. 그러나 커다란 잠재력을 지닌 것에 비해 사람들의 인식은 터무니없이 부족하다. 청색기술에 대해 많은 사람이 알고 있을수록 환경과 기술에 대한 가치관의 변화를 이끌어낼 수 있고, 기술을 상용화시킬 수 있다. 따라서 청색기술의 발전을 위해서는 많은 홍보가 필요하다.

① 청색경제는 자연과 상생하는 것을 목적으로 하며 이를 바탕으로 경제성을 창조한다.

② 청색기술의 대상은 자연에 포함되는 모든 동식물이다.

③ 흰개미집을 모델로 냉난방없이 공기를 신선하게 유지하도록 설계된 건물은 청색기술을 활용한 것이다.

④ 청색기술 시장은 커다란 잠재력을 지닌 시장이다.

⑤ 청색기술을 홍보하는 것은 사람들의 가치관 변화와 기술 상용화에 도움이 된다.

14

아무리 튤립이 귀하다 한들 알뿌리 하나의 값이 요즈음 돈으로 쳐서 45만 원이 넘는 수준까지 치솟을 수 있을까? 엄지손가락만한 크기의 메추리알 하나의 값이 달걀 한 꾸러미 값보다도 더 비싸질 수 있을까? 이 두 물음에 대한 대답은 모두 '그렇다'이다.
역사책을 보면 1636년 네덜란드에서는 튤립 알뿌리 하나의 값이 정말로 그 수준으로 뛰어오른 적이 있었다. 그리고 그때를 기억하는 사람은 알겠지만, 실제로 1950년대 말 우리나라에서 한때 메추리알 값이 그렇게까지 비쌌던 적이 있었다.
어떤 상품의 가격은 기본적으로 수요와 공급의 힘에 의해 결정된다. 시장에 참여하고 있는 경제 주체들은 자신이 갖고 있는 정보를 기초로 하여 수요와 공급을 결정한다. 이들이 똑같은 정보를 함께 갖고 있으며 이 정보가 아주 틀린 것이 아닌 한, 상품의 가격은 어떤 기본적인 수준에서 크게 벗어나지 않을 것이라고 예상할 수 있다. 예를 들어 튤립 알뿌리 하나의 값은 수선화 알뿌리 하나의 값과 비슷하고, 메추리알 하나는 달걀 하나보다 더 쌀 것으로 짐작해도 무방하다는 말이다.
그러나 현실에서는 사람들이 서로 다른 정보를 갖고 시장에 참여하는 경우가 많다. 어떤 사람은 특정한 정보를 갖고 있는데 거래 상대방은 그 정보를 갖고 있지 못한 경우도 있다. 뿐만 아니라 거래에 참여하는 목적이나 재산 등의 측면에서 큰 차이가 존재하는 것이 보통이다. 이런 경우에는 어떤 상품의 가격이 우리의 상식으로는 도저히 이해하기 힘든 수준까지 일시적으로 뛰어오르는 현상이 나타날 가능성이 있다. 이런 현상은 특히 투기의 대상이 되는 자산의 경우에 자주 목격되는데, 우리는 이를 '거품(Bubbles)'이라고 부른다.
일반적으로 거품은 어떤 상품(특히 자산)의 가격이 지속적으로 급격히 상승하는 현상을 가리킨다. 이와 같은 지속적인 가격 상승이 일어나는 이유는 애초에 생긴 가격 상승이 추가적인 가격 상승의 기대로 이어져 투기 바람이 형성되기 때문이다. 어떤 상품의 가격이 올라 그것을 미리 사둔 사람이 재미를 보았다는 소문이 돌면 너도나도 사려고 달려들기 때문에 가격이 천정부지※로 뛰어오르게 된다. 물론 이 같은 거품이 무한정 커질 수는 없고 언젠가는 터져 정상적인 상태로 돌아올 수밖에 없다. 이때 거품이 터지는 충격으로 인해 경제에 심각한 위기가 닥칠 수도 있다.

※천정부지 : 물가 따위가 한 없이 오르기만 함을 비유적으로 이르는 말

① 거품은 투기의 대상이 되는 자산에서 자주 일어난다.
② 거품이 터지면 경제에 심각한 위기를 초래할 수 있다.
③ 거래에 참여하는 사람의 목적이나 재산에 큰 차이가 없다면 거품이 일어날 수 있다.
④ 상품의 가격이 일반적인 상식으로는 이해되지 않는 수준까지 일시적으로 상승할 수도 있다.
⑤ 일반적으로 시장에 참여하고 있는 경제 주체들은 자신의 정보를 바탕으로 수요와 공급을 결정한다.

15

어떤 사회 현상이 나타나는 경우 그러한 현상은 '제도'의 탓일까, 아니면 '문화'의 탓일까? 이 논쟁은 정치학을 비롯한 모든 사회과학에서 두루 다루는 주제이다. 정치학에서 제도주의자들은 보다 선진화된 사회를 만들기 위해서 제도의 정비가 중요하다고 주장한다. 하지만 문화주의자들은 실제적인 '운용의 묘'를 살리는 문화가 제도의 정비보다 중요하다고 주장한다.
문화주의자들은 문화를 가치, 신념, 인식 등의 총체로서 정치적 행동과 행위를 특정한 방향으로 움직여 일정한 행동 양식을 만들어내는 것으로 정의한다. 이러한 문화에 대한 정의를 바탕으로 이들은 국민이 정부에게 하는 정치적 요구인 투입과 정부가 생산하는 정책인 산출을 기반으로 정치 문화를 편협형, 신민형, 참여형의 세 가지로 유형화하였다.
편협형 정치 문화는 투입과 산출에 대한 개념이 모두 존재하지 않는 정치 문화이다. 투입이 없으며, 정부도 산출에 대한 개념이 없어서 적극적 참여자로서의 자아가 있을 수 없다. 사실상 정치 체계에 대한 인식이 국민들에게 존재할 수 없는 사회이다. 샤머니즘에 의한 신정 정치, 부족 또는 지역 사회 등 전통적인 원시 사회가 이에 해당한다.
다음으로 신민형 정치 문화는 투입이 존재하지 않으며, 적극적 참여자로서의 자아가 형성되지 못한 사회이다. 이런 상황에서 산출이 존재한다는 의미는 국민이 정부가 해주는 대로 받는다는 것을 의미한다. 이들 국민은 정부에 복종하는 성향이 강하다. 하지만 편협형 정치 문화와 달리 이들 국민은 정치 체계에 대한 최소한의 인식은 있는 상태이다. 일반적으로 독재 국가의 정치 체계가 이에 해당한다.
마지막으로 참여형 정치 문화는 국민들이 자신들의 요구 사항을 표출할 줄도 알고, 정부는 그러한 국민들의 요구에 응답하는 사회이다. 따라서 국민들은 적극적인 참여자로서의 자아가 형성되어 있으며, 그러한 적극적 참여자들로 형성된 정치 체계가 존재하는 사회이다. 이는 선진 민주주의 사회로서 현대의 바람직한 민주주의 사회상이다.
정치 문화 유형 연구는 어떤 사회가 민주주의를 제대로 구현하기 위해서 우선적으로 필요한 것이 무엇인가 하는 질문에 대한 답을 제시하고 있다. 문화주의자들은 국가를 특정 제도의 장단점에 의해서가 아니라 국가의 구성 요소들이 민주주의라는 보편적인 목적을 위해 얼마나 잘 기능하고 있는가를 기준으로 평가하고 있는 것이다.

① 문화주의자들은 정치문화를 편협형, 신민형, 참여형으로 나눈다.
② 편협형 정치 문화는 투입과 산출에 대한 개념이 없다.
③ 참여형 정치 문화는 국민과 정부가 소통하는 사회이다.
④ 신민형 정치 문화는 투입은 존재하지 않으며 산출은 존재하는 사회이다.
⑤ 독재 국가의 정치 체계는 편협형 정치 문화에 해당한다.

16 다음 글에 대한 반론으로 가장 적절한 것은?

> 최근 들어 도시의 경쟁력 향상을 위한 새로운 전략의 하나로 창조 도시에 대한 논의가 활발하게 진행되고 있다. 창조 도시는 창조적 인재들이 창의성을 발휘할 수 있는 환경을 갖춘 도시이다. 즉 창조 도시는 인재들을 위한 문화 및 거주 환경의 창조성이 풍부하며, 혁신적이고도 유연한 경제 시스템을 구비하고 있는 도시인 것이다.
>
> 창조 도시의 주된 동력을 창조 산업으로 볼 것인가 창조 계층으로 볼 것인가에 대해서는 견해가 다소 엇갈리고 있다. 창조 산업을 중시하는 관점에서는, 창조 산업이 도시에 인적·사회적·문화적·경제적 다양성을 불어넣음으로써 도시의 재구조화를 가져오고 나아가 부가가치와 고용을 창출한다고 주장한다. 창의적 기술과 재능을 소득과 고용의 원천으로 삼는 창조 산업의 예로는 광고, 디자인, 출판, 공연 예술, 컴퓨터 게임 등이 있다.
>
> 창조 계층을 중시하는 관점에서는, 개인의 창의력으로 부가가치를 창출하는 창조 계층이 모여서 인재 네트워크인 창조 자본을 형성하고, 이를 통해 도시는 경제적 부를 축적할 수 있는 자생력을 갖게 된다고 본다. 따라서 창조 계층을 끌어들이고 유지하는 것이 도시의 경쟁력을 제고하는 관건이 된다. 창조 계층에는 과학자, 기술자, 예술가, 건축가, 프로그래머, 영화 제작자 등이 포함된다.

① 창조 산업의 산출물은 그것에 대한 소비자의 수요와 가치 평가를 예측하기 어렵다.
② 창조 도시를 통해 효과적으로 인재를 육성할 수 있다.
③ 창조 산업을 통해 도시를 새롭게 구조화할 수 있다.
④ 광고 등의 산업을 중심으로 부가가치를 창출해 낼 수 있다.
⑤ 인재 네트워크 형성 역시 부가가치를 창출할 수 있는 방법 중 하나이다.

PART 2

17 다음 글의 빈칸에 들어갈 말을 〈보기〉에서 골라 순서에 맞게 나열한 것은?

『정의론』을 통해 현대 영미 윤리학계에 정의에 대한 화두를 던진 사회철학자 '롤즈'는 전형적인 절차주의적 정의론자이다. 그는 정의로운 사회 체제에 대한 논의를 주도해온 공리주의가 소수자 및 개인의 권리를 고려하지 못한다는 점에 주목하여 사회계약론적 토대 하에 대안적 정의론을 정립하고자 하였다.
롤즈는 개인이 정의로운 제도하에서 자유롭게 자신들의 욕구를 추구하기 위해서는 ___(가)___ 등이 필요하며 이는 사회의 기본 구조를 통해서 최대한 공정하게 분배되어야 한다고 생각했다. 그리고 이를 실현할 수 있는 사회 체제에 대한 논의가, 자유롭고 평등하며 합리적인 개인들이 모두 동의할 수 있는 원리들을 탐구하는 데에서 출발해야 한다고 보고 '원초적 상황'의 개념을 제시하였다.
'원초적 상황'은 정의로운 사회 체제의 기본 원칙들을 선택하는 합의 당사자들로 구성된 가설적 상황으로, 이들은 향후 헌법과 하위 규범들이 따라야 하는 가장 근본적인 원리들을 합의한다. '원초적 상황'에서 합의 당사자들은 ___(나)___ 등에 대한 정보를 모르는 상태에 놓이게 되는데 이를 '무지의 베일'이라고 한다. 단, 합의 당사자들은 ___(다)___와/과 같은 사회에 대한 일반적 지식을 알고 있으며, 공적으로 합의된 규칙을 준수하고, 합리적인 욕구를 추구할 수 있는 존재로 간주된다. 롤즈는 이러한 '무지의 베일' 상태에서 사회 체제의 기본 원칙들에 만장일치로 합의하는 것이 보장된다고 생각하였다. 또한 무지의 베일을 벗은 후에 겪을지 모를 피해를 우려하여 합의 당사자들이 자신의 피해를 최소화할 수 있는 내용을 계약에 포함시킬 것으로 보았다.
위와 같은 원초적 상황을 전제로 합의 당사자들은 정의의 원칙들을 선택하게 된다. 제1원칙은 모든 사람이 다른 개인들의 자유와 양립 가능한 한도 내에서 '기본적 자유'에 대한 평등한 권리를 갖는다는 것인데, 이를 '자유의 원칙'이라고 한다. 여기서 롤즈가 말하는 '기본적 자유'는 양심과 사고 표현의 자유, 정치적 자유 등을 포함한다.

보기

㉠ 자신들의 사회적 계층, 성, 인종, 타고난 재능, 취향
㉡ 자유와 권리, 임금과 재산, 권한과 기회
㉢ 인간의 본성, 제도의 영향력

	(가)	(나)	(다)
①	㉠	㉡	㉢
②	㉡	㉢	㉠
③	㉡	㉠	㉢
④	㉢	㉠	㉡
⑤	㉢	㉡	㉠

18 다음 글의 중심 내용으로 가장 적절한 것은?

그리스 철학의 집대성자라고도 불리는 철학자 아리스토텔레스는 자연의 모든 물체는 '자연의 사다리'에 의해 계급화 되어 있다고 생각했다. 자연의 사다리는 아래서부터 무생물, 식물, 동물, 인간, 그리고 신인데, 이러한 계급에 맞춰 각각에 일정한 기준을 부여했다. 18세기 유럽 철학계와 과학계에서는 이러한 자연의 사다리 사상이 크게 유행을 했으며 사다리의 상층인 신과 인간에게는 높은 이성과 가치가 있고, 그 아래인 동물과 식물에게는 인간보다 낮은 가치가 있다고 보기 시작했다. 이처럼 서양의 자연관은 인간과 자연을 동일시하던 고대에서 벗어나 인간만이 영혼이 있으며, 이에 따라 인간만이 자연을 지배할 수 있다고 믿는 기독교 중심의 중세시대를 지나, 여러 철학자들을 거쳐 점차 인간이 자연보다 우월한 자연지배관으로 모습이 바뀌기 시작했다. 이러한 자연관을 토대로 서양에서는 자연스럽게 산업혁명 등을 통한 대량소비와 대량생산의 경제성장구조와 가치체계가 발전되어 왔다.
동양의 자연관 역시 동양철학과 불교 등의 이념과 함께 고대에서 중세세대를 지나게 되었다. 하지만 서양의 인간중심 철학과 달리 동양철학과 불교에서는 자연과 인간을 동일선상에 놓거나 둘의 조화를 중요시 하여 합일론을 주장했다. 이들의 사상은 노자와 장자의 무위자연의 도, 불교의 윤회사상 등에서 살펴볼 수 있다. 대량소비와 대량생산으로 대표되는 자본주의의 한계와 함께 지구온난화, 자원고갈, 생태계 파괴가 대두되는 요즘, 동양의 자연관이 주목받고 있다.

① 서양철학에서 나타나는 부작용
② 자연의 사다리와 산업혁명
③ 철학과 지구온난화의 상관관계
④ 서양의 자연관과 동양의 자연관의 차이
⑤ 서양철학의 문제점과 동양철학을 통한 해결법

Hard

19 다음 글의 주장을 강화하는 진술은?

변호사인 스티븐 와이즈는 그의 저서에서 사람들에 대해서는 권리를 인정하면서도 동물에 대해서는 그렇게 하지 않는 법을 지지할 수 없다고 주장했다. 이렇게 하는 것은, 자유인에 대해서는 권리를 인정하면서도 노예에 대해서는 그렇게 하지 않는 법과 마찬가지로 불합리하다는 것이다. 동물학자인 제인 구달은 이 책을 동물의 마그나 카르타라고 극찬했으며, 하버드 대학은 저자인 와이즈를 동물권법 교수로 임용했다.

와이즈는 동물의 권리에 대해 이야기하면서 권리와 의무와 같은 법적 관계를 논의하기 위한 기초가 되는 법철학에 대해서는 별로 다루고 있지 않다. 그가 의존하고 있는 것은 자연과학이다. 특히 유인원이 우리 인간과 얼마나 비슷한지를 알려주는 영장류 동물학의 연구 성과에 기초하여 동물의 권리에 대해 이야기하고 있다.

인간이 권리를 갖는 이유는 우리 인간이 생물학적으로 인간종(種)의 일원이기 때문이기도 하지만, 법적 권리와 의무의 주체가 될 수 있는 '인격체'이기 때문이다. 예를 들어 자연인(自然人)이 아닌 법인(法人)이 권리와 의무의 주체가 되는 것은 그것이 인간종의 일원이기 때문이 아니라 법적으로 인격체로 인정받기 때문이다. 인격체는 생물학에서 논의할 개념이 아니라 법철학에서 다루어야 할 개념이다.

인격체는 공동체의 일원이 될 수 있는 개체를 의미한다. 공동체의 일원이 되기 위해서는 협상, 타협, 동의의 능력이 필요하고, 이런 능력을 지닌 개체에게는 권리와 의무 그리고 책임 등이 부여된다. 이러한 개념을 바탕으로 사회 질서의 근원적 규칙을 마련할 수 있고 이 규칙은 우리가 사회생활을 영위하기 위한 전략을 규정한다. 하지만 이런 전략의 사용은, 우리와 마찬가지로 규칙에 기초하여 선택된 전략을 사용할 수 있는 개체를 상대할 경우로 국한된다.

우리 인간이 동물을 돌보거나 사냥하는 것은, 공동체의 규칙에 근거하여 선택한 결정이다. 비록 동물이 생명을 갖는 개체라 하더라도 인격체는 아니기 때문에 동물은 법적권리를 가질 수 없다.

① 애완견에게 유산을 상속하는 것도 법적 효력을 갖는다.

② 여우사냥 반대운동이 확산된 결과 에스키모 공동체가 큰 피해를 입었다.

③ 동물들은 철학적 사유도 못하고 물리학도 못하지만, 인간들 가운데에도 그러한 지적 능력이 없는 사람은 많다.

④ 어떤 동물은 인간에게 해를 입히거나 인간을 공격하기도 하지만 우리는 그 동물에게 법적 책임을 묻지 않는다.

⑤ 늑대를 지적이고 사회적인 존재라고 생각한 아메리카 인디언들은 자신들의 초기 문명기에 늑대 무리를 모델로 하여 사회를 만들었다.

20 다음 글에 대한 반론으로 가장 적절한 것은?

법과 정의의 관계는 법학의 고전적인 과제 가운데 하나이다. 때와 장소에 관계없이 누구에게나 보편적으로 받아들여질 수 있는 정의롭고 도덕적인 법을 떠올리게 되는 것은 자연스러운 일이다. 전통적으로 이런 법을 '자연법'이라 부르며 논의해 왔다. 자연법은 인위적으로 제정되는 것이 아니라 인간의 경험에 앞서 존재하는 본질적인 것으로서 신의 법칙이나 우주의 질서, 또는 인간 본성에 근원을 둔다. 특히 인간의 본성에 깃든 이성, 다시 말해 참과 거짓, 선과 악을 분별할 수 있는 인간만의 자질은 자연법을 발견해 낼 수 있는 수단이 된다.

서구 중세의 신학에서는 자연법을 인간 이성에 새겨진 신의 법이라고 이해하여 종교적 권위를 중시하였다. 이후 근대의 자연법 사상에서는 신학의 의존으로부터 독립하여 자연법을 오직 이성으로써 확인할 수 있다고 보았다. 이런 경향을 열었다고 할 수 있는 그로티우스(1583~1645)는 중세의 전통을 수용하면서도 인간 이성에 따른 자연법의 기초를 확고히 하였다. 그는 이성을 통해 확인되고 인간 본성에 합치하는 법 규범은 자연법이자 신의 의지라고 말하면서, 이 자연법은 신도 변경할 수 없는 본질적인 것이라고 주장하였다. 이성의 올바른 인도를 통해 다다르게 되는 자연법은 국가와 실정법을 초월하는 규범이라고 보았다.

① 자연법은 누구에게나 받아들여질 수 있어야 한다.

② 자연법은 명확히 확정하기 어렵기 때문에 현실적으로 효력을 갖춘 실정법만을 법으로 인정해야 한다.

③ 보통 인간만이 가지고 있는 자질이 자연법이 된다.

④ 근대부터 자연법을 신학으로부터 독립적으로 취급했다.

⑤ 그로티우스는 실정법과 자연법을 구별하여 다뤘다.

02 자료해석

01 어느 통신회사는 휴대전화의 통화시간에 따라 월 2시간까지는 기본요금, 2시간 초과 3시간까지는 분당 a원, 3시간 초과부터는 $2a$원을 부과한다. 다음 자료와 같이 요금이 청구되었을 때, a의 값은?

〈휴대전화 이용요금〉

구분	통화시간	요금
1월	3시간 30분	21,600원
2월	2시간 20분	13,600원

① 50
② 80
③ 100
④ 120
⑤ 150

02 다음은 병역자원 현황을 나타낸 표이다. 총 지원자 수에 대한 2014·2015년 평균과 2020·2021년 평균과의 차이는?

〈병역자원 현황〉

(단위 : 만 명)

구분	2014년	2015년	2016년	2017년	2018년	2019년	2020년	2021년
징·소집 대상	135.3	128.6	126.2	122.7	127.2	130.2	133.2	127.7
보충역 복무자 등	16.0	14.3	11.6	9.5	8.9	8.6	8.6	8.9
병력동원 대상	675.6	664.0	646.1	687.0	694.7	687.4	654.5	676.4
계	826.9	806.9	783.9	819.2	830.8	826.2	796.3	813.0

① 11.25만 명
② 11.75만 명
③ 12.25만 명
④ 12.75만 명
⑤ 13.25만 명

03 다음은 10대 무역수지 흑자국에 대한 자료이다. 이에 대한 내용으로 옳지 않은 것은?

〈10대 무역수지 흑자국〉

(단위 : 백만 달러)

순위	2020년		2021년		2022년	
	국가명	흑자액	국가명	흑자액	국가명	흑자액
1	중국	32,457	중국	45,264	중국	47,779
2	홍콩	18,174	홍콩	23,348	홍콩	28,659
3	마샬군도	9,632	미국	9,413	싱가포르	11,890
4	미국	8,610	싱가포르	7,395	미국	11,635
5	멕시코	6,161	멕시코	7,325	베트남	8,466
6	싱가포르	5,745	베트남	6,321	멕시코	7,413
7	라이베리아	4,884	인도	5,760	라이베리아	7,344
8	베트남	4,780	라이베리아	5,401	마샬군도	6,991
9	폴란드	3,913	마샬군도	4,686	브라질	5,484
10	인도	3,872	슬로바키아	4,325	인도	4,793

① 2020년부터 2022년까지 10대 무역수지 흑자국에 2번 이상 포함된 국가의 수는 9개국이다.
② 2022년 1위 흑자국의 액수는 10위 흑자국 액수의 10배 이상이다.
③ 싱가포르의 2020년 대비 2022년의 흑자액은 2배 이상이다.
④ 싱가포르를 제외하고 2020년 대비 2022년의 흑자 증가율이 가장 높은 나라는 베트남이다.
⑤ 2020년부터 2022년까지 매년 순위가 상승하는 나라는 2개국이다.

PART 2

04 다음은 국민연금 운용수익률 추이를 나타낸 표이다. 이에 대한 내용으로 가장 적절한 것은?

〈국민연금 운용수익률 추이〉

(단위 : %)

구분	11년 연평균 (2012 ~ 2022년)	5년 연평균 (2018 ~ 2022년)	3년 연평균 (2020 ~ 2022년)	2022년 (2022년 1년간)
전체	5.24	3.97	3.48	−0.92
금융부문	5.11	3.98	3.49	−0.93
국내주식	4.72	1.30	3.07	−16.77
해외주식	5.15	4.75	3.79	−6.19
국내채권	4.84	3.60	2.45	4.85
해외채권	4.37	3.58	2.77	4.21
대체투자	8.75	9.87	8.75	11.80
단기자금	4.08	1.58	1.59	2.43
공공부문	8.26	−	−	−
복지부문	6.34	−1.65	−1.51	−1.52
기타부문	1.69	0.84	0.73	0.96

① 2022년 현재 운용수익률은 모든 부문에서 적자를 기록했다.

② 금융부문 운용수익률은 연평균기간이 짧을수록 꾸준히 증가하고 있다.

③ 공공부문은 조사기간 내내 운용수익률이 가장 높은 부문이다.

④ 국민연금 전체 운용수익률은 연평균기간이 짧을수록 점차 감소하고 있다.

⑤ 단기자금 운용수익률은 매년 증가하고 있다.

05 다음은 국내 수출물가지수를 나타낸 표이다. 이에 대한 설명으로 옳은 것은?

〈2022년 11월 ~ 2023년 2월 국내 수출물가지수〉

분야	2022년 11월	2022년 12월	2023년 1월	2023년 2월
총지수	85.82	83.80	82.78	82.97
농산물	153.48	179.14	178.17	178.24
수산물	92.40	91.37	92.29	90.02
공산품	85.71	83.67	82.64	82.84
식료품	103.76	103.30	103.89	103.78
담배	96.92	97.39	97.31	97.35
섬유 및 가죽제품	108.18	108.94	111.91	112.18
의약품	100.79	100.56	101.55	101.11
기타최종화학제품	106.53	105.31	103.88	103.57
플라스틱제품	90.50	90.13	90.63	91.40
전기기계 및 장치	93.11	92.64	92.35	92.32
반도체 및 전자표시장치	55.05	54.18	51.09	49.60
컴퓨터 및 주변기기	60.91	59.78	59.47	59.58
가정용 전기기기	92.53	92.08	91.94	91.94
정밀기기	76.03	75.72	74.10	74.12
자동차	99.97	99.66	99.54	99.48
기타 제조업제품	108.13	107.59	107.54	107.98

※ 2021년 동월 같은 분야의 물가지수를 기준(=100)으로 나타낸 지수임

① 2022년 11월 정밀기기 분야의 전년 동월 대비 감소율은 30% 이상이다.
② 2023년 2월 농산물 분야의 물가는 수산물 분야 물가의 2배 미만이다.
③ 물가의 2023년 1월 전월 대비 감소율은 담배 분야가 전기기계 및 장치 분야보다 높다.
④ 2022년 11월과 2022년 12월에 전년 동월 대비 물가가 증가한 분야의 수는 다르다.
⑤ 공산품 분야의 2021년 11월 물가를 250이라고 한다면, 2022년 11월 물가는 190 이상이다.

PART 2

Easy

06 다음은 2022년 우리나라 초·중고생 스마트폰 중독 현황을 나타낸 표이다. 〈보기〉 중 이에 대한 설명으로 옳지 않은 것을 모두 고르면?

〈2022년 우리나라 초·중고생 스마트폰 중독 현황〉

(단위 : %)

구분		전체	초등학생(9 ~ 11세)	중고생(12 ~ 17세)
전체		32.38	31.51	32.71
성별	남자	32.88	33.35	32.71
	여자	31.83	29.58	32.72
가구소득별	기초수급	30.91	30.35	31.05
	차상위	30.53	24.21	30.82
	일반	32.46	31.56	32.81
거주지역별	대도시	31.95	30.80	32.40
	중소도시	32.49	32.00	32.64
	농어촌	34.50	32.84	35.07
가족유형별	양부모	32.58	31.75	32.90
	한 부모·조손	31.16	28.83	31.79

※ 각 항목의 전체 인원은 그 항목에 해당하는 초등학생 수와 중고생 수의 합을 말함

보기

ㄱ. 초등학생과 중고생 모두 남자의 스마트폰 중독비율이 여자의 스마트폰 중독비율보다 높다.
ㄴ. 한 부모·조손 가족의 스마트폰 중독 비율은 초등학생이 중고생의 70% 이상이다.
ㄷ. 조사대상 중 대도시에 거주하는 초등학생 수는 중고생 수보다 많다.
ㄹ. 초등학생과 중고생 모두 기초수급가구의 경우가 일반가구의 경우보다 스마트폰 중독 비율이 높다.

① ㄴ
② ㄱ, ㄷ
③ ㄱ, ㄹ
④ ㄱ, ㄷ, ㄹ
⑤ ㄴ, ㄷ, ㄹ

07 다음은 2023년 11월 기준 민간부문의 공사완료 후 미분양된 면적별 주택 현황을 나타낸 표이다. 〈보기〉의 설명 중 이에 대한 설명으로 옳은 것을 모두 고르면?

〈미분양된 면적별 민간부문 주택 현황〉

(단위 : 가구)

구분	면적별 주택유형			합계
	$60m^2$ 미만	$60 \sim 85m^2$	$85m^2$ 초과	
전국	3,453	11,316	1,869	16,638
서울	–	16	4	20
부산	83	179	133	395
대구	–	112	1	113
인천	5	164	340	509
광주	16	27	–	43
대전	148	125	–	273
울산	38	56	14	108
세종	–	–	–	–
경기	232	604	1,129	1,965
기타	2,931	10,033	248	13,212

보기

ㄱ. 면적이 넓은 유형의 주택일수록 공사완료 후 미분양된 민간부문 주택이 많은 지역은 두 곳뿐이다.

ㄴ. 부산의 공사완료 후 미분양된 민간부문 주택 중 면적이 $60 \sim 85m^2$에 해당하는 주택이 차지하는 비중은 면적이 $85m^2$를 초과하는 주택이 차지하는 비중보다 10%p 이상 높다.

ㄷ. 면적이 $60m^2$ 미만인 공사완료 후 미분양된 민간부문 주택 수 대비 면적이 $60 \sim 85m^2$에 해당하는 공사완료 후 미분양된 민간부문 주택 수의 비율은 광주가 울산보다 높다.

① ㄱ
② ㄷ
③ ㄱ, ㄴ
④ ㄴ, ㄷ
⑤ ㄱ, ㄴ, ㄷ

08 다음은 S연구기관의 직종별 인력 현황을 나타낸 표이다. 인력 현황 중 평균 연령을 그래프로 나타내려고 할 때 이를 올바르게 나타낸 것은?

〈S연구기관의 직종별 인력 현황〉

(단위 : 명, 세, 만 원)

구분			2018년	2019년	2020년	2021년	2022년
정원		연구 인력	80	80	85	90	95
		지원 인력	15	15	18	20	25
		소계	95	95	103	110	120
현원		연구 인력	79	79	77	75	72
		지원 인력	12	14	17	21	25
		소계	91	93	94	96	97
	박사 학위 소지자	연구 인력	52	53	51	52	55
		지원 인력	3	3	3	3	3
		소계	55	56	54	55	58
	평균 연령	연구 인력	42.1	43.1	41.2	42.2	39.8
		지원 인력	43.8	45.1	46.1	47.1	45.5
	평균 연봉 지급액	연구 인력	4,705	5,120	4,998	5,212	5,430
		지원 인력	4,954	5,045	4,725	4,615	4,540

①
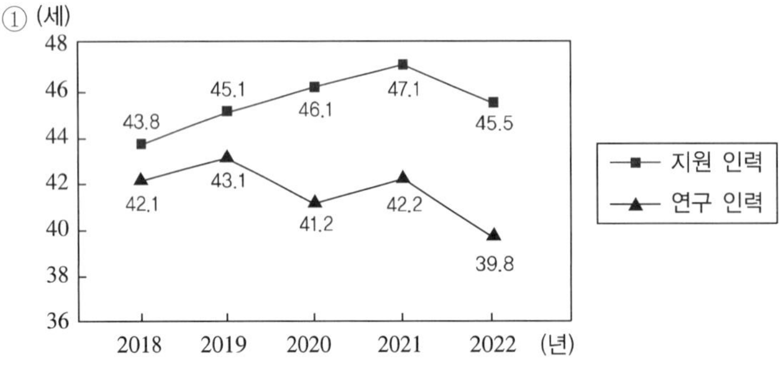

②
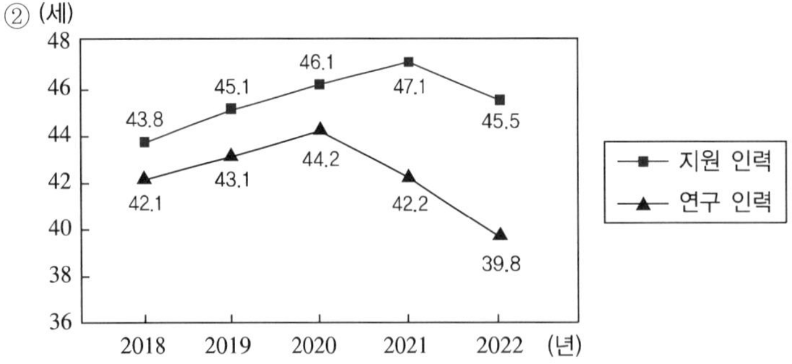

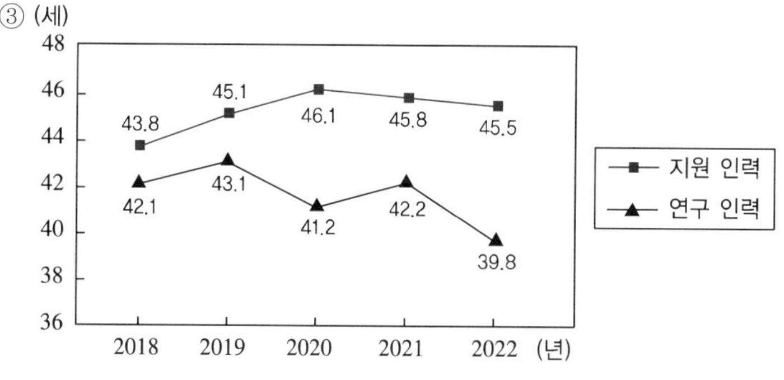
③ (세)
48
46
44
42
40
38
36
43.8
45.1
46.1
45.8
45.5
42.1
43.1
41.2
42.2
39.8
2018
2019
2020
2021
2022
(년)
지원 인력
연구 인력

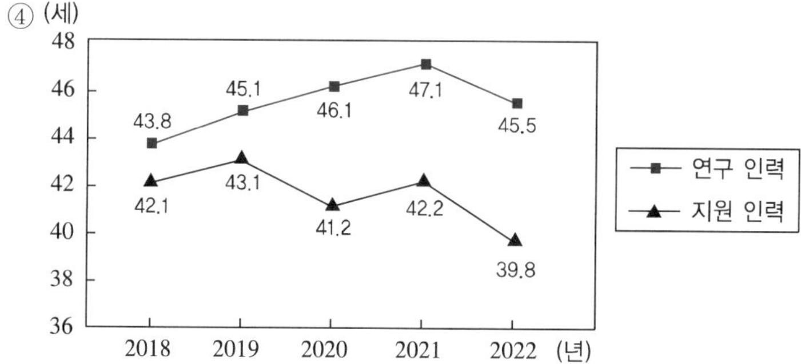
④ (세)
48
46
44
42
40
38
36
43.8
45.1
46.1
47.1
45.5
42.1
43.1
41.2
42.2
39.8
2018
2019
2020
2021
2022
(년)
연구 인력
지원 인력

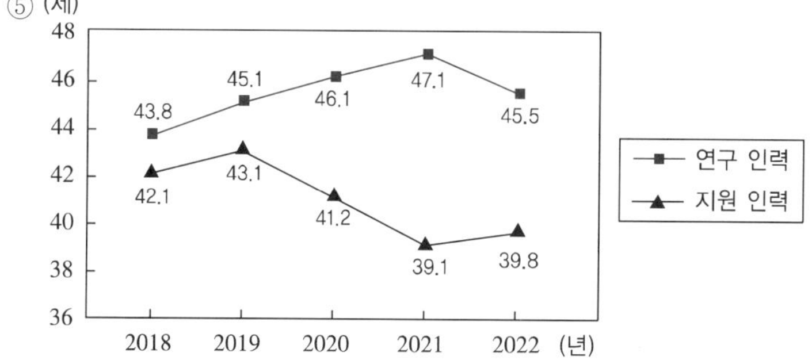
⑤ (세)
48
46
44
42
40
38
36
43.8
45.1
46.1
47.1
45.5
42.1
43.1
41.2
39.1
39.8
2018
2019
2020
2021
2022
(년)
연구 인력
지원 인력

Easy

09 다음은 OECD 6개국의 행복지수와 경제지수를 나타낸 그래프이다. 경제지수 대비 행복지수가 가장 큰 나라는?

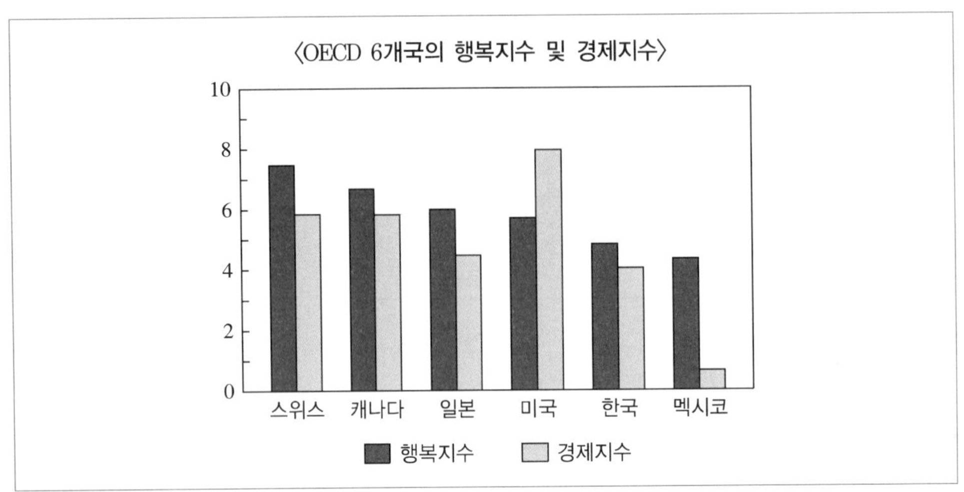

① 스위스
② 일본
③ 미국
④ 한국
⑤ 멕시코

10 다음은 출생아 수 및 합계 출산율을 나타낸 그래프이다. 이에 대한 내용으로 옳은 것은?

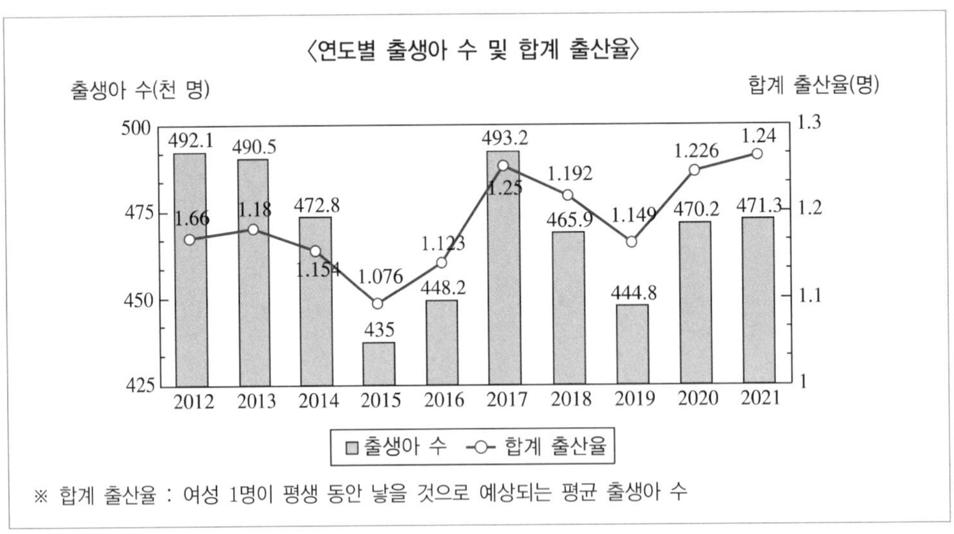

① 2015년의 출생아 수는 2013년에 비해 약 0.6배이다.
② 우리나라의 합계 출산율은 지속적으로 상승하고 있다.
③ 한 여성이 평생 동안 낳을 것으로 예상되는 평균 출생아 수는 2015년에 가장 낮다.
④ 2020년에 비해 2021년에는 합계 출산율이 0.024명 증가했다.
⑤ 2019년 이후 합계 출산율이 상승하고 있으므로 2022년에도 전년보다 증가할 것이다.

11 다음은 청년층 고용에 대한 자료이다. 이에 대한 설명으로 옳지 않은 것은?

〈청년층(15 ~ 26세) 고용률 및 실업률〉

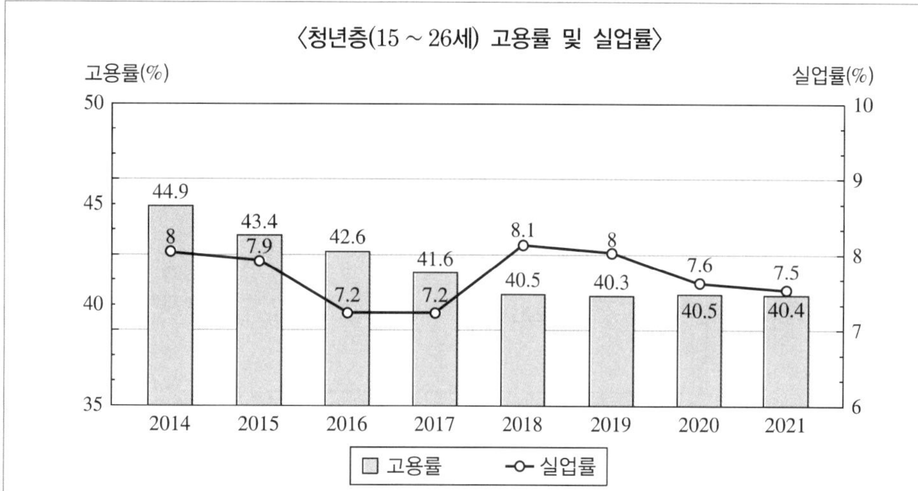

※ (실업률)=(실업자수÷경제활동인구)×100

※ (고용률)=(취업자수÷생산가능인구)×100

〈청년층(15 ~ 26세) 고용동향〉

(단위 : %, 천 명)

구분	2014년	2015년	2016년	2017년	2018년	2019년	2020년	2021년
생산가능인구	9,920	9,843	9,855	9,822	9,780	9,705	9,589	9,517
경제활동인구	4,836	4,634	4,530	4,398	4,304	4,254	4,199	4,156
경제활동참가율	48.8	47.1	46.0	44.8	44.0	43.8	43.8	43.7

※ 생산가능인구 : 만 15세 이상 인구

※ 경제활동인구 : 만 15세 이상 인구 중 취업자와 실업자

※ (경제활동참가율)=(경제활동인구÷생산가능인구)×100

① 청년층 고용률과 실업률의 변화 추세는 동일하지 않다.

② 전년과 비교했을 때, 2015년에 경제활동인구가 가장 많이 감소했다.

③ 생산가능인구는 매년 감소하고 있다.

④ 청년층 고용률 대비 실업률 비율이 가장 높았던 해는 2018년이다.

⑤ 경제활동참가율은 전체적으로 감소하는 추세이다.

12 다음은 연도별 화재 발생건수 및 피해액을 나타낸 그래프이다. 이에 대한 설명으로 옳지 않은 것은?

〈화재 발생건수 및 피해액〉

(단위 : 만 건, 천억 원)

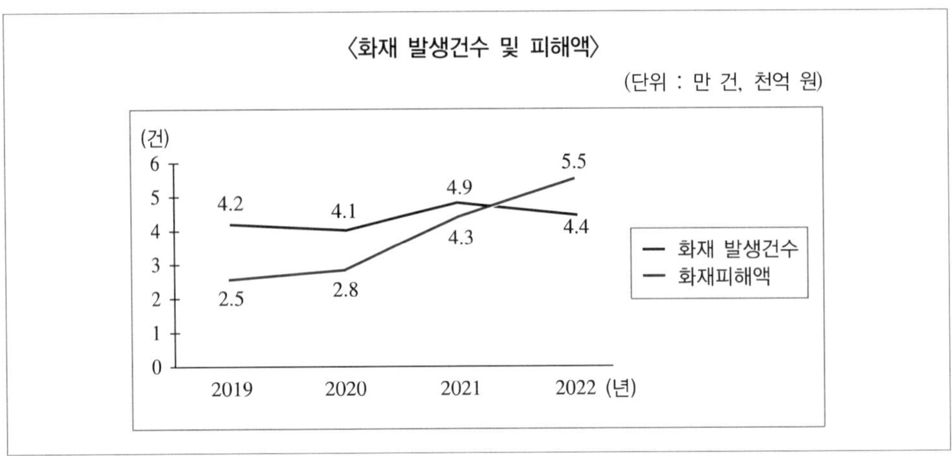

① 화재 발생건수와 화재피해액은 비례한다.

② 화재피해액은 매년 증가한다.

③ 화재 발생건수가 가장 높은 해는 2021년이다.

④ 화재피해액은 2021년 이후 처음으로 4천억 원을 넘어섰다.

⑤ 화재 발생건수가 높다고 화재피해액도 높은 것은 아니다.

13 다음은 S지역 전체 가구를 대상으로 원자력발전소 사고 전·후 식수 조달원 변경에 대해 설문조사 한 결과이다. 이에 대한 설명으로 옳은 것은?

〈원자력발전소 사고 전·후 A지역 조달원별 가구 수〉

(단위 : 가구)

사고 전 조달원 \ 사고 후 조달원	수돗물	정수	약수	생수
수돗물	40	30	20	30
정수	10	50	10	30
약수	20	10	10	40
생수	10	10	10	40

※ S지역 가구의 식수 조달원은 수돗물, 정수, 약수, 생수로 구성되며, 각 가구는 한 종류의 식수 조달원만 이용함

① 사고 전에 식수 조달원으로 정수를 이용하는 가구 수가 가장 많다.

② 사고 전에 비해 사고 후에 이용 가구 수가 감소한 식수 조달원의 수는 3개이다.

③ 사고 전·후 식수 조달원을 변경한 가구 수는 전체 가구 수의 60% 이하이다.

④ 사고 전에 식수 조달원으로 정수를 이용하던 가구는 모두 사고 후에도 정수를 이용한다.

⑤ 각 식수 조달원 중에서 사고 전·후에 이용 가구 수의 차이가 가장 큰 것은 생수이다.

14 다음은 2022년 경제자유구역 입주 사업체 투자재원조달 실태조사 결과이다. 이에 대한 〈보기〉의 설명 중 옳은 것을 모두 고르면?

〈2022년 경제자유구역 입주 사업체 투자재원조달 실태조사〉

(단위 : 백만 원, %)

구분		전체		국내투자		해외투자	
		금액	비중	금액	비중	금액	비중
국내재원	자체	4,025	57.2	2,682	52.6	1,343	69.3
	정부	2,288	32.5	2,138	42.0	150	7.7
	기타	356	5.0	276	5.4	80	4.2
	소계	6,669	94.7	5,096	100.0	1,573	81.2
해외재원	소계	365	5.3	–	–	365	18.8
합계		7,034	100.0	5,096	100.0	1,938	100.0

보기

ㄱ. 자체 재원조달금액 중 국내투자에 사용되는 금액이 차지하는 비중은 60%를 초과한다.
ㄴ. 해외재원은 모두 해외투자에 사용되고 있다.
ㄷ. 국내재원 중 정부조달금액이 차지하는 비중은 40%를 초과한다.
ㄹ. 국내재원 중 국내투자금액은 해외투자금액의 3배 미만이다.

① ㄱ, ㄴ
② ㄱ, ㄷ
③ ㄴ, ㄷ
④ ㄴ, ㄹ
⑤ ㄷ, ㄹ

PART 2

15 다음은 도로 종류에 따른 월별 교통사고 현황을 나타낸 표이다. 이에 대한 설명으로 옳지 않은 것은?

〈도로 종류별 월별 교통사고〉

(단위 : 개, 명)

구분	2월			3월			4월		
	발생 건수	사망자 수	부상자 수	발생 건수	사망자 수	부상자 수	발생 건수	사망자 수	부상자 수
일반국도	1,054	53	1,964	1,308	64	2,228	1,369	72	2,387
지방도	1,274	39	2,106	1,568	50	2,543	1,702	44	2,712
특별·광역시도	5,990	77	8,902	7,437	86	10,920	7,653	79	11,195
시도	4,941	86	7,374	6,131	117	9,042	6,346	103	9,666
군도	513	14	756	601	28	852	646	26	959
고속국도	256	16	746	316	20	765	335	15	859
기타	911	11	1,151	1,255	13	1,571	1,335	15	1,653

① 해당 시기 동안 특별·광역시도의 교통사고 발생 건수는 지속적으로 증가한다.
② 3월에 가장 많은 사고가 발생한 도로 종류에서 당월 가장 많은 사망자가 발생했다.
③ 부상자 수는 해당 기간 동안 모든 도로 종류에서 지속적으로 증가하는 추세를 보인다.
④ 한 달 동안 교통사고 사망자 수가 100명이 넘는 도로 종류는 시도가 유일하다.
⑤ 2월부터 4월까지 부상자 수가 가장 적은 도로는 기타를 제외하고 모두 고속국도이다

Hard

16 다음은 세종특별시에 거주하는 20 ~ 30대 청년들의 주거 점유형태를 나타낸 표이다. 이에 대한 설명으로 옳은 것은?(단, 소수점 둘째 자리에서 반올림한다)

〈20 ~ 30대 청년 주거 점유형태〉

(단위 : 명)

구분	자가	전세	월세	무상	합계
20 ~ 24세	537	1,862	5,722	5,753	13,874
25 ~ 29세	795	2,034	7,853	4,576	15,258
30 ~ 34세	1,836	4,667	13,593	1,287	21,383
35 ~ 39세	2,489	7,021	18,610	1,475	29,595
합계	5,657	15,584	45,778	13,091	80,110

① 20 ~ 24세 전체 인원 중 월세 비중은 40% 미만이고, 자가 비중은 3% 미만이다.
② 20 ~ 24세를 제외한 20 ~ 30대 청년 중에서 무상이 차지하는 비중이 월세 비중보다 더 높다.
③ 20 ~ 30대 인원 대비 자가 비율보다 20대 청년 중에서 자가가 차지하는 비율이 더 낮다.
④ 연령대가 높아질수록 연령대별로 자가 비중이 높아지고, 월세 비중이 낮아진다.
⑤ 20 ~ 30대 연령대에서 월세에 사는 25 ~ 29세 연령대가 차지하는 비율은 10% 이상이다.

17 S편의점의 3 ~ 8월까지 6개월간 캔 음료 판매현황을 아래와 같이 정리하였다. 이에 대한 설명으로 적절하지 않은 것은?(단, 3 ~ 5월은 봄, 6 ~ 8월은 여름이다)

〈S편의점 캔 음료 판매현황〉

(단위 : 캔)

구분	맥주	커피	탄산음료	이온음료	과일음료
3월	601	264	448	547	315
4월	536	206	452	523	362
5월	612	184	418	519	387
6월	636	273	456	605	406
7월	703	287	476	634	410
8월	812	312	513	612	419

① 맥주는 매월 커피의 2배 이상 판매되었다.
② 모든 캔 음료는 봄보다 여름에 더 잘 팔렸다.
③ 이온음료는 탄산음료보다 봄에 더 잘 팔렸다.
④ 맥주는 매월 가장 많은 판매 비중을 보이고 있다.
⑤ 모든 캔 음료는 여름에 매월 꾸준히 판매량이 증가하였다.

PART 2

18 다음은 2018년과 2023년 11월 시도별 이동자 수 및 이동률을 나타낸 표이다. 이에 대한 설명으로 옳지 않은 것은?

〈2023년 11월 시도별 이동자 수(총 전입)〉

(단위 : 명)

지역	전국	서울	부산	대구	인천	광주
이동자 수	650,197	132,012	42,243	28,060	40,391	17,962

〈2018년 11월 시도별 이동률(총 전입)〉

(단위 : %)

지역	전국	서울	부산	대구	인천	광주
이동자 수	1.27	1.34	1.21	1.14	1.39	1.23

① 서울의 총 전입자 수는 전국의 총 전입자 수의 20% 이상이다.
② 서울, 부산, 대구, 인천, 광주 중 대구의 총 전입률이 가장 낮다.
③ 서울은 총 전입자 수와 총 전입률 모두 다른 지역에 비해 가장 높다.
④ 부산의 총 전입자 수는 광주의 총 전입자 수의 2배 이상이다.
⑤ 총 전입자 수가 가장 작은 지역은 광주이다.

19 다음은 최근 5개년의 아동 비만율을 나타낸 표이다. 이에 대한 설명으로 옳은 것을 〈보기〉에서 모두 고르면?

〈연도별 아동 비만율〉

(단위 : %)

구분	2018년	2019년	2020년	2021년	2022년
유아(만 6세 미만)	11	10.80	10.20	7.40	5.80
어린이(만 6세 이상 만 13세 미만)	9.80	11.90	14.50	18.20	19.70
청소년(만 13세 이상 만 19세 미만)	18	19.20	21.50	24.70	26.10

보기

ㄱ. 모든 아동의 비만율은 전년 대비 증가하고 있다.
ㄴ. 어린이 비만율은 유아 비만율보다 크고, 청소년 비만율보다 작다.
ㄷ. 2018년 대비 2022년 청소년 비만율의 증가율은 45%이다.
ㄹ. 2022년과 2020년의 비만율 차이가 가장 큰 아동은 어린이이다.

① ㄱ, ㄷ
② ㄱ, ㄹ
③ ㄴ, ㄷ
④ ㄴ, ㄹ
⑤ ㄷ, ㄹ

PART 2

20 다음은 우리나라 사업체 임금과 근로시간을 나타낸 표이다. 이를 그래프로 나타낸 것으로 옳지 않은 것은?

〈월평균 근로일수, 근로시간, 임금총액 현황〉

(단위 : 일, 시간, 천 원, %)

구분	2015년	2016년	2017년	2018년	2019년	2020년	2021년	2022년
근로일수	22.7	22.3	21.5	21.5	21.5	21.5	21.3	21.1
근로시간	191.2	188.4	184.8	184.4	184.7	182.1	179.9	178.1
주당근로시간	44.1	43.4	42.6	42.5	42.5	41.9	41.4	41.0
전년 대비 근로시간 증감률	−2.0	−1.5	−1.9	−0.2	0.2	−1.4	−1.2	−1.0
임금총액	2,541	2,683	2,802	2,863	3,047	3,019	3,178	3,299
임금총액 상승률	5.7	5.6	4.4	2.2	6.4	−0.9	5.3	3.8

〈사업체 규모별 상용근로자의 근로시간 및 임금총액 현황〉

(단위 : 시간, 천 원)

구분		전규모	5～9인	10～29인	30～99인	100～299인	300인 이상
2017년	근로시간	184.8	187.0	188.5	187.2	183.8	177.2
	임금총액	2,802	2,055	2,385	2,593	2,928	3,921
2018년	근로시간	184.4	187.3	187.6	185.8	185.1	177.0
	임금총액	2,863	2,115	2,442	2,682	2,957	3,934
2019년	근로시간	184.7	186.9	187.1	187.0	187.9	175.9
	임금총액	3,047	2,212	2,561	2,837	3,126	4,291
2020년	근로시간	182.1	182.9	182.9	184.7	184.3	176.3
	임금총액	3,019	2,186	2,562	2,864	3,113	4,273
2021년	근로시간	179.9	180.8	180.2	183.3	182.8	173.6
	임금총액	3,178	2,295	2,711	3,046	3,355	4,424
2022년	근로시간	178.1	178.9	178.8	180.8	180.3	172.5
	임금총액	3,299	2,389	2,815	3,145	3,484	4,583

① 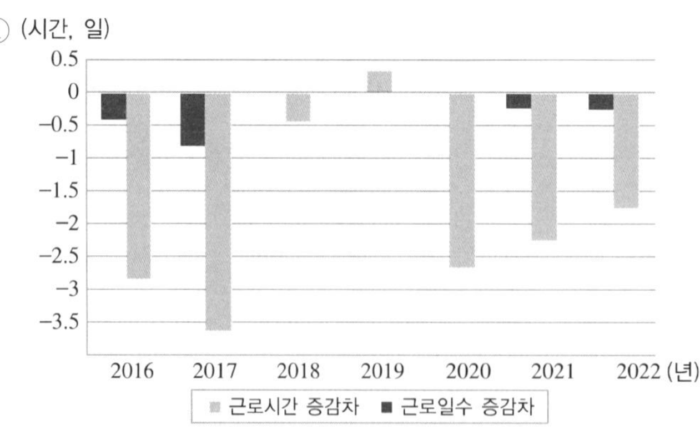

②
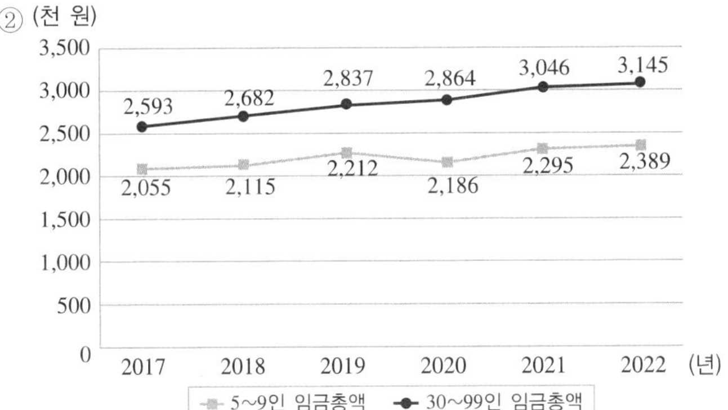
(천 원)
3,500
3,000
2,500
2,000
1,500
1,000
500
0
2,593 2,682 2,837 2,864 3,046 3,145
2,055 2,115 2,212 2,186 2,295 2,389
2017 2018 2019 2020 2021 2022 (년)
5~9인 임금총액 30~99인 임금총액

③
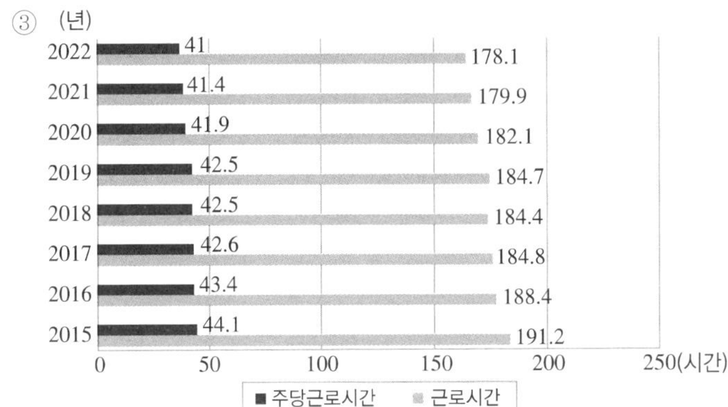
(년)
2022 41 178.1
2021 41.4 179.9
2020 41.9 182.1
2019 42.5 184.7
2018 42.5 184.4
2017 42.6 184.8
2016 43.4 188.4
2015 44.1 191.2
0 50 100 150 200 250(시간)
주당근로시간 근로시간

④
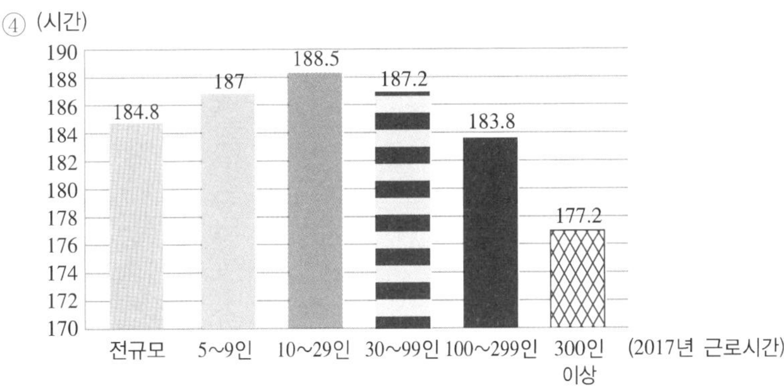
(시간)
190
188
186
184
182
180
178
176
174
172
170
184.8 187 188.5 187.2 183.8 177.2
전규모 5~9인 10~29인 30~99인 100~299인 300인 이상
(2017년 근로시간)

⑤
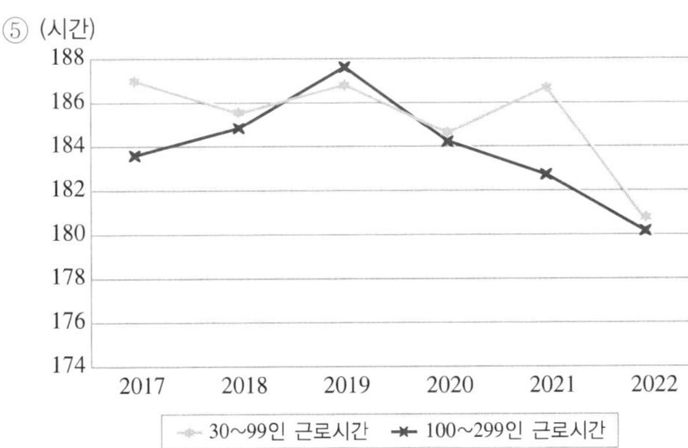
(시간)
188
186
184
182
180
178
176
174
2017 2018 2019 2020 2021 2022
30~99인 근로시간 100~299인 근로시간

03 창의수리

Easy

01 B대리는 주말마다 집 앞 산책로에서 운동한다. 10km인 산책로를 시속 3km의 속력으로 걷다가 중간에 시속 6km로 뛰어 2시간 만에 완주할 때, 시속 6km로 뛰어간 거리는 얼마인가?

① 4km ② 6km
③ 8km ④ 10km
⑤ 12km

02 농도가 15%인 소금물 800g에서 소금물을 조금 퍼내고, 150g의 물을 다시 부었다. 이때 소금물의 농도가 12%라면, 처음에 퍼낸 소금물의 양은 얼마인가?

① 100g ② 150g
③ 200g ④ 250g
⑤ 300g

Hard

03 S회사에서는 원가가 같은 주요품목 A, B를 생산하고 있다. A제품의 정가는 원가의 25%를 붙여 192개를 팔았고, B제품은 A제품의 정가보다 10% 저렴한 가격으로 960개를 판매하여 이번 달 총매출액이 6,600만 원이었다. A제품 400개의 원가는 총 얼마인가?

① 2,000만 원 ② 2,100만 원
③ 2,200만 원 ④ 2,300만 원
⑤ 2,400만 원

04 A가 혼자하면 4일, B가 혼자 하면 6일 걸리는 일이 있다. A가 먼저 2일 동안 일을 하고 남은 양을 B가 끝마치려 한다. B는 며칠 동안 일을 해야 하는가?

① 2일
② 3일
③ 4일
④ 5일
⑤ 6일

05 장난감 A기차와 B기차가 4cm/s의 일정한 속력으로 달리고 있다. A기차가 12초, B기차가 15초에 0.3m 길이의 터널을 완전히 지났을 때, A기차와 B기차의 길이의 합으로 옳은 것은?

① 46cm
② 47cm
③ 48cm
④ 49cm
⑤ 50cm

06 A대리는 거래처와의 외부 미팅으로 인근에 있는 유료주차장에 차량을 세워 두었다. 유료주차장은 처음 1시간까지는 기본요금 2,000원이 발생하고, 1시간부터 2시간 사이에는 10분당 x원, 그리고 2시간부터 3시간 사이에는 15분당 y원이 발생한다. A대리는 1시간 30분 동안 주차한 요금으로 총 5,000원을 냈고, 같은 곳에 주차한 거래처 직원도 2시간 30분 동안 주차한 요금으로 총 11,000원을 냈다. x와 y의 합은 얼마인가?

① 2,000
② 2,500
③ 3,000
④ 3,500
⑤ 4,000

07

농도가 30%인 설탕물을 창가에 두고 물 50g을 증발시켜 농도가 35%인 설탕물을 만들었다. 여기에 설탕을 더 넣어 40%의 설탕물을 만든다면 몇 g의 설탕을 넣어야 하는가?

① 20g
② 25g
③ 30g
④ 35g
⑤ 40g

08

평상시에 A아파트 12층까지 올라갈 때, 엘리베이터를 이용하면 1분 15초가 걸리고, 비상계단을 이용하면 6분 50초가 걸린다. A아파트는 저녁 8시부터 8시 30분까지 사람들이 몰려서, 엘리베이터 이용 시간이 2분마다 35초씩 늘어난다. 저녁 8시부터 몇 분이 지나면 엘리베이터를 이용하는 것보다 계단을 이용할 때 12층에 빨리 도착하는가?(단, 정수 단위로 분을 계산한다)

① 12분
② 14분
③ 16분
④ 18분
⑤ 20분

09

다이어트를 결심한 철수는 월요일부터 일요일까지 하루에 한 가지씩 운동을 하는 계획을 세우려 한다. 다음 내용을 참고할 때, 철수가 세울 수 있는 일주일간 운동 계획의 수는?

- 7일 중 4일은 수영을 한다.
- 수영을 하지 않는 날 중 이틀은 농구, 야구, 테니스 중 매일 서로 다른 종목 하나씩을 선택하고 남은 하루는 배드민턴, 검도, 줄넘기 중 한 종목을 선택한다.

① 630가지
② 840가지
③ 1,270가지
④ 1,680가지
⑤ 1,890가지

10 민섭이는 가족여행을 하려고 한다. 총 경비의 $\frac{1}{3}$은 숙박비이고, $\frac{1}{3}$은 왕복 항공권 비용이다. 숙박비와 항공권 비용을 쓰고 남은 경비의 $\frac{1}{6}$은 교통비로 사용하고, 이외의 나머지 경비를 40만 원으로 책정할 때, 총 경비는 얼마로 예상하는가?

① 138만 원
② 140만 원
③ 142만 원
④ 144만 원
⑤ 146만 원

PART 2

11 내일은 축구경기가 있는 날인데 비가 올 확률은 $\frac{2}{5}$이다. 비가 온다면 이길 확률이 $\frac{1}{3}$, 비가 오지 않는다면 이길 확률이 $\frac{1}{4}$일 때, 이길 확률은?

① $\frac{4}{15}$
② $\frac{17}{60}$
③ $\frac{3}{10}$
④ $\frac{19}{60}$
⑤ $\frac{1}{2}$

12 민솔이와 현진이가 달리기를 하는데 민솔이는 출발 지점에서 초속 7m, 현진이는 민솔이보다 40m 앞에서 초속 5m로 동시에 출발하였다. 두 사람이 만나는 것은 출발한 지 몇 초 후인가?

① 11초
② 14초
③ 20초
④ 23초
⑤ 27초

13 물통에 물을 가득 채우는 데 A관은 10분, B관은 15분 걸린다. 두 관을 모두 사용하면 몇 분 만에 물을 가득 채울 수 있는가?

① 3분
② 4분
③ 5분
④ 6분
⑤ 7분

14 13%의 소금물 400g과 7%의 소금물 200g을 섞은 후, 농도를 알 수 없는 소금물 100g을 섞었더니 22%의 소금물이 되었다. 농도를 알 수 없는 소금물의 농도는 몇 %인가?

① 66%
② 78%
③ 88%
④ 92%
⑤ 96%

Hard

15 S학생은 5지선다형 문제 2개를 풀고자 한다. 첫 번째 문제의 정답은 선택지 중 1개이지만, 두 번째 문제의 정답은 선택지 중 2개이며, 모두 맞혀야 정답으로 인정된다. 두 문제 중 하나만 맞힐 확률은?

① 18%
② 20%
③ 26%
④ 30%
⑤ 44%

16 경림이와 소정이가 같은 지점에서 출발한 후, 서로 반대 방향으로 경림이는 시속 $x$km, 소정이는 시속 6km로 걸어갔다. 2시간 20분 후에 둘 사이의 거리가 24.5km가 되었다고 할 때, 경림이의 걸음 속도는?

① 4km/h
② 4.5km/h
③ 5km/h
④ 5.5km/h
⑤ 6km/h

17 학생회장을 포함한 학생 4명과 A ~ H교수 8명 중 위원회를 창설하기 위한 대표 5명을 뽑으려고 한다. 학생회장과 A교수가 동시에 위원회 대표가 될 수 없을 때, 위원회를 구성할 수 있는 경우의 수는?(단, 교수와 학생의 구성 비율은 신경 쓰지 않는다)

① 588가지
② 602가지
③ 648가지
④ 658가지
⑤ 672가지

PART 2

18 첫째와 둘째, 둘째와 셋째의 터울이 각각 3살인 A, B, C 삼 형제가 있다. 3년 후면 막내 C의 나이는 첫째 A 나이의 $\frac{2}{3}$가 된다고 한다. A, B, C의 나이를 모두 더하면 얼마인가?

① 33
② 36
③ 39
④ 45
⑤ 48

19 톱니 수가 각각 6개, 8개, 10개, 12개인 톱니바퀴 A, B, C, D가 일렬로 있다. A는 B와 맞닿아 있고, B는 A, C와, C는 B, D와 맞닿아 있다. A가 12바퀴 회전을 했을 때, B와 D는 각각 몇 번 회전하는가?

① 6번, 10번
② 9번, 6번
③ 6번, 8번
④ 9번, 5번
⑤ 6번, 7번

20 8%의 소금물 400g에 3%의 소금물 몇 g을 넣으면 5%의 소금물이 되는가?

① 600g
② 650g
③ 700g
④ 750g
⑤ 800g

04 언어추리

※ 마지막 명제가 참일 때, 빈칸에 들어갈 가장 적절한 것을 고르시오. [1~3]

01

• 낡은 것을 버려야 새로운 것을 채울 수 있다.
• ______________________
그러므로 새로운 것을 채우지 않는다면 더 많은 세계를 경험할 수 없다.

① 새로운 것을 채운다면 낡은 것을 버릴 수 있다.
② 낡은 것을 버리지 않는다면 새로운 것을 채울 수 없다.
③ 새로운 것을 채운다면 더 많은 세계를 경험할 수 있다.
④ 낡은 것을 버리지 않는다면 더 많은 세계를 경험할 수 없다.
⑤ 더 많은 세계를 경험하지 못한다면 새로운 것을 채울 수 없다.

02

• A세포가 있는 동물은 물체의 상을 감지할 수 없다.
• B세포가 없는 동물은 물체의 상을 감지할 수 있다.
• ______________________
그러므로 A세포가 있는 동물은 빛의 유무를 감지할 수 있다.

① 빛의 유무를 감지할 수 있는 동물은 B세포가 있다.
② B세포가 없는 동물은 빛의 유무를 감지할 수 없다.
③ B세포가 있는 동물은 빛의 유무를 감지할 수 있다.
④ 물체의 상을 감지할 수 있는 동물은 빛의 유무를 감지할 수 있다.
⑤ 빛의 유무를 감지할 수 없는 동물은 물체의 상을 감지할 수 없다.

03

• 승리했다면 팀플레이가 되었다는 것이다.
• ______________________
그러므로 패스하지 않으면 승리하지 못한다.

① 팀플레이가 된다면 패스했다는 것이다.
② 팀플레이가 된다면 승리하지 못한다.
③ 승리했다면 패스했다는 것이다.
④ 팀플레이가 된다면 승리한다.
⑤ 패스하면 팀플레이가 된다.

Hard

04 20대 남녀, 30대 남녀, 40대 남녀 6명이 뮤지컬 관람을 위해 공연장을 찾았다. 다음 〈조건〉을 참고할 때, 항상 옳은 것은?

조건

- 양 끝자리에는 다른 성별이 앉는다.
- 40대 남성은 왼쪽에서 두 번째 자리에 앉는다.
- 30대 남녀는 서로 인접하여 앉지 않는다.
- 30대와 40대는 인접하여 앉지 않는다.
- 30대 남성은 맨 오른쪽 끝자리에 앉는다.

〈뮤지컬 관람석〉

① 20대 남녀는 왼쪽에서 첫 번째 자리에 앉을 수 없다.
② 20대 남녀는 서로 인접하여 앉는다.
③ 40대 남녀는 서로 인접하여 앉지 않는다.
④ 20대 남성은 40대 여성과 인접하여 앉는다.
⑤ 30대 남성은 20대 여성과 인접하여 앉지 않는다.

Easy

05 S사의 A ~ D는 각각 다른 팀에 근무하는데, 각 팀은 2층, 3층, 4층, 5층에 위치하고 있다. 다음 〈조건〉을 참고할 때, 다음 중 항상 참인 것은?

조건

- A, B, C, D 중 2명은 부장, 1명은 과장, 1명은 대리이다.
- 대리의 사무실은 B보다 높은 층에 있다.
- B는 과장이다.
- A는 대리가 아니다.
- A의 사무실이 가장 높다.

① 부장 중 한 명은 반드시 2층에 근무한다.
② A는 부장이다.
③ 대리는 4층에 근무한다.
④ B는 2층에 근무한다.
⑤ C는 대리이다.

06 제시된 명제를 통해 추론할 수 없는 것은?

- 운동을 좋아하는 사람은 담배를 좋아하지 않는다.
- 커피를 좋아하는 사람은 담배를 좋아한다.
- 커피를 좋아하지 않는 사람은 주스를 좋아한다.
- 과일을 좋아하는 사람은 커피를 좋아하지 않는다.

① 운동을 좋아하는 사람은 커피를 좋아하지 않는다.
② 주스를 좋아하지 않는 사람은 담배를 좋아한다.
③ 과일을 좋아하는 사람은 담배를 좋아한다.
④ 운동을 좋아하는 사람은 주스를 좋아한다.
⑤ 과일을 좋아하는 사람은 주스를 좋아한다.

07 S사는 공개 채용을 통해 4명의 남자 사원과 2명의 여자 사원을 최종 선발하였고, 선발된 6명의 신입 사원을 기획부, 인사부, 구매부 세 부서에 배치하려고 한다. 다음 〈조건〉에 따라 신입 사원을 배치할 때, 옳지 않은 것은?

조건

- 기획부, 인사부, 구매부 각 부서에 적어도 한 명의 신입 사원을 배치한다.
- 기획부, 인사부, 구매부에 배치되는 신입 사원의 수는 서로 다르다.
- 부서별로 배치되는 신입 사원의 수는 구매부가 가장 적고, 기획부가 가장 많다.
- 여자 신입 사원만 배치되는 부서는 없다.

① 인사부에는 2명의 신입 사원이 배치된다.
② 구매부에는 1명의 남자 신입 사원이 배치된다.
③ 기획부에는 반드시 여자 신입 사원이 배치된다.
④ 인사부에는 반드시 여자 신입 사원이 배치된다.
⑤ 인사부에는 1명 이상의 남자 신입 사원이 배치된다.

※ 제시된 명제가 모두 참일 때, 빈칸에 들어갈 가장 적절한 것을 고르시오. [8~10]

08

전제1. 한 씨는 부동산을 구두로 양도했다.
전제2. ______________________
결론. 한 씨의 부동산 양도는 무효다.

① 무효가 아니면, 부동산을 구두로 양도했다.
② 부동산을 구두로 양도하지 않으면, 무효다.
③ 부동산을 구두로 양도하면, 무효다.
④ 부동산을 구두로 양도하면, 무효가 아니다.
⑤ 구두로 양보하지 않으면, 무효가 아니다.

PART 2

09

전제1. 봄이 오면 꽃이 핀다.
전제2. ______________________
결론. 봄이 오면 제비가 돌아온다.

① 제비가 돌아오지 않으면, 꽃이 핀다.
② 제비가 돌아오지 않으면, 꽃이 피지 않는다.
③ 꽃이 피면, 봄이 오지 않는다.
④ 꽃이 피면, 제비가 돌아오지 않는다.
⑤ 제비가 돌아오면, 꽃이 핀다.

10

전제1. 연예인이 모델이면 매출액이 증가한다.
전제2. ______________________
결론. 연예인이 모델이면 브랜드 인지도가 높아진다.

① 브랜드 인지도가 높아지면, 연예인이 모델이다.
② 브랜드 인지도가 높아지면, 매출액이 줄어든다.
③ 매출액이 줄어들면, 브랜드 인지도가 높아진다.
④ 매출액이 증가하면, 브랜드 인지도가 높아진다.
⑤ 매출액이 증가하면, 브랜드 인지도가 낮아진다.

11 S사의 A ~ F팀은 월요일부터 토요일까지 하루에 2팀씩 함께 회의를 진행한다. 다음 〈조건〉을 참고할 때, 반드시 참인 것은?(단, 월요일부터 토요일까지 각 팀의 회의 진행 횟수는 서로 같다)

조건

- 오늘은 목요일이고 A팀과 F팀이 함께 회의를 진행했다.
- B팀은 A팀과 연이은 요일에 회의를 진행하지 않는다.
- B팀은 오늘을 포함하여 이번 주에는 더 이상 회의를 진행하지 않는다.
- C팀은 월요일에 회의를 진행했다.
- D팀과 C팀은 이번 주에 B팀과 한 번씩 회의를 진행한다.
- A팀과 F팀은 이번 주에 이틀을 연이어 함께 회의를 진행한다.

① E팀은 수요일과 토요일 하루 중에만 회의를 진행한다.
② 화요일에 회의를 진행한 팀은 B팀과 E팀이다.
③ C팀과 E팀은 함께 회의를 진행하지 않는다.
④ C팀은 월요일과 수요일에 회의를 진행했다.
⑤ F팀은 목요일과 금요일에 회의를 진행한다.

Hard

12 카페를 운영 중인 S씨는 네 종류의 음료를 여름 한정 메뉴로 판매하기로 결정하였고, 이를 위해 해당 음료의 재료를 유통하는 업체 두 곳을 선정하려 한다. 선정된 유통업체는 서로 다른 메뉴의 재료를 담당해야 하며, 반드시 담당하는 메뉴에 필요한 재료를 모두 공급해야 한다. 다음 중 S씨가 선정할 두 업체로 옳은 것은?

조건

- A, B, C, D업체는 각각 5가지 재료 중 3종류의 재료를 유통한다.
- 모든 업체가 유통하는 재료가 있다.
- A업체가 유통하는 재료들로 카페라테를 만들 수 있다.
- B업체가 유통하는 재료들로는 카페라테를 만들 수 있지만, 아포가토는 만들 수 없다.
- C업체는 딸기를 유통하지 않으나, D업체는 딸기를 유통한다.
- 팥은 B업체를 제외하고 모든 업체가 유통한다.
- 우유를 유통하는 업체는 두 곳이다.

〈메뉴에 필요한 재료〉

메뉴	재료
카페라테	커피 원두, 우유
아포가토	커피 원두, 아이스크림
팥빙수	아이스크림, 팥
딸기라테	우유, 딸기

① A업체, B업체
② A업체, C업체
③ B업체, C업체
④ B업체, D업체
⑤ C업체, D업체

13 A ~ F 6명은 피자 3판을 모두 같은 양만큼 나누어 먹기로 하였다. 피자 3판은 각각 동일한 크기로 8조각으로 나누어져 있다. 다음 〈조건〉을 고려하여 앞으로 2조각을 더 먹어야 하는 사람은?

> **조건**
> - 현재 총 6조각이 남아있다.
> - A, B, E는 같은 양을 먹었고, 나머지는 모두 먹은 양이 달랐다.
> - F는 D보다 적게 먹었으며, C보다는 많이 먹었다.

① A, B, E ② C
③ D ④ F
⑤ 없다.

PART 2

14 경찰은 용의자 5명을 대상으로 수사를 벌이고 있다. 범인을 검거하기 위해 경찰은 용의자 5명을 심문하였다. 5명은 아래와 같이 진술하였고 이 중 2명의 진술은 참이고, 3명의 진술은 거짓이라고 할 때, 범인을 고르면?(단, 범행 현장에는 범죄자와 목격자가 있고, 범죄자는 목격자가 아니며, 모든 사람은 참이나 거짓만 말한다)

> A : 나는 범인이 아니고, 나와 E만 범행 현장에 있었다.
> B : C와 D는 범인이 아니고, 목격자는 2명이다.
> C : 나는 B와 함께 있었고, 범행 현장에 있지 않았다.
> D : C의 말은 모두 참이고, B가 범인이다.
> E : 나는 범행 현장에 있었고, A가 범인이다.

① A ② B
③ C ④ D
⑤ E

※ 제시된 명제를 통해 추론할 수 있는 것을 고르시오. [15~17]

Easy

15

• 어떤 학생은 음악을 즐긴다.
• 모든 음악을 즐기는 것은 나무로 되어 있다.
• 나무로 되어 있는 것은 모두 악기다.

① 어떤 학생은 악기다.
② 모든 학생은 악기다.
③ 모든 음악을 즐기는 것은 학생이다.
④ 어떤 음악을 즐기는 것은 나무로 되어 있지 않다.
⑤ 모든 악기는 학생이다.

16

• 갑과 을 앞에 감자칩, 쿠키, 비스킷이 놓여 있다.
• 세 가지의 과자 중에는 각자 좋아하는 과자가 반드시 있다.
• 갑은 감자칩과 쿠키를 싫어한다.
• 을이 좋아하는 과자는 갑이 싫어하는 과자이다.

① 갑은 좋아하는 과자가 없다.
② 갑은 비스킷을 싫어한다.
③ 을은 비스킷을 싫어한다.
④ 갑과 을이 같이 좋아하는 과자가 있다.
⑤ 갑과 을이 같이 싫어하는 과자가 있다.

17

- 도보로 걷는 사람은 자가용을 타지 않는다.
- 자전거를 타는 사람은 자가용을 탄다.
- 자전거를 타지 않는 사람은 버스를 탄다.

① 자가용을 타는 사람은 도보로 걷는다.
② 버스를 타지 않는 사람은 자전거를 타지 않는다.
③ 버스를 타는 사람은 도보로 걷는다.
④ 도보로 걷는 사람은 버스를 탄다.
⑤ 도보로 걷는 사람은 자전거를 탄다.

18 **S사에서는 사내 직원들의 친목 도모를 위해 산악회를 운영하고 있다. A～D 중 최소 1명 이상이 산악회 회원이라고 할 때, 다음 내용에 따라 항상 참인 것은?**

- C가 산악회 회원이면 D도 산악회 회원이다.
- A가 산악회 회원이면 D는 산악회 회원이 아니다.
- D가 산악회 회원이 아니면 B가 산악회 회원이 아니거나 C가 산악회 회원이다.
- D가 산악회 회원이면 B는 산악회 회원이고 C도 산악회 회원이다.

① A는 산악회 회원이다.
② B는 산악회 회원이 아니다.
③ C는 산악회 회원이 아니다.
④ B와 D의 산악회 회원 여부는 같다.
⑤ A～D 중 산악회 회원은 2명이다.

19 수영, 슬기, 경애, 정서, 민경의 머리 길이가 서로 다르다고 할 때, 다음을 읽고 바르게 추론한 것은?

- 수영이는 단발머리로 슬기와 경애의 머리보다 짧다.
- 정서의 머리는 수영보다 길지만, 슬기보다는 짧다.
- 경애의 머리는 정서보다 길지만, 슬기보다는 짧다.
- 민경의 머리는 경애보다 길지만, 다섯 명 중에 가장 길지는 않다.

① 경애는 단발머리이다.
② 슬기의 머리가 가장 길다.
③ 민경의 머리는 슬기보다 길다.
④ 수영의 머리가 다섯 명 중 가장 짧지는 않다.
⑤ 머리가 긴 순서대로 나열하면 '슬기 – 정서 – 민경 – 경애 – 수영'이다.

20 낮 12시경 준표네 집에 도둑이 들었다. 목격자에 의하면 도둑은 한 명이다. 이 사건의 용의자로는 A～E 다섯 명이 있고, 다음에는 이들의 진술 내용이 기록되어 있다. 다섯 명 중 오직 두 명만이 거짓말을 하고 있고 거짓말을 하는 두 명 중 한 명이 범인이라면, 누가 범인인가?

A : 나는 사건이 일어난 낮 12시에 학교에 있었다.
B : 그날 낮 12시에 나는 A, C와 함께 있었다.
C : B는 그날 낮 12시에 A와 부산에 있었다.
D : B의 진술은 참이다.
E : C는 그날 낮 12시에 나와 단 둘이 함께 있었다.

① A
② B
③ C
④ D
⑤ E

05 수열추리

※ 일정한 규칙으로 수를 나열할 때, 빈칸에 들어갈 알맞은 수를 고르시오. **[1~16]**

01

$$\frac{1}{3} \quad \frac{2}{3} \quad \frac{2}{6} \quad \frac{5}{12} \quad \frac{11}{60} \quad (\quad)$$

① $\frac{59}{360}$

② $\frac{34}{480}$

③ $\frac{59}{660}$

④ $\frac{62}{720}$

⑤ $\frac{59}{840}$

02

① 1.5

② 3.5

③ 4

④ 6.5

⑤ 7

03

$$(\quad) \quad \frac{2}{7} \quad \frac{4}{21} \quad \frac{8}{63} \quad \frac{16}{189} \quad \frac{32}{567}$$

① $\frac{1}{7}$

② $\frac{2}{7}$

③ $\frac{3}{7}$

④ $\frac{4}{7}$

⑤ $\frac{5}{7}$

04

$$\frac{3}{17} \quad \frac{9}{21} \quad \frac{27}{29} \quad \frac{81}{41} \quad \frac{243}{57} \quad (\quad)$$

① $\frac{727}{79}$

② $\frac{729}{77}$

③ $\frac{741}{77}$

④ $\frac{741}{78}$

⑤ $\frac{762}{77}$

Easy

05

2　83　10　90　50　97　(　)　104

① 150

② 200

③ 250

④ 300

⑤ 350

06

5　8　17　44　125　(　)

① 365

② 368

③ 371

④ 374

⑤ 377

07

1 3 6 11 ( ) 29

① 16
② 18
③ 21
④ 23
⑤ 24

08

121 144 169 ( ) 225 256

① 182
② 186
③ 192
④ 196
⑤ 198

09

2 3 5 9 17 33 ( )

① 71
② 68
③ 65
④ 62
⑤ 60

10

−8 −2 10 34 82 178 ( )

① 297
② −356
③ 360
④ 370
⑤ 380

11

(　) 2 6 −12 −8 16

① −1　② 0
③ 3　④ 5
⑤ 4

Easy

12

2 3 7 16 32 57 (　)

① 88　② 90
③ 93　④ 95
⑤ 96

13

4 2 20　5 (　) 74　10 5 125

① 3　② 5
③ 6　④ 7
⑤ 8

14

6 3 45	10 ( ) 60	8 4 60

① 2
② 3
③ 4
④ 5
⑤ 6

15

5 1 2	3 9 4	8 ( ) 6

① 2
② 7
③ 10
④ 11
⑤ 12

16

6 3 3	10 ( ) 6	8 4 3

① 2
② 3
③ 4
④ 5
⑤ 6

17 다음 수열의 101번째 항의 값은?

$$\frac{7}{11} \quad \frac{2}{22} \quad -\frac{3}{33} \quad -\frac{8}{44} \quad \cdots$$

① $-\frac{327}{1,111}$

② $-\frac{327}{1,100}$

③ $-\frac{493}{1,111}$

④ $-\frac{493}{1,100}$

⑤ $-\frac{511}{1,100}$

Hard

18 다음 수열의 15번째 항의 값은?

6 13 26 45 70 101 138 …

① 610

② 620

③ 630

④ 640

⑤ 650

19 다음 수열의 2,023번째 항의 값은?

−3	2	−5	4	−7	8	−9	16	…

① −2,021
② −2,023
③ −2,025
④ −2,027
⑤ −2,029

Hard

20 다음 수열의 11번째 항의 값은?

1,000	995	1,005	985	1,025	945	1,105	785	…

① 2,385
② 2,575
③ 2,705
④ 2,945
⑤ 3,125

교육은 우리 자신의 무지를 점차 발견해 가는 과정이다.

– 윌 듀란트 –

PART 3

심층검사

PART

3 심층검사

01 개요

SKCT 심층검사는 타기업의 인성검사와 유사하다고 볼 수 있다. SK그룹이 원하는 '일 잘하는 인재'가 직무를 수행하는 데 필요한 성격, 가치관, 태도를 측정하는 테스트이다.

구분	출제유형
유형 Ⅰ	자신이 성향과 가까운 정도에 따라 '① 전혀 그렇지 않다, ② 그렇지 않다, ③ 조금 그렇지 않다, ④ 조금 그렇다, ⑤ 그렇다, ⑥ 매우 그렇다'를 선택하고, 3개의 문장 중 자신의 성향과 가장 먼 것(멀다)과 가까운 것(가깝다)을 선택하는 문제
유형 Ⅱ	제시된 두 문장에 대해 자신이 동의하는 정도에 따라 '① 전혀 그렇지 않다, ② 그렇지 않다, ③ 그렇다, ④ 매우 그렇다'로 응답하는 문제

※ 계열사별로 시행 여부에 차이가 있을 수 있다.
※ 2023년도 하반기 SKCT에서는 유형 Ⅰ은 45분 동안 240문항, 유형 Ⅱ는 25분 동안 150문항에 응답해야 했다.

02 수검요령 및 유의사항

심층검사는 특별한 수검요령이 없다. 다시 말하면 모범답안도 없고, 정답도 없다는 이야기이다. 또한 국어문제처럼 말의 뜻을 풀이하는 것도 아니다. 굳이 수검요령을 말하자면, 진실하고 솔직한 자신의 생각이 모범답안이라고 할 수 있다.

심층검사에서 가장 중요한 것은 첫째, 솔직한 답변이다. 자신이 지금까지 경험을 통해서 축적해 온 생각과 행동을 허구 없이 솔직하게 기재하는 것이다. 예를 들어, "나는 타인의 물건을 훔치고 싶은 충동을 느껴본 적이 있다."라는 질문에 피검사자들은 많은 생각을 하게 된다. 생각해 보라. 유년기에 또는 성인이 되어서 타인의 물건을 훔치는 일을 저지른 적은 없더라도, 훔치고 싶은 충동은 누구나 조금이라도 다 느껴보았을 것이다. 그런데 이 질문에 고민을 하는 사람이 간혹 있다. 이 질문에 "예"라고 대답하면 담당 검사관들이 자신을 사회적으로 문제가 있는 사람으로 여기지는 않을까 하는 생각에 "아니오"라는 답을 기재하게 된다. 이런 솔직하지 않은 답변은 답변의 신뢰와 솔직함을 나타내는 타당성 척도에 좋지 않은 점수를 주게 된다.

둘째, 일관성 있는 답변이다. 심층검사의 수많은 질문 문항 중에는 비슷한 뜻의 질문이 여러 개 숨어 있는 경우가 많이 있다. 그 질문들은 피검사자의 '솔직한 답변'과 '심리적인 상태'를 알아보기 위해 내포되어 있는 문항들이다. 가령 "나는 유년시절 타인의 물건을 훔친 적이 있다."라는 질문에 "예"라고 대답했는데, "나는 유년시절 타인의 물건을 훔쳐보고 싶은 충동을 느껴본 적이 있다."라는 질문에는 "아니오"라는 답을 기재한다면 어떻겠는가? 일관성 없이 '대충 기재하자.'라는 식의 심리적 무성의한 답변이 되거나, 정신적으로 문제가 있는 사람으로 보일 수 있다.

심층검사는 많은 문항 수를 풀어나가기 때문에 피검사자들은 지루함과 따분함을 느낄 수 있고 반복된 의미의 질문으로 의한 인내상실 등이 나타날 수 있다. 인내를 가지고 솔직하게 자신의 생각을 대답하는 것이 무엇보다 중요한 요령이다.

수검 시 유의사항

(1) 충분한 휴식으로 불안을 없애고 정서적인 안정을 취한다. 심신이 안정되어야 자신의 마음을 표현할 수 있다.
(2) 생각나는 대로 솔직하게 응답한다. 자신을 너무 과대포장하지도, 너무 비하시키지도 말라. 답변을 꾸며서 하면 앞뒤가 맞지 않게끔 구성돼 있어 불리한 평가를 받게 되므로 솔직하게 답하도록 한다.
(3) 검사문항에 대해 지나치게 골똘히 생각해서는 안 된다. 지나치게 몰두하면 엉뚱한 답변이 나올 수 있으므로 불필요한 생각은 삼간다.

03 심층검사 모의연습

※ 심층검사는 정답이 따로 없는 유형의 검사이므로 결과지를 제공하지 않습니다.

유형 I

※ 각 문항을 읽고 ①~⑥ 중 자신의 성향과 가까운 정도에 따라 ① 전혀 그렇지 않다, ② 그렇지 않다, ③ 조금 그렇지 않다, ④ 조금 그렇다, ⑤ 그렇다, ⑥ 매우 그렇다 중 하나를 선택하시오. 그리고 3개의 문장 중 자신의 성향을 비추어볼 때 가장 먼 것(멀다)과 가까운 것(가깝다)을 하나씩 선택하시오. **[1~100]**

01

문항	답안 1						답안 2	
	①	②	③	④	⑤	⑥	멀다	가깝다
A. 시련은 있어도 좌절은 없다고 믿는다.	☐	☐	☐	☐	☐	☐	☐	☐
B. 장래를 생각하면 불안을 느낄 때가 많다.	☐	☐	☐	☐	☐	☐	☐	☐
C. 충동적으로 행동하지 않으려고 욕구와 감정을 조절하는 편이다.	☐	☐	☐	☐	☐	☐	☐	☐

02

문항	답안 1						답안 2	
	①	②	③	④	⑤	⑥	멀다	가깝다
A. 여행을 할 때 인적이 뜸한 곳을 선호한다.	☐	☐	☐	☐	☐	☐	☐	☐
B. 자신의 생각과 감정을 잘 표현하지 못한다.	☐	☐	☐	☐	☐	☐	☐	☐
C. 완전한 안전은 헛된 믿음일 뿐이며 삶은 모험의 연속이라고 생각한다.	☐	☐	☐	☐	☐	☐	☐	☐

03

문항	답안 1						답안 2	
	①	②	③	④	⑤	⑥	멀다	가깝다
A. 정치적·종교적으로 보수적인 편이다.	▢	▢	▢	▢	▢	▢	▢	▢
B. 철학 등의 본질적인 문제에 무관심하다.	▢	▢	▢	▢	▢	▢	▢	▢
C. 지혜로운 사람이 되려면 늘 변해야 한다고 생각한다.	▢	▢	▢	▢	▢	▢	▢	▢

04

문항	답안 1						답안 2	
	①	②	③	④	⑤	⑥	멀다	가깝다
A. 대인관계에서 깊은 상처를 받은 적이 있다.	▢	▢	▢	▢	▢	▢	▢	▢
B. 타인과 협력할 때 자신의 역할에 충실한다.	▢	▢	▢	▢	▢	▢	▢	▢
C. 나는 소수의 정예 엘리트 집단에 어울린다고 생각한다.	▢	▢	▢	▢	▢	▢	▢	▢

05

문항	답안 1						답안 2	
	①	②	③	④	⑤	⑥	멀다	가깝다
A. 자신에게 느슨하며 사고가 유연한 편이다.	▢	▢	▢	▢	▢	▢	▢	▢
B. 계획이나 규칙을 잘 지키지 못하는 편이다.	▢	▢	▢	▢	▢	▢	▢	▢
C. 노력하는 사람이 재능을 타고난 사람을 이긴다고 생각한다.	▢	▢	▢	▢	▢	▢	▢	▢

06

문항	답안 1						답안 2	
	①	②	③	④	⑤	⑥	멀다	가깝다
A. 내 장래는 희망적이라고 생각한다.	▢	▢	▢	▢	▢	▢	▢	▢
B. 스트레스를 받을까봐 두려워지곤 한다.	▢	▢	▢	▢	▢	▢	▢	▢
C. 시간이 지나도 괴로움이 쉽사리 사그라들지 않는다.	▢	▢	▢	▢	▢	▢	▢	▢

07

문항	답안 1						답안 2	
	①	②	③	④	⑤	⑥	멀다	가깝다
A. 내향적이고 사교성이 낮은 편이다.	▢	▢	▢	▢	▢	▢	▢	▢
B. 자극은 다다익선(多多益善)이라고 생각한다.	▢	▢	▢	▢	▢	▢	▢	▢
C. 사람들을 좋아해서 스스럼없이 대화하는 편이다.	▢	▢	▢	▢	▢	▢	▢	▢

08

문항	답안 1						답안 2	
	①	②	③	④	⑤	⑥	멀다	가깝다
A. 낯선 환경에 놓이는 것이 불쾌하다.	▢	▢	▢	▢	▢	▢	▢	▢
B. 통일성보다는 다양성이 중요하다고 여긴다.	▢	▢	▢	▢	▢	▢	▢	▢
C. 깊이 이해하려고 애쓰는 것은 과제 완수의 기본이라고 생각한다.	▢	▢	▢	▢	▢	▢	▢	▢

09

문항	답안 1						답안 2	
	①	②	③	④	⑤	⑥	멀다	가깝다
A. 너무 솔직해 남에게 이용당할 때가 많다.	▢	▢	▢	▢	▢	▢	▢	▢
B. 남의 의견에 별로 구애받지 않는 편이다.	▢	▢	▢	▢	▢	▢	▢	▢
C. 자신의 손실을 남에게 절대 전가하려 하지 않는다.	▢	▢	▢	▢	▢	▢	▢	▢

PART 3

10

문항	답안 1						답안 2	
	①	②	③	④	⑤	⑥	멀다	가깝다
A. 스스로가 한 일에 책임을 지려고 노력한다.	▢	▢	▢	▢	▢	▢	▢	▢
B. 계획적이기보다는 즉흥적으로 사는 편이다.	▢	▢	▢	▢	▢	▢	▢	▢
C. 장해물이나 목표가 없다면 만족감도 없다고 생각한다.	▢	▢	▢	▢	▢	▢	▢	▢

11

문항	답안 1						답안 2	
	①	②	③	④	⑤	⑥	멀다	가깝다
A. 불만보다는 감사를 느낄 때가 많다.	▢	▢	▢	▢	▢	▢	▢	▢
B. 견디다 보면 슬픔도 익숙해질 것이다.	▢	▢	▢	▢	▢	▢	▢	▢
C. '내 삶에는 왜 이렇게 시련이 많을까'하고 스트레스를 받곤 한다.	▢	▢	▢	▢	▢	▢	▢	▢

12

문항	답안 1						답안 2	
	①	②	③	④	⑤	⑥	멀다	가깝다
A. 나의 성격은 쾌활함과는 거리가 멀다.	▢	▢	▢	▢	▢	▢	▢	▢
B. 말수가 적으며 수줍어하는 성향이 있다.	▢	▢	▢	▢	▢	▢	▢	▢
C. 일부 어머니들의 치맛바람을 극성스럽다고 생각하지 않는다.	▢	▢	▢	▢	▢	▢	▢	▢

13

문항	답안 1						답안 2	
	①	②	③	④	⑤	⑥	멀다	가깝다
A. 정치적으로 진보당보다 보수당을 지지한다.	☐	☐	☐	☐	☐	☐	☐	☐
B. 분석적·지성적인 일에 관심이 없는 편이다.	☐	☐	☐	☐	☐	☐	☐	☐
C. 인생의 스승은 부모처럼 고귀한 존재라고 생각한다.	☐	☐	☐	☐	☐	☐	☐	☐

14

문항	답안 1						답안 2	
	①	②	③	④	⑤	⑥	멀다	가깝다
A. 기본적으로 타인을 믿지 못하는 편이다.	☐	☐	☐	☐	☐	☐	☐	☐
B. 인간미가 부족하다는 비판을 받곤 한다.	☐	☐	☐	☐	☐	☐	☐	☐
C. 남의 고통을 목격하면 그 고통이 내게 고스란히 전해지는 것 같다.	☐	☐	☐	☐	☐	☐	☐	☐

15

문항	답안 1						답안 2	
	①	②	③	④	⑤	⑥	멀다	가깝다
A. 규범은 내 행동에 큰 영향을 주지 못한다.	☐	☐	☐	☐	☐	☐	☐	☐
B. 학창 시절에는 시험 기간이 닥쳐서야 공부를 했다.	☐	☐	☐	☐	☐	☐	☐	☐
C. 기회도 그것을 찾으려 노력하는 사람에게 주어진다고 생각한다.	☐	☐	☐	☐	☐	☐	☐	☐

16

문항	답안 1						답안 2	
	①	②	③	④	⑤	⑥	멀다	가깝다
A. 안정감보다는 불안감을 느낄 때가 많다.	☐	☐	☐	☐	☐	☐	☐	☐
B. 여름철 무더위는 나를 몹시 짜증나게 한다.	☐	☐	☐	☐	☐	☐	☐	☐
C. 인생에는 괴로운 일보다 즐거운 일이 많다고 여긴다.	☐	☐	☐	☐	☐	☐	☐	☐

17

문항	답안 1						답안 2	
	①	②	③	④	⑤	⑥	멀다	가깝다
A. 맵고 짠 자극적 음식을 즐기는 편이다.	☐	☐	☐	☐	☐	☐	☐	☐
B. 한겨울의 맹추위에도 실외 활동을 즐긴다.	☐	☐	☐	☐	☐	☐	☐	☐
C. 본질을 깨우치는 것에 집중하는 미니멀 라이프를 선호한다.	☐	☐	☐	☐	☐	☐	☐	☐

18

문항	답안 1						답안 2	
	①	②	③	④	⑤	⑥	멀다	가깝다
A. 변화는 항상 나를 힘들게 한다.	☐	☐	☐	☐	☐	☐	☐	☐
B. 사람은 죽을 때까지 학생이라고 생각한다.	☐	☐	☐	☐	☐	☐	☐	☐
C. 오래된 생각을 버려야 혁신적인 아이디어를 얻을 수 있다고 생각한다.	☐	☐	☐	☐	☐	☐	☐	☐

19

문항	답안 1						답안 2	
	①	②	③	④	⑤	⑥	멀다	가깝다
A. 타산적이라는 비판을 받곤 한다.	☐	☐	☐	☐	☐	☐	☐	☐
B. 남들에게 복종하고 의존하고 싶어지곤 한다.	☐	☐	☐	☐	☐	☐	☐	☐
C. 성악설보다는 성선설이 더 타당하다고 생각한다.	☐	☐	☐	☐	☐	☐	☐	☐

20

문항	답안 1						답안 2	
	①	②	③	④	⑤	⑥	멀다	가깝다
A. 하던 일을 중간에 그만두는 것을 싫어한다.	☐	☐	☐	☐	☐	☐	☐	☐
B. 씀씀이를 단속하려고 영수증을 잘 관리한다.	☐	☐	☐	☐	☐	☐	☐	☐
C. 노력은 배신하지 않는다는 격언을 믿지 않는다.	☐	☐	☐	☐	☐	☐	☐	☐

21

문항	답안 1						답안 2	
	①	②	③	④	⑤	⑥	멀다	가깝다
A. 쉽게 흥분하지 않는 편이다.	☐	☐	☐	☐	☐	☐	☐	☐
B. 짜증날 때도 감정을 잘 조절할 수 있다.	☐	☐	☐	☐	☐	☐	☐	☐
C. 슬픔이 닥칠 때마다 새롭게 느껴져 견디기가 몹시 힘들다.	☐	☐	☐	☐	☐	☐	☐	☐

22

문항	답안 1						답안 2	
	①	②	③	④	⑤	⑥	멀다	가깝다
A. 다소 대인기피증이 있는 것 같다.	☐	☐	☐	☐	☐	☐	☐	☐
B. 느긋이 적게보다는, 급히 많이 먹으려 한다.	☐	☐	☐	☐	☐	☐	☐	☐
C. 팀원들이 장차 리더가 되도록 은밀히 돕는 팀장이 최고의 리더일 것이다.	☐	☐	☐	☐	☐	☐	☐	☐

23

문항	답안 1						답안 2	
	①	②	③	④	⑤	⑥	멀다	가깝다
A. 통찰력은 나의 주요한 특징 중 하나이다.	☐	☐	☐	☐	☐	☐	☐	☐
B. 권위나 전통적 가치에 도전하기를 꺼린다.	☐	☐	☐	☐	☐	☐	☐	☐
C. 혁신적인 생각은 전통을 익히는 데서 비롯된다고 생각한다.	☐	☐	☐	☐	☐	☐	☐	☐

24

문항	답안 1						답안 2	
	①	②	③	④	⑤	⑥	멀다	가깝다
A. 실제의 이익을 따지는 데 빠른 편이다.	☐	☐	☐	☐	☐	☐	☐	☐
B. 독선적 행동으로 남들의 비난을 받곤 한다.	☐	☐	☐	☐	☐	☐	☐	☐
C. 나의 인간관에 가장 큰 영향을 끼친 것은 정직이다.	☐	☐	☐	☐	☐	☐	☐	☐

25

문항	답안 1						답안 2	
	①	②	③	④	⑤	⑥	멀다	가깝다
A. 굳이 양심에 따라 살려고 애쓰지 않는다.	☐	☐	☐	☐	☐	☐	☐	☐
B. 계획성이나 정확성과는 거리가 먼 편이다.	☐	☐	☐	☐	☐	☐	☐	☐
C. 전적으로 믿을 수 있는 것은 계획뿐이라고 여겨 목표와 비전을 잃지 않는다.	☐	☐	☐	☐	☐	☐	☐	☐

26

문항	답안 1						답안 2	
	①	②	③	④	⑤	⑥	멀다	가깝다
A. 자신의 현재 처지에 대해 비교적 만족한다.	☐	☐	☐	☐	☐	☐	☐	☐
B. '왜 하필 나에게'라는 생각이 들 때가 많다.	☐	☐	☐	☐	☐	☐	☐	☐
C. 뜨거운 여름날의 불쾌지수에 매우 민감한 편이다.	☐	☐	☐	☐	☐	☐	☐	☐

27

문항	답안 1						답안 2	
	①	②	③	④	⑤	⑥	멀다	가깝다
A. 앞장서는 리더가 최고의 리더일 것이다.	☐	☐	☐	☐	☐	☐	☐	☐
B. 바쁜 삶 속에서 큰 열정을 느끼곤 한다.	☐	☐	☐	☐	☐	☐	☐	☐
C. 대인관계에서 긴장해 매우 조심스러울 때가 많다.	☐	☐	☐	☐	☐	☐	☐	☐

28

문항	답안 1						답안 2	
	①	②	③	④	⑤	⑥	멀다	가깝다
A. 새로운 지식을 습득하는 데 인색하지 않다.	☐	☐	☐	☐	☐	☐	☐	☐
B. 익숙지 않은 환경에서는 매우 의기소침하다.	☐	☐	☐	☐	☐	☐	☐	☐
C. 책이 아닌 것과 책 중에 하나만 살 수 있다면 책을 살 것이다.	☐	☐	☐	☐	☐	☐	☐	☐

29

문항	답안 1						답안 2	
	①	②	③	④	⑤	⑥	멀다	가깝다
A. 타인의 지지는 나에게 큰 힘이 된다.	☐	☐	☐	☐	☐	☐	☐	☐
B. 약삭빠르고 실리적이며 기민한 편이다.	☐	☐	☐	☐	☐	☐	☐	☐
C. 나는 집단이 지나치게 소수 정예화되는 것에 반대한다.	☐	☐	☐	☐	☐	☐	☐	☐

PART 3

30

문항	답안 1						답안 2	
	①	②	③	④	⑤	⑥	멀다	가깝다
A. 원칙주의자는 반드시 성공할 것이다.	☐	☐	☐	☐	☐	☐	☐	☐
B. 완벽주의자를 보면 고리타분하다고 느낀다.	☐	☐	☐	☐	☐	☐	☐	☐
C. 재능은 타고나는 것이 아니라 노력의 결과라고 생각한다.	☐	☐	☐	☐	☐	☐	☐	☐

31

문항	답안 1						답안 2	
	①	②	③	④	⑤	⑥	멀다	가깝다
A. 화가 나도 타인에게 화풀이를 하지 않는다.	☐	☐	☐	☐	☐	☐	☐	☐
B. 감정을 통제하지 못해 충동적일 때가 많다.	☐	☐	☐	☐	☐	☐	☐	☐
C. 긍정적인 것보다는 부정적인 면이 눈에 먼저 들어오는 편이다.	☐	☐	☐	☐	☐	☐	☐	☐

32

문항	답안 1						답안 2	
	①	②	③	④	⑤	⑥	멀다	가깝다
A. 대인관계가 사무적·형식적일 때가 많다.	☐	☐	☐	☐	☐	☐	☐	☐
B. 용장(勇壯) 밑에 약졸 없다는 말에 동감한다.	☐	☐	☐	☐	☐	☐	☐	☐
C. 여행할 때 사람들이 많이 왕래하는 곳을 선호한다.	☐	☐	☐	☐	☐	☐	☐	☐

33

문항	답안 1						답안 2	
	①	②	③	④	⑤	⑥	멀다	가깝다
A. 새로운 변화에서 큰 흥미를 느끼곤 한다.	▢	▢	▢	▢	▢	▢	▢	▢
B. 새로운 관점을 제시하는 비평문을 선호한다.	▢	▢	▢	▢	▢	▢	▢	▢
C. 연장자의 견해는 어떠한 경우에도 존중해야 한다고 생각한다.	▢	▢	▢	▢	▢	▢	▢	▢

34

문항	답안 1						답안 2	
	①	②	③	④	⑤	⑥	멀다	가깝다
A. 이타심과 동정심은 나의 큰 장점이다.	▢	▢	▢	▢	▢	▢	▢	▢
B. 사람을 사귈 때도 손익을 따지는 편이다.	▢	▢	▢	▢	▢	▢	▢	▢
C. 타인을 비판하기 전에 그의 입장에서 생각해 보곤 한다.	▢	▢	▢	▢	▢	▢	▢	▢

35

문항	답안 1						답안 2	
	①	②	③	④	⑤	⑥	멀다	가깝다
A. 친구들이 나의 의견을 신뢰하는 편이다.	▢	▢	▢	▢	▢	▢	▢	▢
B. 계획에 따라 움직이는 것은 따분한 일이다.	▢	▢	▢	▢	▢	▢	▢	▢
C. 성공의 원동력은 거듭된 실패의 극복이라고 생각한다.	▢	▢	▢	▢	▢	▢	▢	▢

36

문항	답안 1						답안 2	
	①	②	③	④	⑤	⑥	멀다	가깝다
A. 나는 정서적으로 매우 안정적인 편이다.	▢	▢	▢	▢	▢	▢	▢	▢
B. 미래의 일을 생각하면 두려워지곤 한다.	▢	▢	▢	▢	▢	▢	▢	▢
C. 감정보다는 이성의 영향을 더 크게 받는 편이다.	▢	▢	▢	▢	▢	▢	▢	▢

37

문항	답안 1						답안 2	
	①	②	③	④	⑤	⑥	멀다	가깝다
A. 비난을 받을까봐 주장을 잘 하지 못한다.	▢	▢	▢	▢	▢	▢	▢	▢
B. 남들과 잘 어울리는 편이다.	▢	▢	▢	▢	▢	▢	▢	▢
C. 뒤에서 묵묵히 팀원을 지원하는 리더가 최고의 리더라고 생각한다.	▢	▢	▢	▢	▢	▢	▢	▢

38

문항	답안 1						답안 2	
	①	②	③	④	⑤	⑥	멀다	가깝다
A. 기지나 위트와는 거리가 먼 편이다.	▢	▢	▢	▢	▢	▢	▢	▢
B. 관례에 따라 행동하는 때가 더 많다.	▢	▢	▢	▢	▢	▢	▢	▢
C. 때로는 연소자의 생각에서도 배울 게 있다고 생각한다.	▢	▢	▢	▢	▢	▢	▢	▢

39

문항	답안 1						답안 2	
	①	②	③	④	⑤	⑥	멀다	가깝다
A. 자기중심적이고 독립적인 편이다.	▢	▢	▢	▢	▢	▢	▢	▢
B. 남들을 배려하고 관대하게 대하는 편이다.	▢	▢	▢	▢	▢	▢	▢	▢
C. 권모술수에 능한 현실주의자가 성공할 가능성이 높다고 생각한다.	▢	▢	▢	▢	▢	▢	▢	▢

40

문항	답안 1						답안 2	
	①	②	③	④	⑤	⑥	멀다	가깝다
A. 성공을 위해 자신을 통제하는 일이 없다.	▢	▢	▢	▢	▢	▢	▢	▢
B. 규칙, 계획, 책임감과는 거리가 먼 편이다.	▢	▢	▢	▢	▢	▢	▢	▢
C. 부족한 점을 부끄러워해야 고칠 수 있다고 생각한다.	▢	▢	▢	▢	▢	▢	▢	▢

41

문항	답안 1						답안 2	
	①	②	③	④	⑤	⑥	멀다	가깝다
A. 짜증날 때는 감정을 잘 조절하지 못한다.	▢	▢	▢	▢	▢	▢	▢	▢
B. 현재 자신의 형편에 대해 불만이 많다.	▢	▢	▢	▢	▢	▢	▢	▢
C. 자신의 감정과 행동을 지극히 잘 통제하는 편이다.	▢	▢	▢	▢	▢	▢	▢	▢

42

문항	답안 1						답안 2	
	①	②	③	④	⑤	⑥	멀다	가깝다
A. 상당히 말이 적고 내성적인 편이다.	▢	▢	▢	▢	▢	▢	▢	▢
B. 대인관계에서 자신감이 있고 적극적이다.	▢	▢	▢	▢	▢	▢	▢	▢
C. 더위나 추위는 나의 실외활동에 영향을 주지 않는다.	▢	▢	▢	▢	▢	▢	▢	▢

43

문항	답안 1						답안 2	
	①	②	③	④	⑤	⑥	멀다	가깝다
A. 불치하문(不恥下問)이라는 말에 동감한다.	☐	☐	☐	☐	☐	☐	☐	☐
B. 실용성과 현실성은 나의 가장 큰 장점이다.	☐	☐	☐	☐	☐	☐	☐	☐
C. 급변하는 사회에 적응하기 위해 신기술을 적극 수용한다.	☐	☐	☐	☐	☐	☐	☐	☐

44

문항	답안 1						답안 2	
	①	②	③	④	⑤	⑥	멀다	가깝다
A. 상당히 자기중심적이고 독립적인 편이다.	☐	☐	☐	☐	☐	☐	☐	☐
B. 타인과 교제할 때 손익을 따지지 않는다.	☐	☐	☐	☐	☐	☐	☐	☐
C. 성별, 인종, 재산 등에 따라 사람을 차별하지 않는다.	☐	☐	☐	☐	☐	☐	☐	☐

45

문항	답안 1						답안 2	
	①	②	③	④	⑤	⑥	멀다	가깝다
A. 타성에 젖지 않게 자신을 조율하곤 한다.	☐	☐	☐	☐	☐	☐	☐	☐
B. 나에게 도덕과 규범은 낡은 잣대일 뿐이다.	☐	☐	☐	☐	☐	☐	☐	☐
C. 문서를 작성할 때 맞춤법에 신경 쓰지 않는 편이다.	☐	☐	☐	☐	☐	☐	☐	☐

46

문항	답안 1						답안 2	
	①	②	③	④	⑤	⑥	멀다	가깝다
A. 자신의 삶에 대해 불만이 별로 없다.	☐	☐	☐	☐	☐	☐	☐	☐
B. 자기 통제와 담대함은 나의 큰 장점이다.	☐	☐	☐	☐	☐	☐	☐	☐
C. 쉽게 낙담해 무기력해지고 위축되는 것은 나의 단점이다.	☐	☐	☐	☐	☐	☐	☐	☐

47

문항	답안 1						답안 2	
	①	②	③	④	⑤	⑥	멀다	가깝다
A. 과묵하고 언행을 삼가는 편이다.	☐	☐	☐	☐	☐	☐	☐	☐
B. 감정 표현을 억제하고 세심한 편이다.	☐	☐	☐	☐	☐	☐	☐	☐
C. '지배, 정열, 대담'은 나를 표현하는 키워드이다.	☐	☐	☐	☐	☐	☐	☐	☐

48

문항	답안 1						답안 2	
	①	②	③	④	⑤	⑥	멀다	가깝다
A. 보편적인 것과 관습에 구애받는 편이다.	☐	☐	☐	☐	☐	☐	☐	☐
B. 예술이나 여행을 거의 즐기지 않는 편이다.	☐	☐	☐	☐	☐	☐	☐	☐
C. 구호는 감수성에 호소해야 효과적이라고 생각한다.	☐	☐	☐	☐	☐	☐	☐	☐

49

문항	답안 1						답안 2	
	①	②	③	④	⑤	⑥	멀다	가깝다
A. 타인에 대한 공감이 부족한 편이다.	☐	☐	☐	☐	☐	☐	☐	☐
B. 남들과 함께 결정하고 일하기를 꺼린다.	☐	☐	☐	☐	☐	☐	☐	☐
C. 조직에서 문제가 발생했을 때 내 잘못을 솔직히 인정한다.	☐	☐	☐	☐	☐	☐	☐	☐

50

문항	답안 1						답안 2	
	①	②	③	④	⑤	⑥	멀다	가깝다
A. 자율적인 행동 기준이 엄격하지 않다.	☐	☐	☐	☐	☐	☐	☐	☐
B. 성공을 위한 자기 통제력이 별로 없다.	☐	☐	☐	☐	☐	☐	☐	☐
C. 협상할 때는 많이 듣고 적게 말하는 신중함이 필요하다.	☐	☐	☐	☐	☐	☐	☐	☐

51

문항	답안 1						답안 2	
	①	②	③	④	⑤	⑥	멀다	가깝다
A. 정서적으로 다소 불안정한 편이다.	☐	☐	☐	☐	☐	☐	☐	☐
B. 나약하고 조급하다는 평가를 받곤 한다.	☐	☐	☐	☐	☐	☐	☐	☐
C. 소신이 있기 때문에 주변의 평가에 쉽게 휘둘리지 않는다.	☐	☐	☐	☐	☐	☐	☐	☐

52

문항	답안 1						답안 2	
	①	②	③	④	⑤	⑥	멀다	가깝다
A. 자기주장을 공격적으로 하곤 한다.	☐	☐	☐	☐	☐	☐	☐	☐
B. 타인을 대할 때 지배성이 강한 편이다.	☐	☐	☐	☐	☐	☐	☐	☐
C. 활동성과 모험 정신이 부족한 것은 나의 큰 단점이다.	☐	☐	☐	☐	☐	☐	☐	☐

53

문항	답안 1						답안 2	
	①	②	③	④	⑤	⑥	멀다	가깝다
A. 상상의 세계에 거의 관심이 없다.	☐	☐	☐	☐	☐	☐	☐	☐
B. 일반적 · 대중적이지 않을수록 더욱 선호한다.	☐	☐	☐	☐	☐	☐	☐	☐
C. 작품이 중요한 것처럼 비평가의 견해도 중요하다고 생각한다.	☐	☐	☐	☐	☐	☐	☐	☐

54

문항	답안 1						답안 2	
	①	②	③	④	⑤	⑥	멀다	가깝다
A. 인간관계에서 이익을 논하는 것이 싫다.	☐	☐	☐	☐	☐	☐	☐	☐
B. 남의 친절과 환대는 나를 크게 고무시킨다.	☐	☐	☐	☐	☐	☐	☐	☐
C. 남에게 솔직하게 말하면 불필요한 비판을 받을 수 있다고 생각한다.	☐	☐	☐	☐	☐	☐	☐	☐

55

문항	답안 1						답안 2	
	①	②	③	④	⑤	⑥	멀다	가깝다
A. 남들은 나를 신뢰하는 편이다.	☐	☐	☐	☐	☐	☐	☐	☐
B. 성공을 위해 자신을 옥죄는 일이 거의 없다.	☐	☐	☐	☐	☐	☐	☐	☐
C. 시험이 아무리 어려워도 스스로 노력하면 반드시 합격할 것이다.	☐	☐	☐	☐	☐	☐	☐	☐

56

문항	답안 1						답안 2	
	①	②	③	④	⑤	⑥	멀다	가깝다
A. 소심하고 불안한 면이 있다.	☐	☐	☐	☐	☐	☐	☐	☐
B. 당황할 때는 몹시 화가 나기도 한다.	☐	☐	☐	☐	☐	☐	☐	☐
C. 반드시 필요한 걱정조차도 하지 않는 경우가 많다.	☐	☐	☐	☐	☐	☐	☐	☐

57

문항	답안 1						답안 2	
	①	②	③	④	⑤	⑥	멀다	가깝다
A. 대인관계에 서투른 편이다.	☐	☐	☐	☐	☐	☐	☐	☐
B. 열정적이고 매우 쾌활한 편이다.	☐	☐	☐	☐	☐	☐	☐	☐
C. 논리를 따져 나의 주장을 내세우는 것이 매우 번거롭다.	☐	☐	☐	☐	☐	☐	☐	☐

58

문항	답안 1						답안 2	
	①	②	③	④	⑤	⑥	멀다	가깝다
A. 새로운 아이디어를 구상하는 데 서툴다.	☐	☐	☐	☐	☐	☐	☐	☐
B. 매우 현실적・실제적・보수적인 편이다.	☐	☐	☐	☐	☐	☐	☐	☐
C. 동양화의 '여백의 미'에서 자유를 크게 느끼곤 한다.	☐	☐	☐	☐	☐	☐	☐	☐

59

문항	답안 1						답안 2	
	①	②	③	④	⑤	⑥	멀다	가깝다
A. 동료의 지지를 얻는 일에 무관심하다.	☐	☐	☐	☐	☐	☐	☐	☐
B. 도움을 구하느니 차라리 혼자 처리하겠다.	☐	☐	☐	☐	☐	☐	☐	☐
C. 어린이날 등 각종 기념일에 타인을 위한 선물을 꼭 준비한다.	☐	☐	☐	☐	☐	☐	☐	☐

60

문항	답안 1						답안 2	
	①	②	③	④	⑤	⑥	멀다	가깝다
A. 단기간에 큰돈을 벌고 싶은 욕심이 많다.	☐	☐	☐	☐	☐	☐	☐	☐
B. 책임이 과중한 일은 맡기가 매우 꺼려진다.	☐	☐	☐	☐	☐	☐	☐	☐
C. 어려운 일도 충분히 해낼 수 있다고 자부한다.	☐	☐	☐	☐	☐	☐	☐	☐

61

문항	답안 1						답안 2	
	①	②	③	④	⑤	⑥	멀다	가깝다
A. 감정에 휘둘리지 않는다.	☐	☐	☐	☐	☐	☐	☐	☐
B. 남들보다 근심이나 걱정이 많은 편이다.	☐	☐	☐	☐	☐	☐	☐	☐
C. 불만을 참지 못해 푸념을 할 때가 많은 편이다.	☐	☐	☐	☐	☐	☐	☐	☐

62

문항	답안 1						답안 2	
	①	②	③	④	⑤	⑥	멀다	가깝다
A. 낙천적・사교적인 편이다.	☐	☐	☐	☐	☐	☐	☐	☐
B. 타인에게 자신의 권위를 내세우곤 한다.	☐	☐	☐	☐	☐	☐	☐	☐
C. 인간관계에서 거리감을 느끼는 경우가 잦은 편이다.	☐	☐	☐	☐	☐	☐	☐	☐

63

문항	답안 1						답안 2	
	①	②	③	④	⑤	⑥	멀다	가깝다
A. 상식적·보편적이지 않을수록 더욱 끌린다.	☐	☐	☐	☐	☐	☐	☐	☐
B. 지성과 감수성이 낮은 것은 나의 단점이다.	☐	☐	☐	☐	☐	☐	☐	☐
C. 작품은 감상자마다 다른 의미로 받아들일 수 있다고 생각한다.	☐	☐	☐	☐	☐	☐	☐	☐

64

문항	답안 1						답안 2	
	①	②	③	④	⑤	⑥	멀다	가깝다
A. 겸손과 정직은 나의 가장 큰 장점이다.	☐	☐	☐	☐	☐	☐	☐	☐
B. 남의 문제를 해결하는 일에 기꺼이 나선다.	☐	☐	☐	☐	☐	☐	☐	☐
C. 타인을 위한 나의 수고와 희생이 불필요하게 느껴질 때가 많다.	☐	☐	☐	☐	☐	☐	☐	☐

65

문항	답안 1						답안 2	
	①	②	③	④	⑤	⑥	멀다	가깝다
A. 스스로가 상당히 유능하다고 생각한다.	☐	☐	☐	☐	☐	☐	☐	☐
B. 일의 완수에 대한 강박증을 느끼지 않는다.	☐	☐	☐	☐	☐	☐	☐	☐
C. 목적 달성을 위해 매우 금욕적인 삶도 감내할 수 있다.	☐	☐	☐	☐	☐	☐	☐	☐

66

문항	답안 1						답안 2	
	①	②	③	④	⑤	⑥	멀다	가깝다
A. 걱정, 분노, 불안 등을 잘 느끼지 않는다.	☐	☐	☐	☐	☐	☐	☐	☐
B. 근심이 있어도 겉으로 잘 드러내지 않는다.	☐	☐	☐	☐	☐	☐	☐	☐
C. 차례를 기다릴 때는 초조함 때문에 속이 타는 것 같다.	☐	☐	☐	☐	☐	☐	☐	☐

67

문항	답안 1						답안 2	
	①	②	③	④	⑤	⑥	멀다	가깝다
A. 대담하고 모험적일 때가 많다.	☐	☐	☐	☐	☐	☐	☐	☐
B. 위험할 때는 결코 함부로 행동하지 않는다.	☐	☐	☐	☐	☐	☐	☐	☐
C. 사람을 만나는 것이 꺼려져 남들과 어울리지 못한다.	☐	☐	☐	☐	☐	☐	☐	☐

68

문항	답안 1						답안 2	
	①	②	③	④	⑤	⑥	멀다	가깝다
A. 창의성과 지성이 부족한 편이다.	▢	▢	▢	▢	▢	▢	▢	▢
B. 새롭고 다양한 예술 활동에 관심이 없다.	▢	▢	▢	▢	▢	▢	▢	▢
C. 개방적일수록 변화에 더 잘 적응한다고 생각한다.	▢	▢	▢	▢	▢	▢	▢	▢

69

문항	답안 1						답안 2	
	①	②	③	④	⑤	⑥	멀다	가깝다
A. 우월감으로 지나치게 자랑할 때가 많다.	▢	▢	▢	▢	▢	▢	▢	▢
B. 타인의 입장과 사정에 관심이 매우 많다.	▢	▢	▢	▢	▢	▢	▢	▢
C. '머리 검은 짐승은 구제하지 말라'는 속담을 믿는다.	▢	▢	▢	▢	▢	▢	▢	▢

70

문항	답안 1						답안 2	
	①	②	③	④	⑤	⑥	멀다	가깝다
A. 이익을 위해서라면 편법도 꺼리지 않는다.	▢	▢	▢	▢	▢	▢	▢	▢
B. 규칙과 의무를 지키는 일은 매우 번거롭다.	▢	▢	▢	▢	▢	▢	▢	▢
C. 일하는 시간, 노는 시간을 구분해 일에 방해가 되지 않게 한다.	▢	▢	▢	▢	▢	▢	▢	▢

71

문항	답안 1						답안 2	
	①	②	③	④	⑤	⑥	멀다	가깝다
A. 며칠 동안 집에만 있어도 우울하지 않다.	▢	▢	▢	▢	▢	▢	▢	▢
B. 죄책감으로 마음이 몹시 불편해지곤 한다.	▢	▢	▢	▢	▢	▢	▢	▢
C. 자신이 무용지물이라고 생각해 좌절할 때가 많다.	▢	▢	▢	▢	▢	▢	▢	▢

72

문항	답안 1						답안 2	
	①	②	③	④	⑤	⑥	멀다	가깝다
A. 우월감으로 독단적인 행동을 하곤 한다.	▢	▢	▢	▢	▢	▢	▢	▢
B. 매사에 적극적이며 반응이 빠른 편이다.	▢	▢	▢	▢	▢	▢	▢	▢
C. 남과 어울릴 때보다 혼자 있을 때 편안함을 크게 느낀다.	▢	▢	▢	▢	▢	▢	▢	▢

73

문항	답안 1						답안 2	
	①	②	③	④	⑤	⑥	멀다	가깝다
A. 참신한 예술 작품에 공감하지 못한다.	☐	☐	☐	☐	☐	☐	☐	☐
B. 통속적 작품도 예술로서 유의미할 것이다.	☐	☐	☐	☐	☐	☐	☐	☐
C. 미묘할수록 상상할 여지가 많아 좋다고 생각한다.	☐	☐	☐	☐	☐	☐	☐	☐

74

문항	답안 1						답안 2	
	①	②	③	④	⑤	⑥	멀다	가깝다
A. 봉사활동을 상당히 선호하는 편이다.	☐	☐	☐	☐	☐	☐	☐	☐
B. 갈등 상황에서 조화를 지향해 수용적이다.	☐	☐	☐	☐	☐	☐	☐	☐
C. 원하는 것이 있을 때만 타인이 나에게 친절하다고 생각한다.	☐	☐	☐	☐	☐	☐	☐	☐

75

문항	답안 1						답안 2	
	①	②	③	④	⑤	⑥	멀다	가깝다
A. 계획을 세운 것은 반드시 지킨다.	☐	☐	☐	☐	☐	☐	☐	☐
B. '될 대로 돼라'라고 생각할 때가 많다.	☐	☐	☐	☐	☐	☐	☐	☐
C. 물건을 살 때 여러 사이트를 검색해 최저가를 꼼꼼히 확인한다.	☐	☐	☐	☐	☐	☐	☐	☐

76

문항	답안 1						답안 2	
	①	②	③	④	⑤	⑥	멀다	가깝다
A. 불안과 스트레스에 매우 민감하다.	☐	☐	☐	☐	☐	☐	☐	☐
B. 수동적이며 타인의 동정을 바라는 편이다.	☐	☐	☐	☐	☐	☐	☐	☐
C. 스트레스를 받는 경우에도 결코 역정을 내지 않는다.	☐	☐	☐	☐	☐	☐	☐	☐

77

문항	답안 1						답안 2	
	①	②	③	④	⑤	⑥	멀다	가깝다
A. 사람들과 사귀는 것을 피하는 편이다.	☐	☐	☐	☐	☐	☐	☐	☐
B. 비난을 받을까봐 자기주장을 삼가는 편이다.	☐	☐	☐	☐	☐	☐	☐	☐
C. 논리 따지기를 좋아하고 주장이 매우 강한 편이다.	☐	☐	☐	☐	☐	☐	☐	☐

78

문항	답안 1						답안 2	
	①	②	③	④	⑤	⑥	멀다	가깝다
A. 참신한 시를 읽으면 기분이 상쾌해진다.	☐	☐	☐	☐	☐	☐	☐	☐
B. 지적인 자극을 찾는 일에 매우 소극적이다.	☐	☐	☐	☐	☐	☐	☐	☐
C. 유행을 타지 않을수록 명작이 되기 쉬울 것이다.	☐	☐	☐	☐	☐	☐	☐	☐

79

문항	답안 1						답안 2	
	①	②	③	④	⑤	⑥	멀다	가깝다
A. 타인보다는 자신의 만족이 더 중요하다.	☐	☐	☐	☐	☐	☐	☐	☐
B. 아랫사람에게는 존댓말을 거의 쓰지 않는다.	☐	☐	☐	☐	☐	☐	☐	☐
C. 대인관계에서 가장 중요한 것 두 가지는 신뢰와 정직일 것이다.	☐	☐	☐	☐	☐	☐	☐	☐

80

문항	답안 1						답안 2	
	①	②	③	④	⑤	⑥	멀다	가깝다
A. 자신의 유능함을 자부한다.	☐	☐	☐	☐	☐	☐	☐	☐
B. 자기를 성찰하는 일에 별로 관심이 없다.	☐	☐	☐	☐	☐	☐	☐	☐
C. 내가 한 일에 대한 책임을 회피하고 싶어지곤 한다.	☐	☐	☐	☐	☐	☐	☐	☐

81

문항	답안 1						답안 2	
	①	②	③	④	⑤	⑥	멀다	가깝다
A. 의지력이 약하고 걱정이 많은 편이다.	☐	☐	☐	☐	☐	☐	☐	☐
B. 자신에 대해 매우 비판적일 때가 많다.	☐	☐	☐	☐	☐	☐	☐	☐
C. 어떠한 경우에도 자신의 욕구를 합리적으로 통제할 수 있다.	☐	☐	☐	☐	☐	☐	☐	☐

82

문항	답안 1						답안 2	
	①	②	③	④	⑤	⑥	멀다	가깝다
A. 매우 활기차고 배짱이 있는 편이다.	☐	☐	☐	☐	☐	☐	☐	☐
B. 항상 상대방이 먼저 인사하기를 기다린다.	☐	☐	☐	☐	☐	☐	☐	☐
C. 위험한 상황에서도 매우 적극적으로 행동하곤 한다.	☐	☐	☐	☐	☐	☐	☐	☐

83

문항	답안 1						답안 2	
	①	②	③	④	⑤	⑥	멀다	가깝다
A. 호기심은 나를 이끄는 원동력이다.	☐	☐	☐	☐	☐	☐	☐	☐
B. 변화를 꿰뚫어 보는 통찰력이 있는 편이다.	☐	☐	☐	☐	☐	☐	☐	☐
C. 변화가 많은 것보다는 단순한 패턴을 선호한다.	☐	☐	☐	☐	☐	☐	☐	☐

84

문항	답안 1						답안 2	
	①	②	③	④	⑤	⑥	멀다	가깝다
A. 사랑과 평등은 내가 추구하는 가치이다.	☐	☐	☐	☐	☐	☐	☐	☐
B. 성희롱, 성차별 등의 이슈에 관심이 많다.	☐	☐	☐	☐	☐	☐	☐	☐
C. 남의 도움을 구하기보다는 혼자서 일을 처리하는 편이다.	☐	☐	☐	☐	☐	☐	☐	☐

85

문항	답안 1						답안 2	
	①	②	③	④	⑤	⑥	멀다	가깝다
A. 자기 개발과 관련한 글이나 책에 관심이 없다.	☐	☐	☐	☐	☐	☐	☐	☐
B. 오늘 할 일을 결코 다음으로 미루지 않는다.	☐	☐	☐	☐	☐	☐	☐	☐
C. 자신의 분야에서 최고 수준을 유지하기 위해 노력한다.	☐	☐	☐	☐	☐	☐	☐	☐

86

문항	답안 1						답안 2	
	①	②	③	④	⑤	⑥	멀다	가깝다
A. 위협에 민감하고 열등감을 자주 느낀다.	☐	☐	☐	☐	☐	☐	☐	☐
B. 환경이 바뀌어도 능률의 차이가 거의 없다.	☐	☐	☐	☐	☐	☐	☐	☐
C. 낙담, 슬픔 등의 감정에 별로 치우치지 않는 편이다.	☐	☐	☐	☐	☐	☐	☐	☐

87

문항	답안 1						답안 2	
	①	②	③	④	⑤	⑥	멀다	가깝다
A. 인간관계에 별로 관심이 없다.	☐	☐	☐	☐	☐	☐	☐	☐
B. 모험 정신과 활동성은 나의 큰 장점이다.	☐	☐	☐	☐	☐	☐	☐	☐
C. 윗사람에게 야단을 맞을 때 더 혼날까봐 변명을 하지 못한다.	☐	☐	☐	☐	☐	☐	☐	☐

88

문항	답안 1						답안 2	
	①	②	③	④	⑤	⑥	멀다	가깝다
A. 어떤 문제에 대해 가능한 한 다양하게 접근한다.	☐	☐	☐	☐	☐	☐	☐	☐
B. 지적인 탐구에 몰두하기를 즐기지 못한다.	☐	☐	☐	☐	☐	☐	☐	☐
C. 어떤 분야의 클래식이 된 데는 다 이유가 있다고 생각한다.	☐	☐	☐	☐	☐	☐	☐	☐

89

문항	답안 1						답안 2	
	①	②	③	④	⑤	⑥	멀다	가깝다
A. 정직하면 손해를 보기 쉽다고 생각한다.	☐	☐	☐	☐	☐	☐	☐	☐
B. SNS, 이메일 등 온라인 예절에 관심이 많다.	☐	☐	☐	☐	☐	☐	☐	☐
C. 타인에게 상처받기 전에 먼저 그에게 상처를 주곤 한다.	☐	☐	☐	☐	☐	☐	☐	☐

PART 3

90

문항	답안 1						답안 2	
	①	②	③	④	⑤	⑥	멀다	가깝다
A. 과정보다는 결과가 중요하다고 생각한다.	☐	☐	☐	☐	☐	☐	☐	☐
B. 나의 능력에 대한 자부심은 나의 장점이다.	☐	☐	☐	☐	☐	☐	☐	☐
C. 성공의 비결은 유연한 융통성에 있다고 생각한다.	☐	☐	☐	☐	☐	☐	☐	☐

91

문항	답안 1						답안 2	
	①	②	③	④	⑤	⑥	멀다	가깝다
A. 불안, 초조, 긴장 등을 느낄 때가 많다.	☐	☐	☐	☐	☐	☐	☐	☐
B. 자기 확신이 강하고 대체로 평온한 편이다.	☐	☐	☐	☐	☐	☐	☐	☐
C. 열등의식 때문에 스트레스를 받는 경우가 많다.	☐	☐	☐	☐	☐	☐	☐	☐

92

문항	답안 1						답안 2	
	①	②	③	④	⑤	⑥	멀다	가깝다
A. 인맥을 넓히는 일에 관심이 거의 없다.	☐	☐	☐	☐	☐	☐	☐	☐
B. 대인관계에서 두려움을 느끼지 않는 편이다.	☐	☐	☐	☐	☐	☐	☐	☐
C. 논리를 따지길 선호하고 자기주장이 매우 강한 편이다.	☐	☐	☐	☐	☐	☐	☐	☐

93

문항	답안 1						답안 2	
	①	②	③	④	⑤	⑥	멀다	가깝다
A. 호기심은 인간의 지극한 본능이다.	☐	☐	☐	☐	☐	☐	☐	☐
B. 능률, 안전 등에 큰 가치를 두는 편이다.	☐	☐	☐	☐	☐	☐	☐	☐
C. 오케스트라를 구성하는 악기의 수는 많을수록 좋을 것이다.	☐	☐	☐	☐	☐	☐	☐	☐

94

문항	답안 1						답안 2	
	①	②	③	④	⑤	⑥	멀다	가깝다
A. 나의 이익이 타인의 행복보다 중요하다.	☐	☐	☐	☐	☐	☐	☐	☐
B. 남들로부터 상냥하다는 평가를 받곤 한다.	☐	☐	☐	☐	☐	☐	☐	☐
C. 인간의 존엄성은 어떠한 경우에도 최우선의 가치이다.	☐	☐	☐	☐	☐	☐	☐	☐

95

문항	답안 1						답안 2	
	①	②	③	④	⑤	⑥	멀다	가깝다
A. 목적을 위해 현재의 유혹을 잘 참는다.	☐	☐	☐	☐	☐	☐	☐	☐
B. '어떻게든 되겠지'라고 생각할 때가 많다.	☐	☐	☐	☐	☐	☐	☐	☐
C. 책임을 다하려면 자신의 능력에 자부심을 가져야 한다.	☐	☐	☐	☐	☐	☐	☐	☐

96

문항	답안 1						답안 2	
	①	②	③	④	⑤	⑥	멀다	가깝다
A. 감정의 균형을 꾸준히 유지할 수 있다.	☐	☐	☐	☐	☐	☐	☐	☐
B. 일상에서 스트레스를 받는 일이 거의 없다.	☐	☐	☐	☐	☐	☐	☐	☐
C. 별것 아닌 일 때문에 자신감을 잃는 경우가 많은 편이다.	☐	☐	☐	☐	☐	☐	☐	☐

97

문항	답안 1						답안 2	
	①	②	③	④	⑤	⑥	멀다	가깝다
A. 폭넓은 인간관계는 거추장스러울 뿐이다.	☐	☐	☐	☐	☐	☐	☐	☐
B. 타인이 리더 역할을 잘하도록 돕는 편이다.	☐	☐	☐	☐	☐	☐	☐	☐
C. 대인관계에서 자신의 느낌과 생각을 적극적으로 표현한다.	☐	☐	☐	☐	☐	☐	☐	☐

98

문항	답안 1						답안 2	
	①	②	③	④	⑤	⑥	멀다	가깝다
A. 창의적 사고에 능숙하지 못하다.	☐	☐	☐	☐	☐	☐	☐	☐
B. 자신이 남들과 차별화되는 것이 싫다.	☐	☐	☐	☐	☐	☐	☐	☐
C. 구성원의 수가 많을수록 창의적 아이디어 개발에 효율적일 것이다.	☐	☐	☐	☐	☐	☐	☐	☐

99

문항	답안 1						답안 2	
	①	②	③	④	⑤	⑥	멀다	가깝다
A. 정직보다는 이익이 더 중요하다고 여긴다.	☐	☐	☐	☐	☐	☐	☐	☐
B. 상대가 누구이건 항상 높임말을 사용한다.	☐	☐	☐	☐	☐	☐	☐	☐
C. 남의 의도를 부정적으로 해석해 공격적일 때가 많다.	☐	☐	☐	☐	☐	☐	☐	☐

100

문항	답안 1						답안 2	
	①	②	③	④	⑤	⑥	멀다	가깝다
A. 성취감은 나에게 별로 중요하지 않다.	☐	☐	☐	☐	☐	☐	☐	☐
B. 장기적인 청사진을 만드는 일은 버겁다.	☐	☐	☐	☐	☐	☐	☐	☐
C. 사회적 규범을 나름대로 지키면서 살아왔다고 자부한다.	☐	☐	☐	☐	☐	☐	☐	☐

유형II

※ 각 문항에 대해 자신이 동의하는 정도에 따라 ① 전혀 그렇지 않다, ② 그렇지 않다, ③ 그렇다, ④ 매우 그렇다 중 하나를 선택하시오. **[1~63]**

01

1. 잘하지 못하는 것이라도 자진해서 한다.
2. 외출할 때 날씨가 좋지 않아도 그다지 신경을 쓰지 않는다.

1.	①	②	③	④
2.	①	②	③	④

02

1. 모르는 사람과 이야기하는 것은 용기가 필요하다.
2. 하나의 취미를 오래 지속하는 편이다.

1.	①	②	③	④
2.	①	②	③	④

03

1. 남의 생일이나 명절 때 선물을 사러 다니는 일이 귀찮게 느껴진다.
2. 실패하든 성공하든 그 원인을 꼭 분석한다.

1.	①	②	③	④
2.	①	②	③	④

04

1. 나 혼자라고 생각한 적은 한 번도 없다.
2. 내가 노력하는 만큼 상대방도 내게 정성을 보일 것이라 생각한다.

1.	①	②	③	④
2.	①	②	③	④

05

1. 동작이 기민한 편이다.
2. 훌쩍 여행을 떠나고 싶을 때가 자주 있다.

1.	①	②	③	④
2.	①	②	③	④

06

1. 상대에게 자신의 의견을 잘 주장하지 못한다.
2. 다른 사람들이 하지 못하는 일을 하고 싶다.

1.	①	②	③	④
2.	①	②	③	④

07

1. 타인에게 간섭받는 것은 싫다.
2. 막무가내라는 말을 들을 때가 많다.

1.	①	②	③	④
2.	①	②	③	④

08

1. 쉽게 싫증을 내는 편이다.
2. 친구들과 남의 이야기를 하는 것을 좋아한다.

1.	①	②	③	④
2.	①	②	③	④

09

1. 집에서 가만히 있으면 기분이 우울해진다.
2. 몸으로 부딪쳐 도전하는 편이다.

1.	①	②	③	④
2.	①	②	③	④

10

1. 부모님께 불평을 한 적이 한 번도 없다.
2. 일에는 결과가 중요하다고 생각한다.

1.	①	②	③	④
2.	①	②	③	④

11

1. 기다리는 것에 짜증을 내는 편이다.
2. 인간관계가 폐쇄적이라는 말을 듣는다.

1.	①	②	③	④
2.	①	②	③	④

12

1. 난관에 봉착해도 포기하지 않고 열심히 해본다.
2. 반대에 부딪혀도 자신의 의견을 바꾸는 일은 없다.

1.	①	②	③	④
2.	①	②	③	④

13

1. 그룹 내에서는 누군가의 주도 하에 따라가는 경우가 많다.
2. 휴일은 세부적인 계획을 세우고 보낸다.

1.	①	②	③	④
2.	①	②	③	④

14

1. 이유도 없이 다른 사람과 부딪힐 때가 있다.
2. 지금까지 후회를 한 적이 없다.

1.	①	②	③	④
2.	①	②	③	④

15

1. 여행을 가기 전에는 미리 세세한 계획을 세운다.
2. 번화한 곳에 외출하는 것을 좋아한다.

1.	①	②	③	④
2.	①	②	③	④

16

1. 계획을 생각하기보다 빨리 실행하고 싶어한다.
2. 융통성이 없는 편이다.

1.	①	②	③	④
2.	①	②	③	④

17

1. 어색해지면 입을 다무는 경우가 많다.
2. 앞으로의 일을 생각하지 않으면 진정이 되지 않는다.

1.	①	②	③	④
2.	①	②	③	④

18

1. 반대에 부딪혀도 자신의 의견을 바꾸는 일은 없다.
2. 실행하기 전에 재확인할 때가 많다.

1.	①	②	③	④
2.	①	②	③	④

19

1. 좀처럼 결단을 내리지 못하는 경우가 있다.
2. 하나의 취미를 오래 지속하는 편이다.

1.	①	②	③	④
2.	①	②	③	④

20

1. 타인에게 간섭받는 것은 싫다.
2. 행동으로 옮기기까지 시간이 걸린다.

1.	①	②	③	④
2.	①	②	③	④

21

1. 다른 사람들이 하지 못하는 일을 하고 싶다.
2. 해야 할 일은 신속하게 처리한다.

1.	①	②	③	④
2.	①	②	③	④

22

1. 모르는 사람과 이야기하는 것이 두렵지 않다.
2. 끙끙거리며 생각할 때가 많다.

1.	①	②	③	④
2.	①	②	③	④

23

1. 다른 사람에게 항상 움직이고 있다는 말을 듣는다.
2. 매사에 여러 일에 얽매인다.

1.	①	②	③	④
2.	①	②	③	④

24

1. 잘하지 못하는 게임은 하지 않으려고 한다.
2. 어떠한 일이 있어도 출세하고 싶다.

1.	①	②	③	④
2.	①	②	③	④

25

1. 막무가내라는 말을 들을 때가 많다.
2. 남과 친해지려면 용기가 필요하다.

1.	①	②	③	④
2.	①	②	③	④

26

1. 통찰력이 있다고 생각한다.
2. 가끔 기분이 우울하다.

1.	①	②	③	④
2.	①	②	③	④

27

1. 매사에 느긋하고 차분하게 행동한다.
2. 좋은 생각이 떠올라도 실행하기 전에 여러 번 검토한다.

1.	①	②	③	④
2.	①	②	③	④

28

1. 누구나 권력자를 동경하고 있다고 생각한다.
2. 몸으로 부딪쳐 도전하는 편이다.

1.	①	②	③	④
2.	①	②	③	④

29

1. 내성적이라고 생각한다.
2. 대충하는 것을 좋아한다.

1.	①	②	③	④
2.	①	②	③	④

30

1. 계획을 세우고 행동할 때가 많다.
2. 일에는 결과가 중요하다.

1.	①	②	③	④
2.	①	②	③	④

31

1. 활력이 있다.
2. 더 이상 인간관계를 넓히고 싶지 않다.

1.	①	②	③	④
2.	①	②	③	④

32

1. 매사에 신중한 편이라고 생각한다.
2. 눈을 뜨면 바로 일어난다.

1.	①	②	③	④
2.	①	②	③	④

33

1. 난관에 봉착해도 포기하지 않고 열심히 한다.
2. 실행하기 전에 재확인할 때가 많다.

1.	①	②	③	④
2.	①	②	③	④

34

1. 리더로서 인정을 받고 싶다.
2. 어떤 일이 있어도 의욕을 가지고 열심히 하는 편이다.

1.	①	②	③	④
2.	①	②	③	④

35

1. 누군가의 의견에 따라가는 경우가 많다.
2. 차분하다는 말을 자주 듣는다.

1.	①	②	③	④
2.	①	②	③	④

36

1. 스포츠 선수가 되고 싶다고 생각한 적이 있다.
2. 모두가 싫증을 내는 일에도 혼자서 열심히 한다.

1.	①	②	③	④
2.	①	②	③	④

37

1. 휴일은 세부적인 계획을 세우고 보낸다.
2. 완성된 것보다도 미완성인 것에 흥미가 있다.

1.	①	②	③	④
2.	①	②	③	④

38

1. 못할 것 같아도 일단 해본다.
2. 의견이 다른 사람과는 어울리지 않는다.

1.	①	②	③	④
2.	①	②	③	④

39

1. 무슨 일이든 생각해 보지 않으면 만족하지 못한다.
2. 다소 무리를 하더라도 피로해지지 않는다.

1.	①	②	③	④
2.	①	②	③	④

40

1. 굳이 말하자면 장거리 주자에 어울린다고 생각한다.
2. 여행을 가기 전에는 아무런 계획을 세우지 않는다.

1.	①	②	③	④
2.	①	②	③	④

41

1. 능력을 살릴 수 있는 일을 하고 싶다.
2. 내 성격이 시원시원하다고 생각한다.

1.	①	②	③	④
2.	①	②	③	④

42

1. 다른 사람에게 자신이 소개되는 것을 좋아한다.
2. 실행하기 전에 재고하는 경우가 많다.

1.	①	②	③	④
2.	①	②	③	④

43

1. 몸을 움직이는 것을 좋아한다.
2. 나는 완고한 편이라고 생각한다.

1.	①	②	③	④
2.	①	②	③	④

44

1. 신중하게 생각하는 편이다.
2. 커다란 일을 해보고 싶다.

1.	①	②	③	④
2.	①	②	③	④

45

1. 계획을 생각한 것보다 빨리 실행하고 싶어한다.
2. 처음 만난 사람과의 대화를 길게 이끌지 못한다.

1.	①	②	③	④
2.	①	②	③	④

46

1. 하루의 행동을 반성하는 경우가 많다.
2. 격렬한 운동도 그다지 힘들어하지 않는다.

1.	①	②	③	④
2.	①	②	③	④

47

1. 인생에서 중요한 것은 높은 목표를 갖는 것이다.
2. 무슨 일이든 선수를 쳐야 이긴다고 생각한다.

1.	①	②	③	④
2.	①	②	③	④

48

1. 남들과의 교제에 소극적인 편이라고 생각한다.
2. 복잡한 것을 생각하는 것을 좋아한다.

1.	①	②	③	④
2.	①	②	③	④

49

1. 운동하는 것을 좋아한다.
2. 참을성이 강하다.

1.	①	②	③	④
2.	①	②	③	④

50

1. 예측이 되지 않으면 행동으로 옮기지 않을 때가 많다.
2. 남들 위에 서서 일을 하고 싶다.

1.	①	②	③	④
2.	①	②	③	④

51

1. 실제로 행동하기보다 생각하는 것을 좋아한다.
2. 목소리가 큰 편이라고 생각한다.

1.	①	②	③	④
2.	①	②	③	④

52

1. 계획을 중도에 변경하는 것은 싫다.
2. 호텔이나 여관에 묵으면 반드시 비상구를 확인한다.

1.	①	②	③	④
2.	①	②	③	④

53

1. 목표는 높을수록 좋다.
2. 기왕 하는 것이라면 온 힘을 다한다.

1.	①	②	③	④
2.	①	②	③	④

54

1. 얌전한 사람이라는 말을 들을 때가 많다.
2. 침착하게 행동하는 편이다.

1.	①	②	③	④
2.	①	②	③	④

55

1. 활동적이라는 이야기를 자주 듣는다.
2. 한 가지 일에 열중하는 것을 좋아한다.

1.	①	②	③	④
2.	①	②	③	④

56

1. 쓸데없는 걱정을 할 때가 많다.
2. 굳이 말하자면 야심가이다.

1.	①	②	③	④
2.	①	②	③	④

57

1. 수비보다 공격하는 것에 자신이 있다.
2. 친한 사람하고만 어울리고 싶다.

1.	①	②	③	④
2.	①	②	③	④

58

1. 불가능해 보이는 일이라도 포기하지 않고 계속한다.
2. 일을 할 때에는 꼼꼼하게 계획을 세우고 실행한다.

1.	①	②	③	④
2.	①	②	③	④

59

1. 현실에 만족하지 않고 더욱 개선하고 싶다.
2. 결심하면 바로 착수한다.

1.	①	②	③	④
2.	①	②	③	④

60

1. 처음 만나는 사람과는 잘 이야기하지 못한다.
2. 일처리에 냉정하다.

1.	①	②	③	④
2.	①	②	③	④

61

1. 다른 사람들의 눈길을 끌고 주목을 받는 것이 아무렇지도 않다.
2. 색채감각이나 미적 감각이 풍부한 편이다.

1.	①	②	③	④
2.	①	②	③	④

62

1. 사건의 뒤에 숨은 본질을 생각해 보기를 좋아한다.
2. 회의에서 사회나 서기의 역할이 있다면 서기 쪽이 맞을 것 같다.

1.	①	②	③	④
2.	①	②	③	④

63

1. 새로운 아이디어를 생각해내는 일이 좋다.
2. 물건을 만들거나 도구를 사용하는 일이 싫지는 않다.

1.	①	②	③	④
2.	①	②	③	④

많이 보고 많이 겪고 많이 공부하는 것은 배움의 세 기둥이다.

– 벤자민 디즈라엘리 –

PART 4

면접

CHAPTER

01 면접 유형 및 실전 대책

01 면접 주요사항

면접의 사전적 정의는 면접관이 지원자를 직접 만나보고 인품(人品)이나 언행(言行) 따위를 시험하는 일로, 흔히 필기시험 후에 최종적으로 심사하는 방법이다.
최근 주요 기업의 인사담당자들을 대상으로 채용 시 면접이 차지하는 비중을 설문조사했을 때, 50 ~ 80% 이상이라고 답한 사람이 전체 응답자의 80%를 넘었다. 이와 대조적으로 지원자들을 대상으로 취업 시험에서 면접을 준비하는 기간을 물었을 때, 대부분의 응답자가 2 ~ 3일 정도라고 대답했다.
지원자가 일정 수준의 스펙을 갖추기 위해 자격증 시험과 토익을 치르고 이력서와 자기소개서까지 쓰다 보면 면접까지 챙길 여유가 없는 것이 사실이다. 그리고 서류전형과 인적성검사를 통과해야만 면접을 볼 수 있기 때문에 자연스럽게 면접은 취업시험 과정에서 그 비중이 작아질 수밖에 없다. 하지만 아이러니하게도 실제 채용 과정에서 면접이 차지하는 비중은 절대적이라고 해도 과언이 아니다.
기업들은 채용 과정에서 토론 면접, 인성 면접, 프레젠테이션 면접, 역량 면접 등의 다양한 면접을 실시한다. 1차 커트라인이라고 할 수 있는 서류전형을 통과한 지원자들의 스펙이나 능력은 서로 엇비슷하다고 판단되기 때문에 서류상 보이는 자격증이나 토익 성적보다는 지원자의 인성을 파악하기 위해 면접을 더욱 강화하는 것이다. 일부 기업은 의도적으로 압박 면접을 실시하기도 한다. 지원자가 당황할 수 있는 질문을 던져서 그것에 대한 지원자의 반응을 살펴보는 것이다.
면접은 다르게 생각한다면 '나는 누구인가'에 대한 물음에 해답을 줄 수 있는 가장 현실적이고 미래적인 경험이 될 수 있다. 취업난 속에서 자격증을 취득하고 토익 성적을 올리기 위해 앞만 보고 달려온 지원자들은 자신에 대해서 고민하고 탐구할 수 있는 시간을 평소 쉽게 가질 수 없었을 것이다. 자신을 잘 알고 있어야 자신에 대해서 자신감 있게 말할 수 있다. 대체로 사람들은 자신에게 관대한 편이기 때문에 스스로에 대해서 어떤 기대와 환상을 가지고 있는 경우가 많다. 하지만 면접은 제삼자에 의해 개인의 능력을 객관적으로 평가받는 시험이다. 어떤 지원자들은 다른 사람에게 자신을 표현하는 것을 어려워한다. 평소에 잘 사용하지 않는 용어를 내뱉으면서 거창하게 자신을 포장하는 지원자도 많다. 면접에서 가장 기본은 자기 자신을 면접관에게 알기 쉽게 표현하는 것이다.
이러한 표현을 바탕으로 자신이 앞으로 하고자 하는 것과 그에 대한 이유를 설명해야 한다. 최근에는 자신감을 향상시키거나 말하는 능력을 높이는 학원도 많기 때문에 얼마든지 자신의 단점을 극복할 수 있다.

1. 자기소개의 기술

자기소개를 시키는 이유는 면접자가 지원자의 자기소개서를 압축해서 듣고, 지원자의 첫인상을 평가할 시간을 가질 수 있기 때문이다. 면접을 위한 워밍업이라고 할 수 있으며, 첫인상을 결정하는 과정이므로 매우 중요한 순간이다.

(1) 정해진 시간에 자기소개를 마쳐야 한다.

쉬워 보이지만 의외로 지원자들이 정해진 시간을 넘기거나 혹은 빨리 끝내서 면접관에게 지적을 받는 경우가 많다. 본인이 면접을 받는 마지막 지원자가 아닌 이상, 정해진 시간을 지키지 않는 것은 수많은 지원자를 상대하기에 바쁜 면접관과 대기 시간에 지친 다른 지원자들에게 불쾌감을 줄 수 있다.
또한 회사에서 시간관념은 절대적인 것이므로 반드시 자기소개 시간을 지켜야 한다. 말하기는 1분에 200자 원고지 2장 분량의 글을 읽는 만큼의 속도가 가장 적당하다. 이를 A4 용지에 10point 글자 크기로 작성하면 반 장 분량이 된다.

(2) 간단하지만 신선한 문구로 자기소개를 시작하자.

요즈음 많은 지원자가 이 방법을 사용하고 있기 때문에 웬만한 소재의 문구가 아니면 면접관의 관심을 받을 수 없다. 이러한 문구는 시대적으로 유행하는 광고 카피를 패러디하는 경우와 격언 등을 인용하는 경우, 그리고 지원한 회사의 IC나 경영이념, 인재상 등을 사용하는 경우 등이 있다. 지원자는 이러한 여러 문구 중에 자신의 첫인상을 북돋아 줄 수 있는 것을 선택해서 말해야 한다. 자신의 이름을 문구 속에 적절하게 넣어서 말한다면 좀 더 효과적인 자기소개가 될 것이다.

(3) 무엇을 먼저 말할 것인지 고민하자.

면접관이 많이 던지는 질문 중 하나가 지원동기이다. 그래서 성장기를 바로 건너뛰고, 지원한 회사에 들어오기 위해 대학에서 어떻게 준비했는지를 설명하는 자기소개가 대세이다.

(4) 면접관의 호기심을 자극해 관심을 불러일으킬 수 있게 말하라.

면접관에게 질문을 많이 받는 지원자의 합격률이 반드시 높은 것은 아니지만, 질문을 전혀 안 받는 것보다는 좋은 평가를 기대할 수 있다. 지원한 분야와 관련된 수상 경력이나 프로젝트 등을 말하는 것도 좋다. 이는 지원자의 업무 능력과 직접 연결되는 것이므로 효과적인 자기 홍보가 될 수 있다. 일부 지원자들은 자신만의 특별한 경험을 이야기하는데, 이때는 그 경험이 보편적으로 사람들의 공감대를 얻을 수 있는 것인지 다시 생각해봐야 한다.

(5) 마지막 고개를 넘기가 가장 힘들다.

첫 단추도 중요하지만, 마지막 단추도 중요하다. 하지만 왠지 격식을 따지는 인사말은 지나가는 인사말 같고, 다르게 하자니 예의에 어긋나는 것 같은 기분이 든다. 이때는 처음에 했던 자신만의 문구를 다시 한 번 말하는 것도 좋은 방법이다. 자연스러운 끝맺음이 될 수 있도록 적절한 연습이 필요하다.

2. 1분 자기소개 시 주의사항

(1) 자기소개서와 자기소개가 똑같다면 감점일까?

아무리 자기소개서를 외워서 말한다 해도 자기소개가 자기소개서와 완전히 똑같을 수는 없다. 자기소개서의 분량이 더 많고 회사마다 요구하는 필수 항목들이 있기 때문에 굳이 고민할 필요는 없다. 오히려 자기소개서의 내용을 잘 정리한 자기소개가 더 좋은 결과를 만들 수 있다. 하지만 자기소개서와 상반된 내용을 말하는 것은 적절하지 않다. 지원자의 신뢰성이 떨어진다는 것은 곧 불합격을 의미하기 때문이다.

(2) 말하는 자세를 바르게 익혀라.

지원자가 자기소개를 하는 동안 면접관은 지원자의 동작 하나하나를 관찰한다. 그렇기 때문에 바른 자세가 중요하다는 것은 우리가 익히 알고 있다. 하지만 문제는 무의식적으로 나오는 습관 때문에 자세가 흐트러져 나쁜 인상을 줄 수 있다는 것이다. 이러한 습관을 고칠 수 있는 가장 좋은 방법은 캠코더 등으로 자신의 모습을 담는 것이다. 거울을 사용할 경우에는 시선이 자꾸 자기 눈과 마주치기 때문에 집중하기 힘들다. 하지만 촬영된 동영상은 제삼자의 입장에서 자신을 볼 수 있기 때문에 많은 도움이 된다.

(3) 정확한 발음과 억양으로 자신 있게 말하라.

지원자의 모양새가 아무리 뛰어나도, 목소리가 작고 발음이 부정확하면 큰 감점을 받는다. 이러한 모습은 지원자의 좋은 점에까지 악영향을 끼칠 수 있다. 직장을 흔히 사회생활의 시작이라고 말하는 시대적 정서에서 사람들과 의사소통을 하는 데 문제가 있다고 판단되는 지원자는 부적절한 인재로 평가될 수밖에 없다.

3. 대화법

전문가들이 말하는 대화법의 핵심은 '상대방을 배려하면서 이야기하라.'는 것이다. 대화는 나와 다른 사람의 소통이다. 내용에 대한 공감이나 이해가 없다면 대화는 더 진전되지 않는다.

베스트셀러 『카네기 인간관계론』의 작가인 철학자 카네기가 말하는 최상의 대화법은 자신의 경험을 토대로 이야기하는 것이다. 즉, 살아오면서 직접 겪은 경험이 상대방의 관심을 끌 수 있는 가장 좋은 이야깃거리인 것이다. 특히, 어떤 일을 이루기 위해 노력하는 과정에서 겪은 실패나 희망에 대해 진솔하게 얘기한다면 상대방은 어느새 당신의 편에 서서 그 이야기에 동조할 것이다.

독일의 사업가이자 동기부여 트레이너인 위르겐 힐러의 연설법 중 가장 유명한 것은 '시즐(Sizzle)'을 잡는 것이다. 시즐이란, 새우튀김이나 돈가스가 기름에서 지글지글 튀겨질 때 나는 소리이다. 즉, 자신의 말을 듣고 시즐처럼 반응하는 상대방의 감정에 적절하게 대응하라는 것이다.

말을 시작한 지 10 ~ 15초 안에 상대방의 '시즐'을 알아차려야 한다. 자신의 이야기에 대한 상대방의 첫 반응에 따라 말하기 전략도 달라져야 한다. 첫 이야기의 반응이 미지근하다면 가능한 한 그 이야기를 빨리 마무리하고 새로운 이야깃거리를 생각해내야 한다. 길지 않은 면접 시간 내에 몇 번 오지 않는 대답의 기회를 살리기 위해서 보다 전략적이고 냉철해야 하는 것이다.

4. 차림새

(1) 구두

면접에 어떤 옷을 입어야 할지를 며칠 동안 고민하면서 정작 구두는 면접 보는 날 현관을 나서면서 즉흥적으로 신고 가는 지원자들이 많다. 구두를 보면 그 사람의 됨됨이를 알 수 있다고 한다. 면접관 역시 이러한 것을 놓치지 않기 때문에 지원자는 자신의 구두에 더욱 신경을 써야 한다. 스타일의 마무리는 발끝에서 이루어지는 것이다. 아무리 멋진 옷을 입고 있어도 구두가 어울리지 않는다면 전체 스타일이 흐트러지기 때문이다.

정장용 구두는 디자인이 깔끔하고, 에나멜 가공처리를 하여 광택이 도는 페이턴트 가죽 소재 제품이 무난하다. 검정 계열 구두는 회색과 감색 정장에, 브라운 계열의 구두는 베이지나 갈색 정장에 어울린다. 참고로 구두는 오전에 사는 것보다 발이 충분히 부은 상태인 저녁에 사는 것이 좋다. 마지막으로 당연한 일이지만 반드시 면접을 보는 전날 구두 뒤축이 닳지는 않았는지 확인하고 구두에 광을 내 둔다.

(2) 양말

양말은 정장과 구두의 색상을 비교해서 골라야 한다. 특히 검정이나 감색의 진한 색상의 바지에 흰 양말을 신는 것은 시대에 뒤처지는 일이다. 일반적으로 양말의 색깔은 바지의 색깔과 같아야 한다. 또한 양말의 길이도 신경 써야 한다. 바지를 입을 경우, 의자에 바르게 앉거나 다리를 꼬아서 앉을 때 다리털이 보여서는 안 된다. 반드시 긴 정장 양말을 신어야 한다.

(3) 정장

지원자는 평소에 정장을 입을 기회가 많지 않기 때문에 면접을 볼 때 본인 스스로도 옷을 어색하게 느끼는 경우가 많다. 옷을 불편하게 느끼기 때문에 자세마저 불안정한 지원자도 볼 수 있다. 그러므로 면접 전에 정장을 입고 생활해보는 것도 나쁘지는 않다.

일반적으로 면접을 볼 때는 상대방에게 신뢰감을 줄 수 있는 남색 계열의 옷이나 어떤 계절이든 무난하고 깔끔해보이는 회색 계열의 정장을 많이 입는다. 정장은 유행에 따라서 재킷의 디자인이나 버튼의 개수가 바뀌기 때문에 너무 오래된 옷을 입어서 다른 사람의 옷을 빌려 입고 나온 듯한 인상을 주어서는 안 된다.

(4) 헤어스타일과 메이크업

헤어스타일에 자신이 없다면 미용실에 다녀오는 것도 좋은 방법이다. 또한 자신에게 어울리는 메이크업을 하는 것도 괜찮다. 메이크업은 상대에 대한 예의를 갖추는 것이므로 지나치게 화려한 메이크업이 아니라면 보다 준비된 지원자처럼 보일 수 있다.

5. 첫인상

취업을 위해 성형수술을 받는 사람들에 대한 이야기는 더 이상 뉴스거리가 되지 않는다. 그만큼 많은 사람이 좁은 취업문을 뚫기 위해 이미지 향상에 신경을 쓰고 있다. 이는 면접관에게 좋은 첫인상을 주기 위한 것으로, 지원서에 올리는 증명사진을 이미지 프로그램을 통해 수정하는 이른바 '사이버 성형'이 유행하는 것과 같은 맥락이다. 실제로 외모가 채용 과정에서 영향을 끼치는가에 대한 설문조사에서도 60% 이상의 인사담당자들이 그렇다고 답변했다.

하지만 외모와 첫인상을 절대적인 관계로 이해하는 것은 잘못된 판단이다. 외모가 첫인상에서 많은 부분을 차지하지만, 외모 외에 다른 결점이 발견된다면 그로 인해 장점들이 가려질 수도 있다. 이러한 현상은 아래에서 다시 논하겠다.

첫인상은 말 그대로 한 번밖에 기회가 주어지지 않으며 몇 초 안에 결정된다. 첫인상을 결정짓는 요소 중 시각적인 요소가 80% 이상을 차지한다. 첫눈에 들어오는 생김새나 복장, 표정 등에 의해서 결정되는 것이다. 면접을 시작할 때 자기소개를 시키는 것도 지원자별로 첫인상을 평가하기 위해서이다. 첫인상이 중요한 이유는 만약 첫인상이 부정적으로 인지될 경우, 지원자의 다른 좋은 면까지 거부당하기 때문이다. 이러한 현상을 심리학에서는 초두효과(Primacy Effect)라고 한다.

그래서 한 번 형성된 첫인상은 여간해서 바꾸기 힘들다. 이는 첫인상이 나중에 들어오는 정보까지 영향을 주기 때문이다. 첫인상의 정보가 나중에 들어오는 정보 처리의 지침이 되는 것을 심리학에서는 맥락효과(Context Effect)라고 한다. 따라서 평소에 첫인상을 좋게 만들기 위한 노력을 꾸준히 해야만 하는 것이다.

좋은 첫인상이 반드시 외모에만 집중되는 것은 아니다. 오히려 깔끔한 옷차림과 부드러운 표정 그리고 말과 행동 등에 의해 전반적인 이미지가 만들어진다. 누구나 이러한 것 중에 한두 가지 단점을 가지고 있다. 요즈음은 이미지 컨설팅을 통해서 자신의 단점들을 보완하는 지원자도 있다. 특히, 표정이 밝지 않은 지원자는 평소 웃는 연습을 의식적으로 하여 면접을 받는 동안 계속해서 여유 있는 표정을 짓는 것이 중요하다. 성공한 사람들은 인상이 좋다는 것을 명심하자.

02 면접의 유형 및 실전 대책

1. 면접의 유형

과거 천편일률적인 일대일 면접과 달리 면접에는 다양한 유형이 도입되어 현재는 "면접은 이렇게 보는 것이다."라고 말할 수 있는 정해진 유형이 없어졌다. 그러나 대기업 면접에서는 현재까지는 집단 면접과 다대일 면접이 진행되고 있으므로 어느 정도 유형을 파악하여 사전에 대비가 가능하다. 면접의 기본인 단독 면접부터, 다대일 면접, 집단 면접의 유형과 그 대책에 대해 알아보자.

(1) 단독 면접

단독 면접이란 응시자와 면접관이 1대1로 마주하는 형식을 말한다. 면접위원 한 사람과 응시자 한 사람이 마주 앉아 자유로운 화제를 가지고 질의응답을 되풀이하는 방식이다. 이 방식은 면접의 가장 기본적인 방법으로 소요시간은 10 ~ 20분 정도가 일반적이다.

① 장점

필기시험 등으로 판단할 수 없는 성품이나 능력을 알아내는 데 가장 적합하다고 평가받아 온 면접방식으로 응시자 한 사람 한 사람에 대해 여러 면에서 비교적 폭넓게 파악할 수 있다. 응시자의 입장에서는 한 사람의 면접관만을 대하는 것이므로 상대방에게 집중할 수 있으며, 긴장감도 다른 면접방식에 비해서는 적은 편이다.

② 단점

면접관의 주관이 강하게 작용해 객관성을 저해할 소지가 있으며, 면접 평가표를 활용한다 하더라도 일면적인 평가에 그칠 가능성을 배제할 수 없다. 또한 시간이 많이 소요되는 것도 단점이다.

단독 면접 준비 Point

단독 면접에 대비하기 위해서는 평소 1대1로 논리 정연하게 대화를 나눌 수 있는 능력을 기르는 것이 중요하다. 그리고 면접장에서는 면접관을 선배나 선생님 혹은 아버지를 대하는 기분으로 면접에 임하는 것이 부담도 훨씬 적고 실력을 발휘할 수 있는 방법이 될 것이다.

(2) 다대일 면접

다대일 면접은 일반적으로 가장 많이 사용되는 면접방법으로 보통 2～5명의 면접관이 1명의 응시자에게 질문하는 형태의 면접방법이다. 면접관이 여러 명이므로 다각도에서 질문을 하여 응시자에 대한 정보를 많이 알아낼 수 있다는 점 때문에 선호하는 면접방법이다.

하지만 응시자의 입장에서는 질문도 면접관에 따라 각양각색이고 동료 응시자가 없으므로 숨 돌릴 틈도 없게 느껴진다. 또한 관찰하는 눈도 많아서 조그만 실수라도 지나치는 법이 없기 때문에 정신적 압박과 긴장감이 높은 면접방법이다. 따라서 응시자는 긴장을 풀고 한 시험관이 묻더라도 면접관 전원을 향해 대답한다는 기분으로 또박또박 대답하는 자세가 필요하다.

① 장점

면접관이 집중적인 질문과 다양한 관찰을 통해 응시자가 과연 조직에 필요한 인물인가를 완벽히 검증할 수 있다.

② 단점

면접시간이 보통 10～30분 정도로 좀 긴 편이고 응시자에게 지나친 긴장감을 조성하는 면접방법이다.

다대일 면접 준비 Point

질문을 들을 때 시선은 면접위원을 향하고 다른 데로 돌리지 말아야 하며, 대답할 때에도 고개를 숙이거나 입속에서 우물거리는 소극적인 태도는 피하도록 한다. 면접위원과 대등하다는 마음가짐으로 편안한 태도를 유지하면 대답도 자연스러운 상태에서 좀 더 충실히 할 수 있고, 이에 따라 면접위원이 받는 인상도 달라진다.

(3) 집단 면접

집단 면접은 다수의 면접관이 여러 명의 응시자를 한꺼번에 평가하는 방식으로 짧은 시간에 능률적으로 면접을 진행할 수 있다. 각 응시자에 대한 질문내용, 질문횟수, 시간배분이 똑같지는 않으며, 모두에게 같은 질문이 주어지기도 하고, 각각 다른 질문을 받기도 한다.

또한 어떤 응시자가 한 대답에 대한 의견을 묻는 등 그때그때의 분위기나 면접관의 의향에 따라 변수가 많다. 집단 면접은 응시자의 입장에서는 개별 면접에 비해 긴장감은 다소 덜한 반면에 다른 응시자들과의 비교가 확실하게 나타나므로 응시자는 몸가짐이나 표현력·논리성 등이 결여되지 않도록 자신의 생각이나 의견을 솔직하게 발표하여 집단 속에 묻히거나 밀려나지 않도록 주의해야 한다.

① 장점

집단 면접의 장점은 면접관이 응시자 한 사람에 대한 관찰시간이 상대적으로 길고, 비교 평가가 가능하기 때문에 결과적으로 평가의 객관성과 신뢰성을 높일 수 있다는 점이며, 응시자는 동료들과 함께 면접을 받기 때문에 긴장감이 다소 덜하다는 것을 들 수 있다. 또한 동료가 답변하는 것을 들으며, 자신의 답변 방식이나 자세를 조정할 수 있다는 것도 큰 이점이다.

② 단점

응답하는 순서에 따라 응시자마다 유리하고 불리한 점이 있고, 면접위원의 입장에서는 각각의 개인적인 문제를 깊게 다루기가 곤란하다는 것이 단점이다.

집단 면접 준비 Point

너무 자기 과시를 하지 않는 것이 좋다. 대답은 자신이 말하고 싶은 내용을 간단명료하게 말해야 한다. 내용이 없는 발언을 한다거나 대답을 질질 끄는 태도는 좋지 않다. 또 말하는 중에 내용이 주제에서 벗어나거나 자기중심적으로만 말하는 것도 피해야 한다. 집단 면접에 대비하기 위해서는 평소에 설득력을 지닌 자신의 논리력을 계발하는 데 힘써야 하며, 다른 사람 앞에서 자신의 의견을 조리 있게 개진할 수 있는 발표력을 갖추는 데에도 많은 노력을 기울여야 한다.

- 실력에는 큰 차이가 없다는 것을 기억하라.
- 동료 응시자들과 서로 협조하라.
- 답변하지 않을 때의 자세가 중요하다.
- 개성 표현은 좋지만 튀는 것은 위험하다.

(4) 집단 토론식 면접

집단 토론식 면접은 집단 면접과 형태는 유사하지만 질의응답이 아니라 응시자들끼리의 토론이 중심이 되는 면접방법으로 최근 들어 급증세를 보이고 있다. 이는 공통의 주제에 대해 다양한 견해들이 개진되고 결론을 도출하는 과정, 즉 토론을 통해 응시자의 다양한 면에 대한 평가가 가능하다는 집단 토론식 면접의 장점이 널리 확산된 데 따른 것으로 보인다. 사실 집단 토론식 면접을 활용하면 주제와 관련된 지식 정도와 이해력, 판단력, 설득력, 협동성은 물론 리더십, 조직 적응력, 적극성과 대인관계 능력 등을 쉽게 파악할 수 있다.

토론식 면접에서는 자신의 의견을 명확히 제시하면서도 상대방의 의견을 경청하는 토론의 기본자세가 필수적이며, 지나친 경쟁심이나 자기 과시욕은 접어두는 것이 좋다. 또한 집단 토론의 목적이 결론을 도출해 나가는 과정에 있다는 것을 감안하여 무리하게 자신의 주장을 관철시키기보다 오히려 토론의 질을 높이는 데 기여하는 것이 좋은 인상을 줄 수 있다는 점을 알아야 한다. 취업 희망자들은 토론식 면접이 급속도로 확산되는 추세임을 감안해 특히 철저한 준비를 해야 한다. 평소에 신문의 사설이나 매스컴 등의 토론 프로그램을 주의 깊게 보면서 논리 전개방식을 비롯한 토론 과정을 익히도록 하고, 친구들과 함께 간단한 주제를 놓고 토론을 진행해 볼 필요가 있다. 또한 사회·시사문제에 대해 자기 나름대로의 관점을 정립해두는 것도 꼭 필요하다.

(5) PT 면접

PT 면접, 즉 프레젠테이션 면접은 최근 들어 집단 토론 면접과 더불어 그 활용도가 점차 커지고 있다. PT 면접은 기업마다 특성이 다르고 인재상이 다른 만큼 인성 면접만으로는 알 수 없는 지원자의 문제해결 능력, 전문성, 창의성, 기본 실무능력, 논리성 등을 관찰하는 데 중점을 두는 면접으로, 지원자 간의 변별력이 높아 대부분의 기업에서 적용하고 있으며, 확산되는 추세이다.

면접 시간은 기업별로 차이가 있지만, 전문지식, 시사성 관련 주제를 제시한 다음, 보통 20 ~ 50분 정도 준비하여 5분가량 발표할 시간을 준다. 면접관과 지원자의 단순한 질의응답식이 아닌, 주제에 대해 일정 시간 동안 지원자의 발언과 발표하는 모습 등을 관찰하게 된다. 정확한 답이나 지식보다는 논리적 사고와 의사표현력이 더 중시되기 때문에 자신의 생각을 어떻게 설명하느냐가 매우 중요하다.

PT 면접에서 같은 주제라도 직무별로 평가요소가 달리 나타난다. 예를 들어, 영업직은 설득력과 의사소통 능력에 중점을 둘 수 있겠고, 관리직은 신뢰성과 창의성 등을 더 중요하게 평가한다.

PT 면접 준비 Point

- 면접관의 관심과 주의를 집중시키고, 발표 태도에 유의한다.
- 모의 면접이나 거울 면접을 통해 미리 점검한다.
- PT 내용은 세 가지 정도로 정리해서 말한다.
- PT 내용에는 자신의 생각이 담겨 있어야 한다.
- 중간에 자문자답 방식을 활용한다.
- 평소 지원하는 업계의 동향이나 직무에 대한 전문지식을 쌓아둔다.
- 부적절한 용어 사용이나 무리한 주장 등은 하지 않는다.

2. 면접의 실전 대책

(1) 면접 대비사항

① 지원 회사에 대한 사전지식을 충분히 준비한다.

필기시험에서 합격 또는 서류전형에서의 합격통지가 온 후 면접시험 날짜가 정해지는 것이 보통이다. 이때 수험자는 면접시험을 대비해 사전에 자기가 지원한 계열사 또는 부서에 대해 폭넓은 지식을 준비할 필요가 있다.

지원 회사에 대해 알아두어야 할 사항

- 회사의 연혁
- 회장 또는 사장의 이름, 출신학교, 관심사
- 회장 또는 사장이 요구하는 신입사원의 인재상
- 회사의 사훈, 사시, 경영이념, 창업정신
- 회사의 대표적 상품, 특색
- 업종별 계열회사의 수
- 해외지사의 수와 그 위치
- 신 개발품에 대한 기획 여부
- 자기가 생각하는 회사의 장단점
- 회사의 잠재적 능력개발에 대한 제언

② 충분한 수면을 취한다.

충분한 수면으로 안정감을 유지하고 첫 출발의 상쾌한 마음가짐을 갖는다.

③ 얼굴을 생기 있게 한다.

첫인상은 면접에 있어서 가장 결정적인 당락요인이다. 면접관에게 좋은 인상을 줄 수 있도록 화장하는 것도 필요하다. 면접관들이 가장 좋아하는 인상은 얼굴에 생기가 있고 눈동자가 살아 있는 사람, 즉 기가 살아 있는 사람이다.

④ 아침에 인터넷 뉴스를 읽고 간다.

그날의 뉴스가 질문 대상에 오를 수가 있다. 특히 경제면, 정치면, 문화면 등을 유의해서 볼 필요가 있다.

출발 전 확인할 사항

이력서, 자기소개서, 성적증명서, 졸업(예정)증명서, 지갑, 신분증(주민등록증), 손수건, 휴지, 볼펜, 메모지, 예비스타킹 등을 준비하자.

(2) 면접 시 옷차림

면접에서 옷차림은 간결하고 단정한 느낌을 주는 것이 가장 중요하다. 색상과 디자인 면에서 지나치게 화려한 색상이나, 노출이 심한 디자인은 자칫 면접관의 눈살을 찌푸리게 할 수 있다. 단정한 차림을 유지하면서 자신만의 독특한 멋을 연출하는 것, 지원하는 회사의 분위기를 파악했다는 센스를 보여주는 것 또한 코디네이션의 포인트이다.

복장 점검

- 구두는 잘 닦여 있는가?
- 옷은 깨끗이 다려져 있으며 스커트 길이는 적당한가?
- 손톱은 길지 않고 깨끗한가?
- 머리는 흐트러짐 없이 단정한가?

(3) 면접요령

① 첫인상을 중요시한다.

상대에게 인상을 좋게 주지 않으면 어떠한 얘기를 해도 이쪽의 기분이 충분히 전달되지 않을 수 있다. 예를 들어, '저 친구는 표정이 없고 무엇을 생각하고 있는지 전혀 알 길이 없다.'처럼 생각되면 최악의 상태이다. 우선 청결한 복장, 바른 자세로 침착하게 들어가야 한다. 건강하고 신선한 이미지를 주어야 하기 때문이다.

② 좋은 표정을 짓는다.

얘기를 할 때의 표정은 중요한 사항의 하나다. 거울 앞에서 웃는 연습을 해본다. 웃는 얼굴은 상대를 편안하게 하고, 특히 면접 등 긴박한 분위기에서는 천금의 값이 있다 할 것이다. 그렇다고 하여 항상 웃고만 있어서는 안 된다. 자기의 할 얘기를 진정으로 전하고 싶을 때는 진지한 얼굴로 상대의 눈을 바라보며 얘기한다. 면접을 볼 때 눈을 감고 있으면 마이너스 이미지를 주게 된다.

③ 결론부터 이야기한다.

자기의 의사나 생각을 상대에게 정확하게 전달하기 위해서 먼저 무엇을 말하고자 하는가를 명확히 결정해 두어야 한다. 대답을 할 경우에는 결론을 먼저 이야기하고 나서 그에 따른 설명과 이유를 덧붙이면 논지(論旨)가 명확해지고 이야기가 깔끔하게 정리된다.

한 가지 사실을 이야기하거나 설명하는 데는 3분이면 충분하다. 복잡한 이야기라도 어느 정도의 길이로 요약해서 이야기하면 상대도 이해하기 쉽고 자기도 정리할 수 있다. 긴 이야기는 오히려 상대를 불쾌하게 할 수가 있다.

④ 질문의 요지를 파악한다.

면접 때의 이야기는 간결성만으로는 부족하다. 상대의 질문이나 이야기에 대해 적절하고 필요한 대답을 하지 않으면 대화는 끊어지고 자기의 생각도 제대로 표현하지 못하여 면접자로 하여금 수험생의 인품이나 사고방식 등을 명확히 파악할 수 없게 한다. 무엇을 묻고 있는지, 무슨 이야기를 하고 있는지 그 요점을 정확히 알아내야 한다.

면접에서 고득점을 받을 수 있는 성공요령

1. 자기 자신을 겸허하게 판단하라.
2. 지원한 회사에 대해 100% 이해하라.
3. 실전과 같은 연습으로 감각을 익히라.
4. 단답형 답변보다는 구체적으로 이야기를 풀어나가라.
5. 거짓말을 하지 말라.
6. 면접하는 동안 대화의 흐름을 유지하라.
7. 친밀감과 신뢰를 구축하라.
8. 상대방의 말을 성실하게 들으라.
9. 근로조건에 대한 이야기를 풀어나갈 준비를 하라.
10. 끝까지 긴장을 풀지 말라.

CHAPTER

02 SK그룹 실제 면접

SK그룹은 기업경영의 주체는 사람이며, 사람의 능력을 어떻게 개발하고 활용하느냐에 따라 기업의 성패가 좌우된다는 경영철학에 따라 인재를 채용하고 있다. 이러한 경영철학을 바탕으로 SK의 구성원이 자발적·의욕적으로 자신의 능력을 최대한으로 발휘할 수 있도록 인사관리의 모든 제도와 정책을 수립하고 있다. SK그룹의 면접전형은 지원자의 가치관, 성격특성, 보유역량의 수준 등을 종합적으로 검증하기 위하여 다양한 면접방식을 활용하고 있다. 대상자별·계열사별 차이는 있으나 PT 면접, 그룹 토의 면접, 심층 면접 등 최대 3회 정도의 심도 있는 면접과정을 거쳐 지원자의 역량을 철저히 검증하고 있다. 또한 직무에 따라 지원자의 외국어 능력을 검증하기 위한 외국어 구술 면접을 실시하기도 한다.

SK그룹 계열사별 기출질문

(1) SK가스

① 실무진 면접

질의응답을 중심으로 한 실무면접으로 진행된다.

- 본인을 두 가지 단어로 설명해 보시오.
- 트레이딩엔 어떤 능력이 필요하다고 생각하는가?
- 최근 원유 가격 변동 추이에 대해 말해 보시오.
- 회사 일과 가족행사의 시간분배에 있어서 충돌할 경우가 생긴다면 어떻게 할 것인가?
- 10년 뒤에 자신의 모습을 예상해서 말해 보시오.
- 한 마디로 말하면 자신은 어떤 사람인가?
- 63빌딩에 사람이 총 몇 명이 있을 것 같은가?(돌발질문 / 순발력 Test)
- 살면서 가장 잘했다고 생각되는 일은 무엇인가?
- 인턴으로 있었던 회사의 자랑을 해 보시오.
- 마케팅 학회 경험이 있는데 어떻게 진행한 것인가?
- 만약 기업에 입사하게 된다면 본사랑 지사가 있을 때 어디에 먼저 가야한다고 생각하며, 왜 그렇게 생각하는가?
- 옆 지원자에게 궁금한 것을 한 번 질문해 보시오.
- LPG 산업의 성장성에 대해 말해 보시오.

② 임원 면접

면접관 5명과 지원자 1명으로 구성되어 진행되는 인성면접이다.

- 상사가 불합리한 지시를 내린다면 어떻게 하겠는가?
- 언제 스트레스를 받고, 어떻게 해소하는가?
- SK가스를 어떻게 지원하게 되었는가?
- 학창시절 성적이 좋지 않은데 그 이유가 무엇이라고 생각하는가?
- 본인이 떨어진다면 왜 떨어졌다고 생각하겠는가?
- 업무적인 분야에서 본인의 역량은 무엇인가?
- 전공이 업종과 맞지 않는데 지원한 이유는 무엇인가?
- 동아리 활동을 했다면 어떤 동아리였으며 왜 그 동아리를 하게 되었는가?
- 입사한다면 어떤 부서에서 일하고싶은가?
- 회사에 대해 아는 대로 말해 보시오.

(2) SK실트론

SK실트론의 경우 1차 면접에 직무와 인성 면접을 모두 실시한다.

- 인성 면접(1 VS 多) : 캐주얼한 복장으로 진행되며 1～2명의 면접관이 3명 이상의 지원자를 평가
- 액티비티 : 4명이 한 조를 이루어서 협동하여 하나의 과제를 해결하는 면접
- PT 면접(2 VS 1) : 주어진 과제에 대한 자료를 보고 15분간 정리하여 발표하는 방식

[인성 면접]
- 자기소개를 2분 동안 해 보시오.
- 리더로서 활동한 경험을 말해 보시오.
- 높은 성과를 낸 경험을 말해 보시오.
- 입사했을 때 나와 성향이 맞지 않는 팀원과 일을 한다면 어떻게 할 것인가?
- 상사가 부당한 지시를 한다면 어떻게 할 것인가?
- 너무 어려운 업무가 주어져서 해결할 능력이 부족하다면 어떻게 할 것인가?

[액티비티]
- (4인 1조로 팀을 이루어)주어진 재료로 굴러가는 자동차를 만드시오.

[PT 면접]
- 열역학 법칙들에 대해 설명해 보시오.
- 초전도체에 대해 열역학 2법칙으로 설명해 보시오.
- 물체가 차가운 것에서 뜨거운 것으로 변화하지 않는 이유를 말해 보시오.
- 휴대용 손난로는 왜 갑자기 뜨거워지는가?

(3) SK케미칼

SK케미칼의 경우 PT 면접 – 실무진 면접 – 임원 면접으로 구성되어 진행된다.

① 실무진 면접

- 백신과 바이오 시밀러의 차이점에 대해 말해 보시오.
- 우리 회사가 본인을 뽑아야 하는 이유는 무엇인가?
- 전공이 다른데 왜 이 분야에 지원했는가?
- 자신의 장단점에 대해 말해 보시오.
- 자신이 생각한 영업 기술이 있다면 말해 보시오.
- 체력은 좋은가?
- 운동을 하고 있는가?
- 컬쳐해본 셀 경험이 있다면 말해 보시오.
- MR이 하는 일은 무엇인가?
- 가장 기억에 남는 마케팅이론은 무엇인가?
- 오랜 시간 꾸준한 판매량을 유지해온 의약품이 있는데 이 의약품을 어떻게 마케팅할 것인가?
- 회사 내에 맞지 않는 사람이 있을 텐데 일할 수 있겠는가?
- 연구직이 아니라 QA를 선택하게 된 이유는 무엇인가?

② 임원 면접

- SK케미칼에 지원하게 된 동기를 말해 보시오.
- 왜 영업을 하려고 하는가?
- SK케미칼의 사업분야에 대해 말해 보시오.
- 해외지사 파견에 대해 어떻게 생각하는가?
- 영업에 대한 자신의 생각을 말해 보시오.
- 우리 회사가 본인을 뽑아야 하는 이유를 말해 보시오.
- 직무에 대해 아는 점은 무엇인가?
- 토익 점수가 높은데, 토익스피킹 점수는 왜 낮은가?
- 우리 회사 외에 다른 회사에도 지원하였는가? 그 결과는 어떻게 되었는가?
- SK케미칼의 매출에 대해 말해 보시오.
- 제2외국어 자격증을 가지고 있는가? 대화도 가능한가?
- 여행 간 지역은 어디이고, 그곳에 왜 갔는지, 무엇이 감명 깊었는지 말해 보시오.
- 인적성 검사 결과 좋지 않았던 부분(융통성, 사회성, 인내력 등)이 있는데 그에 대해 설명해 보시오.
- 대학교를 서울권으로 가지 않고 지방으로 간 이유는 무엇인가?
- 기독교인이라고 했는데, 일요일에 출근이 가능한가? 교리상 불가능하지 않는가?

③ PT 면접

- 중국 시장에서 자사의 주력제품 PPS의 판촉 계획을 세워 보시오.

(4) SK텔레콤

① 실무진 면접(2 VS 3)

- 요즘 뉴스에서 제일 이슈가 되고 있는 미투 운동에 대해 어떻게 생각하는가?
- 새로운 지식을 습득하고 적용했던 사례에 대해 말해 보시오.
- 가장 최근에 마무리한 공부는 무엇인가?
- 포화된 이동통신 시장에서 신사업을 제안해 보시오.
- 자사의 배당 성향에 대해 어떻게 생각하는가?
- 모바일헬스 사업 방향에 대해 말해 보시오.
- 통신 관련 프로젝트를 수행해본 적 있는가? 있다면 어떤 주제에 관련해 진행했는가?
- CCNA가 있는가?
- 네트워크에서 가장 중요하다고 생각하는 것은?
- 경쟁사 대비 SK텔레콤의 장단점은 무엇인가?
- 쇼루밍족이 많은 상황에서 제시할 수 있는 솔루션은 무엇인가?
- NFV와 SDN에 대해 설명해 보시오.
- 빅데이터의 정의와 데이터 거버넌스에 대해 설명해 보시오.
- SAP를 사용할 수 있는가?
- B2B 사례에 대해 소개해 보시오.
- 사물인터넷(IoT)에 대해 설명해 보시오.
- 플랫폼에 대해 설명해 보시오.

② 임원 면접(2 VS 1)

- 가장 힘들었던 경험에 대해 말해 보시오.
- 왜 B2B 마케팅에 지원했는가?
- 우리 회사가 본인을 뽑아야 하는 이유를 말해 보시오.
- 고객사에서 제품 구매를 꺼릴 때, 어떻게 할 것인가?
- SK텔레콤의 매출액은 얼마인지 말해 보시오.
- 지각이나 무단결근을 했을 경우 어떻게 대처할 것인가?
- 왜 광고회사에 들어가지 않고 마케팅을 하려고 하는가?
- 지원자가 했던 도전과 SK 업무와의 연결점은 무엇이라고 생각하는가?
- 인생에서 혁신을 이루기 위해 했던 경험이 있는가?

(5) SK커뮤니케이션즈

① 실무진 면접

- 서비스 기획자로서 필요한 자질은 무엇이라고 생각하는가?
- SK컴즈의 경쟁력은 무엇이고 어떻게 발전시키고 싶은가?
- 자주 사용하는 어플리케이션은 무엇인가?
- String과 StringBuilder의 차이점은 무엇인가?
- SQL의 종류에 대해 설명하고 SQL과의 차이점에 대해 말해 보시오.
- 서비스 중 개선이 필요하다고 생각하는 부분은 어디인가?
- 프로젝트를 해본 경험이 있는가? 어떤 역할을 하였는가? 문제가 있었다면 어떻게 해결하였는가?

② 임원 면접

- 재무부서에서 일하다 보면 상사가 비자금을 만들라고 지시할 수 있는데, 어떻게 하겠는가?
- 가장 의미 있었던 경험과 어려웠던 일은 무엇이었는가?

③ PT 면접

- 해외 투자자본이 우리나라에 미치는 장단점에 대해 말해 보시오.
- 서울에 미용실이 몇 개나 있겠는가?(돌발질문)
- 보잉 747기에 테니스공이 얼마나 들어가겠는가?

(6) SK하이닉스

① 1차 면접

실무진이 진행하는 면접으로 직무에 대한 질문과 인성 면접을 합하여 약 30분 동안 면접을 진행한다.

- PT 면접(3 VS 1) : 30분간 3개의 꼬리 문제가 있는 3개의 문제 중 한 문제를 선택해서 풀고, 30분 동안 답지를 작성. 지원자가 면접관에게 답지를 제공한 후 이에 대해 10분 미만의 발표를 하고 면접관의 추가질문을 받는 형식으로 진행

- 본인이 제출한 답안을 각각 3줄로 요약해서 말해 보시오.
- 자신의 강점이 무엇이라고 생각하는가?
- 제일 기억에 남는 책을 소개해 보시오.
- 가장 관심있는 공정은 무엇이고, 이에 대한 최신이슈는 무엇인가?
- 반도체 8대 공정 중 가장 자신있게 아는 공정은 무엇이고, 그 공정에 대해 설명해 보시오.
- 반도체 공정을 말해 보시오.
- 본인의 별명은 무엇인가?
- 엔트로피에 대해 설명하시오.

- 웨이퍼를 만들 때 실리콘을 사용하는 이유는 무엇인가?
- 소프트웨어 코딩에서 volatile이란 무엇인가?
- 전공과 다른데 반도체 회사에 지원한 이유는?
- 좋아하는 과목과 이유는?
- 주말에는 주로 무엇을 하면서 여가시간을 보내는가?
- 과정과 결과 중 무엇이 중요하다고 생각하는가?
- HF에 따른 CV Curve에 대해 설명해 보시오.
- 홀 전자 이동에 대해 설명해 보시오.
- C언어가 컴파일되어 실행되는 과정을 설명해 보시오.
- 플라즈마에 대해 설명해 보시오.
- Data Mart와 Data Mining의 차이는 무엇인가?
- 반도체 장비를 다뤄본 경험이 있는가?
- Energy barrier를 극복하는 방법은 무엇인가?
- P형 반도체가 N형 반도체보다 느린 이유는 무엇인가?

② 2차 면접(임원 면접)

그룹장이 면접위원으로 참석하는 인성 면접으로 지원자의 SK Values 및 공통역량을 평가하여 SK하이닉스의 핵심가치 및 인재상과 부합하는 인재를 선발한다.

- 반도체는 매우 어려운 분야인데 왜 반도체를 공부하게 되었는가?
- 석사과정으로 입사하면 2년의 경력을 인정해주는데, 현재 2년의 경력이 있는 사원들과 비교해 보았을 때 본인의 경쟁력은 무엇이라 생각하는가?
- 최근 옥시 사태에 대한 본인의 생각을 말해 보시오.
- 전공과 무관한 직무에 지원했는데 그 이유는 무엇인가?
- 구체적으로 본인이 잘하는 것은 무엇인가?
- 상사와 트러블이 생긴다면 어떻게 해결할 것인가?
- 현재 준비하고 있는 자격증 시험이 있는가?
- 부모님 중 어느 쪽의 영향을 더 받았는가? 왜 그렇게 생각하는가?
- 상사가 부적절한 요구를 해 온다면 어떻게 대응하겠는가?

(7) SK브로드밴드

SK브로드밴드는 인성 면접과 PT 면접, AI 면접, 임원 면접으로 이루어져 있다.

① 시뮬레이션 면접

- SK브로드밴드 가입자를 증대시킬 방법에 대해 말해 보시오.
- **新**사업에 어떤 것이 있을지 말해 보시오.
- SK브로드밴드를 활성화할 수 있는 마케팅 방안에 대해 말해 보시오.

② 인성 면접(2 VS 1)

- 시뮬레이션 면접을 함께 진행하고 있는 팀의 분위기는 어떠한가?
- 살면서 실패한 경험이 있는가? 있다면 말해 보시오.
- 또 다른 실패한 경험이 있는가?
- 만약 실패한 그 순간으로 되돌아간다면 어떻게 하겠는가?
- 리더로서의 경험이 있는가? 있다면 말해 보시오.
- 또 다른 리더 경험에 대해 말해 보시오.
- 타인과 갈등을 겪었던 경험이 있는가?
- 타인과 갈등이 생겼을 때 어떤 방법으로 극복하는가?
- 지원자의 단점은 무엇인가?
- 하고 싶은 말이 있는가?
- 궁금한 사항이 있으면 물어보시오.
- 물건을 팔아보시오.

③ PT 면접

- 빅데이터가 관건이 되고 있는데, 여기에 대한 SK브로드밴드의 대응방안에 대해 말해 보시오.
- AI기술 미래 방향과 이를 어떻게 회사 상품에 이용할 것인지 설명해 보시오.

앞선 정보 제공! 도서 업데이트

언제, 왜 업데이트될까?

도서의 학습 효율을 높이기 위해 자료를 추가로 제공할 때!
공기업 · 대기업 필기시험에 변동사항 발생 시 정보 공유를 위해!
공기업 · 대기업 채용 및 시험 관련 중요 이슈가 생겼을 때!

01 SD에듀 도서 www.sdedu.co.kr/book 홈페이지 접속

02 상단 카테고리 「도서업데이트」 클릭

03 해당 기업명으로 검색

참고자료, 시험 개정사항 등 정보 제공으로 학습효율을 높여 드립니다.

SD에듀 2024 All-New 100% 전면개정판

SKCT

SK그룹 온라인 종합역량검사

편저 | SDC(Sidae Data Center)

정답 및 해설

합격의 별을 따자

2023 하반기 기출복원문제

대표출제유형 완전 분석

모의고사 6회

SDC

SDC는 SD에듀 데이터 센터의 약자로 약 30만 개의 NCS · 적성 문제 데이터를 바탕으로 최신출제경향을 반영하여 문제를 출제합니다.

PART 1

출제유형분석

CHAPTER

01 언어이해

출제유형분석 01 실전예제

01

정답 ①

제시문의 요지, 즉 핵심은 ①로 볼 수 있다.

오답분석

②·③·④ ①의 주장을 드러내기 위해 현재의 상황을 서술한 내용이다.
⑤ 제시문에 적절하지 않은 내용이다.

02

정답 ③

제시문의 내용은 크게 두 부분으로 나눌 수 있다. 처음부터 두 번째 문단까지는 맥주의 주원료에 대해서, 그 이후부터 제시문의 마지막 부분까지는 맥주의 제조공정 중 발효에 대해 설명하며 이에 따른 맥주의 종류에 대해 서술하고 있다. 따라서 글의 제목으로 ③이 가장 적절하다.

03

정답 ③

제시문은 산업 사회의 여러 가지 특징에 대해 설명함으로써 산업 사회가 가지고 있는 문제점들을 강조하고 있다.

04

정답 ②

제시문에서는 유명 음악가 바흐와 모차르트에 대해 알려진 이야기들과, 이와는 다르게 밝혀진 사실을 대비하여 이야기하고 있다. 또한 사실이 아닌 이야기가 바흐와 모차르트의 삶을 미화하는 경향이 있으므로 제목으로는 '미화된 음악가들의 이야기와 그 진실'이 가장 적절하다.

출제유형분석 02 실전예제

01

정답 ④

제시문은 일본의 라멘과 한국 라면의 차이점을 서술하는 글이다. 따라서 (가) 일본 라멘과 한국 라면의 차이점 → (라) 한국 라면에 대한 설명 → (나) 일본 라멘에 대한 설명 → (다) 한국 라면의 독자성 순으로 나열하는 것이 적절하다.

02

정답 ②

제시문은 상품의 자립적인 삶과 이와 관련된 인간의 소외에 대해 서술하는 글이다. 따라서 (가) 상품 생산자와 상품의 관계를 제시 → (다) '자립적인 삶'의 부연 설명 → (라) 시장 법칙의 지배 아래에서 사람과 사람간의 관계 → (나) 인간의 소외 순으로 나열하는 것이 적절하다.

03

정답 ②

제시문은 조각보와 클레, 몬드리안의 비교에 대한 글이다. 따라서 (나) 조각보의 정의, 클레와 몬드리안과의 비교가 잘못된 이유 → (가) 조각보의 독특한 예술성과 차별화된 가치를 설명 → (다) 조각보가 아름답게 느껴지는 이유 순으로 나열하는 것이 적절하다.

04

정답 ②

제시문은 교정 중 칫솔질의 중요성과 주의사항에 대한 글이다. 따라서 (나) 교정 중 칫솔질에 대한 중요성 → (가) 교정 장치 세척의 중요성과 그 방법 → (라) 장치 때문에 잘 닦이지 않는 부위를 닦는 방법 → (다) 칫솔질을 할 때 빠트려서는 안 될 부분 순으로 나열하는 것이 적절하다.

출제유형분석 03 실전예제

01

정답 ④

세 번째 문단에서 '상품에 응용된 과학 기술이 복잡해지고 첨단화되면서 상품 정보에 대한 소비자의 정확한 이해도 기대하기 어려워졌다.'는 내용과 일맥상통한다.

02

정답 ④

④의 내용은 제시문 전체를 통해서 확인할 수 있다. 나머지는 본문의 내용에 어긋난다.

03

정답 ③

제시문에 따르면 수면 패턴은 휴일과 평일 모두 일정하게 지키는 것이 성장하는 아이들의 수면 리듬을 유지하는 데 좋다. 따라서 휴일에 늦잠을 자는 것은 적절하지 않다.

04

정답 ①

제시문에서 언급되지 않은 내용이다.

오답분석

② 두 번째 문단에 나와 있다.
③ 첫 번째 문단에서 '위기(爲己)란 자아가 성숙하는 것을 추구하며'라고 하였다.
④ 첫 번째 문단에서 '공자는 공부하는 사람의 관심이 어디에 있느냐를 가지고 학자를 두 부류로 구분했다.'라고 하였다.
⑤ 마지막 문단에 나와 있다.

출제유형분석 04 실전예제

01

정답 ④

제시문에 따르면 신약 개발의 전문가가 되기 위해서는 해당 분야에서 오랫동안 연구한 경험이 필요하므로 석사나 박사 학위를 취득하는 것이 유리하다고 하였다. 그러나 석사나 박사 학위가 신약 개발 전문가가 되는 데 도움을 준다는 것일 뿐이므로 반드시 필요한 필수 조건인지는 알 수 없다. 따라서 ④는 제시문을 통해 추론할 수 없다.

오답분석

① 제약 연구원은 약을 만드는 모든 단계에 참여한다고 하였으므로 일반적으로 약을 만드는 과정에 포함되는 약품 허가 요청 단계에도 제약 연구원이 참여하는 것을 알 수 있다.
② 오늘날 제약 분야가 성장함에 따라 도전 의식, 호기심, 탐구심 등도 제약 연구원에게 필요한 능력이 되었다고 하였으므로 과거에 비해 요구되는 능력이 많아졌음을 알 수 있다.
③ 약학 전공자 이외에도 생명 공학・화학 공학・유전 공학 전공자들도 제약 연구원으로 활발하게 참여하고 있다고 하였다.
⑤ 일반적으로 제약 연구원이 되기 위해서는 약학을 전공해야 한다고 생각하기 쉽다고 하였으므로 제약 연구원에 대한 정보가 부족한 사람이라면 약학을 전공해야만 제약 연구원이 될 수 있다고 생각할 수 있다.

02

정답 ②

제시문을 보면 멋은 파격적이면서 동시에 보편적이고 일반적인 기준을 벗어나지 않아야 하는 것임을 강조하고 있다. 따라서 멋은 사회적인 공간에서 형성되는 것이라는 내용이 이어져야 한다.

03

정답 ②

첩보 위성은 임무를 위해 낮은 궤도를 비행해야 하므로, 높은 궤도로 비행시키면 수명은 길어질 수 있으나 임무의 수행 자체가 어려워질 수 있다.

출제유형분석 05 실전예제

01

정답 ⑤

제시문의 중심 내용은 '과학적 용어'이다. 필자는 '모래언덕'의 높이, '바람'의 세기, '저온'의 온도를 사례로 들어 과학자들은 모호한 것은 싫어하지만 '대화를 통해 그 상황에 적절한 합의를 도출'하는 것으로 문제화하지 않는다고 한다. 따라서 제시문은 과학적 용어가 엄밀하고 보편적인 정의에 의해 객관성이 보장된다는 ⑤의 주장에 대한 비판적 논거이다.

02

정답 ⑤

마지막 문단에 따르면 '라이헨바흐는 자연이 일양적일 수도 있고 그렇지 않을 수도 있음을 전제'하며, '자연이 일양적인지 그렇지 않은지 알 수 없는 상황에서는 귀납을 사용하는 것이 옳은 선택'이라고 한다. 그러나 ⑤와 같이 귀납이 현실적으로 옳은 추론 방법임을 밝히기 위해 자연의 일양성이 선험적 지식임을 증명하고 있는 것은 아니다.

오답분석

① 라이헨바흐는 '어떤 방법도 체계적으로 미래 예측에 계속해서 성공할 수 없다는 논리적 판단을 통해 귀납은 최소한 다른 방법보다 나쁘지 않은 추론'이라고 확언한다. 하지만 이것은 귀납의 논리적 허점을 현실적 차원에서 해소하려는 것이며, 논리적 허점을 완전히 극복한 것은 아니라는 점에서 비판의 여지가 있다.

② 라이헨바흐는 '귀납의 정당화 문제로부터 과학의 방법인 귀납을 옹호하기 위해 현실적 구제책을 제시'한다. 이것은 귀납이 과학의 방법으로 사용될 수 있음을 지지하려는 것이다.
③ 라이헨바흐는 '자연이 일양적일 경우 우리의 경험에 따라 귀납이 점성술이나 예언 등의 다른 방법보다 성공적인 방법'이라고 판단하며, '자연이 일양적이지 않다면 어떤 방법도 체계적으로 미래 예측에 계속해서 성공할 수 없다는 논리적 판단을 통해 귀납은 최소한 다른 방법보다 나쁘지 않은 추론이라고 확언'한다. 따라서 라이헨바흐가 귀납과 다른 방법을 비교하기 위해 경험적 판단과 논리적 판단을 활용했음을 알 수 있다.
④ 라이헨바흐는 '자연이 일양적인지 그렇지 않은지 알 수 없는 상황에서는 귀납을 사용하는 것이 옳은 선택'이라고 본다. 따라서 ④의 진술처럼 라이헨바흐는 귀납과 견주어 미래 예측에 더 성공적인 방법이 없다는 판단을 근거로 귀납의 가치를 보여 주고 있다.

PART 1

03

정답 ③

㉠은 더 많은 이익을 내기 위해 기업들은 '디자인의 향상'에 몰두하는 것이 바람직하다고 생각하는 것이다. 즉, '상품의 사회적 마모를 짧게 해서 소비를 계속 증가시키기 위한' 방안인데, 이것에 대한 반론이 되기 위해서는 ㉠의 주장이 지니고 있는 문제점을 비판하여야 한다. ㉠이 지니고 있는 가장 큰 문제점은 '과연 성능 향상 없는 디자인 변화가 소비를 촉진시킬 수 있는 것인가'가 되어야 한다. 디자인 변화는 분명히 상품의 소비를 촉진시킬 수 있는 효과적 방법 중의 하나이지만 '성능이나 기능, 내구성'의 향상이 전제되지 않았을 때는 효과를 내기 힘들기 때문이다.

04

정답 ①

제시문의 전통적인 경제학에서는 미시 건전성 정책에 집중하는데 이러한 미시 건전성 정책은 가격이 본질적 가치를 초과하여 폭등하는 버블이 존재하지 않는다는 효율적 시장 가설을 바탕으로 한다. 따라서 제시문에 나타난 주장에 대한 비판으로는 이러한 효율적 시장 가설에 대해 반박하는 ①이 가장 적절하다.

출제유형분석 06 실전예제

01

정답 ④

알려지지 않은 것에서는 불안정, 걱정, 공포감이 뒤따라 나오기 때문에 우리 마음의 불안한 상태를 없애고자 한다면, 알려지지 않은 것을 알려진 것으로 바꿔야 한다. 이러한 환원은 우리의 마음을 편하게 해주고 만족하게 한다. 이 때문에 우리는 이미 알려진 것, 체험한 것, 기억에 각인된 것을 원인으로 설정하게 되고, 낯설고 체험하지 않았다는 느낌을 빠르게 제거해 버려, 특정 유형의 설명만이 남아 우리의 사고방식을 지배하게 만든다. 따라서 빈칸에는 '이것은 낯설고 체험하지 않았다는 느낌을 빠르고 가장 쉽게 제거해 버린다.'는 내용이 가장 적절하다.

02

정답 ①

빈칸의 다음 문장에서 '외래어가 넘쳐나는 것은 그간 우리나라의 고도성장과 절대 무관하지 않다.'라고 했다. 즉 '사회의 성장과 외래어의 증가는 관계가 있다.'는 의미이므로, 이를 포함하는 일반적 진술이 빈칸에 위치해야 한다.

03

정답 ③

빈칸 뒤에는 '따라서'로 연결되어 있으므로 '사회적 제도의 발명이 필수적이다.'를 결론으로 낼 수 있는 논거가 들어있어야 한다.

04

정답 ③

빈칸 앞의 접속 부사 '따라서'에 집중한다. 빈칸에는 공공미술이 아무리 난해해도 대중과의 소통 가능성은 늘 존재한다는 내용을 근거로 하여 추론할 수 있는 결론이 와야 문맥상 자연스럽다. 따라서 '공공미술에서 예술의 자율성이 소통의 가능성과 대립되지 않는다.'는 ③이 들어가는 것이 가장 적절하다.

출제유형분석 07 실전예제

01

정답 ③

제시된 보기의 문장은 미첼이 찾아낸 '탈출 속도'의 계산법과 공식에 대한 것이다. 따라서 탈출 속도에 대한 언급이 제시문의 어디서 시작되는지 살펴봐야 한다. 제시문의 경우 영국의 자연 철학자 존 미첼이 제시한 이론에 대한 소개 → 해당 이론에 대한 가정과 '탈출 속도'의 소개 → '임계 둘레'에 대한 소개와 사고 실험 → 앞선 임계 둘레 사고 실험의 결과 → 사고 실험을 통한 미첼의 추측의 순서로 쓰여 있으므로 보기의 문장은 '탈출 속도'가 언급된 부분의 다음이자 '탈출 속도'를 바탕으로 임계 둘레를 추론해낸 내용의 앞인 (다)에 위치하는 것이 적절하다.

02

정답 ④

보기는 논점에 대한 글쓴이의 주장을 다룬다. 글쓴이는 개체별 이기적 유전자가 자연선택의 중요한 특징이며, 종 전체의 이익이라는 개념은 부가적일 뿐 주된 동기는 되지 못한다고 주장한다. 따라서 보기 앞에는 개체가 아닌 종적 단위의 이타심, 종의 번성을 위한 이기심과 같은 다른 사람들의 주장이 드러나야 한다. 네 번째 문단에서는 개체의 살아남음이 아닌 종의 전체 혹은 어떤 종에 속하는 한 그룹의 살아남음이 기존의 이기주의 – 이타주의 연구에서 주장하는 진화라고 한다. 따라서 보기는 (라)에 위치하는 것이 적절하다.

03

정답 ③

보기는 '인간이 발명한 문명의 이기(利器), 즉 비행기나 배 등은 결국 인간의 신화적 사유의 결과물이다.'로 요약할 수 있다. 그러므로 보기가 위치하기에 적절한 곳은 (다)이다. 왜냐하면 (다)의 앞부분에서 '문명의 이기(利器)의 근본은 신화적 상상력'이라 했고, 보기가 그 예에 해당하기 때문이다.

04

정답 ③

보기 문장의 '이'는 앞 문장의 내용을 가리키므로, 기업의 이익 추구가 사회 전체의 이익과 관련된 결과를 가져왔다는 내용이 앞에 와야 한다. (다) 앞의 '가장 저렴한 가격으로 상품 공급'이 '사회 전체의 이익'과 연관되므로 보기는 (다)에 위치하는 것이 가장 적절하다.

CHAPTER

02 | 자료해석

PART 1

출제유형분석 01 실전예제

01

2022년 소포우편 분야의 2018년 대비 매출액 증가율은 $\frac{5,017-3,390}{3,390}\times 100 ≒ 48.0\%$이므로 옳지 않다.

오답분석

① 매년 매출액이 가장 높은 분야는 일반통상 분야인 것을 확인할 수 있다.
② 일반통상 분야의 매출액은 2019년, 2020년, 2022년, 특수통상 분야의 매출액은 2021년, 2022년에 감소했고, 소포우편 분야는 매년 매출액이 꾸준히 증가했다.
③ 2022년 1분기 특수통상 분야의 매출액이 차지하고 있는 비율은 $\frac{1,406}{5,354}\times 100 ≒ 26.3\%$이므로 20% 이상이다.
⑤ 2021년에는 일반통상 분야의 매출액이 전체의 $\frac{11,107}{21,722}\times 100 ≒ 51.1\%$이므로 옳다.

02

 ④

ㄱ. 2021년 어린이보호구역 지정대상은 전년 대비 감소하였다.
ㄷ. 2021년 어린이보호구역으로 지정된 구역 중 학원이 차지하는 비중은 $\frac{36}{16,355}\times 100 ≒ 0.22\%$이며, 2020년에는 $\frac{56}{16,085}\times 100 ≒ 0.35\%$이므로 2021년도는 전년 대비 감소하였다.
ㄹ. 2016년 어린이보호구역으로 지정된 구역 중 초등학교가 차지하는 비중은 $\frac{5,917}{14,921}\times 100 ≒ 39.7\%$이고, 나머지 해에도 모두 40% 이하의 비중을 차지한다.

오답분석

ㄴ. 2017년 어린이보호구역 지정대상 중 어린이보호구역으로 지정된 구역의 비율은 $\frac{15,136}{18,706}\times 100 ≒ 80.9\%$이다.

03

ㄴ. (교원 1인당 원아 수)$=\frac{\text{(원아 수)}}{\text{(교원 수)}}$이다. 따라서 교원 1인당 원아 수가 적어지는 것은 원아 수 대비 교원 수가 늘어나기 때문이다.
ㄹ. 제시된 자료만으로는 알 수 없다.

04

 ④

- 2014 ~ 2015년 사이 축산물 수입량은 약 10만 톤 감소했으나, 수입액은 약 2억 달러 증가하였다.
- 2019 ~ 2020년 사이 축산물 수입량은 약 10만 톤 감소했으나, 수입액은 변함이 없다.

출제유형분석 02 실전예제

01

정답 ④

참여율이 4번째로 높은 해는 2019년이므로 전년 대비 2019년 참여율의 증가율은 $\frac{14.6-12.9}{12.9}\times 100 \fallingdotseq 13.2\%$이다.

02

정답 ③

주어진 자료를 바탕으로 매장 수를 정리하면 다음과 같다. 증감표의 부호를 반대로 하여 2022년 매장 수에 대입하면 쉽게 계산이 가능하다.

(단위 : 개)

지역	2019년 매장 수	2020년 매장 수	2021년 매장 수	2022년 매장 수
서울	15	17	19	17
경기	13	15	16	14
인천	14	13	15	10
부산	13	11	7	10

따라서 2019년 매장 수가 두 번째로 많은 지역은 인천이며, 매장 수는 14개이다.

03

정답 ③

교육프로그램에 따라 지원되는 금액과 신청 인원은 다음과 같다.

구분	영어회화	컴퓨터 활용	세무회계
지원 금액	70,000원×0.5=35,000원	50,000원×0.4=20,000원	60,000원×0.8=48,000원
신청 인원	3명	3명	3명

각 교육프로그램마다 3명씩 지원했으므로, 총 지원비는 (35,000+20,000+48,000)×3=309,000원이다.

출제유형분석 03 실전예제

01

정답 ④

스리랑카는 총 5명, 파키스탄은 총 136명이 한국 국적을 취득하였다.

02

정답 ⑤

4월 전월 대비 수출액은 감소했고, 5월 전월 대비 수출액은 증가했는데, 반대로 나타나 있다.

CHAPTER

03 창의수리

출제유형분석 01 실전예제

PART 1

01

정답 ③

지하철의 이동거리를 $x$km라 하자.

이상이 생겼을 때 지하철의 속력은 $60\times0.4=24$km/h이고, 평소보다 45분 늦게 도착하였으므로 식을 세우면 다음과 같다.

$\frac{x}{24}-\frac{x}{60}=\frac{45}{60} \rightarrow 5x-2x=90 \rightarrow 3x=90$

$\therefore x=30$

02

정답 ③

(평균속력)$=\frac{\text{(전체 이동거리)}}{\text{(전체 이동시간)}}$이다.

전체 이동거리는 $10+4+7=21$km이고, 전체 이동시간은 $1+0.5+1.5=3$시간이다.

따라서 평균속력은 $21\div3=7$km/h이다.

03

정답 ④

미주가 집에서 출발해서 동생을 만나기 전까지 이동한 시간을 x시간이라고 하자. 미주가 이동한 거리는 $8x$km이고, 동생이 미주가 출발한 후 12분 뒤에 지갑을 들고 이동했으므로 동생이 이동한 거리는 $20(x-\frac{1}{5})$km이다.

$8x=20(x-\frac{1}{5}) \rightarrow 12x=4 \rightarrow x=\frac{1}{3}$

따라서 미주와 동생은 $\frac{1}{3}$시간=20분 후에 만나게 된다.

출제유형분석 02 실전예제

01

정답 ⑤

4% 소금물의 양을 xg이라 하고 농도에 대한 식을 세우면 다음과 같다.

$$\frac{24\times\frac{8}{100}+x\times\frac{4}{100}}{24+x}\times100=5 \rightarrow \frac{192+4x}{24+x}=5$$

$192+4x=5(24+x) \rightarrow 192+4x=120+5x$

$\therefore\ x=72$

02

정답 ④

퍼낸 소금물의 양을 xg, 2% 소금물의 양을 yg이라고 하자.

$400-x+x+y=520 \rightarrow y=120$

$\frac{8}{100}(400-x)+\frac{2}{100}\times120=\frac{6}{100}\times520$

$\rightarrow 3,200-8x+240=3,120$

$\rightarrow 8x=320$

$\therefore\ x=40$

03

정답 ④

농도가 10%, 6% 설탕물의 양을 각각 x, yg이라고 하자.

$x+y=300$ … ㉠

$\frac{10\times\frac{x}{100}+6\times\frac{y}{100}}{300+20}\times100=12$ … ㉡

㉠과 ㉡을 연립하면 $x=10$, $y=290$이다.

따라서 농도 6% 설탕물의 양은 290g이다.

출제유형분석 03 실전예제

01

정답 ③

A기계 1대와 B기계 1대가 한 시간에 담는 비타민제 통의 개수를 각각 a개, b개라 하자.

A기계 3대와 B기계 2대를 작동했을 때 담을 수 있는 비타민제는 1,600통이므로 $3a+2b=1,600$ … ㉠

A기계 2대와 B기계 3대를 작동했을 때 담을 수 있는 비타민제는 1,500통이므로 $2a+3b=1,500$ … ㉡

구하고자 하는 것은 A기계 1대와 B기계 1대로 한 시간 동안 담을 수 있는 비타민제 통의 개수이고, 이는 $a+b$와 같다.

㉠과 ㉡을 더하면 $5a+5b=5,100$이므로 이를 5로 나누면 $a+b$를 구할 수 있다.

따라서 $a+b=620$이다.

02

정답 ③

24와 60의 최소공배수는 $2^3 \times 3 \times 5 = 120$이다.
따라서 두 톱니바퀴가 같은 톱니에서 처음으로 다시 맞물리려면 A톱니바퀴는 $120 \div 24 = 5$바퀴 회전해야 한다.

03

정답 ④

욕조가 가득 채우는 데 필요한 물의 양을 1이라 하고, A관과 B관을 동시에 틀고 배수를 할 때 욕조가 가득 채워질 때까지 걸리는 시간을 x분이라고 하자.

A관에서 1분 동안 나오는 물의 양은 $\frac{1}{30}$, B관에서 1분 동안 나오는 물의 양은 $\frac{1}{40}$이고 1분 동안 배수 되는 양은 $\frac{1}{20}$이다.

$\left(\frac{1}{30}+\frac{1}{40}-\frac{1}{20}\right)x=1 \rightarrow \frac{1}{120}x=1$

$\therefore x=120$

PART 1

출제유형분석 04 실전예제

01

정답 ⑤

원가를 x원이라고 하면, 정가는 $(x+3,000)$원이다.
정가에 20%를 할인하여 5개 팔았을 때 순이익과 조각 케이크 1개당 정가에서 2,000원씩 할인하여 4개를 팔았을 때의 매출액은 같다.

$5\{0.8\times(x+3,000)-x\}=4(x+3,000-2,000)$

$\rightarrow 5(-0.2x+2,400)=4x+4,000$

$\rightarrow 5x=8,000 \rightarrow x=1,600$

따라서 정가는 $1,600+3,000=4,600$원이다.

02

정답 ③

A가 첫 번째로 낸 금액을 a원, B가 첫 번째로 낸 금액을 b원이라고 하자.

$(a+0.5a)+(b+1.5b)=32,000 \rightarrow 1.5a+2.5b=32,000$ ⋯ ㉠

$(a+0.5a)+5,000=(b+1.5b) \rightarrow 1.5a=2.5b-5,000$ ⋯ ㉡

㉠과 ㉡을 연립하면,

$b=7,400,\ a=9,000$

따라서 A가 첫 번째로 낸 금액은 9,000원이다.

03

정답 ④

S사의 초기 투자 비용을 x만 원, A사의 초기 투자 비용을 y만 원이라고 하면 $x:y=5:2$이므로 $2x=5y$를 만족한다.
A가 연구자금을 받은 뒤에 투자금은 S사와 A사 각각
$(x-1,500)$만 원, $(y+1,500)$만 원이며, 이 비율이 $4:3$이므로

$(x-1,500):(y+1,500)=4:3$

$\rightarrow 3x-4,500=4y+6,000$

$\rightarrow 3x-4y=10,500$

$\rightarrow 15y-8y=21,000(\because 2x=5y)$

$\therefore y=3,000$

출제유형분석 05 실전예제

01

정답 ①

• 7권의 소설책 중 3권을 선택하는 경우의 수 : ${}_7C_3 = \frac{7\times6\times5}{3\times2\times1}$=35가지

• 5권의 시집 중 2권을 선택하는 경우의 수 : ${}_5C_2 = \frac{5\times4}{2\times1}$=10가지

따라서 소설책 3권과 시집 2권을 선택하는 경우의 수는 35×10=350가지이다.

02

정답 ①

맨 앞의 할아버지와 맨 뒤의 할머니를 제외한 5명이 일렬로 서는 경우의 수를 구하면 된다.

∴ 5!=5×4×3×2×1=120가지

03

정답 ③

작년의 임원진 3명은 연임하지 못하므로 올해 임원 선출이 가능한 인원은 17−3=14명이다.

14명 중에서 회장, 부회장, 총무를 각 1명씩 뽑을 수 있는 방법은 다음과 같다.

${}_{14}P_3$=14×13×12=2,184가지

따라서 올해 임원을 선출할 수 있는 경우의 수는 2,184가지이다.

출제유형분석 06 실전예제

01

정답 ②

• 내일 비가 오고 모레 비가 안 올 확률 : $\frac{1}{5}\times\frac{2}{3}=\frac{2}{15}$

• 내일 비가 안 오고 모레 비가 안 올 확률 : $\frac{4}{5}\times\frac{7}{8}=\frac{7}{10}$

∴ $\frac{2}{15}+\frac{7}{10}=\frac{5}{6}$

02

정답 ②

• 전체 구슬의 개수 : 3+4+5=12개

• 빨간색 구슬 2개를 꺼낼 확률 : $\frac{{}_3C_2}{{}_{12}C_2}=\frac{1}{22}$

• 초록색 구슬 2개를 꺼낼 확률 : $\frac{{}_4C_2}{{}_{12}C_2}=\frac{1}{11}$

• 파란색 구슬 2개를 꺼낼 확률 : $\frac{{}_5C_2}{{}_{12}C_2}=\frac{5}{33}$

∴ 구슬 2개를 꺼낼 때, 모두 빨간색이거나 모두 초록색이거나 모두 파란색일 확률 : $\frac{1}{22}+\frac{1}{11}+\frac{5}{33}=\frac{19}{66}$

03

정답 ④

두 수의 곱이 홀수가 되려면 (홀수)×(홀수)여야 하므로 1에서 10까지 적힌 숫자카드를 임의로 두 장을 동시에 뽑았을 때, 두 장 모두 홀수일 확률을 구해야 한다.

따라서 열 장 중 홀수 카드 두 개를 뽑을 확률은 $\frac{{}_5\mathrm{C}_2}{{}_{10}\mathrm{C}_2}=\frac{\frac{5\times4}{2\times1}}{\frac{10\times9}{2\times1}}=\frac{5\times4}{10\times9}=\frac{2}{9}$ 이다.

PART 1

CHAPTER

04 언어추리

출제유형분석 01 실전예제

01

정답 ⑤

첫 번째와 세 번째 명제에 의해 족구를 잘하는 사람은 펜싱을 잘하고, 펜싱을 잘하는 사람은 검도를 잘한다. 따라서 족구를 잘하는 사람은 검도를 잘한다.

02

정답 ④

돼지꿈을 꾼 다음 날 복권을 사는 사람들은 모두가 미신을 따르는 사람들이고, 미신을 따르는 사람 중 과학자는 없다. 즉, 돼지꿈을 꾼 다음 날 복권을 사는 사람이라면 과학자가 아니다.

03

정답 ④

'운동을 꾸준히 한다.'를 A, '스트레스를 많이 받는다.'를 B, '술을 많이 마신다.'를 C, '간에 무리가 간다.'를 D라고 한다면 첫 번째 명제는 C → D, 세 번째 명제는 B → C, 네 번째 명제는 ~A → D이므로 네 번째 명제가 도출되기 위해서는 빈칸에 ~A → B가 필요하다. 따라서 대우 명제인 ④가 답이 된다.

출제유형분석 02 실전예제

01

정답 ②

'유행에 민감하다.'를 '유', '고양이를 좋아한다.'를 '고', '쇼핑을 좋아한다.'를 '쇼'라고 하면 다음과 같은 벤다이어그램으로 나타낼 수 있다.

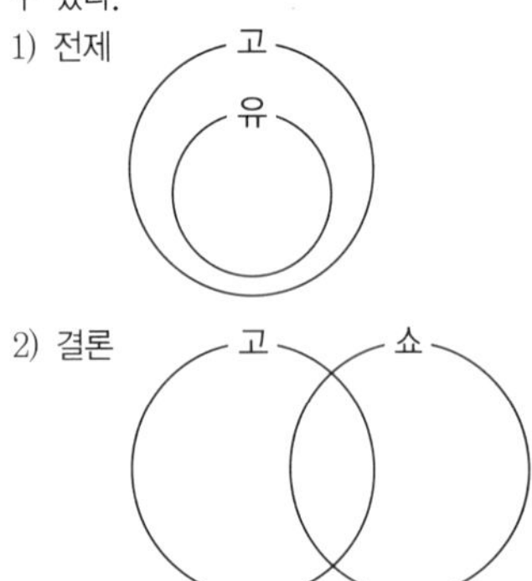

결론이 참이 되기 위해서는 '유'와 공통되는 '고'의 부분과 '쇼'가 연결되어야 한다. 즉, 다음과 같은 벤다이어그램이 성립할 때 결론이 참이 될 수 있으므로 전제2에 들어갈 명제는 어떤 유 → 쇼이거나 어떤 쇼 → 유이다. 따라서 전제2에 들어갈 명제는 '유행에 민감한 어떤 사람은 쇼핑을 좋아한다.'인 ②이다.

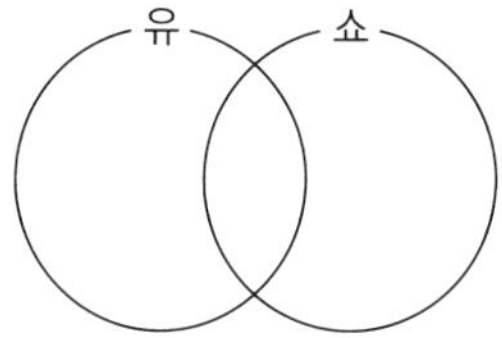

PART 1

02

정답 ④

'환경정화 봉사활동에 참여하는 사람'을 A, '재난복구 봉사활동에 참여하는 사람'을 B, '유기동물 봉사활동에 참여하는 사람'을 C라고 하면, 전제1과 결론을 다음과 같은 벤다이어그램으로 나타낼 수 있다.

1) 전제1

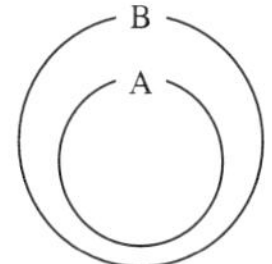

2) 결론

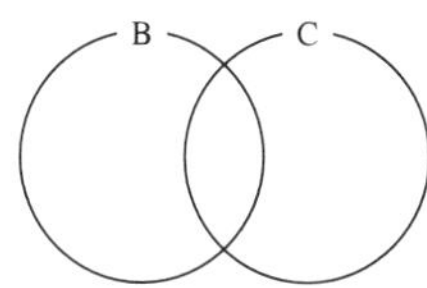

결론이 참이 되기 위해서는 B와 공통되는 부분의 A와 C가 연결되어야 한다. 즉, 다음과 같은 벤다이어그램이 성립할 때 결론이 참이 될 수 있으므로 전제2에 들어갈 명제는 '환경정화 봉사활동에 참여하는 어떤 사람은 유기동물 봉사활동에 참여한다.'의 ④이다.

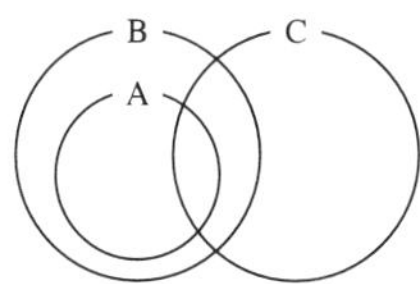

03

정답 ③

'회사원은 회의에 참석한다.'를 A, '회사원은 결근을 한다.'를 B, '회사원은 출장을 간다.'를 C라 하면 전제1과 결론을 다음과 같은 벤다이어그램으로 나타낼 수 있다.

1) 전제1

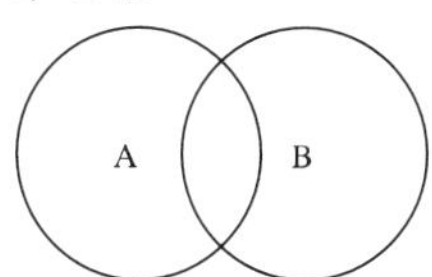

2) 결론

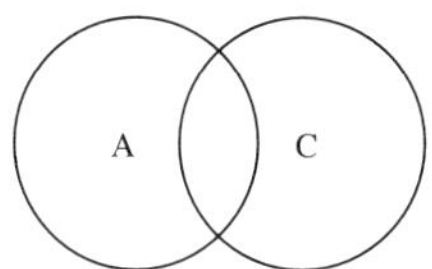

이때, 결론이 참이 되기 위해서는 B가 C에 모두 속해야 하므로 이를 벤다이어그램으로 나타내면 다음과 같다.

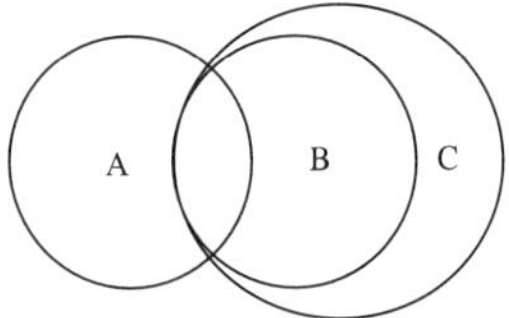

따라서 전제2에 들어갈 명제는 '결근을 하는 회사원은 출장을 간다.'인 ③이 적절하다.

04

정답 ④

B를 주문한 손님들만 D를 추가로 주문할 수 있으므로 A를 주문한 사람은 D를 주문할 수 없다. 이에 대한 대우도 참이므로 결론에 들어갈 명제는 ④이다.

출제유형분석 03 실전예제

01

정답 ①

B사원은 2층에 묵는 A사원보다 높은 층에 묵지만, C사원보다는 낮은 층에 묵으므로 3층 또는 4층에 묵을 수 있다. 그러나 D사원이 C사원 바로 아래층에 묵는다고 하였으므로 D사원이 4층, B사원은 3층에 묵는 것을 알 수 있다. 따라서 A ~ D를 높은 층에 묵는 순서대로 나열하면 'C – D – B – A'가 되며, E사원은 남은 1층에 묵는 것을 알 수 있다.

02

정답 ⑤

돼지 인형과 토끼 인형의 크기를 비교할 수 없으므로 크기가 큰 순서대로 나열하면 '돼지 – 토끼 – 곰 – 기린 – 공룡' 또는 '토끼 – 돼지 – 곰 – 기린 – 공룡'이 된다. 이때 가장 큰 크기의 인형을 정확히 알 수 없으므로 진영이가 좋아하는 인형 역시 알 수 없다.

03

정답 ④

D는 102동 또는 104동에 살며, A와 B가 서로 인접한 동에 살고 있으므로 E는 101동 또는 105동에 산다. 이를 통해 101동부터 (A, B, C, D, E), (B, A, C, D, E), (E, D, C, A, B), (E, D, C, B, A)의 네 가지 경우를 추론할 수 있다. 따라서 'A가 102동에 산다면 E는 105동에 산다.'는 반드시 참이 된다.

04

정답 ④

두 번째 조건에 따라 둘째 날에는 2시간 또는 1시간 30분의 발 마사지 코스를 선택할 수 있다.

- 둘째 날에 2시간의 발 마사지 코스를 선택하는 경우
  첫째 날에는 2시간, 셋째 날에는 1시간, 넷째 날에는 1시간 30분 동안 발 마사지를 받는다.
- 둘째 날에 1시간 30분의 발 마사지 코스를 선택하는 경우
  첫째 날에는 2시간, 셋째 날에는 30분, 넷째 날에는 1시간 또는 1시간 30분 동안 발 마사지를 받는다.

따라서 현수는 셋째 날에 가장 짧은 마사지 코스를 선택하였다.

출제유형분석 04 실전예제

01

정답 ⑤

먼저 거짓말은 한 사람만 하는데 진희와 희정의 말이 서로 다르므로, 둘 중 한 명이 거짓말을 하고 있음을 알 수 있다. 이때, 반드시 진실인 아름의 말에 따라 진희의 말은 진실이 되므로 결국 희정이가 거짓말을 하고 있음을 알 수 있다. 따라서 영화관에 아름 – 진희 – 민지 – 희정 – 세영 순서로 도착하였으므로, 가장 마지막으로 영화관에 도착한 사람은 세영이다.

PART 1

02

정답 ⑤

문제에서 한 명이 거짓말을 한다고 하였으므로, 1층에서 내린 사람이 서로 다르다고 진술한 A와 B 둘 중 한 명이 거짓말을 하였다.

i) A가 거짓말을 했을 경우

1층	2층	3층	4층	5층
C	D	B	A	E

ii) B가 거짓말을 했을 경우

1층	2층	3층	4층	5층
B	D	C	A	E

따라서 두 경우를 고려했을 때, A는 항상 D보다 높은 층에서 내린다.

03

정답 ⑤

A나 C가 농구를 한다면 진실만 말해야 하는데, 모두 다른 사람이 농구를 한다고 말하고 있으므로 거짓을 말한 것이 되어 모순이 된다. 따라서 농구를 하는 사람은 B 또는 D이다.

- B가 농구를 하는 경우 : C는 야구, D는 배구를 하고 남은 A가 축구를 한다. A가 한 말은 모두 거짓이고, C와 D는 진실과 거짓을 한 개씩 말하므로 모든 조건이 충족된다.
- D가 농구를 하는 경우 : B은 야구, A는 축구, C는 배구를 한다. 이 경우 A가 진실과 거짓을 함께 말하고, B와 C는 거짓만 말한 것이 되므로 모순이 된다. 따라서 D는 농구를 하지 않는다.

따라서 A는 축구, B는 농구, C는 야구, D는 배구를 한다.

04

정답 ⑤

다섯 명 중 단 한 명만이 거짓말을 하고 있으므로 C와 D 중 한 명은 반드시 거짓을 말하고 있다.

1) C의 진술이 거짓일 경우

B와 C의 말이 모두 거짓이 되므로 한 명만 거짓말을 하고 있다는 조건이 성립하지 않는다.

2) D의 진술이 거짓일 경우

구분	A	B	C	D	E
출장지역	잠실		여의도	강남	

이때, B는 상암으로 출장을 가지 않는다는 A의 진술에 따라 상암으로 출장을 가는 사람은 E임을 알 수 있다. 따라서 ⑤는 항상 거짓이 된다.

CHAPTER

05 수열추리

출제유형분석 01 실전예제

01

정답 ②

+2, +3, +5, +7, +11, …(소수의 작은 값)인 수열이다.
따라서 ( )=32+13=45이다.

02

정답 ②

앞의 항에 $\frac{\text{분자}+1}{\text{분모}+1}$을 곱하는 수열이다.

따라서 ( )$=\frac{1}{3}\times\frac{(1+1)}{(3+1)}=\frac{1}{3}\times\frac{2}{4}=\frac{1}{6}$이다.

03

정답 ②

+2.7, ÷2가 반복되는 수열이다.
따라서 ( )=10.2÷2=5.1이다.

04

정답 ②

제시된 수열은 n항=|$(n-2)$항−$(n-1)$항|(단, $n\geq3$)인 수열이다.

- 8번째 항=|17−21|=4
- 9번째 항=|21−4|=17
- 10번째 항=|4−17|=13

따라서 10번째 항의 값은 13이다.

PART 2

최종점검 모의고사

제 1 회 최종점검 모의고사

01 언어이해

01	02	03	04	05	06	07	08	09	10
⑤	③	④	④	①	②	①	②	①	④
11	12	13	14	15	16	17	18	19	20
④	④	①	④	⑤	①	④	②	③	②

01

정답 ⑤

제시문의 첫 번째 문단에서 1948년에 제정된 대한민국 헌법에 드러난 공화제적 원리는 1948년에 이르러 갑자기 등장한 것이 아니라 이미 19세기 후반부터 표명되고 있었다고 말하면서, 그 예로 1885년 『한성주보』에서 공화제적 원리가 언급되었고, 1898년 만민 공동회에서는 그 내용이 명확하게 드러났다고 하였다. 또한 독립협회의 「헌의 6조」에서도 공화주의 원리를 찾아볼 수 있다고 하였으므로 제시문의 중심 내용으로 ⑤가 가장 적절하다.

02

정답 ③

용융 탄산염형 연료전지는 고온에서 고가의 촉매제가 필요하지 않고, 열병합에 용이한 덕분에 발전 사업용으로 활용할 수 있다. 또한 고체 산화물형 연료전지는 800 ~ 1,000℃의 고온에서 작동하여 발전 시설로서 가치가 크다. 따라서 발전용으로 적절한 연료전지는 용융 탄산염형 연료전지와 고체 산화물형 연료전지이다.

오답분석

① 알칼리형 연료전지는 연료나 촉매에서 발생하는 이산화탄소를 잘 버티지 못한다는 단점 때문에 1960년대부터 우주선에 주로 사용해 왔다.
② 인산형 연료전지는 진한 인산을 전해질로, 백금을 촉매로 사용한다.
④ 고체 산화물형 연료전지는 전해질을 투입하지 않는 것이 아니라, 전해질이 고체 세라믹이어서 전지의 부식 문제를 보완한 형태이다.
⑤ 고분자 전해질형 연료전지는 수소에 일산화탄소가 조금이라도 들어갈 경우 백금과 루테늄의 합금을 촉매로 사용한다.

03

정답 ④

제시문의 '수소가 분자 내에 포화되어 있으므로 포화지방산이라 부르며, 이것이 들어 있는 지방을 포화지방이라고 한다.'를 통해 포화지방은 포화지방산이 들어 있는 지방을 가리킴을 알 수 있다.

오답분석

① 포화지방산에서 나타나는 탄소 결합 형태는 연결된 탄소끼리 모두 단일 결합하는 모습을 띠고, 각각의 탄소에 수소가 두 개씩 결합한다.
② 탄소에 수소가 두 개씩 결합하는 형태는 분자 간 인력이 높아 지방산 분자들이 단단하게 뭉치게 되는 것이다. 열에너지가 많아지면 인력이 느슨해진다.
③ 분자 간 인력이 높을 때 지방산 분자들이 단단히 뭉치는 것이므로 느슨해지면 그의 반대가 된다.
⑤ 포화지방이 체내에 저장되면 에너지로 전환되어 몸에 열량을 내는 데 이용된다. 몸에 좋지 않은 경우는 저밀도 단백질과 결합하는 경우이다.

04

정답 ④

키드, 피어슨 등은 인종이나 민족, 국가 등의 집단 단위로 '생존경쟁'과 '적자생존'을 적용하여 우월한 집단이 열등한 집단을 지배하는 것을 주장하였는데, 이는 사회 진화론의 개념을 집단 단위에 적용시킨 것이다.

오답분석

① 사회 진화론은 생물 진화론을 개인과 집단에 적용시킨 사회 이론이다.
② 사회 진화론의 중심 개념이 19세기에 등장한 것일 뿐, 그 자체가 19세기에 등장한 것인지는 제시문만으로 알 수 없다.
③ '생존경쟁'과 '적자생존'의 개념이 민족과 같은 집단의 범위에 적용되면 민족주의와 결합한다.
⑤ 문명개화론자들은 사회 진화론을 수용하였다.

05

정답 ①

ㄱ·ㄴ. 각각 두 번째 문단과 마지막 문단에서 확인할 수 있다.

오답분석

ㄷ·ㄹ. 네 번째 문단에서 악보로 정리된 시나위를 연주하는 것은 시나위 본래 취지에 어긋난다는 내용과, 두 번째 문단에서 곡의 일정한 틀은 유지한다는 내용을 보면 즉흥성을 잘못 이해한 것을 알 수 있다.

06

정답 ②

마지막 문단의 '더 큰 문제는 이런 인식이 농민운동을 근대 이행을 방해하는 역사의 반역으로 왜곡할 소지가 있다는 것이다.'라는 문장을 통해 추론 가능하다.

07

정답 ①

제시문의 내용은 청나라에 맞서 싸우자는 척화론이다. ①은 척화론과 동일한 주장을 하고 있으므로 이를 비판하는 내용으로 적절하지 않다.

08

정답 ②

제시문은 '탈원전·탈석탄 공약에 맞는 제8차 전력공급기본계획(안) 수립 → 분산형 에너지 생산시스템으로의 정책 방향 전환 → 분산형 에너지 생산시스템에 대한 대통령의 강한 의지 → 중앙집중형 에너지 생산시스템의 문제점 노출 → 중앙집중형 에너지 생산시스템의 비효율성'의 내용으로 전개되고 있다. 즉, 제시문은 일관되게 '에너지 분권의 필요성과 나아갈 방향을 모색해야 한다.'는 점을 말하고 있다.

오답분석

①·③ 제시문에서 언급되지 않았다.
④ 다양한 사회적 문제점들과 기후, 천재지변 등에 의한 문제점들을 언급하고 있으나, 이는 제시문의 주제를 뒷받침하기 위한 이슈이므로 글 전체의 주제로 보기는 어렵다.
⑤ 전력수급기본계획의 수정 방안을 제시하고 있지는 않다.

09

정답 ①

제시문은 1920년대 영화의 소리에 대한 부정적인 견해가 있었음을 이야기하며 화두를 꺼내고 있다. 이후 현대에는 소리와 영상을 분리해서 생각할 수 없음을 이야기하고 영화에서의 소리가 어떤 역할을 하는지에 대해 설명하면서 현대 영화에서의 소리의 의의에 대해 마지막으로 서술하고 있다. 따라서 (라) 1920년대 영화의 소리에 대한 부정적인 견해 → (가) 현대 영화에서 분리해서 생각할 수 없는 소리와 영상 → (다) 영화 속 소리의 역할 → (나) 현대 영화에서의 소리의 의의 순으로 나열되어야 한다.

10

정답 ④

제시문은 '본성 대 양육 논쟁'을 제시하며 시간의 흐름에 따른 논쟁의 방향에 대해 설명하는 글이다. 따라서 (나) 본성 대 양육 논쟁이라는 화제 제기 및 양육 쪽의 승리 → (다) 선천론과 진화 심리학을 통한 본성의 승리 → (라) 인간 게놈 프로젝트로 강화된 본성에 대한 지지 및 유전자 수의 발견으로 재연된 본성 대 양육 논쟁 → (가) 본성과 양육 모두 인간의 행동에 있어 필수적 요인 순으로 나열하는 것이 적절하다.

11

정답 ④

ㄱ. ㄱ에서 '민간화, 경영화'의 두 가지 방법으로써 지역 주민의 요구를 수용하려는 이유는 첫 번째 문단의 내용처럼 전문적인 행정 담당자 중심의 정책 결정으로 인해 정책이 지역 주민의 의사와 무관하거나 배치되는 문제를 개선하기 위한 것이다. 또한 (나)의 바로 뒤에 있는 문장의 '이 둘'은 '민간화, 경영화'를 가리킨다. 따라서 ㄱ의 위치는 (나)가 가장 적절하다.

ㄴ. 마지막 문단 첫 문장의 '이러한 한계'는 ㄴ에서 말하는 '행정 담당자들이 기존의 관행에 따라 업무를 처리하는 경향'을 가리키므로 ㄴ은 마지막 문단의 바로 앞에 있어야 한다. 마지막 문단은 앞선 문단에서 지적한 문제의 개선 방안을 제시하고 있는 것이다. 따라서 ㄴ의 위치는 (라)가 가장 적절하다.

12

정답 ④

제시문은 인간은 직립보행을 계기로 후각이 생존에 상대적으로 덜 영향을 주게 되면서, 시각을 발달시키는 대신 후각을 현저히 퇴화시켰다는 사실을 설명하고 있다. 다만 후각은 여전히 감정과 긴밀히 연계되어 있고 관련 기억을 불러일으킨다는 사실을 언급하며 마무리하고 있다. 따라서 인간은 후각을 부수적인 기능으로 남겨두었다는 것이 제시문의 중심 내용이다.

13

정답 ①

등장수축은 전체 근육 길이가 줄어드는 동심 등장수축과 늘어나는 편심 등장수축으로 나뉜다.

14

정답 ④

제시문은 쓰기(Writing)의 문화사적 의의를 기술한 글이다. 복잡한 구조나 지시 체계는 이미 소리 속에서 발전해왔는데 그러한 복잡한 개념들을 시각적인 코드 체계인 쓰기를 통해 기록할 수 있게 되었다. 또한 그러한 쓰기를 통해 인간의 문명과 사고가 더욱 발전하게 되었다. 따라서 '쓰기'가 '복잡한 구조나 지시 체계'를 이루는 시초가 되었다고 보고 있으므로 잘못된 해석이다.

15

정답 ⑤

평균 비용이 한계 비용보다 큰 경우, 공공요금을 평균 비용 수준에서 결정하면 수요량이 줄면서 거래량이 따라 줄고, 결과적으로 생산량도 감소한다. 이는 사회 전체의 관점에서 볼 때 자원이 효율적으로 배분되지 못하는 상황이다.

오답분석

①·②는 첫 번째 문단, ③은 두 번째 문단, ④는 마지막 문단에서 확인할 수 있다.

16

정답 ①

제시문에서는 인간의 생각과 말은 깊은 관계를 가지고 있으며, 생각이 말보다 범위가 넓고 큰 것은 맞지만 그것을 말로 표현하지 않으면 그 생각이 다른 사람에게 전달되지 않는다고 주장한다. 즉, 생각은 말을 통해서만 다른 사람에게 전달될 수 있다는 것이다. 따라서 이러한 주장에 대한 반박으로 ①이 가장 적절하다.

17

정답 ④

제시문은 미국 대통령 후보 선거제도 중 하나인 '코커스'에 대한 설명과 아이오와주에서 코커스 개최시기가 변경된 아이오와주, 그리고 아이오와주 선거 운영 방식의 변화에 대하여 서술하고 있다. 빈칸 앞에서는 개최시기를 1월로 옮긴 아이오와주 공화당의 이야기를, 빈칸 뒤에서는 아이오와주 선거 운영 방식의 변화와 같은 다른 주제에 대해서 다루고 있으므로, 빈칸에는 '아이오와주는 미국의 대선후보 선출 과정에서 민주당과 공화당 모두 가장 먼저 코커스를 실시하는 주가 되었다.'가 오는 것이 적절하다.

오답분석

① 선거 운영 방식이 달라진 것이 아니라 코커스를 실시하는 시기가 달라진 것이다.
② 제시문에서는 민주당과 공화당 사이가 악화될 계기가 언급되어 있지 않다.
③ 제시문에서는 아이오와주에서 코커스의 개정을 요구했다는 근거를 찾을 수 없다.
⑤ 아이오와주가 코커스 제도에 대해 부정적이었다는 근거를 찾을 수 없다.

18

정답 ②

첫 번째 문단에서는 높아지는 의료보장제도의 필요성에 대해 언급하고 있으며, 두 번째 문단과 세 번째 문단에서는 의료보장제도의 개념에 대하여 이야기하고 있다. 마지막 문단에서는 이러한 의료보장제도의 유형으로 의료보험 방식과 국가보건서비스 방식에 대해 설명하고 있다. 따라서 제시문의 주제로 가장 적절한 것은 각 문단의 중심 내용을 모두 포괄할 수 있는 ②이다.

19

정답 ③

선택지에 제시된 ①~⑤는 운석 충돌 이후의 영향에 대한 각종 가설이다. 그중에서도 이 제시문에서 다루고 있는 내용은 충돌 이후 발생한 먼지가 태양광선을 가림으로써 지구 기온이 급락(急落)하였다는 것을 전제로 하고 있다. 그 근거는 세 번째 문단의 '급속한 기온의 변화'와 네 번째 문단의 '길고 긴 겨울'에서 찾을 수 있으므로 ③이 가장 적절한 추론이다.

20

정답 ②

제시문의 쾌락주의자들은 최대의 쾌락을 산출하는 행위를 올바른 것으로 간주하고, 쾌락을 기준으로 가치를 평가하였다. 또한 이들은 장기적인 쾌락을 추구하였으며, 순간적이고 감각적인 쾌락만을 추구하는 삶은 쾌락주의적 삶으로 여기지 않았다. 따라서 ②는 이러한 쾌락주의자들의 주장에 대한 반박으로 적절하지 않다.

02 자료해석

01	02	03	04	05	06	07	08	09	10
④	③	④	③	④	①	④	②	④	④
11	12	13	14	15	16	17	18	19	20
④	④	④	①	③	④	④	③	②	④

01

정답 ④

ㄴ. 2022년 1분기의 영업이익률은 $\frac{-278}{9,332}\times 100 \fallingdotseq -2.98\%$이며, 4분기의 영업이익률은 $\frac{-998}{9,192}\times 100 \fallingdotseq -10.86\%$이다. 따라서 2022년 4분기의 영업이익률은 1분기보다 감소하였음을 알 수 있다.

ㄹ. 2022년 3분기의 당기순손실은 직전 분기 대비 $\frac{1,079-515}{515} \times 100 \fallingdotseq 109.51\%$ 증가하였으므로 100% 이상 증가하였음을 알 수 있다.

오답분석

ㄱ. 영업손실이 가장 적은 1분기의 영업이익이 가장 크다.
ㄷ. 2022년 2분기와 4분기의 매출액은 직전 분기보다 증가하였으나, 3분기의 매출액은 2분기보다 감소하였다.

02

정답 ③

A의 식단을 끼니별로 나누어 칼로리를 계산하면 다음과 같다. 이때, 주어진 칼로리 정보를 고려하여 g에 비례하여 칼로리를 계산하여야 하는 것에 주의한다.

구분	식단
아침	우유식빵 280kcal, 사과잼 110kcal, 블루베리 30kcal
점심	현미밥 360kcal, 갈비찜 597kcal, 된장찌개 88kcal, 버섯구이 30kcal, 시금치나물 5kcal
저녁	현미밥 180kcal, 미역국 176kcal, 고등어구이 285kcal, 깍두기 50kcal, 연근조림 48kcal

따라서 하루에 섭취하는 열량은 280+110+30+360+597+88+30+5+180+176+285+50+48=2,239kcal이다.

03

정답 ④

남성의 골다공증 진료율이 높은 연령대는 70대, 60대, 80대 이상 순서이며, 여성의 골다공증 진료율이 높은 연령대는 60대, 70대, 50대 순서로 나타났다. 따라서 연령별 골다공증 진료율이 높은 순서는 남성과 여성이 다르다.

오답분석

① 골다공증 발병이 진료로 이어진다면 여성의 진료 인원이 남성보다 많으므로 여성의 발병률이 남성보다 높음을 추론할 수 있다.
② 전체 진료 인원 중 40대 이하가 차지하는 비율은 $\frac{44+181+1,666+6,548+21,654}{855,975} \fallingdotseq 3.5\%$이다.
③ 전체 진료 인원 중 가장 높은 비율을 보이는 것은 60대이며, 그 비율은 $\frac{294,553}{855,975} \times 100 \fallingdotseq 34.4\%$이다.
⑤ 자료를 통해 쉽게 알 수 있다.

04

정답 ③

서울의 수박 가격은 5월 16일에 감소했다가 5월 19일부터 다시 증가하고 있으며, 수박 가격 증가의 원인이 높은 기온 때문인지는 주어진 자료만으로는 알 수 없다.

05

정답 ④

ㄴ. B작업장은 생물학적 요인에 해당하는 바이러스의 사례 수가 가장 많다.
ㄷ. 화학적 요인에 해당하는 분진은 집진 장치를 설치하여 예방할 수 있다.

오답분석

ㄱ. A작업장은 물리적 요인(소음, 진동)에 해당하는 사례 수가 6건으로 가장 많다.

06

정답 ①

구입 후 1년 동안 대출되지 않은 도서가 5,302권이므로 대출된 도서는 절반 이하이다.

오답분석

② 구입 후 3년 동안 4,021권이, 5년 동안 3,041권이 대출되지 않았으므로 옳다.

③ 구입 후 1년 동안 1회 이상 대출된 도서는 4,698권이고, 이 중 2,912권이 1회 대출됐다. 따라서 $\frac{2,912}{4,698}\times 100 \fallingdotseq 62\%$이므로 옳다.

④ $\{(5,302\times 0)+(2,912\times 1)+(970\times 2)+(419\times 3)+(288\times 4)+(109\times 5)\}\div 10,000=\frac{7,806}{10,000}\fallingdotseq 0.78$권

⑤ 구입 후 5년 동안 적어도 2회 이상 대출된 도서는 1,401+888+519+230=3,038권이므로 전체 도서의 약 30%이다.

07

정답 ④

ㄱ. 2차 구매 시 1차와 동일한 제품을 구매하는 사람들이 다른 어떤 제품을 구매하는 사람들보다 최소한 1.5～2배 이상 높은 수치를 보이고 있다.

ㄷ. 1차에서 C를 구매한 사람들은 204명, 2차에서 C를 구매한 사람들은 231명으로 가장 많았다.

오답분석

ㄴ. 1차에서 A를 구매한 뒤 2차에서 C를 구매한 사람들은 44명, 반대로 1차에서 C를 구매한 뒤 2차에서 A를 구매한 사람들은 17명이므로 전자의 경우가 더 많다.

08

정답 ②

위스키의 매출성장률의 추이를 보면, 2018년에서 2020년 사이는 매년 약 10% 정도의 매출성장률을 보이다가 2021년과 2022년에는 30% 이상의 신장세를 보이고 있다. 반면에, 맥주의 경우는 2018년 20% 이상의 매출성장률이 2019년과 2020년에는 급격히 감소하였다가 2021년에는 다시 10% 성장, 2022년에는 5%대로 낮아진다. 이러한 측면으로 볼 때, 위스키 시장보다는 맥주 시장의 매출성장률 변동이 더 심하다고 말할 수 있다.

09

정답 ④

영국은 2018년에는 두 번째, 2019년에는 네 번째, 2020년에는 세 번째, 2021년에는 첫 번째, 2022년에는 두 번째로 물가가 높다.

오답분석

① 2022년 한국보다 물가수준이 높은 나라는 일본, 프랑스, 캐나다, 미국, 독일, 영국 6개국이다.
② 2020～2021년 한국과 프랑스의 물가변동률은 0%로 같다.
③ 129 → 128로 약간 하락하였으므로 옳다.
⑤ 표에서 확인할 수 있는 내용이다.

10

정답 ④

월별로 남자 손님 수를 구하면 다음과 같다.

- 1월 : 56−23=33명
- 2월 : 59−29=30명
- 3월 : 57−34=23명
- 4월 : 56−22=34명
- 5월 : 53−32=21명

따라서 4월에 남자 손님 수가 가장 많았다.

11

정답 ④

매월 갑, 을의 총득점과 병, 정의 총득점이 같다. 따라서 빈칸에 들어갈 수는 1,156+2,000−1,658=1,498이다.

12

정답 ④

연도별 변화율을 구하면 다음과 같다.

(단위 : %)

구분	2018년	2019년	2020년	2021년	2022년
유치원	−	−0.75	−3.01	−4.65	−3.25
초등학교	−	−2.01	−0.68	−	0.69
중학교	−5.92	−6.99	−4.51	−4.72	−3.31
고등학교	−3.65	−2.27	−3.88	−7.26	−7.83
일반대학	−2.38	−1.63	−2.48	−	0.42

따라서 2021년 중학교의 변화율은 2020년과 유사함을 알 수 있으므로, ④의 그래프는 적절하지 않다.

13

정답 ④

ㄴ. 2019년 대비 2022년 모든 분야의 침해사고 건수는 감소하였으나, 50% 이상 줄어든 것은 스팸릴레이 한 분야이다.
ㄹ. 기타 해킹 분야의 2022년 침해사고 건수는 2020년 대비 증가했으므로 옳지 않다.

오답분석

ㄱ. 단순침입시도 분야의 침해사고는 매년 스팸릴레이 분야의 침해사고 건수의 두 배 이상인 것을 확인할 수 있다.
ㄹ. 2021년 홈페이지 변조 분야의 침해사고 건수가 차지하는 비중은 $\frac{5,216}{16,135}\times 100 \fallingdotseq 32.3\%$로, 35% 이하이다.

14

정답 ①

2020년 프랑스의 자국 영화 점유율은 한국보다 높다.

오답분석

② 표를 통해 쉽게 확인할 수 있다.
③ 2019년 대비 2022년 자국 영화 점유율이 하락한 국가는 한국, 영국, 독일, 프랑스, 스페인이고, 이 중 한국이 4.3%p 하락으로, 가장 많이 하락한 국가이다.
④ 일본, 독일, 스페인, 호주, 미국이 해당하므로 절반이 넘는다.
⑤ 2021년을 제외하고 프랑스, 영국, 독일, 스페인 순서로 자국 영화 점유율이 높다.

15

정답 ③

2014년 대비 2022년 장르별 공연 건수의 증가율은 다음과 같다.

- 양악 : $\frac{4,628-2,658}{2,658}\times 100 \fallingdotseq 74\%$
- 국악 : $\frac{2,192-617}{617}\times 100 \fallingdotseq 255\%$
- 무용 : $\frac{1,521-660}{660}\times 100 \fallingdotseq 130\%$
- 연극 : $\frac{1,794-610}{610}\times 100 \fallingdotseq 194\%$

따라서 2014년 대비 2022년 공연 건수의 증가율이 가장 높은 장르는 국악이다.

오답분석

① 2018년과 2021년에는 연극 공연 건수가 국악 공연 건수보다 더 많았다.
② 2017년까지는 양악 공연 건수가 국악, 무용, 연극 공연 건수의 합보다 더 많았지만, 2018년 이후에는 국악, 무용, 연극 공연 건수의 합보다 더 적다. 또한, 2020년에는 무용 공연 건수 자료가 집계되지 않아 양악의 공연 건수가 다른 공연 건수의 합보다 많은지 적은지 판단할 수 없다.
④ 2020년의 무용 공연 건수가 제시되어 있지 않으므로 연극 공연 건수가 무용 공연 건수보다 많아진 것이 2021년부터인지 판단할 수 없다.
⑤ 2021년에 비해 2022년에 공연 건수가 가장 많이 증가한 장르는 양악이다.

16

정답 ④

그래프만으로는 회귀율 변화의 원인을 알 수 없다.

오답분석

① $0.1=\frac{x}{600\text{만}}\times100 \rightarrow x=6{,}000$

② $\frac{1.3+1.3+1.0+0.7}{4}=1.075$

③ $\frac{0.1+0.2+0.3+0.2+0.5+0.2+0.3+0.8}{8}=0.325$

⑤ 2017년 포획량은 $0.2\times6=1.2$만 마리이고, 2019년 포획량은 $0.2\times10=2$만 마리이다.

17

정답 ④

ㄴ. • 2021년 : $279\times17.1\fallingdotseq4{,}771$개
• 2022년 : $286\times16.8\fallingdotseq4{,}805$개

ㄹ. • 2020년 : $273\times85=23{,}205$억 원
• 2021년 : $279\times91=25{,}389$억 원
• 2022년 : $286\times86.7=24{,}796.2$억 원

오답분석

ㄱ. • 2022년 창업보육센터 지원금액의 전년 대비 증가율 : $\frac{353-306}{306}\times100\fallingdotseq15.4\%$
• 2022년 창업보육센터 수의 전년 대비 증가율 : $\frac{286-279}{279}\times100\fallingdotseq2.5\%$

ㄷ. 자료를 통해 쉽게 확인할 수 있다.

18

정답 ③

2021년 SOC, 2022년 산업·중소기업 분야가 해당한다.

오답분석

① 2018년 약 30%, 2020년은 약 31%의 비중을 차지한다.
② 2019년의 전년 대비 증가율은 $\frac{27.6-24.5}{24.5}\times100\fallingdotseq12.7\%$이고, 2022년의 증가율은 $\frac{35.7-31.4}{31.4}\times100\fallingdotseq13.7\%$이다.
④ 2018년에는 기타 분야가 차지하고 있는 비율이 더 높았다.
⑤ SOC, 산업·중소기업, 환경, 기타 분야가 해당하므로 4개이다.

19

정답 ②

제시된 자료에 의하면 수도권은 서울과 인천·경기를 합한 지역이다. 따라서 전체 마약류 단속 건수 중 수도권의 마약류 단속 건수의 비중은 22.1+35.8=57.9%이다.

오답분석

① • 대마 단속 전체 건수 : 167건
  • 코카인 단속 전체 건수 : 65건
  65×3=195>167이므로 옳지 않다.

③ 코카인 단속 건수가 없는 지역은 강원, 충북, 제주로 3곳이다.

④ • 대구·경북 지역의 향정신성의약품 단속 건수 : 138건
  • 광주·전남 지역의 향정신성의약품 단속 건수 : 38건
  38×4=152>138이므로 옳지 않다.

⑤ • 강원 지역의 향정신성의약품 단속 건수 : 35건
  • 강원 지역의 대마 단속 건수 : 13건
  13×3=39>35이므로 옳지 않다.

20

정답 ④

그래프의 제목은 'TV+스마트폰 이용자의 도시규모별 구성비'인 것에 반해 그래프에 있는 수치들을 살펴보면, TV에 대한 도시규모별 구성비와 같은 것을 알 수 있다. 따라서 제목과 그래프의 내용이 서로 일치하지 않음을 알 수 있다.

오답분석

① 연령대별 스마트폰 이용자 비율에 사례 수(조사인원)를 곱하면 이용자 수를 구할 수 있다.
② 매체별 성별 이용자 비율에 사례 수(조사인원)를 곱하면 구할 수 있다.
③ 주어진 표에서 쉽게 확인할 수 있다.
⑤ 각 사례 수(조사인원)에서 사무직에 종사하는 대상의 수를 도출한 뒤, 각 매체별 비율을 산출하면 구할 수 있다.

03 창의수리

01	02	03	04	05	06	07	08	09	10
③	④	②	③	①	②	③	⑤	③	①
11	12	13	14	15	16	17	18	19	20
①	②	③	④	①	③	④	⑤	④	③

01

정답 ③

남녀가 다시 만나는 데 걸리는 시간을 y시간이라 하면 거리에 대한 방정식은 다음과 같다.

$4\times(y-0.5)+6\times y=10$

$\rightarrow 4y-2+6y=10$

$\rightarrow 10y=12$

$\therefore y=1.2$

따라서 두 남녀가 다시 만나는 데 걸리는 시간은 1.2시간이므로 1시간 12분이다.

02

정답 ④

5%의 설탕물 500g에 들어있는 설탕의 양은 $\frac{5}{100}\times500=25$g이고, 5분 동안 가열한 뒤 남은 설탕물의 양은 $500-(50\times5)=250$g이다.

따라서 가열한 후 남은 설탕물의 농도는 $\frac{25}{250}\times100=10\%$이다.

03

정답 ②

처음 정가를 x원이라고 하면, 다음과 같다.

$2(0.7x-1{,}000)=x \rightarrow 1.4x-2{,}000=x$

$\therefore x=5{,}000$

04

정답 ③

책의 전체 쪽수를 x쪽이라고 하면, 다음과 같다.

$x-\frac{1}{3}x-\frac{1}{4}\left(x-\frac{1}{3}x\right)-100=92$

$\therefore x=384$

05

정답 ①

슬기는 경서가 움직인 거리보다 1.2m 더 움직였으므로 슬기가 움직인 거리는 $0.6\times6+1.2=4.8$m이다. 슬기는 출발하고 6초 후에 경서를 따라잡았으므로 속력은 $\frac{4.8}{6}=0.8$m/s이다.

06

정답 ②

부가세 15%를 포함하지 않은 원래의 피자 가격을 x원이라고 하면, 다음과 같다.

$\left(1+\frac{15}{100}\right)x=18,400 \rightarrow x=16,000$

따라서 부가세 10%를 포함한 피자의 가격은 $16,000\times\left(1+\frac{10}{100}\right)=17,600$원이다.

07

정답 ③

A, B, C설탕물의 설탕 질량을 구하면 다음과 같다.

- A설탕물의 설탕 질량 : $200\times0.12=24$g
- B설탕물의 설탕 질량 : $300\times0.15=45$g
- C설탕물의 설탕 질량 : $100\times0.17=17$g

A, B설탕물을 합치면 설탕물 500g에 들어있는 설탕은 $24+45=69$g, 농도는 $\frac{69}{500}\times100=13.8\%$이다. 합친 설탕물을 300g만 남기고, C설탕물과 합치면 설탕물 400g이 되고 여기에 들어있는 설탕의 질량은 $300\times0.138+17=58.4$g이다. 또한 이 합친 설탕물도 300g만 남기면 농도는 일정하므로 설탕물이 $\frac{3}{4}$으로 줄어든 만큼 설탕의 질량도 같이 줄어든다.

따라서 설탕의 질량은 $58.4\times\frac{3}{4}=43.8$g이다.

08

정답 ⑤

세 마리 거북이의 나이를 X, Y, Z살이라고 하자.

$XY=77 \cdots$ ㉠

$YZ=143 \cdots$ ㉡

$ZX=91 \cdots$ ㉢

㉠, ㉡, ㉢을 모두 곱하면,

$(XYZ)^2=77\times143\times91=(7\times11)\times(11\times13)\times(13\times7)=7^2\times11^2\times13^2 \rightarrow XYZ=7\times11\times13$

㉠, ㉡, ㉢을 $XYZ=7\times11\times13$에 대입하면,

$X=7$, $Y=11$, $Z=13$

따라서 가장 나이 많은 거북이와 가장 어린 거북이의 나이 차는 $13-7=6$살이다.

09

정답 ③

${}_{10}C_2\times{}_{8}C_2=\frac{10\times9}{2\times1}\times\frac{8\times7}{2\times1}=1,260$가지

10

정답 ①

할인되지 않은 KTX 표의 가격을 x원이라 하자.

표를 40% 할인된 가격으로 구매하였으므로 구매 가격은 $(1-0.4)x=0.6x$원이다.

환불 규정에 따르면 하루 전에 표를 취소하는 경우 70%의 금액을 돌려받을 수 있으므로 다음과 같다.

$0.6x\times0.7=16,800$

$\rightarrow 0.42x=16,800$

$\therefore x=40,000$

11

정답 ①

- 두 개의 주사위를 던지는 경우의 수 : $6\times6=36$가지
- 나온 눈의 곱이 홀수인 경우(홀수×홀수)의 수 : $3\times3=9$가지

∴ 주사위의 눈의 곱이 홀수일 확률 : $\frac{9}{36}=\frac{1}{4}$

12

정답 ②

S씨의 집과 휴가지 사이의 거리를 $x$km라고 하자.

갈 때와 돌아올 때의 시간 차이가 1시간 20분이므로 다음과 같다.

$\frac{x}{80}-\frac{x}{120}=\frac{80}{60}$

→ $3x-2x=320$

∴ $x=320$

13

정답 ③

전체 작업량을 1로 둘 때, 6명이 5시간 만에 청소를 완료하므로 직원 한 명의 시간당 작업량은 $\frac{1}{30}$이다.

3시간 만에 일을 끝마치기 위한 직원의 수를 x명이라 하면 $\frac{x}{30}\times3=1 \rightarrow x=10$이다.

따라서 총 10명의 직원이 필요하므로, 추가로 필요한 직원의 수는 4명이다.

14

정답 ④

15% 소금물 500g에는 $500\times\frac{15}{100}=75$g의 소금이 들어있다.

추가하는 물의 양을 xg이라고 하면, 다음과 같다.

$\frac{75}{500+x}\times100=10 \rightarrow 750=500+x$

∴ $x=250$

15

정답 ①

A가 합격할 확률은 $\frac{1}{3}$이고 B가 합격할 확률은 $\frac{3}{5}$이다.

따라서 A, B 둘 다 합격할 확률은 $\frac{1}{3}\times\frac{3}{5}=\frac{3}{15}=\frac{1}{5}=20\%$이다.

16

정답 ③

배차간격은 동양역에서 20분, 서양역에서 15분이며, 두 기차의 속력은 같다. 배차시간의 최소공배수가 60이므로 60분마다 같은 시간에 각각의 역에서 출발하게 된다. 그러므로 10시 다음 출발시각은 11시이다. 동양역과 서양역의 편도 시간은 1시간이므로 50km 지점은 출발 후 30분에 도달한다. 따라서 두 번째로 50km 지점에서 두 기차가 만나는 시각은 11시 30분이다.

17

정답 ④

서로 다른 n개에서 중복을 허락하여 r개를 뽑아 일렬로 배열하는 중복순열의 수는 ${}_n\Pi_r = n\times n\times n\times\cdots\times n = n^r$이다.
따라서 서로 다른 3개의 우체통에 4통의 엽서를 넣는 방법은 ${}_3\Pi_4 = 3^4 = 81$가지이다.

18

정답 ⑤

올해 지원부서원 25명의 평균 나이는 38세이므로, 내년 지원부서원 25명의 평균 나이는 $\frac{25\times38-52+27}{25}+1=38$세이다.

19

정답 ④

(A의 톱니 수)×(A의 회전수)=(B의 톱니 수)×(B의 회전수)
A의 톱니 수를 x개라 하면 B의 톱니 수는 $(x-20)$개이므로 식을 세우면 다음과 같다.
$x\times6=(x-20)\times10 \rightarrow 6x=10x-200 \rightarrow 4x=200$
$\therefore x=50$

20

정답 ③

모두 다 섞은 설탕물의 농도를 x%라 하면 다음과 같다.
$\frac{36}{100}\times50+\frac{20}{100}\times50=\frac{x}{100}\times200 \rightarrow 36+20=4x \rightarrow 4x=56$
$\therefore x=14$

04 언어추리

01	02	03	04	05	06	07	08	09	10
③	⑤	②	①	③	③	②	③	④	③
11	12	13	14	15	16	17	18	19	20
②	①	④	②	③	②	③	①	③	④

01

정답 ③

가장 큰 B종 공룡보다 A종 공룡은 모두 크다. 일부의 C종 공룡은 가장 큰 B종 공룡보다 작다. 그러므로 일부의 C종 공룡은 A종 공룡보다 작다.

02

정답 ⑤

첫 번째와 네 번째 조건에서 여학생 X와 남학생 B가 동점이 아니므로, 여학생 X와 남학생 C가 동점이다. 세 번째 조건에서 여학생 Z와 남학생 A가 동점임을 알 수 있고, 두 번째 조건에서 여학생 Y와 남학생 B가 동점임을 알 수 있다. 남는 남학생 D는 당연히 여학생 W와 동점임을 알 수 있다.

03

정답 ②

주어진 명제를 통해 '세경이는 전자공학과 패션디자인을 모두 전공하며, 원영이는 사회학을 전공한다.'를 유추할 수 있다. 따라서 반드시 참인 것은 ②이다.

04

정답 ①

홍대리가 건강검진을 받을 수 있는 요일은 월요일 또는 화요일이며, 이사원 역시 월요일 또는 화요일에 건강검진을 받을 수 있다. 이때 이사원이 홍대리보다 늦게 건강검진을 받는다고 하였으므로 홍대리가 월요일, 이사원이 화요일에 건강검진을 받는 것을 알 수 있다. 나머지 수・목・금요일의 일정은 박과장이 금요일을 제외한 수요일과 목요일 각각 건강검진을 받는 두 가지 경우에 따라 나눌 수 있다.

i) 박과장이 수요일에 건강검진을 받을 경우
목요일은 최사원이, 금요일은 김대리가 건강검진을 받는다.

ii) 박과장이 목요일에 건강검진을 받을 경우
수요일은 최사원이, 금요일은 김대리가 건강검진을 받는다.

따라서 반드시 참이 될 수 있는 것은 ①이다.

PART 2

05

정답 ③

이동 시간이 긴 순서대로 나열하면 'D－B－C－A'이다. 이때 이동 시간은 거리가 멀수록 많이 소요된다고 하였으므로 서울과의 거리가 먼 순서에 따라 D는 강릉, B는 대전, C는 세종, A는 인천에서 근무하는 것을 알 수 있다.

06

정답 ③

A와 D의 진술이 모순되므로, A의 진술이 참인 경우와 거짓인 경우를 구한다.

i) A의 진술이 참인 경우
A의 진술에 따라 D가 부정행위를 하였으며, 거짓을 말하고 있다. B는 A의 진술이 참이므로 B의 진술도 참이며, B의 진술이 참이므로 C의 진술은 거짓이 되고, E의 진술은 참이 된다. 따라서 부정행위를 한 사람은 C, D이다.

ii) A의 진술이 거짓인 경우
A의 진술에 따라 D는 참을 말하고 있고, B는 A의 진술이 거짓이므로 B의 진술도 거짓이 된다. B의 진술이 거짓이므로 C의 진술은 참이 되고, E의 진술은 거짓이 된다. 그러면 거짓을 말한 사람은 A, B, E이지만 조건에서 부정행위를 한 사람은 두 명이므로 모순이 되어 옳지 않다.

07

정답 ②

A가 가 마을에 살고 있다고 가정하면, B 또는 D는 가 마을에 살고 있다. F가 가 마을에 살고 있다고 했으므로 C, E는 나 마을에 살고 있음을 알 수 있다. 하지만 C는 A, E 중 한 명은 나 마을에 살고 있다고 말한 것은 진실이므로 모순이다.
A가 나 마을에 살고 있다고 가정하면, B, D 중 한 명은 가 마을에 살고 있다는 말은 거짓이므로 B, D는 나 마을에 살고 있다. A, B, D가 나 마을에 살고 있으므로 나머지 C, E, F는 가 마을에 살고 있음을 알 수 있다.

08

정답 ③

한 명만 거짓말을 하고 있기 때문에 모두의 말을 참이라고 가정하고, 모순이 어디서 발생하는지 생각해 본다.
다섯 명의 말에 따르면, 1등을 할 수 있는 사람은 C밖에 없는데, E의 진술과 모순이 생기는 것을 알 수 있다.
만약 C의 진술이 거짓이라고 가정하면 1등을 할 수 있는 사람이 없게 되므로 모순이다.
따라서 E의 진술이 거짓이므로 나올 수 있는 순위는 C－E－B－A－D임을 알 수 있다.

09

정답 ④

네 번째, 다섯 번째 결과를 통해서 '낮잠 자기를 좋아하는 사람은 독서를 좋아한다.'는 사실을 알 수 있다.

10

정답 ③

B와 A의 관계에 대한 설명이 없어 알 수 없다.

오답분석

① C는 A의 오빠이므로 A의 아들과는 친척관계이다.
② 월계 빌라의 모든 주민은 A와 친척이므로 D도 A의 친척이다.
④ C가 A의 오빠라는 말에서 알 수 있듯이 A는 여자이다.
⑤ C는 A의 오빠이므로, A의 아들에게는 이모가 아니라 외삼촌이 된다.

11

정답 ②

첫 번째와 두 번째 문장을 통해, '어떤 안경은 유리로 되어 있다.'는 결론을 도출할 수 있다. 따라서 유리로 되어 있는 것 중 안경이 있다고 할 수 있다.

12

정답 ①

B와 E의 말이 서로 모순되므로 둘 중 한 명은 반드시 거짓을 말하고 있다.

i) B의 말이 거짓일 경우
E의 말이 참이 되므로 D의 말에 따라 아이스크림을 사야 할 사람은 A가 된다. 또한 나머지 A, C, D의 말 역시 모두 참이 된다.

ii) E의 말이 거짓일 경우
B의 말이 참이 되므로 아이스크림을 사야 할 사람은 C가 된다. 그러나 B의 말이 참이라면 참인 C의 말에 따라 D의 말은 거짓이 된다. 결국 D와 E 2명이 거짓을 말하게 되므로 한 명만 거짓말을 한다는 조건이 성립하지 않으며, A의 말과도 모순된다.

따라서 거짓말을 하는 사람은 B이며, 아이스크림을 사야 할 사람은 A이다.

13

정답 ④

'눈을 자주 깜빡인다.'를 A, '눈이 건조해진다.'를 B, '스마트폰을 이용할 때'를 C라 하면, 전제1과 전제2는 각각 ~A → B, C → ~A이므로 C → ~A → B가 성립한다. 따라서 C → B인 '스마트폰을 이용할 때는 눈이 건조해진다.'가 적절하다.

14

정답 ②

'밤에 잠을 잘 자다.'를 A, '낮에 피곤하다.'를 B, '업무효율이 좋다.'를 C, '성과급을 받는다.'를 D라고 하면, 전제1은 ~A → B, 전제3은 ~C → ~D, 결론은 ~A → ~D이다. 따라서 ~A → B → ~C → ~D가 성립하기 위해서 필요한 전제2는 B → ~C이므로 '낮에 피곤하면 업무효율이 떨어진다.'가 적절하다.

15

정답 ③

'자차가 있다.'를 A, '대중교통을 이용한다.'를 B, '출퇴근 비용을 줄인다.'를 C라고 하면, 전제1은 ~A → B, 결론은 ~A → C이다. 따라서 ~A → B → C가 성립하기 위해서 필요한 전제2는 B → C이므로 '대중교통을 이용하면 출퇴근 비용이 줄어든다.'가 적절하다.

16

정답 ②

삼단논법이 성립하려면 '흰색 마우스를 구매하면 키보드도 구매한 것이다.'라는 명제가 필요한데, 이 명제의 대우는 ②이다.

17

정답 ③

삼단논법이 성립하려면 '혜미는 노래를 잘 부르지 못한다.'라는 명제가 필요하다.

18

정답 ①

삼단논법이 성립하려면 '타인을 사랑하면 서로를 사랑한다.'라는 명제가 필요한데, 이 명제의 대우는 ①이다.

19

정답 ③

은호의 신발 사이즈는 235mm이며, 은호 아빠의 신발 사이즈는 270mm이므로 은호 아빠와 은호의 신발 사이즈 차이는 270－235＝35mm이다.

오답분석

① 은호의 엄마는 은호보다 5mm 큰 신발을 신으므로 은호 엄마의 신발 사이즈는 240mm이다. 따라서 은호 아빠와 엄마의 신발 사이즈 차이는 270－240＝30mm이다.
② 은수의 신발 사이즈는 230mm 이하로 엄마의 신발 사이즈와 최소 10mm 이상 차이가 난다.
④ 235mm인 은호의 신발 사이즈와 230mm 이하인 은수의 신발 사이즈는 최소 5mm 이상 차이가 난다.
⑤ 은수의 정확한 신발 사이즈는 알 수 없다.

20

정답 ④

첫 번째 조건에 따라 A는 선택 프로그램에 참가하므로 A는 수·목·금요일 중 하나의 프로그램에 참가한다. A가 목요일 프로그램에 참가하면 E는 A보다 나중에 참가하므로 금요일의 선택3 프로그램에 참가할 수밖에 없다. 따라서 항상 참이 되는 것은 ④이다.

오답분석

① 두 번째 조건에 따라 C는 필수 프로그램에 참가하므로 월·화요일 중 하나의 프로그램에 참가하며, 이때, C가 화요일 프로그램에 참가하면 C보다 나중에 참가하는 D는 선택 프로그램에 참가할 수 있다.
② B는 월·화요일 프로그램에 참가할 수 있으므로 B가 화요일 프로그램에 참가하면 C는 월요일 프로그램에 참가할 수 있다.
③ C가 화요일 프로그램에 참가하면 E는 선택2 또는 선택3 프로그램에 참가할 수 있다.

구분	월(필수1)	화(필수2)	수(선택1)	목(선택2)	금(선택3)
경우 1	B	C	A	D	E
경우 2	B	C	A	E	D
경우 3	B	C	D	A	E

⑤ E는 선택 프로그램에 참가하는 A보다 나중에 참가하므로 목요일 또는 금요일 중 하나의 프로그램에 참가할 수 있다.

05 수열추리

01	02	03	04	05	06	07	08	09	10
①	④	①	②	②	③	②	①	④	②
11	12	13	14	15	16	17	18	19	20
①	⑤	①	③	①	③	②	①	①	①

01
정답 ①

홀수 항은 ×2+0.2, ×2+0.4, ×2+0.6, …인 수열이고, 짝수 항은 ×3−0.1인 수열이다.
따라서 ( )=12.2×3−0.1=36.5이다.

02
정답 ④

홀수 항은 $+\frac{1}{4}$, 짝수 항은 $-\frac{1}{6}$인 수열이다.

따라서 ( )$=\frac{5}{4}+\frac{1}{4}=\frac{6}{4}=\frac{3}{2}$이다.

03
정답 ①

홀수 항은 $\times\frac{1}{2}$, 짝수 항은 −3.7, −4.2, −4.7, …인 수열이다.

따라서 ( )$=1\times\frac{1}{2}=\frac{1}{2}$이다.

04
정답 ②

각 항에 0.1, 0.15, 0.2, 0.25 …씩 더하는 수열이다.
따라서 ( )=1.1+0.3=1.4이다.

05
정답 ②

앞의 항에 $+2^1$, $+2^2$, $+2^3$, $+2^4$, $+2^5$, …을 하는 수열이다.
따라서 ( )$=25+2^5=25+32=57$이다.

06
정답 ③

홀수 항은 $+1^2$, $+2^2$, $+3^2$, …이고, 짝수 항은 −1, −2, −3, …인 수열이다.
따라서 ( )=68+1=69이다.

07
정답 ②

홀수 항은 ÷2, 짝수 항은 +12인 수열이다.
따라서 ( )=(−88)÷2=−44이다.

08
정답 ①

홀수 항은 ×5, 짝수 항은 (×3+1)인 수열이다.
따라서 ( )=40×3+1=121이다.

09
정답 ④

홀수 항은 +5, 짝수 항은 −5인 수열이다.
따라서 ( )=7+5=12이다.

10
정답 ②

앞의 항에 32, 16, 8, 4, 2, 1, …을 더하는 수열이다.
따라서 ( )=72+1=73이다.

11
정답 ①

홀수 항은 −10, −9, −8, −7, …을 더하고, 짝수 항은 +2를 하는 수열이다.
따라서 ( )=3−7=−4이다.

12
정답 ⑤

홀수 항은 +6, 짝수 항은 −2인 수열이다.
따라서 ( )=13+6=19이다.

13
정답 ①

$\underline{A\ B\ C} \rightarrow A\times C=B$

따라서 ( )$=\frac{12}{3}=4$이다.

14
정답 ③

$\underline{A\ B\ C} \rightarrow \frac{A+C}{2}=B$

따라서 $\frac{7+(\ \ )}{2}=10$이므로 ( )=13이다.

15

정답 ①

$\underline{A\ B\ C} \rightarrow A=B\times C-2$

따라서 ( )×2−2=80이므로 ( )=50이다.

16

정답 ③

$\underline{A\ B\ C} \rightarrow B^{A}=C$

따라서 $3^{(\quad)}=81$이므로 ( )=4이다.

17

정답 ②

제시된 수열은 +4, +12, +36, +108, +324, …를 하는 수열이다. 수열의 일반항을 a_n이라 하면, 다음과 같다.

- $a_7=-516+972=456$
- $a_8=456+2,916=3,372$

따라서 8번째 항의 값은 3,372이다.

18

정답 ①

제시된 수열의 일반항을 a_n이라 할 때, $a_n=a_{n-2}-a_{n-1}$ (단, $n\geq 3$)인 수열이다.

- $a_9=39-(-63)=102$
- $a_{10}=-63-102=-165$
- $a_{11}=102-(-165)=267$
- $a_{12}=-165-267=-432$

따라서 12번째 항의 값은 −432이다.

19

정답 ①

제시된 수열의 일반항을 a_n이라 할 때, 홀수 번째 항은 n^2+1이고, 짝수 번째 항은 $-(n^2+1)$이다.

따라서 22번째 항의 값은 $-(22^2+1)=-485$이다.

20

정답 ①

제시된 수열은 +2, +5, +10, +17, +26, +37, …, $+(k^2+1)$씩 증가하는 수열이다. 수열의 일반항을 a_n이라 하면, 다음과 같다.

- $a_8=98+(7^2+1)=98+50=148$
- $a_9=148+(8^2+1)=148+65=213$
- $a_{10}=213+(9^2+1)=213+82=295$
- $a_{11}=295+(10^2+1)=295+101=396$

따라서 11번째 항의 값은 396이다.

제 2 회 최종점검 모의고사

01 언어이해

01	02	03	04	05	06	07	08	09	10
②	①	①	②	③	④	⑤	②	④	④
11	12	13	14	15	16	17	18	19	20
⑤	④	⑤	②	②	④	②	④	①	④

01

정답 ②

제시문에서는 노블레스 오블리주의 개념을 정의한 후, 이러한 지도층의 도덕적 의무감을 특히 중요시하는 이유가 지도층이 도덕적 지표가 되어 건전한 사회를 만드는 데 효과적으로 기여하기 때문이라고 설명하고 있다. 따라서 글의 중심 내용으로 ②가 가장 적절하다.

02

정답 ①

마지막 문단을 통해 디젤 엔진은 원리상 가솔린 엔진보다 더 튼튼하고 고장도 덜 나는 것을 알 수 있다.

오답분석

② 가솔린 엔진은 1876년에, 디젤 엔진은 1892년에 등장했다.
③ 디젤 엔진은 분진을 배출하는 문제가 있다. 그러나 디젤 엔진과 가솔린 엔진 중에 어느 것이 분진을 더 많이 배출하는지를 언급한 내용은 없다.
④ 디젤 엔진은 연료의 품질에 민감하지 않다.
⑤ 가솔린 엔진의 압축비는 12 : 1이고, 디젤 엔진은 25 : 1 정도이다. 따라서 디젤 엔진의 압축 비율이 가솔린 엔진보다 높다.

03

정답 ①

세 번째 문단에서 과거제 출신의 관리들이 공동체에 대한 소속감이 낮고 출세 지향적이었다는 내용을 확인할 수 있다.

오답분석

② 첫 번째 문단에서 고염무는 관료제의 상층에는 능력주의적 제도를 유지하되, 지방관인 지현들은 그 지위를 평생 유지시켜 주고 세습의 길까지 열어 놓는 방안을 제안했다고 했으므로 적절하지 않다.
③ 첫 번째 문단에서 황종희가 '벽소'와 같은 옛 제도를 되살리는 방법으로 과거제를 보완하자고 주장했다는 내용을 볼 수 있다. 따라서 벽소는 과거제를 없애고자 등장한 새로운 제도가 아니라 과거제를 보완하고자 되살린 옛 제도이므로 적절하지 않다.
④ 두 번째 문단에서 과거제는 학습 능력 이외의 인성이나 실무 능력을 평가할 수 없다는 이유로 시험의 익명성에 대한 회의도 있었다고 하였으므로 적절하지 않다.
⑤ 세 번째 문단에서 과거제를 통해 임용된 관리들은 승진을 위해서 빨리 성과를 낼 필요가 있었기에, 지역 사회를 위해 장기적인 정책을 추진하기보다 가시적이고 단기적인 결과만을 중시하는 부작용을 가져왔다고 하였으므로 적절하지 않다.

04

정답 ②

첫 번째 문단에 통각 수용기에는 감각 적응 현상이 거의 일어나지 않는다는 내용이 나와 있다.

오답분석

① 두 번째 문단에서 Aδ 섬유를 따라 전도된 통증 신호가 대뇌 피질로 전달되면, 대뇌 피질에서는 날카롭고 쑤시는 듯한 짧은 초기 통증을 느끼고 통증이 일어난 위치를 파악한다고 하였으므로 적절하지 않다.
③ 두 번째 문단에서 Aδ 섬유는 직경이 크고 전도 속도가 빠르며, C섬유는 직경이 작고 전도 속도가 느리다고 했으므로 적절하지 않다.
④ 첫 번째 문단에서 통각 수용기는 피부에 가장 많아 피부에서 발생한 통증은 위치를 확인하기 쉽다고 했으므로 적절하지 않다.
⑤ 두 번째 문단에서 Aδ 섬유에는 기계적 자극이나 높은 온도 자극에 반응하는 통각 수용기가 분포되어 있고, C섬유에도 기계적 자극이나 높은 온도 자극에 반응하는 통각 수용기가 분포되어 있다고 했으므로 적절하지 않다.

PART 2

05

정답 ③

두 번째 문단에 따르면 농업경제의 역사에서 정원이 갖는 의미는 시대와 지역에 따라 매우 달랐으나, 여성들의 입장은 지역적인 편차가 없었으므로 ③은 적절하지 않다.

06

정답 ④

제시문에서는 작품을 올바르게 이해하기 위해서는 기존의 편협한 사고방식이나 태도에 얽매이지 말고 나름대로의 날카로운 안목과 감수성을 길러야 함을 강조하고 있다. 따라서 미술 작품을 올바르게 감상하기 위해 우리가 지녀야 할 태도를 제시하는 것이다.

07

정답 ⑤

제시문에서는 탑을 복원할 경우 탑에 담긴 역사적 의미와 함께 탑과 주변 공간의 조화가 사라지고, 정확한 자료 없이 탑을 복원한다면 탑을 온전하게 되살릴 수 없다는 점을 들어 탑을 복원하기보다는 보존해야 한다고 주장한다. 따라서 이러한 근거들과 관련이 없는 ⑤는 주장에 대한 반박으로 적절하지 않다.

08

정답 ②

제시문은 재즈가 어떻게 생겨났고 재즈가 어떠한 것들을 표현해내는 음악인지에 대해 설명하고 있으므로 글의 제목으로 ②가 가장 적절하다.

09

정답 ④

제시문은 나전칠기의 개념을 제시하고 우리나라 나전칠기의 특징, 제작방법 그리고 더 나아가 국내 나전칠기 특산지에 대해 설명하고 있다. 따라서 (라) 나전칠기의 개념 → (가) 우리나라 나전칠기의 특징 → (다) 나전칠기의 제작방법 → (나) 나전칠기 특산지 소개 순으로 나열하는 것이 적절하다.

10

정답 ④

시조문학이 발전한 배경 설명과 함께, 두 경향인 강호가류(江湖歌類)와 오륜가류(五倫歌類)를 소개하고 있는 (다) 문단이 맨 처음에 와야 한다. 다음으로 강호가류에 대하여 설명하는 (라) 문단과 오륜가류에 대하여 설명하는 (나) 문단이 와야 하는데, (나) 문단이 전환 기능의 접속어 '한편'으로 시작하므로 (라) – (나) 순서가 되고, 강호가류와 오륜가류에 대한 설명을 마무리하며 사대부들의 문학관을 설명하는 (가) 문단이 마지막으로 온다.

11

정답 ⑤

제시문은 크게 '피자의 시작과 본토 – 한국의 피자 도입과 확산'으로 나눌 수 있다. 이탈리아에서 나타난 현대적 의미의 피자의 시작을 논하는 것으로 글이 시작되었으므로, 그 후에는 이탈리아의 피자 상황을 나타내는 (다) 문단과 (가) 문단이 차례대로 와야하며, '한국의 경우'라고 쓰여 있는 것을 보아 그 뒤에는 (라) 문단이, 이어서 (나) 문단이 오는 것이 적절하다.

12

정답 ④

서양에서 아리스토텔레스가 강요한 중용과 동양의 중용을 번갈아 설명하며 그 차이점에 대해 설명하고 있다.

오답분석

① 아리스토텔레스의 중용은 글의 주제인 서양과 동양의 중용에 대한 차이점을 말하기 위해 언급한 것일 뿐이다.
② 동양은 의학에 있어서도 중용관에 입각했다는 것을 말하기 위해 부연 설명한 것이다.
③ 중용을 바라보는 서양과 동양의 차이점을 말하고 있다.
⑤ 서양과 대비해서 동양의 중용관이 균형에 신경 쓰고 있다는 내용을 담고는 있지만, 전체적으로 보았을 때 서양과 동양의 차이에 대해 쓰여진 글이다.

13

정답 ⑤

마지막 문단의 '칸트의 생각들은 독일 철학의 흐름 속에 이어지다가 후일 아인슈타인에게도 결정적 힌트가 되었다.'라는 내용에서 칸트의 견해가 아인슈타인에게 영향을 끼친 것은 알 수 있지만, 두 사람의 견해가 같다는 것은 확인할 수 없다.

오답분석

① '우리는 이 개념들을 배워서 아는 것이 아니다. 즉, 경험에 앞서 이미 아는 것이다.'에서 공간, 시간 등의 개념은 태어날 때부터 가진 것임을 알 수 있다.
② '경험에 앞서는 범주를 제시했다는 점에서 혁명적 개념이었고, 경험을 강조한 베이컨 주의에 대한 강력한 반동인 셈이다.'라는 내용을 통해 낭만주의와 베이컨 주의가 상반된 내용을 다룬다는 것을 짐작할 수 있다.
③ '현상으로서 공간과 시간은 그 자체로서 존재할 수 없고 단지 우리 안에서만 존재할 수 있다.'는 내용을 통해 알 수 있다.
④ 세 번째 문단인 '칸트가 건설한 철학적 관념론은 … 객관적이고 물질적인 것에서 근본을 찾는 유물론과는 분명한 대척점에 있는 관점이다.'라는 내용을 통해 객관적이기보다는 주관적인 것에 가깝다는 것을 유추할 수 있다.

14

정답 ②

능허대는 백제가 당나라와 교역했던 사실을 말해주는 대표적인 유적으로 국내 교역이 아닌 외국과 교역했던 사실을 말해주는 증거이다.

15

정답 ②

권위를 제한적으로 사용한다면 구성원들의 자발적인 복종을 가져올 수 있다. 권위를 전혀 사용하지 않는 것은 적절하지 않다.

오답분석

① 리더가 덕을 바탕으로 행동하면 구성원들은 마음을 열고 리더의 편이 된다.
③ 리더의 강압적인 행동이나 욕설은 구성원들의 '침묵 효과'나 무엇을 해도 소용이 없을 것이라 여겨 저항 없이 시키는 일만 하는 '학습된 무기력'의 증상을 야기할 수 있다.
④ 덕으로 조직을 이끄는 것은 구성원들의 행동에 긍정적인 효과를 미친다.
⑤ 조직에서 성과를 끌어내기 위한 가장 좋은 방법은 구성원들 스스로 맡은 일에 전념하게 하는 것이다. 지속적으로 권위적인 행동을 하는 것은 권위없이 움직일 수 없는 비효율적인 집단이 되게 만들므로 바람직하지 않다.

16

정답 ④

제시문에서는 드론이 개인의 정보 수집과 활용에 대한 사전 동의 없이도 개인 정보를 저장할 수 있어 사생활 침해 위험이 높으므로 '사전 규제' 방식을 적용해야 한다고 주장한다. 따라서 이러한 주장에 대한 반박으로는 개인 정보의 복제, 유포, 위조에 대해 엄격한 책임을 묻는다면 사전 규제 없이도 개인 정보를 보호할 수 있다는 ④가 가장 적절하다.

17

정답 ②

빈칸 뒤에서는 고전 미학과 근대 미학이 각각 추구하는 이념과 대상에 대해 예를 들어 설명하고 있다. 따라서 빈칸에는 미학이 추구하는 이념과 대상도 '시대에 따라 다름'을 언급하는 내용이 들어가야 한다.

18

정답 ④

기사에서는 대기업과 중소기업 간의 상생경영의 중요성을 강조하고 있다. 기존에는 대기업이 시혜적 차원에서 중소기업에게 베푸는 느낌이 강했지만, 현재는 협력사의 경쟁력 향상이 곧 기업의 성장으로 이어질 것으로 보고, 상생경영의 중요성을 높이고 있다. 대기업이 지원해준 업체의 기술력 향상으로 더 큰 이득을 보상받는 등 상생협력이 대기업과 중소기업 모두에게 효과적임을 알 수 있다. 따라서 '시혜적 차원에서의 대기업 지원의 중요성'은 기사 제목으로 적절하지 않다.

19

정답 ①

두 번째 문단에서 '강한 핵력의 강도가 겨우 0.5% 다르거나 전기력의 강도가 4% 다를 경우에도 탄소나 산소는 우주에서 합성되지 않는다. 따라서 생명 탄생의 가능성도 사라진다.'라고 했으므로 탄소가 없어도 생명은 자연적으로 진화할 수 있다고 한 ①은 제시문을 지지하는 내용이 아니다.

20

정답 ④

제시문에서는 사유 재산에 대한 개인의 권리 추구로 다수가 피해를 입게 된다면 사익보다 공익을 우선시하여 개인의 권리가 제한되어야 한다고 주장한다. 따라서 이러한 주장에 대한 반박으로는 개인인 땅 주인이 권리를 행사함에 따라 다수인 마을 사람들에게 발생하는 피해가 법적으로 증명되어야만 권리를 제한할 수 있다는 ④가 가장 적절하다.

02 자료해석

01	02	03	04	05	06	07	08	09	10
④	③	②	③	④	①	②	③	③	①
11	12	13	14	15	16	17	18	19	20
④	①	④	③	④	③	④	④	④	①

01

정답 ④

흡연자 A씨가 금연프로그램에 참여하면서 진료 및 상담 비용과 금연보조제(니코틴패치) 구매에 지불해야 하는 부담금은 지원금을 제외한 나머지이다. 따라서 A씨가 부담하는 금액은 총 $30,000\times0.1\times6+12,000\times0.25\times3=18,000+9,000=27,000$원이다.

02

정답 ③

A와 D는 각각 추리와 수리에서 과락이므로 제외한다. B는 합격 점수 산출법에 따라 39+21+22=82점, C는 36+16.5+20=72.5점, E는 54+24+19.6=97.6점이므로 B와 E가 합격자이다.

03

정답 ②

자료의 분포는 B상품이 더 고르지 못하므로 표준편차는 B상품이 더 크다.

오답분석

① • A : 60+40+50+50=200개
  • B : 20+70+60+51=201개
③ 봄 판매량의 합은 80개로 가장 적다.
④ 시간이 지남에 따라 둘의 차는 점차 감소한다.
⑤ 여름에 B상품의 판매량이 가장 많다.

04

정답 ③

총 이동자 수 대비 20 ~ 30대 이동자 수 비율은 2013년이 약 45.4%로 가장 높다.

05

정답 ④

현재기온이 가장 높은 수원은 이슬점 온도는 가장 높지만 습도는 65%로 가장 높지 않다.

오답분석

① 파주의 시정은 20km로 가장 좋다.
② 수원이 이슬점 온도와 불쾌지수 모두 가장 높다.
③ 불쾌지수 70을 초과한 지역은 수원, 동두천 2곳이다.
⑤ 시정이 0.4km로 가장 좋지 않은 백령도의 경우 풍속이 4.4m/s로 가장 강하다.

06

정답 ①

ㄱ. • 1시간 미만 운동하는 3학년 남학생 수 : 87명
  • 4시간 이상 운동하는 1학년 여학생 수 : 46명
  따라서 옳은 설명이다.
ㄴ. 제시된 자료에서 남학생 중 1시간 미만 운동하는 남학생의 비율이 여학생 중 1시간 미만 운동하는 여학생의 비율보다 각 학년에서 모두 낮음을 확인할 수 있다.

오답분석

ㄷ. 남학생과 여학생 모두 학년이 높아질수록 3시간 이상 ~ 4시간 미만 운동하는 학생의 비율은 낮아진다. 그러나 남학생과 여학생 모두 학년이 높아질수록 4시간 이상 운동하는 학생의 비율은 높아지므로 옳지 않다.
ㄹ. 3학년 남학생의 경우 3시간 이상 ~ 4시간 미만 운동하는 학생의 비율은 4시간 이상 운동하는 학생의 비율보다 낮다.

07

정답 ②

ㄱ. • (2020년 전년 이월건수)=(2019년 처리대상건수)−(2019년 처리건수)=8,278−6,444=1,834건
  • (2020년 처리대상건수)=1,834+7,883=9,717건
  따라서 처리대상건수가 가장 적은 연도는 2023년이고, 2023년의 처리율은 $\frac{6,628}{8,226}\times 100 \fallingdotseq 80.57$%로, 75% 이상이다.

ㄹ. • 2019년의 인용률 : $\frac{1,767}{346+4,214+1,767} \times 100 ≒ 27.93\%$

• 2021년의 인용률 : $\frac{1,440}{482+6,200+1,440} \times 100 ≒ 17.73\%$

따라서 2019년의 인용률이 2021년의 인용률보다 높다.

오답분석

ㄴ. 2020 ~ 2023년 취하건수와 기각건수의 전년 대비 증감 추이는 다음과 같다.

• 취하건수의 증감 추이 : 증가 – 증가 – 증가 – 감소

• 기각건수의 증감 추이 : 증가 – 증가 – 감소 – 감소

따라서 2020 ~ 2023년 취하건수와 기각건수의 전년 대비 증감 추이는 동일하지 않다.

ㄷ. 2020년의 처리대상건수는 9,717건이고, 처리건수는 7,314건이다.

따라서 2020년의 처리율은 $\frac{7,314}{9,717} \times 100 ≒ 75.27\%$이다.

PART 2

08

정답 ③

대구의 경우 18대 대통령 선거 투표율이 15대 대통령 선거 투표율보다 높으므로 옳지 않다.

오답분석

① 가장 높은 투표율은 광주의 15대 선거 투표율인 89.9%이다.

② 17대 대통령 선거에서 가장 높은 투표율은 경북의 68.5%이다.

④ 15대 최저는 충남의 77%이고, 16대는 충남의 66%, 17대는 인천의 60.3%, 18대는 충남의 72.9%로 매번 같은 곳은 아니다.

⑤ 17대 선거의 최고 투표율은 68.5%이므로 전체투표율은 이보다 높을 수 없다.

09

정답 ③

견과류 첨가 제품은 단백질 함량이 1.8g, 2.7g, 2.5g이고, 당 함량을 낮춘 제품은 단백질 함량이 1.4g, 1.6g이므로 옳은 설명이다.

오답분석

① 탄수화물 함량이 가장 낮은 시리얼은 후레이크이며, 당류 함량이 가장 낮은 시리얼은 콘프레이크이다.

② 일반 제품의 열량은 체중조절용 제품의 열량보다 더 낮은 수치를 보이고 있다.

④ 당류가 가장 많은 시리얼은 초코볼 시리얼(12.9g)로, 초코맛 제품에 속한다.

⑤ 콘프레이크의 단백질 함량은 3g으로 약 2배 이상 많다.

10

정답 ①

800g 소포의 개수를 x개, 2.4kg 소포의 개수를 y개라 하면

$800 \times x + 2,400 \times y \le 16,000 \rightarrow x + 3y \le 20 \cdots$ ㉠

B회사는 동일지역, C회사는 타지역이므로

$4,000 \times x + 6,000 \times y = 60,000 \rightarrow 2x + 3y = 30 \rightarrow 3y = 30 - 2x \cdots$ ㉡

㉡을 ㉠에 대입하면

$x + 30 - 2x \le 20 \rightarrow x \ge 10 \cdots$ ㉢

따라서 ㉡, ㉢을 동시에 만족하는 x, y값은 $x=12$, $y=2$이다.

11

정답 ④

주어진 조건에 의하여 S모델의 연비는 $\frac{a}{3}$km/L$=\frac{b}{5}$km/L $\cdots$ ㉠, E모델의 연비는 $\frac{c}{3}$km/L$=\frac{d}{5}$km/L $\rightarrow d=\frac{5}{3}c \cdots$ ㉡이다.

3L로 시험했을 때 두 자동차의 주행거리의 합은 48km이므로 $a+c=48 \cdots$ ㉢

E모델이 달린 주행거리의 합은 56km이므로 $c+d=56 \cdots$ ㉣

ⓛ과 ⓔ을 연립하면 $c+\frac{5}{3}c=56 \rightarrow c=21$

c를 ⓒ에 대입하면 $a+21=48 \rightarrow a=27$

즉, S모델의 연비는 $\frac{27}{3}$=9km/L이고 E모델의 연비는 $\frac{21}{3}$=7km/L이다.

따라서 두 자동차의 연비의 곱은 9×7=63이다.

12

정답 ①

오답분석

② 자료보다 2017년 영아의 수치가 낮다.
③ 자료보다 2018년 영아의 수치가 높다.
④ 자료보다 2021년 유아의 수치가 낮다.
⑤ 자료보다 2023년 유아의 수치가 높다.

13

정답 ④

온실가스 총량은 2021년에 한 번 감소했다가 다시 증가한다.

오답분석

① 이산화탄소는 2019 ~ 2023년 동안 가장 큰 비중을 차지한다.
② 2023년 가계와 산업 부문의 배출량 차이는 42,721.67ppm으로 가장 큰 값을 가진다.
③ 표를 통해 확인할 수 있다.
⑤ 언제나 메탄은 아산화질소보다 가계, 산업 부문을 통틀어 더 많이 배출되고 있다.

14

정답 ③

서울(1.1%)을 포함하여 부산(1.9%) 및 인천(2.5%) 지역에서는 증가율이 상대적으로 낮게 나와 있다.

오답분석

㉠·㉡ 자료를 통해 확인할 수 있다.
㉣ 2023년 에너지 소비량은 경기(9,034천 TOE), 충남(4,067천 TOE), 서울(3,903천 TOE)의 순서이다.
㉤ 전국 에너지 소비량은 2013년이 28,588천 TOE, 2023년이 41,594천 TOE로서 13,006천 TOE의 증가를 보이고 있다.

15

정답 ④

2022년 첫 일자리가 현 직장인 임금 근로자 수는 전체 임금 근로자 수의 $\frac{1,523}{4,012}\times 100 \fallingdotseq 38\%$이므로 35% 이상이다.

오답분석

① 2021년부터 2023년까지 비임금 근로자 수를 계산하면 다음과 같다.
- 2021년 : 4,032－3,909=123명
- 2022년 : 4,101－4,012=89명
- 2023년 : 4,140－4,055=85명

따라서 비임금 근로자 수는 매년 감소하였다.

② 2021 ~ 2023년까지 졸업·중퇴 후 취업 유경험자 수의 평균은 $\frac{4,032+4,101+4,140}{3}=\frac{12,273}{3}$=4,091명이다.

③ 2021년 첫 일자리를 그만둔 임금 근로자 수는 첫 일자리가 현 직장인 근로자 수의 $\frac{2,375}{1,534} \fallingdotseq 1.5$배이다.

⑤ 2023년 첫 일자리를 그만둔 경우 평균 근속기간은 첫 일자리가 현 직장인 경우 평균 근속기간의 $\frac{14}{25}\times 100=56\%$이다.

16

정답 ③

ㄴ. 국가채권 중 조세채권의 전년 대비 증가율은 2020년에 $\frac{30-26}{26}\times100 \fallingdotseq 15.4\%$, 2022년에 $\frac{38-34}{34}\times100 \fallingdotseq 11.8\%$이다.

ㄷ. 융자회수금의 국가채권과 연체채권의 총합이 가장 높은 해는 2022년(142조 원)이며, 경상 이전수입의 국가채권과 연체채권의 총합이 가장 높은 해도 2022년(18조 원)이므로 옳다.

오답분석

ㄱ. 2019년 총 연체채권은 27조 원으로 2021년 총 연체채권의 80%인 $36\times0.8=28.8$조 원보다 작다.

ㄹ. 2019년 대비 2022년 경상 이전수입 중 국가채권의 증가율은 $\frac{10-8}{8}\times100=25\%$이며, 경상 이전수입 중 연체채권의 증가율은 $\frac{8-7}{7}\times100 \fallingdotseq 14.3\%$로 국가채권 증가율이 더 높다.

17

정답 ④

ㄱ. 영어 관광통역 안내사 자격증 취득자는 2021년에 344명으로 전년 대비 감소하였으며, 스페인어 관광통역 안내사 자격증 취득자는 2021년에 전년 대비 동일하였고, 2022년에 3명으로 전년 대비 감소하였다.

ㄷ. 태국어 관광통역 안내사 자격증 취득자 수 대비 베트남어 관광통역 안내사 자격증 취득자 수의 비율은 2019년에 $\frac{4}{8}\times100=50\%$, 2020년에 $\frac{15}{35}\times100 \fallingdotseq 42.9\%$이므로 2020년에 전년 대비 감소하였다.

ㄹ. 2020년에 불어 관광통역 안내사 자격증 취득자 수는 전년 대비 동일한 반면, 스페인어 관광통역 안내사 자격증 취득자 수는 전년 대비 증가하였다.

오답분석

ㄴ. 2020 ~ 2022년의 일어 관광통역 안내사 자격증 취득자 수의 8배는 각각 266명, 137명, 153명인데, 중국어 관광통역 안내사 자격증 취득자 수는 2,468명, 1,963명, 1,418명이므로 각각 8배 이상이다.

18

정답 ④

ㄴ. 2021년 11월 운수업과 숙박 및 음식점업의 국내카드 승인액의 합은 $159+1,031=1,190$억 원으로, 도매 및 소매업의 국내카드 승인액의 40%인 $3,261\times0.4=1,304.4$억 원보다 작다.

ㄹ. 2021년 9월 협회 및 단체, 수리 및 기타 개인 서비스업의 국내카드 승인액은 보건 및 사회복지 서비스업 국내카드 승인액의 $\frac{155}{337}\times100 \fallingdotseq 46\%$이다.

오답분석

ㄱ. 교육 서비스업의 2022년 1월 국내카드 승인액의 전월 대비 감소율은 $\frac{122-145}{145}\times100 \fallingdotseq -15.9\%$이다.

ㄷ. 2021년 10월부터 2022년 1월까지 사업시설관리 및 사업지원 서비스업의 국내카드 승인액의 전월 대비 증감 추이는 '증가 – 감소 – 증가 – 증가'이고, 예술, 스포츠 및 여가관련 서비스업은 '증가 – 감소 – 감소 – 감소'이다.

19

정답 ④

1인당 평균 보수액에서 성과급이 차지하는 비중은 2020년도가 2022년보다 높다.

- 2020년 : $\frac{1,264}{55,722}\times100 \fallingdotseq 2.27\%$
- 2022년 : $\frac{862}{56,214}\times100 \fallingdotseq 1.53\%$

PART 2

오답분석

① 2020년부터 2022년까지 기본급은 전년 대비 증가하는 것을 자료를 통해 알 수 있다.

② 기타 상여금이 가장 높은 연도는 2021년도이며, 이때 1인당 평균 보수액은 복리후생비의 $\frac{56,209}{985}$ ≒57배이다.

③ 2019 ~ 2022년 동안 고정수당의 증감 추이는 '감소 – 감소 – 감소'로 증감 추이가 이와 같은 항목은 없다.

⑤ 2023년 성과급의 전년 대비 증가율이 실적수당의 전년 대비 증가율 $\frac{2,168-2,129}{2,129}\times 100$ ≒ 2%와 같을 때, 성과급 금액은 862×1.02=879.24천 원으로 900천 원 미만이다.

20

정답 ①

오답분석

② 2023년 성비가 자료와 다르다.

③ 남성과 여성의 자료가 전체적으로 바뀌었다.

④ 자료에 따르면 남성의 경우 진료인원이 계속 증가하는데 그래프는 계속 감소하고 있다.

⑤ 2020 ~ 2021년 남성 진료인원과 여성 진료인원의 수가 바뀌었다.

03 창의수리

01	02	03	04	05	06	07	08	09	10
②	③	②	④	②	④	⑤	③	⑤	④
11	12	13	14	15	16	17	18	19	20
①	③	④	④	②	②	②	⑤	①	④

01

정답 ②

열차가 터널을 완전히 통과하려면 터널의 길이뿐만 아니라 열차의 길이까지 더해야 하므로 가야 하는 거리는 10+2=12km이다.

따라서 3km/h로 터널을 통과하려면 걸리는 시간은 $\frac{12}{3}$=4시간이다.

02

정답 ③

5%의 소금물 320g에 들어있는 소금의 양 : $\frac{5}{100}\times 320=16$g

→ $\frac{16}{320+80}\times 100=4$

따라서 4%의 소금물이 된다.

03

정답 ②

- 정상가격에 판매한 경우
  - A상품 : (60÷2)×35,000=1,050,000원
  - B상품 : (60÷3)×55,000=1,100,000원

따라서 A, B상품을 정상가격에 판매하였을 때의 판매금액은 1,050,000+1,100,000=2,150,000원이다.

• 할인가격에 판매한 경우
A, B상품 모두 5개에 80,000원에 판매한다고 하였으므로
– A+B상품 : $120\div5\times80{,}000=1{,}920{,}000$원
따라서 정상가격과 할인가격 판매금액의 차이는 $2{,}150{,}000-1{,}920{,}000=230{,}000$원이다.

04

정답 ④

전체 양동이의 물의 양을 1이라 하고, A, B, C수도꼭지에서 1분당 나오는 물의 양을 a, b, cL라고 하자.

$a+b+c=\frac{1}{10}$ … ㉠

$b+c=\frac{1}{30}$ … ㉡

$8b=a$ … ㉢

㉢과 ㉠을 연립하면 $9b+c=\frac{1}{10}$ 이고, 이를 ㉡과 연립하여 c를 구하면

$9(\frac{1}{30}-c)+c=\frac{1}{10} \rightarrow 8c=\frac{2}{10} \rightarrow c=\frac{1}{40}$

따라서 C수도꼭지는 1분당 $\frac{1}{40}$ 만큼의 물이 나오고, C수도꼭지로만 양동이를 가득 채우는 데 걸리는 시간은 총 40분이다.

05

정답 ②

서희와 소정이가 첫 번째로 만나기까지 걸린 시간을 x초라고 하자.
$7x+5x=600 \rightarrow x=50$
첫 번째로 만난 지점과 출발점 사이의 거리, 즉 소정이가 이동한 거리를 구하면 $5\times50=250$m이고, 소정이가 세 번째로 만난 지점까지 이동한 거리는 $250\times3=750$m이다.
즉, $750-600=150$m이므로, 세 번째로 만난 지점은 출발점으로부터 150m 떨어져 있다.

06

정답 ④

버섯 1봉지 가격을 x원, 두부 한 모를 y원, 대파 한 묶음을 z원이라고 하자.
$x+2y+z+4{,}200+3{,}400=12{,}500$ … ㉠
$x+y=3z-300$ … ㉡
$x=y+300$ … ㉢
㉢과 ㉠을 연립하면
$x+2y+z=12{,}500-7{,}600=4{,}900 \rightarrow y+300+2y+z=4{,}900 \rightarrow 3y+z=4{,}600$ … ⓐ
㉡과 ㉢을 연립하면
$x+y=3z-300 \rightarrow y+300+y-3z=-300 \rightarrow 2y-3z=-600$ … ⓑ
ⓐ와 ⓑ를 연립하면 $11y=13{,}200 \rightarrow y=1{,}200$
따라서 두부 한 모의 가격은 1,200원이다.

07

정답 ⑤

처음 퍼낸 설탕물의 양을 xg이라 하면, 다음과 같다.
4% 설탕물의 양 : $400-(300-x)+x=100$g

설탕의 양$=\frac{\text{농도}}{100}\times$설탕물의 양이므로

$\frac{8}{100}\times(300-x)+\frac{4}{100}\times100=\frac{6}{100}\times400$

→ $2,400-8x+400=2,400$
→ $8x=400$
∴ $x=50$
따라서 처음 퍼낸 설탕물의 양은 50g이다.

08

정답 ③

총 평균이 65점이므로 여섯 명의 점수의 합은 65×6=390점이다. 중급을 획득한 세 사람의 평균이 62점이므로 세 사람 점수의 합은 62×3=186점이다. S의 시험 점수 최댓값을 구하라고 하였으므로 S가 고급을 획득했다고 가정하면 S를 포함해 고급을 획득한 2명의 점수의 합은 390−186−54=150점이다. 고급을 획득한 S의 점수가 최댓값인 경우는 고급을 획득한 다른 한 명의 점수가 합격 최저 점수인 70점을 받았을 때이므로 80점이 최대 점수이다.

09

정답 ⑤

A상자에서 공을 꺼내는 경우의 수는 2가지이고, B상자에서 공을 꺼내는 경우의 수는 3가지이다.
따라서 가능한 모든 경우의 수는 2×3=6가지이다.

10

정답 ④

- 1학기의 기간 : 15×7=105일
- 연체료가 부과되는 기간 : 105−10=95일
- 연체료가 부과되는 시점에서부터 한 달 동안의 연체료 : 30×100=3,000원
- 두 번째 달 동안의 연체료 : 30×(100×2)=6,000원
- 세 번째 달 동안의 연체료 : 30×(100×2×2)=12,000원
- 95일(3개월 5일) 연체료 : 3,000+6,000+12,000+{5×(100×2×2×2)}=25,000원

11

정답 ①

두 개의 주사위를 굴려서 나올 수 있는 모든 경우의 수는 6×6=36가지이고, 눈의 합이 2 이하가 되는 경우는 주사위의 눈이 (1, 1)이 나오는 경우이다.
따라서 눈의 합이 2 이하가 나오는 확률은 $\frac{1}{36}$이다.

12

정답 ③

A의 속도를 xm/분이라 하면 B의 속도는 $1.5x$m/분이다.
A, B가 12분 동안 이동한 거리는 각각 $12x$m, $12\times1.5x=18x$m이고, 두 사람이 이동한 거리의 합은 1,200m이므로
$12x+18x=1,200$
∴ $x=40$
따라서 A의 속도는 40m/분이다.

13

정답 ④

같은 양의 물건을 k라고 하면 갑, 을, 병 한 사람이 하루에 사용하는 양은 각각 $\frac{k}{30}$, $\frac{k}{60}$, $\frac{k}{40}$이며, 세 사람이 함께 하루 동안 사용하는 양은 $\frac{k}{30}+\frac{k}{60}+\frac{k}{40}=\frac{9k}{120}=\frac{3k}{40}$이다.

세 사람에게 나누어 줄 물건의 양을 합하면 $3k$이며, $3k$의 물건을 세 사람이 하루에 사용하는 양으로 나누면 $3k\div\frac{3k}{40}=40$이다.
따라서 세 사람이 함께 모든 물건을 사용하는데 걸리는 시간은 40일이다.

14

정답 ④

500g의 설탕물에 녹아있는 설탕의 양을 xg이라고 하자.

3%의 설탕물 200g에 들어있는 설탕의 양은 $\frac{3}{100}\times200=6$g이다.

$\frac{x+6}{500+200}\times100=7 \rightarrow x+6=49$

따라서 500g의 설탕에 녹아있는 설탕의 양은 43g이다.

15

정답 ②

- 전체 경우의 수 : 6!
- A와 B가 나란히 서 있는 경우의 수 : 5!×2(∵ A와 B의 위치를 바꾸는 경우)

∴ A와 B가 나란히 서 있을 확률 : $\frac{5!\times2}{6!}=\frac{1}{3}$

16

정답 ②

집에서 약수터까지의 거리는 $\frac{1}{2}\times10\times60=300$m이고, 동생의 속력은 $\frac{300}{15\times60}=\frac{1}{3}$m/s이다. 형이 집에서 약수터까지 왕복한 시간은 10×2=20분이므로 형이 집에 도착할 때까지 동생이 이동한 거리는 $\frac{1}{3}\times(20\times60)=400$m이고, 약수터에서 집으로 돌아오는 중이다.

따라서 동생은 집으로부터 300−100=200m 떨어진 곳에 있다.

17

정답 ②

ㄱ, ㄴ, ㄷ, ㄹ 순으로 칠한다면 가장 면적이 넓은 ㄱ에 4가지를 칠할 수 있고, ㄴ은 ㄱ과 달라야 하므로 3가지, ㄷ은 ㄱ, ㄴ과 달라야 하므로 2가지, ㄹ은 ㄱ, ㄷ과 달라야 하므로 2가지를 칠할 수 있다.

∴ 4×3×2×2=48가지

18

정답 ⑤

아버지, 은서, 지은이의 나이를 각각 x세, $\frac{1}{2}x$세, $\frac{1}{7}x$세 라고 하면

$\frac{1}{2}x-\frac{1}{7}x=15 \rightarrow 7x-2x=210$

∴ $x=42$

따라서 아버지는 42세이다.

19

정답 ①

- 1분에 책을 읽는 속 : 1페이지
- 4시간(=240분) 동안 40분 독서 후 5분 휴식 : 총 휴식시간 25분

∴ (240−25)×1페이지=215페이지

20

정답 ④

농도가 15%인 소금물의 양을 xg이라고 가정하고, 소금의 양에 대한 방정식을 세우면 다음과 같다.

$\frac{10}{100}\times200+\frac{15}{100}\times x=\frac{13}{100}\times(200+x)\rightarrow20+0.15x=26+0.13x$

$\rightarrow0.02x=6\rightarrow x=300$

따라서 농도가 15%인 소금물은 300g이 필요하다.

04 언어추리

01	02	03	04	05	06	07	08	09	10
②	⑤	④	①	⑤	②	③	⑤	④	④
11	12	13	14	15	16	17	18	19	20
④	②	①	⑤	②	④	⑤	③	⑤	①

01

정답 ②

창조적인 기업은 융통성이 있고, 융통성이 있는 기업 중의 일부는 오래간다. 즉, 창조적인 기업이 오래 갈지 아닐지 알 수 없다.

02

정답 ⑤

'사람'을 p, '빵도 먹고 밥도 먹음'을 q, '생각을 함'을 r, '인공지능'을 s, 'T'를 t라 하면, 순서대로 $p\rightarrow q$, $\sim p\rightarrow\sim r$, $s\rightarrow r$, $t\rightarrow s$이다. 두 번째 명제의 대우와 첫 번째・세 번째・네 번째 명제를 연결하면 $t\rightarrow s\rightarrow r\rightarrow p\rightarrow q$이므로, $t\rightarrow q$가 성립한다. 따라서 ⑤는 참이다.

오답분석

① $t\rightarrow p$의 역이므로 참인지 거짓인지 알 수 없다.
② $s\rightarrow r$의 역이므로 참인지 거짓인지 알 수 없다.
③ $s\rightarrow q$의 이이므로 참인지 거짓인지 알 수 없다.
④ $\sim q\rightarrow\sim r$이 참이므로 $\sim q\rightarrow r$은 거짓이다.

03

정답 ④

제시된 명제를 정리하면 다음과 같다.

- 테니스 ○ → 가족 여행 ×
- 가족 여행 ○ → 독서 ○
- 독서 ○ → 쇼핑 ×
- 쇼핑 ○ → 그림 그리기 ○
- 그림 그리기 ○ → 테니스 ○

위 조건을 정리하면 '쇼핑 ○ → 그림 그리기 ○ → 테니스 ○ → 가족 여행 ×'이므로 ④가 옳다.

04

정답 ①

정보를 모두 기호로 표기하면 다음과 같다.

- B→~E

- ~B and ~E → D
- A → B or D
- C → ~D
- C → A

C가 워크숍에 참석하는 경우 D는 참석하지 않으며, A는 참석한다. A가 워크숍에 참석하면 B 또는 D 중 한 명이 함께 참석하므로 B가 A와 함께 참석한다. 또한 B가 워크숍에 참석하면 E는 참석하지 않으므로 결국 워크숍에 참석하는 직원은 A, B, C이다.

05

정답 ⑤

발견 연도를 토대로 정리하면 목걸이는 100년 전에 발견되어 제시된 왕의 유물 중 가장 먼저 발견되었다. 또한 신발은 목걸이와 편지보다 늦게 발견되었으나 반지보다 먼저 발견되었고, 초상화는 가장 최근에 발견되었다. 따라서 왕의 유물을 발견된 순서대로 나열하면 '목걸이 – 편지 – 신발 – 반지 – 초상화'가 된다.

06

정답 ②

E사원의 진술에 따라 C사원과 E사원의 진술은 동시에 참이 되거나 거짓이 된다.

1) C사원과 E사원이 모두 거짓말을 한 경우
   참인 B사원의 진술에 따라 D사원이 금요일에 열리는 세미나에 참석한다. 그러나 이때 C와 E 중 한 명이 참석한다는 D사원의 진술과 모순되므로 성립하지 않는다.
2) C사원과 E사원이 모두 진실을 말했을 경우
   C사원과 E사원의 진술에 따라 C, D, E사원은 세미나에 참석할 수 없다. 따라서 D사원이 세미나에 참석한다는 B사원의 진술은 거짓이 되며, C와 E사원 중 한 명이 참석한다는 D사원의 진술도 거짓이 된다. 또한 A사원은 세미나에 참석하지 않으므로 결국 금요일 세미나에 참석하는 사람은 B사원이 된다.

따라서 B사원과 D사원이 거짓말을 하고 있으며, 이번 주 금요일 세미나에 참석하는 사람은 B사원이다.

07

정답 ③

거짓을 말하는 사람이 1명이기 때문에 B와 C 둘 중 한명이 거짓을 말하고 있다.
B가 거짓말을 한다면 A는 진실을 말하고 있다. A는 C가 범인이라고 했고, E는 A가 범인이라고 했으므로 A와 C가 범인이다.
C가 거짓말을 한다면 B는 진실을 말하므로 A도 거짓말을 하고 있다. 1명만 거짓을 말하고 있으므로 모순이다.

08

정답 ⑤

작품상을 p, 감독상을 q, 각본상을 r, 편집상을 s라고 한다면 심사위원의 진술은 다음과 같이 도식화할 수 있다.

- A : $\sim s \rightarrow \sim q$ and $\sim s \rightarrow r$
- B : $p \rightarrow q$
- C : $\sim q \rightarrow \sim s$
- D : $\sim s$ and $\sim r$

이때, D의 진술에 따라 편집상과 각본상을 모두 받지 못한다면, 편집상을 받지 못한다면 대신 각본상을 받을 것이라는 A의 진술이 성립하지 않으므로 A와 D의 진술 중 하나는 반드시 거짓임을 알 수 있다.

1) D의 진술이 참인 경우
   편집상과 각본상을 모두 받지 못하며, 최대 개수를 구하기 위해 작품상을 받는다고 가정하면 B의 진술에 따라 감독상도 받을 수 있다. 따라서 최대 2개의 상을 수상할 수 있다.
2) D의 진술이 거짓인 경우
   편집상과 각본상을 모두 받으며, 최대 개수를 구하기 위해 작품상을 받는다고 가정하면 감독상도 받을 수 있다. 따라서 최대 4개의 상을 수상할 수 있다.

결국 해당 작품이 수상할 수 있는 상의 최대 개수는 4개이다.

09

정답 ④

B와 C의 말이 모순되므로 B와 C 중 한 명은 반드시 진실을 말하고 다른 한 명은 거짓을 말한다.

1) B가 거짓, C가 진실을 말하는 경우
   B가 거짓을 말한다면 E의 말 역시 거짓이 되어 롤러코스터를 타지 않은 사람은 E가 된다. 그러나 A는 E와 함께 롤러코스터를 탔다고 했으므로 A의 말 또한 거짓이 된다. 이때, 조건에서 5명 중 2명만 거짓을 말한다고 했으므로 이는 성립하지 않는다.
2) C가 거짓, B가 진실을 말하는 경우
   B가 진실을 말한다면 롤러코스터를 타지 않은 사람은 D가 되며, E의 말은 진실이 된다. 이때, D는 B가 회전목마를 탔다고 했으므로 D가 거짓을 말하는 것을 알 수 있다. 따라서 거짓을 말하는 사람은 C와 D이며, 롤러코스터를 타지 않은 사람은 D이다.

10

정답 ④

홍보팀은 1 : 0으로 승리하였으므로 골을 넣은 사람은 한 명임을 알 수 있다.

1) A의 진술이 참인 경우 : 골을 넣은 사람이 C와 D 2명이 되므로 성립하지 않는다.
2) B의 진술이 참인 경우 : B, C, D 세 명의 진술이 참이 되므로 성립하지 않는다.
3) C의 진술이 참인 경우 : 골을 넣은 사람은 D이다.
4) D의 진술이 참인 경우 : A와 D 또는 C와 D 두 명의 진술이 참이 되므로 성립하지 않는다.

따라서 C의 진술이 참이며, 골을 넣은 사람은 D이다.

11

정답 ④

지원자 4의 진술이 거짓이면 지원자 5의 진술도 거짓이고, 지원자 4의 진술이 참이면 지원자 5의 진술도 참이다. 즉, 1명의 진술만 거짓이므로 지원자 4, 5의 진술은 참이다. 그러면 지원자 1과 지원자 2의 진술이 모순이다.

- 지원자 1의 진술이 거짓인 경우
  지원자 3은 A부서에 선발이 되었고, 지원자 2는 B 또는 C부서에 선발되었다. 이때, 지원자 3의 진술에 따라, 지원자 4가 B부서, 지원자 2가 C부서에 선발되었다.
  ∴ A부서 : 지원자 3, B부서 : 지원자 4, C부서 : 지원자 2, D부서 : 지원자 5
- 지원자 2의 진술이 거짓인 경우
  지원자 2는 A부서에 선발이 되었고, 지원자 3은 B 또는 C부서에 선발되었다. 이때, 지원자 3의 진술에 따라, 지원자 4가 B부서, 지원자 3이 C부서에 선발되었다.
  ∴ A부서 : 지원자 2, B부서 : 지원자 4, C부서 : 지원자 3, D부서 : 지원자 5

따라서 지원자 4는 B부서에 선발되었다.

12

정답 ②

'을'과 '정'이 서로 상반된 이야기를 하고 있으므로 둘 중 한 명이 거짓말을 하고 있다. 만일 '을'이 참이고 '정'이 거짓이라면 화분을 깨뜨린 사람은 '병', '정'이 되는데, 화분을 깨뜨린 사람은 1명이어야 하므로 모순이다. 따라서 거짓말을 한 사람은 '을'이다.

13

정답 ①

'등산을 자주 하다.'를 A, '폐활량이 좋아진다.'를 B, '오래 달릴 수 있다.'를 C라고 하면, 전제1은 A → B, 전제2는 B → C이므로 A → B → C가 성립한다. 따라서 A → C인 '등산을 자주 하면 오래 달릴 수 있다.'가 적절하다.

14

정답 ⑤

'커피를 많이 마시다.'를 A, '카페인을 많이 섭취한다.'를 B, '불면증이 생긴다.'를 C라고 하면 전제1은 A → B, 전제2는 ~A → ~C이다. 전제2의 대우는 C → A이므로 C → A → B가 성립한다. 따라서 C → B인 '불면증이 생기면 카페인을 많이 섭취한 것이다.'가 적절하다.

15

정답 ②

'양식 자격증이 있다.'를 A, '레스토랑에 취직하다.'를 B, '양식 실기시험에 합격하다.'를 C라고 하면 전제1은 ~A → ~B, 전제2는 A → C이다. 전제1의 대우는 B → A이므로 B → A → C가 성립한다. 따라서 B → C인 '레스토랑에 취직하려면 양식 실기시험에 합격해야 한다.'가 적절하다.

PART 2

16

정답 ④

세 번째 명제의 대우 명제는 '도로 정비를 하지 않으면 사고가 잘 난다.'이다. 삼단논법이 성립하려면 '도로 정비를 하지 않으면 도로가 언다.'라는 명제가 필요하다.

17

정답 ⑤

소현이는 사람이고, 사람은 곰이거나 호랑이이므로 '소현이는 곰이거나 호랑이이다'가 성립한다. 혼합 가언 삼단논법에 따라 빈칸을 구한다.

• 소현이는 곰이거나 호랑이이다(A 또는 B이다).
• ______________________(B가 아니다).

그러므로 소현이는 곰이다(A이다).
따라서 빈칸에 들어갈 명제는 ⑤이다.

18

정답 ③

모든 식물은 광합성을 하고 사과나무도 광합성을 한다. 삼단논법이 성립하기 위해서는 '사과나무는 식물이다.'라는 명제가 필요하다.

19

정답 ⑤

B와 C가 초콜릿 과자를 먹고 D와 E 중 한 명 역시 초콜릿 과자를 먹으므로 C가 초콜릿 과자 1개를 먹었음을 알 수 있다. 남은 커피 과자 3개는 A, D, E가 나눠 먹게 된다. 이때 A가 커피 과자 1개를 먹었다면 D와 E 중 한 명은 초콜릿 과자 1개와 커피 과자 1개를 먹고, 나머지 한 명은 커피 과자 1개를 먹는다. 따라서 A와 D가 커피 과자를 1개씩 먹었다면, E는 초콜릿과 커피 두 종류의 과자를 하나씩 먹게 된다.

20

정답 ①

B와 D는 동일하게 A보다 낮은 표를 얻고 C보다는 높은 표를 얻었으나, B와 D를 서로 비교할 수 없으므로 득표수가 높은 순서대로 나열하면 'A－B－D－C－E' 또는 'A－D－B－C－E'가 된다. 어느 경우라도 A의 득표수가 가장 높으므로 A가 학급 대표로 선출된다.

05 수열추리

01	02	03	04	05	06	07	08	09	10
②	②	②	②	①	⑤	③	③	③	①
11	12	13	14	15	16	17	18	19	20
③	②	③	④	③	①	③	②	⑤	③

01 정답 ②

분자는 $+5$이고, 분모는 $\times 3+1$인 수열이다.

따라서 ( )$=\frac{6+5}{10\times 3+1}=\frac{11}{31}$이다.

02 정답 ②

$\times 1$, $\times 2$, $\times 3$, …인 수열이다.

따라서 ( )$=\frac{4}{3}\times 2=\frac{8}{3}$이다.

03 정답 ②

$+1.2$와 $\div 2$가 번갈아 가면서 적용하는 수열이다.
따라서 ( )$=1.1+1.2=2.3$이다.

04 정답 ②

$\frac{1}{2}$, $\frac{1}{3}$, $\frac{1}{4}$, $\frac{1}{5}$, $\frac{1}{6}$, …씩 더해지는 수열이다.

따라서 ( )$=\frac{137}{60}+\frac{1}{6}=\frac{147}{60}$이다.

05 정답 ①

$+3$, -6, $+9$, -12, $+15$, …씩 더해지는 수열이다.
따라서 ( )$=5-6=-1$이다.

06 정답 ⑤

$\times 3$과 $\div 9$가 반복되는 수열이다.
따라서 ( )$=3\times 3=9$이다.

07 정답 ③

홀수 항은 $\times(-5)$, 짝수 항은 $\div 2$인 수열이다.
따라서 ( )$=44\times 2=88$이다.

08 정답 ③

앞의 항에 1^2, 2^2, 3^2, 4^2, 5^2, …씩 더해지는 수열이다.
따라서 ( )$=54+6^2=90$이다.

09 정답 ③

앞의 항에 $\times 3+1$을 적용하는 수열이다.
따라서 ( )$=121\times 3+1=364$이다.

10 정답 ①

앞의 항에 -2^1, $+2^2$, -2^3, $+2^4$, -2^5, …인 수열이다.
따라서 ( )$=(-18)+2^6=(-18)+64=46$이다.

11 정답 ③

앞의 항에 $\times 3$, -6이 번갈아 가며 적용되는 수열이다.
따라서 ( )$=0\times 3=0$이다.

12 정답 ②

홀수 항은 $\times 10$, 짝수 항은 $\div 2^0$, $\div 2^1$, $\div 2^2$, …인 수열이다.
따라서 ( )$=256\div 2^2=64$이다.

13 정답 ③

$\underline{A\ B\ C} \rightarrow (A+C)\times 2=B$
따라서 ( )$=(2+4)\times 2=12$이다.

14 정답 ④

$\underline{A\ B\ C} \rightarrow B^2=A\times C$
따라서 ( )$=\sqrt{8\times 2}=4$이다.

15

정답 ③

$\underline{A\ B\ C} \rightarrow A+B=C$
따라서 ( )=4+7=11이다.

16

정답 ①

$\underline{A\ B\ C} \rightarrow B=A+C$
따라서 ( )=−14+16=2이다.

17

정답 ③

분자는 −3씩 더하고, 분모는 9의 배수이다.
따라서 분모는 9×100=900, 분자는 1+(−3×99)=−296이므로 100번째 항의 값은 $-\frac{296}{900}$이다.

18

정답 ②

제시된 수열은 소수의 제곱을 나열한 수열이다. 따라서 11번째 소수는 31이므로 11번째 항의 값은 $31^2=961$이다.

19

정답 ⑤

제시된 수열은 짝수 번째 항과 홀수 번째 항 모두 +2, +4, +8, …씩 증가하는 수열이다. 수열의 일반항을 a_n이라 하면, 다음과 같다.

- $a_9=10+16=26$
- $a_{11}=26+32=58$
- $a_{13}=58+64=122$

따라서 13번째 항의 값은 122이다.

20

정답 ③

제시된 수열의 홀수 번째 항은 ÷2, 짝수 번째 항은 ×2인 수열이다. 수열의 일반항을 a_n이라 하면, 다음과 같다.

- $a_9=500\div2=250$
- $a_{11}=250\div2=125$
- $a_{13}=125\div2=62.5$

따라서 13번째 항의 값은 62.5이다.

PART 2

제 3 회 최종점검 모의고사

01 언어이해

01	02	03	04	05	06	07	08	09	10
②	④	⑤	③	⑤	③	④	②	①	②
11	12	13	14	15	16	17	18	19	20
⑤	②	②	④	④	④	②	③	②	④

01

정답 ②

두 번째 문단의 '시장경제가 제대로 운영되기 위해서는 국가의 소임이 중요하다.'라고 한 부분과 세 번째 문단의 '시장경제에서 국가가 할 일은 크게 세 가지로 나누어 볼 수 있다.'라고 한 부분에서 '시장경제에서의 국가의 역할'이라는 제목을 유추할 수 있다.

02

정답 ④

마지막 문단에서 정약용은 청렴을 지키는 것의 효과로 '다른 사람에게 긍정적 효과를 미친다.', '목민관 자신에게도 좋은 결과를 가져다준다.'고 하였으므로 ④는 제시문의 내용으로 적절하다.

오답분석

① 두 번째 문단에서 '정약용은 청렴을 당위 차원에서 주장하는 기존의 학자들과 달리 행위자 자신에게 실질적 이익이 된다는 점을 들어 설득하고자 한다.'고 설명하고 있다.
② 두 번째 문단에서 '정약용은 "지자(知者)는 인(仁)을 이롭게 여긴다."라는 공자의 말을 빌려 "지혜로운 자는 청렴함을 이롭게 여긴다."라고 하였으므로 공자의 뜻을 계승한 것이 아니라 공자의 말을 빌려 청렴의 중요성을 강조한 것이다.
③ 두 번째 문단에서 '지혜롭고 욕심이 큰 사람은 청렴을 택하지만 지혜가 짧고 욕심이 작은 사람은 탐욕을 택한다.'라고 하였으므로 청렴한 사람은 욕심이 크기 때문에 탐욕에 빠지지 않는다는 설명이 적절하다.
⑤ 첫 번째 문단에서 '이황과 이이는 청렴을 사회 규율이자 개인 처세의 지침으로 강조하였다.'라고 하였으므로 이황과 이이는 청렴을 사회 규율로 보았다는 것을 알 수 있다.

03

정답 ⑤

제시문에 따르면 사회적 합리성을 위해서는 개인의 노력도 중요하지만 그것만으로는 안 되고 '공동'의 노력이 필수이다.

04

정답 ③

'하지만 산수화 속의 인간은 산수에 부속된 것일 뿐이다. 산수화에서의 초점은 산수에 있지, 산수 속에 묻힌 인간에 있지 않다.'라는 문장을 통해 확인할 수 있다.

오답분석

① 조선 시대 회화의 주류가 인간의 외부에 존재하는 대상을 그리는 것이 대부분이었다면, 조선 후기에 등장한 풍속화는 인간의 모습을 화폭 전면에 채우는 그림으로 인간을 중심으로 하고, 현세적이고 일상적인 생활을 소재로 한다.

② 풍속화에 등장하는 인물의 주류는 이미 양반이 아닌 농민과 어민, 그리고 별감, 포교, 나장, 기생, 뚜쟁이 할미까지 도시의 온갖 인간들이 등장한다.
④ 조선 시대 회화의 주류는 산수화였다.
⑤ 여성이 회화의 주요대상으로 등장하는 것은 조선 후기의 풍속화에 와서야 가능하게 되었다.

05

정답 ⑤

ㄴ. B는 공직자의 임용 기준을 개인의 능력・자격・적성에 두고 공개경쟁 시험을 통해 공무원을 선발한다면, 정실 개입의 여지가 줄어든다고 주장하고 있다. 따라서 공직자 임용과정의 공정성을 높일 필요성이 두드러진다면 B의 주장은 설득력을 얻는다.
ㄷ. C는 사회를 구성하는 모든 지역 및 계층으로부터 인구 비례에 따라 공무원을 선발해야 한다고 주장하고 있으므로 지역 편향성을 완화할 필요성이 제기된다면, C의 주장은 설득력을 얻는다.

오답분석

ㄱ. A는 대통령 선거에서 승리한 정당이 공직자 임용의 권한을 가져야 한다고 주장하였다. 이는 정치적 중립성이 보장되지 않는 것이므로 A의 주장은 설득력을 잃는다.

06

정답 ③

제시문은 테레민이라는 악기를 두 손을 이용해 어떻게 연주하는가에 대한 내용이다. 두 번째 문단에서 '오른손으로는 수직 안테나와의 거리에 따라 음고를 조절하고, 왼손으로는 수평 안테나와의 거리에 따라 음량을 조절한다.'고 하였고, 마지막 문단에서는 이에 따라 오른손으로 음고를 조절하는 방법에 대해 설명하고 있다. 따라서 뒤에 이어질 내용은 왼손으로 음량을 조절하는 방법이 나오는 것이 적절하다.

07

정답 ④

제시문에서는 산업 혁명을 거치면서 일자리가 오히려 증가했으므로 로봇 사용으로 일자리가 줄어들 가능성은 낮다고 말한다. 그러나 보기에서는 로봇 사용으로 인한 일자리 대체 규모가 기하급수적으로 커져 인간의 일자리는 줄어들 것이라고 말한다. 로봇 사용으로 인한 일자리의 증감에 대해 정반대로 예측하는 것이다. 따라서 보기의 내용을 근거로 제시문을 반박하려면 제시문의 예측에 문제가 있음을 지적해야 하므로 ④가 적절하다.

08

정답 ②

제시문은 세습 무당 집안 출신의 남자들이 조선 후기의 사회적 분위기에 힘입어 돈을 벌기 위해 소리판을 벌이기 시작하였고, 자신의 명성과 소득을 위해 대중이 좋아할 만한 소리를 발굴하고 개발하였다는 내용을 핵심으로 하고 있다.

09

정답 ①

제시문은 인간의 신체 반응과 정서에 대한 제임스와 랑에의 견해를 제시하고 이것이 시사하는 바를 설명하고 있다. 또한 이에 반하는 캐넌과 바드의 견해를 제시하고 이를 통해 제임스와 랑에의 의견이 한계가 있음에 대해 설명하고 있다. 따라서 (라) 인간의 신체 반응과 정서의 관계에 대한 제임스와 랑에의 견해 → (다) 제임스와 랑에의 견해가 시사하는 점 → (가) 제임스와 랑에의 견해에 반론을 제시한 캐넌과 바드 → (나) 캐넌과 바드의 견해에 따른 제임스와 랑에 이론의 한계 순으로 나열되어야 한다.

10

정답 ②

제시문은 담배의 유해성을 설명한 후, 유해성과 관련하여 담배회사와 건강보험공단 간의 소송이라는 흐름으로 이어진다. 따라서 (라) 약초로 알고 있던 선조의 생각과는 달리 유해한 담배 → (가) 연구결과에 따른 흡연자들의 높은 암 발생률 → (다) 담배의 유해성을 안건으로 담배회사와 소송을 진행하고 있는 건강보험공단 → (나) 이에 대응하는 건강보험공단 순으로 나열되어야 한다.

11

정답 ⑤

제시문은 청화백자란 무엇인지에 대한 설명으로 시작된다. 따라서 이어질 내용으로 청화백자의 기원을 설명하는 (라) 문단이 와야 하고, 다음으로 (라) 문단에서 제시한 원대의 청화백자를 설명하는 (가) 문단이 적절하다. 그리고 이러한 청화백자가 조선 시대에 들어온 배경을 설명하는 (다) 문단이, 마지막으로 이러한 조선 시대 청화백자의 특징을 설명하는 (나) 문단이 적절하다.

12

정답 ②

제시문은 5060세대에 대해 설명하는 글로, 기존에는 5060세대들이 사회로부터 배척당하였다면 최근에는 사회적인 면이나 경제적인 면에서 그 위상이 높아졌고, 이로 인해 마케팅 전략 또한 변화될 것이라고 보고 있다. 따라서 제시문의 제목으로 ②가 가장 적절하다.

13

정답 ②

한국인들은 달항아리가 일그러졌다고 해서 깨뜨리거나 대들보가 구부러졌다고 해서 고쳐 쓰지는 않았지만, 곧은 대들보와 완벽한 모양의 달항아리를 좋아하지 않았다는 내용은 없다.

14

정답 ④

방언이 유지되려는 힘이 크다는 것은 각 지역마다 자기 방언의 특성을 지키려는 노력이 강하다는 것을 의미하므로 방언이 유지되려는 힘이 커지면 방언의 통일성은 약화될 것이다.

15

정답 ④

경제활동에 참여하는 여성의 증가와 출산율의 상관관계는 알 수 없으며, 제시문은 신혼부부의 주거안정을 위해서는 여성의 경제활동을 지원해야 하고 이를 위해 육아・보육지원 정책의 확대・강화가 필요하다고 주장하고 있으므로 ④의 내용은 적절하지 않다.

16

정답 ④

제시문에서는 비타민D의 결핍으로 인해 발생하는 건강문제를 근거로 신체를 태양빛에 노출하여 건강을 유지해야 한다고 주장하고 있다. 따라서 태양빛에 노출되지 않고도 충분한 비타민D 생성이 가능하다는 근거가 있다면 제시문에 대한 반박이 되므로 ④가 가장 적절하다.

오답분석

① 태양빛에 노출될 경우 피부암 등의 질환이 발생하는 것은 사실이나, 이것이 비타민D의 결핍을 해결하는 또 다른 방법을 제시하거나 제시문에서 주장하는 내용을 반박하고 있지는 않다.

② 비타민D는 칼슘과 인의 흡수 외에도 흉선에서 면역세포를 생산하는 작용에 관여하고 있다. 따라서 칼슘과 인의 주기적인 섭취만으로는 문제를 해결할 수 없으며, 제시문에 대한 반박이 되지 못한다.

③ 제시문에서는 비타민D 보충제에 대해 언급하고 있지 않다. 따라서 비타민D 보충제가 태양빛 노출을 대체할 수 있을지 판단하기 어렵다.

⑤ 제시문에서는 자외선 차단제를 사용했을 때 중파장 자외선이 어떻게 작용하는지 언급하고 있지 않다. 또한 자외선 차단제를 사용한다는 사실이 태양빛에 노출되어야 한다는 제시문의 주장을 반박한다고는 보기 어렵다.

17

정답 ②

빈칸의 앞 문장에 따르면 땅집에서는 모든 것이 자기 나름의 두께와 깊이를 가진다. 집 자체가 인간과 마찬가지의 두께와 깊이를 가진다고 설명하고 있으므로 '인간'이 들어간 ②가 가장 적절하다.

18

정답 ③

제시문에서는 인류의 발전과 미래에 인류에게 닥칠 문제를 해결하기 위해 우주 개발이 필요하다는, 즉 우주 개발의 정당성에 대해 논의하고 있다.

19

정답 ②

마지막 문단에서 '의리의 문제는 사람과 때에 따라 같지 않습니다.'라고 하였으므로 신하들이 임금에 대해 의리를 실천하는 방식이 누구에게나 동일하다는 말은 제시문의 내용과 상충된다.

오답분석

ㄱ. 부자관계는 천륜이어서 자식이 어버이를 봉양하는 데 한계가 없고, 이때는 은혜가 항상 의리에 우선하므로 관계를 떠날 수 없다고 하였으므로 적절하다.
ㄴ. 군신관계는 의리로 합쳐진 것이라 한계가 있는데 이 경우에는 때때로 의리가 은혜보다 앞서기도 한다고 하였으므로 적절하다.

PART 2

20

정답 ④

제시문에서는 편리성, 경제성, 객관성 등을 이유로 인공 지능 면접을 지지하고 있다. 따라서 객관성보다 면접관의 생각이나 견해가 회사 상황에 맞는 인재를 선발하는 데 적합하다는 논지로 반박하는 것이 적절하다.

오답분석

①·③·⑤ 제시문의 주장에 반박하는 것이 아니라 제시문의 주장을 강화하는 근거에 해당한다.
② 인공 지능 면접에 필요한 기술과 인간적 공감의 관계는 제시문에서 주장한 내용이 아니므로 반박의 근거로도 적절하지 않다.

02 자료해석

01	02	03	04	05	06	07	08	09	10
⑤	⑤	②	③	⑤	③	⑤	①	②	②
11	12	13	14	15	16	17	18	19	20
④	②	②	⑤	⑤	②	④	⑤	⑤	②

01

정답 ⑤

매우 노력함과 약간 노력함의 비율 합은 다음과 같다.

구분	남성	여성	취업	실업 및 비경제활동
비율	13.6+43.6=57.2%	23.9+50.1=74.0%	16.5+47.0=63.5%	22.0+46.6=68.6%

따라서 여성이 남성보다 비율이 높고, 취업자보다 실업 및 비경제활동자의 비율이 높다.

오답분석

① '전혀 노력하지 않음'과 '매우 노력함'은 '약간 노력함'과 '별로 노력하지 않음'에 비해 숫자의 크기가 현저히 작음을 알 수 있다. 따라서 '약간 노력함'과 '별로 노력하지 않음'만 정확하게 계산해 보면 된다.
   - 약간 노력함 : 41.2+39.9+46.7+52.4+50.4+46.0+44.8=321.4%
   - 별로 노력하지 않음 : 39.4+42.9+36.0+29.4+25.3+21.6+20.9=215.5%

   따라서 약간 노력하는 사람 비율의 합이 더 높은 것을 알 수 있다.
② 10세 이상 국민들 중 환경오염 방지를 위해 매우 노력함의 비율이 가장 높은 연령층은 31.3%인 70세 이상이다.
③ 우리나라 국민들 중 환경오염 방지를 위해 전혀 노력하지 않음의 비율이 가장 높은 집단은 6.4%로 20 ~ 29세이다.
④ 20 ~ 29세 연령층에서는 별로 노력하지 않음의 비중이 제일 높다.

02

정답 ⑤

2022년 서울특별시의 1인 가구 수는 전국의 1인 가구 수의 약 $\frac{1,172}{5,613} \times 100 \fallingdotseq 21\%$이다.

오답분석

① 1인 가구 수는 전국적으로 2020년 5,238천 가구, 2021년 5,434천 가구, 2022년 5,613천 가구로 해마다 증가하고 있다.
② 전체 가구 수는 전국적으로 2020년 19,092천 가구, 2021년 19,354천 가구, 2022년 19,590천 가구로 해마다 증가하고 있다.
③ 2022년 서울특별시 전체 가구 수 중에서 1인 가구가 차지하는 비중은 $\frac{1,172}{3,789} \times 100 \fallingdotseq 31\%$이다.
④ 대전광역시와 울산광역시의 1인 가구 수의 합을 구하면 다음과 같다.
- 2020년 : 171+104=275천 가구
- 2021년 : 178+107=285천 가구
- 2022년 : 185+110=295천 가구

따라서 인천광역시의 1인 가구 수보다 항상 많다.

03

 ②

ㄱ. 서울지역의 자립도는 $\frac{1,384}{46,903} \times 100 \fallingdotseq 3.0\%$이므로 옳다.

ㄷ. 서울과 충남지역의 전력소비량의 합은 46,903+42,650=89,553GWh이므로 경기지역의 전력소비량 97,003Gwh 보다 적다.

오답분석

ㄴ. 인천지역의 자립도는 $\frac{68,953}{22,241} \times 100 \fallingdotseq 310\%$이고, 부산지역의 자립도는 $\frac{39,131}{20,562} \times 100 \fallingdotseq 190\%$이다. 따라서 인천과 부산지역의 자립도 차이는 310−190=120%p이므로 옳지 않다.

ㄹ. 전력발전량이 가장 많은 지역은 충남지역이다. 충남지역의 전력소비량은 경기>서울>경북지역 다음 네 번째로 많으므로 옳지 않다.

ㅁ. 호남권의 전력소비량은 8,047+21,168+27,137=56,352GWh이고, 수도권의 전력발전량은 1,384+68,953+23,791=94,128GWh이다. 따라서 호남권의 전력소비량 대비 수도권의 전력발전량 비율은 $\frac{94,128}{56,352} \times 100 \fallingdotseq 167.0\%$이므로 170% 미만이다.

04

 ③

2018 ~ 2019년에 여자 중 81 ~ 90세와 100세 이상의 기대여명은 감소했다.

오답분석

① 1970년대 대비 2019년에 변동이 가장 적은 연령대는 남여 모두 변동폭이 0.4인 100세 이상이다.
② 1970년대 대비 2019년에 기대여명이 가장 많이 늘어난 것은 20.3년 증가한 0세 남자이다.
④ 표를 통해 확인할 수 있다.
⑤ 표를 통해 확인할 수 있다.

05

정답 ⑤

ㄷ. 경기도와 광주광역시의 2021년과 2022년 부도업체 수의 전년 대비 증감추세는 '감소 – 감소'로 동일하다.

ㄹ. 2022년 부산광역시의 부도업체가 전국 부도업체 중 차지하는 비중은 $\frac{41}{494} \times 100 \fallingdotseq 8.3\%$이므로 옳다.

오답분석

ㄱ. 전라북도의 부도업체 수는 2020년 대비 2022년에 $\frac{26-34}{34} \times 100 \fallingdotseq -23.5\%$ 감소하였으므로 30% 미만 감소하였다.

ㄴ. 2021년에 부도업체 수가 20곳을 초과하는 시・도는 서울특별시, 부산광역시, 대구광역시, 인천광역시, 경기도, 경상북도, 경상남도로 총 7곳이다.

06

정답 ③

전체 지역의 면적당 논벼 생산량을 구해 보면 다음과 같다.

- 서울・인천・경기 : $\frac{468,506}{91,557} \fallingdotseq 5.12$톤/ha
- 강원 : $\frac{166,396}{30,714} \fallingdotseq 5.42$톤/ha
- 충북 : $\frac{201,670}{37,111} \fallingdotseq 5.43$톤/ha
- 세종・대전・충남 : $\frac{803,806}{142,722} \fallingdotseq 5.63$톤/ha
- 전북 : $\frac{687,367}{121,016} \fallingdotseq 5.68$톤/ha
- 광주・전남 : $\frac{871,005}{170,930} \fallingdotseq 5.10$톤/ha
- 대구・경북 : $\frac{591,981}{105,894} \fallingdotseq 5.59$톤/ha
- 부산・울산・경남 : $\frac{403,845}{77,918} \fallingdotseq 5.18$톤/ha
- 제주 : $\frac{41}{10} = 4.1$톤/ha

따라서 면적당 논벼 생산량이 가장 많은 지역은 전북이다.

오답분석

① 광주・전남 지역의 논벼 면적과 밭벼 면적은 각각 가장 넓고, 논벼와 밭벼 생산량도 각각 가장 많다.

② 제주 지역의 백미 생산량 중 밭벼 생산량이 차지하는 비율을 구하면, $\frac{317}{41+317} \times 100 \fallingdotseq 88.5\%$이다.

④ 전국 밭벼 생산량 면적 중 광주・전남 지역의 밭벼 생산 면적이 차지하는 비율은 $\frac{705}{2+3+11+10+705+3+11+117} \times 100$ $\fallingdotseq 81.79\%$이다. 따라서 80% 이상이다.

⑤ ③의 해설을 참고할 때, 제주를 제외한 모든 지역에서 면적당 5톤 이상 생산하는 것을 알 수 있다.

07

정답 ⑤

- 2022년 11월 일본어선과 중국어선의 한국 EEZ 내 어획량 합 : 2,176+9,445=11,621톤
- 2022년 11월 중국 EEZ와 일본 EEZ 내 한국어선 어획량 합 : 64+500=564톤

564×20=11,280<11,621이므로 20배 이상이다.

오답분석

① 2022년 12월 중국 EEZ 내 한국어선 조업일수는 전월 대비 증가하였다.

② 주어진 자료로는 알 수 없다.

③ • 2022년 12월 일본 EEZ 내 한국어선의 조업일수 : 3,236일
　• 2022년 12월 중국 EEZ 내 한국어선 조업일수 : 1,122일
　1,122×3=3,366>3,236이므로 3배 이하이다.

④ • 2022년 12월 일본어선의 한국 EEZ 내 입어척수당 조업일수 : $\frac{227}{57} \fallingdotseq 3.98$일
　• 2021년 12월 일본어선의 한국 EEZ 내 입어척수당 조업일수 : $\frac{166}{30} \fallingdotseq 5.53$일

08

정답 ①

- 주말 입장료 : $11,000+15,000+20,000\times2+20,000\times\frac{1}{2}=76,000$원
- 주중 입장료 : $10,000+13,000+18,000\times2+18,000\times\frac{1}{2}=68,000$원

따라서 요금 차이는 76,000−68,000=8,000원이다.

09

정답 ②

- 평균 통화시간이 6 ~ 9분인 여자의 수 : $400\times\frac{18}{100}=72$명
- 평균 통화시간이 12분 이상인 남자의 수 : $600\times\frac{10}{100}=60$명

$\therefore\ \frac{72}{60}=1.2$배

10

정답 ②

오답분석

① 2014 ~ 2015년 수출액과 수입액의 수치가 표와 다르다.
③ 2011년 수출액 전년 대비 증감률은 40.9%이며 이보다 작다.
④ 2016 ~ 2018년 수출액의 수치가 자료와 다르다.
⑤ 2018 ~ 2019년 수입액 전년 대비 상승률이 표와 다르다.

11

정답 ④

전체 여성과 남성의 찬성인원 차이는 300명–252명=48명이며, 본부별 차이는 336명–216명=120명으로 성별이 아닌 본부별 차이가 더 크다.

오답분석

① 두 본부 남성이 휴게실 확충에 찬성하는 비율은 $\frac{156명+96명}{400명}\times100=63\%$이므로, 60% 이상이다.

② A본부 여성의 찬성 비율은 $\frac{180명}{200명}\times100=90\%$이고, B본부는 $\frac{120명}{200명}\times100=60\%$이다. 따라서 A본부 여성의 찬성 비율이 1.5배 높음을 알 수 있다.

③ B본부 전체 인원 중 여성의 찬성률은 $\frac{120명}{400명}\times100=30\%$로, 남성의 찬성률 $\frac{96명}{400명}\times100=24\%$의 1.25배이다.

⑤ A본부가 B본부보다 찬성이 많지만, 어디에 휴게실이 확충될지는 위의 자료만으로는 알 수 없다.

12

정답 ②

- 산지에서 구매한 가격을 a라 하면

  협동조합이 도매상에 판매한 가격 : $\left(1+\frac{20}{100}\right)\times a=1.2a$

- 도매상의 판매가를 x라 하면 $\frac{80}{100}x=1.2a \rightarrow x=1.5a$

  소매상의 판매가 : $\left(1+\frac{20}{100}\right)\times1.5a=1.8a$

따라서 상승한 가격은 $0.8a$이므로, 소비자가 구매하는 가격은 협동조합의 최초 구매가격의 80%이다.

13

정답 ②

오답분석

① 1993년 이후 안정성 지수는 증가했다.
③ 질적 성장지수를 제외하고 구조개혁 전반기의 증감폭이 더 크다.
④ 구조개혁 전반기 양적 성장지수의 직전기간 대비 증감폭이 더 크다.
⑤ 질적 성장지수는 1.3에서 0.8 정도로 감소했기 때문에 50%에 미치지 못한다.

14

정답 ⑤

업그레이드 전 성능지수가 100인 기계의 수는 15대이고, 성능지수 향상폭이 35인 기계의 수도 15대이므로 동일하다.

오답분석

① 업그레이드된 기계 100대의 성능지수의 평균을 구하면 $\frac{60\times14+5\times20+5\times21+15\times35}{100}=15.7$로 20 미만이다.
② 서비스 향상폭이 35인 기기는 15대인데, 성능지수는 65, 79, 85, 100 네 가지가 있고 이 중 가장 최대는 100이다. 서비스 성능이 35만큼 향상할 수 있는 경우는 성능지수가 65였을 때이다. 따라서 35만큼 향상된 기계의 수가 15대라고 했으므로 $\frac{15}{80}\times100=18.75$%가 100으로 향상되었다.
③ 향상폭이 21인 기계는 5대로 업그레이드 전 79인 기계 5대가 모두 100으로 향상되었다.
④ 향상되지 않은 기계는 향상폭이 0인 15대이며 이는 업그레이드 전 성능지수가 100인 기계 15대를 뜻하며 그 외 기계는 모두 성능지수가 향상되었다.

15

정답 ⑤

살인 신고건수에서 여성피해자가 남성피해자의 2배일 때, 남성피해자의 살인 신고건수는 $1.32\div3=0.44$백 건이다. 따라서 남성피해자 전체 신고건수인 $132\times0.088=11.616$백 건에서 살인 신고건수가 차지하는 비율은 $\frac{0.44}{11.616}\times100\fallingdotseq3.8$%로 3% 이상이다.

오답분석

① 2022년 데이트 폭력 신고건수는 피해유형별 신고건수를 모두 합하면 총 $81.84+22.44+1.32+6.6+19.8=132$백 건이다. 신고유형별 신고건수에서도 $5.28+14.52+10.56+101.64=132$백 건임을 알 수 있다.
② 112신고로 접수된 건수는 체포감금, 협박 피해자로 신고한 건수의 $\frac{101.64}{22.44}\fallingdotseq4.5$배이다.
③ 남성 피해자의 50%가 폭행, 상해 피해자로 신고건수는 $132\times0.088\times0.5=5.808$백 건이며, 폭행, 상해의 전체 신고건수 중 $\frac{5.808}{81.84}\times100\fallingdotseq7.1$%이다.
④ 방문신고 건수의 25%($14.52\times0.25=3.63$백 건)가 성폭행 피해자일 때, 전체 신고건수에서 차지하는 비율은 $\frac{3.63}{132}\times100\fallingdotseq2.8$%이다.

16

정답 ②

100대 기업까지 48.7%이고, 200대 기업까지 54.5%이다. 따라서 101 ~ 200대 기업이 차지하고 있는 비율은 $54.5-48.7=5.8$%이다.

오답분석

①·③ 표를 통해 쉽게 확인할 수 있다.
④ 표를 통해 0.2%p 감소했음을 알 수 있다.
⑤ 등락률이 상승 – 하락의 경향을 보이므로 옳다.

17

정답 ④

합격자 중 남자의 비율은 $\frac{1,699}{1,699+624}\times100\fallingdotseq73.1$%이므로 옳지 않다.

오답분석

① 총 입사지원자 중 합격률은 $\frac{2,323}{10,891+3,984}\times100\fallingdotseq15.6$%이므로 15% 이상이다.

② 여자 입사지원자 대비 여자의 합격률은 $\frac{624}{3,984}\times100≒15.7\%$이므로 20% 미만이다.

③ 총 입사지원자 중 여자는 $\frac{3,984}{14,875}\times100≒26.8\%$이므로 30% 미만이다.

⑤ 남자의 합격률은 $\frac{1,699}{10,891}\times100≒15.6\%$이고, 여자의 합격률은 $\frac{624}{3,984}\times100≒15.7\%$이므로 옳다.

18

정답 ⑤

• 지연 중 A/C정비가 차지하는 비율 : $\frac{117}{2,986}\times100≒4\%$

• 결항 중 기상이 차지하는 비율 : $\frac{17}{70}\times100≒24\%$

$\therefore\ \frac{4}{24}=\frac{1}{6}$

오답분석

① 17×5=85<118이므로 옳지 않다.
② 기타를 제외하고 지연이 발생한 원인 중 가장 높은 비중을 차지하고 있는 것은 A/C 접속이며, 결항이 발생한 원인 중 가장 높은 비중을 차지하고 있는 것은 기상이다.
③ 9월 동안 운항된 전체 비행기 수를 알 수 없으므로 제시된 자료만으로 구할 수 없다.
④ 기상 원인으로 지연 및 결항된 비행기는 모두 135편이다. 하지만 이 비행기가 모두 같은 날 지연 및 결항이 되었을 수도 있고, 모두 다른 날 지연 및 결항되었을 수도 있으므로 제시된 자료만으로 날씨를 예측할 수 없다.

19

정답 ⑤

'매우 불만족'으로 평가한 고객 수는 전체 150명 중 15명이므로 전체 10%의 비율을 차지한다. 따라서 $\frac{1}{10}$이 '매우 불만족'으로 평가했다는 것을 알 수 있다.

오답분석

① 응답자의 합계를 확인하면 150명이므로 옳다.
② '매우 만족'이라고 평가한 응답자의 비율이 20%이므로, 150×0.2=30명이다.
③ '보통'이라고 평가한 응답자의 수를 역산하여 구하면 48명이고, 비율은 32%이다.
④ '불만족' 이하 구간은 '불만족' 16%와 '매우 불만족' 10%의 합인 26%이다.

20

정답 ②

응시자 중 불합격자 수는 응시자에서 합격자 수를 제외한 값이다.

• 2017년 : 2,810−1,310=1,500명
• 2018년 : 2,660−1,190=1,470명
• 2019년 : 2,580−1,210=1,370명
• 2020년 : 2,110−1,010=1,100명
• 2021년 : 2,220−1,180=1,040명

오답분석

① 미응시자 수는 접수자 수에서 응시자 수를 제외한 값이다.
  • 2017년 : 3,540−2,810=730명
  • 2018년 : 3,380−2,660=720명
  • 2019년 : 3,120−2,580=540명
  • 2020년 : 2,810−2,110=700명
  • 2021년 : 2,990−2,220=770명

03 창의수리

01	02	03	04	05	06	07	08	09	10
④	①	②	②	③	④	③	②	①	①
11	12	13	14	15	16	17	18	19	20
①	④	③	①	④	①	②	③	②	④

01

정답 ④

순항 중일 때 날아간 거리 : $860\times\left\{3+\frac{30-15}{60}\right\}=2,795\text{km}$

기상 악화일 때 날아간 거리 : $(860-40)\times\frac{15}{60}=205\text{km}$

→ $2,795+205=3,000$

따라서 날아간 거리는 총 3,000km이다.

02

정답 ①

B사원의 녹차 농도에 대하여 식을 세우면 다음과 같다.

$$\frac{(50-35)}{(200-65)+(50-35)}\times100=\frac{15}{135+15}\times100=10\%$$

따라서 B사원의 녹차 농도는 10%이다.

03

정답 ②

제품 1개를 판매했을 때 얻는 이익은 $2,000\times0.15$원이므로 정가는 2,300원이다.

판매이익은 $160\times300=48,000$원이고, 하자 제품에 대한 보상금액은 $8\times2\times2,300=36,800$원이다.

따라서 얻은 이익은 $48,000-36,800=11,200$원이다.

04

정답 ②

전체 일의 양을 1이라 하면 민수와 아버지가 1분 동안 하는 일의 양은 각각 $\frac{1}{60}$, $\frac{1}{15}$이다.

민수가 아버지와 함께 일한 시간을 x분이라 하면

$$\frac{1}{60}\times30+\left\{\frac{1}{60}+\frac{1}{15}\right\}\times x=1$$

$\therefore\ x=6$

PART 2

05

정답 ③

B회사에서 C회사까지의 거리를 $x$km라고 하면

$\frac{1+1+x}{3}=\frac{5}{3}$

→ $2+x=5$

∴ $x=3$

06

정답 ④

기대수익은 (원가)×(기대수익률)이고, 기대수익률은 {(수익률)×(확률)의 합}이므로 기대수익은 (원가)×{(수익률)×(확률)의 합}이다.
즉, $20\times\{10\%\times50\%+0\%\times30\%+(-10\%)\times20\%\}=0.6$억 원이다.
따라서 기대수익은 0.6억 원=6,000만 원이다.

07

정답 ③

• 농도가 10%인 소금물 800g에 들어있는 소금의 양 : $800\times\frac{10}{100}=80$g

• 소금 80g이 들어있는 농도가 16%인 소금물의 물의 양 : $80\times\frac{100}{16}=500$g

따라서 물 300g이 증발하는 데 걸리는 시간은 300g÷15g/h=20시간이다.

08

정답 ②

한 달에 이용하는 횟수를 x이라고 하면 다음과 같다.

• A이용권을 사용할 때 쓰는 돈 : $50,000+1,000x$

• B이용권을 사용할 때 쓰는 돈 : $20,000+5,000x$

→ $50,000+1,000x<20,000+5,000x$

∴ $x>7.5$

따라서 최소 8번 이용해야 한다.

09

정답 ①

남자 5명 중에서 2명을 택하고 이들을 대표와 부대표로 정하는 것은 순서를 고려해야 한다. 즉, 5명 중에서 2명을 택하는 순열이므로 ${}_5P_2=5\times4=20$가지이다. 여자의 경우도 마찬가지로 생각해보면 ${}_4P_2=4\times3=12$가지다.
따라서 선출할 수 있는 총 경우의 수는 ${}_5P_2\times{}_4P_2=20\times12=240$가지이다.

10

정답 ①

처음 경비를 x원이라 하면 다음과 같다.

$x-\{(x\times0.3)+(x\times0.3\times0.5)\}=33,000$

→ $x-0.45x=33,000$

→ $0.55x=33,000$

∴ $x=60,000$

11

정답 ①

• 내일 비가 오고, 모레 비가 올 확률 : $\frac{1}{3}\times\frac{1}{4}=\frac{1}{12}$

• 내일 비가 안 오고, 모레 비가 올 확률 : $\frac{2}{3}\times\frac{1}{5}=\frac{2}{15}$

$\therefore\ \frac{1}{12}+\frac{2}{15}=\frac{13}{60}$

12

정답 ④

철수가 출발하고 나서 영희를 따라잡은 시간을 x분이라고 하자.

철수와 영희는 5 : 3 비율의 속력으로 간다고 했으므로 철수의 속력을 $5a$m/분이라고 하면 영희의 속력은 $3a$m/분이므로 식은 다음과 같다.

$5a\times x=3a\times30+3a\times x$

$\rightarrow 5ax=90a+3ax$

$\rightarrow 2ax=90a$

$\therefore\ x=45$

따라서 철수가 출발하고 45분 후에 영희를 따라잡았다.

13

정답 ③

하루 동안 A, B, C가 할 수 있는 일의 양은 각각 $\frac{1}{10}$, $\frac{1}{20}$, $\frac{1}{40}$이다.

4일간 A와 B가 먼저 일하고, 남은 일의 양은 $1-\left(\frac{1}{10}+\frac{1}{20}\right)\times4=1-\frac{3}{5}=\frac{2}{5}$이다.

C가 남은 일을 혼자하는 기간을 x일이라고 하자.

$\frac{2}{5}=\frac{1}{40}x \rightarrow x=16$

따라서 C가 혼자 일하는 기간은 16일이다.

14

정답 ①

6%의 소금물의 양을 xg이라고 하자.

$\frac{6}{100}\times x+\frac{11}{100}\times(500-x)=\frac{9}{100}\times500 \rightarrow 6x+5{,}500-11x=4{,}500$

$\therefore\ x=200$

15

정답 ④

두 주머니 중 한 개의 주머니를 선택할 확률은 각각 $\frac{1}{2}$이다.

A주머니를 택하고, 흰 공을 꺼낼 확률은 $\frac{1}{2}\times\frac{1}{4}=\frac{1}{8}$이고, B주머니를 택하고, 흰 공을 꺼낼 확률은 $\frac{1}{2}\times1=\frac{1}{2}$이다.

따라서 꺼낸 공이 흰 공일 확률은 $\frac{1}{8}+\frac{1}{2}=\frac{5}{8}$이다.

16

정답 ①

철수가 탄 배의 속력을 xm/s라 하자. A에서 B로 갈 때 속력은 $(x+1)$m/s, B에서 A로 갈 때 속력은 $(x-1)$m/s이다.

1시간 6분 40초는 $(1\times60\times60)+(6\times60)+40=4,000$초이고, 3km=3,000m이므로 식을 세우면 다음과 같다.

$\frac{3,000}{x+1}+\frac{3,000}{x-1}=4,000$

$\rightarrow 6,000x=4,000(x+1)(x-1) \rightarrow 3x=2(x^2-1)$

$\rightarrow 2x^2-3x-2=0 \rightarrow (2x+1)(x-2)=0$

$\therefore x=2$

17

정답 ②

- 집 → 놀이터 → 학교 : $4\times5=20$가지
- 집 → 학교 : 2가지

$\therefore 20+2=22$가지

18

정답 ③

A ~ D연구원의 나이를 각각 a, b, c, d살이라고 하면 식은 다음과 같다.

$a+d-5=b+c$ ⋯ ㉠

$c=a-2$ ⋯ ㉡

$d=a+5$ ⋯ ㉢

a가 30이므로 ㉡, ㉢을 통해 C연구원은 $30-2=28$살이고, D연구원은 $30+5=35$살임을 알 수 있다.

㉠에 A, C, D연구원 나이를 대입하면 B연구원의 나이를 구할 수 있다.

$30+35-5=b+28$

$\therefore b=32$

19

정답 ②

라온이의 출장 일수를 x일이라고 하면, 출장 시간은 $24x$시간이다.

- 수면 시간 : $24x\times\frac{1}{4}$시간
- 식사 시간 : $24x\times\frac{1}{6}$시간
- 업무 시간 : $24x\times\frac{3}{8}$시간
- 이동 시간 : $24x\times\frac{1}{8}$시간

$24x=24x\left(\frac{1}{4}+\frac{1}{6}+\frac{3}{8}+\frac{1}{8}\right)+8 \rightarrow 24x=22x+8$

$\therefore x=4$

따라서 라온이의 출장 일수는 4일이다.

20

정답 ④

11%의 오렌지 주스의 양을 xg이라 하면 다음과 같다.

$\frac{5}{100}\times(400-x)+\frac{11}{100}\times x=\frac{8}{100}\times400$

$\rightarrow 2,000-5x+11x=3,200$

$\therefore x=200$

04 언어추리

01	02	03	04	05	06	07	08	09	10
①	⑤	③	①	②	⑤	④	⑤	⑤	⑤
11	12	13	14	15	16	17	18	19	20
④	②	③	⑤	②	②	⑤	⑤	③	⑤

01

정답 ①

'늦잠을 잠 : p', '부지런함 : q', '건강함 : r', '비타민을 챙겨먹음 : s'라 하면, 각각 '$\sim p \rightarrow q$', '$p \rightarrow \sim r$', '$s \rightarrow r$'이다. 어떤 명제가 참이면 그 대우도 참이므로, 첫 번째 · 세 번째 명제와 두 번째 명제의 대우를 연결하면 '$s \rightarrow r \rightarrow \sim p \rightarrow q$'가 된다. 따라서 '$s \rightarrow q$'는 참이다.

02

정답 ⑤

어떤 남자는 산을 좋아하고, 산을 좋아하는 남자는 결혼을 했고, 결혼을 한 남자는 자유롭다. 따라서 어떤 남자는 자유롭다.

03

정답 ③

제시문에 따르면 정래, 혜미 > 윤호 > 경철 순이다. 따라서 혜미가 경철이보다 바둑을 잘 둔다는 것은 참이다.

04

정답 ①

을의 진술이 진실이면 무의 진술도 진실이고, 을의 진술이 거짓이면 무의 진술도 거짓이다.

- 을과 무가 모두 진실을 말하는 경우 : 무는 범인이고, 나머지 3명은 모두 거짓을 말해야 한다. 정의 진술이 거짓이므로 정은 범인인데, 병이 무와 정이 범인이라고 했으므로 병은 진실을 말하는 것이 되어 2명만 진실을 말한다는 조건에 위배된다. 따라서 을과 무는 거짓을 말한다.
- 을과 무가 모두 거짓을 말하는 경우 : 무는 범인이 아니고, 갑, 병, 정 중 1명만 거짓을 말하고 나머지 2명은 진실을 말한다. 만약 갑이 거짓을 말한다면 을과 병이 모두 범인이거나 모두 범인이 아니어야 한다. 그런데 갑의 말이 거짓이고 을과 병이 모두 범인이라면 병의 말 역시 거짓이 되어 조건에 위배된다. 따라서 갑의 말은 진실이고, 병이 지목한 범인 중에 을이나 병이 없으므로 병의 진술은 거짓, 정의 진술은 진실이다.

따라서 범인은 갑과 을 또는 갑과 병이다.

05

정답 ②

윤희를 거짓마을 사람이라고 가정하자. 그러면 윤희의 한 말은 거짓이므로, 두 사람 모두 진실마을 사람이어야 한다. 그러나 가정과 모순이 되므로 윤희는 거짓마을 사람이 아니다. 즉, 윤희의 말이 참이므로 주형이는 거짓마을 사람이다.

06

정답 ⑤

문제에 제시된 조건에 따르면 수녀는 언제나 참이므로 A가 될 수 없고, 왕은 언제나 거짓이므로 C가 될 수 없다. 따라서 수녀는 B 또는 C이고, 왕은 A 또는 B가 된다.

i) 왕이 B이고 수녀가 C라면, A는 농민인데 거짓을 말해야 하는 왕이 A를 긍정하므로 모순된다.

ii) 왕이 A이고 수녀가 B라면, 항상 참을 말해야 하는 수녀가, 자신이 농민이라고 거짓을 말하는 왕의 말이 진실이라고 하므로 모순된다.

iii) 왕이 A이고 수녀가 C라면, B는 농민인데 이때 농민은 거짓을 말하는 것이고 수녀는 자신이 농민이 아니라고 참을 말하는 것이므로 성립하게 된다.

따라서 A는 왕, B는 농민, C는 수녀이다.

07

정답 ④

'창의적인 문제해결'을 A, '브레인스토밍을 한다.'를 B, '상대방의 아이디어를 비판한다.'를 C라고 하면, 전제1은 A → B, 전제2는 B → ~C이므로 A → B → ~C가 성립한다. 따라서 A → ~C인 '창의적인 문제해결을 하기 위해서는 상대방의 아이디어를 비판해서는 안 된다.'가 적절하다.

08

정답 ⑤

'약속을 지킨다.'를 A, '다른 사람에게 신뢰감을 준다.'를 B, '메모하는 습관'을 C라고 하면, 전제1은 ~A → ~B 전제2는 ~C → ~A이므로 ~C → ~A → ~B가 성립한다. ~C → ~B의 대우인 B → C 또한 참이므로 '다른 사람에게 신뢰감을 주려면 메모하는 습관이 있어야 한다.'가 적절하다.

09

정답 ⑤

'지구 온난화 해소'를 A, '탄소 배출을 줄인다.'를 B, '기후 위기가 발생한다.'를 C라고 하면, 전제1은 A → B, 전제2는 ~A → C이다. 전제2의 대우는 ~C → A이므로 ~C → A → B가 성립한다. 따라서 ~C → B인 '기후 위기가 발생하지 않으려면 탄소 배출을 줄여야 한다.'가 적절하다.

10

정답 ⑤

C사원과 D사원의 항공 마일리지를 비교할 수 없으므로 순서대로 나열하면 'A – D – C – B'와 'A – C – D – B' 모두 가능하다.

11

정답 ④

첫 번째, 두 번째, 세 번째 명제를 조합하면 인상이 좋은 사람은 건강하고, 건강한 사람은 건강한 요리를 좋아하며, 건강한 요리를 좋아하는 사람은 그렇지 않은 사람보다 콜레스테롤 수치가 낮다고 추론할 수 있다. 따라서 ④는 옳지 않다.

12

정답 ②

세 번째 명제의 대우는 '전기를 낭비하면 많은 사람이 피해를 입는다.'이므로, 삼단논법이 성립하기 위해서는 '전기를 낭비하면 전기 수급에 문제가 생긴다.'라는 명제가 필요하다.

13

정답 ③

세 번째 명제의 대우는 '미리 대비하지 않으면 큰 고난이 찾아온다.'이므로 삼단논법이 성립하려면 '급한 경우에 준비를 하지 못하면 큰 고난이 찾아온다.'라는 명제가 필요한데, 이 명제의 대우는 ③이다.

14

정답 ⑤

'회계팀 팀원'을 p, '회계 관련 자격증을 가지고 있다.'를 q, '돈 계산이 빠르다.'를 r이라고 하면, 첫 번째 명제는 $p \rightarrow q$이며, 마지막 명제는 $\sim r \rightarrow \sim p$이다. 이때, 마지막 명제의 대우는 $p \rightarrow r$이므로 마지막 명제가 참이 되기 위해서는 $q \rightarrow r$이 필요하다. 따라서 빈칸에 들어갈 명제는 $q \rightarrow r$의 대우에 해당하는 ⑤이다.

15

정답 ②

i) A의 진술이 참일 경우

구분	대전지점	강릉지점	군산지점
A		○	○
B		○	
C		○	○

세 사람 중 누구도 대전지점에 가지 않았으므로 세 사람이 각각 다른 지점에 출장을 다녀왔다는 조건에 부합하지 않는다. 따라서 A의 진술은 거짓이다.

ii) B의 진술이 참일 경우

구분	대전지점	강릉지점	군산지점
A	○		
B			○
C		○	

A는 대전지점에, B는 군산지점에, C는 강릉지점에 다녀온 것이 되므로 세 사람이 각각 다른 지점에 출장을 다녀왔다는 조건에 부합한다.

iii) C의 진술이 참일 경우

구분	대전지점	강릉지점	군산지점
A	○		
B		○	
C	○		

세 사람 중 누구도 군산지점에 가지 않았고 A와 C가 모두 대전지점에 갔으므로 세 사람이 각각 다른 지점에 출장을 다녀왔다는 조건에 부합하지 않는다. 따라서 C의 진술은 거짓이다.

따라서 B의 진술이 참이 되고 이를 올바르게 나열한 것은 ②이다.

16

정답 ②

A ~ E의 진술에 따르면 B와 D의 진술은 반드시 동시에 참 또는 거짓이 되어야 하며, B와 E의 진술은 동시에 참이나 거짓이 될 수 없다.

1) B와 D의 진술이 거짓인 경우
   A와 C의 진술이 서로 모순되므로 성립하지 않는다.
2) A와 E의 진술이 거짓인 경우
   A의 진술에 따르면 E의 진술은 참이 된다. 이때 E의 진술에 따르면 B와 D도 거짓말을 한 것이므로 총 4명이 거짓을 말한 것이 된다. 따라서 조건이 성립하지 않는다.

3) C와 E의 진술이 거짓인 경우

A ~ E의 진술에 따라 정리하면 다음과 같다.

항목	필기구	의자	복사용지	사무용 전자제품
신청 사원	A, D	C		D

의자를 신청한 사원의 수는 3명이므로 필기구와 사무용 전자제품 2항목을 신청한 D와 의자를 신청하지 않은 B를 제외한 A, E가 의자를 신청했음을 알 수 있다. 또한, 복사용지를 신청하지 않았다는 E의 진술에 따라 E가 신청한 나머지 항목은 자연스럽게 사무용 전자제품이 된다. 이와 함께 남은 항목의 개수에 따라 신청 사원을 배치하면 다음과 같이 정리할 수 있다.

항목	필기구	의자	복사용지	사무용 전자제품
신청 사원	A, D	A, C, E	B, C	B, D, E

따라서 신청 사원과 신청 물품이 바르게 연결된 것은 ②이다.

17

정답 ⑤

대화 내용을 살펴보면 영석이의 말에 선영이가 동의했으므로 영석과 선영은 진실 혹은 거짓을 함께 말한다. 이때 지훈은 선영이가 거짓말만 한다고 하였으므로 반대가 된다. 그리고 동현의 말에 정은이가 부정했기 때문에 둘 다 진실일 수 없다. 하지만 정은이가 둘 다 좋아한다는 경우의 수가 있으므로 둘 모두 거짓일 수 있다. 또한 마지막 선영이의 말로 선영이가 진실일 경우에는 동현과 정은은 모두 거짓만을 말하게 된다. 이를 미루어 경우의 수를 표로 나타내 보면 다음과 같다.

구분	경우 1	경우 2	경우 3
동현	거짓	거짓	진실
정은	거짓	진실	거짓
선영	진실	거짓	거짓
지훈	거짓	진실	진실
영석	진실	거짓	거짓

문제에서는 지훈이 거짓을 말할 때, 진실만을 말하는 사람을 찾고 있으므로 선영, 영석이 된다.

18

정답 ⑤

세 가지 조건을 종합해 보면 A상자에는 테니스공과 축구공이, B상자에는 럭비공이, C상자에는 야구공이 들어가게 됨을 알 수 있다. 따라서 B상자에는 럭비공과 배구공, 또는 럭비공과 농구공이 들어갈 수 있으며, C상자에는 야구공과 농구공, 또는 야구공과 배구공이 들어갈 수 있다. 그러므로 럭비공은 배구공과 같은 상자에 들어갈 수도 있고 아닐 수도 있다.

오답분석

① 농구공을 C상자에 넣으면 배구공이 들어갈 수 있는 상자는 B밖에 남지 않게 된다.

② 세 가지 조건을 종합해 보면 테니스공과 축구공이 들어갈 수 있는 상자는 A밖에 남지 않음을 알 수 있다.

③ A상자는 이미 꽉 찼고 남은 상자는 B와 C인데, 이 두 상자에도 각각 공이 하나씩 들어가 있으므로 배구공과 농구공은 각각 두 상자에 나누어져 들어가야 한다. 따라서 두 공은 같은 상자에 들어갈 수 없다.

④ B상자에 배구공을 넣으면 농구공을 넣을 수 있는 상자는 C밖에 남지 않게 된다. 따라서 농구공과 야구공은 함께 C상자에 들어가게 된다.

19

정답 ③

조건에 따르면 부피가 큰 상자 순서대로 초록상자 > 노란상자 = 빨간상자 > 파란상자이다. 따라서 '초록상자는 파란상자에 들어가지 않는다.'는 참이다.

20

정답 ⑤

주어진 조건을 바탕으로 먹은 음식을 정리하면 다음과 같다.

구분	쫄면	라면	우동	김밥	어묵
민하	×	×	×	×	○
상식	×	○	×	×	×
은희	×	×	○	×	×
은주	×	×	×	○	×
지훈	○	×	×	×	×

따라서 바르게 연결된 것은 민하 – 어묵, 상식 – 라면의 ⑤이다.

05 수열추리

01	02	03	04	05	06	07	08	09	10
④	⑤	④	②	③	③	④	①	②	①
11	12	13	14	15	16	17	18	19	20
①	③	③	⑤	④	④	②	②	②	④

01

정답 ④

$+0.2$, $+0.25$, $+0.3$, $+0.35$, …을 하는 수열이다.
따라서 ( )$=1.8+0.4=2.2$이다.

02

정답 ⑤

홀수 항은 $\times3-1$, 짝수 항은 $+\frac{5}{6}$를 하는 수열이다.

따라서 ( )$=-\frac{5}{2}\times3-1=-\frac{17}{2}$이다.

03

정답 ④

$+1.6$, -2.4, $+3.2$, -4, $+4.8$, …을 하는 수열이다.
따라서 ( )$=-3.6+4.8=1.2$이다.

04

정답 ②

홀수 항에는 $+0.5$, $+1.5$, $+2.5$, …를 하고, 짝수 항에는 $+\frac{1}{2}$, $+\frac{1}{4}$, $+\frac{1}{6}$, …을 하는 수열이다.
따라서 ( )$=-5+0.5=-4.5$이다.

05

정답 ③

$\times4$, $\div2$가 반복되는 수열이다.
따라서 ( )$=48\div2=24$이다.

06

정답 ③

(앞의 항)$\times(-2)=$(다음 항)인 수열이다.
따라서 ( )$=128\times(-2)=-256$이다.

07

정답 ④

$\times2$, -7를 반복하는 수열이다.
따라서 ( )$=(-17)\times2=-34$이다.

08

정답 ①

앞의 항에 -6, -5, -4, -3, -2, -1, …을 하는 수열이다.
따라서 ( )$=-35-1=-36$이다.

09

정답 ②

홀수 항은 14씩, 짝수 항은 7씩 더하는 수열이다.
따라서 ( )$=-28+14=-14$이다.

10

정답 ①

앞의 두 항을 더하면 다음 항이 되는 수열이다.
따라서 ( )$=35-15=20$이다.

11

정답 ①

앞의 항에 -2, $+4$, -8, $+16$, -32, …을 하는 수열이다.
따라서 ( )$=43-128=-85$이다.

12

정답 ③

홀수 항에는 $(\times2+2)$를 하고, 짝수 항에는 $\times3$을 하는 수열이다.
따라서 ( )$=42\times2+2=86$이다.

13

정답 ③

$\underline{A\ B\ C} \rightarrow A-B-1=C$
따라서 ( )$=-2+7-1=4$이다.

14

정답 ⑤

$\underline{A\ B\ C} \rightarrow (A\times B)+1=C$
따라서 ( )$=5\times6+1=31$이다.

15

정답 ④

$\underline{A\ B\ C} \rightarrow A^2-\sqrt{B}=C$
따라서 ( )$=8^2-\sqrt{81}=55$이다.

16

정답 ④

$\underline{A\ B\ C} \rightarrow (A\times B)-5=C$
따라서 ( )$=(3+5)\div(-4)=-2$이다.

17

정답 ②

홀수 항은 2의 배수, 짝수 항은 6인 수열이다.
따라서 31번째 항은 16번째 홀수 항이므로 $2\times16=32$이다.

18

정답 ②

제시된 수열은 +2, −3, +5, −7, +11, …씩 소수를 번갈아가며 더하고 빼는 수열이다. 수열의 일반항을 a_n이라 하면, 다음과 같다.

- $a_9=22-19=3$
- $a_{10}=3+23=26$
- $a_{11}=26-29=-3$
- $a_{12}=-3+31=28$
- $a_{13}=28-37=-9$
- $a_{14}=-9+41=32$
- $a_{15}=32-43=-11$
- $a_{16}=-11+47=36$
- $a_{17}=36-53=-17$

따라서 17번째 항의 값은 −17이다.

19

정답 ②

제시된 수열의 홀수 항은 2씩 감소하고, 짝수 항은 +4, +8, +12, …씩 증가하는 수열이다. 수열의 일반항을 a_n이라 하면, 다음과 같다.

- $a_{10}=27+16=43$
- $a_{12}=43+20=63$
- $a_{14}=63+24=87$
- $a_{16}=87+28=115$
- $a_{18}=115+32=147$
- $a_{20}=147+36=183$

따라서 20번째 항의 값은 183이다.

20

정답 ④

제시된 수열은 $+11^2$, $+12^2$, $+13^2$, … 씩 증가하는 수열이다. 수열의 일반항을 a_n이라 하면, 다음과 같다.

- $a_8=1,221+17^2=1,221+289=1,510$
- $a_9=1,510+18^2=1,510+324=1,834$
- $a_{10}=1,834+19^2=1,834+361=2,195$

따라서 10번째 항의 값은 2,195이다.

PART 2

제 4 회 최종점검 모의고사

01 언어이해

01	02	03	04	05	06	07	08	09	10
①	③	②	①	③	⑤	④	③	③	③
11	12	13	14	15	16	17	18	19	20
④	②	②	③	⑤	①	③	④	④	②

01

정답 ①

제시문의 첫 번째 문단에서는 '사회적 자본'이 늘어나면 정치 참여도가 높아진다는 주장을 하였고, 두 번째 문단에서는 '사회적 자본'의 개념을 사이버공동체에 도입하였으나 현실과 잘 맞지 않는다고 하면서 '사회적 자본'의 한계를 서술했다. 그리고 마지막 문단에서는 이 같은 사회적 자본만으로는 정치 참여가 늘어나기 어렵고 이른바 '정치적 자본'의 매개를 통해서만이 가능하다는 주장을 하고 있다. 따라서 ①이 제시문의 주제로 가장 적절하다.

02

정답 ③

유전거리 비교의 한계를 보완하기 위해 나온 방법이 유전체 유사도를 측정하는 방법이며, 유전체 유사도는 종의 경계를 확정하는데 유용한 기준을 제공한다고 하였으므로 ③은 적절하다.

오답분석

① 두 번째 문단 첫 번째 문장에 따르면 미생물의 종 구분에 외양과 생리적 특성을 이용한 방법이 사용되기도 한다.
② 네 번째 문단에 따르면 수많은 유전자를 모두 비교하는 것은 현실적으로 어렵기 때문에, 유전체의 특성을 화학적으로 비교하는 방법이 주로 사용되고 있다.
④ 제시문만으로 확인할 수 없는 내용이다.
⑤ 마지막 문단에 따르면 유전체의 특성을 화학적으로 비교하는 방법이 주로 사용되고 있다.

03

정답 ②

세 번째 문단에서 출생 전 안드로겐 호르몬 노출 정도가 남성의 성적 방향성을 결정하는 요인 중 하나라고 언급하고 있다.

오답분석

① 두 번째 문단에서 뇌 영역 및 그 크기의 차이가 인간의 성적 방향성과 직접적인 인과관계를 맺고 있다는 증거는 발견되지 않았다고 하였다.
③ 첫 번째 문단에서 동성애자가 강압적인 어머니와 복종적인 아버지에 의해 양육되었다는 아무런 증거도 발견하지 못하였다고 하였다.
④ 세 번째 문단에서 안드로겐 호르몬은 정소에서 분비된다고 밝혔다.
⑤ 다섯 번째 문단에서 일란성 쌍생아의 동성애 일치 비율은 유전이 성적 방향성을 결정짓는 요인 중 하나라는 것을 보여주는 증거라고 하였다.

04

정답 ①

다리뼈는 연골세포의 세포분열로 인해 뼈대의 성장이 일어난다.

오답분석

② 뼈끝판의 세포층 중 뼈대의 경계면에 있는 세포층이 아닌 뼈끝과 경계면이 있는 세포층에서만 세포분열이 일어난다.
③ 사춘기 이후 호르몬에 의한 뼈의 길이 성장은 일어나지 않는다.
④ 뇌에서 분비하는 성장호르몬은 뼈에 직접적으로 도움을 준다.
⑤ 남성호르몬인 안드로겐은 사춘기 여자에게서도 분비된다.

05

정답 ③

네 번째와 다섯 번째 문단을 통해 알 수 있다.

오답분석

① 정상 과학의 시기에는 이미 이론의 핵심 부분들은 정립되어 있으며 이 시기에는 새로움을 좇기보다는 기존 연구의 세부 내용이 깊어진다. 따라서 다양한 학설과 이론의 등장은 적절하지 않다.
② 어떤 현상의 결과가 충분히 예측된다 할지라도 그 세세한 과정은 의문 속에 있기 마련이다. 정상 과학의 시기에 과학자들의 열정과 헌신성은 예측 결과와 실제의 현상을 일치시키기 위한 연구로 유지될 수 있다.
④ 과학적 사고방식과 관습, 기법 등이 하나의 기반으로 통일되어 있을 뿐이지 해결해야 할 과제가 없는 것은 아니다. 따라서 완성된 과학이라고 부를 수 없다.
⑤ 이론의 핵심 부분들은 정립된 상태이므로 과학자들은 심오한 작은 영역에 집중하게 되고 그에 따라 각종 실험 장치들의 다양화, 정밀화와 더불어 문제를 해결해 가는 특정 기법과 규칙들이 만들어진다. 따라서 문제를 해결해가는 과정이 주가 된다.

06

정답 ⑤

현존하는 가장 오래된 실록은 전주에 전주 사고에 보관되어 있던 것으로, 강화도 마니산에 봉안되었다가 1936년 병자호란에 의해 훼손된 것을 현종 때 보수하여 숙종 때 강화도 정족산에 다시 봉안했다가 현재 서울대학교에서 보관하고 있다.

오답분석

① 원본을 포함해 모두 5벌의 실록을 갖추게 되었으므로 재인쇄하였던 실록은 모두 4벌이다.
② 강원도 태백산에 보관하였던 실록은 서울대학교에 있다.
③ 현재 한반도에 남아 있는 실록은 강원도 태백산, 강화도 정족산, 장서각의 것으로 모두 3벌이다.
④ 적상산에 보관하였던 실록은 구황국 장서각으로 옮겨졌으며, 이는 6·25 전쟁 때 북한으로 옮겨져 현재 김일성종합대학에서 소장하고 있다.

07

정답 ④

스피노자는 삶을 지속하고자 하는 인간의 욕망을 코나투스라 정의하며, 코나투스인 욕망을 긍정하고 욕망에 따라 행동해야 한다고 주장하였다. 따라서 스피노자의 주장에 대한 반박으로는 인간의 욕망을 부정적으로 바라보며, 이러한 욕망을 절제해야 한다는 내용의 ⑤가 가장 적절하다.

오답분석

③ 스피노자는 모든 동물들이 코나투스를 가지고 있으나, 인간은 자신의 충동을 의식할 수 있다는 점에서 차이가 있다고 주장하므로 스피노자와 동일한 입장임을 알 수 있다.

08

정답 ③

제시문은 우유니 사막의 위치와 형성, 특징 등 우유니 사막의 자연지리적 특징에 대한 글이다.

09

정답 ③

제시문은 동양과 서양에서 서로 다른 의미를 부여하고 있는 달에 대해 설명하고 있는 글이다. 따라서 (나) 동양에서 나타나는 해와 달의 의미 → (라) 동양과 상반되는 서양에서의 해와 달의 의미 → (다) 최근까지 지속되고 있는 달에 대한 서양의 부정적 의미 → (가) 동양에서의 변화된 달의 이미지 순으로 나열하는 것이 적절하다.

10

정답 ③

제시문은 2,500년 전 인간과 현대의 인간의 공통점을 언급하며 2,500년 전에 쓰인 『논어』가 현대에서 지니는 가치에 대해 설명하고 있다. 따라서 (가) 『논어』가 쓰인 2,500년 전 과거와 현대의 차이점 → (마) 2,500년 전의 책인 『논어』가 폐기되지 않고 현대에서도 읽히는 이유에 대한 의문 → (나) 인간이라는 공통점을 지닌 2,500년 전 공자와 우리들 → (다) 2,500년의 시간이 흐르는 동안 인간의 달라진 부분과 달라지지 않은 부분에 대한 설명 → (라) 시대가 흐름에 따라 폐기될 부분을 제외하더라도 여전히 오래된 미래로서의 가치를 지니는 『논어』 순으로 나열하는 것이 적절하다.

11

정답 ④

제시문은 메타 윤리학에서 도덕 실재론과 정서주의의 주장에 대해 설명하는 글이다. 제일 처음 문단이 '도덕 실재론과 정서주의는 ~ 상반된 주장을 펼친다.'라고 끝남으로 이어지는 문단은 도덕 실재론과 정서주의의 입장을 차례로 소개해야 할 것이다. 도덕 실재론에 대한 설명인 (나)와 정서주의에 대한 설명인 (다) 중, 접속어 '한편'이 (다)에 포함되어 있으므로 (나)가 먼저 위치해야 한다. 그 다음으로 도덕 실재론에 대한 부연설명을 하는 (라), 정서주의의 특징에 대해 설명하는 (다), 정서주의에 대한 부연설명인 (가) 순으로 나열되어야 한다. 따라서 (나) → (라) → (다) → (가) 순으로 나열하는 것이 적절하다.

12

정답 ②

제시문의 중심 내용은 '반대는 필수불가결한 것이다.', '자유의지를 가진 국민의 범국가적 화합은 정부의 독단과 반대당의 혁명적 비타협성을 무력화시키는 정치권력의 충분한 균형에 의존하고 있다.', '그 균형이 더 이상 존재하지 않는다면 민주주의는 사라지고 만다.'로 요약할 수 있다. 따라서 제목으로 ②가 가장 적절하다.

13

정답 ②

청색기술의 대상이 되는 동식물은 모든 동식물이 아닌 오랫동안 진화를 거듭하여 자연에 적응한 동식물이다.

14

정답 ③

네 번째 문단의 '거래에 참여하는 사람들 간에는 목적이나 재산 등의 측면에서 큰 차이가 존재하는 것이 보통이다. 이런 경우에는 상품의 가격이 우리의 상식으로는 도저히 이해하기 힘든 수준까지 일시적으로 뛰어오르는 현상이 나타날 가능성이 있다.'를 통해 판단할 수 있다.

오답분석

①·④는 네 번째 문단, ②는 마지막 문단, ⑤는 세 번째 문단에서 확인할 수 있다.

15

정답 ⑤

네 번째 문단의 마지막 두 문장을 보면 편협형 정치 문화와 달리 최소한의 인식이 있는 신민형 정치 문화의 예로 독재 국가를 언급하고 있으므로 ⑤는 적절하지 않다.

16

정답 ①

제시문은 창조 도시가 가져올 경제적인 효과를 언급하며 창조 도시의 동력을 무엇으로 볼 것이냐에 따라 창조 산업과 창조 계층에 대한 입장을 설명하고 있다. 따라서 창조 도시가 무조건적으로 경제적인 효과를 가져오지 않을 것이라는 논지의 반박을 제시할 수 있다.

오답분석

② 창조 도시에 대한 설명이다.
③·④ 창조 산업을 동력으로 삼는 입장이다.
⑤ 창조 계층을 동력으로 삼는 입장이다.

17

정답 ③

- (가) : 빈칸 다음 문장에서 사회의 기본 구조를 통해 이것을 공정하게 분배해야 된다고 했으므로 ㉡이 가장 적절하다.
- (나) : '원초적 상황'에서 합의 당사자들은 인간의 심리, 본성 등에 대한 지식 등 사회에 대한 일반적인 지식은 알고 있지만, 이것에 대한 정보를 모르는 무지의 베일 상태에 놓인다고 했으므로 사회에 대한 일반적인 지식과 반대되는 개념, 즉 개인적 측면의 정보인 ㉠이 가장 적절하다.
- (다) : 빈칸에 대하여 사회에 대한 일반적인 지식이라고 하였으므로 ㉢이 가장 적절하다.

18

정답 ④

제시문은 서양의 자연관은 인간이 자연보다 우월한 자연지배관이며, 동양의 자연관은 인간과 자연을 동일 선상에 놓거나 조화를 중요시한다고 설명한다. 따라서 제시문의 중심 내용은 '서양의 자연관과 동양의 자연관의 차이'가 가장 적절하다.

19

정답 ④

제시문은 스티븐 와이즈의 '동물의 권리를 인정해야 한다.'는 주장에 대해 반박하는 글이다. 글쓴이의 주장은 '인간이 권리를 갖는 이유는 법적 권리와 의무의 주체가 될 수 있는 인격체이기 때문'인 것으로 보고 '동물의 권리는 법적으로 인격체임을 인정받는 것이므로 그것은 자연과학이 아닌 법철학에서 다루어야 할 개념'이라고 설명하고 있다. 또한 '인격체는 공동체의 일원이 될 수 있는 개체를 의미하며, 공동체의 일원이 되기 위해서는 협상, 타협, 동의의 능력이 필요하므로 동물은 인격체가 아니며 법적 권리를 가질 수 없다.'고 주장하고 있다. 이 주장을 강화하는 진술은 ④로 동물에게 해를 입어도 그 동물에게 법적 책임을 묻지 않는 것은 '동물은 인격체가 아니다.'라는 글쓴이의 주장을 강화한다.

20

정답 ②

제시문은 자연법의 권위를 중요하게 생각하는 주장들을 담고 있다. 그러나 자연법이 인간의 경험에 근거하기 때문에 구체적으로 정의하기 어렵다는 문제점을 가지고 있다는 점은 반론으로 적절하다.

오답분석

① 때와 장소에 관계없이 누구에게나 보편적으로 받아들여질 수 있는 정의롭고 도덕적인 법을 자연법이라 정의한다.
③ 특히 인간의 본성에 깃든 이성, 다시 말해 참과 거짓, 선과 악을 분별할 수 있는 인간만의 자질은 자연법을 발견해 낼 수 있는 수단이 된다고 밝히고 있다.
④ 근대의 자연법 사상에서는 신학의 의존으로부터 독립하여 자연법을 오직 이성으로써 확인할 수 있다고 보았다고 한다.
⑤ 그로티우스는 이성의 올바른 인도를 통해 다다르게 되는 자연법은 국가와 실정법을 초월하는 규범이라고 보았다.

02 자료해석

01	02	03	04	05	06	07	08	09	10
②	③	②	④	⑤	④	⑤	①	⑤	③
11	12	13	14	15	16	17	18	19	20
③	①	⑤	①	②	③	⑤	③	⑤	⑤

01

정답 ②

통신회사의 기본요금을 x원이라 하면 다음과 같다.

$x+60a+30\times2a=21,600$ → $x+120a=21,600$ ⋯ ㉠

$x+20a=13,600$ ⋯ ㉡

㉠-㉡을 하면

$100a=8,000$

$\therefore\ a=80$

02

정답 ③

• (2014 · 2015년의 평균)$=\frac{826.9+806.9}{2}=816.9$만 명

• (2020 · 2021년의 평균)$=\frac{796.3+813.0}{2}=804.65$만 명

따라서 $816.9-804.65=12.25$만 명이다.

03

정답 ②

2022년 1위 흑자국 중국의 흑자액은 10위 흑자국 인도 흑자액의 $\frac{47,779}{4,793}\fallingdotseq9.97$배이므로 10배 미만이다.

오답분석

① 2020년의 10개 국가 중에서 폴란드를 제외한 나머지 9개 국가는 모두 2020~2022년에 흑자국에 2번 이상 포함된 것을 확인할 수 있다.

③ 싱가포르의 2020년 대비 2022년의 흑자액은 $\frac{11,890}{5,745}\fallingdotseq2.07$배이므로 옳다.

④ 베트남의 경우 흑자 증가율은 $\frac{8,466-4,780}{4,780}\times100\fallingdotseq77.1\%$이므로 가장 높다.

⑤ 조사기간 동안 싱가포르와 베트남만이 매년 순위가 상승했다.

04

정답 ④

국민연금 전체 운용수익률은 연평균기간이 짧을수록 5.24% → 3.97% → 3.48% → −0.92%로 감소하고 있다.

오답분석

① 2022년 운용수익률에서 기타부문은 흑자를 기록했고, 공공부문은 알 수 없다.

② 금융부문 운용수익률은 연평균기간이 짧을수록 감소하고 있다.

③ 공공부문의 경우 11년 연평균(2012 ~ 2022년)의 수치만 있으므로 알 수 없다.

⑤ 기간별 연평균으로 분류하여 수익률을 나타내므로 매년 증가하고 있는지 알 수 없다.

05

정답 ⑤

2022년 11월 공산품 물가지수는 85.71이므로 2021년 11월에 비해 공산품의 물가는 $\frac{(100-85.71)}{100}\times100=14.29\%$ 감소하였음을 알 수 있다. 따라서 공산품 분야의 2021년 11월 물가지수를 250이라고 한다면, 2022년 11월 물가는 $250\times(1-0.1429)\fallingdotseq214.3$이다.

오답분석

① 해당 지수는 2021년 동월 기준이므로, 2021년 11월 정밀기기 분야의 물가지수를 100이라고 하였을 때 2022년 11월 정밀기기 분야의 물가지수는 76.03임을 의미한다. 따라서 2022년 11월 정밀기기 분야의 전년 동월 대비 감소율은 $\frac{100-76.03}{100}\times100=$ 23.97%이다.

② 2023년 2월 농산물 분야의 수출물가지수는 2021년 2월 농산물 분야의 물가지수를 기준으로 산출된 것이고, 2022년 2월 수산물 분야의 수출물가지수는 2021년 2월 수산물 분야의 물가지수를 기준으로 산출된 것이므로 기준이 다르기 때문에 비교할 수 없다.

③ 수출물가지수는 2021년 동월의 물가지수를 기준으로 하고 있다. 즉 2023년 1월은 2021년 1월 물가지수 기준, 2022년 12월은 2021년 12월 물가지수를 기준으로 했기 때문에 물가 자체를 비교할 수 없다.

④ 전년 동월 대비 물가가 증가한 분야의 수출물가지수는 100을 초과할 것이다. 2022년 11월과 2022년 12월에 수출물가지수가 100을 넘는 분야는 각각 6개 분야로 동일하다.

06

정답 ④

ㄱ. 초등학생의 경우 남자의 스마트폰 중독비율이 33.35%로 29.58%인 여자보다 높지만, 중고생의 경우 남자의 스마트폰 중독비율이 32.71%로 32.72%인 여자보다 0.01%p가 낮다.

ㄷ. 대도시에 사는 초등학생 수를 a명, 중고생 수를 b명, 전체 인원은 $(a+b)$명이라고 할 때 대도시에 사는 학생 중 스마트폰 중독 인원은 다음과 같다.

$0.308\times a+0.324\times b=0.3195\times(a+b)\rightarrow0.0115\times a=0.0045\times b\rightarrow b\fallingdotseq2.6a$

따라서 대도시에 사는 중고생 수 b가 초등학생 수 a보다 2.6배 많다.

ㄹ. 초등학생의 경우 기초수급가구의 경우 스마트폰 중독비율이 30.35%로, 31.56%인 일반가구의 경우보다 스마트폰 중독 비율이 낮다. 중고생의 경우에도 기초수급가구의 경우 스마트폰 중독비율이 31.05%로, 32.81%인 일반가구보다 스마트폰 중독 비율이 낮다.

오답분석

ㄴ. 한 부모·조손 가족의 스마트폰 중독 비율은 초등학생의 경우가 28.83%로, 중고생의 70%인 $31.79\times0.7\fallingdotseq22.3\%$ 이상이다. 따라서 옳은 설명이다.

07

정답 ⑤

ㄱ. 면적이 넓은 유형의 주택일수록 공사완료 후 미분양된 민간부문 주택이 많은 지역은 인천, 경기 두 곳이다.

ㄴ. 부산의 공사완료 후 미분양된 민간부문 주택 중 면적이 $60\sim85\text{m}^2$에 해당하는 주택이 차지하는 비중은 $\frac{179}{395}\times100\fallingdotseq45.3\%$로, 면적이 85m^2를 초과하는 주택이 차지하는 비중인 $\frac{133}{395}\times100\fallingdotseq33.7\%$보다 10%p 이상 높다.

ㄷ. 면적이 60m^2 미만인 공사완료 후 미분양된 민간부문 주택 수 대비 면적이 $60\sim85\text{m}^2$에 해당하는 공사완료 후 미분양된 민간부문 주택 수의 비율은 광주는 $\frac{27}{16}\times100\fallingdotseq168.8\%$이고, 울산은 $\frac{56}{38}\times100\fallingdotseq147.4\%$이므로 광주가 더 높다.

PART 2

08

정답 ①

오답분석

② 2020년 연구 인력의 평균 연령 수치는 41.2세이다.
③ 2021년 지원 인력의 평균 연령 수치는 47.1세이다.
④ 범주가 바뀌었다.
⑤ 범주가 바뀌었으며, 일부 수치도 옳지 않다.

09

정답 ⑤

경제지수 대비 행복지수가 크려면, 행복지수가 경제지수에 비해 높고, 그 격차가 커야 한다. 따라서 이에 해당하는 국가는 멕시코이다.

10

정답 ③

합계 출산율은 2015년에 최저치를 기록했다.

오답분석

① 2015년 출생아 수(435천 명)는 2013년 출생아 수(490.5천 명)의 약 0.88배이다.
② 합계 출산율이 일정하게 증가하는 추세는 나타나지 않는다.
④ 2020년에 비해 2021년에는 합계 출산율이 0.014명 증가했다.
⑤ 주어진 그래프로 판단할 수 없다.

11

정답 ③

2015년 대비 2016년에 생산가능인구는 12명 증가했다.

오답분석

① 2017년과 2018년의 변화 추세가 다르다.
② 2014년과 비교했을 때, 2015년에 경제활동인구가 202명으로 가장 많이 감소했다.
④ 분모가 작고, 분자가 크면 비율이 높다. 따라서 고용률이 낮고 실업률이 높은 2018년과 2019년의 비율만 비교하면 된다.

2018년은 $\frac{8.1}{40.5}=0.2$, 2019년은 $\frac{8}{40.3} \fallingdotseq 0.1985$이므로 2018년이 높다.

⑤ 2019년과 2020년의 경제활동참가율은 같지만, 전체적으로는 경제활동참가율이 감소하고 있다.

12

정답 ①

화재피해액은 매년 증가하지만, 화재 발생건수는 감소도 하고 증가도 한다. 따라서 비례한다고 볼 수 없다.

오답분석

② 화재피해액은 매년 증가한다.
③ 화재 발생건수는 2021년이 4.9만 건으로 가장 높다.
④ 화재피해액은 2020년까지는 2.8천억 원이었지만, 2021년에 4.3천억 원으로 4천억 원을 넘어섰다.
⑤ 화재 발생건수는 2021년이 가장 높지만, 화재피해액은 2022년이 가장 높다.

13

정답 ⑤

사고 전·후 이용 가구 수의 차이가 가장 큰 것은 생수이며, 가구 수의 차이는 140−70=70가구이다.

오답분석

① 수돗물을 이용하는 가구 수가 120가구로 가장 많다.
② 수돗물과 약수를 이용하는 가구 수가 감소했다.

③ $\frac{230}{370}\times 100 \fallingdotseq 62\%$

④ 사고 전에 정수를 이용하던 가구 수는 100가구이며, 사고 후에도 정수를 이용하는 가구 수는 50가구이다. 나머지 50가구는 사고 후 다른 식수 조달원을 이용한다.

14

정답 ①

ㄱ. 자체 재원조달금액 중 국내투자에 사용되는 금액이 차지하는 비중은 $\frac{2,682}{4,025}\times 100 \fallingdotseq 66.6\%$이므로 옳다.

ㄴ. 해외재원은 국내투자와 해외투자로 양분되나 국내투자분이 없으므로 옳다.

오답분석

ㄷ. 국내재원 중 정부조달금액이 차지하는 비중은 $\frac{2,288}{6,669}\times 100 \fallingdotseq 34.3\%$이므로 40% 미만이다.

ㄹ. 국내재원 중 해외투자금액 대비 국내투자금액의 비율은 $\frac{5,096}{1,573}\times 100 \fallingdotseq 323.9\%$이므로 3배 이상이다.

PART 2

15

정답 ②

3월에 사고가 가장 많이 발생한 도로 종류는 특별·광역시도이지만, 사망자 수가 가장 많은 도로는 시도이다.

오답분석

① 특별·광역시도의 교통사고 발생건수는 지속적으로 증가했다.
③ 해당 기간 동안 부상자 수가 감소하는 도로는 없다.
④ 사망자 수가 100명을 초과하는 것은 3월과 4월의 시도가 유일하다.
⑤ 고속국도는 2월부터 4월까지 부상자 수가 746명, 765명, 859명으로 가장 적다.

16

정답 ③

20 ~ 30대 청년들 중에서 자가에 사는 청년은 $\frac{5,657}{80,110}\times 100 \fallingdotseq 7.1\%$이며, 20대 청년 중에서 자가의 비중은 $\frac{537+795}{13,874+15,258}\times 100=\frac{1,332}{29,132}\times 100 \fallingdotseq 4.6\%$이므로 20 ~ 30대 인원 대비 자가 비율보다 20대 청년 중에서 자가가 차지하는 비율이 더 낮다.

오답분석

① 20 ~ 24세 전체 가구 수 중 월세 비중은 $\frac{5,722}{13,874}\times 100 \fallingdotseq 41.2\%$이고, 자가는 $\frac{537}{13,874}\times 100 \fallingdotseq 3.9\%$이다.

② 20 ~ 24세를 제외한 연령대 청년 중에서 무상이 차지하는 비중과 월세가 차지하는 비중은 분모가 같으므로 분자의 크기만 비교하면 된다. 따라서 무상은 13,091−5,753=7,338이고, 월세는 45,778−5,722=40,056이므로 월세가 더 크다.

④ 표를 통해 확인할 수 있다.

⑤ 20 ~ 30대 연령대에서 월세에 사는 25 ~ 29세 연령대가 차지하는 비율은 $\frac{7,853}{80,110}\times 100 \fallingdotseq 9.8\%$로 10% 미만이다.

17

정답 ⑤

이온음료는 7월에서 8월로 넘어가면서 판매량이 줄어드는 모습을 보이고 있다.

오답분석

① 맥주의 판매량은 매월 커피 판매량의 2배 이상임을 알 수 있다.
② 3 ~ 5월 판매현황과 6 ~ 8월 판매현황을 비교해볼 때, 모든 캔 음료는 봄보다 여름에 더 잘 팔린다.

③ 3～5월 판매현황을 보면, 이온음료는 탄산음료보다 더 잘 팔리는 것을 알 수 있다.
④ 맥주가 매월 다른 캔 음료보다 많은 판매량을 보이고 있음을 볼 때, 가장 많은 판매 비중을 보임을 알 수 있다.

18

정답 ③

총 전입자 수는 서울이 가장 높지만, 총 전입률은 인천이 가장 높다.

오답분석

① $\frac{132,012}{650,197}\times 100=20.3\%$
② 대구의 총 전입률이 1.14%로 가장 낮다.
④ 부산의 총 전입자 수는 42,243명으로 광주의 총 전입자 수 17,962명의 2배 이상이다.
⑤ 광주의 총 전입자 수는 17,962명으로 가장 적다.

19

정답 ⑤

ㄷ. 2018년 대비 2022년 청소년 비만율의 증가율은 $\frac{26.1-18}{18}\times 100=45\%$이다.

ㄹ. 2022년과 2020년의 비만율 차이를 구하면 다음과 같다.

- 유아 : 10.2－5.8＝4.4%p
- 어린이 : 19.7－14.5＝5.2%p
- 청소년 : 26.1－21.5＝4.6%p

따라서 2022년과 2020년의 비만율 차이가 가장 큰 아동은 어린이임을 알 수 있다.

오답분석

ㄱ. 유아의 비만율은 전년 대비 감소하고 있고, 어린이와 청소년의 비만율은 전년 대비 증가하고 있다.
ㄴ. 2019년 이후의 어린이 비만율은 유아보다 크고 청소년보다 작지만, 2018년 어린이 비만율은 9.8%로, 유아 비만율인 11%와 청소년 비만율인 18%보다 작다.

20

정답 ⑤

2021년 30～99인 사업체 근로시간은 183.3시간이다.

03 창의수리

01	02	03	04	05	06	07	08	09	10
③	③	①	②	③	②	②	⑤	⑤	④
11	12	13	14	15	16	17	18	19	20
②	③	④	③	③	②	⑤	②	②	①

01

정답 ③

시속 6km로 뛰어간 거리를 $x$km라 하면, 시속 3km로 걸어간 거리는 $(10-x)$가 된다.

$\frac{x}{6}+\frac{10-x}{3}=2 \rightarrow x+2\times(10-x)=6\times2 \rightarrow -x=12-20$

$\therefore x=8$

02

정답 ③

처음에 퍼낸 소금물의 양을 xg이라고 하면 식은 다음과 같다.

$\frac{(800-x)\times0.15}{800-x+150}=0.12 \rightarrow 800-x=\frac{0.12}{0.15}\times(950-x) \rightarrow 800-760=x-0.8x$

$\therefore x=200$

03

정답 ①

A, B제품의 원가를 a만 원이라고 하자.

A제품의 정가는 $(a\times1.25)$만 원, B제품은 A제품 정가보다 10% 저렴한 가격이므로 $(a\times1.25\times0.9)$만 원이다.

$(a\times1.25)\times192+(a\times1.25\times0.9)\times960=6,600 \rightarrow (a\times1.25)\times(192+0.9\times960)=6,600 \rightarrow a\times1.25=\frac{6,600}{1,056}=6.25$

$\therefore a=\frac{6.25}{1.25}=5$

따라서 A제품의 원가는 5만 원이고, 400개의 총원가는 $5\times400=2,000$만 원이다.

04

정답 ②

일의 양을 1이라고 하면 A, B가 하루에 할 수 있는 일의 양은 각각 $\frac{1}{4}$, $\frac{1}{6}$이다. B가 혼자 일한 기간을 x일이라고 하자.

$\frac{1}{4}\times2+\frac{1}{6}\times x=1$

$\therefore x=3$

05

정답 ③

장난감 A기차와 B기차가 터널을 완전히 지났을 때의 이동거리는 터널의 길이에 기차의 길이를 더한 값이다. A, B기차의 길이를 각각 $a$cm, $b$cm로 가정하고, 터널을 나오는 데 걸리는 시간에 대한 방정식을 세우면, 다음과 같다.

- A기차 길이 : $12\times4=30+a \rightarrow 48=30+a \therefore a=18$
- B기차 길이 : $15\times4=30+b \rightarrow 60=30+b \therefore b=30$

따라서 A, B기차의 길이는 각각 18cm, 30cm이며, 합은 48cm이다.

06

정답 ②

- A대리(1시간 30분)의 주차요금 계산식 : $5,000=2,000+3x$ $\therefore$ $x=1,000$
- 거래처 직원(2시간 30분)의 주차요금 계산식 : $11,000=2,000+6\times1,000+2y=8,000+2y$ $\therefore$ $y=1,500$

따라서 $x+y=2,500$이다.

07

정답 ②

30% 설탕물의 양을 xg이라 하면, 증발시킨 후 설탕의 양은 같으므로 $\frac{30}{100}x=\frac{35}{100}\times(x-50) \rightarrow x=350$ 즉, 35% 설탕물의 양은 300g이다.

여기에 더 넣을 설탕의 양을 yg이라 하면, $300\times\frac{35}{100}+y=(300+y)\times\frac{40}{100} \rightarrow 10,500+100y=12,000+40y$

$\therefore$ $y=25$

08

정답 ⑤

평상시에 12층까지 올라가는 데 걸리는 시간은 엘리베이터를 이용할 때 75초, 비상계단을 이용할 때 410초로, 335초의 차이가 난다.

엘리베이터를 이용하는 것보다 계단을 이용할 때 12층에 빨리 도착하는 시각을 저녁 8시 x분이라 하면 다음과 같다.

$\frac{x}{2}\times35\geq335 \rightarrow \frac{x}{2}\geq\frac{67}{7}\fallingdotseq9.6 \rightarrow x\geq19.2$

정수 단위로 분을 계산하므로, 저녁 8시 20분부터는 계단을 이용하면 12층에 빨리 도착한다.

09

정답 ⑤

7일 중 4일은 수영을 한다고 했으므로 수영을 하는 날을 고르는 경우의 수는 ${}_7C_4=\frac{7\times6\times5\times4}{4\times3\times2\times1}=35$가지이다. 다음으로 3일 중 2일은 농구, 야구, 테니스 중 하나씩을 고른다고 했으므로, 이틀을 고르는 경우의 수는 ${}_3C_2=3$가지이고, 세 가지 종목 중 2가지를 고르고, 이틀 동안 계획하는 경우의 수는 ${}_3C_2\times2!=6$가지이다. 마지막 남은 하루에 계획할 수 있는 운동의 종류는 배드민턴, 검도, 줄넘기 중 하나이므로 3가지이다.

따라서 일주일간 세울 수 있는 계획의 수는 $35\times3\times6\times3=1,890$가지이다.

10

정답 ④

총 경비를 x만 원이라고 하자.

숙박비와 항공권비용 : $\frac{2}{3}x$만 원

교통비 : $\left(\frac{1}{3}x\times\frac{1}{6}\right)$

교통비까지 쓰고 남은 경비 : $\left(\frac{1}{3}x\times\frac{5}{6}\right)$, 이것이 40만 원이므로, $\frac{1}{3}x\times\frac{5}{6}=40$

$\therefore$ $x=144$

따라서 총 경비는 144만 원이다.

11

정답 ②

• 내일 비가 왔을 때 이길 확률 : $\frac{2}{5}\times\frac{1}{3}=\frac{2}{15}$

• 내일 비가 오지 않았을 때 이길 확률 : $\frac{3}{5}\times\frac{1}{4}=\frac{3}{20}$

$\therefore\ \frac{2}{15}+\frac{3}{20}=\frac{17}{60}$

12

정답 ③

민솔이와 현정이가 만날 때까지 걸린 시간을 x초라고 하면 두 사람이 달린 거리가 같으므로 식을 세우면 다음과 같다.

$7x=40+5x \rightarrow 2x=40$

$\therefore\ x=20$

13

정답 ④

물을 가득 채우는 것을 1이라고 하면 A관은 1분에 $\frac{1}{10}$, B관은 1분에 $\frac{1}{15}$만큼을 채운다.

두 관을 동시에 사용하면 1분에 $\frac{1}{10}+\frac{1}{15}=\frac{1}{6}$만큼을 채울 수 있으므로, 가득 채우는 데 걸리는 시간은 6분이다.

14

정답 ③

농도를 알 수 없는 소금물의 소금 농도를 x%라고 하면 식은 다음과 같다.

$\frac{13}{100}\times 400+\frac{7}{100}\times 200+\frac{x}{100}\times 100=\frac{22}{100}\times 700 \rightarrow 52+14+x=154$

$\therefore\ x=88$

15

정답 ③

• 첫 번째 문제를 맞힐 확률 : $\frac{1}{5}$

• 첫 번째 문제를 틀릴 확률 : $1-\frac{1}{5}=\frac{4}{5}$

• 두 번째 문제를 맞힐 확률 : $\frac{2}{5}\times\frac{1}{4}=\frac{1}{10}$

• 두 번째 문제를 틀릴 확률 : $1-\frac{1}{10}=\frac{9}{10}$

$\therefore$ 두 문제 중 하나만 맞힐 확률 : $\frac{1}{5}\times\frac{9}{10}+\frac{4}{5}\times\frac{1}{10}=\frac{13}{50}=26\%$

16

정답 ②

(속력)×(시간)=(거리)이고, 경림이와 소정이가 $2\frac{1}{3}$시간 걸어갔을 때 둘 사이의 거리가 24.5km가 되었으므로, 다음과 같다.

$(6+x)\times 2\frac{1}{3}=24.5 \rightarrow \frac{7}{3}x=10.5$

$\therefore x=4.5$

17

정답 ⑤

위원회를 구성할 수 있는 경우의 수는 학생회장과 A교수가 동시에 뽑히는 경우를 제외한 것과 같다.

전체 인원 12명 중 5명을 뽑는 경우의 수는 ${}_{12}C_5=\frac{12\times 11\times 10\times 9\times 8}{5\times 4\times 3\times 2\times 1}=792$가지이고, 학생회장과 A교수가 같이 대표로 뽑힐 경우의 수는 12명 중 이 두 명을 제외한 10명에서 3명을 뽑는 경우이므로 ${}_{10}C_3=\frac{10\times 9\times 8}{3\times 2\times 1}=120$가지이다.

따라서 위원회를 구성하는 경우의 수는 $792-120=672$가지이다.

18

정답 ②

A와 B, B와 C가 각각 3살 차이가 나므로 B의 나이를 x세라 하면 A의 나이는 $x+3$세, C는 $x-3$세이다.

3년 후 C의 나이가 A의 $\frac{2}{3}$이므로, 식을 세우면 다음과 같다.

$\frac{2}{3}(x+3+3)=x-3+3 \rightarrow \frac{1}{3}x=4$

$\therefore x=12$

즉, B는 12세, A는 $12+3=15$세, C는 $12-3=9$세이므로, A, B, C의 나이를 모두 더하면 $15+12+9=36$이다.

19

정답 ②

톱니바퀴 수와 톱니바퀴의 회전수는 서로 반비례 관계이며 서로의 곱은 일정하다.

따라서 A는 6(톱니수)×12(회전수)=72로 일정하므로 B는 $\frac{72}{8}=9$회전하고, D는 $\frac{72}{12}=6$회전한다.

20

정답 ①

3%의 소금물을 xg이라고 하면 다음과 같다.

$\frac{8}{100}\times 400+\frac{3}{100}\times x=\frac{5}{100}(400+x) \rightarrow 3,200+3x=2,000+5x \rightarrow 2x=1,200$

$\therefore x=600$

04 언어추리

01	02	03	04	05	06	07	08	09	10
④	③	①	①	②	③	④	③	②	④
11	12	13	14	15	16	17	18	19	20
⑤	③	④	①	①	③	④	④	②	⑤

01

정답 ④

'낡은 것을 버리다.'를 p, '새로운 것을 채우다.'를 q, '더 많은 세계를 경험하다.'를 r이라고 하면, 첫 번째 명제는 $p \to q$이며, 마지막 명제는 $\sim q \to \sim r$이다. 이때, 첫 번째 명제의 대우는 $\sim q \to \sim p$이므로 마지막 명제가 참이 되기 위해서는 $\sim p \to \sim r$이 필요하다. 따라서 빈칸에 들어갈 명제는 $\sim p \to \sim r$의 ④이다.

02

정답 ③

'A세포가 있다.'를 p, '물체의 상을 감지하다.'를 q, 'B세포가 있다.'를 r, '빛의 유무를 감지하다.'를 s라 하면, 첫 번째, 두 번째, 마지막 명제는 각각 $p \to \sim q$, $\sim r \to q$, $p \to$ s이다. 두 번째 명제의 대우와 첫 번째 명제에 따라 $p \to \sim q \to r$이 되어 $p \to$ r이 성립하고, 마지막 명제가 $p \to s$가 되기 위해서는 $r \to s$가 추가로 필요하다. 따라서 빈칸에 들어갈 명제는 $r \to s$의 ③이다.

03

정답 ①

첫 번째 명제의 대우 명제는 '팀플레이가 안 되면 승리하지 못한다.'이다. 삼단논법이 성립하려면 '패스하지 않으면 팀플레이가 안 된다.'라는 명제가 필요한데, 이 명제의 대우 명제는 ①이다.

04

정답 ①

오른쪽 끝자리에는 30대 남성이, 왼쪽에서 두 번째 자리에는 40대 남성이 앉으므로 네 번째 조건에 따라 30대 여성은 왼쪽에서 네 번째 자리에 앉아야 한다. 이때, 40대 여성은 왼쪽에서 첫 번째 자리에 앉아야 하므로 남은 자리에 20대 남녀가 앉을 수 있다.

1) 경우 1

40대 여성	40대 남성	20대 여성	30대 여성	20대 남성	30대 남성

2) 경우 2

40대 여성	40대 남성	20대 남성	30대 여성	20대 여성	30대 남성

따라서 항상 옳은 것은 ①이다.

05

정답 ②

B가 과장이므로 대리가 아닌 A는 부장의 직책을 가진다.

오답분석

조건에 따라 A, B, C, D의 사무실 위치를 정리하면 다음과 같다.

구분	2층	3층	4층	5층
경우 1	부장	B과장	대리	A부장
경우 2	B과장	대리	부장	A부장
경우 3	B과장	부장	대리	A부장

① A부장 외의 또 다른 부장은 2층, 3층 또는 4층에 근무한다.
③ 대리는 3층 또는 4층에 근무한다.
④ B는 2층 또는 3층에 근무한다.
⑤ C의 직책은 알 수 없다.

06

정답 ③

• 운동을 좋아하는 사람 → 담배를 좋아하지 않음 → 커피를 좋아하지 않음 → 주스를 좋아함
• 과일을 좋아하는 사람 → 커피를 좋아하지 않음 → 주스를 좋아함
따라서 ③은 추론할 수 없다.

오답분석

① 1번째 명제와 2번째 명제의 대우로 추론할 수 있다.
② 3번째 명제의 대우와 2번째 명제로 추론할 수 있다.
④ 1번째 명제, 2번째 명제 대우, 3번째 명제로 추론할 수 있다.
⑤ 4번째 명제와 3번째 명제로 추론할 수 있다.

07

 ④

먼저 첫 번째 조건과 두 번째 조건에 따라 6명의 신입 사원을 각 부서별로 1명, 2명, 3명으로 나누어 배치한다. 이때, 세 번째 조건에 따라 기획부에 3명, 구매부에 1명이 배치되므로 인사부에는 2명의 신입 사원이 배치된다. 또한 1명이 배치되는 구매부에는 마지막 조건에 따라 여자 신입 사원이 배치될 수 없으므로 반드시 1명의 남자 신입 사원이 배치된다. 남은 5명의 신입 사원을 기획부와 인사부에 배치하는 방법은 다음과 같다.

구분	기획부(3명)	인사부(2명)	구매부(1명)
경우 1	남자 1명, 여자 2명	남자 2명	남자 1명
경우 2	남자 2명, 여자 1명	남자 1명, 여자 1명	

경우 1에서는 인사부에 남자 신입 사원만 배치되므로 '인사부에는 반드시 여자 신입 사원이 배치된다.'의 ④는 옳지 않다.

08

정답 ③

'한 씨'를 'A', '부동산을 구두로 양도했다.'를 'B', '무효'를 'C' 라고 하자.

구분	명제	대우
전제1	A → B	~B → ~A
결론	A → C	~C → ~A

전제1이 결론으로 연결되려면, 전제2는 'B → C'가 되어야 한다. 따라서 전제2는 '부동산을 구두로 양도하면, 무효다.'인 ③이다.

09

정답 ②

'봄이 온다.'를 'A', '꽃이 핀다.'를 'B', '제비가 돌아온다.'를 'C' 라고 하자.

구분	명제	대우
전제1	A → B	~B → ~A
결론	A → C	~C → ~A

전제1이 결론으로 연결되려면, 전제2는 'B → C'나 '~C → ~B'가 되어야 한다. 따라서 전제2는 '제비가 돌아오지 않으면, 꽃이 피지 않는다.'인 ②이다.

10

정답 ④

'연예인이 모델이다.'를 '연', '매출액이 증가한다.'를 '매', '브랜드 인지도가 높아진다.'를 '브'라고 하자.

구분	명제	대우
전제1	연 → 매	매× → 연×
결론	연 → 브	브× → 연×

전제1이 결론으로 연결되려면, 전제2는 '매 → 브'가 되어야 한다. 따라서 전제2는 '매출액이 증가하면, 브랜드 인지도가 높아진다.'인 ④이다.

11

정답 ⑤

월요일부터 토요일까지 각 팀의 회의 진행 횟수가 같으므로 6일 동안 6개 팀은 각각 두 번씩 회의를 진행해야 한다. 주어진 조건에 따라 A ~ F팀의 회의 진행 요일을 정리하면 다음과 같다.

<table>
<tr><th>월</th><th>화</th><th>수</th><th>목</th><th>금</th><th>토</th></tr>
<tr><td rowspan="2">C, B</td><td rowspan="2">D, B</td><td>C, E</td><td rowspan="2">A, F</td><td rowspan="2">A, F</td><td>D, E</td></tr>
<tr><td>D, E</td><td>C, E</td></tr>
</table>

따라서 F팀은 목요일과 금요일에 회의를 진행함을 알 수 있다.

오답분석

① E팀은 수요일과 토요일에 모두 회의를 진행한다.
② 화요일에 회의를 진행한 팀은 B팀과 D팀이다.
③ C팀과 E팀은 수요일과 토요일 중 하루는 함께 회의를 진행한다.
④ C팀은 월요일에 한 번 회의를 진행하였고, 수요일 또는 토요일 중 하루만 회의를 진행한다.

12

정답 ③

주어진 조건에 따라 A ~ D업체가 유통하는 재료를 정리하면 다음과 같다.

구분	A업체	B업체	C업체	D업체
커피 원두	○	○	○	
우유	○	○	×	×
아이스크림	×	×	○	
팥	○	×	○	○
딸기	×	○	×	○

위 표처럼 D업체가 유통하는 재료가 전부 정해지지 않았어도, 모든 업체가 유통하는 재료는 커피 원두임을 알 수 있다. 따라서 D업체는 커피 원두를 유통하고, 아이스크림을 유통하지 않는다.

이를 바탕으로 A ~ D업체가 담당할 수 있는 메뉴는 다음과 같다.

- A업체 : 카페라테
- B업체 : 카페라테, 딸기라테
- C업체 : 아포가토, 팥빙수
- D업체 : 없음

따라서 서로 다른 메뉴를 담당하면서 4가지 메뉴의 재료를 유통할 수 있는 업체는 B업체와 C업체뿐이므로 S씨는 B업체와 C업체를 선정한다.

13

정답 ④

8조각으로 나누어져 있는 피자 3판을 6명이 같은 양만큼 나누어 먹으려면 한 사람당 $8\times3\div6=4$조각씩 먹어야 한다. A, B, E는 같은 양을 먹었으므로 A, B, E가 1조각, 2조각, 3조각, 4조각을 먹었을 때로 나누어볼 수 있다.

- A, B, E가 1조각을 먹었을 때
  A, B, E를 제외한 나머지는 모두 먹은 양이 달랐으므로 D, F, C는 각각 4, 3, 2조각을 먹었을 것이다. 하지만 6조각이 남았다고 했으므로 $24-6=18$조각을 먹었어야 하는데 총 $1+1+1+4+3+2=12$조각이므로 옳지 않다.
- A, B, E가 2조각을 먹었을 때
  $2+2+2+4+3+1=14$조각이므로 옳지 않다.
- A, B, E가 3조각을 먹었을 때
  $3+3+3+4+2+1=16$조각이므로 옳지 않다.
- A, B, E가 4조각을 먹었을 때
  $4+4+4+3+2+1=18$조각이므로 A, B, E는 4조각씩 먹었음을 알 수 있다.

F는 D보다 적게 먹었으며, C보다는 많이 먹었다고 하였으므로 C가 1조각, F가 2조각, D가 3조각을 먹었다. 따라서 2조각을 더 먹어야 하는 사람은 현재 2조각을 먹은 F이다.

14

정답 ①

1) C가 참이면 D도 참이므로 C, D는 모두 참을 말하거나 모두 거짓을 말한다. 그런데 A와 E의 진술이 서로 상치되고 있으므로 둘 중에 한 명은 참이고 다른 한 명은 거짓인데, 만약 C, D가 모두 참이면 참을 말한 사람이 적어도 3명이 되므로 2명만 참을 말한다는 조건에 맞지 않는다. 따라서 C, D는 모두 거짓을 말한다.
2) 1)에서 C와 D가 모두 거짓을 말하고, A와 E 중 1명은 참, 다른 한 명은 거짓을 말한다. 따라서 B는 참을 말한다.
3) 2)에 따라 A와 B가 참이거나 B와 E가 참이다. 그런데 A는 '나와 E만 범행 현장에 있었다.'라고 했으므로 B의 진술(참)인 '목격자는 2명이다'와 모순된다(목격자가 2명이면 범인을 포함해서 3명이 범행 현장에 있어야 하므로). 또한 A가 참일 경우, A의 진술 중 '나와 E만 범행 현장에 있었다.'는 참이면서 E의 '나는 범행 현장에 있었고'는 거짓이 되므로 모순이 된다.

따라서 B와 E가 참이므로, E의 진술에 따라 A가 범인이다.

15

정답 ①

어떤 학생 → 음악을 즐김 → 나무 → 악기

16

정답 ③

명제가 참이면 대우 명제도 참이다. 즉, '을이 좋아하는 과자는 갑이 싫어하는 과자이다.'가 참이면 '갑이 좋아하는 과자는 을이 싫어하는 과자이다.'도 참이다. 따라서 갑은 비스킷을 좋아하고, 을은 비스킷을 싫어한다.

17

정답 ④

p='도보로 걸음', q='자가용 이용', r='자전거 이용', s='버스 이용'이라고 하면 $p \to \sim q$, $r \to q$, $\sim r \to s$이며, 두 번째 명제의 대우인 $\sim q \to \sim r$이 성립함에 따라 $p \to \sim q \to \sim r \to s$가 성립한다. 따라서 '도보로 걷는 사람은 버스를 탄다.'는 명제는 반드시 참이다.

18

정답 ④

D가 산악회 회원인 경우와 아닌 경우로 나누어보면 다음과 같다.

• D가 산악회 회원인 경우
  네 번째 조건에 따라 D가 산악회 회원이면 B와 C도 산악회 회원이 되며, A는 두 번째 조건의 대우에 따라 산악회 회원이 될 수 없다. 따라서 B, C, D가 산악회 회원이다.

• D가 산악회 회원이 아닌 경우
  세 번째 조건에 따라 D가 산악회 회원이 아니면 B가 산악회 회원이 아니거나 C가 산악회 회원이어야 한다. 그러나 첫 번째 조건의 대우에 따라 C는 산악회 회원이 될 수 없으므로 B가 산악회 회원이 아님을 알 수 있다. 따라서 B, C, D 모두 산악회 회원이 아니다. 이때 최소 한 명 이상은 산악회 회원이어야 하므로 A는 산악회 회원이다.

따라서 항상 옳은 것은 ④이다.

19

정답 ②

주어진 조건에 따라 머리가 긴 순서대로 나열하면 '슬기 – 민경 – 경애– 정서 – 수영'이 된다. 따라서 슬기의 머리가 가장 긴 것을 알 수 있다.

오답분석

① 경애가 단발머리인지는 주어진 조건만으로 알 수 없다.

20

정답 ⑤

B와 D는 동시에 참말 혹은 거짓말을 한다. A와 C의 장소에 대한 진술이 모순되기 때문에 B와 D는 참말을 하고 있음이 틀림없다. 따라서 B, D와 진술 내용이 다른 E는 무조건 거짓말을 하고 있는 것이고, 거짓말을 하고 있는 사람은 두 명이므로 A와 C 중 한 명은 거짓말을 하고 있다. A가 거짓말을 하는 경우 A, B, C 모두 부산에 있었고, D는 참말을 하였으므로 범인은 E가 된다. C가 거짓말을 하는 경우 A, B, C는 모두 학교에 있었고, D는 참말을 하였으므로 범인은 역시 E가 된다.

05 수열추리

01	02	03	04	05	06	07	08	09	10
③	②	③	②	③	②	②	④	③	④
11	12	13	14	15	16	17	18	19	20
①	③	④	①	③	①	③	⑤	③	③

01

정답 ③

앞의 항이 $\frac{B}{A}$일 때 다음 항은 $\frac{A-1}{A\times B}$인 수열이다.

따라서 ( )$=\frac{59}{60\times 11}=\frac{59}{660}$이다.

02

정답 ②

앞의 항에 2.5, 3.5, 4.5, 5.5, …을 더하는 수열이다.

따라서 ( )$=-1+4.5=3.5$이다.

03

정답 ③

(앞의 항)$\times\frac{2}{3}=$(뒤의 항)인 수열이다.

따라서 ( )$=\frac{2}{7}\times\frac{3}{2}=\frac{3}{7}$이다.

04

정답 ②

분자는 $\times3$, 분모는 $+4$, $+8$, $+12$, $+16$, $+20$, …을 하는 수열이다.

따라서 ( )$=\frac{243\times3}{57+20}=\frac{729}{77}$이다.

05

정답 ③

홀수항은 $\times5$를 하고, 짝수항은 $+7$을 하는 수열이다.

따라서 ( )$=50\times5=250$이다.

06

정답 ②

앞의 항에 3의 제곱수(3, 9, 27, 81, 243, …)를 더하는 수열이다.

따라서 ( )$=125+243=368$이다.

07

정답 ②

앞의 항에 소수(2, 3, 5, 7, 11, …)를 더하는 수열이다.

따라서 ( )$=11+7=18$이다.

08

정답 ④

11, 12, 13, 14, 15의 제곱수를 나열한 수열이다.

따라서 ( )$=14^2=196$이다.

09

정답 ③

앞의 항에 1, 2, 4, 8, 16, 32, …을 더하는 수열이다.

따라서 ( )$=33+32=65$이다.

10

정답 ④

{(앞의 항)+7}$\times2=$(뒤의 항)인 수열이다.

따라서 ( )$=(178+7)\times2=370$이다.

11

정답 ①

$\times(-2)$, $+4$가 반복되는 수열이다.

따라서 ( )$=2\div(-2)=-1$이다.

12

정답 ③

$+1^2$, $+2^2$, $+3^2$, $+4^2$, $+5^2$, …인 수열이다.

따라서 ( )$=57+6^2=93$이다.

13

정답 ④

$\underline{A\ B\ C}\rightarrow A^2+B^2=C$

따라서 ( )$=\sqrt{74-5^2}=\sqrt{49}=7$이다.

14

정답 ①

$\underline{A\ B\ C}\rightarrow (A+B)\times5=C$

따라서 ( )$=60\div5-10=2$이다.

15

정답 ③

$\underline{A\ B\ C}\rightarrow (A+B)\div3=C$

따라서 ( )$=6\times3-8=10$이다.

16

정답 ①

$\underline{A \ B \ C} \rightarrow (A \div B)+1=\mathrm{C}$

따라서 ( )$=10\div(6-1)=2$이다.

17

정답 ③

분모는 11의 배수, 분자는 −5를 하는 수열이다.

101번째 항의 분모는 $11\times101=1,111$, 101번째 항의 분자는 $7+(-5)\times100=-493$이므로 101번째 항은 $-\frac{493}{1,111}$이다.

18

정답 ⑤

제시된 수열은 +7, +13, +19, +25, …을 하는 수열이다.

수열의 일반항을 a_n이라고 하면, 다음과 같다.

- $a_8=138+43=181$
- $a_9=181+49=230$
- $a_{10}=230+55=285$
- $a_{11}=285+61=346$
- $a_{12}=346+67=413$
- $a_{13}=413+73=486$
- $a_{14}=486+79=565$
- $a_{15}=565+85=650$

따라서 15번째 항의 값은 650이다.

19

정답 ③

홀수 항은 −2를 하고, 짝수 항은 ×2를 하는 수열이다.

따라서 제시된 수열의 2,023번째 항의 값은 $-3+\{(-2)\times1,011\}=-3+(-2,022)=-2,025$이다.

20

정답 ③

제시된 수열은 −5, +10, −20, +40, …을 하는 수열이다.

수열의 일반항을 a_n이라 하면, 다음과 같다.

- $a_9=785+640=1,425$
- $a_{10}=1,425-1,280=145$
- $a_{11}=145+2,560=2,705$

따라서 11번째 항의 값은 2,705이다.

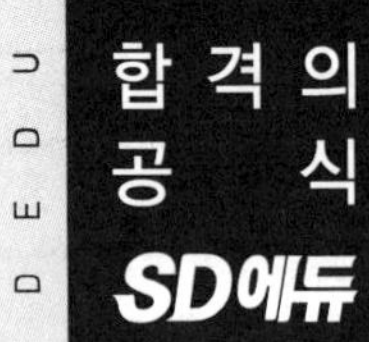

배우기만 하고 생각하지 않으면 얻는 것이 없고, 생각만 하고 배우지 않으면 위태롭다.

– 공자 –

※ 절취선을 따라 분리하여 실제 시험과 같이 사용하면 더욱 효과적입니다.

SKCT SK그룹 모의고사 답안카드

고사장

성 명

수 험 번 호						
⓪	⓪	⓪	⓪	⓪	⓪	⓪
①	①	①	①	①	①	①
②	②	②	②	②	②	②
③	③	③	③	③	③	③
④	④	④	④	④	④	④
⑤	⑤	⑤	⑤	⑤	⑤	⑤
⑥	⑥	⑥	⑥	⑥	⑥	⑥
⑦	⑦	⑦	⑦	⑦	⑦	⑦
⑧	⑧	⑧	⑧	⑧	⑧	⑧
⑨	⑨	⑨	⑨	⑨	⑨	⑨

감독위원 확인
ⓘ인

언어이해						자료해석						창의수리						언어추리						수열추리					
문번	1	2	3	4	5	문번	1	2	3	4	5	문번	1	2	3	4	5	문번	1	2	3	4	5	문번	1	2	3	4	5
1	①	②	③	④	⑤	1	①	②	③	④	⑤	1	①	②	③	④	⑤	1	①	②	③	④	⑤	1	①	②	③	④	⑤
2	①	②	③	④	⑤	2	①	②	③	④	⑤	2	①	②	③	④	⑤	2	①	②	③	④	⑤	2	①	②	③	④	⑤
3	①	②	③	④	⑤	3	①	②	③	④	⑤	3	①	②	③	④	⑤	3	①	②	③	④	⑤	3	①	②	③	④	⑤
4	①	②	③	④	⑤	4	①	②	③	④	⑤	4	①	②	③	④	⑤	4	①	②	③	④	⑤	4	①	②	③	④	⑤
5	①	②	③	④	⑤	5	①	②	③	④	⑤	5	①	②	③	④	⑤	5	①	②	③	④	⑤	5	①	②	③	④	⑤
6	①	②	③	④	⑤	6	①	②	③	④	⑤	6	①	②	③	④	⑤	6	①	②	③	④	⑤	6	①	②	③	④	⑤
7	①	②	③	④	⑤	7	①	②	③	④	⑤	7	①	②	③	④	⑤	7	①	②	③	④	⑤	7	①	②	③	④	⑤
8	①	②	③	④	⑤	8	①	②	③	④	⑤	8	①	②	③	④	⑤	8	①	②	③	④	⑤	8	①	②	③	④	⑤
9	①	②	③	④	⑤	9	①	②	③	④	⑤	9	①	②	③	④	⑤	9	①	②	③	④	⑤	9	①	②	③	④	⑤
10	①	②	③	④	⑤	10	①	②	③	④	⑤	10	①	②	③	④	⑤	10	①	②	③	④	⑤	10	①	②	③	④	⑤
11	①	②	③	④	⑤	11	①	②	③	④	⑤	11	①	②	③	④	⑤	11	①	②	③	④	⑤	11	①	②	③	④	⑤
12	①	②	③	④	⑤	12	①	②	③	④	⑤	12	①	②	③	④	⑤	12	①	②	③	④	⑤	12	①	②	③	④	⑤
13	①	②	③	④	⑤	13	①	②	③	④	⑤	13	①	②	③	④	⑤	13	①	②	③	④	⑤	13	①	②	③	④	⑤
14	①	②	③	④	⑤	14	①	②	③	④	⑤	14	①	②	③	④	⑤	14	①	②	③	④	⑤	14	①	②	③	④	⑤
15	①	②	③	④	⑤	15	①	②	③	④	⑤	15	①	②	③	④	⑤	15	①	②	③	④	⑤	15	①	②	③	④	⑤
16	①	②	③	④	⑤	16	①	②	③	④	⑤	16	①	②	③	④	⑤	16	①	②	③	④	⑤	16	①	②	③	④	⑤
17	①	②	③	④	⑤	17	①	②	③	④	⑤	17	①	②	③	④	⑤	17	①	②	③	④	⑤	17	①	②	③	④	⑤
18	①	②	③	④	⑤	18	①	②	③	④	⑤	18	①	②	③	④	⑤	18	①	②	③	④	⑤	18	①	②	③	④	⑤
19	①	②	③	④	⑤	19	①	②	③	④	⑤	19	①	②	③	④	⑤	19	①	②	③	④	⑤	19	①	②	③	④	⑤
20	①	②	③	④	⑤	20	①	②	③	④	⑤	20	①	②	③	④	⑤	20	①	②	③	④	⑤	20	①	②	③	④	⑤

※ 본 답안지는 마킹연습용 모의 답안지입니다.

※ 절취선을 따라 분리하여 실제 시험과 같이 사용하면 더욱 효과적입니다.

SKCT SK그룹 모의고사 답안카드

고사장

성 명

수 험 번 호						
⓪	⓪	⓪	⓪	⓪	⓪	⓪
①	①	①	①	①	①	①
②	②	②	②	②	②	②
③	③	③	③	③	③	③
④	④	④	④	④	④	④
⑤	⑤	⑤	⑤	⑤	⑤	⑤
⑥	⑥	⑥	⑥	⑥	⑥	⑥
⑦	⑦	⑦	⑦	⑦	⑦	⑦
⑧	⑧	⑧	⑧	⑧	⑧	⑧
⑨	⑨	⑨	⑨	⑨	⑨	⑨

감독위원 확인
인

언어이해						자료해석						창의수리						언어추리						수열추리					
문번	1	2	3	4	5	문번	1	2	3	4	5	문번	1	2	3	4	5	문번	1	2	3	4	5	문번	1	2	3	4	5
1	①	②	③	④	⑤	1	①	②	③	④	⑤	1	①	②	③	④	⑤	1	①	②	③	④	⑤	1	①	②	③	④	⑤
2	①	②	③	④	⑤	2	①	②	③	④	⑤	2	①	②	③	④	⑤	2	①	②	③	④	⑤	2	①	②	③	④	⑤
3	①	②	③	④	⑤	3	①	②	③	④	⑤	3	①	②	③	④	⑤	3	①	②	③	④	⑤	3	①	②	③	④	⑤
4	①	②	③	④	⑤	4	①	②	③	④	⑤	4	①	②	③	④	⑤	4	①	②	③	④	⑤	4	①	②	③	④	⑤
5	①	②	③	④	⑤	5	①	②	③	④	⑤	5	①	②	③	④	⑤	5	①	②	③	④	⑤	5	①	②	③	④	⑤
6	①	②	③	④	⑤	6	①	②	③	④	⑤	6	①	②	③	④	⑤	6	①	②	③	④	⑤	6	①	②	③	④	⑤
7	①	②	③	④	⑤	7	①	②	③	④	⑤	7	①	②	③	④	⑤	7	①	②	③	④	⑤	7	①	②	③	④	⑤
8	①	②	③	④	⑤	8	①	②	③	④	⑤	8	①	②	③	④	⑤	8	①	②	③	④	⑤	8	①	②	③	④	⑤
9	①	②	③	④	⑤	9	①	②	③	④	⑤	9	①	②	③	④	⑤	9	①	②	③	④	⑤	9	①	②	③	④	⑤
10	①	②	③	④	⑤	10	①	②	③	④	⑤	10	①	②	③	④	⑤	10	①	②	③	④	⑤	10	①	②	③	④	⑤
11	①	②	③	④	⑤	11	①	②	③	④	⑤	11	①	②	③	④	⑤	11	①	②	③	④	⑤	11	①	②	③	④	⑤
12	①	②	③	④	⑤	12	①	②	③	④	⑤	12	①	②	③	④	⑤	12	①	②	③	④	⑤	12	①	②	③	④	⑤
13	①	②	③	④	⑤	13	①	②	③	④	⑤	13	①	②	③	④	⑤	13	①	②	③	④	⑤	13	①	②	③	④	⑤
14	①	②	③	④	⑤	14	①	②	③	④	⑤	14	①	②	③	④	⑤	14	①	②	③	④	⑤	14	①	②	③	④	⑤
15	①	②	③	④	⑤	15	①	②	③	④	⑤	15	①	②	③	④	⑤	15	①	②	③	④	⑤	15	①	②	③	④	⑤
16	①	②	③	④	⑤	16	①	②	③	④	⑤	16	①	②	③	④	⑤	16	①	②	③	④	⑤	16	①	②	③	④	⑤
17	①	②	③	④	⑤	17	①	②	③	④	⑤	17	①	②	③	④	⑤	17	①	②	③	④	⑤	17	①	②	③	④	⑤
18	①	②	③	④	⑤	18	①	②	③	④	⑤	18	①	②	③	④	⑤	18	①	②	③	④	⑤	18	①	②	③	④	⑤
19	①	②	③	④	⑤	19	①	②	③	④	⑤	19	①	②	③	④	⑤	19	①	②	③	④	⑤	19	①	②	③	④	⑤
20	①	②	③	④	⑤	20	①	②	③	④	⑤	20	①	②	③	④	⑤	20	①	②	③	④	⑤	20	①	②	③	④	⑤

※ 본 답안지는 마킹연습용 모의 답안지입니다.

※ 절취선을 따라 분리하여 실제 시험과 같이 사용하면 더욱 효과적입니다.

SKCT SK그룹 모의고사 답안카드

고사장

성 명

수 험 번 호						
⓪	⓪	⓪	⓪	⓪	⓪	⓪
①	①	①	①	①	①	①
②	②	②	②	②	②	②
③	③	③	③	③	③	③
④	④	④	④	④	④	④
⑤	⑤	⑤	⑤	⑤	⑤	⑤
⑥	⑥	⑥	⑥	⑥	⑥	⑥
⑦	⑦	⑦	⑦	⑦	⑦	⑦
⑧	⑧	⑧	⑧	⑧	⑧	⑧
⑨	⑨	⑨	⑨	⑨	⑨	⑨

감독위원 확인
인

언어이해						자료해석						창의수리						언어추리						수열추리					
문번	1	2	3	4	5	문번	1	2	3	4	5	문번	1	2	3	4	5	문번	1	2	3	4	5	문번	1	2	3	4	5
1	①	②	③	④	⑤	1	①	②	③	④	⑤	1	①	②	③	④	⑤	1	①	②	③	④	⑤	1	①	②	③	④	⑤
2	①	②	③	④	⑤	2	①	②	③	④	⑤	2	①	②	③	④	⑤	2	①	②	③	④	⑤	2	①	②	③	④	⑤
3	①	②	③	④	⑤	3	①	②	③	④	⑤	3	①	②	③	④	⑤	3	①	②	③	④	⑤	3	①	②	③	④	⑤
4	①	②	③	④	⑤	4	①	②	③	④	⑤	4	①	②	③	④	⑤	4	①	②	③	④	⑤	4	①	②	③	④	⑤
5	①	②	③	④	⑤	5	①	②	③	④	⑤	5	①	②	③	④	⑤	5	①	②	③	④	⑤	5	①	②	③	④	⑤
6	①	②	③	④	⑤	6	①	②	③	④	⑤	6	①	②	③	④	⑤	6	①	②	③	④	⑤	6	①	②	③	④	⑤
7	①	②	③	④	⑤	7	①	②	③	④	⑤	7	①	②	③	④	⑤	7	①	②	③	④	⑤	7	①	②	③	④	⑤
8	①	②	③	④	⑤	8	①	②	③	④	⑤	8	①	②	③	④	⑤	8	①	②	③	④	⑤	8	①	②	③	④	⑤
9	①	②	③	④	⑤	9	①	②	③	④	⑤	9	①	②	③	④	⑤	9	①	②	③	④	⑤	9	①	②	③	④	⑤
10	①	②	③	④	⑤	10	①	②	③	④	⑤	10	①	②	③	④	⑤	10	①	②	③	④	⑤	10	①	②	③	④	⑤
11	①	②	③	④	⑤	11	①	②	③	④	⑤	11	①	②	③	④	⑤	11	①	②	③	④	⑤	11	①	②	③	④	⑤
12	①	②	③	④	⑤	12	①	②	③	④	⑤	12	①	②	③	④	⑤	12	①	②	③	④	⑤	12	①	②	③	④	⑤
13	①	②	③	④	⑤	13	①	②	③	④	⑤	13	①	②	③	④	⑤	13	①	②	③	④	⑤	13	①	②	③	④	⑤
14	①	②	③	④	⑤	14	①	②	③	④	⑤	14	①	②	③	④	⑤	14	①	②	③	④	⑤	14	①	②	③	④	⑤
15	①	②	③	④	⑤	15	①	②	③	④	⑤	15	①	②	③	④	⑤	15	①	②	③	④	⑤	15	①	②	③	④	⑤
16	①	②	③	④	⑤	16	①	②	③	④	⑤	16	①	②	③	④	⑤	16	①	②	③	④	⑤	16	①	②	③	④	⑤
17	①	②	③	④	⑤	17	①	②	③	④	⑤	17	①	②	③	④	⑤	17	①	②	③	④	⑤	17	①	②	③	④	⑤
18	①	②	③	④	⑤	18	①	②	③	④	⑤	18	①	②	③	④	⑤	18	①	②	③	④	⑤	18	①	②	③	④	⑤
19	①	②	③	④	⑤	19	①	②	③	④	⑤	19	①	②	③	④	⑤	19	①	②	③	④	⑤	19	①	②	③	④	⑤
20	①	②	③	④	⑤	20	①	②	③	④	⑤	20	①	②	③	④	⑤	20	①	②	③	④	⑤	20	①	②	③	④	⑤

※ 본 답안지는 마킹연습용 모의 답안지입니다.

※ 절취선을 따라 분리하여 실제 시험과 같이 사용하면 더욱 효과적입니다.

SKCT SK그룹 모의고사 답안카드

고사장

성 명

수 험 번 호						
⓪	⓪	⓪	⓪	⓪	⓪	⓪
①	①	①	①	①	①	①
②	②	②	②	②	②	②
③	③	③	③	③	③	③
④	④	④	④	④	④	④
⑤	⑤	⑤	⑤	⑤	⑤	⑤
⑥	⑥	⑥	⑥	⑥	⑥	⑥
⑦	⑦	⑦	⑦	⑦	⑦	⑦
⑧	⑧	⑧	⑧	⑧	⑧	⑧
⑨	⑨	⑨	⑨	⑨	⑨	⑨

감독위원 확인
㊞

언어이해						자료해석						창의수리						언어추리						수열추리					
문번	1	2	3	4	5	문번	1	2	3	4	5	문번	1	2	3	4	5	문번	1	2	3	4	5	문번	1	2	3	4	5
1	①	②	③	④	⑤	1	①	②	③	④	⑤	1	①	②	③	④	⑤	1	①	②	③	④	⑤	1	①	②	③	④	⑤
2	①	②	③	④	⑤	2	①	②	③	④	⑤	2	①	②	③	④	⑤	2	①	②	③	④	⑤	2	①	②	③	④	⑤
3	①	②	③	④	⑤	3	①	②	③	④	⑤	3	①	②	③	④	⑤	3	①	②	③	④	⑤	3	①	②	③	④	⑤
4	①	②	③	④	⑤	4	①	②	③	④	⑤	4	①	②	③	④	⑤	4	①	②	③	④	⑤	4	①	②	③	④	⑤
5	①	②	③	④	⑤	5	①	②	③	④	⑤	5	①	②	③	④	⑤	5	①	②	③	④	⑤	5	①	②	③	④	⑤
6	①	②	③	④	⑤	6	①	②	③	④	⑤	6	①	②	③	④	⑤	6	①	②	③	④	⑤	6	①	②	③	④	⑤
7	①	②	③	④	⑤	7	①	②	③	④	⑤	7	①	②	③	④	⑤	7	①	②	③	④	⑤	7	①	②	③	④	⑤
8	①	②	③	④	⑤	8	①	②	③	④	⑤	8	①	②	③	④	⑤	8	①	②	③	④	⑤	8	①	②	③	④	⑤
9	①	②	③	④	⑤	9	①	②	③	④	⑤	9	①	②	③	④	⑤	9	①	②	③	④	⑤	9	①	②	③	④	⑤
10	①	②	③	④	⑤	10	①	②	③	④	⑤	10	①	②	③	④	⑤	10	①	②	③	④	⑤	10	①	②	③	④	⑤
11	①	②	③	④	⑤	11	①	②	③	④	⑤	11	①	②	③	④	⑤	11	①	②	③	④	⑤	11	①	②	③	④	⑤
12	①	②	③	④	⑤	12	①	②	③	④	⑤	12	①	②	③	④	⑤	12	①	②	③	④	⑤	12	①	②	③	④	⑤
13	①	②	③	④	⑤	13	①	②	③	④	⑤	13	①	②	③	④	⑤	13	①	②	③	④	⑤	13	①	②	③	④	⑤
14	①	②	③	④	⑤	14	①	②	③	④	⑤	14	①	②	③	④	⑤	14	①	②	③	④	⑤	14	①	②	③	④	⑤
15	①	②	③	④	⑤	15	①	②	③	④	⑤	15	①	②	③	④	⑤	15	①	②	③	④	⑤	15	①	②	③	④	⑤
16	①	②	③	④	⑤	16	①	②	③	④	⑤	16	①	②	③	④	⑤	16	①	②	③	④	⑤	16	①	②	③	④	⑤
17	①	②	③	④	⑤	17	①	②	③	④	⑤	17	①	②	③	④	⑤	17	①	②	③	④	⑤	17	①	②	③	④	⑤
18	①	②	③	④	⑤	18	①	②	③	④	⑤	18	①	②	③	④	⑤	18	①	②	③	④	⑤	18	①	②	③	④	⑤
19	①	②	③	④	⑤	19	①	②	③	④	⑤	19	①	②	③	④	⑤	19	①	②	③	④	⑤	19	①	②	③	④	⑤
20	①	②	③	④	⑤	20	①	②	③	④	⑤	20	①	②	③	④	⑤	20	①	②	③	④	⑤	20	①	②	③	④	⑤

※ 본 답안지는 마킹연습용 모의 답안지입니다.

※ 절취선을 따라 분리하여 실제 시험과 같이 사용하면 더욱 효과적입니다.

SKCT SK그룹 모의고사 답안카드

고사장

성 명

수 험 번 호						
⓪	⓪	⓪	⓪	⓪	⓪	⓪
①	①	①	①	①	①	①
②	②	②	②	②	②	②
③	③	③	③	③	③	③
④	④	④	④	④	④	④
⑤	⑤	⑤	⑤	⑤	⑤	⑤
⑥	⑥	⑥	⑥	⑥	⑥	⑥
⑦	⑦	⑦	⑦	⑦	⑦	⑦
⑧	⑧	⑧	⑧	⑧	⑧	⑧
⑨	⑨	⑨	⑨	⑨	⑨	⑨

감독위원 확인
인

언어이해						자료해석						창의수리						언어추리						수열추리					
문번	1	2	3	4	5	문번	1	2	3	4	5	문번	1	2	3	4	5	문번	1	2	3	4	5	문번	1	2	3	4	5
1	①	②	③	④	⑤	1	①	②	③	④	⑤	1	①	②	③	④	⑤	1	①	②	③	④	⑤	1	①	②	③	④	⑤
2	①	②	③	④	⑤	2	①	②	③	④	⑤	2	①	②	③	④	⑤	2	①	②	③	④	⑤	2	①	②	③	④	⑤
3	①	②	③	④	⑤	3	①	②	③	④	⑤	3	①	②	③	④	⑤	3	①	②	③	④	⑤	3	①	②	③	④	⑤
4	①	②	③	④	⑤	4	①	②	③	④	⑤	4	①	②	③	④	⑤	4	①	②	③	④	⑤	4	①	②	③	④	⑤
5	①	②	③	④	⑤	5	①	②	③	④	⑤	5	①	②	③	④	⑤	5	①	②	③	④	⑤	5	①	②	③	④	⑤
6	①	②	③	④	⑤	6	①	②	③	④	⑤	6	①	②	③	④	⑤	6	①	②	③	④	⑤	6	①	②	③	④	⑤
7	①	②	③	④	⑤	7	①	②	③	④	⑤	7	①	②	③	④	⑤	7	①	②	③	④	⑤	7	①	②	③	④	⑤
8	①	②	③	④	⑤	8	①	②	③	④	⑤	8	①	②	③	④	⑤	8	①	②	③	④	⑤	8	①	②	③	④	⑤
9	①	②	③	④	⑤	9	①	②	③	④	⑤	9	①	②	③	④	⑤	9	①	②	③	④	⑤	9	①	②	③	④	⑤
10	①	②	③	④	⑤	10	①	②	③	④	⑤	10	①	②	③	④	⑤	10	①	②	③	④	⑤	10	①	②	③	④	⑤
11	①	②	③	④	⑤	11	①	②	③	④	⑤	11	①	②	③	④	⑤	11	①	②	③	④	⑤	11	①	②	③	④	⑤
12	①	②	③	④	⑤	12	①	②	③	④	⑤	12	①	②	③	④	⑤	12	①	②	③	④	⑤	12	①	②	③	④	⑤
13	①	②	③	④	⑤	13	①	②	③	④	⑤	13	①	②	③	④	⑤	13	①	②	③	④	⑤	13	①	②	③	④	⑤
14	①	②	③	④	⑤	14	①	②	③	④	⑤	14	①	②	③	④	⑤	14	①	②	③	④	⑤	14	①	②	③	④	⑤
15	①	②	③	④	⑤	15	①	②	③	④	⑤	15	①	②	③	④	⑤	15	①	②	③	④	⑤	15	①	②	③	④	⑤
16	①	②	③	④	⑤	16	①	②	③	④	⑤	16	①	②	③	④	⑤	16	①	②	③	④	⑤	16	①	②	③	④	⑤
17	①	②	③	④	⑤	17	①	②	③	④	⑤	17	①	②	③	④	⑤	17	①	②	③	④	⑤	17	①	②	③	④	⑤
18	①	②	③	④	⑤	18	①	②	③	④	⑤	18	①	②	③	④	⑤	18	①	②	③	④	⑤	18	①	②	③	④	⑤
19	①	②	③	④	⑤	19	①	②	③	④	⑤	19	①	②	③	④	⑤	19	①	②	③	④	⑤	19	①	②	③	④	⑤
20	①	②	③	④	⑤	20	①	②	③	④	⑤	20	①	②	③	④	⑤	20	①	②	③	④	⑤	20	①	②	③	④	⑤

※ 본 답안지는 마킹연습용 모의 답안지입니다.

※ 절취선을 따라 분리하여 실제 시험과 같이 사용하면 더욱 효과적입니다.

SKCT SK그룹 모의고사 답안카드

고사장

성 명

수 험 번 호						
⓪	⓪	⓪	⓪	⓪	⓪	⓪
①	①	①	①	①	①	①
②	②	②	②	②	②	②
③	③	③	③	③	③	③
④	④	④	④	④	④	④
⑤	⑤	⑤	⑤	⑤	⑤	⑤
⑥	⑥	⑥	⑥	⑥	⑥	⑥
⑦	⑦	⑦	⑦	⑦	⑦	⑦
⑧	⑧	⑧	⑧	⑧	⑧	⑧
⑨	⑨	⑨	⑨	⑨	⑨	⑨

감독위원 확인
인

언어이해						자료해석						창의수리						언어추리						수열추리					
문번	1	2	3	4	5	문번	1	2	3	4	5	문번	1	2	3	4	5	문번	1	2	3	4	5	문번	1	2	3	4	5
1	①	②	③	④	⑤	1	①	②	③	④	⑤	1	①	②	③	④	⑤	1	①	②	③	④	⑤	1	①	②	③	④	⑤
2	①	②	③	④	⑤	2	①	②	③	④	⑤	2	①	②	③	④	⑤	2	①	②	③	④	⑤	2	①	②	③	④	⑤
3	①	②	③	④	⑤	3	①	②	③	④	⑤	3	①	②	③	④	⑤	3	①	②	③	④	⑤	3	①	②	③	④	⑤
4	①	②	③	④	⑤	4	①	②	③	④	⑤	4	①	②	③	④	⑤	4	①	②	③	④	⑤	4	①	②	③	④	⑤
5	①	②	③	④	⑤	5	①	②	③	④	⑤	5	①	②	③	④	⑤	5	①	②	③	④	⑤	5	①	②	③	④	⑤
6	①	②	③	④	⑤	6	①	②	③	④	⑤	6	①	②	③	④	⑤	6	①	②	③	④	⑤	6	①	②	③	④	⑤
7	①	②	③	④	⑤	7	①	②	③	④	⑤	7	①	②	③	④	⑤	7	①	②	③	④	⑤	7	①	②	③	④	⑤
8	①	②	③	④	⑤	8	①	②	③	④	⑤	8	①	②	③	④	⑤	8	①	②	③	④	⑤	8	①	②	③	④	⑤
9	①	②	③	④	⑤	9	①	②	③	④	⑤	9	①	②	③	④	⑤	9	①	②	③	④	⑤	9	①	②	③	④	⑤
10	①	②	③	④	⑤	10	①	②	③	④	⑤	10	①	②	③	④	⑤	10	①	②	③	④	⑤	10	①	②	③	④	⑤
11	①	②	③	④	⑤	11	①	②	③	④	⑤	11	①	②	③	④	⑤	11	①	②	③	④	⑤	11	①	②	③	④	⑤
12	①	②	③	④	⑤	12	①	②	③	④	⑤	12	①	②	③	④	⑤	12	①	②	③	④	⑤	12	①	②	③	④	⑤
13	①	②	③	④	⑤	13	①	②	③	④	⑤	13	①	②	③	④	⑤	13	①	②	③	④	⑤	13	①	②	③	④	⑤
14	①	②	③	④	⑤	14	①	②	③	④	⑤	14	①	②	③	④	⑤	14	①	②	③	④	⑤	14	①	②	③	④	⑤
15	①	②	③	④	⑤	15	①	②	③	④	⑤	15	①	②	③	④	⑤	15	①	②	③	④	⑤	15	①	②	③	④	⑤
16	①	②	③	④	⑤	16	①	②	③	④	⑤	16	①	②	③	④	⑤	16	①	②	③	④	⑤	16	①	②	③	④	⑤
17	①	②	③	④	⑤	17	①	②	③	④	⑤	17	①	②	③	④	⑤	17	①	②	③	④	⑤	17	①	②	③	④	⑤
18	①	②	③	④	⑤	18	①	②	③	④	⑤	18	①	②	③	④	⑤	18	①	②	③	④	⑤	18	①	②	③	④	⑤
19	①	②	③	④	⑤	19	①	②	③	④	⑤	19	①	②	③	④	⑤	19	①	②	③	④	⑤	19	①	②	③	④	⑤
20	①	②	③	④	⑤	20	①	②	③	④	⑤	20	①	②	③	④	⑤	20	①	②	③	④	⑤	20	①	②	③	④	⑤

※ 본 답안지는 마킹연습용 모의 답안지입니다.

2024 최신판 SD에듀 All-New SKCT SK그룹 온라인 종합역량검사 최신기출유형 + 모의고사 6회 + 무료SK특강

개정21판1쇄 발행	2024년 01월 30일 (인쇄 2023년 11월 29일)
초 판 발 행	2013년 10월 30일 (인쇄 2013년 09월 25일)
발 행 인	박영일
책 임 편 집	이해욱
편 저	SDC(Sidae Data Center)
편 집 진 행	이근희 · 한성윤
표지디자인	김도연
편집디자인	최미란 · 윤준호
발 행 처	(주)시대고시기획
출 판 등 록	제10-1521호
주 소	서울시 마포구 큰우물로 75 [도화동 538 성지 B/D] 9F
전 화	1600-3600
팩 스	02-701-8823
홈 페 이 지	www.sdedu.co.kr

I S B N	979-11-383-4669-6 (13320)
정 가	25,000원